1,000,000 Books

are available to read at

Forgotten Books

www.ForgottenBooks.com

Read online
Download PDF
Purchase in print

ISBN 978-0-243-87292-3
PIBN 10751752

This book is a reproduction of an important historical work. Forgotten Books uses state-of-the-art technology to digitally reconstruct the work, preserving the original format whilst repairing imperfections present in the aged copy. In rare cases, an imperfection in the original, such as a blemish or missing page, may be replicated in our edition. We do, however, repair the vast majority of imperfections successfully; any imperfections that remain are intentionally left to preserve the state of such historical works.

Forgotten Books is a registered trademark of FB &c Ltd.
Copyright © 2018 FB &c Ltd.
FB &c Ltd, Dalton House, 60 Windsor Avenue, London, SW19 2RR.
Company number 08720141. Registered in England and Wales.

For support please visit www.forgottenbooks.com

1 MONTH OF FREE READING

at

www.ForgottenBooks.com

By purchasing this book you are eligible for one month membership to ForgottenBooks.com, giving you unlimited access to our entire collection of over 1,000,000 titles via our web site and mobile apps.

To claim your free month visit: www.forgottenbooks.com/free751752

* Offer is valid for 45 days from date of purchase. Terms and conditions apply.

English
Français
Deutsche
Italiano
Español
Português

www.forgottenbooks.com

Mythology Photography **Fiction** Fishing Christianity **Art** Cooking Essays Buddhism Freemasonry Medicine **Biology** Music **Ancient Egypt** Evolution Carpentry Physics Dance Geology **Mathematics** Fitness Shakespeare **Folklore** Yoga Marketing **Confidence** Immortality Biographies Poetry **Psychology** Witchcraft Electronics Chemistry History **Law** Accounting **Philosophy** Anthropology Alchemy Drama Quantum Mechanics Atheism Sexual Health **Ancient History Entrepreneurship** Languages Sport Paleontology Needlework Islam **Metaphysics** Investment Archaeology Parenting Statistics Criminology **Motivational**

CAROLI à LINNÉ
SYSTEMA NATURAE.

TOM. I. PARS III.

CLASSIS III.
AMPHIBIA.

Terribilia sunt opera Tua, o Domine!
In multitudine virtutis Tuae Te metientur contemptores Tui.

NUDA pleraque, frigida aestuantium animalia *corde uniloculari, uniaurito, pulmonibus* (primi ordinis) *arbitrariis, pene* secundi ordinis) *duplici, maxillis mobilibus, dignoscuntur.*

AMPHIBIA pleraque horrent Corpore frigido, Cute nuda, multa Colore lurido, Facie torva, Obtutu meditabundo, Odore tetro, Sono rauco, Loco squalido, pauciora Veneno atroci, singula Sceleto cartilagineo, Vita tenaci, Vi partes amissas reproducendi vivacissima instructa, ex ovo nata.

POLYMORPHA in his Amphibiis natura duplicem vitam plerisque concessit, Aliis *Metamorphosin* subire, aliis *Senectam* exuere, aliis in *sicco humidoque* promiscue vivere, aliis dimidio anno *bienare*, aliis praedam *nisu astuve* assequi, aliis *fascino* quasi eandem in faucem revocare.

REPTILIA pedata, auribus plano-denudatis absque auriculis, variam vitam ex structura agunt; *Testudines* muniuntur Testa, *Dracones* evolant Alis, *Lacertae* fugiunt Pedibus, *Ranae* absconduntur Loco, nec omnes Veneno prorsus carent, ut Gecko et Geitje.

SERPENTES apodes a Piscibus separant Pulmones, Ovorum catena, Penisque duplex muricatus, affinitas denique cum Lacertis tanta, ac Lacertarum cum Ranis, vixque limites admittens Hos nuda in terra rejectos, artuum ministerio expertes, omnium injuriae expositos, armavit Natura conservatrix suis *armis*, horrentibus exsecrabili *Veneno*, pessimorum pessimo, in diversis diverso. Sunt autem haec *Tela* dentibus simillima, sed extra maxillam superiorem collocata, proque lubitu exserenda et retrahenda, sacculo affixa saniei, quam vulnere inflant in sanguinem, tum diri effectus caussam; ceterum inertem; sicque Catonia haec morsu virus habent et fatum dente minantur, pocula morte carent, prout solide *Redi*. Ne vero hi spoliati miserique armis, quae ipsis superessent, nimium saevirent, decimam quamque tantum speciem (♂) armavit imperans, sed versipelles eos voluit; ut dubii omnes metuerentur ab omnibus, at Beneficus

neficus Homini dedit Indis *Ichneumonem* cum *Ophiorhiza*, Americanis *Suem* cum *Senega*, Europaeis *Ciconiam* cum *Olea* et *Alcali*. Venenatos serpentes *Marsii Psyllique* Arabiae et Americae excantant *Aristolochiae* speciebus teste *Jacquinio* et *Forskåhlio*. *v. Amoen. acad. 6. p.* 197.

DIAGNOSIS harum difficilis et ambigua; color solus fallacissimus, quem viva saepius per annum et aetatem, mortua adhuc magis mutant; pictura minus infida; qui desumunt a Pedum succedaneis, *Scutis abdominalibus caudalibusque*, caveant, ne numerus alteri demtus alterique additus seducat, hinc juvat uterque connumeratus (*Act. Stockh.* 1752. *p.* 206.) illustrat etiam ab ano utrinque longitudo, cave vero, ne renata sit mutilata cauda.

AMPHIBIOLOGI omnium paucissimi.
Seba numero stupendo sibi ignota pulchre collegit et delineavit, sed multiplicavit, minimeque descripsit: *Catesby* nec paucos serpentes pulchrius delineavit, quam notavit, *Gronovius*, *Boddaert*, *Garden*, *Pallas*, *Pennant*, *Schlosser*, *Bloch*, *Hornstedt*, *Beireis*, *Schrank*, *Molina*, *Sparrmann*, *S. G. Gmelin*, *Lepechin*, *Blumenbach*, *Bloch*, *Cetti*, *Scopoli*, *Walbaum*, *Gottwald*, verum horum numerum auxerunt iis ex autorum descriptionibus et icombus; utinam magis ex autopsia! desudavit *Laurenti*, felicius *Boddaert*, in testudinibus ordinandis *Schneider*, in lacertis distribuendis *Houttuyn*, *Forskål*, *Merck*, in serpentibus meliorem in ordinem redigendis *Boddaert* et *Weigel* laudabilem navarunt operam; organismum, vocis praesertim in nonnullis instrumenta, egregiis observationibus dilucidavit zootomus princeps *Camperus*. a)

CHA-

---

a) Amphibia *ossibus cartilagineis, circulatione tardiori, diaphragmatis defectu, auditu visuque acutissimo, tactu tanto hebetiori, vesiculis pulmonum majoribus, hepate lobato, ductu cystico hepatico et pancreatico, ventriculo oblongo crasso, non transpirant, diutius abstemia, vitae tenacioris, vi ablata reproducente majore instructa.*

CHARACTERES AMPHIBIORUM.

I. REPTILIA pedata.

119. TESTUDO. *Corpus testa munitum.*
121. DRACO. *Corpus alis volatile.*
122. LACERTA. *Corpus (testa alisque) nudum, caudatum.*
120. RANA. *Corpus similiter nudum, ecaudatum.*

II. SERPENTES, apodes.

123. CROTALUS. *Scuta abdominalia et caudalia cum crepitaculo.*
124. BOA. *Scuta abdominalia et caudalia sine crepitaculo.*
125. COLUBER. *Scuta abdominalia; squamae caudales.*
126. ANGUIS. *Squamae abdominales et caudales.*
127. AMPHISBAENA. *Annuli abdominales et caudales.*
128. CAECILIA. *Rugae nudae laterales.*

AMPHIBIA REPTILIA. Testudo.

III. REPTILIA.

Os respirans pulmonibus.
Pedes quatuor.
Penis simplex.

119. TESTUDO. Corpus caudatum, lorica ossea aut coriacea superne et inferne, vel squamis superne obtectum.

Oris mandibula superior inferiorem pyxidum instar claudens.

* marinae, *pedibus pinniformibus; prioribus longioribus.*

coriacea. 1. T. testa coriacea, per longitudinem striata. *Schneid. Schildkr. p. 312. n. 4.*

Testudo pedibus pinniformibus muticis, testa coriacea, cauda angulis septem exaratis. *Syst. nat.* XII. 1. *p.* 350. *n.* 1.

Testudo coriacea. *Vandell. ad Linn. Pat.* 1761. 4. Brit. zool. 3. *p.* 7. 8.

Testudo coriacea f. mercurii. *Rondel. pisc.* 445. *Gesn. aq.* 946.

β) Testudo tuberculata. *Penn. act. angl.* 61. 1. *p.* 275. *t.* 10. *f.* 4. 5.

γ) Testudo. *Amoureux apud Rozier jour. de phys.* 1778. *Jan. p.* 65. *et Suppl.* 13. *p.* 230.

Habitat, rarior, in mari mediterraneo, atlantico.

imbricata. 2. T. palmarum plantarumque unguibus binis, scutis laxe atque imbricatim incumbentibus. *Schneid. Schildkr. p.* 309. *n.* 3. *Leipz. Magaz. zur Naturk.* 1786. 3. *p.* 258.

pedibus pinniformibus, testa cordata subcarinata serrata: scutellis imbricatis, cauda squamata. *Syst. nat.* XII. 1. *p* 350. *n.* 2. *Gronov. zooph.* 72.

Caretta. *Knorr del. nat. sel. t.* 50.
Caret. *du Tertr. ant. p.* 229. *n.* 24.
Testudo Caretta. *Raj. quadr. p.* 258.
Testudo marina americana. *Seb. mus.* 1. *p.* 130. *t.* 80 *f.* 9.
Hawk's-bill Turtle. *Brown jam. p.* 465. *n.* 1.
Scaly Tortoise. *Grew mus. p.* 38. *t.* 3.
Schieferartige Schildkroete. *Walb. chelonogr. p.* 46. 110.
Habitat in mari americano, asiatico.

Corpus.

Corpus 2¼ pollices longum, depressum, imbricatum; caput longius, quam carettae; lorica ovata, depressa, scuti costis tribus tenuibus, carinatis, interruptis, margine acuto, posterius serrato, squamis 34 inaequalibus plurimis pentagonis, quarum 13 discum, reliquae marginem occupant; sternum, quale fere carettae.
Haec praebet ex parte lamellas artificum.

Mydas. 3. T. palmarum unguibus binis, plantarum solitariis, testa ovata.

Schneid. Schildkr. p. 299. n. 1. t. 2. Testudo viridis.
Amoen. acad. 1. p. 138. Testudo unguibus acuminatis palmarum duobus, plantarum unico.
Muf. Ad. Frid. 1. p. 50. Testudo atra.
Gesn. quadr. 78. Testudo marina.
Aldr. quadr. 712. t. 714.
Olear. muf. 27. t. 17. f. 1.
Bradl. nat. t. 4. f. 4.
van Iperen Verhandl. van Vlissingen 6. p. 620.
Forster it. 2. p. 194. 200.

β) Seb. muf. 1. t. 80. f. 9. Testudo marina americana Mydas dicta.
Amoen. acad. 1. p. 137. Testudo eadem.
Marcgr. braf. 241. Jurucuja brasiliensibus.
Raj. quadr. 256.

γ) Amoen. acad. 1. p. 287. n. 7. Testudo unguibus acuminatis, palmarum plantarumque solitariis.
Muf. Ad. Fr. 1. p. 50. Testudo eadem.
Seb. muf. 1. t. 79. f. 5. 6.

δ) Walb. chelonogr. p. 82. 124. Testudo marina rostro anteriori.

ε) Walb. chelonogr. p. 85. 126. Testudo rostro gallinaceo.

ζ) Walb.

Testudines Persis detestatae, crebra, jam in ovis, squalorum felium, lutrarum, accipitrum pelecanorumque praeda, vermibus victitant, marinae etiam fucis, in captivitate omnivorae, tardissimae, ut per mensem saepe copula cohaereant, in aere nocivo diutius aliis persistentes, vitaeque adeo tenacis, ut capite etiam abscisso, per plures adhuc dies vivant, sterno aperto diu adhuc respirent; terrestres hieme in frigidioribus hibernant. Testa constat duabus laminis coadunatis: superiore dorsali convexa, costis inaedificata, obtecta scutellis difei 13, marginis 24; inferiore e sterno explanato, in maribus magis concavo, anterius obtufo, posterius emarginato, suturis in scutella diviso; apertura testae anterior pro capite et brachiis, posterior pro cauda et femoribus. Similitudo structurae in generalibus; varietas singularum specierum pro varia aetate, cognitio plurium in variis vitae periodis imperfecta difficilem reddit earum diagnosin, mancam historiam.

1038 AMPHIBIA REPTILIA. Testudo.

ζ) *Walb. chelonogr. p.* 88. 127. Testudinis marinae scutum ingens.

Habitat ad pelagi *insulas* e. g. *insulam* ascensionis, aurorae, *a* testudinum *multitudine denominatam, congenerum maxima, et robustissima, ut* 600 *librarum et majori adhuc pondere dorso imposito currat, tot hominibus, quot ei insistere possunt, onusta incedat; resupinata in mari dormiens natat, resupinata in terra non erigitur, ova numerosissima* (ad 1000 *quotannis*) *rotunda, membranacea in arena calcarea defodit, noctuque incubat; caro cum pinguedine viridescens, esculenta, nautis exoptatissima, scorbuticis, ut fertur, salutaris; sepiis et testaceis victitat.* Testa olim pro scutis, fornicibus.

Scutella dorsalia fere laevia obsolete excavato = *punctata; testae apex bifidus;* cauda *testae margine non longior; in aure interna neque ossicula auditus, neque cochlea, sed canales* 3 *semicirculares; varietas* γ) *videtur esse junior.*

Caretta. 4. T. scutis dorsalibus postice gibbis, unguibus palmarum plantarumque binis. *Schneid. Schildkr. p.* 303. *n.* 2.

Syst. nat. XII. 1. *p.* 351. *n.* 4. Testudo pedibus pinniformibus, unguibus palmarum plantarumque binis, testa ovata acute serrata.

Gron. zoophyl. I. *n.* 71. Testudo pedibus pinniformibus unguibus acuminatis geminis, rostro acuminato, testa ovata serrata, dorso tuberculato.

Gron. mus. 2. *p.* 85. *n.* 69. Testudo pedibus natatoriis, unguibus acuminatis binis.

Brawn jam. p. 465. *n.* 3. Logger-head Turtle.

Testudo marina Caouanna. *Raj. quadr. p.* 257.

Catesb. car. 2. *p.* 39. *t.* 39.

Rochefort antill. p. 249.

β) *Walb. chelon. p.* 101.

Habitat ad insulas maris Americani *et* mediterranei.

Caput *mediae magnitudinis, os amplius,* rostrum *longius et robustius, quam congeneribus;* dorsum *magis prominens, et gibbosum;* testa *crassa, eleganter picta;* caro *rancida, aphrodisiaca; lamellae artificum partim ex hac desumtae.*

macropus. 16. T. scuto ovato carinato emarginato, pedibus maximis bifariam unguiculatis. * *Walb. Schildkr. p.* 112.

** fluviatiles; *pedibus palmatis, testa cum sterno membrana juncta, et binis sterni processibus in medio utrinque fulta.*

5. T.

AMPHIBIA REPTILIA. I. Testudo.

- orbicula- 5. T. testa orbiculari planiuscula laevi,
  ris.
  Testudo europaea. *Schneid. Schildkr. p. 323. n. 5.*
  Gronov. zooph. p. 17. n. 73.
  Marsigl. Danub. 4. t. 33. 34.
  β) Testudo punctata. *Mus. Gronov. p. 10. n. 93. Gottw. Schildkr. t. 12.*
  γ) Testudo scabra. *Syst. nat. XII. 1. p. 351. n. 6.*
  Habitat in Europa ad Borussiam usque.
  Margo testae *in femina integerrimus, superficie magis laevis; mari scutum subconvexum cum capite albidum, striis exiguis nigris exaratum, posterius multo minus emarginatum, quam feminae, scutella elevatius striata, dorsalium nonnulla media subcarinata; sternum magis asperum, modice sinuatum fuscum; hoc feminae flavescens, cutis etiam colli pedumque flavis maculis magis varia.*

membra- 17. T. pedum unguiculis tribus; testa dorsali membranacea
  nacea.   ovata grisea striata. *Blumenb. Naturg. p. 257. n. 1.*
             Schneider Schildkr. t. 1.
             Habitat in mari Gujanam alluente, exilis; an a cartilaginea vere diversa?

triunguis. 18. T. pedum unguiculis tribus, dorsi disco rugoso orbiculato, limbo depressiore laevi, naribus in cylindro elevato et ultra caput prominente. *Forsk. En. arab. p. 9.*
  Habitat rarior in Nilo, nonne eadem cum membranacea?

cartilagi- 19. T. testa orbiculari membranacea, in dorso striata, pedum
  nea.   unguibus tribus, naso cylindrico prolongato. *Boddaert Berlin. Naturf. Fr. Schrift. 3. p. 265.*
             Schneider Leipz. Magaz. zur Naturk. u. Oekon. 1786. 3. p. 263. t. 2. Testudo Boddaerti.
             Rarior species: Caput *depressum*; labia *lata lutea, superius sursum, inferius deorsum revolutum; apertura oculi horizontalis; palpebra superior inferiore latior; scutum granis elevatis asperum: magine partis emarginatae revoluto; pars anterior scuti media convexa posterius plana et depressa; scutella neque in scuto, neque in sterno; hoc anterius aeque longum, ac scutum dorsale; pedum digiti 5.*

ferox. 20. T. testa cartilaginea ovata, pedum unguibus tribus, naribus tubulatis prominentibus. *Penn. act. angl. 61. 1. n. 32. p. 266. t. 10. f. 1-3. Schneid. Schildkr. p. 330.*
  Habitat in fluviis Americae australis Savanna et Alatamaha, etiam in fluviis Floridae orientalis, ad 70 libras ponderosa,

rosa, 20 pollices longa, 14½ lata, carne delicatiori, quam testudinis Mydae. Ferox et mordicus se defendens.
Caput subtrigonum, antrorsum angustatum, versus posteriora dilatatum; collum longum et crassum; oculi contigui, palpebris latis, laxis, pupilla angusta, iride citrina; maxilla utraque ex osse unico; labium superius inferiore latius; nasus talpae rostro similis, sed mollis, tenuis, pellucidus, cartilagineus; brachia crossa, robusta, cum manibus cute laxa plicata obscure-virente tecta; manuum digiti 5; digitis 2 spuriis adaucti; plantae similes, digito tamen spurio unico, et albidi; cauda crassa lata, pollicem infra anum exoriens, posteriori scuti dorsalis parti longitudine aequalis. Scutum dorsale ex atro fuscum, virescente tinctum, medio osseum, ad latera cartilagineum et flexile; posterius et anterius tuberculis glabris oblongis conspersum, subtus eleganter albidum, venosum; sternum egregie albidum, anterius cartilagineum, 2-3 pollices ante scutum dorsale prominens, posterius osseum, ephippii figuram referens.

scabra. 6. T. capite glabro discolore, scuto ovali demisse convexo excelse carinato scabro.
Testudo verrucosa. *Walbaum chelonogr. p. 116.*
Corpus digiti minoris longitudine, cute verrucosa, squamis hinc inde consperfa; scutum ovale 22 lineas longum, et 15 latum, anterius modice retusum, in ambitu convexum et crenatum, posterius rotundatum, humiliter serratum, et denique emarginatum, superficie squamis angulosis, verrucosis vestita.

squamata. 21. T. corpore ovato superne una cum collo cauda et pedibus squamato; inferne laevi et molli. *Schneid. Schildkr. p. 340. Bont. jav. 82.* Testudo squamata.
Habitat in Javae fluviis, ad ripas cuniculos agens, carne sapidissima, per lacertam orbicularem testudines cum lacertis jungens, pisces venans.
Caput exiguum serpentis; oculi parvi, mobiles; dentes acuti; squamae caput versus minores.

AMPHIBIA REPTILIA. Teſtudo. 1041

β) Teſtudo tubulata. *Walb. chelonogr. p.* 122?
γ) Teſtudo campanulata. *Walb. chelonogr. p.* 124?
Habitat in *lacubus ad ripas fluviorum* Tanais, Volgae, Uralis, Lawbe, *ad* Kirgiſicos, Indicos, *et alios Orientis*.
Palmae *magis palmatae;* plantae *minus. Sternum poſtice truncatum.*

ſcorpioi- 8. T. palmarum unguibus quinis, Plantarum quaternis, fronte
des. calloſa triloba, cauda unguiculata.
Habitat Surinami.
Teſta *nigra, ovali-oblonga, dorſo quaſi angulis* 3 *obſoletis, ſcutellis dorſi figura clypeorum nobilium;* caput *anterius tectum callo, qui poſterius trilobus eſt;* plantarum *digitus extimus muticus;* ungues *acuti, caudae incurvus.*

Hermanni. 22. T. pedum unguibus quaternis, caudae apice unguiculato.
Schneid. Schildkr. p. 348.
Longitudo *pedis dimidii.* Lorica *ex flavo nigroque varia convexa; marginis ſcutella* 24, *quorum* 2 *poſtrema magis convexa reliquis prominent;* dentes *nulli;* plantae *elephanti pedibus ſimiles; unguis* caudae *oſſeus, incurvus,* $\frac{1}{2}$ *pollicis longus.*

carolina. 11. T. pedibus digitatis, teſta gibba, cauda nulla.
Teſtudo pedibus digitatis, calloſo-ſquamoſis, teſta ovali ſubconvexa, ſcutellis planis ſtriatis medio punctatis. *Gronov. zooph.* 17. *n.* 77.
Teſtudo teſſellata minor caroliniana. *Edw. av.* 205.
Seb. muſ. I. *t.* 80. *f.* 1. Teſtudo terreſtris major americana.
Habitat in Carolina, *media inter hanc et tertiam tribum. pedibus ad hanc accedens.*
Caput *ſubobtuſum, ſquamis calloſis obtectum; ſcuti inciſura anterior lunata; margo acutus; ſcutella lata, plana, margine ſtriata, medio excavato-punctata; ſternum anterius truncatum, poſterius bifidum:* Pedes *ſquamis rotundis tecti, anteriores unguibus* 5, *poſteriores* 4 *acutis, robuſtis.*

paluſtris. 23. T. teſta depreſſa, unguibus palmarum quinis, plantarum quaternis. *Brown jam. p.* 466. *n.* 4.
Habitat in Jamaicae *aquis ſtagnantibus, in pratis victum quaerens,* 8-9 *pollices longa.*
Corpus *depreſſum, ovale.*

caſpica. 24. T. teſta orbiculari, palmarum unguibus quinis, plantarum quaternis, capite ſquamato, cauda nuda. *S. G. Gmelin it.* 3. *p.* 59. *t.* 10. 11.

Habitat

AMPHIBIA. REPTILIA. Teftudo.

Habitat in Hircaniae *aquis dulcibus, interdum adeo incref-cens, ut nonnulli homines fcuto infiftere poffint.*
Scutum *ultra 8 pollices longum et ultra 7 pollices latum, convexum, ex nigro et viridi varium; marginis fcutellis 25 fuperficie parallelogrammis; difci 5, fubquadratis, futuris fcutellorum confluentibus nunc rectilineis, nunc curvilineis;* fternum *ultra 7 pollices longum, et ultra 3 pollices latum, glaberrimum, nigricans, albo-maculatum, pofterius bifidum, obtufum, anterius fulco triangulo notatum, utrinque fulco longitudinali fpirali, et 4 transverfis exaratum.* a)

claufa. 25. T. difci fcutellis carinatis, fterno vix repando, valvularum ope ad fcutum apprimendo.
Dofenfchildkroete. *Bloch Schrift. der berl. Naturf. Fr.* 7. I. p. 131. t. I.
Habitat in America *feptentrionali.*
Valvularum binarum ope claudi adeo arcte lorica poteft, us nihil aquae intret.

penfilvanica. 26. T. palmarum unguibus 5, plantarum 4, caudae apicae corneo acuto. *Seligman av.* 8. t. 77.
Habitat in Penfilvaniae *aquis ftagnantibus; nonne eadem cum claufa? Viva mofchum olet; caudae apice deorfum verfo corpus movet in declivibus montium lutoforum motumque fiftit.*
Cauda *brevis.*

ferpentina. 15. T. pedibus digitatis, tefta fubcarinata: poftice obtufa acute quinquedentata. *Muf. Ad. Frid.* 2. p. 36.*
Habitat in Algiriae, et Sinae *aquis dulcibus, mordax natans,*
Caput *ferpentis;* cauda *longitudine totius teftae.*

27. T.

---

a) *An huc fpectet alia ex aquis cafpicis allata, cujus cognitionem Conjunctiffimo Blumenbachio debeo, decidere vix aufim; convenit certe notis in definitione enumeratis; fed differt colore loricae fufco, maculis ex atro fufcis vario, fterni limbo albo; fcuti fcutellis dorfi 4, anteriore pentagono, reliquis hexagonis: lateribus parallelis repandis; cincta haec novem aliis minoribus, trapeziis, pentagonis; marginis fcutella 21, albida, fufco-maculata, plurima fatis aequalia, fubquadrata. Quorfum pertineant aliae a S. G. Gmelin in* Perfiae provincia Mafanderan *vifae, vix verbulo memoratae teftudines, grandes, ferpentibus infenfiffimae; ideo Perfis gratae, et domefticae; ea hactenus extricare non licuit; facile manfuefcere, et perinde in aquis, ac in terra, in montibus, ac in vallibus vivere, refert S. G. Gmelin.*

AMPHIBIA REPTILIA. Testudo.

Spengleri. 27. T. testa flava subcarinata: postice obtusa acuta 10 dentata, squamis imbricatis. *Walbaum Schrift. der berl. Naturf.* Fr. 6. p. 122: t. 3.
Serpentinae affinis.

fimbria. 28. T. testa striata et echinata, fronte callosa triloba. *Schneid. Schildkr.* p. 349. n. 12.
Barrer. Fr. equin. p. 60. 165.
Fermin. Surin. 2. p. 226.
Habitat in Americae *australi savannis* ad Aprovague, et ad insulas Remiré.
Caput *planum trigonum;* collum *praelongum, valde rugosum.* Multum affinis scorpioidi.

*** terrestres, *pedibus clavatis unguiculatis, testa convexa, commissuris ossetis cum sterno juncta.*

denticula- 9. T. pedibus subdigitatis, testa orbiculato-cordata: margine ta. eroso.
β) Testudo signata. *Walbaum chelonogr.* p. 120?
Habitat in Virginia. *Mus. de Geer.*
Testa *magnitudine ovi meleagridis sordide pallescens, antice retusa, margine toto denticulata et quasi erosa, testa squamis sexagonis scabris;* cauda *pedibus brevior;* pedes *5-4 quasi elephantini, absque digitis distinctis.*

graeca. 10. T. pedibus subdigitatis, testa postice gibba margine laterali obtusissimo, scutellis planiusculis.
Raj. quadr. 243. Testudo terrestris vulgaris.
Habitat in Africa, Sardinia, Graecis, *teste Forskål, amatus cibus, qui et crudum sanguinem bibunt, et ova ejus coquunt; mares irati occursantes lapide arietant, ut plagae eminus audiantur; Septembri sub terra se abscondens, Februario rursus emergens, Junio in loco aprico foveae palmis effossae ova committit 4-5, alba, columbinis similia, ex quibus post primas Septembris pluvias prodeunt pulli, juglandis magnitudine.*
Corpus 6½ pollices longum, 4 libras ponderosum, caudatum: Plantarum ungues 4, palmarum utplurimum 5, interdum 4. Testa *ovalis margine integerrima;* scutum *valde convexum, cum cute ex nigro et flavo varium.*

carinata. 12. T. pedibus digitatis, testa gibbosa, scutellis dorsalibus quatuor anterioribus carinatis, sterno integro.
Habitat in calidis regionibus.

13. T.

geometri- 13. T. scutellis testae ovatae omnibus elevatis superne planis,
ca.   striis flavis velut e centro stellatim concurrentibus. *Schneider Schildkr. p.* 352.

Syst. nat. XII. 1. *p.* 353. *n.* 13. Testudo pedibus posticis palmatis, testae scutellis elevatis truncatis.

Muf. Ad. Fr. 1. *p.* 50. Testudo unguibus acuminatis, palmarum 5, plantarum 4.

Amoen. acad. 1. *p.* 139. *n.* 24.

Brünn. spol. mar. adriat. p. 92. Testudo testa gibba tessellata subtus pollice emarginata, pedibus fissis, cauda brevissima.

Brown. jam. p. 466. *n.* 5. Testudo major oblonga, testa profundiori, cute loricata, unguibus palmarum 5, plantarum 4.

Worm. muf. 317. Testudo picta f. stellata.

Grew muf. 36. *t.* 3. *f.* 1. 2. Testudo testa tessellata major.

Seb. muf. 1. *t.* 80. *f.* 83. Testudo minor amboinensis.

Pif. brasil. t. 105. Testudo nigricantibus et flavescentibus figuris geometricis.

Raj. quadr. 259. Testudo tessellata, minor.

Gottwald Schildkr. t. 13. 16.

Habitat in Dalmatia, Russia *australi*, Asia, *et meridionali* America.

Cauda *brevis;* pedes *omnes fissi, anteriores digitis* 5, *posteriores* 4, *omnibus unguiculatis;* testa *non raro sesquipedalis, valde gibba, scutellis elevatis, medio flavis, versus ambitum striatis, hexagonis;* sternum *posterius acute emarginatum.*

pusilla. 14. T. pedibus subdigitatis, testa hemisphaerica: scutellis convexis trapeziis, margine striatis disco punctatis. *Hagstroem. nov. act. Stockh.* 1784. 1. *n.* 6. *p.* 46.

Grew muf. 38. *t.* 3. *f.* 2. Testudo virginea.

Worm. muf. 313. Testudo terrestris pusilla ex India orientali.

Edw. av. t. 204. *Raj. quadr.* 259. Testudo tessellata minor africana.

Habitat ad caput bonae spei, *cicurata stercore gallinarum, pane, gramine, fructibus, saccharo, herbis floribusque variis, nequaquam lacte aliisve animalibus cibis victitans, per totam hiemem ab omni cibo potuque abstinens, aquam non intrans, tardissime progrediens, nisi calore pulsa.*

Testa *superior modice convexa, magnitudine vix manus, cincta intra marginem fascia albida, areis* 22 *trigonis obscurioribus ornata;* scutella *disci in medio elevato - punctata,*

ctata, quorum 1 *et* 2 *fubcarinata, reliqua minime;* testa *inferior fubrubescens, anterius integra, posterius emarginata;* brachia *et* femora *nuda sine squamis;* palmae *indivisae unguibus* 5; plantae *vix digitatae unguibus* 4; cauda *brevis.*

indica. 29. T. testa supra collum reflexa; scutellis tribus primoribus tuberosis. *Schneid. Schildkr. p.* 355. *n.* 14.
Habitat in India.
Maxillae *serratae, et duplici adhuc dentium serie munitae;* testa *ex fusco cinerea;* scutella 3 *anteriora gibbo rotundo,* 3-4 *lineas alto, et sesquipollicem lato, inaequalia.*

picta. 30. T. testa plana, utrinque macula duplici ex ratio caerulescente notata, scutellis margine flavo cinctis, collo per longitudinem flavo nigroque striato. *Schneid. Schildkr.* p. 348.
Pedes *unguibus brevibus acutis;* cauda *brevis;* sternum *flavum, linea media nigra.* Hermann.

sulcata. 31. T. caudata, pedibus digitatis, testa gibba: scutellis lineatis sulco circumscriptis. *Mill. on var. subj. t.* 26. A. B. C.
Habitat in insulis Americae *australi oppositis.*

planiria. 32. T. pedibus digitatis, testa ovali convexa laevi. *Gronov. zooph. n.* 76.
Gronov. mus. ichth. 2. *p.* 86. *n.* 70. Testudo pedibus cursoriis, unguibus acuminatis quinis palmarum plantarumque.
Habitat Surinami.
Caput *ovatum, anterius acutum, supra plagioplateum;* oculi *magni, rotundi, contigui;* rostri *apex obtusus prominens;* maxillae *edentulae;* inferioris *apex aduncus;* lingua *teres;* scutella *elevata, aequalia, lata;* sternum *ad latera angustatum;* pedes *crassi, breves, singuli unguibus* 5 *acutis curvis muniti.*

33. T. testa ovali gibba: scutellis disci medio flavis, margine nitente atris, sulcatis, lateralibus polygonis.
Kil. Stobaeus act. litter. et scient. Suec. 1730. *p.* 59. Testudo americana terrestris, forte Jaboti Brasiliensibus, Cagado de terra Lusitanis dicta.

Habitat

Quarsum spectet memorata a Catesby *ex Savanna species, quae costa una cum lorica antea dura adeo mollescat tota, ut comedi possit, ex manca descriptione eruere non licet.*

Habitat in America *australi.*

Caput *serpentis, maculis supra flavis, subtus rubris varium;* maxillae *canaliculatae, dentibus minutis munitae;* lingua *teres lata;.* oculi *nigri, languidi, humidi;* collum *ad longitudinem pollicum 4 extensile, cute obscura, rugosa, squamosa tectum;* femora *crassa, curva, rubro-maculata;* palmae *unguibus 5,* plantae *4.* Scutum *pollices 10 longum, 6½ latum, 5 altum; dorsi* scutella 13, *primum seriei mediae pentagonum, 2-4 hexagonum, 5 trapezium;* margo *niger striatus;* sternum *flavum;* cauda *crassa conica, pollicem circiter longa.*

120. RANA. Corpus tetrapodum nudum, utplurimum ecaudatum: pedibus posterioribus longioribus.

* Bufones, *corpore verrucoso, ventricoso, pedibus brevioribus.*

Pipa. **1.** R. digitis anticis muticis quadridentatis, posticis unguiculatis. *Muf. Ad. Frid.* 1. *p.* 49. *Gron. muf.* 2. *p.* 84. *n.* 64.
Seb. muf. 1. *p.* 121. *t.* 77. *f.* 1-4. Bufo f. Pipa americana.
Wagn. muf. 15. *t.* 7. Bufo major furinamenfis.
Vincent. pip. 1726. *t.* 62. Bufo aquaticus furinamenfis.
Bradl. nat. t. 22. *f.* 1. Rana furinamenfis.
Vallifn. nat. 1. *t.* 41. *f.* 6.
Camper Schrift. der berl. Naturf. Gef. 7. *p.* 200.
Fermin monogr.
Habitat in Gujanae *aquis, nigris ejus incolis esculenta;* mas *ova seriatim a femina exclusa hujus dorso illinit, seque in hoc volutando foveis in cute feminae excavatis imprimit, suoque tum semine foecundat; ex ovis cum cute matris dorsali connatis post trimestre prodeunt pulli, branchiis carentes, primo ecaudati, post caudam assumentes, quam denique exuunt.*
Caput *planum, brevissimum, latum;* rostrum *spathulae forma;* oculi *remotissimi minimi;* collum *brevissimum, rugosum;* corpus *orbiculare, planum, supra ex nigro spadiceum, cute dura, cartilaginea;* digiti *anteriores teretes, posteriores longissimi, membrana indivisa juncti.*

musica. **2.** R. humeris gibbis punctatis.
Habitat Surinami *in aqua dulci, vesperi perque totam noctem loquax, musica surinamensis.*

Corpus

Corpus *statura bufonis, sed majus, ex lurido et fusco varium*; palpebra *superior rugosa, subverrucosa*; humeri *utrinque gibbo ovato, punctis pertuso*; abdomen et femora *punctis eminentibus*; palmae *fissae*, plantaeque *subpalmatae digitis quinque, unguibus vix ullis*.

Bufo. 3. R. corpore lurido fufcoque. *Fn. suec.* 275.
Fn. suec. 1. *n.* 253. Rana palmis pentadactylis fiffis, plantis hexadactylis palmatis: pollice breviore.
It. oel. 142.
Gesn. pisc. 807. Rubeta f. Phrynum.
Bradl. nat. t. 21. *f.* 2.
Raj. quadr. 252. Bufo f. Rubeta.
Paulini C. F. Bufo curiosus Norib. 1685.
Roesel hist.-ran. nostr. p. 85. *t.* 20. Bufo terrestris, dorso tuberculis exasperato, oculis rubris.
β) Bufo (calamita) dorso olivaceo, taenia laterali inaequali lucide ex rubro flavescente. *Laurent. amph* p. 27. *n.* 9.
Roehrling, Kreuzkroete. *Roes. hist. ran. nostr.* p. 107. *t.* 24.
γ) Bufo (viridis) maculis viridibus confluentibus, verrucis macularum concoloribus, intervallorum rubris, intermediis bicoloribus. *Laur. amph.* p. 27. *n.* 8. *t.* 1. *f.* 1.
δ) Bufo obstetricans. *Laur. amph.* p. 28. *n.* 12. 128.
Bufo terrestris minor. *Act. parif.* 1741.
Habitat in Europae *nemorosis, ruderatis, umbrosis, vere et aestate in aquis stagnantibus, hieme in lutosis, non raro subterraneis, fodiens, noctu victum quaerens, insecta venans, cotula, actaea, stachyde, aliis foetidis delectatus, vitae tenacissimae, ut prodeuntes ex ovis per annos intra lapides inclusis pulli vivi adhuc reperti sint; vi noxia et salutari orbus, a buteone, aliisque falconibus et ardeis devoratus, et ab ipso erinaceo, quem ideo Ucraniae incolae domesticum alunt.*

Rubeta. 4. R. ano obtuso, subtus punctato. *Fn. suec.* 276.
Syst. nat. 37: *n.* 5. Rana palmis tetradactylis fiffis, plantis pentadactylis subpalmatis, ano subtus punctato.
It. wgoth. 261.
Habitat in Europa, *frequens post imbres, unde rana coelitus demissa* Rondeletio; *pullo bufonis similis; an vere distincta species?*

gibbofo. 5. R. corpore ovato-convexo: vitta longitudinali cinerea dentata, pedibus fiffis.

Yyy *Amoen.*

Amoen. ac. 1. p. 286. *et Muf. Ad. Fr.* 1. p. 48. Rana palmis tetradactylis fiſſis, plantis hexadactylis fiſſis, pollice latiuſculo breviſſimo.
Laurent. amph. p. 27. n. 6. Bufo gibboſus.
β) Bufo (marmoratus) dorſo ex rubro et cinereo-flaveſcente marmoris ad inſtar variegato, abdomine flavo nigro-maculato. *Laur. amph.* p. 29. n. 14.
Seb. muſ. 1. t. 71. f. 4. 5.
Habitat in India; β) Surinami.

Bombina. 6. R. abdomine aurantio caeſio-maculato, pupilla triquetra.
Blumenb. Naturg. 260. n. 5.
Rana corpore verrucoſo, abdomine albido nigro-maculato, plica gulari. *Syſt. nat.* 12. 1. p. 355. n. 6. *Fn. ſuec.* 277.
Rana variegata. *Syſt. nat.* X. 1. p. 211.
Bufo igneus. *Roeſel ran. noſtr.* t. 22. 23. *Laur. amph.* p. 29. n. 13.
Albert. M. anim. p. 251.
β) Bufo abdomine nigro, punctis maculisque candidiſſimis. *Laur. amph.* p. 29. β.
γ) Bufo fuſcus. *Roeſel hiſt. ran. noſtr.* t. 17. 18.
Bufo fuſcus, cute laeviuſcula, maculis plurimis fuſcis, in intervallis albicantibus albis, et ad latera artuumque articulos miniatis. *Laur. amph.* p. 28. n. 10.
δ) Rana campaniſona. *Laur. amph.* p. 30. n. 18.
Geſn. piſc. p. 809. 952.
Habitat in Scaniae, Germaniae, Helvetiae *potiſſimum paludibus, ranae inſtar ſaliens, ſonumque clarum emittens, quaſi cachinnantis.*

Bufoni

Ranae *corpore breviori, capite latiore, craſſiore, nulla plerisque cauda a lacertis diverſae, inſectis victitantes, quarto demum anno puberes, ultra duodecimum vix vivaces, palmis utplurimum fiſſis tetradactylis, plantis palmatis pentadactylis utrisque muticis inſtructae, ſalaciſſimae feminam ova nuda parientem per dies et ſeptimanas tenaciſſime amplectuntur, apodes ex ovo prodeunt, cauda piſcinae ſimili muniti, quae, prouti pedes emergunt, ſenſim evaneſcit, eo in ſtatu (gyrini) branchiarum ſpecie, et pulmonibus ſubſidiariis, multae etiam ad labium inferius tubo exiguo, cujus ope ſuctione aliis corporibus ſe affigunt, aut juxta oculos ſiniſtros utriculo inſtructae, cujus ope aquam eructant; amplexus tempore palmarum pollice mari verrucoſo; bufones vero aſpectu nocturni, in umbroſis, obſcuris latentes, ova pariunt in taeniam longiſſimam connexa; ranae propriae dictae agiliores, diurnae, in aprico magis verſantes ova in acervum confuſa emittunt.* De oſſium ſtructura v. Troja *act. Pariſ. exot.* t. 9. *de ſono, quem edunt,* Camper *Act. Roterod.* t. 1. *an Rana a* Lepechin *it.* 1. p. 318. *memorata et* t. 22. f. 6. *depicta, propria ſpecies?*

AMPHIBIA REPTILIA. Rana.

Bufoni similis, sed parva, nigra, supra undique punctis exasperata, subtus varia; ruga sub collo transversa.

salsa. 18. R. supra ex terreo olivacea, subdus albida nigro maculata, pedibus omnibus, fissis.
Bufo salsus. *Schranck naturh. Br. über Oestreich. &c.* I. p. 308.
Habitat in aquis stagnantibus salsis Berchtesgadensibus, arborea minor, lucem fugiens, inodora, ex verrucis medio perforatis minutis concoloribus nihil liquidi exsudans; pedes fusco-fasciati, subtus flavi.

ventricosa. 7. R. ore semiovato, jugulo prominulo. *Mus. Ad. Fr.* 1. p. 48.
Bufo ventricosus. *Laur. amph. p.* 26. n. 5.
β) Bufo (pustulosus) pustulis dilute lacteis. *Laur. amph. p.* 26. n. 4.
Seb. mus. 1. t. 74. f. 1.
Habitat in America australi et India.
Corpus fuscum, orbiculatum; tubercula summi colli longitudinaliter digesta; dorsi rugae tres longitudinales; hypochondria dilatata tumida.

marina. 8. R. scapulis pulvinatis, superciliis verrucosis conchatis, plantis subpalmatis.
Seb. mus. 1. t. 76. f. 1. Rana marina maxima.
Wallbaum Schr. der Naturf. berl. Ges. 5. p 230 Meerfrosch.
β) Rana ochroleuca supra fulco punctata, subtus livido adumbrata, cervice et humeris griseo maculatis. *Wallbaum Schr. der berl. Naturf. Ges.* 5. p. 241.
Habitat in America.
Magnitudo ingens; longitudo ab apice oris ad anum 6 pollices excedens; color ex flavescente griseus, hinc inde fuscescente maculatus; verrucae majores et minores, medio puncto elevato badio; pulvinaria ovata laevia, poris pertusa; anus radiis rugosis cinctus; plantarum digiti primo tantum articulo membrana connexi, ultimo articulo membrana badia fimbriato.

brasiliensis. 19. R. ex cinereo flavescens, maculis rubris undosis, subtus glabra. *Laur. amph. p.* 26. n. 3.
Seb. mus. 1. t. 73. f. 1. 2.
Habitat in Brasilia.

Arunco. 20. R. pedibus omnibus palmatis. *Molin. hist. nat. Chil. p.* 190.

Yyy 2 *Habitat*

lutea. 21. R. corpore luteo, pedibus omnibus subpalmatis. *Molin.*
hist. nat. Chil. p. 190.
Habitat in aquis regni Chilensis, *esculentae habitu, at multo minor.*
Ultimi digitorum articuli liberi.

margari- 22. R. ex fusco rubra, granulis dilute rubellis conspersa. *Laur.*
tifera. *amph.* p. 30. *n.* 15.
Seb. *muf.* 1. *t.* 71. *f.* 6. 7.
β) Rana dilute lutea, granulis rubris conspersa, palmis pentadactylis.
Seb. *muf.* 1. *t.* 71. *f.* 8.
Habitat in Brasilia.
Latera *ex flavo variegata*; abdomen *albens, granulis dilute caeruleis*; pedes *hispidi*.

cornuta. 11. R. palpebris conicis. *Muf. Ad. Fr.* 1. p. 48.
Bufo cornutus. *Laur. amph.* p. 25. *n.* 2.
Bufo cornutus s. spinosus virginianus. Seb. *muf.* 1. *t.* 72.
f. 1. 2.
Habitat in Virginia *et* Surinamo, *aspectu horrenda.*
Caput *ingens, anterius rotundatum, thoraci circumfusum; faux amplissima; palpebrae molles, mucronatae, apice trifidae, medio sui oculum gerentes; adultae* dorsum, femora, anus *spinis horrent.*

sitibunda. 23. R. supra ex glauco cinerascens, maculis ex viridente nigricantibus varia, subtus sordide alba, plantis semipalmatis subheptadactylis. *Pall. it.* 1. p. 458. *n.* 16.
Habitat in siccis desertis ad fluvium Ural, *oppida et fortalitia quoque colens, interdiu in antris latens, vespere circumsaltans, bufonis forma, sed major.*
Caput *breve, retusum, pone orbitas quasi filo constrictum; palpebrae subcarnosae; corpus punctis prominulis fuscis, et verruculis ad latera majoribus per inguina et hypochondria creberrimis conspersum;* palmarum *pollex divaricatus;* plantarum *callus ad metatarsum utrinque prominulus.*

vesperti- 24. R. macula inter oculos transversa, posterius bicruri aliisna. que oblique ab oculis ad nares, corpore supra cinereo
maculis

AMPHIBIA-REPTILIA. Rana. 1051

maculis longitudinalibus subconfluentibus fuscis, viridi variantibus vario, subtus albido cinerascente inquinato. *Pall. it.* I. p. 458. n. 15.

Habitat in Sibiria, *bufonis magnitudine, forma esculentae, at aegre saliens.*

Caput *breve*; corpus *supra pupillis subverrucosis consperfum.*

ridibun- 25. R. corpore fusco-maculato supra cinereo, linea dorsali flava
da. vel subviridi, subtus albido glabro, clunibus fuscis lacteomaculatis. *Pall. it.* I. p. 458. n. 14.

Habitat copiosissima versus mare caspium, *fluviis* Volgae *et* Ural *communis, in siccum nunquam exiens, maxima, ut semilibram pondere aequet, temporariae forma, sed latior et brevior; vox vespertina cachinni aemula.*

Caput *latum, plagioplateum;* palpebra *superior convexa, poris adsperfa;* tympana *plana;* dorsum *poris adsperfum;* latera *verrucis obsoletis;* palmarum *pollex basi crassus divaricatus, digito proximo reliquis omnibus breviore;* artus *posteriores subfasciati;* plantae *callo interius accedente subhexadactylae, digitis subtus ad articulos verruca notatis.*

variabilis. 26. R. colorem varians, dorso et lateribus gibbis, verrucis in centro fulvescentibus, dorsi medii exilibus, in prominentissima hypochondriorum parte majoribus. *Pall. spic. zool.* 7. p. I. t. 6. f. 3. 4.

Bufo Schreberianus. *Laur. amph.* p. 27. n. 7. *Roefel hist. ran. nostr.* p. 108.

Habitat in Germaniae *inferioris umbrosis, esculentae magnitudine, habitu inter bufones et ranas media; corpore ipso ultra 2 pollices longo, vigil colore corporis albo, macularum viridi, in solis ardore toto cinereo, dormiens macularum solarum colore cinereo; torpens corporis ipsius colore carneo conspicua.*

Caput *rotundatum; os plane edentulum;* maxillae *superioris margine geminato;* lingua *carnosa, crassa, repostilis, basi antice obsolete biloba, apice integerrima;* palpebra *superior vix ulla, inferior plicatilis;* tympana *albida;* verrucae *mammillares, in inguine creberrimae;* gula *punctis prominulis aspera;* color *in spiritu servatae ex cinereo flavescens, supra subolivaceus;* palmarum *digiti* 3 *subtus marginati, pollex major;* plantarum *digitus secundus longissimus.*

Yyy 3 ** Ranae

AMPHIBIA REPTILIA. Rana.

** Ranae *proprie dictae, corpore magis oblongo laevi, pedibus longioribus.*

typhonia. 9. R. auricularibus lobis ovatis.
Habitat in America, *clamitans nocte sono cornicis tetro lucente.* Rolander.
Dorsum *rugis quatuor longitudinalibus, punctis elevatis maculisque nigris;* plantarum *digiti angusti absque unguibus orbiculatis: secundus longissimus.*

pentadactyla. 27. R. pedibus omnibus fasciatis pentadactylis, corpore venuloso: maculis dorsalibus transversis, lateralibus ocellatis.
Laur. amph. p. 32. n. 23.
Seb. muf. 1. t. 75. f. 1.
β) Rana fusca, palmarum digitis 4 cum rudimento quinti, plantarum quinis, cum rudimento sexti. Laur. amph. p. 32. β.

ocellata. 10. R auribus ocellatis, pedibus muticis. *Muf. Ad. Frid.* 2. p. 39. *
Brown jam. 466. t. 41. f. 4. Rana maxima compressa miscella.
Seb. muf. 1. t. 76. f. 1.
Habitat in America.
Utrinque ad aures *macula ocellata;* plantae *subpalmatae.*

pipiens. 28. R. viridis, ocellis plurimis fuscis annulo flavescente cinctis.
Schreber Naturf. 18. p. 182. t. 4.
Catesb. Car. 2. t. 70. Klein quadr. p. 119. Rana aquatica.
Kalm. it. 3. p. 45. 46. Rana halecina, et Rana virescens.
Habitat ad Americae *septentrionalis aquas fluentes, ab ore ad pedum extensorum apicem usque 5 - 6 pollices longa, temporaria et esculenta minor, huic similior, quam illi, primis Maji diebus, et per reliquum ver, nocte praesertim et ingruente pluvia, alta voce clamitans, saltibus aliquando ingentibus progrediens.*
Aures *vivi animalis aureo nitore resplendent;* corporis *habitus idem, qui esculentae;* ani *regio rugosa;* palmarum *digitus a pollice tertius reliquis longior;* femora *posteriora longiora, quam esculentae;* tibiae *his longiores;* adhuc longiores plantae, *utrinque marginatae;* digitis *vix apice liberis, quarto reliquos superante.*

maxima. 30. R. pedibus omnibus palmatis et cum digitis fasciatis, corpore venuloso variegato: summo dorso oblique maculato. *Laur. amph. p.* 32. *n.* 24.
,*Seb. muſ.* 1. *t.* 72. *f.* 3.
Fasciae pedum per paria approximatae, supra confluentes.

alpina. 31. R. tota atra. *Laur. amph. p.* 133.
Habitat in declivibus montis austriaci Schneeberg.

venulosa. 32. R. pedibus fissis, corpore venuloso maculoso: maculis confluentibus. *Laur. amph. p.* 31. *n.* 22.
Seb. muſ. 1. *t.* 72. *n.* 4.
Habitat in India *et australi* America.

virginica. 33. R. cinerea, rubro maculata, subtus flavescens, dorso quinquestriato quinquangulari. *Laur. amph. p.* 31. *n.* 20.
Seb. muſ. 1. *t.* 75. *f.* 4.
Habitat in Virginia.

temporaria. 14. R. dorso planiusculo subangulato. *Fn. suec.* 278. *It. oel.* 154.
Rana palmis tetradactylis fissis, plantis pentadactylis palmatis: pollice longiore. *Fn. suec.* 1. *n.* 250.
Laur. amph. p. 30. *n.* 17. Rana muta.
Roesel hist. ran. nostr. p. 1. *t.* 1-3. Rana fusca terrestris.
Gesn. aq. 805. *ovip.* 46. Rana aquatica innoxia.
Raj. quadr. 241. Rana aquatica.
Aldr. ovip. 89. Rana.
Jonst. quadr. t. 75. *f.* 5-8.
Bradl. natur. t. 21. *f.* 1.
β) Rana gigas. *S. G. Gmelin it.* 3.
Habitat in Europa, β) *in* Persia, *vere aquatica inter bufones, aestate terrestris, insons, limacibus, culicibus, muscis aliisque insectis victitans, anatibus ardeisque cibo inserviens, corde licet exemto adhuc saliens; garrula limosis rana coaxat aquis; gigas noctu vocem hominis iracundi aemulatur.*

marginata. 12. R. lateribus marginatis, pedibus fissis. *Muſ. Ad. Frid. p.* 47.*
Habitat in India, *et australi* America.

esculenta. 15. R. corpore angulato, dorso transverse gibbo, abdomine marginato. *Fn. suec.* 279.
Gesn. pisc. 809. Rana gibbosa 4-5.

Yyy 4

Roesel

Roesel hist. ran. nostr. p. 51. t. 13. 14. Rana viridis aqua- tica.

Habitat in Europae fontibus, paludibus, stagnis, viridis, lineis tribus flavis, media ab ore ad anum ducta; dorsum transverse gibboso-diffractum; mas oris angulis globoso-inflatis cantu vespertino frequentiore praedicit pluviam; animosus ipsos lucios adoritur et vincit:

*** Hylae cruribus posticis longissimis: unguibus lenticulatis.

arborea. 16. R. corpore subtus granulato, pedibus fissis. *Blumenb. Naturg. p. 261. n. 8.*

Rana corpore laevi: subtus punctis contiguis tuberculato, pedibus fissis, unguibus orbiculato-dilatatis. *Syst. nat. XII.* 1. p. 357. n. 16. Fn. suec. 180.

Rana pedibus fissis, unguibus subrotundis, corpore laevi postice angustato. *Amoen. ac.* 1. p. 135. *Mus. Ad. Fr.* 1. p. 47.

Gronov. mus. 2. p. 84. n. 63. Rana.

Laurent. amph. p. 33. n. 26. Hyla viridis.

Roesel hist. ran. nostr. p. 37. t. 9–11. Rana arborea.

Gesn. pisc. 808. Ranunculus viridis.

Raj. quadr. 251. Rana arborea s. ranunculus viridis.

β) Rana pedibus fissis, palmis tetradactylis, plantis pentadactylis: geniculis subtus tuberosis. *Amoen. ac.* 1. p. 285. Hyla fusca. *Laur. amph.* p. 34. n. 27.

γ) Hyla viridis, linea flava utrinque recta. *Laur. amph.* p. 33. p. 36. β.

Catesb. Car. 2. p. 71.

δ) Hyla ranaeformis. *Laur. amph.* p. 33. n. 25. *Seb. mus.* 2. t. 13. f. 2.

ε) Rana americana rubra. *Seb. mus.* 2. t. 70. f. 4.

ζ) Hyla viridi fusca. *Laur. amph.* p. 34. n. 29. *Merian. surin.* t. 56.

η) Hyla tibiatrix. *Laur. amph.* p. 34. n. 30. *Seb. mus.* 1. t. 71. f. 1. 2.

ϑ) Hyla rubra. *Laur. amph.* p. 35. n. 32. *Seb. mus.* 2. t. 68. f. 5.

ι) Hyla Sceleton. *Laur. amph.* p. 35. n. 33. *Seb. mus.* 1. t. 73. f. 3. Rana brasiliensis gracilis.

Habitat in Europa (Anglia excepta) et America sub foliis arborum, muco, limacis instar, obducta, muscas in fauces quasi revocans, colorem non raro, chamaeleontis more, mutans;

AMPHIBIA REPTILIA. Rana. 1055

mutans; mas gulam maximopere inflando pluvia inflante, et amplexus praesertim tempore altissimam vocem edit.
Corpus *supra virens; subtus albens, utroque latere linea flava curva.*

leuco- 34. R. corpore laevi cano, maculis oblongis lacteis vario, palphylla. mis lobatis, plantis palmatis. *Beireis Schr. der berl. Naturf. Gef.* 4. *p.* 1785t. II. *f.* 4.
Habitat in America, 46 *grana pondere aequans.*
Oculi *aurei; inter hos, ad* latera, *in* dorsi *medio, et ad tibias maculae oblongae albae;* clunes *graciles.*

squamige- 35. R. fascia squamosa super dorsum semicincta, plicis lateraribus et gulari, palmis semipalmatis, plantis palmatis.
Walbaum Schr. der berl. Naturf. Gef. 5. *p.* 221.
Habitat in America? *esculentae habitu et magnitudine, ultra* 2 *pollices longa.*
Color *ex griseo et fusco varius, punctis densius aggregatis sparsisque maculis, in dorso posteriore serpentino ductu progredientibus pictus;* fascia *ex squamis exilibus, subpellucidis, rhomboideis imbricatis;* artus *posteriores anterioribus duplo longiores.*

boans. 17. R. corpore laevi: subtus punctis contiguis, pedibus palmatis.
Rana palmis tetradactylis, plantis pentadactylis palmatis, digitorum apicibus subrotundis. *Amoen. acad.* 1. *p.* 285.
Muf. Ad. Fr. 1. *t.* 47.
Seb. muf. 1. *t.* 71. *f.* 4.
Laur. amph. p. 34. *n.* 28. Hyla lactea.
β) Rana corpore supra ex caerulescente subplumbeo. *Laur. amph. p.* 34. β.
γ) Hyla aurantiaca. *Laur. amph. p.* 35. *n.* 31.
Seb. muf. 1. *t.* 71. *f.* 3. Rana surinamensis.
Habitat in America, *arboreae simillima, pedibus tamen omnibus palmatis et corpore albo maculis lacteis vario distincta, si quidem haec sufficiant ad speciem distinguendam.*

**** *caudatae.*

paradoxa. 13. R. femoribus postice oblique striatis. *Muf. Ad. Frid.* 2. *p.* 40.
Syst. nat. VI. *p.* 36. *n.* 2. Lacerta cauda ancipiti, palmis tetradactylis fissis, plantis pentadactylis palmatis, abdomine ventricoso.

Maſ. Ad. Frid. I. *p.* 49. Rana piscis.
Laur. amph. p. 36. *n.* 34. Proteus raninus.
Seb. muſ. 1. *t.* 78.
Merian. ſurin. 71. *t.* 71.
Habitat in America auſtrali, *cauda robuſta, carnoſa, ancipite, permanente a congeneribus diſtincta; contra morem
congenerum gyrinus jam perfectum animal magnitudine refert, et antequam penitus perficiatur, aliquoties cutem
mutat; inde illae fabulae ranarum in piſces abeuntium.* *)

121. DRACO. *Corpus* tetrapodum, caudatum, ala-
tum: alis propriis. **)

volans.   1. Dr. brachiis ab ala diſtinctis. *Syſt. nat.* XXXVI. *Gronov.
muſ.* 2. *p.* 73. *n.* 46.
Draco. *Muſ. Ad. Frid.* I. 40.
Lacerta cauda tereti, pedibus pentadactylis, alis femore con-
nexis, criſta gulae triplici. *Amoen. acad.* I. *p.* 126.
Lacerta africana volans f. Draco volans. *Seb. muſ.* 2. *t.* 86.
f. 3.
Lacerta volans indica. *Raj. quadr.* 275.
Lacerta volans. *Bradl. nat. t.* 9. *f.* 5. *Grimm eph. N. C.
ann.* 112.
Lacertus volans f. Dracunculus. *Bont. jav.* 57. *t.* 57.
Habitat in India et Africa.

praepos.   2. Dr. brachiis alae adnatis. †
Seb. muſ. 1. *p.* 160. *t.* 102. *f.* 2. Draco volans americanus.
Alas et pingunt et deſcribunt a pedibus anterioribus ſepara-
tas autores. ***)

122. LA-

---

*) *Si vera ſint ſui generis perfecta animalia* protei, *a Soelmanno omni anni tempore obſervati, tritonius, a Schranckio, et anguinus, ambo in lacubus Au-
ſtriae interioris a Laurentio reperti, enumerati, delineati, huic loco inſerendi
mihi quidem videntur; at ſumma cum gyrinis, utique branchioſtegis ſimilitudo
hactenus obſtat, donec conſpirantibus et curatiſſimis plurium obſervationibus con-
ſtet, nullam amplius, tardiorem forte, ſubire metamorphoſin.*

**) *Alae draconum non e pedibus anterioribus formatae, ut in avibus, veſpertilio-
nibus, pegaſo; ſed propriae et radiatae, ut pinnae piſcium, ſubſultibus, quales
membrana inter pedes expanſa ſciurus volans agit, non vero volatui inſervien-
tes; ſola pars quae draconem a latertis divellit, et procul dubio prima anſa fa-
bularum illarum de draconibus, baſiliſcis &c.*

***) *Dracones omnes reliqui autorum fabuloſi ſunt, ut Hydra Seb. muſ.* 1. *t.* 102.
f. 1. *Hamburgi a nobis viſa, non naturae, ſed artis opus eximium.*

AMPHIBIA REPTILIA. Lacerta.

122. LACERTA. *Corpus* tetrapodum, elongatum, caudatum, nudum: pedibus aequalibus.

* Crocodili, *cauda ancipite in segmenta diviso, lingua brevissima.*

Crocodilus. 1. L. capite cataphracto, nucha carinata, cauda superne cristis binis lateralibus horrida. *Blumenb. Naturg.* 262.
Lacerta cauda compressa serrata, pedibus triunguiculatis, palmis pentadactylis, plantis tetradactylis palmatis. *Syst. nat.* XII. 1. p. 359. n. 1. *Amoen. acad.* 1. p. 121. *Mus. Ad. Fr.* 1. p. 40.
Crocodilus. *Gronov. mus.* 2. p. 74. n. 48. *Bellon. aq.* 41. *Gesn. quadr.* 9. *aquat.* 304. *Aldr. aq.* 677. *Jonst. quadr.* t. 79. f. 3. *Olear. mus.* 8. t. 7. f. 3. *Seb. mus.* 1. t. 105. f. 3. 4. *Vallisn. nat.* 1. t. 43. *Hasselq. it.* 292.
Crocodilus niloticus. *Besl. mus.* 47. t. 13. *Jacob mus.* 1. t. 7. f. 55.
Lacertus maximus. *Raj. quadr.* 761.
β) Crocodilus africanus. *Laur. amph.* p. 54. n. 75. *Seb. mus.* 1. t. 103. f. 2. 4.
Habitat in Nilo, 18 - 25. *pedes longa, Leviathan Jobi, moschum olens, mugiens, velocitate summa, robore, voracitate periculosissima, hominem et alia animalia majora, terrestria et aquatica occidit, et silicibus deglutitis digestionem juvat, naviculas invertens, in retia irrumpens, non nisi in ventre sclopeti ictu ferienda, tabaco trucidanda, in cursu vix ad latera exspatians, eo artificio fugientibus ejus dentes, adhuc servandis, quos, si arripiat, tanto saevius dilacerat; femina in coitu supina ad centena ova anserinis vix aequalia in arena deponit, a viverra ichneumone magnam partem effossa et exhausta; adorti aethiopes dorso insiliunt, regunt, dormientem occidunt, et carnem cum ovis comedunt.*
Palpebrae *rugosae truces;* aures *lineares supra valvula clausiles;.* dentes *in maxilla superiore* 40, *in inferiore* 38 *acuti. Differt* β) *rostro capite multo breviore, nuchaque nuda, quae scutis carinatis inaequalis est alteri.*

gangetica. 50. L. maxillis elongatis teretibus subcylindricis, cauda superne cristis binis in unam confluentibus horrida. *Gronov. gazoph.* 2. p. 11. n. 40. *Merck. hess. Beytr.* II. 1. p. 73.

Lacerta

Lacerta. (Crocodilus) ventre marsupio donatus, faucibus
merganseris rostrum aemulantibus. *Edw. act. angl.* 49. 2.
p. 639. t. 19.
Crocodylus terrestris. *Laur. amph.* p. 54. n. 86.
Adanf. Seneg. p. 73.
Seb. muf. 1. t. 104. et t. 103. f. 1.
Habitat ad Senegal Africae *et* Gangen Indiae *fluvium*.
Dentes *in maxilla superiore* 60. *in inferiore* 58 *acuti;* aures
orbitis majores, valvula nulla: rostrum capite $2\frac{1}{2}$plo *longius; an longirostris haec ab indica diversa, cuius rostrum caput longitudine aequat, et ad quam potius spectare videntur Gronovii, Laurenti, et Sebae nomina? scuta huic indicae* 6 *mammillaria in nucha, quae longirostri desunt.*

Alligator. 51. L. capite imbricato plano, nucha nuda, cauda superne binis lineis lateralibus aspera. *Blumenb. Naturg.* p. 263.
Crocodylus americanus. *Laur. amph.* p. 54. n. 84.
Bontius jav. t. 55. Crocodylus Cayman.
Marcgr. braf. 242. Jacare.
Sloan. jam. 2. p. 332. Crocodylus.
Catesb. Car. 2. t. 63. Lacertus maximus.
Seb. muf. 1. t. 106.
Habitat *in* America *media, crocodilo minor, moribus similis.*

** Cordyli, *corpore squamis carinatis tecto.*

Caudiver- 2. L. cauda depresso-plana pinnatifida, pedibus palmatis.
bera. *Laur. amph.* p. 34. n. 55. Caudiverbera peruviana.
Feuill. per. 2. p. 319. t. 319.
Molin. hist. nat. Chil. p. 191.
β) Caudiverbera aegyptiaca. *Laur. amph.* p. 34. n. 54.
Seb. muf. 1. p. 108. t. 103. f. 2.
Habitat *in* Peru *et* Chili, *ultra* 14 *pollices longa.*
Color *ater, in caeruleum vergens;* squamae *minutissimae;* caput *convexum oblongum;* oculi *magni flavi;* nares amplae,

---

Lacertae, *calidiorum pleraeque regionum incolae, animalibus reliquis sub eodem ordine militantibus agiliores, insectis, si crocodilos exceperis, victitant, praeter hos Geckones et Gentje insontes, multae edules, plurimae etiam, praesertim aquaticae, metamorphosin patiuntur; crocodilis victus omnium animalium maximus, maxilla utraque mobilis, callis tectum corpus; chamaeleontes cauda prehensili scandunt, anomale incedunt, tardi, in ramis arborum sedent, dentibus carent, lingua longissima lumbriciformi, quibus muscas venantur, oculis maximis in sacco rugosissimo haerentibus, capite anguloso instructi, tenuissimis lucidisque tuberculis vel squamis tecti.*

AMPHIBIA REPTILIA. Lacerta. 1059

plae, margine carnofae; roftrum acutum; rictus amplus; dentium minutorum aduncorum duplex feries; lingua craffa lata rubra; faccus gularis, qui inflari poteft; crifta a fronte ad caudae apicem per dorfum decurrens margine undulato; pedes pentadactyli unguiculorum loco apice cartilaginei; cauda apice fpatulata.

Dracaena. 3. L. cauda fupra denticulata longa, digitis fubaequalibus, corpore laevi.
Laur. amph. p. 57. n. 92. Stellio Salvaguardia.
Seb. muf. 1. t. 101. f. 1. Lacerta maxima Cordylus f. Caudiverbera.
Habitat in America.
Corpus faturate fpadiceum; fquamae minutiffimae; pedes croceo alboque teffellati.

bimaculata. 52. L. cauda carinata denticulata, corpore duplo longiore, digitis palmarum plantarumque lobatis. Sparrm. nov. act. Stockh. V. 3. n. 1. t. 4.
Habitat in infulae Euftachii et Penfilvaniae dumetis, fubterraneis, aquaeductibus, cavis arboribus, fibilans, ova in terra deponens.
Corpus ex caeruleo virefcens, utplurimum nigro maculatum, maculis praefertim binis majoribus humerorum; pedes omnes pentadactyli.

Monitor. 6. L. cauda carinata, corpore mutico, maculis ocellatis.
Muf. Ad. Fr. 1. p. 41. Lacerta cauda ancipiti integra, pedibus pentadactyiis, digitis omnibus unguiculatis.
Laur. amph. p. 56. n. 90. Stellio Salvator.
Seb. muf. 2. t. 86. f. 2. 2. t. 30. f. 2. 2. t. 49. f. 2. 2. t. 99. f. 1. 2. t. 100. f. 3. 1. t. 97. f. 2. 1. t. 94. f. 1. 2. 3.
β) Stellio viridis maculis rufis. Laur. amph. p. 57. n. 94.
Seb. muf. 1. t. 75. f. 2.
γ) Stellio teffellatus, (grifeo alboque). Laur. amph. p. 57. n. 93.
Seb. muf. 1. t. 76. f. 2.
δ) Stellio faxatilis, cinereus nigro-maculatus, cauda craffiffima. Laur. amph. p. 57. n. 91.
Seb. muf. 1. t. 79. f. 4.
ε) Stellio faurus, caeruleus albo-punctatus. Laur. amph. p. 56. n. 89.
Seb. muf. 2. t. 105. f. 1.

ζ) Stellio

AMPHIBIA REPTILIA. Lacerta.

ζ) Stellio punctatus., sex punctorum seriebus dorsi longitudinalibus. *Laur. amph. p.* 58. *n.* 96.
Seb. muf. 2. *t.* 2. *f.* 9.

η) Stellio thalassinus, ocellis nigricantibus. *Laur. amph. p.* 57. *n.* 95.
Seb. muf. 1. *t.* 110. *f.* 4. 5.

Habitat in America (ad Virginiam usque) et Asia australi, tripedalis circiter, gangeticae et alligatoris frequens socia, qua um adventum sibilo prodere animalibus fertur.
Corpus maculis albis ocellatis verticillatum, subtus album, fasciis linearibus interruptis varium.

bicarinata. 8. L. cauda compressa supra bicarinata mediocri, dorso quadrifariam carinato-striato.
Habitat in Americae australi oppositis insulis et India, parua.
Corpus griseum; dorsum striis duabus elevatis, et latera singula ex squamis carinato-striata; squamae convexo-tuberculatae; abdomen ordinibus 24 senariis transversalibus squamarum tectum; cauda corpore vix sesquilongior, subtus striata, lateribus glabris.

Cordylus. 9. L. cauda verticillata brevi, squamis denticulatis, corpore laevigato. *Amoen. acad.* 1. *p.* 132. 292.
Laur. amph. p. 52. *n.* 81. Cordylus verus.
Gronov. muf. 2. *p.* 79. *n.* 55. Cordylus.
Seb. muf. 1. *t.* 84. *f.* 3. 4. *et* 2. *t.* 62. *f.* 5.
Habitat in Africa et Asia.
Corpus lividum vel nigricans, squamarum truncatarum carinis elevatissimis muricatum; caudae squamae oblongae cinereae, carinarum spinis rigidis.

*** Stelliones, *dorso caudaque vel toto corpore squamis denticulatis vel aculeatis tecto.*

Palluma. 53. L. cauda verticillata longiuscula, squamis rhomboideis. *Molin. hist. nat. Chil. p.* 190.
Habitat in Chilensis regni campis sub terra, praeter caudam aeque longam ultra 11 pollices longa, pelle incolis marsupii loco inferviente.
Corpus supra squamis minutis tectum ex viridi, flavo, caeruleo et nigro varium, subtus ex viridi flavum nitens; pedes pentadactyli, unguibus robustissimis.

Stellio. 10. L. cauda verticillata mediocri, capite et corpore muricato. *Muf. Ad. Fr.* 2. *p.* 37.* *Hasselq. it.* 321.
Tournef.

Tournef. it. 1. p. 119. t. 120. Lacerta Coslordilos dicta.
Laur. amph. p. 52. n. 80. Cordylus Stellio.
Seb. muf. 2. t. 8. f. 7.
Habitat in Oriente: Delo Aegypto, reliqua Africa. Stercus lectum ad pyramides Aegypti, Cordyleæ, pro optimo cosmetico habitum. Bell. it. 115.

mauritanica. 11. L. cauda subverticillata brevi muricata apice laevi, corpore supra muricato, digitis subtus lamellatis muticis.
Laur. amph. p. 44. n. 58. Gekko muricatus.
β) Gekko verticillatus. Laur. amph. p. 44. n. 56.
Seb. muf. 1. t. 108. f. 2. 7.
γ) Gekko aculeatus. Houttuyn act. Vlissing. 9. p. 324. n. 3.
Seb. muf. 1. t. 108. f. 6.
Habitat in Mauritania, β) in India, geckonis habitu, sed lurida, et ad latera capitis, supra collum, dorsum, femora verrucoso-mucronata, subtus laevis, squamis minimis: cauda corpore brevior, a basi ad medium sex spinarum ordinibus hispida, inde ad apicem usque laevis; digiti geckonis. Brander.

azurea. 12. L. cauda verticillata brevi: squamis mucronatis. Muf. Ad. Fr. 1. p. 42.
Seb. muf. 2. t. 62. f. 6.
β) Cordylus brasiliensis. Laur. amph. p. 52. n. 82.
γ) Stellio fascia ad humeros saturate spadicea.
Seb. muf. 1. t. 91. f. 4.
Habitat in Africa, β) et γ) in Brasilia, hanc tribum iguanis nectens.

angulata. 19. L. cauda hexagona longa, squamis carinatis mucronatis.
Habitat in America, parva. Rolander.
Corpus supra fuscum, subtus squamis non mucronatis, sub gula duabus magnis rotundatis; caput nudum, rugis variis elevatis inaequale, posterius, ubi colli squamae incipiunt, quasi truncatum et annexum; cauda valde angulata, corpore sesquilongior.

orbicularis. 23. L. cauda tereti mediocri, vertice trimuricato, abdomine subrotundo. Muf. Ad. Fr. 1. p. 44.
Laur. amph. p. 51. n. 79. Cordylus hispidus.
Seb. muf. 1. t. 109. f. 6.
β) Cordylus orbicularis. Laur. amph. p. 51. n. 78.

Lacerta cauda tereti brevi, trunco subgloboso supra muticato.
Syst. nat. X. p. 206. n. 24.
Seb. muf. 1. p. 134. t. 83. f. 1. 2. Lacertus orbicularis spinosus.
Hern. mex. 327. 328. Lacertus orbicularis.
Raj. quadr. 263. Lacertus orbiculatus.
Habitat in America *calidiore*, (β) *in* nova Hispania.

Bafiliscus. 25. L. cauda tereti longa, pinna dorsali radiata, occipite cristato.
Laur. amph. p. 50. n. 75.
Seb. muf. 1. t. 100. f. 1.
Habitat in America *australi, inter Iguanas et Dracones media, occipite intra cava membranacea, squamulis tecta, praealta, conica, compressa, latente;* pinna *dorsi squamata, plicatilis, quam animal in arbore quiescens complicat et expandit.*

principalis. 7. L. cauda subcarinata, crista gulae integerrima, dorso laevi.
Muf. Ad. Fr. 1. p. 43. *Amoen. acad.* 1. p. 286. t. 14. f. 2.
Habitat in America *meridionali, tribus incertae.*
Cutis tenuissima; cauda articulata, quovis articulo ex 5 annulis squamarum tenuissimarum conflato; digitorum articuli penultimi latiores.

**** Iguanae, *dorso ciliato, dentato aut cristato, capite callis obsesso.*

Iguana. 26. L. cauda tereti longa, sutura dorsali dentata, crista gulae denticulata.
Amoen. ac. 1. p. 123. 287. *et Muf. Ad. Fr.* 1. p. 43. Lacerta cauda tereti, pedibus pentadactylis, crista dorsi longitudinali, gulae pendula antice dentata.

Raj. quadr. 265. Lacertus, Senembi et Iguana.
Seb. muf. 1. t. 95. f. 1. 2.
96. f. 4.
97. f. 3.
98. f. 1.
Catesb. Car. 2. t. 64?
β) Iguana chamaeleontina. Laur. amph. p. 47. n. 65.
Habitat in India et calidiori America, infulisque utrique vicinis, adeo manfuefcens, ut hominem canis inflar fequatur; capitur linea laqueari; carne fapidiffima, venereis, ut fertur, noxia.

Calotes. 27. L. cauda tereti longa, dorfo antice, capiteque poftice dentato. Amoen. acad. 1 p. 289. Muf. Ad. Fr. 1. p. 289.
Edw. gleau. t. 245. f. 1.
Laur. amph. p. 49. n. 73. Iguana Calotes.
Seb. muf. 1. t. 86. f. 6.
89. f. 2.
93. f. 2.
95. f. 3. 4.
β) Iguana chalcidica. Laur. amph. p. 48. n. 69.
Seb. muf. 2. t. 76. f. 5.
γ) Iguana minima, corpore fenico, fupra livido, fubtus viridi. Laur. amph. p. 48. n. 70.
δ) Iguana tuberculata: collo fupra aculeis latis obtufis tecto. Laur. amph. p. 49. n. 72.
Habitat in Afia, praefertim Zeylona.
Corpus caeruleum, fquamis acutis fubtus ftriatum; dorfi fpinae lanceolatae.

fuperci- 4. L. cauda carinata, dorfo fuperciliisque fquamis ciliatis. Muf.
liofa. Ad. Fr. 1. p. 40.
Seb. muf. 1. t. 94. f. 4.
t. 109. f. 2.
Habitat in America auftrali et India.
Caput retufum fquamis erectis; fupercilia elata, capite altiora; crifta dentata a nucha ad caudae apicem.

fcutata. 5. L. cauda fubcompreffa mediocri, futura dorfali dentata, occipite bimucronato.
Laur. amph. p. 49. n. 74. Iguana clamofa.
Seb. muf. 1. p. 173. t. 109. f. 3. 4. Salamandra prodigiofa amboinenfis fcutata.
Habitat in Afia.

Zzz 54. L.

AMPHIBIA=REPTILIA. Lacerta.

amboi-
nenfis.
54. L. cauda compreſſa longa, pinna caudali radiata, futura dorſali dentata. *Schloſſer epiſt. ad Dejean de lacerta Amboinenſi Amſterd.* 1768. *t.* 1.

β) Lacerta javanica. *Hornſtedt nov. act. Stockh.* 6. 2. *n.* 5. *t.* 5. *f.* 1. 2.

Habitat in Amboina *ad ripas fluviorum,* 33 *pollices longa, baſiliſcum iguanae nectens, carne ſapidiſſima.*

Corpus *albo - maculatum,* caput *et* collare *viridescens albo-ſtriatum,* dorſum *et* cauda *fuſca,* abdomen *griſeum.*

β) in India, 3 *pedes et* 8 *pollices longa;* Caput *tetragonum ſupra planum, tuberculatum, ſquama in medio orbiculari convexa;* maxillae *aequales, ſerie ſimplici marginali dentium inaequalium acutorum, utraque* 32, *munitae;* lingua *craſſa compreſſa;* collum *compreſſum, dentatum, capitis longitudine, cute laxa ſquamis rotundis tecta,* gulae *ſacco compreſſo;* truncus *vireſcens nigro maculatis, ſubtus albidus, ſquamarum quadrangularum ordinibus innumeris tectus;* cauda *corpore triplo fere longior, apice tetragona (feminae rotundata), ſquamis carinatis truncatis, dorſo bicarinato, pinnae radiis* 14, *ſubtus angulata;* pedes *pentadactyli, fiſſi,* unguibus *acutis compreſſis.*

Agama.
28. L. cauda tereti longa, collo ſupra capiteque poſtice aculeato, occipitis ſquamis reverſis.

Muſ. Ad. Fr. 1. *p.* 44.

Gron. zooph. 13. *n.* 54.

Laur. amph. *p.* 47. *n.* 67. Iguana cordylina.

Seb. muſ. 1. *t.* 107. *f.*

β) Iguana ſalamandrina, cauda ſquamis majoribus imbricata.

Laur. amph. *p.* 48. *n.* 68.

Seb. muſ. 1. *t.* 107. *f.* 3.

Habitat in America.

Corpus *pallidum ſubtus non ſtriatum, ſquamis acuminatis.*

Umbra.
29. L. cauda tereti longa: nucha ſubcriſtata, occipite calloſo, dorſo ſtriato. *Muſ. Ad. Fr.* 2. *p.* 38.

β) Iguana ſepiformis. Laur. amph. *p.* 47. *n.* 66.

Habitat in meridionalibus.

Corpus *nebuloſum, ſquamis apice carinato - mucronatis, unde dorſum ad angulum acutum ſtriatum;* caput *magis obtuſum et rotundum, quam congeneribus, occipitis callo nudo magno; ſub* gula *plica profunda.*

31. L.

marmora- 31. L. cauda tereti longa, gula fubcriftata antice dentata, dor-
-ota. fo laevi. *Amoen. acad.* I. *p.* 129. 288. *Muf. Ad. Fr.* I.
p. 43.
Seb. muf. 2. *t.* 76. *f.* 4.
Edw. glean. t. 245. *f.* 2.
Habitat in Hifpania et America.
Corpus *compreffum*; cauda *ftriata*; ungues *fupra nigri.*

criftata. 55. L. cauda lanceolata brevi pinnata, dorfo criftato, corpore
porofo nudo. *Houttuyn act. Vliffing.* 9. *p.* 333. *n.* 5. *f.* 4.
Longitudo 5 pollicum; corpus *ex fufco rubefcens, maculis
plumbeis, a capite ad caudam fupra crifta inaequaliter
dentata, fubpellucida, dorfi medio femipollicem alta;* caput *obtufum valde craffumque;* roftrum *latum*; pedes
fiffi, anteriores tetradactyli, pofteriores pentadactyli;
cauda *utrinque membrana fimbriata; an forfan gyrinus?*

***** Salamandrae, *corpore nudo, pedibus muticis, palmis tetradactylis.*

america- 56. L. cauda lanceolata mediocri, dorfo fimbriato, abdomine
na. flavo maculato. *Houttuyn act. Vliffing.* 9. *p.* 330.
Laur. amph. p. 40. *n.* 46. Triton americanus.
Seb. muf. 1. *t.* 89. *f.* 4. 5.
Habitat in America, 4-5 pollices longa.
Caput *anterius rotundatum, collo vix craffus, roftro lato;
corpus obfcure caerulefcens fubtus flavum nigro maculatum, et transverfe ftriatum; ad latera ochroleucum;* pedes *extus caerulefcente; intus flavi; fimbria a capite ad
caudae apicem.*

paluftris. 44. L. fufca, cauda lanceolata mediocri, maris dorfum criftatum verno tempore, crifta medio altiore. *Fn. fuec.* 281.
Houttuyn act. Vliffing. 9. *p.* 328. *n.* 2. *et Raj. quadr. p.* 273.
Salmandra aquatica.
Gron. muf. 2. *p.* 77. *n.* 51. Salamandra alepidota verrucofa.
Laur. amph. p. 39. *n.* 43. *t.* 4. *f.* 2. Triton paluftris.
Edw. glean. t. 259.
Habitat in aquis ftagnantibus Europae.

lacuftris. 48. L. nigra, cauda lanceola mediocri.
β) Salamandra paluftris triplo major, nigro-punctata. *Laur.
amph. p.* 39. β.
γ) Triton zeylanicus, ex albo flavoque varius nigro maculatus. *Laur. amph. p.* 39. *n.* 42.

Seb. muf. 2. t. 12. f. 7.

δ) Triton carnifex, ater, tuberculatus, gula punctata, abdomine maculato, caudae acie quasi cruenta. *Laur. amph.* p. 38. n. 41. t. 2. f. 3.

ε) Triton alpestris, ater, tuberculatus, abdomine croceo. *Laur. amph.* p. 38. n. 40. t. 2. f. 4.

ζ) Triton utinensis, capite globoso, dorso nigro, luteo maculato. *Laur. amph.* p. 38. n. 39.

η) Triton Wurfbainii, niger, fasciis albicantibus. *Laur. amph.* p. 38. n. 38.

Wurfbain salamandrol. Norib. 1683. 4. p. 54.

θ) Triton Gesneri, niger, subtus albo punctatus. *Laur. amph.* p. 38. n. 37.

Habitat in lacubus Europae, β) *in* Martinica, γ) *in* Zeylona, δ) *in praeruptis umbrosis et sabulosis*, ε) *in monte* Eticher, *piscibus infesta, uti aquatica, muriae ope, ex piscinis expellenda; ipsos oculos excisos reproductos ex parte vidit et ostendit* Blumenbach.

aquatica. 43. L. cauda teretiuscula mediocri. *Fn. suec.* 282.
Gronov. muf. 2. p. 78. n. 52. Salamandra alepidota, cauda teretiuscula.
Laur. amph. p. 39. n. 44. Triton cristatus.
Gesn. ovip. 31. Lacertus aquaticus.
Wurfbain Salamandrol. p. 65. t. 2. f. 3. 3.
Act. Parif. 1729. t. 15. f. 1.

β) Triton parisinus, fuscus vel flavescens. *Laur. amph.* p. 40. n. 45.
Act. parif. 1729.

γ) Triton salamandroides, linea dorsali punctata alba et nigra. *Laur. amph.* p. 40. n. 47.
Wurfb. salamandrol. t. 2. f. 4.

Habitat in Europae, β) *in* Galliae, γ) *in* Germaniae *aquis dulcibus, stagnis, fossis, a sale communi insperso intra tria minuta moriens.*

Corpus spongiosum, nigricans, atro-guttatum; gula *hispida;* dorsum *subcristatum;* cauda *glabra, punctata, taenia utrinque alba longitudinali.*

Salamandra. 47. L. cauda tereti brevi, corpore boroso flavo nigroque vario. Lacerta cauda tereti brevi, pedibus inermibus, palmis tetradactylis, plantis pentadactylis. *Amoen. acad.* 1. p. 131.
Muf. Ad. Fr. 1. p. 45.
Salamandra. *Matth. Diosc.* p. 274. f. 274. *Gesn. quadr.* 80.

Salaman-

1. o Salamandra terrestris. ⌂ *Aldr. quadr.* 641. *Raj. quadr.* 273.
Houttuyn act. Vlissing. 9. p. 327. n. 1.
Salamandra maculosa. *Laur. amph.* p. 33. n. 51.
Roesel hist. ran. nostr. frontisp.
Wurfbain salamandrol. p. 65. t. 2. f. 2.
Jonst. quadr. t. 77. f. 10.
Imperat. nat. 918.
Olear. mus. t. 8. f. 4.
Seb. mus. 2 t. 15. f. 5.
β) Salamandra atra, tota. *Laur. amph.* p. 33. n. 50. t. 1. f. 2.
γ) Salamandra fusca. *Laur. amph.* p. 33. n. 52.
δ) Salamandra candida. *Laur. amph.* p. 32. n. 49.
Wurfb. salamandrol. t. 2. f. 1.
ε) Salamandra exigua, fusca, cauda compressiuscula. *Laur. amph.* p. 41. n. 48. t. 3. f. 4.
Habitat in Europae *australioris*, *etiam* Germaniae *montanis*, *innocens*, *pullos*, *quoad omnes partes evolutos*, *ovo tamen adhuc inclusos edens*, *ex ore*; *potissimum ex poris*, *per omnem corporis superficiem sparsos*, *liquorem lacteum eructans*, *pro psilothro praestantissimo habitum*, *copiosiorem calore agitata*, *eo ipso contra modici ignis violentiam aliquantisper se defendens*, *ideo olim in igne vivere credita.*

strumosa. 33. L. cauda tereti longa, pectore gibbo protenso.
Salamandra strumosa. *Laur. amph.* p. 33. n. 53.
Salamandra mexicana strumosa. *Seb. mus.* 2. t. 20. f. 4.
Habitat in America *calidiori*.
Corpus *dilute cinereum*, *fusco-maculatum*; pectus *dilute roseum*; cauda *obsolete fasciata*.

****** Gekkones, *pedibus submuticis sublobatis, pentadactylis, corpore verrucoso.*

vittata. 57. L. cauda tereti longa, dorsi vitta alba dichotoma. Houttuyn act. Vlissing. 9. p. 325. t. 2.
Habitat in India.
Corpus *flavicans*, *parum verrucosum*; cauda *tenuis*, *fuscescens utplurimum*, *albo fasciata.*

Zzz 3

13. L.

Cui tribui accensendae sint lacertae scutata et gibba a S. G. Gmelin *in orientali caspii maris littore repertae*, *cum praeter nomen locumque natalem nihil inveniam*, *nescio*; *nonne Pandeng* Valentini *javanica*?

turcica. 13. L. cauda subverticillata mediocri, corpore griseo subverrucoso.
Lacerta minor cinereo maculata asiatica. *Edw. av.* 204.
Habitat in Oriente, *exigua.*
Corpus *punctis fuscis irroratum, inaequale, et quasi verrucis obsoletis adspersum;* cauda *corpore vix longior.*

rapicauda. 58. L. cauda turbinata, auribus concavis. *Houttuyn act. Vlissing.* 9. *p.* 323 *n.* 2. *f.* 1.
Habitat in Americae *insulis,* geckone *minus candida, et fusco maculata.*
Verrucae *corpus obsidentes minutae aequabiles dense aggregatae;* digiti *subtus medio excavati.*

Gecko. 21. L. cauda tereti mediocri, digitis subunguiculatis, auribus concavis. *Forsk. Fn. arab. p.* 13. *n.* 4.
Lacerta cauda tereti mediocri; pedibus pentadactylis: digitis cristatis imbricatis, corpore verrucoso. *Amoen. ac.* 1. *p.* 133. 232. *Mus. Ad. Fr.* 1. *p.* 46.
Lacerta cauda tereti mediocri, pedibus cristatis subtus longitudinaliter lamellosis. *Hasselq. it.* 306.
Gekko perlatus. *Houttuyn act. Vlissing.* 9. *p.* 322.
Gekko teres. *Laur. amph. p.* 44. *n.* 57.
Salamandra. *Gronov. mus.* 2. *p.* 78. *n.* 53.
Salamandra indica. *Bont. jav.* 57.
Seb. mus. 1. *t.* 108. *f.* 1. 3. 5.
Petiv. pterogr. t. 20. *f.* 1.
Habitat in India, Arabia, Aegypto, *australi* Europa, e. g. Neapoli, *aestate in domibus frequens, hieme vix conspicua, mustelae instar stridens, mansueta, et exagitata ad hominem confugere relata; inter pedum lamellas inferiores succum virosum emittens, quem corporibus, supra quae decurrit, cibis etiam affricat; hinc periculosa, et colicam lethalem excitando funesta; pedibus posterioribus saepe solis insistens erecta; nonne saurus et stellio veterum?*
Verrucae *majores minoribus cinctae;* cauda *nunc nuda, nunc verrucis annulata, conica, aut fusiformis.*

Geitje. 59. L. cauda lanceolata mediocri, palmis tetradactylis. *Sparrmann act. gotheburg.* 1. *p.* 75. *t.* 5. *f.* 1.
Habitat ad caput bonae spei, *vix* 3 *pollices longa, variegata, subtus albicans, gangraenam citrei et aurantii mali succo similaudam, et mortem ipsam excitans;* cauda pedibusque

busque *salamandris*, *veneno et papillis per totum corpus sparsis geckoni propior; an forte larva?*

******* Chamaeleontes, *pedibus pentadactylis, duobus tribusque digitis coadunatis, cauda tereti brevi incurva.*

Chamae- 20. Lacerta cinerea pileo plano.
leon. *Amoen. acad.* 1. p. 290-501.
Muf. Ad. Fr. 1. p. 45.
Miller on. var. subj. of. nat. hist. t. II. A. B.
Hasselq. it. p. 297.
Gronov. muf. 2. p. 76. n. 50.
Olear. muf. 9. t. 8. f. 3.
Bellon. it. l. 2. c. 60.
Barthol. cent. 2. c. 62.
Besl. muf. t. 12.
Valent. muf. l. 3. c. 31.
Kirch. muf. 275. t. 293. f. 44.
Seb. muf. 1. t. 82. f. 2. 4. 5.
Jonst. quadr. t. 79.
Aldr. quadr. t. 670.
Calceol. muf. 658. t. 661. Chamaeleon terrestris.
Laur. amph. p. 45. n. 60. Chamaeleo Parisiensium.
β) Chamaeleo mexicanus. *Laur. amph.* p. 45. n. 59.
Seb. muf. 1. t. 82. f. 1.
γ) Chamaeleo candidus. *Laur. amph.* p. 46. n. 63.
δ) Chamaeleo capite praegrandi. *Parsons Naturf.* 5. p. 184.
Habitat in Indiae et novae Hispaniae *arboribus*, pulmonibus enormibus, totum fere corpus replentibus, ut animal eos inflando pro arbitrio detumescat, et intumescat; oculi pupilla aurata fulgentissima mobilissimi, diversis eodem tempore directionibus; noctu vigil, colorem *mutans*, an forsan icteri specie correpta, neque tamen colorem corporum vicinorum imitans, utplurimum irritata.

africana. 60. L. nigra, pileo carinato.
Chamaeleo africanus. *Laur. amph.* p. 46. n. 62.
Seb. muf. 1. t. 83. f. 4.
Habitat in Africa boreali, *et* Hispania, *indole moribusque chamaeleonti similis, verticis, occipitis, gulae, dorsi, caudae cristis albis.*

pumila. 61. L. corpore lateribus caerulescente, lineis binis flavescentibus.

Chamaeleo bonae fpei. *Laur. amph. p. 47. n. 64.*
Seb. muf. 1. t. 83. f. 5.
Habitat ad caput bonae fpei.

******** Ameivae L. Sepes, *collari duplici, fcutis abdominalibus quadratis.*

Ameiva. 34. L. cauda verticillata longa, fcuta abdominis triginta, collari fubtus ruga duplici.

Lacerta cauda tereti corpore duplo longiore, pedibus pentadactylis, crifta nulla, fcutis abdominis 30. *Amoen. ac.* I. p. 127. 293. *Muf. Ad. Fr.* 1. p. 45.

Lacerta cauda tereti corpore triplo longiore, fquamis laeviffimis, abdominalibus oblongo-quadratis. *Gronov. muf.* 2. p. 80 t. 56.

Lacertus indicus. *Cluf. exot.* 115. *Raj. quadr.* 270.
Edw. av. t. 202. 203. Lacertus major viridis.
Sloan. jam. 2. p. 333. t. 273. f. 3. Lacertus major cinereus maculatus.
Worm. muf. 313. f. 313.
Seb. muf. 1. t. 85. f. 2. 3.
86. f. 4. 5.
96. f. 2. 3.
2. t. 63. f. 4.
103. f. 4.

β) Seps furinamenfis. *Laur. amph. p.* 59. n. 98.
Seb. muf. 1. t. 88. f. 1. 2.
Habitat in America.
Caput *lacertae agilis*; fcuta *abdominis in* 8 *ordines digefta.*

Tiliguerta. 62. L. cauda verticillata corpore duplo longiore, fcutis abdominis 80. *Cetti anfib. di Sard. p.* 15.

Habitat per omnem annum in Sardiniae *cefpitofis, muris, campis, innocens,* 7½ *pollices longa.*

Cauda 5 *pollices longa; femora pofteriora fubtus linea punctorum calloforum exarata;* mas *viridis, maculis nigris;* femina *fufca.*

agilis. 15. L. cauda verticillata longiufcula fquamis acutis, collari fubtus fquamis conftructo. *Fn. fuec.* 284.

Lacerta cauda tereti verticillata longitudine corporis, pedibus pentadactylis unguiculatis. *Fn. fuec.* 1. n. 1352.

Lacerta cauda tereti longa verticillata fquamis acutis, pedibus pentadactylis unguiculatis. *Syft. nat.* X. 1: 36. n. 6.
Muf. Ad. Fr. 1. p. 43.

AMPHIBIA REPTILIA. Lacerta.

Lacerta cauda corpore parum longiore fquamis laeviffimis. *Gronov. muf.* 2. *p.* 80. *n.* 57.

Lacertus vulgaris, ventre nigro maculato. *Raj. quadr.* 264.
Lacerta minor maculata indigena. *Seb. muf.* 2. *t.* 79. *f.* 5.
Seps muralis. *Laur. amph. p.* 61. *n.* 106. *t.* 1. *f.* 4.

β) Lacerta collaris fquamis infimis folutis, feriei intermediae fcutis fubrotundis. *Laur. amph. p.* 161. β.

γ) Seps viridis. *Laur. amph. p.* 62. *n.* 111.
Lacertus viridis. *Aldr. quadr.* 634. *Raj. quadr.* 264.
Lacerta viridis. *Seb. muf.* 2. *t.* 4. *f.* 4. 5. 8
Edw. glean. t. 247. *f.* 2.
Roefel hift. ran. noftr. frontifp.

δ) Seps fericeus, cute tenerrima fufca. *Laur. amph. p.* 61. *n.* 104. *t.* 2. *f.* 5.

ε) Seps Argus, corpore ocellato. *Laur. amph. p.* 61. *n.* 105. *t.* 1. *f.* 5.

ζ) Seps terreftris, fufcus, utrinque ferie macularum obfoletarum. *Laur. amph. p.* 61. *n.* 107. *t.* 3. *f.* 1.

η) Seps ruber, lateribus fufcus, dorfo rufus. *Laur. amph. p.* 62. *n.* 108. *t.* 3. *f.* 3.

θ) Seps caerulefcens, ex caerulefcente margaritaceus, triplici utrinque ocellorum ferie. *Laur. amph. p.* 62. *n.* 109. *t.* 1. *f.* 3.

ι) Seps varius, viridis, fufco punctatus, collari rufo. *Laur. amph. p.* 62. *n.* 110. *t.* 3. *f.* 2.

κ) Seps caeruleus, capite albo, dorfo longitudinaliter ftriato, pedibus pofterioribus maculatis. *Laur. amph. p.* 63. *n.* 112.
Seb. muf. 1. *t.* 33. *f.* 9.

λ) Seps murinus, caeruleus ad latera albo guttatus. *Laur. amph. p.* 63. *n.* 113.
Seb. muf. 2. *t.* 105. *f.* 2.

Habitat in Europa ad lacum Baikal, pulchrius colorata in India, κ) in America, innocentiffima, elegans, agiliffima, aprica, arida, rupes, muros amat. Caro γ) cruda venereae aliisque humorum corruptelis corrigendis nuperius commendata.

Collare fubtus fquamis feptem majoribus; abdominis fcuta in fex plerumque ordines digefta; femora pofteriora fubtus linea punctorum callosorum notata; caudae fquamae lineares, parallelae, acutae, carinatae.

Seps. 17. L. cauda verticillata longiore, futura laterali reflexa, fquamis quadratis.

Zzz 5   Lacerta

AMPHIBIA REPTILIA. Lacerta.

Lacerta cauda verticillata, pedibus fubpentadactylis, fquamis quadratis. *Amoen. acad.* I. *p.* 293.

β) Seps variegatus, fpadiceo varius, capite ex albo nigroque vario. *Laur. amph. p.* 59. *n.* 100?

γ) Seps marmoratus, ex atro caeruleus, fafciis albis confluentibus, maculis rotundis intermiftis. *Laur. amph. p.* 59. *n.* 101?

Habitat in meridionalibus.

Corpus *tectum fupra fubtusque fquamis truncatis, ordinibus* 8, *adeoque ftriis longitudinalibus et transverfis;* abdomen *planum;* cauda *corpore fefquilongior, verticillis circiter* 50; pedes *breves, remotiffimi, curforii.*

velox. 63. L. cauda verticillata longiufcula, collari fubtus fquamis conftructo, corpore fupra cinereo, ftrigis 5 longitudinalibus dilutioribus punctisque fufcis vario, ad latera nigro maculato et caerulefcente punctato. *Pall. it.* 1. *p.* 457. *n.* 12.

Habitat circa lacum Inderfkienfem *et in deferti locis aeftuofiffimis vagabunda inter faxa, telo velocior, agili affinis, fed multo minor et gracilior.*

Pedes *pofteriores areolis orbiculatis picti.*

cruenta. 64. L. cauda verticillata fupra cinerea fubtus coccinea apice albicante, colli fubtus plica transverfa. *Pall. it.* 1. *p.* 456. *n.* 13.

Habitat rarior circa lacus falfos auftralis Sibiriae, *velocis forma, fed triplo minor, et capite acutiore.*

Corpus *fubtus album, fupra fufcum ftrigis cervicis* 7 *albis, quarum* 4 *ad caudam usque continuantur; artus maculis orbicularibus lacteis varii, linea punctorum calloforum in femoribus nulla.*

arguta. 65. L. cauda verticillata brevi bafi craffiufcula, apice filiformi, collari fquamis obfoletis plicaque fub collo duplici infigni. *Pall. it.* 2. *p.* 718. *n.* 40.

Habitat in aridis, glareofis, apricis, ad fluvium Irtin *auftraliorem, rarior circa mare* Cafpium, *inque deferto arenofo finitimo, agili affinis, fed brevior, ventricofior, roftro acutiore, punctis femorum obfoletis paucioribus.*

Corpus *fubtus album, fupra glaucum, fafciis crebris transverfis nigris fubconfluentibus, per caudae bafin diftinctiffimis, quarum fingulae continent puncta ocellaria* 4-5 *dorfi colore.*

16. L.

AMPHIBIA, REPTILIA. Lacerta.

algira. 16. L. cauda verticillata longiuscula, corpore lineis utrinque duabus flavis.
Habitat in Mauritania. *E. Brander.*
Corpus *vix digito longius, supra fuscum, subtus flavescens; dorsum squamis carinatis, acutioribus, utrinque linea flava inclusum, altera utrinque abdomen distinguente a lateribus.*

Tiligugu. 66. L. cauda tereti mediocri conica, digitis pedum 5 marginatis, totidemque unguiculis. *Cetti anfib. di Sard. p.* 21.
Habitat in Sardinia, 8 *pollices longa.*
Corpus *crassum, supra fuscum punctis nigris dense aggregatis varium, subdus albidum;* pedes *brevissimi, posteriores longiores;* cauda 3½ *pollices longa.*

uralensis. 67. L. cauda tereti longiuscula, collo subtus plicato, pedibus omnibus pentadactylis, dorso ex cinereo livido, rugoso et subverrucoso. *Lepechin it.* 1. *p.* 317. *t.* 22. *f.* 1.
Habitat in deserto Uralensi, 4 *pollices longa, velox.*
Caput *subrotundum;* corpus *subtus albidum.*

bullaris. 32. L. cauda tereti longa, vesica gulari.
Catesb. Car. 2. *t.* 66. Lacerta viridis jamaicensis.
Habitat in Jamaica, *parva viridis.*
Sub gula *globus ruber retractilis, quem inflat territum animal.*

aurita. 68. L. cauda tereti mediocri utrinque ad latus callosis punctis aspera, plica gulae transversa subgemella, oris angulis utrinque in cristam semiorbiculatam mollem scabram dentatam dilatatis. *Pall. it.* 3. *p.* 702. *n.* 36. *t.* U. *f.* 1.
Habitat in collibus arenosis Sibiriae australis Naryn, *et in deserti* Comani *sabuletis, geckone fere major, supra ex cinereo et lutescente nebulosa, atomis creberrimis fuscis, subtus exalbida, sterni litura caudaeque subtus apice atris.*
Caput *retusum;* crista *in vivo animali sanguine turgida;* parotides *utrinque muricatae;* corpus *ventricosum, depressum, una cum cauda et pedibus punctis acute prominulis scabrum;* digiti *pedum* 5 *unguiculati, intermedii* 3 *serrati,* 2 *bifariam, interior uno versu.*

Teguixin. 34. L. cauda tereti longa, futura laterali plicata, collo subtus plicata triplici.
Lacerta cauda tereti longa, pedibus pentadactylis, crista nulla, hypochondriis plicatis. *Amoen. acad.* 1. *p.* 128.
Muſ. Ad. Fr. 1. *p.* 45.

Seb.

Seb. muf. 1. t. 96. f. 1.
98. f. 3.
Habitat in India, *et auſtrali* America.
Dorſum *et cauda ſtriis confertiſſimis verticillata.*

helioſco- 69. L. cauda imbricata baſi craſſa apice acuta, collo ſubtus
pa.   plica transverſa, capite callis aſpero. *Pall. it.* 1. *p.* 457.
             n. 11.
Habitat copioſa in deſerti auſtralioris Sibiriae *auſtralis collibus ardentiſſimis, curſu celerrima, minus tamen ſerpentino, quam agili, caput ſurrectum ſoli obvertens, mauritanicae facie, digiti longitudine, una cum aurita geckonibus affinis.*
Caput *retuſiſſimum, vix labiis naribusque paululum prominentibus;* ſupercilia *ſubſquamata;* palpebrae *punctulatae, margine aſperiores;* collum *quaſi filo conſtrictum;* cervix *ad ipſos humeros tuberculo obliquo muricato inaequalis, et areola ſaepe coccinea adjacente ornata;* corpus *breve, ſupra exalbido-griſeum, vel cinereum, fuſco glaucove guttatum et quaſi araneoſum, ſubtus albidum; lateribus ventricoſum, ſupra verrucis minoribus ſparſis, ſubtus ſquamulis acutis minoribus conſitum;* caudae *ſquamae aequales, apex ſupra fuſcus, ſubtus miniatus vel pallidus.*

Plica. 30. L. cauda tereti longa, occipite calloſo, palpebris ſupra excoriatis, collo lateribus verrucoſo, ſubtus plicato.
Habitat in America *auſtrali et* India*, vix digito major, undique ſquamis conicis tecta.*
Supercilia *ſubcrenata;* cicatrice *ſupra membranacea, ſulco transverſim tripartita;* pone aures *ad latera* capitis *colli- que verrucae* 2 muricatae; colli *ſubtus plica duplex, et ruga ab hoc ſupra brachia utrinque excurrens, et in medio trunci deſtectens, elevata;* dorſi *ſutura ſquamis majoribus anterius quaſi crenata;* cauda *ſquamis minutiſſimis tecta, vix manifeſte verticillata, corpore duplo longior;* digiti *longi, ſubtus ſquamis acutioribus ſcabri;* ungues *compreſſi.*

******** Lacerti, *collari plicave colli nulla, corpore lineato aut faſciato ſquamoſo, lingua bifida.*

ſexlinea- 18. L. cauda verticillata longa, dorſo lineis ſex albis.
ta.   *Catesb. Carol.* 2. *t.* 68.

Habitat

Habitat in Carolina, *lemniscatae similis, inter ameivas et lacertos ambigua.* D. Garden.

Dorsum canescens, lineis angustis 3 *albis, totidemque nigris pictum; sub collo rugae* 2*; femora posterius ordine punctorum callosorum aspera.*

quinque- 24. L. cauda tereti mediocri, dorso lineis quinque albidis.
lineata. *Habitat in* Carolina. Garden.

Caput lineis 6 *flavis,* 2 *inter oculos,* 1 *utrinque supra oculos et* 1 *utrinque sub oculis;* dorsum nigricans, *lineis ad medium caudae, corpore sesquilongioris, productis;* abdomen striato-imbricatum.

nilotica. 37. L. cauda longa extimo triquetra, corpore glabro, dorso squamarum lineis quatuor.

Lacerta cauda tereti longa, corpore toto glabro: squamis angulo obtuso notatis. Hasselq. it. p. 311. n. 59.
Habitat in Aegypto.

interpun- 38. L. cauda tereti longa, dorso lineis duabus flavis: punctis
ctata. nigris interspersis. *Muf. Ad. Fr. p.* 46.
Laur. amph. p. 58. n. 96. Stellio punctatus.
Seb. muf. 2. t. 2. f. 9.
Habitat in Asia, *exigua.*

Dorsum lineis duabus inclusum et a lateribus distinctum; in area 6 *ordinibus punctorum fuscorum longitudinalibus, totidemque in utroque latere pictum; pedibus caudaque similiter punctatis.*

lemnisca- 39. L. cauda tereti longa, dorso lineis octo albidis. *Muf. Ad.*
ta. *Fr.* 1. *p.* 47.
Laur. amph. p. 60. n. 103.
Seb. muf. 1. t. 92. f. 4.
53. f. 9.
2. t. 9. f. 5.
Habitat in Guinea, *ameivae multum affinis.*
Femora albo-punctata.

fasciata. L. cauda tereti longiuscula caerulea, dorso lineis quinque flavescentibus.
Catesb. Car. 2. t. 67. Lacerta cauda caerulea.
Petagaz. 1. t. 1. f. 1. Lacertus marianus minor, cauda caerulea.
Habitat in Carolina.

42. L.

vulgaris. 42. L. cauda tereti mediocri, pedibus unguiculatis, palmis tetradactylis, dorso linea duplici fusca. *Fn. suec.* 283.

Fn. suec. 1. n. 254. Lacerta pedibus inermibus, manibus tetradactylis, plantis pentadactylis, corpore livido: linea dorsali duplici fusca.

Raj. quadr. 264. Lacerta vulgaris.

Habitat in Europa, *larva sub aquis.*

japonica. 70. L. cauda tereti longa, pedibus unguiculatis, palmis tetradactylis, dorso vittato.

Salmandra japonica. *Houttuyn act. Vlissing.* 9. p. 329. n. 3. f. 3.

Habitat in Japonia.

Corpus *lividum, subtus flavum, taenia dentata lata, lutea, ab occipite ad caudae apicem producta; oculi exigui,* palpebris *magnis aspersis;* ungues *nigri;* cauda *apice subcompressa.*

deserti. 71. L. cauda tereti longiuscula, pedibus pentadactylis, corpore supra nigro: lineis sex albis longitudinalibus. *Lepechin it.* 1. p. 317. t. 22. f. 4. 5.

Habitat in deserto Uralensi, *paulo duobus pollicibus longior.*

Corpus *subtus album;* dorsi *striae ex maculis oblongis; inter utramque striam extimam et proximam puncta* 5 *alba.*

quadrilineata. 46. L. cauda tereti longa, pedibus subunguiculatis, plantis tetradactylis, corpore lineis quatuor flavis.

Mus. Ad. Fr. 1. p. 46. Lacerta cauda tereti longa, pedibus subunguiculatis fissis, palmis tetradactylis, plantis pentadactylis.

Habitat in America *septentrionali?*

punctata. 45. L. cauda tereti mediocri, pedibus muticis, palmis tetradactylis, dorso longitudinaliter albo-punctata.

Catesb. Car. 3. t. 10. f. 10. Stellio.

Habitat in Carolina.

Corpus *fuscum, serie punctorum alborum in dorso duplici, in cauda simplici.*

sputator. 72. L. cauda tereti mediocri subtus scutorum serie longitudinali, pedibus muticis pentadactylis, corpore cinereo: supra fasciis albis anterius et posterius hepatico-marginatis. *Sparmann. nov. act. Stockh.* 5. 2. n. 9. t. 4. f. 1-3.

Habitat in Americae *australis mercibus ligneis, domibus inter homines, in parietibus discurrens, mansueta et insons, nisi*

nisi lacessita; iracunda autem salivam atram, acrem, inflammantem in adversarium eructans, plaga tamen camphorae, aut spiritus vini vel sachari imposito sananda, bipollicaris.

Totum animal, maxillarum apice extremo, et caudae superficie inferiori exceptis, squamis minutis truncatis tectum; lingua teres apice subemarginata; cauda apicem versus et pedes fusco maculati.

********** Stinci, *abdomine squamis imbricatis tecto, lingua integra.*

sepiformis. 72. L. cauda brevi, corpore ex atro virescente, capite cataphracto, dorso plano, femoribus posterioribus posterius punctis callosis obsitis.

Seps scinciformis. *Laur. amph. p. 58. n. 97.*

Stincus. 22. L. cauda tereti mediocri apice compressa, digitis muticis marginatis.

Scincus. *Gronov. mus. 2. p. 76. n. 49. Raj. quadr. 241. Laur. amph. p. 55. n. 87.* Scincus officinalis.
Imperat. nat. 906. Lacerta lybia.
Aldrov. ovip. l. 1. c. 12. Lacertus cyprius scincoides.
Seb. mus. 2. p. 112. t. 105. f. 3.
Beisl. mus. 1. 12. f. 1.
Olear. mus. 9. t. 8. f. 1.
Amoen. acad. 1. p. 294.
Hasselq. act. ups. 1750. p. 30.
- - *itin. p.* 309. *n.* 58.

β) Scincus stellio, cauda longissima, digitis teretibus. *Laur. amph. p. 55. n. 88.*
Seb. mus. 2. t. 10. f. 4. 5.
Habitat in Lybiae, Aegypti, Arabiae *petraeae montosis, olim tanquam aphrodisiacum medicamentum in officinis.*
Corpus totum cum capite et cauda squamis imbricatis tectum.

ocellata. 73. L. cauda tereti brevi, corpore subtus albo, supra ex griseo virescente; ocellis subrotundis radio fuscis, disco rectangulo albis. *Forsk. Fn. arab. p. 13. n. 4.*
Habitat in Aegypto *ad aedes, pulchella, spithamam longa.*
Corpus depressum; pedes breves pentadactyli, absque verrucis.

aurata. 35. L. cauda tereti longiuscula, squamis rotundatis glabris, lateribus subfuscis.

Amoen.

Amoen. ac. 1. *p.* 294. Lacerta cauda tereti, pedibus pentadactylis, squamis rotundatis laevissimis subgriseis, lateribus subfuscis.
Muf. Ad. Fr. 1. *p.* 46. Lacerta barbara.
Gronov. muf. 2. *p.* 75. *n.* 48. Scincus.
Laur. amph. p. 59. *n.* 99. Seps zeylanicus.
Seb. muf. 1. *t.* 8. *f.* 3.
Edw. glean. t. 247.
Aldr. quadr. 660. Lacertus cyprius scincoides.
Habitat in Jersea *Anglorum,* Cypro, *viva auri colore pulcherrime resplendens, cum vita recedente.*
Corpus *teres quasi pingue; aures concavae.*

guttata. 74. L. cauda tereti longa: maculis quatuor transversis et apice nigris, corpore supra cano albido guttato, subtus albido.
Lepechin it. 1. *p.* 317. *t.* 22. *f.* 2. 3.
Habitat in deserto Uralensi, *ultra 3 pollices longa.*
Corpus *supra glabrum;* pedes *pentadactyli, unguiculati.* a)

************* Chalcidae, *supra ventrem se promoventes, mediae inter lacertas et angues.*

Chalcides. 41. L. cauda tereti longa, pedibus pentadactylis brevissimis.
Syst. nat. X. 36. *n.* 7.
Gron. zooph. 43. Scincus pedibus brevissimis, pentadactylis unguiculatis, cauda truncoque longissimis cylindraceis.
Imper. nat. 97. Caecilia major.
Raj. quadr. 272. Seps f. Lacerta chalcidica.
Column. ecphr. 1. *p.* 35. *t.* 36. Seps, Lacerta chalcidica f. Chalcides.
Laur. amph. p. 65. *n.* 114. Chalcides tridactyla Columnae.
Aldr. quadr. 638. Lacerta chalcidica.
Habitat in Europa *australi et* Africa.

serpens. 75. L. capite, corpore caudaque continuis cylindricis, pedibus minimis remotissimis pentadactylis unguiculatis. *Bloch. Beschr. der berl. Naturf.* 2. *p.* 28. *t.* 12.
Anguis quadrupes. Syst. nat. XII. 1. *p.* 390.
Habitat in Java, *4½–5½ pollices longa, tota squamis imbricatis tecta,* ab apice oris ad pedes posteriores usque cylindrica, forma vermis vel anguis, striis supra longitudinali-

─────────
(a) Huic ordini adscribendus quoque videtur Scincus gigas Amboinensis a Boddaerto nov. act. ac. Caesar. VII. *p.* 15. dictus.

dinalibus fuscis 14-15-20, supra cinerea, subtus argentea, vel supra spadicea, subtus cinerea, meatu auditorio utique instructa.

anguina. 49. L. cauda verticillata extremo rigidula, corpore striato pedibus adactylis subulatis. †
Gron. zooph. 44. Scincus pedibus brevissimis monodactylis, anticis nullis, cauda apice nudo.
Laur. amph. p. 64. n. 115. Chalcides pinnata.
Seb. muf. 2. t. 68. f. 7. 8. Vermis serpentiformis ex Africa.
Habitat in capitis bonae spei lutosis, mihi non visa.
Caput depressiusculum; aures transversales; corpus teres, longissimum, verticillatum, squamis undique linea longitudinali exaratis; anus transversus mox pone femora; cauda corpore duplo longior, apice acutissimo; pedes sex: anteriores angustiores, tecti squamis subacutis.

bipes. 76. L. corpore subaequali tereti imbricato, pallido, squamarum singularum puncto fusco, pedibus anterioribus nullis, posterioribus didactylis muticis.
Anguis bipes. Syst. nat. XII. 1. p. 390. n. 60. Muf. Ad. Frid. 1. p. 21. t. 28. f. 3. Laur. amph. p. 67. n. 123.
Seb. muf. 1. t. 53. f. 8.
86. f. 3.
Habitat in America australi et India.
Squamae abdominales 100, subcaudales 60. An huc spectat serpens ille silvae nigrae inquilinus bipes, cujus Sander Naturf. 17. p. 246. mentionem injicit?

apus. 77. L. capite et corpore continuis una cum cauda longa teretibus imbricatis pallidis, pedibus anterioribus nullis, posteriorum subdidactylorum vestigio. Pall. it. 3. p. 702. nov. comm. Petropol. 19. p. 435 t. 9.
Habitat in convallibus herbidis deserti Sibiriae australis Naryn et ad fluvios Sarpam, Kumam, Terekum, anguis facie externa, lacertae organis et fabrica interna
Squamae corporis in annulos digestae; caudae corpore multo longioris, fragilis, rigidissimae, multangulo-prismaticae, squamae argute carinatae.

II. SER-

II. SERPENTES.

Os respirans tantum pulmonibus.
Corpus teres, collo non distincto, undulatim mobile.
Maxillae dilatabiles, non articulatae.
Pedes, pinnae patatoriae, aures externae nullae.

123. **CROTALUS.** *Scuta abdominalia.*
Scuta squamaeque subcaudales.
Crepitaculum terminale caudae.

Scutis. Scutellis.

miliarius. 13 — 31. 163. Cr. *D. Garden.*
Catesb. Car. 2. *t.* 42.
Habitat in Carolina.
Cinereus maculis nigris serie triplici longitudinali dispositis; macula rubra inter singulas dorsales.

horridus. 167 — 23. 192. Cr. *Muf. Ad. Fr.* 1. *p.* 39.
Boddaert nov. act. ac. Caes. 7. *p.* 16. *n.* 1.
Crotalus maculis trigonis fulcis.
Laur. amph. 1. *p.* 93. *n.* 203. Caudisona terrifica.
Bradl. Natur. t. 9. *f.* 1.
Seb. muf. 2. *t.* 95. *f.* 1.
Michael. Goetting. Magaz. 4. 1. *p.* 90.
Habitat in America, *venenatissimus, ad 6 pedes longus, et brachium viri crassitie aequans, a sue absque noxa devoratur: antidotum radix polygalae senega, potentius scarificatio, et potus largissimus lactis tepidi; aves sciurique ex arboribus non raro in fauces inhiantis apertas incidunt, hodie semper cum cultura magis exstirpatus.*

195. Cr.

Scutis. Scutellis.

Dryinas. 165—30. 195. Cr. *Amoen. acad.* 1. p. 297.
Boddaert nov. act. ac. Caef. 7. p. 16. n. 3.
Crotalus exalbidus maculis flavefcentibus.
Laur. amph. p. 94. n. 206. Caudifona Dryinas.

164—28. β) Laur. amph. p. 94. n. 207. Crotalus orientalis.
Seb. muf. 2. t. 95. f. 3.
96. f. 1.
Habitat in America.

Duriffus. 172—21. 196. Cr. *Amoen. acad.* 1. p. 500.
Boddaert nov. act. ac. Caef. 7. p. 16. n. 2.
Crotalus albus maculis rhombeis.

170—30. Weigel act. Societ. Hal. 1. p. 7.
Laur. amph. p. 93. n. 204. Caudifona Duriffus.
Kalm. act. Stockh. 1752. p. 310. et 1753. p. 52. 185.
Catesb. Car. 2. t. 41.
Seb. muf. 2. t. 95. f. 2.
β) Caudifona Gronovii. Laur. amph. p. 94. n. 205.

174—22. Gron. muf. 2. p. 70. n. 45. Crotalophorus 3.

163-170—20-29. γ) Crotalus fafciis capitis colloque duabus nigris. Vofmaer monogr. 1767.
Habitat in America, a 1½ ad 4½ pedem longus, pone arbores, truncis caducis faepe

---

Serpentes ob maxillas fumme dilatabiles nec articulatas, et oefophagum laxiffimum praedam collo duplo et triplo craffiorem ingurgitant non mafticatam, colore pro anni tempore, aetate, vitae genere, affervationis artificiis quam maxime variabili, faepius poft mortem evanido aut in alienum abeunte, prorepunt diftractis fcatelis undulatim, foetent glandulis putoriis, primo vere exeuntes ex ftrates certe) hybernant, crefcunt aeftate absque termino, cute reticulata, fpini dorfali cartilaginea, abdomine coftato, lingua filiformi bifida inftructi; columi multi, figno ideo ♂ notati, crotali omnes morfu venenati, effectu tamen non femper perinde funefto, vix unquam, nifi laceffiti; hi in fola America calidiore inquilini moto prius fonoro caudae crepitaculo, ex articulis membranaceis cavis offeae duritiei, cum aetate numero ad 40 usque crefcentibus conflato monent aut terrent, capite lato fquamis magnis tecto et carinatis, roftro rotundato-obtufo gaudent; Bois caput fimile, fed cauda in acumen dehinens, virus nullum, corpus obefum; patria his America et Afia; potiffimum auftralis.

IA SERPENTES. Crotalus.

saepe absconditus, ut incauti pedibus facile feriant, et ad morsum irritent; solidaginis et aristolochiae species americanae tanquam antidota praedicantur.
Color *ex albo et flavo varius, maculis rhombeis nigris, disco albis.*

1. Cr.
Habitat Surinami, *magnus, maxillae telis maximis horrendus, maculis dorsi nigris, rhombeis, concatenatis, linea pone oculos nigra, crepitaculi vices supplente squamarum minutissimarum acuminatarum ordini quadruplici; an verus Crotalus?*

abdominalia.
fubcaudalia (absque crepitaculo.)

* *capite squamis imbricato.*

o. B. D. Garden.
Syst. nat. X. 1. p. 216. n. 170. C. Constrictor.
Boddaert nov. act. ac. Caes. 7. p. 18. n. 6.
Boa corpore dorsato cinereo maculis fuscis lateralibus rotundis.
Catesb. Car. 2. t. 56.
Habitat in Carolina, *lata, valde convexa.*

AMPHIBIA, SERPENTES. — Boa. 1083

Seb. muf. 2. *t.* 81. *f.* 1. *p.* 36. Serpens Bojobi ceylonica.
Habitat in Americae *arboribus, viridis, fasciis albis interruptis.*

Scutis. Scutellis.

Hipnale. 179 — 120. 299. B. *Muf. Ad. Fr.* 2. *p.* 41.*
Boddaert nov. act. ac. Caef. 7. *p.* 17. *n.* 4.
Boa flavescens, dorso ocellis albis.
Laur. amph. p. 89. *n.* 195. Boa exigua.
Seb. muf. 2. *t.* 34. *f.* 2.
Habitat in regno Siam.

Constrictor. 240 — 60. 300. B. *Amoen. acad.* 1. *p.* 497. *t.* 17. *f.* 3. *Muf. Ad. Fr.* 1. *p.* 38.
248 — 60. *Gronov. zooph. p.* 26. *n.* 134. Cenchris.
242 — 30. *Boddaert nov. act. ac. Caef.* 7. *p.* 18. *n.* 5.
Boa maculis variegatis rhombeis.
Laur. amph. p. 107. *n.* 235. Constrictor formosissimus.
Seb. muf. 1. *t.* 36. *f.* 5.
101. *f.* 1.

β) Constrictor rex serpentum. *Laur. amph. p.* 107. *n.* 236.
Seb. muf. 2. *t.* 99. *f.* 1.
t. 104. *f.* 1.

γ) Constrictor auspex. *Laur. amph. p.* 108. *n.* 237.
Seb. muf. 1. *t.* 53. *f.* 1.

δ) Constructor diviniloquus. *Laur. amph. p.* 108. *n.* 238.
Seb. muf. 2. *t.* 100. *f.* 1.
Habitat in India, *insulis* oceani indici, *et* America calidiore, *pulcra, insignis, ad* 12 *ulnas et ultra longa, cervos aliaque id genus animalia etiam majora, quibus se circumvolvit, constricta, costis contritis, deglutiens, ab Americanis adorata.*

Cenchris. 265 — 57. 322. B. *Muf. Ad. Fr.* 2. *p.* 41.*
Boddaert nov. act. ac. Caef. 7. *p.* 18. *n.* 7.
Boa flavescens ocellis albidis, iride grisea.
Habitat Surinami.

1084 AMPHIBIA SERPENTES. Boa.

Scutis. Scutellis.

Ophrias. 281—84. 345. B. Muſ. de Geers
  Laur. amph. p. 109, n. 239. Conſtrictor
   orophias.
  Facie conſtrictoris, ſed fuſca.

Enydris. 270—105. 375. B. Muſ. de Geer.
  Boddaert nov. act. ac. Caeſ. 7. p. 18. n. 8.
   Boa colore griſeo variegata.
  Habitat in America.
  Dentes inferiores longi.

   ** capite ſcutis tecto, roſtro obtuſo.

murina. 254—65. 319. B. Muſ. Ad. Fr. 2. p. 42.*
   254—66.
  Gronov. muſ. 2. p. 70. n. 44. Coluber.
  Boddaert nov. act. ac. Caeſ. 7. p. 17. n. 2.
   Boa glauca, maculis nigris rotundatis.
  Seb. muſ. 2. t. 29. f. 1.
  Knorr delic. nat. ſel. t. 58?
  Habitat in America.

Scytale. 250—70. 323. B. Gronov. muſ. 2. p. 55. n. 10.
   250—26.
  Boddaert nov. act. ac. Caeſ. 7. p. 17. n. 1.
   Boa albida, faſciis atris.
  Scheuchz. ſacr. t. 737. f. 1.
  Habitat in America, incolis eſculenta, ranis, lacertis aliisque ejusmodi victitans,
   capras etiam, oves &c. conſtringens et
   deglutiens, homini non adeo perniciofa.
  Corpus ex cinereo glaucum: maculis dorſi
   orbiculatis nigris, lateralibus annulatis
   nigris diſco albo, ventralibus oblongis,
   quaſi e punctis nigris concatenatis.

Hortula- 290—128. 418. B. Muſ. Ad. Fr. 1. p. 37.
na.
  Seb. muſ. 2. t. 74. f. 1.
     t. 84. f. 1.
  Habitat in America, pallida maculis lividis
   cuneiformibus.
  Caput areolis luteis horti inſtar ornatum.

125. Co-

125. COLUBER. *Scuta* abdominalia.
Squamae subcaudales.

1 *Scutis. Scutellis.*

Vipera. 118—20. 140. *C. Muf. Ad. Fr.* 2. *p.* 43.*
♂ *Haffelq. act. Upf.* 1750. *p.* 24.
itin. p. 340. *n.* 60.
Laur. amph. p. 105. *n.* 231. Afpis Cleopatrae.
Habitat in Aegypto, *medicis olim officinalis.*
Corpus nitidum, fquamis planis appreffis, breviffimum, pallidum, maculis fufcis; caput gibbum, fquamis minimis imbricatum, oculis fuperne fitis.

variegatus. — — — *C.* fupra ex fpadiceo, grifeo et albo varius, fubtus et ad latera luteus.
Afpis variegata. *Laur. amph. p.* 106. *n.* 223.
Seb. muf. 2. *t.* 2. *f.* 8.
Habitat in America, *capitis corporisque fabrica viperae fimilis.*

v. ofus. — — — C. ex cinereo rufus, venis albis transverfis, capite elongato.
Afpis Cobella. *Laur. amph. p.* 106. *n.* 232.
Seb. muf. 2. *t.* 2. *f.* 5.
Habitat in America, *capitis corporisque figura et fuperficie viperae affinis.*

eftinalis. — — — C. corpore aequali tenui, laterum dorfique linea longitudinali, hac ante oculos bifurca.
Afpis inteftinalis. *Laur. amph. p.* 106. *n.* 234.
Seb. muf. 2. *t.* 2. *f.* 7.
Habitat in Africa, *nonne viperae varietas?*

Lachefis. — — — C. capite indiftincto, fafcia oculari transverfa nigra.
♂ Cobra Lachefis. *Laur. amph. p.* 104. *n.* 229.
Seb. muf. 2. *t.* 94. *f.* 2.
Cum duabus infequentibus vifo hofte fquamas agitat, ftriduloque motu de periculo monet.
Caput, prouti duabus infequentibus fpeciebus, fquamis imbricatum, oculis fuperne fitis; fcuta et fquamae corporis laxae, carinatae, fquamofae, quas agitando excutit, hinc color varius, magnae, rotundae,

Aaaa 4

dae, margine albae, aliae denſiores nigricantes, aliae rariores cinereae.

Scutis. Scutellis.

Clotho. ♂ — — — C. capite indiſtincto, ſcutorum gulae cari-
na macula alba, tenuiſſime caudata.
Cobra Clotho. *Laur. amph. p. 104. n. 228.*
Seb. muſ. 2. t. 93.
Habitat in Zeylon et Cuba.
Scuta et ſquamae *magnae rotundae, denſae
fuſcae, rariores flavae.*

Atropos. ♂ 131—22. 153. C. *Muſ. Ad. Fr. 1. p. 22. t. 13. f. 1.*
Cobra Atropos. *Laur. amph. p. 104. n. 230.*
Habitat in America, *canus, ocellorum fuſ-
corum iride alba quadruplici ſerie notatus.
Caput cordatum, gibbum, maculis 4 aut
pluribus atris; ſquamis lanceolatis.*

Leberis. ♂ 110—50. 160. C.
Habitat in Canada. Kalm.
Faſciae *lineares nigrae.*

Lutrix. 134—27. 161. C.
Habitat in America auſtrali et India, *flavus, ad latera caeruleſcens.*

Calama- 140—22. 162. C. *Muſ. Ad. Fr. 1. p. 23. t. 6. f. 3.*
rius. Habitat in America, *lividus, faſciis punctisque linearibus fuſcis, ſubtus fuſco-
teſſellatus.*

dubius. 141—24. 165. C. *Gron. muſ. 2. n. 24.*
Seb. muſ. 2. t. 98. f. 1.

ſimus. 124—46. 170. C. *D. Garden.*
Habitat in Carolina.
Caput *ſubrotundum, ſimum, gibbum, faſ-
ciola inter oculos nigra curvata, verticis cruce albida, in medio puncto nigro
notata. Corpus ſupra ex albo nigroque
varium,*

Colubro ſquamae caudales *numerantur longitudinales ſ. per paria, quamvis alternae,
cum duae ſeſe habeant, ut unicum ſcutum abdominale; in multis tamen utraque nondum numerata, in aliis numerus inaequalis. Sunt praeterea ſquamae men-
tales et ſcutum vel ſcuta ſquamaeque anales.* Vipera cornuta Haſſelq. act. upſ.
1750. p. 27. *eſt ficticius aſtu Arabum, qui oviculae unguibus pertuſerunt caput,
eidemque inſeruerunt,* colnber. v. 175.

AMPHIBIA SERPENTES. Coluber. 1087

varium, et quasi albo-fasciatum, subtus nigrum.

Scutis. Scutellis.

striatulus. 126 — 45. 173. C. D. Garden.
130 — 25. Habitat in Carolina, *parvus, supra striatus fuscus, subtus pallidus.*
Caput *laevigatum.*

Ammo- 142 — 32. 174. C. Amoen. ac. 1. p. 506. n. 25. Weigel
dytes. Abh. der hall. Naturf. Gef. 1. p. 11.
♂ Laur. amph. p. 101. n. 220. Vipera illyrica.
Bell. itin. 203. Drunus.
Aldr. serp. 169. Ammodytes.
Habitat in Oriente et Illyriae *montosis, praesertim circa* Castel del Duino, *in officinis* Germaniae *promiscue cum vero venalis, an specie satis ab hac distinctus? nunc fuscus, nunc pallide caerulescens, vitta dorsali dentato-repanda atra.*
Nasus *terminatur verruca erecta.*

Cerastes. 150 — 25. 175. C. Hasselq. act. Upf. 1750. p. 27.
it. p. 315. n. 61. Coluber cornutus.
Bellon. it. 203.
Ellis act. angl. 56. t. 14.
Habitat in Oriente.
Squamae capitis *omnes parvae rotundatae;* dens *mollis e palpebra superiore exiens.*

versico- 136 — 39. 175. C. Gronov. muf. 2. n. 39.
lor. Ex *ferrugineo, caeruleo et albo varius.*

Melanis. 148 — 27. 175. C. Pall. it. 1. p. 460. n. 19.
♂ Habitat in fimetis locisque suffocatis ad fluvios Volgam et Samaram, *beri facie et magnitudine.*
Irides *fuscae;* pupillae *verticaliter lanceolatae: margo argenteus:* Corpus *atrum, opacum, subtus politum, maculis obscurioribus, ad latera versusque gulam caerulescente nebulosum;* cauda *brevis, canica.*

Aaaa 5 277. C.

1088 AMPHIBIA SERPENTES. Coluber.

Scutis. Scutellis.

exalbi- 135—42. 177. C. *Gronov. muf.* 2. *n.* 39. *zooph.* I. *n.* 129.
dus. *Bodduert nov. act. ac. Caef.* 7. *p.* 23. *n.* 24.
Coluber exalbidus maculis transverfis latiffimis ex nigro et albo mixtis.

plicati- 131—46. 177. C. *Amoen. acad.* I. *p,* 301. *n.* 26. *Muf. Ad.*
lis. *Fr.* I. *p.* 23.
Laur. amph. p. 81. *n.* 168. Cerastes plicatilis.
Seb. muf. I. *t.* 57. *f.* 5.
Habitat in infulis Ternateis, *lividus, fubtus punctorum fufcorum quadruplici ordine notatus, ad latera, maculis fufcis cohaerentibus anterius ocellatis: pupilla alba.*
Caput *fcutis latis tectum, cathetoplateum, globofo-ovatum, utrinque attenuatum, ore absque roftro obtufo rotundato; truncus natricis, fed magis robuftus et torofus; cauda craffa, obtufiufcula.*

novae — — — C. fupra ater, fubtus candidus, dorfi ftriis
Hifpaniae. obliquis, pofterioris fafciis obliquis.
Laur. amph. p. 83. *n.* 176. Cerastes mexicanus.
Seb. muf. 2. *t.* 20. *f.* 1.
Habitat in nova Hifpania, *capite, trunco, cauda plicatili fimilis.*

coronatus. — — — C. nigerrimus maculis punctisque inaequalibus candidis.
Cerastes coronatus. *Laur. amph. p.* 83. *n.* 177.
Seb. muf. 2. *t.* 105. *f.* 3.
Habitat in nova Hifpania, *capitis, trunci caudaeque figura et fuperficie ad plicatilem accedens.*

Domicel- 118—60. 178. C. *Amoen. acad.* I. *p.* 117. *n.* 5.
la. *Seb. muf.* 2. *t.* 54. *f.* 1.
Habitat in Afia, *albus, fafciis nigricantibus fubtus concurrentibus.*

Alidras. 121—58. 179. C. *Muf. de Geer.*
Habitat in America auftrali et India, *totus albus.*

180. C.

Scutis. Scutellis.

punta- 136——43. 180. C. D. Garden.
tus.   Habitat in Carolina, cinereus, subtus ad
caudae usque apicem luteus, punctorum
ternorum nigrorum ordine triplici.

buccatus. 107——72. 181. C. Muf. Ad. Fr. p. 29. t. 19. f. 3. Laur.
♂   amph. p. 95. n. 209.
Habitat in America australi et India, albus, capitis supra nares macula trigona, verticis punctis duobus, dorsique maculis geminatis latissimis, totam pene superficiem occupantibus, fuscis.
Caput plagioplateum triangulare, posterius diductum, depressum, ad latera compressum, anterius scutis tectum, quorum tria, oculis interjacentia, maxima, posterius squamis imbricatum; maxilla posterius utrinque protuberans; truncus natricis.

elegantis- — — — C. albus, fronte cruce rubra, dorso triplici
simus.   ocellorum rubrorum, lateribus simplici
♂   macularum rubrarum ordine pictis.
Laur. amph. p. 96. n. 211.
Seb. muf. 1. t. 81. f. 9.
Frontis crux maculis rubris circumfusa; dorsalium taenia media tenuissima; ceterum buccato similis.

javanus. — — — C. albus macula ante oculos transversa ex
♂   fusco rufa, trans oculos alba, taenia a
vertice per dorsum anterius longitudinali, dorso medio et posteriore maculis rhomboidalibus medio albicantibus picto.
Laur. amph. p. 96. n. 212.
Seb. muf. 1. t. 10. f. 2.
Habitat in Java, buccato multum similis.

ignobilis. — — — C. ex cinereo flavus, dorsi maculis subro-
♂   tundis, punctorum serie utrinque in taeniam cohaerentibus. Laur. amph. p. 96.
n. 213.
Seb. muf. 1. t. 72. f. 6.
Habitat in America, buccato affinis.

C. rufus,

Nexa.   — — —   C. rufus, dorsi taenia duplici angulosa: an-
♂   gulis sese decussantibus. *Laur. amph.*
                            p. 97. *n.* 215.
                        Seb. muf. 1. *t.* 19. *f.* 7.
                        Habitat in Africa, *buccato multum similis.*

Berus.   146 — 39. 183. C. *En. fuec.* 286. *Amoen. acad.* 1. *p.* 113.
♂   *n.* 1. *Laur. amph. p.* 97. *n.* 216 *t.* 2. *f.* 1.
         148 — 42.   *Weigel Abh. der hall. Naturf. Gef.* 1. *p.* 8.
         177 — 68.   *Scopoli ann. hist. nat.* 2. *p.* 39.
                        Petiv. muf. p. 17. *n.* 103.
                        β) Berus maculis summi dorsi subrotundis,
                           in taeniam subconfluentibus, extimis cau-
                           dae transversis.
                        Seb. muf. 2. *t.* 9. *f.* 8.
                        γ) Berus subrufus, capite variegato, collo
                           gracili.
                        Seb. muf. 2. *t.* 36. *f.* 2.
                        δ) Berus arcu occipitali maculam albam inter-
                           cipiente.
                        Seb. muf. 1. *t.* 33. *f.* 5.
                        ε) Cerus macula capitis multipartita.
                        Seb. muf. 2. *t.* 59. *f.* 1.
                        Habitat in Europa et Sibiria, β) *et* δ) *in*
                           India, γ) *in insula* S. Eustachii, ε) Cele-
                           bes, *in dumetis et silvis, pruritus tem-*
                           pore in apertis, Laurenti experimentis ra-
                           rius, certe animalibus majoribus, nocens,
                           certe raro lethalis, morsu tamen validam
                           citamque inflammationem, febrem, agryp-
                           niam excitans, ad 1½ *pedem fere longus,*
                           in multis officinis Europaeis venalis.
                        Corpus ex cinereo argenteum, aut (an ma-
                           ri?) ex fusco rufum, vel nigricans, vit-
                           ta dorsali media dentato-repanda, atra,
                           aut ex atro fusca, vel ex atro spadicea;
                           linea utrinque lateralis; caput *ovatum;*
                           truncus *paulisper depressus; ceterum buc-*
                           cato similis.

leucome- 135 — 48. 183. C. *Gronov. muf. p.* 65. *n.* 39. *zooph.* 1.
las.   *p.* 21. *n.* 129.
                        Boddaert nov. act. ac. Caef. 7. *p.* 22. *n.* 20.
                        Coluber albus, maculis nigris.
                                                      184. C.

AMPHIBIA SERPENTES. Coluber. 1091

Scutis. Scutellis.

150—34. 184. C. Fn. suec. 285.* Act. Stockh. 1749. p.
246. t. 6. Laur. amph. p. 97. n. 214.
140—39. Weigel Abh. der hall, Naturf. Gef. 1. p. 12.
Aldr. serp. 197. Aspis colore ferrugineo.
Habitat in Succiae, praesertim Smolandiae,
Scaniae, Uplandiae coryletis et fruticosis
depressis, etiam in Pomeraniae dumetis,
bero satis affinis; et citius funestu, nisi
pars morsa statim resecetur, 9½ pollicem
longus.
Bero minor; color obscurius spadiceus; vitta etiam dorsalis dentato-repanda spadicea; caput ovatum; truncus teres.

153—31. 184. C. Pall. it. 2. p. 717. n. 37.
Habitat in Sibiriae montanae silvis, etiam
magis borealibus, veneno nitiori, digiti
crassitie, sesquipedalis vel ultra, supra
aterrimus opacus, subtus politus, lacteus.
Caput subcordatum; cauda $\frac{1}{10}$.

152—32. 185. C. Fn. suec. 287.* Lepechin it. 2. p. 105.
Coluber vipera anglorum. Laur. amph.
p. 98. n. 217.
Petiv. muf. p. 17. n. 104. Vipera anglica
nigrans.
Habitat in septentrionali Asia et Europa ad
Austriam usque, in hac tamen insons, totus aterrimus immaculatus; squamis lanceolatis, carina longitudinali; labiis
punctis albis nigrisve variatis.
Oleum olivarum intus ad libras dimidias
exhibitum, et calidum inunctum pro antidoto habetur.

152—33. 185. C. capite toto squamis minutissimis imbricato, corpore striis transversis brevibus
alternis, quadruplici serie longitudinali
dispositis, intermediis anterius confluentibus.
Laur. amph. p. 99. n. 218. Vipera Fran-
cisci Redi.
Meyer Thiere 2. p. 5. t. 16-18. Otter.
Aldr. serp. 115. 116.

Habitat

Habitat in littore Austriaco et Italico, Neapoli officinalis, morsu celerrime lethalis, nisi mercurii solutione gummosa er gentianae decocto succurritur aegro; an specie diversus a bero?

Subtus rufus, capite praesertim; caudaeque apice.

Scutis. Scutellis.

Cobra. — — — C. totus fuscus, compressus, dorso carinato; carinae squamis majoribus, capite elongato teretiusculo.
Laur. amph. p. 103. n. 227.
Inter C. Clethonem et Redi intermedius.

maculatus. — — — C. cinereus, maculis margine fuscis, disco pallide luteis.
Laur. amph. p. 102. n 222. Vipera maculata.
Affinis C. Redi; at caput compressum, ad latera album, supra cinereum, linea utrinque subfusca ante nares prominulas concurrente; occipitis maculae binae trigonae; dorsales ellipticae triplici serie, media majore.

glaucus. — — — C. ex albido caerulescens, maculis utrinque magnis obsoletis nebulatus, taenia utrinque pone oculos alba, nuchae ferruginea.
Laur. amph. p. 101. n. 221. Vipera caerulescens.
Habitat in insula Martinica, vulgaris, ad C. Redi accedens.
Taenia pone oculos supra lineola alba, subtus atra terminata.

maderensis. — — — C. lineis subluteis reticulatus, areolis plumbeis.
Laur. amph. p. 102. n. 224. Vipera maderensis.
Seb. mus. 1. t. 54. f. 2.
Habitat in Maderaspatan.

Bitis. — — — C. supra ex cinereo, flavo, albo et rubro varius: fasciis transversis fuscis, subtus luteus, intermedia squamarum minutissimarum albarum serie.
Laur. amph. p. 102. n. 223. Vipera bitis.
Seb.

Seb. muf. 2. t. 16. f. 1.
Habitat in Brasilia, C. Redi multum similis.

Scutis. Scutellis.

acontia. — — — C. supra ex rufo cupreus, squamarum carinis albicantibus, subtus luteus rubromaculatus.
Laur. amph. p. 102. n. 225. Vipera acontia.
Seb. muf. 2. t. 64. f. 1.
Habitat in insulae S. Crucis arboribus.

angula- 117—70. 187. C. Muf. Ad. Fr. 1. p. 23. t. 15. f. 1.
tus. 120—60. Amoen. acad. 1. p. 119. n. 7.
Weigel Abh. der hall. Naturf. Gef. 1. p.14. n. 4. 5.
Seb. muf. 2. t. 12. f. 3.
t. 73. f. 1.
Habitat in Asia, ultra 2 pedes longus, fuscus aut fuscescens, taeniis transversis lanceolatis nigris, aut nigricantibus latis.

caeru- 165—24. 189. C. Amoen. acad. 1. p. 303. n. 31.
leus. Seb. muf. 2. t. 13. f. 3.
Habitat in America, caerulescens: squamis altero latere albis, subtus albus.

albus. 170—20. 190. C. Muf. Ad. Fr. 1. p. 24. t. 14. f. 2.
Habitat in America australi et India, albus immaculatus.

Aspis. 146—46. 192. C. naso verruca erecta terminato, corpore rufo striis characteriformibus alternis sparsis confluentibus, subtus chalybeo flavo-punctato.
Vipera Mosis Charas. Laur. amph. p. 100. n. 219.
Charas nouv. exper. sur la vipere. t. 1. A. A. A.
146—34 Ström. sondm. Col.
Habitat in Delphinatu, agroque Lugdunensi et Pictaviensi, cherfea major; an beri varietas?
Spiritus salis ammoniaci, praesertim succinatus, etiam tartari foetidus inter antidota numerantur.

193. C.

	Scutis.	Scutellis.		
Typh- lus.	140 — 154 —	53. 38.	193.	C. *Muf. de Geer.* *Weigel Abh. der haü. Naturf. Gef.* 1. p. 15. n. 6. Habitat in America *auftrali et* India; pa- rum *caerulescens*, 2½ *pollicibus pedem longitudine excedens.*
fafciatus.	128 —	67.	194.	C. D. *Garden.* *Catesb. Car.* 2. *t.* 58.? Habitat in Carolina. Corpus *fafciis obfoletis albis*, *ad latera bi- fidis*, *fquamis carinatis*; abdomen *fafciis obfoletis fufcis tot*, *quot fcuta*; cauda ¼.
fubfufcus.	149 — 154 — 149 —	43. 43. 55.	195.	C. *Gron. zooph.* n. 123. *Boddaert nov. act. ac. Caef.* 7. p. 23. n. 25. Coluber fubfufcus, lateribus atro ma- culatis.
crotali- nus.	154 —	43.	197.	C. *Mantiff. plant. alt.* 528. *Magnus*, *crotali facie*, *cinereus: maculis magnis alternis obfolete nigricantibus*, *subtus flavefcens*, *fufco irroratus.* Caput *cordatum*, *palpebris exftantibus*; cauda *folis fcutellis* ½ *corporis.*
Halys.	164 —	34.	198.	C. *Pall. it.* 3. 703. n. 38. Habitat rarior in aridiffimis deferti *auftra- lis* Aftracanenfis, *bero craffior*, *brevior*, *magisque torvus*, *fquamis fubcarinatis confertis horridus*, *subtus pallidus*, *su- pra pallide grifeus*, *maculis transverfis ex olivaceo fufcis*, *verfus latera minoribus.*
rufefcens.	159 —	42.	201.	C. *Gron. muf.* 2. n. 29. *Seb. muf.* 1. *t.* 33. *f.* 6. *Ex albo rufus.*
lebetinus. ♂	155 — 152 —	45. 43.	201.	C. *Muf. Ad. Fr.* 2. p. 43.* *Forfk. Fn. arab.* p. 13. n. 6. Habitat in Oriente, *fomno infuperabili ne- cans*, *fubcubitalis*, *dorfo deflexo*, *sub- tus albidus*, *punctis nigris aut fufcis den- fis*

AMPHIBIA SERPENTES. Coluber.

fis varius, supra-grifeus, macularum transversarum alternarum, mediarum flavescentium, lateralium fuscarum vel nigrarum ordinibus quatuor; squamae dorsi ovato-obtusae planae, stria media elata carinatae; caput latum, depressum, subcordatum; cauda 4 pollicum.

Scutis. Scutellis.

melano- 140 — 62. 202. C. Muf. Ad. Fr. 1. p. 24. t. 15. f. 2.
cephalus. 151 — 49. Weigel Abh. der hall. Naturf. Gef. 1. p.
156 — 42. 15. n. 7-10.
197 — 79.
180 — 83. Habitat in America, 5 pollices ultra pedem longus, glaberrimus, supra fuscescens, subtus albidus, capite et fascia dorsali pone caput ex fusco nigra; variat interdum scutis subcaudalibus.

panamen- 164 — 38. 202. C. caerulescens squamis marginatis. Boddaert nov. act. ac. Caef. 7. p. 19. n. 7.
Seb. muf. 2. t. 66. f. 10. Coluber Aesculapii ex Panama.
Habitat in Panama.

crassicau- 142 — 60. 202. C. Gron. muf. 2. p. 67. n. 36. zooph. n. 126.
dus. Boddaert nov. act. ac. Caef. 7. p. 21. n. 19.
Coluber caeruleus, cauda crassa.
Seb. muf. 2. p. 35. t. 35. f. 4. Serpens africana caerulea.
Habitat in Africa.

naevius. 153 — 50. 203. C. Gron. muf. 2. n. 34.
Albus lineis maculisque nigris.

Cobella. 150 — 54. 204. C. Amoen. acad. 1. p. 117. n. 14. p. 302.
n. 28. p. 496. n. 14.
151 — 51. Gron. muf. 2. p. 65. n. 32.
155 — 58. Boddaert nov. act. ac. Caef. 7. p. 19. n. 9.
Coluber ater, lineolis albis.

Weigel

AMPHIBIA SERPENTES. Coluber.

Scutis. Scutellis.

154—44.
151—54.
152—53.
151—51.
150—50.
150—54.
154—50
152—50
157—55.
153—50.
150—52.

Weigel Abh. der hall. Naturf. Gef. 1. *p.* 17. *n.* 12-23.
Laur. amph. p. 82. *n.* 172. Cerastes Cobella.
Seb. muf. 2. *t.* 2. *f.* 6.
Habitat in America *frequentissimus, ab* 8 *pollicibus* - 2 *pedes* 9¾ *pollices longus, capite latiore, macula obliqua plumbea pone utrumque oculum,* cauda *ab ortu statim multo tenuiore, apice obtusa* $\frac{1}{5}$ $\frac{1}{6}$; *nunc cinereus lineolis obliquis albis, nunc supra fuscus: lineis obliquis atris, subtus albus: fasciis ex albo fuscoque tessellatis; nunc supra griseus, subtus albus fasciatus, squamis lateralibus disco albis, radio fuscis; nunc subtus fasciatus, supra fuscus: lineis dilutioribus primo obliquis, post in angulum confluentibus; nunc subtus fasciatus, supra dilute fuscus, squamis dorsalibus hinc inde margine albis: nunc supra fasciis nigris: lineis obliquis dilutioribus, subtus albidus: fasciis transversis ex atro fuscis.*

purpu- 144—72. 206. C. *Gron. muf.* 2. *p.* 66. *n.* 35. zooph. *n.* 124.
rans. *Boddaert nov. act. ac. Caef.* 7. *p.* 21. *n.* 18.
Coluber purpurascens, maculis nigris.

Reginae. 137—70. 207. C. *Muf. Ad. Fr. p.* 24. *t.* 13. *f.* 3.
143—74. *Weigel Abh. der hall. Naturf. Gef.* 1. *p.* 22. *n.* 24.
Habitat in America *australi et* India, *supra ex violaceo fuscus; mentum et cauda subtus alba; scuta abdominalia alternatim alba, et dimidiatim ex atro fusca.*

doliatus. 164—43. 208. C. D. *Garden.*
160—40. *Boddaert nov. act. ac. Caef.* 7. *p.* 22. *n.* 22.
Coluber albidus, annulis nigris per paria digestis.
Habitat in Carolina, *minutus, albidus, annulis f. scutis nigris abdomen non perfecte cingentibus, sed latere utroque cum remotiori connexis, unde perfecti annuli dorsales.*

210. C.

AMPHIBIA SERPENTES. Coluber. 1097

Scutis. Scutellis.

ordina- 138—72. 210. *C. D. Garden.*
tus. 138—74. *Gronov. muf.* 2. *n.* 37.
Boddaert nov. act. ac. Caef. 7. *p.* 22. *n.* 21.
Coluber caerulescens, nigro - maculato-
nebulosus, lateribus serie punctorum ni-
grorum.
Seb. muf. 2. *t.* 20. *f.* 2. Serpens Ibiboboca
brasiliensis.
Catesb. Car. 2. *t.* 53.
Habitat in Carolina, *parvus*.

coccineus. 175—35. 210. *C. D. Garden.*
Habitat in Florida *et* nova Hispania, *ulnae
longitudine, digiti minimi crassitie;* pel-
lis *incolis loco torquis*.
Caput *parvulum;* facies *coccinea;* supercilia *nigra;* frons *flava;* collum *indi-
ctum;* dorsi *maculae* 23 *coccineae, transversim ovatae vel obtuse quadratae, mar-
ginibus nigris ad latera plerumque interruptis circumscriptae, lineis flavis nigro-
maculatis distinctae;* abdomen *albicans*.
Blumenbach.

mexica- 134—77. 211. C.
nus. *Habitat in* America.

severus. 170—42. 212. C. *Muf. Ad. Fr.* 1. *p.* 25. *t.* 8. *f.* 1.
♂ 143—37. *Weigel Abh. der hall. Naturf. Gef.* 1. *p.* 22.
233—36. *n.* 25. 26.
Laur. amph. p. 81. *n.* 167.
Seb. muf. 2. *t.* 54. *f.* 4.
Habitat in Asia, *ad pedem et* 4 *pollices longus, cinereus, fasciis albis ad* 10 *in
dorso convergentibus striisque nigricantibus transversis, subtus albidus, fasciis
foris dimidiatis; interdum supra fuscus,
fasciis transversis angustis cinereis, margine albidis, subsus pallidus, ad caudam
fusco-maculatus:* Occiput *fuscum; fascia fusca inter oculos, et alia pone illos.*

Scutis. Scutellis.

Aurora. 179——37. 216. C. *Muf. Ad. Fr. p.* 25. *t.* 19. *f.* 5.
Laur. amph. p. 82. *n.* 169. Ceraftes Aurora.
Seb. muf. 2. *t.* 78. *f.* 3.
Habitat in America, *lividus dorfo flavo, cauda colloque craffiufculis, ceterum plicatili fimilis.*

Sipedon. 144——73. 217. C. Kalm.
Habitat in America *feptentrionali, fufcus.*

maurus. 152——66. 218. C.
Habitat Algiriae? Brander.
Corpus fupra fufcum lineis dorfalibus duabus, fubtus atrum; a lineis dorfalibus ad abdomen utrinque fafciae plures nigrae.

ftolatus. 143——76. 219. C. *Muf. Ad. Fr.* 1. *p.* 26. *t.* 22. *f.* 1.
Laur. amph. p. 95. *n.* 208. Coluber ftolatus.
Seb. muf. 2. *t.* 9. *f.* 1.
Habitat in Afia, *grifeus, vittis dorfi duabus albis, fafciis obfolete fufcis; caput caerulefcens; fcuta abdominis utrinque puncto nigro notata; ceterum buccato fimilis.*

vittatus. 142——78. 220. C. *Amoen. acad.* 1. *p.* 30. *n.* 27. *Muf. Ad. Fr. p.* 26. *t.* 18. *f.* 2.

155——62. *Gron. muf.* 2. *p.* 65. *n.* 31. *zooph.* 1. *p.* 23. *n.* 119.
Boddaert nov. act. ac. Caef. 7. *p.* 21. *n.* 17. Coluber dorfo albido, lineis longitudinalibus atris.
Laur. amph. p. 74. *n.* 174. Natrix vittata.
Seb. muf. 1. *t.* 35. *f.* 4. Serpens Rotange ceylonenfis rarior et elegantiffima.
Seb. muf. 2. *t.* 45. *f.* 5.
β) *Seb. muf.* 2. *t.* 66. *f.* 2, 3. Coluber de Terragona mas et femina.
Habitat in America.
Ad occiput utrinque macula lata nigra, lineola alba cincta, a qua utrinque albicans oritur taenia, per totum corpus excurrens; vitta alba dentata fub cauda; fcuta margine fufca.

221. C.

AMPHIBIA SERPENTES. Coluber.

Scutis. Scutellis.

miliaris. 162—59. 221. C. Muf. Ad. Fr. p. 27.
Habitat in America auftrali et India, fubtus albus, fupra fufcus, fquamis macula alba notatis.

Aefcula- 180—43. 223. C. Amoen. ac. I. p. 497. n. 15.
pii 174—47.   Muf. Ad. Fr. 1. p. 29. t. 11. f. 2.
     189—44.   Gronov. muf. 2. p. 59. n. 18.
     181—42.   Weigel Abh. der hall. Naturf. Gef. 1. p. 24.
     176—40.   n. 27. 28.
Boddaert nov. act. ac. Caef. 7. p. 19. n. 6.
Coluber albus, annulis nigris.
Laur. amph. p. 76. n. 151. Natrix Aefculapii.
Scheuchz. phyf. facr. t. 654. f. 5.
Seb. muf. 2. t. 18. f. 4.
Habitat in America auftrali et India, forma et habitu ad natricem accedens, pedem et 7 pollices circiter longus, fafciis albis nigrisque, his linea annulove albo dimidiatis, fupra fufcus, fubtus albidus; caput latum, fafcia duplici nigra; truncus paulo tenuior; cauda attenuata, apice obtufa.

bipes. 116—58. 224. C. Scop. ann. hift. nat. 2. p. 39.
Habitat in comitatu Tyrolenfis aquis, ranis pifcibusque victitans, bipes, oculis fulvis, mandibula inferiore albida, fquamis dorfalibus ellipticis marginatis, lateribus albo-maculatis, abdominis fcutis albidis, macula fufca in medio notatis.

rhombea- 157—70. 227. C. Muf. Ad. Fr. p. 27. t. 24. f. 2.
tus,   141—56.   Gronov. zooph. p. 24. n. 127.
         140—75.   Boddaert nov. act. ac. Caef. 7. p. 19. n. 10.
Coluber caerulefcens reticulatus.
Laur. amph. p. 82. n. 170.
Scheuchz. phyf. facr. t. 746. f. 2. Vipera ex albo caerulefcens atro-reticulata.
Habitat in America auftrali et India, caerulefcens triplici macularum fubrhombearum medio caerulearum ferie longitudinali; ceterum plicatili fimilis.

Bbbb 3

	Scutis. Scutellis.	
cyaneus.	119 — 110.	229. C. *Amoen.* ac. 1. *p.* 493. *n.* 10. Seb. muſ. 2. *t.* 43. *f.* 2. *Habitat in* America, *Ahetullae habitu, ſaturate caeruleus, ſubtus virens.*
Natrix.	170 — 60.	230. D. *Fn. ſuec.* 288. *It. gotl.* 146. *Amoen.* ac. 1. *p.* 116. *n.* 3.
	144 — 58.	*Gronov. muſ.* 2. *p.* 63. *n.* 27. *zooph.* n. 113.
	172 — 58.	*Weigel Abh. der hall. Naturf. Geſ.* 1. p. 25.
	174 — 62.	n. 29. 38.
	175 — 63.	
	174 — 54.	*Boddaert nov. act. ac. Caeſ.* 7. *p.* 24. *n.* 30. Coluber unicolor, collari albo - flaveſcente, macula triangulari atra.
	170 — 64.	
	170 — 52.	
	168 — 48.	*Laur. amph. p.* 75. *n.* 149. Natrix vulgaris.
	172 — 58.	
	170 — 68.	*Meyer Thiere Th.* 1. *p.* 52-54. *t.* 89. 90. Gemeine Schlange.

Raj. quadr. 334. Natrix torquata.

β) Natrix longiſſima, ex fuſco nigricans, raris punctis luteis, ſubtus cinerea, *Laur. amph.* p. 74. *n.* 145.

γ) Natrix gernonenſis, capite anterius variegato, faſcia inter oculos brevi atra, occipitis longiſſima, nuchae binis maculis majoribus, quas ſtatim minores ſequuntur, per totum dorſum ſeriatim diſpoſitae, centro luteae, ultimo confuſae. *Laur. amph.* p. 76. *n.* 153.

δ) Natrix macula arcisque nonnullis occipitis flammeis. *Meyer Thiere* I. *t.* 87. 88.

ε) Natrix caerulea, punctis atris, lineisque transverſis undulatis.

ζ) Natrix caerulea, taeniola utrinque alba, maculis ſparſis atris, carinae albis, abdomine albo, utrinque macula atra.

Habitat in Europae *omnis dumetis, ſepibus, aedibus, ſtabulis &c. innocua, ſolis et caloris amans, in fimetis et ſub arboribus putridis pariens ova, muci ope in magnos acervos congeſta, verſus autumnum ex* Pannonia *auſtriaca trans* Savum *in* Turciam *migrans; vere redux, ad* 3 *pedes et* 9 *pollices longa.*

Corpus

Corpus *supra nigricans, macula alba utrinque ad collum;* dorsum *subcarinatum: squamis* dorsi *ovato-oblongis, mediis carinatis, in ordines* 19 *dispositis; subtus album, interdum subflavescens vel rufescens, stria media longitudinali anomala latiuscula nigra, a scuto* 15mo *incipiente;* cauda *tota nigra;* rostrum *acutum.*

Scutis. Scutellis.

Gronovianus. — — — G. ex cinereo caeruleus, subtus nigrescens, macula utrinque ad occiput arcuata alba, alteraque nigra, dorso nigro-undulato.
Laur. amph. p. 75. n. 150.
Seb. muf. 2. t. 33. f. 1.
Natrici proxime affinis.

lubricus. — — — C. flagelliformis, splendens, lubricus, albus, falciis nigris. Laur. amph. p. 80. n. 164.
β) Natrix lubrica, falciis rubris.
Seb. muf. 2. t. 43. f. 3.
Habitat Surinami, β) in Africa, ad natricem accedens.

humanus. — — — C. niger albo-maculatus, cauda alterne albo-nigroque fasciata.
Laur. amph. p. 80. n. 165. Natrix humana.
Habitat in Amboina et nova Hispania, homini amicus.

punctulatus. — — — C. fuscus, maculis minutissimis albis.
Laur. amph. p. 80. n. 166. Natrix punctata.
Capite scutis latis munito, depresso, triangulari maxillis posterius diductis, rostro acutiori, trunco glabro, nitido, pone caput angustiori; in medio crassissimo, cauda conica, elongata et attenuata ad natricem accedit.

varius. 160—70. 230. C. Gronov. muf. 2. p. 64. n. 28. zooph. 1. p. 23. n. 116.
Boddaert nov. act. Caef. 7. p. 21. n. 16.
Coluber nigricans, lateribus albis nigrisque variegatis.

230. C.

AMPHIBIA SERPENTES. Coluber.

Scutis. Scutellis.

tyrolen- 178 — 60. 230. C. Scop. ann. hist. nat. 2. p. 39.
sis. Habitat in comitatu Tyrolensis, ova 14 co-
  haerentia, alba, coriacea, vitello laterali, albumine turbido et aquoso inter
  saxa ponens.

arabicus. 174 — 60. 234. C. Gronov. muf. 2. p. 61. n. 22. zooph. 1.
  p. 22. n. 108.
  Boddaert nov. act. ac. Caef. 7. p. 24. n. 28.
  Coluber dorso unicolore, abdomine ni-
  grescente.
  Seb. muf. 2. p. 32. t. 33. f. 1. Serpens ara-
  bica fusca.
  Habitat in Arabia.

agilis. 184 — 50. 234. C. Amoen. acad. 1. p. 304. n. 33. Muf.
  Ad. Fr. 1. p. 27. t. 21. f. 2.
  Laur. amph. p. 82. n. 171. Cerastes agilis.
  Habitat in Zeylon, fasciis alternis albis et
  fuscis, nigro-punctatis varius; capite
  exili; ad plicatilem accedens.

lacteus. 203 — 32. 235. C. Muf. Ad. Fr. 1. p. 28. t. 18. f. 1.
  Laur. amph. p. 83. n. 173.
  Habitat in America australi et India, albus,
  maculis geminatis atris; vertice atro:
  linea longitudinali alba.

jacula- 163 — 77. 240. C. Gron. muf. 2. p. 63. n. 26. zooph. n. 114.
trix. 173 — 78. Boddaert nov. act. ac. Caef. 7. p. 21. n. 15.
  Coluber cinereo-caerulescens, lineis lon-
  gitudinalibus nigris.
  Scheuchz. physf. sacr. t. 715. f. 2. Jacula-
  trix surinamensis.
  Seb. muf. 2. p. 3. t. 1. f. 9. Serpens ame-
  ricana lemniscata Xequipiles dicta.
  Habitat Surinami. Dr. Schene.
  Similis lineato.

scutatus. 190 — 50. 240. C. Pall. it. 1. p. 459. n. 17.
  Habitat in fluvio Ural, aquaticus, in terram tamen exiens, natricis facie, saepe
  quadrupedalis, ater, scutis abdominalibus atris, paribus alternis alterutro fine
  ochroleucis.

Dentes

Dentes *aciculares*, *exserti*; palati *pecten*
duplex; irides *fuscae*; cauda *obsoletissime*
triquetra, *squamae una alterave alba*.

Scutis. Scutellis.

subalbi- 165 — 75. 240. C. Gron. *muf.* 2. *n.* 25. zooph. *n.* 111.
dus. Boddaert nov. act. ac. Caef. 7. p. 20. *n.* 14.
Coluber subalbidus, fasciis 30 brunneis.
Seb. *muf.* 2. *t.* 21. *f.* 3. Cobra americana.
Habitat in America.
Rostrum *rotundato-obtusum.*

atratus. 163 — 77. 240. C. *Gron. muf.* 2. *n.* 26.
Seb. *muf.* 2. *t.* 1. *f.* 9.
t. 9. *f.* 2.
Vitta *nigra.*

unicolor. 176 — 66. 242. C. *Gron.* zooph. 1. *p.* 22. *n.* 107.
Boddaert nov. act. ac. Caef. 7. p. 24. *n.* 27.
Coluber dorso unicolore, lateribus ad
anum usque lineatis.
Rostrum *acutum.*

aulicus. 184 — 60. 244. C. *Muf. Ad. Fr.* 1. p. 29. *t.* 12. *f.* 2.
Laur. amph. p. 74. *n.* 148. Natrix aulica.
Seb. *muf.* 1. *t.* 91. *f.* 5.
Habitat in America, *griseus, fasciis pluri-*
mis linearibus albis ad latus bifurcatis;
ad occiput utrinque macula trigona alba
in nucha subconfluens.

monilis. 164 — 82. 246. C. *Muf. de Geer.*
Habitat in America, *annulatus.*
Monile *punctis tribus albis a tergo.*

Hydrus. 180 — 66. 246. C. *Pall. it.* 1. p. 459. *n.* 18.
Habitat in rhymno *et mari* Caspio *num-*
quam in terram egressus, subtripedalis,
anguis facie.
Caput *parvum, non buccatum;* palatum
pectine gemino dentium acicularium re-
clinatorum armatum; lingua *longissima,*
nigra; oculi *parvi circulo flavo;* dorsum
ex olivaceo cinereum, maculis nigris or-
biculatis per quatuor series in quincunces
Bbbb 5 *dispo-*

AMPHIBIA SERPENTES. Coluber.

dispositis varium; cervicis *fascia utrinque ad occiput in angulum conflens, interjectis duabus maculis oblongis nigricantibus*; abdomen *flavescente et nigricante tessellatum*; cauda *fere tota nigricans, mucrone gemino minutissimo, uno supra alterum, terminata.*

Scutis. Scutellis.

fulvius. 218—31. 249. C. D. Garden.
Habitat in Carolina.
Corpus *annulis 22 nigris, totidemque alternis fulvis fusco - maculatis, anterius et posterius albis;* Cauda $\frac{1}{12}$.

pallidus. 156—96. 251. C. Amoen. acad. 1. p. 494. n. 11. Muf.
Ad. Fr. 1. p. 31. t. 7. f. 2.
140—84. Weigel Abb. der hall. Naturf. Gef. 1: p. 30.
147—90. n. 39. 40.
Habitat in America australi et India, *pallidus, maculis griseis vagis punctisque fuscis; Lineolae binae interruptae laterales nigricantes*. Longitudo ad 1½ pedem.

lineatus. 169—84. 252. C. Muf. Ad. Fr. 1. p. 30. t. 12. f. 1. et
t. 20. f. 1.
162—74. Weigel Abb. der hall. Naturf. Gef. 1. p. 31.
165—83. n. 41. 42.
Seb. muf. 2. t. 12. f. 3.
Habitat in Asia, *longitudine 6-9 pollicibus pedem excedens, caerulescens, vittis 4 linearibus fuscis.*

ambiguus. 189—64. 253. C. Weigel Abb. der hall. Naturf. Gef. 1.
♂ p. 55.
Habitat in America, *6¾ pollicibus 4 pedes longitudine superans, canus, supra fasciis latis rotundatis fuscis, subtus dilutior ex atro fusco varius.*

caecus. — — — C. *ex luteo rufus: squamis singulis macula*
♂ *alba notatis, perspicillo nullo.*
Laur. amph. p. 92. n. 202. Naja non Naja.
Seb. muf. 2. t. 90. f. 1.
Habitat in India, *najae affinis.*

253. C.

Scutis. Scutellis.

Naja. 193 — 60. 253. C. *Muf. Ad. Fr. p.* 30. *t.* 21. *f.* 1. *Amoen.*
♂ *acad.* 1. *p.* 305.
Laur. amph. p. 91. *n.* 197. Naja lutefcens
Kaempf. amoen. exot. p. 565. *t.* 567.
Seb. muf. 1. *t.* 44. *f.* 1.
2. *t.* 85. *f.* 1.
t. 94. *f.* 1.
t. 97. *f.* 1-4.

β) Naja fafciata fafciis per totum corpus ex
fufco rubris. *Laur. amph. p.* 91. *n.* 198.
Seb. muf. 2. *t.* 89. *f.* 3.

γ) Naja fiamenfis, ex cinereo grifea, fummo
dorfo rufo. *Laur. amph. p.* 91. *n.* 200.
Seb. muf. 2. *t.* 89. *f.* 1. 2.

δ) Naja maculata, ex luteo rufa, fquamis fingulis alba macula notatis. *Laur. amph.*
p. 91. *n.* 201.
Seb. muf. 2. *t.* 90. *f.* 2.

Habitat in India *et infulis* Ternateis, *omnium venenatiffimus, a viverra ichneumo-
ne tamen fine noxa devoratus; ophiorhi-
zam pro antidoto habent.*
Caput *cataphractum ore retufo; corpus ex
cinereo luteum; in anteriori ejus parte
inter fcuta abdominis* 6-12 *cutis, ab ira-
cundo animali in orbem planum feu alam
fpithamae longitudine extenfilis, in qua
fupra icon quafi perfpicilli albi diaphani
margine nigri confpicua.*

rufus. — — — C. rufus, fafciis ex fufco rufis diftantibus,
♂ perfpicillo fubcordato, maculis quatuor
atris infcripto.
Laur. amph. p. 91. *n.* 199. Naja brafilienfis
Seb. muf. 2. *t.* 89. *f.* 4.
Habitat in Brafilia.

Padera. 198 — 56. 254. C. *Muf. Ad. Fr.* 2. *p.* 44.
Habitat in America auftrali *et* India, *albus, maculis fufcis dorfalibus multis geminatis lineola connexis, totidemque fimplicibus lateralibus.*

258. C.

Scutis. Scutellis.

canus. 188——70. 258. C. *Muf. Ad. Fr.* 1. *p.* 31. *t.* II. *f.* 1.
200——64. *Gronov. zooph. p.* 20. *n.* 95.
194——98. *Boddaert nov. act. ac. Caef.* 7. *p.* 20. *n.* 13.
Coluber canus maculis magnis albicantibus ferratim digeftis, fub quaque punctum niveum.

Habitat in America *auftrali et* India, *roftro rotundo - obtufo, capite fquamis imbricato,* 'medius hinc inter boas et colubros.

getulus. 215——44. 259. C. D. Garden.
Catesb. Car. 2. *t.* 52.
Habitat in Carolina, *ex nigro caerulefcens, fafciis linearibus flavis lateribus in fafcias abdominales bifidas.* Cauda $\frac{1}{7}$.

fibilans. 160——100. 260. C. *Amoen. ac.* 1. *p.* 302 *n.* 30.
Seb. muf. 2. *t.* 52. *f.* 4.
t. 56. *f.* 4.
t. 107. *f.* 4.
Habitat in Afia, *caerulefcens vittis nigris, fubtus albus.*

Dione. 190——66.
206——58. 260 C. *Pall. it.* 2. *p.* 717.

Habitat in *defertis falfis verfus mare Cafpium, et in aridis falfis montofis ad fluvium* Irtin, *elegantiffimus, gracilis, tripedalis.*
Caput *parvum, tetragonum, futuris fufcis utplurimum reticulatum, palati pectine quadruplici;* dorfum *amoene caeruleum vel exalbidum, ftrigis tribus longitudinalibus candidioribus, lituris alternis fufcis faepe fubconfluentibus intermediis;* abdomen *albidum, maculis minutis ex livido fufcis, atomisque faepe rubicundis;* cauda $\frac{1}{6}$.

zeylonicus. 180——80. 260. C. *Gronov. muf.* 2. *n.* 20. *zooph. n.* 105.
187——89. *Boddaert nov. act. ac. Caef.* 7. *p.* 20. *n.* 12.
Coluber maculis-majoribus brunneis.
Seb. muf. 1. *t.* 100. *f.* 4. Serpens maculata ceylonica.

Scheuchz.

AMPHIBIA SERPENTES. Coluber.

Scheuchz. phyf. facr. t. 748. f. 8. Serpens americanus.
Habitat in infula Zeylon.

Scutis. Scutellis.

laticau- 220—42. 261. C. Muf. Ad. Fr. 1. p. 31. t. 16. f. 1.
datus. Laur. amph. p. 109. n. 240. Laticauda fcutata.

β) Laticauda imbricata. Laur. amph. p. 110. n. 241.
Habitat in America auftrali et India, etiam ad littora infulae Tonga-Tabu; cinerea, fafciis fufcis.
Cauda compreffo-anceps, obtufa, in β) acuta, lanceolata.

Sirtalis. 150—114. 262. C. Kalm.
Habitat in Canada, tenuis, fufcus, ftriatus, vittis tribus ex viridi caerulefcentibus.

atrox. 196—69. 163. C. Amoen. acad. 1. p. 305. n. 35. Muf. Ad. Fr. 1. p. 33. t. 22. f. 2.
197—69. Weigel Abh. der hall. Naturf. Gef. 1. p. 32. n. 43.
Laur. amph. p. 103. n. 226.
β) Dipfas indica. Laur. amph. p. 90. n. 196.
Seb. muf. 1. t. 43. f. 4. 5.
Habitat in Afia, circiter 1½ pedem longus, canus, fquamis carinatis, fubtus maculis transverfis ex atro fufcis fecundum longitudinem alternis.
Caput depreffum, compreffum, angulatum fquamis minimis.

Sibon. 180—85. 264. C. Amoen. acad. 1. p. 304. n. 32.
Laur. amph. p. 95. n. 220. Coluber Sibon.
Seb. muf. 1. t. 14. f. 4.
Habitat in Africa, ex fufco ferrugineus, albo adfperfus, fubtus albus, fufco-maculatus, capite albo.

nebula- 185,—81. 265. C. Muf. Ad. Fr. p. 32. t. 24. f. 1.
tus. 185—88. Weigel Abh. der hall. Naturf. Gef. 1. p. 32.
178—181. n. 44. 45.
Laur. amph. p. 83. n. 174. Ceraftes nebulatus.

Habitat

AMPHIBIA SERPENTES. Coluber.

Habitat in America, *hominum tibias stringens, ad 2 pedes* 5½ *pollices longus, ex fusco et cinereo nebulatus, subtus ex albo fuscoque varius.*

Scutis. Scutellis.

fuscus. 149 — 109. 195. C. *Muf. Ad. Fr.* 1. *p.* 32. *t.* 17. *f.* 1.
155 — 109. *Weigel Abh. der hall. Naturf. Gef.* 1. *p.* 33. *n.* 46.
Seb. muf. 2. *t.* 54. *f.* 2.
— 71. *f.* 2.
— 72. *f.* 1.
— 87. *f.* 1.
— 91. *f.* 1.
Habitat in Asia, 4 *circiter pedes longus, ex cinereo fuscus, habitu Ahaetullae. Pone oculos macula oblonga fusca.*

brunneus. 191 — 75. 266. C. *Gron. muf.* 2. *n.* 15. zooph. *p.* 20. *n.* 98.
Boddaert nov. act. ac. Caef. p. 18. *n.* 3.
Coluber brunneus, maculis albis, abdomine albido.
Seb. muf. 2. *p.* 4. *t.* 2. *f.* 6. Serpens Cobellas dicta.

saturninus. 147 — 120. 267. C. *Muf. Ad. Fr.* 1. *p.* 32. *t.* 9. *f.* 1.
157 — 114. *Weigel Abh. der hall. Naturf. Gef.* 1. *p.* 34. *n.* 47.
Laur. amph. p. 77. *n.* 154. Natrix saturnina.
Habitat in America *australi et* India, *pedem et* 9½ *pollices longus, lividus, cinereo-nebulosus.*
Caput oblongum lividum, rostro obtuse quadrato, oculis amplissimis; truncus *sensim in caudam* ¼ *attenuatus.*

candidus. 220 — 50. 270. C. *Muf. Ad. Fr.* 1. *p.* 33. *t.* 7. *f.* 1.
Laur. amph. p. 83. *n.* 175. Cerastes candidus?
Habitat in America *australi et* India, *albicans, fasciis fuscis.*

niveus. 209 — 62. 271. C. *Muf. de Geer.*
Laur. amph. p. 74. *n.* 146. Natrix candida?
Seb.

AMPHIBIA SERPENTES. Coluber. 1109

Seb. muf. 2. t. 15. f. 1.
Habitat in Africa, albus, immaculatus.

Scutis. Scutellis.

scaber. 228 — 44. 272. C. Muf. Ad. Fr. 1. p. 36. t. 10. f. 1.
Habitat in America auftrali et India, fufco nigroque maculatus.
Vertex macula nigra pofterius bifida. Squamae carinatae.

carinatus. 157 — 115. 273. C. Muf. Ad. Fr p. 31.
167 — 125. Boddaert nov. act. ac. Caef. 7. p. 19. n. 8.
Coluber nigro-caerulefcens, lateribus maculis ovatis albis, dorfo carinato?
193 — 90. Weigel Abh. der hall. Naturf. Gef. 1. p. 35. n. 48?
Habitat in America auftrali et India, ultra 6 pedes longus, plumbeus, fubtus albus. Caput obtufum, oculis magnis prominulis; dorfum carinatum, fquamis margine pallidis; cauda teres, fenfim attenuata, linea media pallida.

corallinus. ♂ 193 — 82. 275. C. Muf. Ad. Fr. 1. p. 33.
Seb. muf. 2. t. 17. f. 1.
Habitat in Afia, glaucus, vittis tribus fufcis: fquamis diftantibus; fubtus pallidus: punctis canis.

ovivorus. 203 — 73. 276. C. Kalm.
Pif. brafil. 279. Guinpuaguara.
Habitat in America.

Saurita. 156 — 21. 277. C. D. Garden.
Catesb Carol. 2. t. 50.
Habitat in Carolina, virefcens, fupra fufcus, lineis tribus virefcentibus.

Conftrictor. 186 — 29. 278. C. Kalm it. 3. p. 136.
Catesb. Car. 2. t. 48.
Habitat in America feptentrionali, citiffime currens, mordens absque veneno, adoriens homines circum pedes, fefe volvens ftringensque; glaberrimus, anguftiffimus, niger, fubtus pallide caerulefcens; gula alba.

279. C.

Scutis. Scutellis.

exoletus. 147 — 132. 279. C. *Muſ. Ad. Fr.* 1. *p.* 34. *t.* 10. *f.* 2.
Laur. amph. p. 78. *n.* 160. Natrix exoleta.
Habitat in America *auſtrali et* India, *flagelliformis, Abaetullae habitu, ex cinereo caeruleſcens, ſquamis obtuſis magnis raris, labiis albis.*

Situla. 236 — 45. 281. C. *Muſ. Ad. Fr.* 2. *p.* 44. *
Habitat in Aegypto, *griſeus, vitta longitudinali utrinque linea nigra marginata.* Haſſelquiſt.

Triſcalis. 195 — 86. 282. C.
Habitat in America *auſtrali et* India, *glaucus. Dorſi lineolae* 3 *longitudinales fuſcae ad nucham conjunctae, media ſupra deſinente; praeterea in utroque latere linea fuſca, cum primoribus duabus excurrens ad apicem caudae;* cauda ⅟.

guttatus. 227 — 60. 284. C. D. Garden.
Catesb. Car. 2. *t.* 60?
Habitat in Carolina, *lividus.*
Dorſum maculis rubris et nigris, latera lituris nigris, abdomen *maculis nigris quadratis alternis varium;* ſcuta abdominis a 223-230. Cauda ⅛.

lemniſcatus. 250 — 35. 285. C. *Amoen. ac.* 1. *p.* 118. *n.* 6. *et p.* 413. *n.* 9. *Muſ. Ad. Fr.* 1. *p.* 34. *t.* 14. *f.* 1.
264 — 36.
265 — 38.
246 — 35.
233 — 34.
Weigel Abh. der hall. Naturf. Geſ. 1. *p.* 35. *n.* 49-51.
Laur. amph. p. 76. *n.* 152. Natrix lemniſcata.
Seb. muſ. 1. *t.* 10. *f. ult.*
2. *t.* 76. *f.* 3.
Habitat in Aſia, *ad* 3 *pedes longus, glaberrimus, quam maxime lubricus et teres, albus, faſciis transverſis ferrugineis aut nigris in annulos coeuntibus, quorum tres ſibi vicini; ſquamae dorſales apice ferrugineae.*

286. C.

AMPHIBIA SERPENTES. Coluber.

Scutis. Scutellis.

annula- 190—96. 286. C. *Amoen. acad.* 1. p. 120. n. 9. et p. 305.
tus.   n. 34. *Muf. Ad. Fr.* p. 34. t. 8. f. 2.
      184—60.   *Weigel Abh. der hall. Naturf. Gef.* 1. p.
      196—95.   37. n. 52-57.
      186—84.   *Seb. muf.* 2. t. 38. f. 2.
      194—91.   Habitat in America, *ab 1 pede et 7 pollicibus*
      190—96.   *ultra tres pedes longus, subtus albus.*
      256—166?   Dorsum *cinereum, griseum, fuscescens, aut*
                  ex fuscescente album, fascia aut maculis
                  rotundis alternis fuscis, in fasciam con-
                  fluentibus.

Dipsas. 152—135. 287. C. *Amoen. acad.* 1. p. 302. n. 29.
      155—123.   *Gronov. muf.* p. 64. n. 30.
                  Boddaert nov. act. ac. Caef. 7. p. 24. n. 31.
                  Coluber unicolor viridis, lineis duabus
                  albis.
                  Grew. muf. 2. p. 64. n. 30.
                  Seb. muf. 2. t. 24. f. 3. Serpens surina-
                  mensis caerulea.
                  Habitat in America, *ex viridi caerulescens,*
                  squamis margine albidis.
                  Cauda *subtus sutura caerulescens.*

Dhara. 235—48. 228. C. *Forsk. Fn. arab.* p. 14. n. 9.
                  Habitat in Arabiae parte, Yemen, *longi-*
                  tudine cubitum superans, crassitie digito
                  minor, immaculatus, supra ex cupreo ci-
                  nerascens, squamarum margine albescen-
                  te, subtus albus.
                  Caput *ovatum, obtusum; verticis squamae*
                  magnae, media inter oculos reliquas su-
                  perante.

Pelias. 187—130. 290. C. *Muf. de Geer.*
                  Habitat in America australi et India, *pone*
                  oculos et verticem fuscus; subtus viri-
                  dis, utrinque linea flava, ceterum nigro-
                  duplicatus.

Tyria. 210—83. 293. C. *Muf. Ad. Fr.* 2. p. 45.
                  Habitat in Aegypto, *albidus, macularum*
                  rhombearum fuscarum ordine triplici lon-
                  gitudinali. Hasselquist.

297. C.

AMPHIBIA SERPENTES. Coluber.

Scutis. Scutellis.

s. 195 — 102. 297. C. *Muf. Ad. Fr.* 2. *p.* 45.*
   Habitat in Aegypto, *niger, jugulo sanguinolento.* Hasselquist.

198 — 100. 298. C. *Lepechin it.* 1. *p.* 317. *t.* 21.
   Habitat ad littora maris Caspii in dumetis et depressioribus pratis, irritatus hominem violenter petens, quem alias metuit; et sibilando se prodens, capite erecto prorepens, ultra 5 pedes longus, supra alternatim flavo - et fusco - fasciatus, subtus flavus.
   Oculi globosi, dilutius fusci; maxillae dentium minutorum acutorum ordinibus binis armatae; dorsum et latera squamarum medio flavarum, margine nigrarum ordinibus 18 tecta.

lis.202 — 96. 298. C. *Gron. zooph.* 1. *p.* 19. *n.* 93.
  202 — 74. *Boddaert nov. act. ac. Caes.* 7. *p.* 18. *n.* 2.
   Seb. muf. 2. *p.* 9. *t.* 8. *f.* 4. Vipera vera orientalis.
   Habitat in Oriente.

209 — 90. 299. C. *Amoen. ac.* 1. *p.* 306. *n.* 36. *et p.* 119. *n.* 8. *et p.* 495. *n.* 13.
  207 — 103. *Gron. muf.* 2. *p.* 57. *n.* 13.
   Laur. amph. p. 87. *n.* 189. Coronella petola.
  208 — 90. *Sundm. Surin. Grill. n.* 13.
  207 — 85. *Boddaert nov. act. ac. Caes.* 7. *p.* 23. *n.* 26.
   Coluber dorso et lateribus fasciis transversalibus.
   Seb. muf. 1. *p.* 819. *t.* 54. *f.* 4. Serpens africana Pethola dicta.
   β) Coronella africana, candida, dorsi maculis anterius subrotundis, sensim rhomboidalibus, margine rubellis. *Laur. amph.* p. 87. *n.* 190.
   Seb. muf. 2. *t.* 82. *f.* 2.
   γ) Coronella ocellata, caerulescens, ocellorum atrorum medio caeruleorum quadruplici serie longitudinali. *Laur. amph.* p. 84. *n.* 179.
   δ) Co-

AMPHIBIA SERPENTES. Coluber.

δ) Coronella fasciata, ex albo caerulescens, fasciis ex fusco nigris, lineis duabus longitudinalibus albis diremtis. *Laur. amph. p. 86. n. 180.*

ε) Coronella latirostra, fuscescens, fasciis raris, obsoletis, rostro depresso. *Laur. amph. p. 86. n. 184.*

ζ) Coronella latirostra, fasciis prope abdomen lutescentibus confluentibus. *Laur. amph. p. 86. β.*

η) Coronella ceraftoides, ex albo subfuscescens, maculis dilute fuscescentibus, occipitis duabus longitudinalibus, dorsalibus ellipticis, in unam seriem digestis. *Laur. amph. p. 86. n. 185.*

ϑ) Coronella taeniata, medii dorsi taenia fusca, abdomine et lateribus ex albo subfuscescentibus fummis lateribus dilute fuscis distinctis. *Laur. amph. p. 86. n. 186.*

ι) Coronella anguiformis fasciis circularibus fuscis integris, subtus oblique concurrentibus. *Laur. amph. p. 85. n. 182.*

Habitat in Africa, *plumbeus, fasciis testaceis; corpore natricem simulans.*
Caput media fronte inter oculos clypeo lucente; ex scutis majoribus polymorphis constante subovato, ad latera et occiput utrinque squamis imbricatis tectum; rostrum *acutum.*

Scutis. Scutellis.

ocellatus. — — — C. rubellus, ocellis coccineis, scuto capite ex rufo flavescente.
Seb. muf. 2. t. 1. f. 3. 8.
Habitat in Zeylon et Sina, *petholae affinis.*

Hitambocia. — — — C. flavus, fasciis duabus saturatioribus, capite rufo. *Laur. amph. p. 85. n. 181.*
Seb. muf. 1. t. 33. f. 6.
Habitat in India, *ad petholam accedens.*

tigrinus. — — — C. totus maculatus, capitis scuto candidissimo.
Laur. amph. p. 87. n. 187. Coronella tygrina.

AMPHIBIA SERPENTES. Coluber.

Seb. muf. 2. t. 15. f. 2.
Habitat in Amboina, petholae multum similis.

Scutis. Scutellis.

Catus. — — — C. albus, fquamis quaternis nigris interfperfis in areolos confertis.
Laur. amph. p. 88. n. 192. Coronella Catus.
Seb. muf. 2. t. 75. f. 1-5.
Habitat in America, muribus gliribusque cati inftar infidians, ad petholam accedens.

cervinus. — — — C. albus, medio nigro-punctatus, utroque fine nigro-virgatus.
Laur. amph. p. 88. n. 191. Coronella cervina.
Seb. muf. 2. t. 79. f. 3.
Habitat in America, petholae affinis.

virginicus. — — — C. faturatae fufcus, fafciis luteis, fronte fcutata.
Laur. amph. p. 86. n. 183. Coronella virginica.
Seb. muf. 1. t. 75. f. 3.
Habitat in Virginia, petholae propinquus.

ruber. — — — C. fubtus albus, fupra ruberrimus: maculis alterne cohaerentibus.
Seb. muf. 1. t. 52. f. 4.
Habitat in America, ad petholam referendus.

auftriacus. — — — C. ex cinereo caeruleo rufus, dorfi maculis alternis diftinctis, fronte fcutata.
Laur. amph. p. 84. n. 178. t. 5. f. 1. Coronella auftriaca.
Habitat circa Viennam, vulgaris, ad petholam accedens.

teffellatus. — — — C. fupra nigro fufcoque alternatim teffellatus, fubtus ater: maculis utrinque albis inaequalibus, capite elongato anterius fcutato.
Laur. amph. p. 87. n. 188. Coronella teffellata.
Habitat in Japidia, petholae affinis.

aeftivus. 155—144. 300. C. D. Garden.
Catesb. Car. 2. t. 57.

Habitat

AMPHIBIA SERPENTES. Coluber. 1115

Habitat in Carolina, Abaetullae similis, glaberrimus, totus caeruleus, subtus pallide virens. Cauda ½.

Scutis. Scutellis.

cahirinus. 230 — 82. 302. C. Forsk. Fn. arab. p. 14. n. 7.
Habitat ad Cahiram, pollicis crassitie, 4¼ pedes longus, supra griseus, maculis dorsalibus fuscis ovalibus magnis, lateralibus quadrato-emarginatis parvis, subtus totus sericeo-albus, tyriae affinis.
Caput planiusculum, subcordatum; vertex squamis duabus pallidis oblongis 12 es reliquis majoribus tectus.

flavescens. 225 — 78. 303. C. Scop. ann. hist. nat. 2. p. 39.
Habitat in comitatu Tyrolensi, tripedalis, squamis ellipticis tectus, fuscus, subtus flavescens.

Molurus. 248 — 59. 307. C. Mus. de Geer.
Habitat in America australi et India, boae simillimus, et scutis et squamis capitis majoribus, quales in colubris.

Schokari. 180 — 114. 309. C. Forsk. Fn. arab. p. 14. n. 10.
183 — 144.
Habitat in Arabiae, praesertim Yemen silvis montosis, sesquicubitalis, digiti crassitie, supra fusco-cinereus, vitta utrinque duplici longitudinali alba, et praeterea in majoribus vitta dorsi medii parva ex guttis albidis conflata; subtus albescens, versus gulam flavicans, fusco punctatus; caput ovatum obtusum; vertex planatus squamis magnis; cauda corpore fere duplo brevior.

Baetaen. — — — C. albo nigroque maculatus. Forsk. Fn. arab. p. 15. n. 11.
♂
Habitat in Arabia, pede 1 longus, 2 fere pollices crassus, morsu momento primo lethali, corpore intumescente.

Hoelleik. — — — C. totus ruber. Forsk. Fn. arab. p. 15. n. 12.
Habitat in Arabia, pedem longus, morsu tumorem ardentem excitans; halitu pruritum ciere fertur.

Cccc 3   C. totus

AMPHIBIA SERPENTES. Coluber.

Scutis. Scutellis.

Hannafch. — — — C. totus niger.
Habitat in Arabia, *cubitum longus, crassitie digiti, tumorem morsu excitans.*

purpuraſcens. 189 — 122. 311. C. *Gron. muſ.* 2. *p.* 311. *n.* 17.
Boddaert nov. act. ac. Caeſ. 7. *p.* 19. *n.* 5.

Ahaetulla. 163 — 150. 313. C. *Amoen. acad.* 1. *p.* 115. *n.* 2. *et p.* 495. *n.* 12. *Muſ. Ad. Fr.* 1. *p.* 35. *t.* 22. *f.* 3.

165 — 152. *Gron. muſ.* 2. *p.* 61. *n.* 24.
169 — 173. *Weigel Abh. der hall. Naturf. Geſ.* 1. *p.* 40. *n.* 58 - 60.
161 — 141.
163 — 152. *Boddaert nov. act. ac. Caeſ.* 7. *p.* 22. *n.* 23.
Coluber *capite, collo dorfique anterioris parte caeruleis, cetero corpore exalbido, iridis coloribus superbiente.*
Laur. amph. p. 79. *n.* 161. Natrix Ahaetulla.
Catesb. Car. 2. *t.* 47. Anguis gracilis caeruleo viridis.
Petiv. gazoph. t. 100. *f.* 5. Long green Borneo Snake.
Seb. muſ. 2. *t.* 2. *f.* 1. Serpens ornatiſſima Amboinenſis Bonguatrora.
Seb. muſ. 2. *t.* 63. *f.* 3.
12. *f.* 3.
Bradl. natur. t. 9. *f.* 2.
Habitat in Aſia et America, *ad* 3 *pedes et* 14 *pollices longus, flagelliformis, viridi-aureus, cute ipſa, aliquando inter ſquamas conſpicua, nigra.*
Caput *elongatum, anguſtum, faſcia nigra trans oculos; cauda tetraëdra.*

petalarius. 212 — 102. 314. C. *Muſ. Ad. Fr.* 1. *p.* 35. *t.* 9. *f.* 2.
212 — 91. *Weigel Abh. der hall. Naturf. Geſ.* 1. *p.* 42. *n.* 61-63.
203 — 103.
203 — 78. Habitat in America *auſtrali et India, a* 10¾ *pollicibus, ad pedem et* 11 *pollices - 2 pedes* 7⅝ *pollices longus, fuſcus, faſciis albis, ſubtus pallidus.*

pictus. 172 — 142. 314. C. *Gron. zooph.* 2. *p.* 61. *n.* 23.
Boddaert nov. act. ac. Caeſ. 7. *p.* 24. *n.* 29.
Coluber *dorſo caeruleo, lateribus linea atra in albidum deſinente pictus.*
Roſtrum *acutum.*

315. C.

AMPHIBIA SERPENTES. Coluber.

Caraca- 190 — 125. 315. *C. Gron. muſ.* 2. *n.* 28.
ras. *Boddaert nov. act. ac. Caeſ.* 7. *p.* 18. *n.* 4.
Coluber coloribus vividis variegatus.
Seb. muſ. 2. *p.* 69. *n.* 3. *t.* 68. *f.* 3. Serpens Caracaras. ſingularis.

ſ *Scutis. Scutellis.*

Haje. 207 — 109. 316. *C. Muſ. Ad. Fr.* 2. *p.* 46.* *Forſk. Fn. arab.*
♂ *p.* 18. *n.* 8.
206 — 60. *Haſſelq. it. p.* 317. *n.* 62. Coluber.
Habitat in Aegypto *inferiore, maximus, ater, faſciis obliquis, et ſquamis dimidiato-albis; quum irritatus morſum intendit, collum erigit et prolongae; geſticulatores aegyptii evulſis telis innocuum reddunt.*

filiformis. 165 — 158. 323. *C. Muſ. Ad. Fr. p.* 36. *t.* 17. *f.* 2.
Laur. amph. p. 78. *n.* 159. Natrix filiformis.
β) Natrix ſupra livida, linea fuſca utrinque pone oculos nata, mox in exiguas maculas obliquas rupta, tandem evaniḍa. *Laur. amph. p* 78. β.
Habitat in America *auſtrali et* India, *niger, anguſtiſſimus, ſubtus albus.*
Caput corpore craſſius.

pullatus. 217 — 108. 325. *C. Amoen. acad.* 1. *p.* 300. *n.* 25. *Muſ. Ad. Fr.* 1. *p.* 35. *t.* 20. *f.* 8.
215 — 104. *Gron. muſ.* 2. *p.* 56. *n.* 12.
213 — 108. *Weigel Abh. der hall. Naturf. Geſ.* 1. *p.* 43.
n. 64.
Boddaert nov. act. ac. Caeſ. 7. *p.* 18. *n.* 1.
Coluber niger maculis albis, ſubtus albus maculis nigris.
Habitat in Aſia, *pedem et* 10 *pollices longus.*
Faſciae atrae, punctis albis. Tempora nivea maculis atris; roſtrum rotundato-obtuſum.

Hippocre- 232 — 94. 326. *C. Muſ. Ad. Fr.* 1. *p.* 36. *t.* 16. *f.* 2.
pis. *Laur. amph. p.* 77. *n.* 155. Natrix hippocrepis.
Habitat in America, *lividus, maculis fuſcis. Faſcia fuſca inter oculos, et arcuata occipitis.*

Cccc 4 328. C.

Scut's. Scuto's.

Minervae. 238—90. 238. C. Muf. Ad. Fr. 1. p. 36.
Habitat in America auftrali et India, glaucus, vitta dorfali, tribusque capitis fuscis.

cinereus. 200—137. 337. C. Muf. Ad. Fr. 1. p. 37.
Habitat in America auftrali et India, cinereus.
Abdomen album angulatum; caudae squamae margine ferrugineae.

viridiffimus. 217—122. 339. C. Muf. Ad. Fr. 2. p. 46.*
Habitat Surinami, viridiffimus, abdominis fcutis medio dilatatis.

mucofus. 200—140. 340. C. Muf. Ad. Fr. 1. p. 37. t. 23. f. 1.
215—121. Weigel Abh. der hall. Naturf. Gef. 1. p. 44. n. 65.
Laur. amph. p. 77. n. 156. Natrix mucofa.
Habitat in America auftrali et India, caerulefcens, parum ultra pedem longus.

domefticus. 245—94. 341. C.
Habitat in Barbariae domibus, hippocrepi fimilis, fed fafcia inter oculos bipartita vel macula gemina nigra dignofcendus.

Sebae. 272—70. 342. C. Gron. muf. 2. n. 11.
Seb. muf. 2. t. 199. f. 2.
Nebulatus.

Cenchoa. 220—124. 344. C. Amoen. acad. 1. p. 306. n. 37.
Seb. muf. 2. t. 16. f. 2. 3.
Habitat in America, fufcus, maculis pallidis, fafciis niveis.
Caput fubglobofum.

myfterizans. 192—167. 359. C. Muf. Ad. Fr. 1. p. 28. t. 5. f. 1. et t. 19. f. 2.
187—148. Gron. muf. 2. p. 59. n. 19. zooph. p. 21. n. 202.
Boddaert nov. act. ac. Caef. 7. p. 20. n. 11.
Coluber fubcaeruleus lateribus lineatis.
Laur. amph. p. 79. n. 162. Natrix myfterizans.
β) Natrix flagelliformis. Laur. amph. p. 79. n. 163.
Seb. muf. 2. t. 23. f. 2. Serpens murina.
γ) Natrix

γ) Natrix colore magis virescente.
Catesb. Car. 2. t. 47. Anguis viridis.
Habitat in America, flagelliformis.
Caput angulatum; rostrum productum tetraëdrum; latera vitta lineari pallida; cauda pentaëdra.

Scutis. Scutellis.

caerules- 215——170. 385. C. Muf. Ad. Fr. 1. p. 37. t. 20. f. 2.
cens. Laur. amph. p. 77. n. 157. Natrix caerulescens.
Habitat in America australi et India, laevis, caerulescens, capite acuminato plumbeo.

Argus. — . —. —. C. Seb. muf. 2. t. 103. f. 1.
Laur. amph. p. 78. n. 158. Natrix Argus.
Habitat in Africa, supra laevissimus fuscus, squamarum discis dilutioribus subreticulatus, infra tessellatus.
Occiput biloba-gibbum.

126. ANGUIS. Squamae abdominales, et Squamae subcaudales.

striatus. 179——7. 186. A. Gron. muf. 2. p. 53. n. 6.
Boddaert. nov. act. ac. Caef. 7. p. 25. n. 3.
Anguis lineis transversalibus cinctus.

Melea- 165——32. 197. A. Muf. Ad. Fr. 2. p. 48.*
gris. Laur. amph. p. 68. n. 124.
Seb. muf. 2. t. 21. f. 4.
β) Anguis fusco-punctatus. Laur. amph. p. 68. β.
γ) Anguis longicauda. Laur. amph. p. 69. n. 130.
Habitat in America australi et India, lacertae bipedi affinis, glaucus, punctis nigris multiplici ordine longitudinali digestis.

colubri- 180——18. 198. A. Hasselq. it. p. 320. n. 65.
nus. Habitat in Aegypto, ex pallido et f sco pulchre varius.

Cccc 5 201. A.

Scutis. Scutellis.

miliaris. 170——32. 202. A. *Pall. it.* 2. *p.* 718.
  Habitat versus mare Caspium, *digiti mini-*
  mi crassitie, 14 *pollices longus, scytales*
  forma, ater, ad latera squamis seu pun-
  ctis creberrimis pallidis, in dorso griseis
  conspersus.
  Caput griseum nigro conspersum; cauda
  2 *pollices longa, corpore paulo tenuior,*
  cylindrica, obtusa, albo varia.

Jaculus. 186——23. 209. A. *Mus. Ad. Fr.* 2. *p.* 48.
  Hasselq. it. 319. *n.* 64.
  Habitat in Aegypto, *squamis abdominis*
  paulo latioribus.

macula- 200——12. 212. A. *Mus. Ad. Fr.* 1. *p.* 21. *t.* 21. *f.* 3.
tus.   *Laur. amph. p.* 72. *n.* 140.
  Gron. mus. 2. *p.* 53. *n.* 5.
  Seb. mus. 2. *t.* 100. *f.* 2.
  β) Anguis decussata, fasciis rubris nigro-punctatis. *Laur. amph. p.* 72. *n.* 141.
  Seb. mus. 1. *t.* 53. *f.* 7.
  Habitat in America, β) *in* Asia, *supra fla-*
  vus, vitta dorsali fasciisque linearibus
  fuscis.

reticula- 177——37. 214. A. *Gron. mus.* 2. *p.* 54. *n.* 7. *Laur. amph.*
tus.   *p.* 69. *n.* 128.
  Scheuchz. phys. sacr. t. 747. *f.* 4.
  Habitat in America, *squamis fuscis, disco*
  albis.

Cerastes. 200——15. 215. A. *Hasselq. act. upf.* 1750. *p.* 28.
    it. p. 320. *n.* 66. †
  Habitat in Aegypto.

nasutus. 218——12. 230. A. *Weigel Schr. der berl. Naturf. Ges.* 3.
  p. 190.
  Longitudo pedalis; color ex virescente ni-
  ger, subtus, ad latera, capitis apice,
  caudae fascia lata, et puncto ad apicem
  flavus.
  Rostrum prominens; dentes nulli; oculi su-
  perni, non laterales; truncus seriebus
  20 *squamarum hexagonarum cinctus,*
  nullo singulari majorum ordine ad abdo-
          men;

AMPHIBIA SERPENTES. Anguis.

men; cauda ¾ pollicis longa, squamis minimis, apice obtuso rigida.

Scutis. Scutellis.

lumbricalis. 230 — 7. 237. A. Gronov. muf. 2. p. 52. n. 3. Laur. amph. p. 83. n. 14₄.
Brown. jam. 460. t. 44. f. 1. Amphisbaena subargentea.
Boddaert nov. act. ac. Caef. 7. p. 24. n. 1. Anguis unicolor splendens.
Habitat in America, ex albido flavescens.

laticauda. 200 — 50. 250. A. Muf. Ad. Fr. 2. p. 48.
Habitat Surinami.
Cauda compressa, acuta, pallida, fasciis fuscis.

Scytale. 240 — 13. 253. A. Amoen. acad. 1. p. 296. Muf. Ad. Fr. 1. p. 21. t. 6. f. 2.
227 — 14.   Gron. muf 2. n. 4.
219 — 13.   Weigel Abh. der hall. Naturf. Gef. 1. p. 46. n. 69-77.
224 — 11.
228 — 11.   Boddaert. nov. act. ac. Caef. 7. p. 25. n. 2.
227 — 12.   Anguis ex albo nigroque varius.
223 — 13.   Seb. muf. 2. t. 2. f. 1-4.
224 — 10.   t. 7. f. 4.
226 — 12.   Laur. amph. p. 70. n. 133.
232 — 11.   β) Anguis fasciata, alba, fasciis fuscis. Laur. amph. p. 70. n. 134.
227 — 13.
γ) Anguis caerulea, fasciis alterne candidis et saturate caeruleis. Laur. amph. p. 71. n. 135.
Merian. surin. t. 69.
Seb. muf. 2. t. 30. f. 3.
Habitat in America australi et India, albidus, squamarum margine passim ferrugineo, fasciis fuscis.

Eryx. 126 — 136. 262. A. Gron. muf. 2. p. 35. n. 9.
Boddaert nov. act. ac. Caef. 7. p. 25. n. 4.
Anguis dorso trilineato.
D. Schene mss. 120-137. misit.
Habitat in America, Anglia, supra cinereus, lineis tribus nigris, subtus caerulescens.

270. A.

Scutis. Scutellis.

fragilis. 135 — 135. 270. A. *Fn. fuec.* 289. *Weigel Abh. der hall. Naturf. Gef.* 1. p. 50. n. 78.
Laur. amph. p. 68. n. 125. t. 5. f. 2.
Aldr. ferp. 215. Caecilia vulgaris.
Imperat. nat. 916. Caecilia Gelneri.
Raj. quadr. 289. Caecilia Typhlus.
Habitat in Europae et Sibiriae *cavis vallis, ruderatis, ericetis, filvis, ad vias, innocentiffimus, fragilis, fragmentis per horas adhuc vivus.*

ventralis. 127 — 223. 350. A. D. Garden.
Catesb. Car. 2. t. 59. Caecilia maculata.
Habitat in Carolina, *ex cinereo virens elevato-ftriatus, vitta laterali nigra.* Abdomen *breve, quafi futura cava annexum;* cauda *verticillata, corpore triplo longior.*

platuros. — — — A cauda compreffa obtufa.
Habitat ad littus infulae maris pacifici, Pine-isle. *Forfter.*
Corpus *fesquipedale, fupra nigrum, fubtus album: fquamis minutis fuborbiculatis, non imbricatis; caput oblongum, edentulum, laeviufculum;* dorfum *fubcarinatum;* cauda ¼ *ex albo nigroque variegata.*

lineatus. — — — A. nigricans, fupra albus, linea media per totum corpus excurvante. *Laur. amph.* p. 68. n. 126.

clivicus. — — — A. ex cinereo fufcus, frontis fcuto majori cordato. *Laur. amph.* p. 69. n. 129. *Gefn. ferp.* 69.
Habitat Cliviae *frequens.*

annulatus. — — — A. albus, falciis fufcis rectis fubtus concurrentibus, cauda attenuata, fubtus duplici fquamarum ferie imbricata. *Laur. amph.* p. 69. n. 131.

fcutatus. — — — A. tenuiffimus, falciis albis nigrisque undulatus, capitis fcutis latis, cauda acutiufcula. *Laur. amph.* p. 70. n. 132.
Scheuchz.

Scheuchz. phys. sacr. t. 737. f. 1.
Habitat Surinami.
Abdomen et cauda subtus scutis transversis
more boae; an hujus forsan generis?

Scutis. Scutellis.

corallinus. — — — A. ruber, fasciis dilutioribus, squamarum
apicibus nigris. *Laur. amph. p. 71. n. 136.*
Seb. muf. 2. t. 73. f. 2.
Habitat in Brasilia.

ater. — — — A. ater, fasciis albis, squamarum apice nigro. *Laur. amph. p. 71. n. 137.*
Seb. muf. 2. p. 73. f. 3.
Habitat in Zeylon.

rufus. — — — A. rufus lineis transversis albis interruptis, subtus varius. *Laur. amph. p. 71. n. 138.*
Habitat Surinami.

hepaticus. — — — A. dorsi summi linea, laterumque undulata hepatica, intervallis hepaticis, maculis subrotundis albidis. *Laur. amph. p. 72. n. 139.*
Habitat Surinami.

tessellatus. — — — A. croceus, fasciis multis taeniaque triplici, capite albo fulco-maculato. *Laur. amph. p. 72. n. 142.*
Seb. muf. 2. t. 100. f. 2.
Habitat in Paraguaja.

albus. — — — A. totus albus, utrinque attenuatus. *Muf. Ad. Fr. t. 14. f. 2. Laur. amph. p. 73. n. 143.*

127. **AMPHISBAENA.** *Anuli trunci caudaeque.*

fuligino- 200 — 30. 230. A. *Amoen. acad.* 1. p. 295. *Muf. Ad. Fr.*
sa. 1. p. 20.
209 — 25. *Gronov. muf.* 2. p. 1. 2. p. 52. n. 2.
Boddaert nov. act. ac. Caes. 7. p. 25. n. 1.
Amphisbaena ex albo nigroque varia.
Laur. amph. p. 66. n. 119. Amphisbaena vulgaris.
Raj. quadr. 288.

Seb.

AMPHIBIA SERPENTES. Amphisbaena.

Seb. muf. 2. *t.* 1. *f.* 7.
t. 18. *f.* 2.
t. 22. *f.* 3.
Habitat in America. *alba, ex atro fusco varia, capite immaculato.*

Scutis. Scutellis.

varia. — — — A. ex albo, nigro, spadiceo et griseo varia. *Laur. amph. p.* 66. *n.* 120.
Seb. muf. 1. *t.* 88. *f.* 3.
Habitat in America.

magnifica. — — — A. ex purpureo, violaceo et flavo varia, capite flavescente, taenia supra oculos purpurascente. *Laur. amph. p.* 66. *n.* 121.
Seb. muf. 2. *t.* 100. *f.* 3.
Habitat in America.

flava. — — — A. ex albo et fusco varia, capite flavo.
Laur. amph. 67. *n.* 122.
Seb. muf. 2. *t.* 73. *f.* 4.
Habitat in America.

alba. 223—16. 239. A. *Muf. Ad. Fr.* 1. *p.* 26. *t.* 4. *f.* 2.
Laur. amph. p. 66. *n.* 118.
234—18. *Gron. zooph. n.* 79.
Boddaert nov. act. ac. Caef. 7. *p.* 25. *n.* 21
Amphisbaena alba, antice rufescens.
Scheuchz. phyf. facr. 2. *t.* 652. *f.* 1.
Seb. muf. 2. *t.* 24. *f.* 1.
t. 6. *f.* 4.
Habitat in Americae *acervis formicarum.*
Caput *in fronte annulatum, in angustum obtusum rostrum coactum.*

128. CAECILIA. *Rugae* trunci caudaeque.
Labium superius tentaculis 2.

tentaculata. 135—0 135. C. *Amoen. ac.* 1. *p.* 489. *t.* 17. *f.* 2. *Muf. Ad. Fr.* 1. *p.* 15. *t.* 5. *f.* 2. *Laur. amph. p.* 65. *n.* 116.
Gron.

Amphisbaenae *politissimae totae aequabiliter cylindricae attactu pustulas prurientes ciere dicuntur;* caeciliis *nudis cauda nulla; anus sub ex juxta extremitatem corporis.*

AMPHIBIA SERPENTES. Caecilia.

Gron. muf. 2. p. 552. n. 1.
Boddaert nov. act. ac. Caef. 7. p. 26. n. 1.
  Caecilia caeruleo fufca.
Seb. muf. 2. p. 26. t. 25. f. 2. Serpens.
  Caecilia ceylonica.
Pif. braf. 282. Ibicaram.
Habitat in America.

glutinofa. 340 —— 10. 350. Muf. Ad. Fr. I. p. 19. t. 4. f. 1. Laur.
  amph. p. 65. n. 117.
  Habitat in America auftrali et India, fufca, linea laterali albida.

CLASSIS IV.
PISCES.

Quis, nisi vidisset, Pisces habitare sub unda crederet?

AQUEI Elementi Volucres compendiosissimi respirant *Branchiis*, arcu osseo (in plurimis) innexis, natant. *Pinnis* radiatis, vestiuntur *Squamis* cartilagineis.

INSTRUUNTUR Capite, Thorace, Abdomine, Cauda, Pinnis, Cerebro, Cerebello Medullaque spinali, Organo auditus una cum nervis auditoriis in cavo cranii sito, Naribus et Olfactu, Lente crystallina sphaerea, Membrana nictitante, Corde uniloculari uniaurito, Branchiis, Diaphragmate, Hepate Vesiculaque fellea, Liene, Pancreate, Renibus Vesicaque urinaria, Vesiculis seminalibus Ovariisve, Vasis lymphaticis, succo gastrico, Intestinis caecoque; plerisque etiam Vesica natatoria.

DESTITUUNTUR Palpebris, Auribus externis, Collo, artuum Brachiis Tibiisque, Pene Vulvave, nervorum Gangliis, vasorum resorbentium Valvulis.

AUDIUNT aquae ope.

DIVIDITUR horum Corpus externum in *Caput, Truncum, Pinnas.*

CAPUT *compressum* (cathetoplateum) *vel depressum* (plagioplateum,) nudum, squamosum, laeve, spinosum vel muticum, collo nullo interjecto immediate thoracis vertebris insidens.
Os labiis carnosis aut osseis clausile.
Dentes saepe in maxillis, palato, lingua, fauce.
Oculi 2 nudi, membrana *nictitante*; *lens* crystallina globosa.
Nares pertusae, binae geminatae, minus prominentes.
Cirrhi filiformes, mollusci, labiis saepius inserti praetentantes.
Aperturae branchiarum per *branchias* in os hiantes.
Branchiae extus spirantes comprimendae, saepius quatuor, radiis liberis pectinatae. *)

TRUN-

---

*) *Radius osseus branchiarum deest in branchiopegis.*
Cataphracti: *Silurus cataphractus, Cottus cataphractus, Trigla cataphracta, Loricaria.*
Volitantes: *Exocoetus volitans evolansque, Trigla volitans, Gasterosteus volitans.*

PISCES.

TRUNCUS teres, compressus, depressus; squamosus vel nudus (*alepidotus*) mucosus; oblongus, postice angustatus in caudam; *squamae* plerisque cartilagineae, rarius ciliatae, nonnullis osseae, ut piscis loricatus evadat Cataphractus.

Linea lateralis utrinque, distincta a *linea interstitiali*, saepius ex glandulis *punctata*, rarius *loricata*, utraque *recta* aut *curvata*, in quibusdam caudam utrinque carinatam constituens.

Thorax refertus Corde intra Pericardium suum.

Abdomen costatum Visceribus, Intestinis, Vesicula aërea, Genitura Ovisve repletum.

Anus abdomen terminans, communis Intestinis, Vesicae et Genitalibus.

Cauda postica Trunci pone anum, solida, musculosa.

PINNAE membranaceae, explicandae *radiis* cartilagineis, qui

Spinosi duriores, ossei, simplices, pungentes *) *acanthopterygiis*.

Mutici flexiles, tendinei, dichotomi, *malacopterygiis*.

Branchiostegae sub operculis branchiarum pares, plicatiles radiata membrana, haec *Artedio* primaria.

Dorsalis dorso longitudinalis imposita, impar; saepe 1, rarius 2, paucissimis 3.

Adiposa, dorsalis spuria, radiis destituta, impar.

Pectorales ad latera thoracis positae, pares.

Ventrales corpori subtus annexae, inter caput et anum, pares.

Analis pone anum, subcauda, longitudinalis, impar.

Caudalis terminalis, perpendicularis, impar; *rotunda*, *integra*, *bifurca*, *s. lunata*, *cuneata*.

PISCES aquae ope, aetheris sonum *non* audiunt, aëris licet tremorem sentiant, *respirant* latere extrorsum aquam, *movent* se pinnis explicatis, dum *caudali* propelluntur, *dorsali analique* tanquam gubernaculo reguntur, *pectoralibus* tanquam alis attolluntur, *ventralibus* tanquam pedibus insistunt. Fugiunt natatu diversimodo; defenduntur spinis tanquam murice; victitant muco, insectis, vermibus, cadaveribus, pisciculis, plantis.

Historia horum ex structura, alimento, solo, moribus, migrationibus et usu in piscatura, culina, oeconomia, mechanica, medicina.

---

*) Recumbens *spina nonnullis antrorsum decumbit ante pinnam dorsi aut ani*.
Vesica aërea *attollit pisces, pertusa facit, ut in fundo repant, et hac destituti semper in fundo degant*.

Aetas *a circulis concentricis vertebrarum numeranda in nonnullis semisecularis*,
Spinae *a radiis geminis condensatis ortae, nec ut muticae radiis dichotomis*.

LOCUS omnium aquaticus est; sed alii inprimis *lacustres* aquas dulces inhabitantes; varii etiam *fluviatiles*, saepe e mari adscendentes; plurimi mere *marini*, qui aquas dulces non ferunt, horum plerique littora adeunt pro generandis *) et pariendis ovis, calidiore aqua excludendis, nisi mere *pelagici* natantibus ovis, a littoribus semper alieni, sed omnium alii *diurni*, alii *nocturni*; illi plerique natant in aquis, hi vero saepius in fundo pascuntur. Alii demum subsolitarii vagantur, alii gregatim degunt. Disseminantur ab anatibus.

CONSERVANTUR in *Spiritu vini*, vel dimidiati excoriati exsiccati adglutinati (*Act. angl.* 42. n. 463. p. 57.) aut *gypso* pulcherrime farcti verniceque obducti, more *Plur. Rever. Schefferi.*

USUS: victus tenuis e piscibus nuper enectis, thoracicis, exercitatis, inprimis assatis. Veteribus in pretio *Mullus*, *Scarus cret. Aurata, Julis, Sphyraena, Muraena*, Hodiernis in deliciis *Carpio, Carassius, Aspius, Brama, Salmo*.

ICHTHYOLOGI Practici *Bellonius* 1552, *Rondeletius* 1554, *Salvianus* 1554, *Gesnerus* 1558, *Aldrovandus* 1605, *Willughbaeus* 1685, *Rajus* 1710, *Seba* 1760, *Blochius* 1781 - 1787, *Broussonet* 1782. Theoretici *Artedi, Camper, Monro, Nos, Gronovii, Hasselquist* radios pinnarum observarunt; at *Valentynus* et *Camperus* defectum artis exposuerunt; *Catesbaeus, Broussonet, Meidinger* quosdam depinxerunt, plures *Blochius*; *Garden P.* Carolinae descriptos misit, *Houttuyn* japonicos exposuit. Synonyma ab *Artedio* et *Blochio* petenda, heic igitur seposita.

DESCRIPTIONES sistant praecipue *corpus* compressum vel depressum, squamosum vel alepidotum, acanthopterygium vel inalacopterygium, *cirrhos, lineam lateralem, pinnas branchiales, dorsalem, pectorales, ventrales, analem, caudalem* cum *radiis* spinosis vel muticis, integram vel divisam, sed praeprimis *dentes* et oris instrumenta, ut generum characteres perficiantur.

DIVISIONEM Piscium, artis normam, a variis partibus tentarunt varii. Recentiorum immortalis *Artedi* spinosos *Acanthopterygios*, et inermes *malacopterygios* secundum membranam *branchiostegam* secutus est, sed deseruit non semel in bivio constitutum; propriam itaque tentavi viam a PEDIBUS *ante Alas, sub Alis, pone Alas* sitis.

Quum

---

* *In plurimis ova a femina exclusa per marem genitura sua superfusa foecundantur.* Renard *Ludv. Poissons ecrevisses. Amstel.* 1754. fol. color. fig. fictis.

PISCES.

Quum tamen pulmonibus carere amphibia nantia, quemadmodum immortali LINNAEO appellare placuit, curatius nostri aevi examen docuerit, haec iterum, *Artedio* praeeunte, piscibus jungere potius duxi.

PISCES { branchiis osseis { osficulatis { pinnis ventralibus nullis, APODES.
— — ante pinnas pectorales: JUGULARES.
— — sub pinnis pectoralibus: THORACICI.
— — pone pinnas pectorales: ABDOMINALES.
ossibus destitutis BRANCHIOSTEGI.
cartilagineis: CHONDROPTERYGII.

CHARACTERES PISCIUM.

I. APODES.

143.	MURAENA.	Aperturae *branchiarum ad latera thoracis.*
144.	GYMNOTUS.	Dorsum *apterygium.*
145.	TRICHIURUS.	Cauda *aptera.*
146.	ANARHICHAS.	Dentes *rotundati.*
147.	AMMODYTES.	Caput *corpore angustius.*
148.	OPHIDIUM.	Corpus *ensiforme.*
149.	STROMATEUS.	Corpus *ovatum, squamosum, pectore simpli*
150.	XIPHIAS.	Rostrum *ensiferum.*
	STERNOPTYX.	Corpus *ovatum nudum, pectore plicato.*
	LEPTOCEPHALUS.	Pinnae *pectorales nullae.*

II. JUGULARES.

151.	CALLIONYMUS.	Aperturae *branchiarum ad nucham.*
152.	URANOSCOPUS.	Os *simum.*
153.	TRACHINUS.	Anus *prope pectus.*
154.	GADUS.	Pinnae pectorales *elongatae in acumen.*
155.	BLENNIUS.	Pinnae ventrales *didactylae muticae.*
	KURTUS.	Dorsum *elevatum.*

III. THORACICI.

156.	CEPOLA.	Os *simum.* Corpus *ensiforme.*
157.	ECHENEIS.	Capitis *dorsum planum transversim sulce*
158.	CORYPHAENA.	Caput *antice truncato-obtusum.*
159.	GOBIUS.	Pinnae ventrales *coadunatae in pinnam o*
160.	COTTUS.	Caput *corpore latius.*
161.	SCORPHAENA.	Caput *scirrhis adspersum.*
162.	ZEUS.	Labium *superius membrana transversa catum.*
163.	PLEURONECTES.	Oculi *ambo in altero capitis latere.*
164.	CHAETODON.	Dentes *setacei, confertissimi, flexiles.*
165.	SPARUS.	Dentes *validi, incisores vel molares.*
	SCARUS.	Dentes *nulli:* Maxilla *margine denticula*
166.	LABRUS.	Pinna dorsalis *ramento post spinas notat*
167.	SCIAENA.	Pinna dorsalis *in fossula recondenda.*
168.	PERCA.	Opercula *branchiarum serrata.*
169.	GASTEROSTEUS.	Cauda *lateribus carinata;* spinae *d distinctae.*
170.	SCOMBER.	Cauda *lateribus carinata;* pinnulae *plures.*

CENTROGASTER. ♂ Cauda lateribus carinata: Pinnae ventrales membrana connexae: radiis 4 prioribus spinosis, reliquis 6 muticis.
171. MULLUS   Squamae, etiam capitis laxae.
172. TRIGLA.   Digiti distincti, juxta pinnas pectorales.

IV. ABDOMINALES.

173. COBITIS.   Corpus vix ad caudam angustatum.
174. AMIA.   Caput nudum, osseum, scabrum.
175. SILURUS.   Radius 1 pinnae dorsalis pectoraliumque dentatus.
176. TEUTHIS.   Caput antice truncatum.
177. LORICARIA.   Corpus cataphractum.
178. SALMO.   Pinna dorsalis postica adiposa.
179. FISTULARIA.   Rostrum cylindricum operculo clausile.
180. ESOX.   Mandibula inferior, longior, punctata.
181. ELOPS.   Membrana branchiostega duplex: exterior minor.
182. ARGENTINA.   Anus caudae vicinus.
183. ATHERINA.   Fascia lateralis longitudinalis argentea.
184. MUGIL.   Mandibula inferior intus carinata.
186. EXOCOETUS.   Pinnae pectorales longitudine corporis.
181. POLYNEMUS.   Digiti distincti juxta pinnas pectorales.
182. CLUPEA.   Abdomen carinatum, serratum.
183. CYPRINUS.   Membrana branchiostega triradiata.

V. BRANCHIOSTEGI.

185. MORMYRUS.   Dentes emarginati: Squamae imbricatae.
136. OSTRACION.   Pinnae ventrales o: Corpus lorica ossea.
137. TETRODON.   Pinnae ventrales o: Abdomen muricatum.
138. DIODON.   Pinnae ventrales o: Corpus aculeatum.
141. SYNGNATHUS.   Pinnae ventrales o: Corpus articulatum.
142. PEGASUS.   Pinnae ventrales 2: Rostrum ciliato-dentatum.
140. CENTRISCUS.   Pinnae ventrales unitae, Corpus spina loricatum.
135. BALISTES.   Pinna ventralis solitaria, carinae instar posita.
139. CYCLOPTERUS.   Pinnae ventrales 2, in orbiculum digestae.
133. LOPHIUS.   Pinnae ventrales 2. Os denticulatum.

VI. CHONDROPTERYGII.

134. ACIPENSER.   Pinnae ventrales 2: Os adentulum.
132. CHIMAERA.   Spiracula 1 quadrifida.
131. SQUALUS.   Spiracula 5 lateralia.
130. RAIA.   Spiracula 5 subtus.
129. PETROMYZON.   Spiracula 7 lateralia.

I. APO.

PISCES APODES. Muraena.

I. APODES.

Branchia officulata.
Pinnae ventrales nullae.

143. **MURAENA.** *Caput* laeve. *Nares* tubulosae.
Membrana branchiostega radiis X.
Oculi cute communi tecti.
Corpus teretiusculum, lubricum.
Pinna caudae coadunata dorsali analique.
Spiracula pone caput vel pinnas pectorales.

Helena. 1. M. pinnis pectoralibus nullis, corpore variegato.
Arted. gen. 55. *syn.* 41.
Gron. muf. 1. *n.* 16. *Muf.*
Ad. Fr. 1. *p.* 319. Muraena pinnis pectoralibus carens.
Bloch ausl. Fisch. 2. *p.* 31.
t. 152. Muraena pinnis adiposis.
Seb. muf. 2. *t.* 69. 4. 5.
β) *Catesb. Car.* 2. *t.* 20. 21.
Muraena maculata nigra et viridis.
Habitat in Europae *et* Americae *Oceano calidiore, morsu infesta, voracissima.*
Coenarum Helena, Romae in piscinis: natat ad magistrum delicata Muraena, Martial. Ved. Pollio damnata mancipia immergebat vivariis muraenarum, ut in visceribus suis aliquid de servorum suorum corpore gustaret. Plin. XI. 23.

8. M.

colubrina. 8. M. pinnis pectoralibus nullis, corpore fasciis annulatis alternatim flavis nigrisque vario. *Boddaert apud Pallas n. nord. Beytr.* 2. p. 56. t. 2. f. 3.

β) Muraena maculis iridum nigrarum fuscis.

Habitat *in* Amboina, *angui scytalae et colubro lemniscato extrinsecus similis, squamis subtilissimis tecta.*

Rostrum *acuminatum*; oculi *minutissimi*; pinna *dorsalis radiis brevissimis numerosis.*

Ophis. 2. M. cauda aptera cuspidata, cauda tereti.

Art. gen. 24. *syn.* 41. Muraena teres gracilis maculosa cauda tereti cuspidata apterygia.

Bloch ausl. Fisch. 2. p. 35. t. 154. Muraena maculata, cauda aptera.

Habitat *in Oceano* Europaeo.

Serpens. 3. M. cauda aptera acuta, corpore tereti.

Art. gen. 24. *syn.* 41. Muraena exacte teres, cauda acuta apterygia. D. -- P. 16. V. -- A. -- C. --

Habitat *in Oceano* Europae *australis.*

Anguilla. 4. M. maxilla inferiore longiore, corpore unicolore. D.1000.P.19.V.0.A.100.C.--

Art. spec. 66. *gen.* 24. *syn.* 39. *Fn. suec.* 301. Muraena unicolor, maxilla inferiore longiore.

Gronov. mus. 1. p. 16. n. 45. *zooph.* p. 40. n. 66. Muraena unicolor, maxilla inferiore longiore; aperturis branchialibus, pinnis pectoralibus utrinque.

Brit. zool. 3. p. 142. n. 12. Eel. *Bloch Fische Deutschl.* 3. p. 4. t. 73.

Habitat in Gange Indiae, in Jamaica et Europae, omnis ad Groenlandiam et Islandiam *(utriusque hujus incolis detestata) aquis dulcibus, rarior in* Danubio *et* Volga, *maxima in lacu* Comachio Ferrariensi, *ad 6 pedes longa, ad 20 libras pondere aequans, forma externa, motu reptatorio, corpore lubrico, hybernatione ad serpentes accedens,* 15tum *annum aliquando assecuta, interdiu in coeno latens, foramine pro exitu duplici, noctu victum, interdum in littore, quaerens, insectis, vermibus, cadaveribus & piscibus minoribus, pisciumque ovis victitans, lucio, grallis pluribus, lutrae gratissima praeda, vitae tenacissima, ut tamen calorem consueto paulo majorem aut minorem aegerrime ferat; sub canicula vivipara,* (at. Stockh. 1750. p. 194) *ut tamen in quatuor feminis dissectis ova deprehenderet* O. Fr. Müller. *Caro delicata, conceptu difficilis; cutis tenacissima, pellucida.* Tataris *fenestrarum loco inserviens, in lora dissecta funiculi loco aliis.*

Corpus in aquis solo lutoso nigrum, subtus flavicans; in aquis solo arenoso viride vel fuscescens subtus argenteum; interdum lineis fuscis varium, muco obductum; caput *exile, anterius acuminatum, rictus angustus;* mandibulae *pluribus foraminibus perviae, et, quemadmodum* palatum, *pluribus dentium minutorum seriebus armatae;* oculi *exigui;* pupilla *nigra,* iride *aurea;* apertura branchiarum *lunata;* membrana branchiostega *radiis* 10; truncus *paulisper compressus;* linea lateralis *recta albo-punctata;* cutis *squamis oblongis mollibus tecta;* pinnae pectorales *parvae, rotundae, dilutiores;* dorsalis *cum* caudali *connata margine rubescens, et,* prouti analis, *margine alba, longa et angusta.*

Mytus. 5. M. pinna, ambiente, alba, margine nigro. *Muſ. Ad.*
Fr. 2. p. 58.*
Art. gen. 24. syn. 40. Muraena rostro acuto, lituris albis vario, margine pinnae dorsalis nigro.
β) Muraena tota cinerea. *Forſk.*
Fn. arab. p. 22. n. 2.
Habitat in mari mediterraneo.
Caput *antrorsum attenuatum;* tentacula 2 *brevia labii superioris.* Caput β) *de veneno suspectum.*

6. M.

PISCES APODES. Muraena. 1135

Conger. 9. M. rostro tentaculis duobus,
linea laterali ex punctis albida.
Art. gen. 24. *syn.* 40. Muraena, supremo margine
pinnae dorsalis nigro. Br. 10. D. A. C. 306. P. 19.
Bloch ausl. Fisch 2. *p.* 37. *t.*
155. Muraena pinna ani,
caudae dorsique coadunata, linea laterali alba.
Habitat in oceano europaeo.

guttata. 9. M. glauca, guttis nigris, macula majori utrinque prope caput. *Forsk. Fn. arab.*
p. 22. *n* 1. Br. 6. D. $\frac{1}{45}$. P. 9? V. o. A. 36. C. 10.
Habitat in Arabia.
Callus elatus inter oculos, iride aurea; labium superius brevius; pinna dorsi et ani cum basi pinnae caudalis connexa.

Echidna. 10. M. pinnis pectoralibus nullis, capite depresso, corpore fusco nigroque vario, statim pone caput turgidissimo. *Ellis. it. Cook et Clerk.* 1. *p.* 53.
Habitat in insula Palmerston, an propria species?
Piscis intuitu horridus, serpentem referens, 4-5 pedes longus, 10-12 pollices crassus; caput parvum; labium lubricum; os horizontale curvis 2 prope nares positis; oculi minuti, vividissimi; rictus amplus dentibus plurimis armatus: Caro sapidissima; an secundum Forsteri sententiam proprium genus?

caeca. 7. M. apterygia, rostro acutiusculo.
Habitat in mari mediterraneo.
Corpus anguillae absque omni pinna; caput in medio 7, anterius 8, ad occiput 7, punctis perforatum; mandibulae acuminatae; dentibus acerosis; sub rostro nares tubulosae; sub collo aperturae branchiarum; anus propior capiti quam caudae. E. Brander.
An distinctum genus?

Dddd 5 8. M.

Siren. **8.** M. pinnis pectoralibus tetradactylis, membranae branchiostegae ossiculis tribus pinnatifidis. *Camper Schrift. der berl. Naturf. 7. p.* 480. *sq.*
Syst. nat. XII. 2. *add. et diff.*
Siren. *Ups.* 1766. *c. fig.*
Siren lacertina.
Ellis act. angl. vol. 56. *p.* 189. *c. icon.*
Habitat in Carolinae *paludosis, serpentibus victitans, quos validis firmisque dentibus arripit et tenet, interdum sesquipedalis, cordis ventriculo unico, intestinis longissimis amplissimis, costata, cauda ossiculata.*

144. **GYMNOTUS.** *Caput* operculis lateralibus.
Tentacula duo ad labium superius.
Oculi cute communi tecti.
Membrana branchiostega radiis quinque.
Corpus compressum, subtus pinna carinatum.

Carapo. **1.** G. nudus, unicolor, dorso apterygio, pinna ani longitudine caudae attenuatae, maxilla superiore longiore.
Gron. zooph. 168. Gymnotus maxilla superiore longiore, cauda elongata subulata.
Amoen. acad. 1. *p.* 318. *t.* 14. *f.* 6. *Mus. Ad. Fr.* 1. *p.* 76.
Art. gen. 25. *syn.* 43.
Gymnotus.   Br. 5. D. 0. P. 10. V. 0. A. 230. C. 0.
Seb. mus. 3. *t.* 32. *f.* 1. *p.* 4.
Gymnotus fuscus maxilla

inferi-

inferiore breviore, dorso
ad caudam fulcato.
Maregr. braf. p. 170. *Pifa*
ind. p. 72. Carapo 1.
Bloch ausl. Fifche 2. *p.* 59.
t. 157. *f.* 2. Langfchwanz.
Habitat in Americae, *praefertim* Brafiliae *aquis dulcibus*, 1-2 *pedes longus*.
Abdomen *carnofo-carinatum*; ani *pinna in caudae apicem non excurrens, fed ante caudae pinnam definens;* caudae apex absque pinna in filum terminatus; color *fufcus, dorfo nigricante, fufco-maculato;* caro *fapida.*

fafciatus. 6. G. nudus fafciatus, dorfo apterygio, pinna ani longitudine caudae attenuatae, maxilla inferiore longiore. Br. 5. D. 0. P. 13. V. 0. A. 193. C. 0.
Pall. fpic. zool. 7. *p.* 35.
Seb. muf. 3. *t.* 32. *f.* 1, 2.
Gymnotus lineis transverfalibus varius, maxilla inferiore longiore, cauda curta fubulata.
Maregr. braf. p. 120. *Pifo ind. p.* 72. Carapo 2.
Bloch ausl. Fifche 2. *p.* 61.
t. 107. *f.* 1. Kurzfchwanz.
Habitat in Brafiliae *aquis, praecedenti affinis, conftanter flavefcens, fufco-, aut rufo-, aut albo-undulatus, fquamis teiterioribus.*
Caput *exiguum;* dentes *multi minuti;* pinnae *punctatae;* cauda *brevis.*

albus. 7. G. albus, dorfo convexo apterygio, maxilla inferiore longiore, labio fuperiore utrinque ante finum lobulo notato. Br. -- D. 0. P. 13. V. 0. A. 180. C. 0.
Pall. fpic. zool. 7. *p.* 36.
Seb. muf. 3. *t.* 32. *f.* 3.
Habitat Surinami, *fafciato fimilis, fed magis obefus, dorfo antrorfum profundius canaliculato.*
Labium *fuperius utrinque ante angulos oris emarginatum.*

2. G.

electricus. 2. G. nudus, dorso apterygio,
pinna caudali obtusissima,
anali annexa.
Gron. zooph. 169. t. 8. f. 1.
Gymnotus cauda truncata,
maxilla inferiore longiore.
Act. helv. 4. p. 27. t. 3. f. 1-3.
Uitgez. Verhand. 3. p. 468.
t. 26. f. 8.
Act. Haarlem. 2. p. 372. Sid-
dervis.
Musschenbr. introd. 1. p. 290.
Gymnotus.
Hunter act. angl. 65. 2. t. 9.
Electrical Eel.
Bajon apud Roz. journ. de
phys. Jan. 1774.
Schilling act. acad. Berol. ad
an. 1770. p. 68.
Seb. muf. 3. p. 108. t. 34. f. 6.
Gymnotus nigricans, cau-
da curta obtusa.
Gumill. orenog. 3. p. 136.
Torpille.
Bloch ausl Fisch 2. p. 43 t. 156.
Bryant et Flagg. act. societ.
americ. 2. p. 166. 170.

Habitat in Surinami, Cayennae, aliisque Americae, Gui-
neae et Africae, fluviis, praesertim claris, eorumque
ostiis, primo jam 1677. a Dr. Richer primo detectus, vi vere electrica dotata, magnetis ope turbanda et tollenda,
natantibus metuenda, facile submergendis; tangenti enim
piscem crepitant membra dolore, qualis a cubiti contusione
aut electrico ictu, lugdunensis lagenae ope aucto, ut saepe
prosternatur, potissimum a pisce majore, et cujus vis non
ab iterato tactu et percussione nuper fuit debilitata: Per-
cussio sentitur dolorifica tactu baculi, licet manubrio me-
tallico, maxime aureo, etiam in scapha constituto, digito
aquae immisso per 15 pedes sentitur tremor, non vero tactu
cerae sigillatoriae. Caro sapida.
Caput punctis perforatis adspersum; corpus nigrum, muco
ex capillaribus osculis exsudante obductum; dentes multi
acerosi; lingua lata palatumque verrucis obsessa.

3. G.

albifrons. 3. G. dorso anteriore niveo.
Pall. spicil. zool. 7. p. 35.
t. 6. f. 1.   Br. 1. D. o. P. 16. V. o. A. 147. C. 20.

Habitat Surinami, *ultra pedem longus, caraponis statura et magnitudine, cultratus, capite, quousque squamis nudum, canescens, cauda albus, squamis rotundatis, in dorso minimis vestitus.*

Caput *longius hians, quam congeneribus, obtusissimum, carnosum, poris minutis sparsum;* labium *superius crassissimum, mandibulam inferiorem includens;* hacc praealta *utrinque crista versus apicem declivi superiorem subintrans;* lingua *nulla;* palatum *papillis consitum;* branchiarum opercula *undique adnata, apertura lunata, ante pinnarum pectoralium basin carnosam;* pinnae *hae atrae prominulae: primo radio basi* osficulo *duplicato;* anus *in angulo inter membranas branchiostegas amplior;* et pone hunc porus genitalis; pinna ani *a gula incipiens;* dorsum anterius *convexum; pone medium cirrho fusco carneo-membranaceo mollissimo supra convexo subtus obiter canaliculato munitum, pone hunc squamis nudum, secundum longitudinem depresso biangulatum, versus caudam, sensim in sulcum cirrhi longitudine contractum;* cauda *compresso-plana:* pinna *ovata; fascia nivea a mandibulae inferioris apice ad medium dorsum.*

rostratus. 4. G. rostro subulato, pinna ani
cauda breviore.   D. o. P. 19. V. o. A. 296. C. o.
Seb. muf. 3. p. 99. t. 32. f. 5.
Gymnotus varius rostro productiore.
Gron. zooph. 167. muf. 73.
Gymnotus maxillis elongatis tubulosis subconnatis, corpore maculoso, cauda subacuta.
Habitat in America.

notopte- 8. G. argenteo-inauratus,
rus. dorso pinnato pinnisque cinerascentibus. Pall. spicil. zool. 7. p. 40. t. 6. f. 2. Br. 6. D. 7. P. 13. V. o. A. 116. C.
Renard poiss. 1. fol. 16. n. 90.
Pengay f. Kapirat.
Bontius ind. c. 25. p. 78. Tinca marina f. Hippuris mira quaedam species.

Habitat

Habitat in Amboina, ultra 8 pollices longus, cathetoplateus, ex lanceolato ensiformis, dorso obesus convexiusculus, squamis integris minutis vestitus.

Caput *breve obtusum: supra oculos magnos porus exilis; mandibula superior margine denticulis aequalibus distantibus, inferior margine majoribus et magis adhuc distantibus, interius serie minutissimorum ciliata;* palati *etiam margo dentium minorum serie armatus;* branchiarum *opercula squamosa, margine membranacea; membrana exilis* anus *prope gulam;* ani *pinna anterius carnosior et magis angusta.*

Acus. 9. G. nudus, dorso, ventre caudaque apterygiis, pinna anali ante apicem caudae terminata radiis LX.
Brünn. pisc. mass. p. 13.
n. 24. Br. 5. D. o. P. 16. V. o. A. 60. C. o.

Habitat in mari mediterraneo, compressus elongatus attenuatus acutus albidus maculis rubescentibus fuscisque virgatis nebulosus, subtus caerulescens, tentaculis nullis.

asiaticus. 6. G. squamosus, dorso pinnato. Br. 5.

Habitat in Asia, obscurus: fasciis fuscis, plus quam spithamaeus, crassiusculus, tectus, etiam capite, squamis laevibus rotundatis distinctis; an hujus generis?

Caput *depressum laeviusculum, punctis 5 excavatis, et in fronte foraminula; ante nares tentacula 2 truncata;* lingua *laevis;* dentes *in mandibulis acerosi; insuper intra superiorem ordo dentium; inferior punctis aliquot excavatis;* branchiarum *opercula ad latus late hiantia;* truncus *subcylindricus, posterius compressus;* dorsi *pinna mox post nucham incipiens, et ad caudam usque extensa cum posteriori corporis parte albo-punctata;* linea *lateralis elevata, recta, sed descendens supra anum.*

145. TRICHIURUS. *Caput* porrectum, operculis lateralibus.
Dentes ensiformes apice semisagittati; primores majores.
Nembrana branchiostega radiis septem.
Corpus compresso-ensiforme
Cauda subulata aptera.

lepturus. 1. Tr. mandibula inferiore longiore.
Syst. nat. XII. 1. *p.* 429. *n.* 1.
Trichiurus.
Art. spec. 111. Lepturus. Br.7.D.100.P.11.V.0.A.105.C.0.
Mus. Ad. Fr. 1. *p.* 76. *t.* 26.
f. 2. Lepturus.   Br.7.D.124.P.12.V.0.A.0 C 0.
Gron. mus. 1. *n.* 47. Gymnogaster.   Br.7.D.138.P.11.V.0.A.0 C.0.
Brown jam. 444. *t.* 45. *f.* 4.
Gymnogaster argenteus compressus; cauda attenuata impuni.   Br.7.D.--P.11.V.0.A.0.C.0.
Seb. mus. 3. *t.* 33. *f.* 1. *et Klein miss. pisc.* 4. *p.* 52. *n.* 1. 3.
t. 12. *f.* 7. Enchelyopus.
Will. ichthyol. t. G. 7. *f.* 7.
Mucu Brasiliensibus.
Marcg. bras. p. 161. Mucu.
Bloch ausl. Fisch 2. *p.* 65.
t. 158. Spitzschwanz. Br.7.D.117.P.11.V.0.A.0.C.0.

Habitat in Americae *meridionalis aquis dulcibus*, 3¾ *pedes longus, rapacissimus, velocissime natans, exsiliens ex aquis saepe in cymbam, totus quasi argento obductus, nudus.*
Caput angustum, compressum, longum; rictus amplus; dentes mobiles, alii longi, uncinati, alii breves acuti; lingua laevis longa, triangularis; palatum laeve; faux ossiculis duobus oblongis aspera; oculi vertici propinqui, magni: pupilla nigra, iride aurea; intus albo-marginata; apertura branchiarum ampla, operculum ex unica lamina constans, membrana marginatum; linea lateralis recta, flava, a branchiarum operculo ad caudae apicem producta;
anus

anus *angustus; capiti propior, quam caudae:* Pinnae pectorales *minutae; dorsalis unica, a nucha ad caudae fere
apicem producta; loco* pinnae *analis pone anum aculei exiles distantes ad* 110.

indicus. 2. Tr. mandibulis aequalibus.
Will. ichth. app. t. 3. *f.* 3.
Anguilla indica.
Raj. pisc. p. 171.
Nieuh. it. ind. 2. *p.* 270.
Habitat in oceano indico, electricus, fuscus, maculatus, dentibus omnibus exilissimis, cauda minus acuta.

146. ANARHICHAS. *Caput* obtusiusculum.
Dentes primores supra infra-
que conici, diver-
gentes, sex plu-
resve;
molares inferiores pa-
latique rotundati.
Membrana branchiostega radiis sex.
Corpus teretiusculum.
Pinna caudae distincta.

Lupus. 1. A. ex cinereo niger, lateribus, pinnis anali caudalique et abdomine albidis.
Syst. nat. XII. 1. p. 430. *n.* 1.
Art. gen. 23. *syn.* 38. *Andre act. angl.* 74. *p.* 274.
t. II. *Gron. mus.* 1. *p.* 16.
n. 44. *zooph. p.* 131. *n.* 400. D. 73. P. 20. V. 0. A. 45. C. 18.
Müller prodr. zool. dan. p.
40. *n.* 332. Anarhichas lupus non maculatus.
O. *Fabric. Fn. groenl. p.* 138.
n. 7. Anarhichas lupus major dentibus solidis obtu-
sioribus.

Bloch

PISCES APODES. Anarhichas. 1143

Bloch Fisch. Deutschl. 3. p. 18.
t. 74. Anarhichas dentibus
osseis.   D. 74. P. 20. V. 0: A. 46. C. 16.
Klein miss. pisc. 4. p. 16. § 8.
Latargus.
Schonev. ichth. p. 45. *Wil-*
lughb. pisc. p. 130. t. H. 3.
f. 1. *Raj. pisc. p.* 40. Lupus marinus.
Brit. zool. 3. p. 157. t. 24.
Ravenous.
Olear. mus. 53. t. 27. f. 2.
Seewolf.

Habitat in oceano *septentrionali, ad* 15 *pedes longus, utplurimum in profundo latens, vere tamen ad littora conspicuus, et* Majo Junioque *ova sua plantis marinis affricans, tarde ingrediens; et potius anguillae instar serpens, rapacissimus, et mordacissimus, piscibus; potissimum autem cancris testaceisque victitans, quae facile comminuit; a cycloptero lumpo non raro trucidatus.* Caro Norwegis *piscatoribus et Groenlandis edulis, cutis posterioribus perae loco inservit; dentes molares in lapidem conversi bufonitae.* Merret.

Corpus *productum, lubricum, compressum;* cutis *crassa, tenax, squamis minutis profunde immersis vestita;* caput *robustum, anterius declive;* rictus *amplus;* os *mammalium ori multum simile;* labia *robusta membranacea;* mandibula *utraque ex binis ossibus cartilagine connexis conflata; superioris os utrumque ordinibus dentium osseorum* 5, *inferioris* 3 *munitum;* lingua *brevis, obtusa, laevis;* oculi *oblongi: pupillis nigris, iride argentea;* anus *amplus, capiti propior, quam caudae.*

minor. 2. A. ex cinereo niger minor,
    dentibus cartilagineis acu-
    tioribus. *O. Fabr. Fn.*
    groenl. p. 139. n. 936.   D. 70. P. 20. V. 0. A. 44. C. 21.
Müll. prodr. zool. dan. Anarhichas minor.
Olaff. Isl. p. 592. t. 42.
Habitat prope Groenlandiam.
Oculi *magni versus verticem capitis, canino similis;* rictus *amplus;* dentes *in utraque maxilla utrinque* 3 *acuti, validi, inaequales, et in eorum interstitio anteriori* 2 *adhuc*

Eeee   mino-

PISCES APODES. Anarhichas.

minores; pinna *dorsalis à collo*, *analis ab ano incipiens*, *utraque ante caudam desinens*; pinnae *pectorales latae radiis divisis*.

strigosus. 3. A. strigis irregularibus fere
transversis fuscis. *Brit.*
zool. 3. *n.* 65. *p.* 119. D.— P. 18. V. o. A. -- C. 13.
Habitat in mari britannico, *an vere diversa a lupo species?*

pantheri- 4. A. maculis per totum cor-
nus. pus rotundis fuscis. *Zouiew*
act. Petrop. 1781. 1. *p.* 271.
t. 6. Br. 7. D. 67. P. 20. V. o. A. 44. C. 20.
Habitat in oceano septentrionali et mari glaciali, *ultra* 3 *pedes longus*, *ventricosus*, *lubricus*, *flavescens*, *squamarum loco punctis concoloribus conspersus*.
Caput *subglobosum;* labia *duplicata;* rictus *amplus;* palato *inserti dentes* 7; *oculi majusculi*, *dissiti;* branchiarum *apertura lunata*, *coarctata*, *opercula ex laminis duabus conflata;* dorsum *primo elevatum*, *posterius declive*, pinna, 4 *pollicum a nucha distantia incipiens*, *in* caudae *apice terminata;* pinnae *pectorales*, *uti lupo*, *amplissimae*, *rotundatae;* anus *pone medium corporis;* cauda *lanceolata*.

147. AMMODYTES. *Caput* compressum, corpore angustius: *Labium* superius duplicatum: *Mandibula* inferior angusta acuminata: *Dentes* acerosi.

Membrana branchiostega radiis septem.
Corpus teretiusculum squamis vix conspicuis: *Cauda* distincta.

Tobianus. 1. AMMODYTES. *Art. gen.* 16.
syn. 29. *spec.* 35. Br. 7. D. 54. P. 12. V. o. A. 28. C. 15.
Gron. zoph. p. 133. *n.* 104.
mus. 1. *p.* 13. *n.* 35. Br. 7. D. 57. P. 9. V. o. A. 26. C. 16.
Fn. suec. 302. Br. 7. D. 54. P. 13. V. o. A. 28. C. 15.
It.

PISCES APODES. Ammodytes.

It. scan. 141.　　　　　Br.5.D.50.P.12.V.o.A.26.C.15.
It. oel. 87.　　　　　　Br.7 D.60 P.15.V.o.A.32.C.14.
Muf. Ad. Fr. 1. p. 75.　Br.7.D.60.P.14.V.o.A.30.C.16.
Bloch Fisch. Deutschl. 3. p. 24.
　t. 75. f. 2. Ammodytes
　maxilla inferiore acumi-
　nata.　　　　　　　Br.7.D.60.P.12.V.o.A.28.C.16.
Salv. aq. p. 69. b. Aldr. pisc.
　p. 252. 254.
Jonst. pisc. p. 90. t. 21. f. 1.
　Sandilz.
Raj. pisc. p. 38. n. 165. t. 11.
　f. 12. Sandels or Launce.
Brit. zool. 3. p. 156. n. 65.
　t. 25. Sand launce.
Fisch. Naturg. Liesl. p. 114.
　Tobis, Sandaal.

Habitat in oceani septentrionalis plerumque profundo, saepe prope littus dimidii pedis profunditate in arena sese sepeliens, caelo sereno in gyrum contractus, capitis apice e centro arenam penetrans; Majo ova in arena littori propinqua pariens, ascaridibus et gordiis victitans, a piscibus rapacibus, scombris, praecipue, praedae instar capta; caro parum edulis, escae loco inservit.

Caput oblongum; oculi exigui: pupilla nigra, iride argentea; os edentulum; ossa in faucibus 2 aspera oblonga; branchiarum regio argentea, apertura ampla, operculum ex 4 laminis conflatum; truncus angustus, squamis mollibus, teneris, deciduis vestitus; dorsum convexum, cum lateribus ex caeruleo cyaneum, sulco supra pro pinna dorsali exaratum; linea lateralis recta, altera ad dorsum, tertia abdominalis; abdomen lineis 6 alternis albis, et ex caeruleo cinereis, anus caudae propior macula fusca vicina; pinnarum radii molles, pectoralium et furcatae caudalis apice bifidi.

Eeee 2　　148.

148. OPHIDIUM. *Caput* nudiufculum. *Dentes* maxillis, palato, faucibus.
Membrana branchioftega radiis feptem, patula.
Corpus enfiforme.

barbatum.
1. Oph. maxilla inferiore cirrhis quatuor. *Art. gen.* 25. *fyn.* 42.   D. 133. P. o. V. o. A. 112. C.
Brünn. pifc. maff. p. 15. n. 25. Ophidium maxilla inferiore breviore, cirrhis quatuor gularibus.
Brouffonet act. angl. 71. 1.
p. 436. t. 23.   D. 124. P. 20. V. o. A. 115. C.
Bloch ausl. Fifch. 2. p. 70. t. 159. f. 1.   D. cum A. C. 150. P. 17.
Plin. hift. mund. l. 32. c. 9. Ophidium.
Gefn. aquat. p. 92. 630. *icon. anim.* p. 83. *Thierb.* p. 42.
Aldr. pifc. p. 353. *Jonft. pifc.* p. 18. t. 5. f. 2. *Willughb. ichthyol.* p. 112. t. G. 7. f. 6. *Raj. pifc.* p. 38. n. 4. Ophidion Plinii.
Klein miff. pifc. 4. p. 52. n. 4. Enchelyopus barbatus.
Bellon. aquat. p. 132. Grillus alter vulgaris, afelli fpecies.

Habitat in mari mediterraneo *et* rubro, *ad.*12-14 pollices *longus, productus, ex carneo argenteus, maculis linearibus fparfis, carne fapida, alba, cute fquamis mollibus, oblongis, ante adhaerentibus teneris tecta.*
Caput *exiguum, fine fquamis;* mandibula *fuperior duplicata longior;* labia craffa; dentes *minuti;* oculorum *communi cute tectorum* pupilla nigra, iris aurea, membrana nictitans transparens; lingua glabra, angufta, brevis; dorfum convexum, caerulefcens; linea lateralis fufca recta; anus capiti propior, quam caudae; pinnae pectorales parvae bafi fufcae, margine cinereae, reliquae caudali connatae, anguftae albae, margine nigrae.*

2. Oph.

PISCES APODES. Ophidium. 1147

imberbe. 2. Oph. maxillis imberbibus, cauda obtufiufcula.
Art. gen. 24. *fyn.* 42. *Fn. fuec.* 319. Ophidion cirrhis carens. D. 79. P. 11. V. o. A. 41. C. 18.
Gron. zooph. 401. Ophidion. D. 147. P. 26. V. o. A. 101. C.
Brit. zool. app. t. 93.
Habitat in Europa.
Pinna *dorfalis analisque caudali unitae.*

viride. 3. Oph. maxillis imberbibus, cauda acutiufcula.
O. *Fabr. Fn. groenl. p.* 141. n. 99. D. numerof. P. 10. 11. V. o. A. numer. C.
Habitat *in locis maris* groenlandici *profundis auftralibus, viride, rarius, ad gadi magnitudinem interdum excrefcens, efculentum, elongatum, compreffum.*
Caput *corpore latius, plagioplateum, cervice eminentiore, inter oculos canaliculatum*; oculi *permagni obfcure virides iride alba*; os *amplum, labio inferiore parum longiore*; dentes *exiles*; pinnae *dorfalis et analis cum caudali concretae, radiis parvis, numerofiffimis, albae*; abdomen *ante anum capiti propiorem album*; caudalis pinnae *radii longiores in acumen productae.*

aculeatum. 4. Oph. roftro acuminato. *Bloch ausl. Fifch.* 2. *p.* 72. *t.* 159 *f.* 2. Br. 16. D. 51. P. 16. A. 53. C. 14.
Will. ichthyol. app. t. 10. *f.* 1.
Raj. pifc. p. 159. *n.* 19.
Pentophthalmos.
Nieuhof ind. 2. *p.* 228. *f.* 1.
Habitat *in* Indiae *aquis dulcibus,* 6-8 *pollices longus, vermibus et terra pingui victitans, efculentus, productus; nonne proprii generis?*
Caput *parvum, anguftum*; mandibulae *edentulae*; oculi *parvi, pupilla nigra, iride alba*; branchiarum *operculum lamina unica*; dorfum *convexum, ad latera fupra rubefcens, infra argenteum: ante pinnam aculeis* 14 *retroflexis non cohaerentibus fecundum longitudinem difpofitis armatum*; abdomen *album, ante pinnam analem aculeis* 2 *retroflexis munitum*; anus *caudae propior*; pinnae *pectorales breves bafi fufcae, cetera violaceae*; pinna *dorfalis rubefcens fufco-varia, maculis* 2 *nigris annulo dilutiori cinctis*; pinna *analis rubefcens margine nigra*; caudalis *caerulefcens nigro-varia.*

Eccc 3

149. STROMATEUS.
Caput compreſſum. Dentes in maxillis, palato.
Corpus ovatum latum lubricum.
Cauda bifida.

Fiatola. 1. Str. ſubfaſciatus.
Art. gen. 19. ſyn. 33. Stromateus. Br. D. 46. P. 25. V. o A. 34. C.
Habitat in mari mediterraneo *et* rubro, *pulchre variegatus.*
Ventriculi *duo.*

Paru. 2. Str. dorſo aureo, abdomine argenteo.
Syſt. nat. XII. I. *p.* 432. *n.* 2.
Stromateus unicolor.
Bloch. ausl. Fiſch. 2. *p.* 75. *t.*
160. Stromateus ſtriis carens. Br. 2. D. 50. P. 24. V. o. A. 42. C. 18.
Sloan. jam. 2. *p.* 281. *t.* 250.
f. 4. Pampus, paru piſci braſilienſi congener, ſine pinnis ventralibus.
Raj. piſc. p 51. Pampus.
Habitat in America auſtrali *et* Tranquebar, *piſcibus junioribus et vermibus victitans, tenuis, ſquamis teneris, exilibus, deciduis tectus, carne alba, tenera, delicioſa.*
Caput *mediae magnitudinis, declive, ſupra fuſceſcens;* oculi *magni,* pupilla *nigra,* iridis *annulo albo, altero flavo;* os *parvum;* mandibulae *aequales,* dentibus *exiguis acutis armatae, labiisque robuſtis mobilibus munitae;* palatum *et lingua glabra; haec lata et libera; in* faucibus *aſſa nonnulla rotunda;* branchiarum *apertura ampliſſima,* operculum *lamina unica conſtans,* membrana *cinctum;* linea *lateralis dorſo propior, lata, argentea;* anus *ori propior, quam caudae furcatae;* pinnae *longae, ſquamatae, rigidae, baſi albae, margine caeruleae, radiis mollibus ramoſis.*

Cumarca. 3. Str. dorſo caeruleo, abdomine albo. *Molin. hiſt. nat. Chil. p.* 199. *n.* 8. †
Habitat in regni Chilenſis *aquis dulcibus, ſpithameus, minime faſciatus; an vere a* Paru *diſtinctus?*

150.

150. **XIPHIAS.** *Caput* maxilla superiore terminatum rostro ensiformi; *os* edentulum.

Membrana branchiostega radiis octo.

Corpus teretiusculum, alepidotum.

Gladius. 1. XIPHIAS. *Fn. suec.* 303. *Art.*
 gen. 30. *syn.* 47. D. 41. P. 17. V. o. A. 15. C. - -
 Bloch, Fisch. Deutschl. 3. *p.*
 28. *t.* 76. — Br. 7. D. 42. P. 17. V. o. A. 18. C. 26.
 Koelpin mss. Br. 7. D. 18, 3. P. 17. V. o. A. 10, 3. C. 20.
 Klein miss. pisc. 4. *p.* 17. *n.*
 1. 2. 4. *t.* 1. *f.* 2. *t.* 2. *f.* 1.
 Xiphias.
 Schelhamer anat. Xiphii pisc.
 Hamb. 1707. 4.
 Berthol. cent. 2. *c.* 16.
 β) Xiphias pinna dorsi magna maculata.
 Maregr. bras. l. 4. *c.* 15. *p.*
 171. Guebucu.
Habitat in Oceano Europaeo, *mari* mediterraneo *et* australi,
 β) *in mari inter* Africam *et* Americam *intermedio, fusiformis, productus, laevis, cute tenui, et membrana adiposa vestitus, algis et piscibus victitans, per paria migrans, ad* 20 *pedes usque longus,* Majo *et* Junio *ova prope littus pariens, robustissimus, carne sapida frequenter eduli.*
—Caput *declive chalybeum; rictus amplus; processus* mandibulae *superioris utrinque planus, margine acutus, anterius obtusis, ex materie ossea tubulosa compactus;* mandibula *inferior acuminata;* lingua *libera, robusta;* faucium *ossa nonnulla aspera;* oculi *prominuli,* pupilla *nigra,* iride *ex albo virescente;* branchiarum *apertura ampla,* operculum *ex* 2 *laminis conflatum;* dorsum *nigrum;* abdomen *album;* linea *lateralis nigro-punctata;* pinnae *falcatae;* dorsi *fusca,* pectorales *flavescentes, reliquae cinereae;* caudalis *semilunata.*

Eeee 4 STER-

STERNOPTYX. *Caput* obtufum. *Os* fimum.
Dentes minutiffimi.
Membrana branchioflega nulla.
Corpus compreffum alepidotum; *fterno* carinato bifariam plicato; *abdomine* pellucido.

diaphana. 1. STERNOPTYX. *Hermann, Naturf.* 16. *p.* 8. *t.* 1. *f.* 1. 2. Br. o. D. ½. P. 8. V. o. A. 13. C. 40.
Habitat in America, *biuncialis, compreffus, anterius truncatus, pofterius anguftatus argenteus.*
Oculi *magni, cornea fuccinea;* os *perpendiculariter fiffum; lingua craffa adnata, afpera;* labium *fuperius breve, inferius perpendiculare, medio finubus* 4 *femicircularibus depreffis, carina diftinctis; tribus fimilibus fub apertura branchiarum; haec ipfa obliqua, operculis mollibus;* fterni *plana* 2 *decemplicata in carinam pellucidam conniventia;* dorfum *ex virefcente fvfcum, pone pinnam gibbum, carina duplici verfus nares divergente;* linea *lateralis nulla;* abdominis *finus angulatus, pofterius trifariam excifus, membrana pellucida nexus fpinae abdominali articulatae pellucidae, cui pinna analis infidet;* pinna *dorfi adnata radio obliquo fpinofo, valido, immobili; cui praetenfa membrana margine tenuiffime denticulata;* pinnae *pectorales fuccineae;* cauda *bifida.*

LEPTOCEPHALUS. *Caput* anguftum.
Corpus tenuiffimum, compreffum.
Pinnae pectorales nullae.

Morrifii. 1. LEPTOCEPHALUS. *Gron. zooph.* n. 409. *t.* 13. *f.* 3.
Morris Brit. zool. 3. *p.* 125.
Habitat in mari prope Holyhead Angliae, 4 *pollices longus, fubpellucidus, verfus apicem gracilior, apice ipfo acuminato, pinna caudali nulla.*
Oculi *magni;* dentes *in utraque mandibula minutiffimi;* branchiarum *apertura ampla;* linea *lateralis recta, ftriis obliquis decuffata;* pinna *dorfalis angufta, tenuis, per totum dorfum; analis ab ano fimiliter ad caudam usque excurrens.*

II. JU-

II. JUGULARES.

Branchia officulata.
Pinnae ventrales pectoralibus anteriores.

151. CALLIONYMUS. *Caput* labio superiore duplicato; *oculi* approximati.

Membrana branchiostega radiis sex; apertura nuchae foraminibus respirante. Opercula clausa.

Corpus nudum. *Pinnae ventrales* remotissimae.

Lyra. 1. C. dorsalis prioris radiis longitudine corporis.
Muf. Ad. Fr. 1. *p.* 71. Uranoscopus.   D. 4, 10. P. 18 V. 6. A. 10. C. 10.
Fn. fuec. 304. Trachinus maxilla superiore longiore, pinna dorsi priore altissima.
Ström. Sondm.   Br. 6. D. 5, 10. P. 19. V. 5. A. - C. 10.
Gron. muf. 1. *n.* 64. Uranoscopus officulo primo pinnae dorsalis longitudine corporis.   D. 4, 10. P. 19. V. 5. A. 10. C. 10.
Gron. act. Upf. 1740. *p.* 121. *t.* 8. Cottus officulis pinnae dorsalis longitudine corporis.   D. 4, 10. P. 19. V. 5. A. 10. C. 10.
Bloch ausl. Fisch. 2. *p.* 79. *t.* 161. Callionymus radiis in prima pinna dorsali longissimis.   Br. 6. D. 4, 10. P. 18. V. 6. A. 10. C. 9.
Klein miff. pisc. 5. *p.* 93. *n.* 14. Corystion officulo pinnae dorsalis primo longissimo.

Petiv.

Petiv. gazoph. 1. *p.* 1. *n.* 1.
t. 22. *f.* 2. Lyra harvicensis.
Seb. muf. 3. *p.* 92. *n.* 7. *t.* 30.
f. 7. Exocoeti tertium genus.
Bell. aq. p. 223. Tertium genus exocoeti.
Gesn. aq. p. 80. Icon. an. *p.*
84. *Aldr. pisc. p.* 262.
Jonst. pisc. p. 91. *t.* 21. *f.* 4.
Will. ichth. t. H. 6. *f.* 3.
Dracunculus.
Rondel. pisc. 1. *p.* 241. Lacert.
Act. angl. 24. *n.* 293. *p.* 1749.
t. 5. Yellow Gurnard.
Penn. brit. zool. 3. *p.* 164.
n. 69. *t.* 27. Gemmeous Dragoned.

Habitat in mari australi et septentrionali, echinis et asteriis victitans, ad 12-14 pollices longus, carne alba sapida, angustus, teretiusculus.
Caput oblongum, latum, supra convexum fuscum, subtus planum, ad latera caeruleo-maculatum; rictus amplus; labia crassa; mandibulae dentibus plurimis exiguis armatae; lingua brevis, mobilis; oculi approximati in vertice oblongi: pupilla ex atro caerulea; branchiarum apertura angusta, fistulosa, operculum simplici lamina constans; os maxillare spina tricuspide incurvata terminatum; dorsum rectum fuscum, ad latera flavum, abdomen versus album lineis duabus interruptis caeruleis; anus capiti vicinus; linea lateralis recta; pinna dorsalis prima infra fuscescens; ceterum flava, lineis undulatis caeruleis, radiis 3 prioribus membranam connectentem longe superantibus, altera caeruleo-et flavo-striata; analis caerulescens; reliquae flavae; pectoralium ventraliumque radii ramosi.

Dracunculus. 2. C. dorsalis prioris radiis corpore brevioribus. *O. F. Müller zool. dan. t.* 20.
Gron. muf. 1. *n.* 63. Uranoscopus osficulo primo pinnae dorsalis primae unciali.

D. 4, 9. P. 20. V. 5. A. 9. C. 10.
Art.

PISCES JUGULARES. Callionymus. 1153

Art. gen. 49. Syn. 77. Cot-
tus pinna secunda dorsi
alba. D. 4, 10. P. 12. V. 6. A. 9. C. 12.
Act. helv. 4. p. 260. n. 125.
Bloch. ausl. Fisch. 2. p. 84.
It. 162. f. 2. Callionymus radiis 4 in prima pinna dorsali brevibus. D. 4, 10. P. 19. V. 6. A. 9. C. 10.
Worm. muf. p. 268. Will.
ichth. p. 136. Dracunculus.
Penn. brit. zool. 3. p. 167.
t. 27. Sordid Dragonet.

Habitat in mari europaeo *australi et septentrionali*, argenteus *maculatus*, capite dorsoque *fuscis*, carne *alba*, *sapida*; anterius *latus*, posterius *angustatus*; an solo sexu a lyra diversus? Caput *planum trunco latius, antrorsum obtusum*; mandibulae *dentibus teneris armatae*; superior paulo longior; oculi *magni, ovales, prominuli, in vertice approximati*, pupilla *nigra*, iride *rubescente*; dorsum *secundum longitudinem sulco exaratum, ante primam pinnam foraminibus 4 pervium, ex quibus singulis piscis respirando aquam extrudit*; linea lateralis vix conspicua; anus capiti propior, quam caudae; pinnae radiis *mollibus*; ventrales *flavae*, radiis *ramosis, viridibus*; pectorales et analis *virescentes furcatis*, reliquae radiis *simplicibus*; dorsalis prior ex atro fusca spinosus, dorsalis altera flavescens striis luteis; pinna caudalis rotundata striis luteis et fuscis.

indicus. 3. C. capite laevi longitudinaliter rugoso, operculis latere aperiendis. Br. 7. D. 1/7, 13 P. 20. V. 1/5. A. 13. C. 11.
Habitat in Asia. Muf. ac. Holm.
Caput *depressum*; os *scabrum*, mandibula *inferior paulo longior*; lingua *obtusa emarginata*; branchiarum *aperturae magnae laterales*, opercula *anteriora spina gemina, posteriora spina solitaria*; truncus *valde depressus, lividus, anum in medio habens*; pinnae ventrales *remotae*, dorsalis anterioris radius primus brevissimus remotus. Piscis inter callionymos, uranoscopos et trachinum quasi medius.

baikalensis. 4. C. pinnis ventralibus nullis, dorsali prima minima, secundae radiis cirrhiferis.
Pall. it. 3. p. 707. n. 49. Br. 6. D. 8, 28. P. 13. V. 0. A. 32. C. 13.
Habitat

Habitat in lacus Baikal *abyſſo, unde aeſtivis tempeſtatibus ſubinde catervatim in lutus egeritur, dodrantalis, mollis, totus quaſi oleo diffluens, gracilis, compreſſiusculus, a capite ſenſim decreſcens,* an Callionymus?

Caput magnum, baſi ſubtetragonum, vertice planum, temporum carina bituberculata; oculi *majusculi, ad frontem nigri;* roſtrum *latum depreſſum;* os *ampliſſimum;* mandibulae *margine craſſae, uncinulis confertis ſcabrae, inferior prominens, apice glabra, ſubacuta;* membrana branchioſtega *laxa; radiis remotiſſimis cartilagineis;* pinnae pectorales *laxae, longiſſimae, dimidio corpori aequales, radiis tenuiſſimis rigidis;* dorſalis ſecundae *radii pariter rigidi,* 15 *longiſſimi; ex radiis analis* 2 *et* 16; cauda *biloba pinnis robuſtior;* linea *lateralis dorſo propior.*

ocellatus. 5. C. pinnae dorſalis prioris membrana faſciolis fuſcis, et ocellis quatuor fuſcis picta. *Pall. Spic. zool.* 8. p. 25. *t.* 4. *f.* 13.   Br. 5. 6. D. 4, 8. P. 20. V. 5. A. 7. C. 10.

Habitat in mari, Amboinam *circumfluente, digiti minimi magnitudine, ex cinereo fuſcoque varius, punctis in cinereo emicantibus albis, ſubtus albidus, teretiuſculus, attenuatus, prope caput magis depreſſus, congeneribus magis obeſus.*

Caput minus et acutius, quam congeneribus, vertice planiuſculo, roſtro obtuſo; oculi *parvi laterales;* os *exiguum,* labiis *carnoſis, tumidulis; ſuperiore duplicato;* branchiarum opercula *acuta, ſimplici ſpina munita,* membrana *extus punctata;* pinna *dorſalis anterior mari minuta, tota atra, radiis ſetaceis flexilibus; feminae lata,* membrana *radios nectente picta, inferne faſciolis fuſcis lineae nigromarginatae albae incluſis, ſuperne ocellis centro atris, circulo albo nigro-marginato incluſis;* pinna *dorſi poſterior humilior fuſca, lineis albis parallelis picta;* pinnae pectorales *hyalinae, baſi albo-punctatae, radiis bis fuſco interruptis, mediis* 4 *longioribus;* pinnae ventrales *magnae, laciniatae nigrae, margine albae: radiis craſſiſſimis ramoſiſſimis;* pinna ani *ſerrata nigra baſi alba, radiis* 2 *primis ſetaceis, reliquis bifidis;* anus *paulo ante medium corporis, et pone eum in foſſula recumbens feminae;* pedunculus *exiguus conicus;* linea *lateralis recta;* cauda *rotundata, baſi albo-punctata: radiis fuſco interruptis.*

6. C.

Sagitta. 6. C. capite triangulari, membrana branchiostega triradiata, pinnarum dorsi radiis aequalibus. *Pall. spic. zool.* 8. *p.* 29. *t.* 4. *f.* 4. 5; Br. 3. D. 4, 9. P. 11. V. 5. A. 8. C. 10.
Habitat in mari Amboinam *alluente,* 3 *pollices longus, supra fuscescens griseo canescente nebulosus, subtus ex griseo albidus, macer, prope caput depressus, ceterum attenuatus, convexo-tetraedrus.*
Caput *magnum latum, valde depressum, rostro subacuto, in cujus apice os parvum, labiis exilibus, superiore anguste duplicato;* mandibulae *scabrae;* lingua *brevissima, plana, semidiscoidea;* oculi *approximati exigui, iride argentea;* branchiarum *opercula mollia;* lamina *posteriore lata, ad pinnas pectorales usque extensa, priore in spinam longam subulatam terminata, interne denticulis retrorsum serrata;* pinna dorsi *prior parvula, posterius fascia atra picta, secunda et pinnae pectorales hyalinae ex fusco et albido variae;* pinnae ventrales *laciniatae, fusco-punctatae, radiis ramosissimis;* analis *humilis, radio ultimo ramoso;* anus *paulo ante medium corporis;* linea lateralis *recta, versus caput obsoleta;* cauda *extremo rotundata, superne fusco-maculata.*

japonicus. 7. C. pinna dorsali priore ocello nigro picta, radio primo in pilos binos semipollicares terminato. *Houttuyn act. Haarlem. XX.* 2. *p.* 313. *n.* 1. D. 4, 10. P. 17. V. 5. A. 8. C. 9.
Habitat in mari Japoniam *alluente,* 9½ *pollices longus, variegatus, laevis, teretiusculus.*
Caput *depressum;* oculi *magni, approximati.* Pinna dorsalis prior *radiis nigris;* posterior *albicans;* pectorales *rotundatae;* ventrales *maximae;* caudalis 4 *pollices longa, forficata, radiis inaequalibus.*

152. **URANOSCOPUS.** *Caput* depreſſum ſcabrum majus: *Os* ſimum, maxilla ſuperiore breviore.

Membrana branchioſtega papilloſo-dentata, radiis ſex: *Opercula* membranaceo-ciliata.

Corpus: anus in medio.

ſcaber. 1. U. dorſo laevi.
 Syſt. nat. XII. 1. *p.* 434. *Muſ.*
 Ad. Fr. 2. *p.* 59. Uranoſcopus.   D.4,14.P.16.V.5.A.13.C.12.
 Art. gen. 42. *ſyn.* 71.
 Bloch ausl. Fiſch. 2. *p.* 90.
 t. 163. Uranoſcopus ſcaber.   Br.5.D.4,14.P.17.V.6.A.13.C.12.
 Art. gen. 42. *ſyn.* 71. Trachinus cirrhis multis in maxilla inferiore.   D.3,14.P.16.V.5.A.13.C.
Klein miſſ. miſc. 4. *p.* 46. *n.* 1.
 Coryſtion.
Ariſt. l. 2. *c.* 15. *l.* 8. *c.* 13.
Plin. l. 32. *c.* 7. *Rondel. de piſc. p.* 305. *Aldr. de piſc. p.* 265. *Jonſt. de piſc. p.* 93. *t.* 21. *f.* 7. *Ruyſch theatr. p.* 62. *t.* 21. *f.* 7. Uranoſcopus.
Bellon. aq. p. 219. *Geſn. aq. p.* 135. *ic. an. p.* 138.
Will. ichth. p. 287. *t. S.* 9.
Raj. piſc. p. 97. *n.* 22. Callionymus vel Uranoſcopus.

Habitat *in mari mediterraneo, ad littus in fundo, craſſus, ad pedem longus, ſupra fuſcus, ad latera cinereus, ſubtus albus, piſcibus minoribus, quos inter algas latens cirrhis ſuis allicit, et inſectis aquaticis victitans, interdiu dormiens, carne alba tenaci.*

Caput *magnum, tetragonum; oſſe verrucis minutis numeroſiſſimis aſpero, ſupra in binas, infra in 5 ſpinas terminato*

PISCES JUGULARES. Trachinus. 1157

minato loricatum; lingua *craſſa, robuſta, brevis,* dentibus minutis *aſpera;* labia *cirrhis barbata;* mandibula *ſuperior intus foramine duplici ovali, inferior membrana
munita, in cirrhum longum abeunte;* oculi *in vertice approximati, pupilla nigra, iride flava;* branchiarum apertura *ampliſſima;* truncus *ſquamis minutis veſtitus, ad
anum usque ſubtetragonus, pone hunc teres;* linea lateralis *ex foraminulis rotundis conſtans, a nucha ad pinnas
pectorales deflectens, tum ad caudae pinnam usque recta;*
Pinnarum radii *molles flavi;* ventralium *quadrifidi,* pectoralium *latarum apice fiſſi,* analis *et* dorſalium, *quarum
prior nitente nigra eſt, ſimplices* (in dorſali priore oſſei,)
caudalis *ramoſiſſimi.*

japoni-   2. U. dorſo ordine ſquamarum
cus.   ſpinoſarum aſpero. *Hout-
       tuyn act. Haarlem. XX. 2.
       p. 314.*   D.4,15.P.12.V.5.A.--C.8.
Habitat *in mari* Japoniam *circumfluente, ſemipedalis, teres,
ſupra flavus, ſubtus albus.*
Caput *depreſſum, retrorſum aculeatum;* pinnae ventrales
breves.

153. TRACHINUS. Caput minus laeve compreſſum. Membrana branchioſtega radiis ſex; operculorum lamina inferiore ſerrata. Corpus: anus prope pectus.

Draco.   1. T<small>RACHINUS</small>. *It. ſcan.* 325.
      Fn. ſuec. 305. *Müll. prodr.
      zool. dan. n.* 309.
      Art. gen. 42. *ſyn.* 70. Tra-
      chinus maxilla inferiore
      longiore, cirrhis deſtituta.   D.5.31.P.16.V.6.A.32.C.12.
      Gron. act. upſ. 1742. *p.* 95.
      Trachinus.   D.6,30.P.16.V.6.A.30.C.12.
      Gron. muſ. 1. *p.* 42. *n.* 97.
      zooph. p. 80. *n.* 274. Tra-
      chinus.   D.6,30.P.15.V.6.A.34.C. ..
      Bloch Fiſch. Deutſchl. 2. *p.
      * 131. *t.* 61. Trachinus ma-

xilla

xilla inferiore longiore,
radiis quinque in pinna
dorfali prima.   D. 5, 24. P. 16. V. 6. A. 25. C. 15.
*Brünn. pifc. maffil. p. 19. n.
30.* Trachinus Draco, capitis lateribus compreffis, vertice fcabro depreffo, ano capiti vicino.
Klein miff. pifc. 4. p. 46. n. 9. Coryftion fimplici galea in unicum cufpidem retrorfum exeunte utrinque cirrhis carens.
Plin. hift. mund. l. 9. c. 27. Salv. aq. p. 71. Bellon. aq. p. 215. Rondel. de pifc. I. p. 301. Gefn. aq. p. 77. 78. 79. icon. anim. p. 83. Jonft. de pifc. p. 91. t. 21. f. 2. 3. 5. Aldrov. de pifc. p. 256. 258. Draco marinus.
Plin. hift. mund. l. 9. c. 48. Araneus.
Will. ichth. p. 288. t. S. 10. f. 1. Penn. brit. zool. 3. p. 169. n. 71. t. 28. Wever.

Habitat in oceano *feptentrionali.* et mari mediterraneo, vix unquam ultra pedem longus, elongatus, compreffus, fquamis exilibus, rotundatis, deciduis veftitus, Junio littori appropinquans et ova pariens, teftaceis, cancris aliisque infectis aquaticis, etiam pifcibus minoribus victitans; junior praeda crebra majorum, carne deliciofa.

Caput mediae magnitudinis; oculi fmaragdi aemuli ad verticem approximati, pupilla nigra, iride flava nigro-punctata; os amplum obliquum; dentes acuti; lingua acuminata; branchiarum apertura ampla; dorfum rectum, ex luteo fufcum; latera et abdomen argentea, lineis obliquis fufcefcentibus picta; pinnae radiis ramofis, parvae, pectorales et caudalis reliquis majores; dorfalis prima nigra, radiis rigidiffimis pungendo inflammantibus.

154. GADUS. Caput laeve.

Membrana branchiostega radiis septem teretibus.

Corpus oblongum squamis deciduis.

Pinnae omnes cute communi vestitae: dorsales auique plures: radiis muticis. Pectorales in acumen attenuatae.

* *Pinnis dorsalibus tribus, ore cirroso.*

Aeglefi- 1. G. albicans, cauda biloba,
nus. maxilla superiore longiore. *Fn. suec.* 306. *Mull. prodr. zool. dan. p.* 42. *n.* 348.
It. scan. 325. Gadus Kolja. D.15,20,19.P.18.V.6.A.24,21.C..
It. wgoth. 178. Gadus dorso tripterygio, ore papilloso. D.16,18,20.P.17.V.6.A.22,21.C.23.
Bloch Fisch. Deutschl. 2. *p.* 138. *t.* 62. – Gadus cirro unico, linea laterali nigra. D.16,20,19.P.19.V.6.A.22,21.C.27.
Art. gen. 20. *syn.* 36. *spec.* 64. Gadus dorso tripterygio, ore cirrato, corpore albicante, maxilla superiore longiore, cauda parum bifurca.
Gron. mus. 1. *p.* 21. *n.* 59. *zooph. p.* 99. *n.* 321. Gadus dorso tripterygio, maxilla inferiore breviore, cirro solitario, cauda lunulata, linea laterali atra.
Klein miss. pisc. 5. *p.* 6. *n.* 2. Callarias barbatus ex terreo albicans, in lateribus macula nigra, cauda parum divisa, mandibulis

Ffff minutis

minutis, sed acutissimis
dentibus asperis.
Gesn. aq. p. 86. 100. Thierb.
p. 40. Bellon. aq. p. 127.
Aeglefinus.
Aldrov. pisc. p. 282. Asel-
lus major.
Will. ichthyol. p. 170. t. L.
membr. 1. n. 2. Raj. pisc.
p. 55. n. 7. Onos sive afi-
nus antiquorum.
Jonst. de pisc. p. 1. t. 1. f. 1.
Callarias Asellus minor.
Anders. Isl. p. 79. Schell-
fisch.
Penn. brit. zool. 3. p. 179.
Hadock.

Habitat in oceano *septentrionali, gregibus numerosissimis migrans, pedem utplurimum longus,* Februario ova in fucis littori vicinis deponens, *caelo tempestuoso in arena, aut inter fucos latens, cancris aliisque insectis marinis, serpulis etiam et halecibus victitans, et horum inprimis esu pinguescens, phocarum aliorumque animalium marinorum rapacium frequens praeda, carne densa, alba, sapida, concoctu facili.*
Caput *cuneatum; os angustius, quam congeneribus;* oculi *magni, pupilla nigra, iride argentea;* squamae *minutae, rotundatae, firmius inhaerentes, quam congeneribus;* truncus *crassus argenteus, supra fuscescens,* linea *lateralis dorso propior;* pinnae *caerulescentes, dorsalis prior triangularis caudalis emarginata.*

Callarias. 2. G. varius cauda integra, maxilla superiore longiore.
*Fn. suec. 307.** D. 15, 19, 19. P. 20. V. 6. A. 18, 18. C. 23.
Art. gen. 16. syn. 35. spec.
63. Gadus dorso tripterygio, ore cirrato, colore vario, maxilla superiore longior, cauda aequali.* D. 15, 19, 18. P. 20. V. 6. A. 19, 17. C.
Gron. mus. 1. p. 21. n. 58.
zooph. p. 99. n. 319. Gadus dorso tripterygio, colore vario, inferiore cirro

unico,

unico, cauda subquadran-
gula aequali. D.15,19,18.P.10.V.6.A.16,16.C. --
It. oel. 87. Gadus balthicus
Torfk! D.14,19,17.P.17.V.6.A.20,16.C. --
It. scan. 220. Gadus Calla-
rias balthicus. D.15,19,17.P.18.V.6.A.17,16.C.24.
Bloch Fisch. Deutschl. 2. p.
142. t. 63. Gadus linea laterali lata aenea maculata-
que. D.15,16,18.P.17.V.6.A.18,17.C.26.
Klein, miss. pisc. 5. p. 6. n. 5.
Callarias barbatus, litu-
ris maculisque fuscis; gula ventreque albicantibus,
iride flavicante nigro mix-
ta, pinnis fuscis, et *p.* 7.
n. 7. Callarias maculis ex
rufo in aurantium colo-
rem vergentibus.
Will. ichth. p. 172. *t.* L.
Membr. 1. f. 1. *Raj. pisc.*
p. 54. n. 5. *Jonst. pisc.* t.
46. f. 4. Asellus varius
vel striatus.

β) *Koelreuter nov. comm. Petrop.* XIV. 1. p. 484. Piscis
e gadorum genere, Russis
Nawaga dictus. D.13,20,22.P.20.V.6 A.22,23.C. --

Habitat *in* mari baltico *et* oceano europaeo *septentrionali,
ostia etiam fluviorum intrans, rarius ultra* 2 *libras pondere aequans, Januario et Februario ova pariens, vermibus insectisque marinis, piscibus quoque minoribus victitans, carne alba, tenerrima, concoctu facillima, in hoc
genere sapidissima.*

Caput *minus, quam Aeglefino, cinereum, maculis aestate
fuscis, hieme nigris, varium;* oculi *rotundi, pupilla nigra, iride ochroleuca;* os *amplum;* palatum *dentibus,*
mandibula *superior eorum pluribus seriebus, inferior simplici serie armata;* truncus *squamis tenuibus, minutis,
mollibus vestitus, maculis fuscis, juniori pisci interdum aurantiis pictus, supra cinereus, subtus albus, rarius rubescens;* linea *lateralis dorso propior lata, curva maculata;*
pinnae *fuscescentes, interdum rubescentes.*

Ffff 2 3. G.

Morhua. 3. G. cauda subaequali, radio
 primo anali spinoso. *Fn.*
 suec. 308. *Müll. prodr. zool.*
 dan. p. 42. *n.* 349.   D. 14, 18, 19. P. 19. V. 6. A. 17, 15. C. 44.
 It. wgoth. 176. Gadus Kab-
  belja.   D. 15, 20, 16. P. 20. V. 6. A. 21, 16. C. --
 Ström. söndm. 317. Ca-
  bliau.   D. 14, 19, 18. P. 17. V. 6. A. 22, 16. C. 36.
 Bloch Fisch. Deutschl. 2. *p.*
  145. *t.* 64. Gadus squa-
  mis majoribus.   D. 15, 19, 21. P. 16. V. 6. A. 17, 16. C. 30.
 Art. syn. 35. Gadus dorso
  tripterygio, ore cirrato,
  cauda aequali fere cum radio primo spinoso.
 Klein miss. pisc. 5. *p.* 5. *n.* 1.
 — Callarias sordide olivaceus,
  maculis flavicantibus variis, linea laterali alba.
 Bellon. aq. p. 128. *Aldr. de*
  pisc. p. 289. Morhua.
 Rondel. de pisc. 1. *p.* 280.
 Gesn. aq. p. 88. *Ic. anim.*
  p. 71. *Jonst. de pisc. p.*
  8. *t.* 2. *f.* 1. Molva vel
  Morhua.
 Camper act. Paris. peregrin.
  6. *p.* 79. Morue.
 Will. ichth. p. 165. *Raj. pisc.*
  p. 53. *n.* 1. *Penn. brit.*
  zool. 3. *p.* 172. *n.* 73.
 Habitat in oceano Europaeo et americano *septentrionali*,
 gregibus numerosissimis, ut plurimum 2-3 pedes longus, cinereus, flavicante-maculatus, *subtus* albus, junioribus
 interdum rubescens, aurantio-maculatus, squamis majoribus, quam congeneres, vestitus, sepiis, cancris, piscibus victitans, ne propriae quidem speciei parcens, indige-
 sta vomitu expellens, fertilissimus; ut quotannis 9344000
 ova pariat, quae prope littora inter saxa, in Anglia primis anni mensibus parit; multiplici modo in cibum con-
 versus.
 Os *amplum*; mandibula *inferior brevior*, cirro barbata;
 oculi *pupilla nigra*, iris flavicans; pinnae radiis mollibus
 ramosis, dorsales, analis prior, et caudalis flavo-macula-
                                       tae;

PISCES JUGULARES. Gadus.

tae; analis posterior cum ventralibus cinerea, pectorales flavicantes; anus *capiti propior.*

luscus. 4. G. radio ventralium primo setaceo. *Muf. Ad. Fr.* 2.
p. 60. D.13,23,10.P.11.V.6.A.31,18.C.17.
Art. gen. 21. *syn.* 35. Gadus dorso tripterygio, ore cirrato, ossiculo pinnarum ventralium primo in setam longam producto.
Raj. pisc. p. 54. Asellus fuscus.
Will. ichth. p. 169. *Brit. zool.*
3. p. 149. t. 60. Bih. D.12,23,20.P.16.V.7-8.A.--C.--
Habitat in oceano europaeo, *ad pedem longus, supra dilute olivaceus, aut sordide flavus, subtus argenteus, squamis majoribus, quam morbua, tectus, et firmiter adhaerentibus, carne deliciosa.*
Os *parvum;* pinnarum. *dorsalium media longissima;* anus *capiti propior, quam caudae; haec aequalis; an mera barbati varietas?*

barbatus. 5. G. maxilla inferiore punctis utrinque septem. *Fn. suec.*
311. *It. wgoth.* 177. Gadus Torsk. D.12,20,20.P.18.V.6.A.19,19.C.40.
It. wgoth. 178. Gadus linea excavata pone caput. D.13,17,19.P.18.V.6.A.18,17.C.--
Ström. sondm. 316. *n.β.* D.13,19,16.P.18.V.6.A.19,15.C.--
Art. gen. 21. *syn.* 37. *spec.* 65.
Gadus dorso tripterygio, ore cirrato, longitudine ad latitudinem tripla, pinna ani prima ossiculorum 30. D.13,24,21.P.19.V.6.A.30,12.C.--
Bloch ausl. Fisch. 2. *p.* 105. *t.* 165. Gadus corpore lato. D.13,19,18.P.18.V.6.A.25,17.C.30.
Gron. muf. I. p. 21. *n.* 160. *zooph. p.* 99. *n.* 320. Gadus dorso tripterygio, maxillis aequalibus, inferiore cirro unico, cauda ae-

Ffff 3   quali,

quali, pinnae ani priori
subfusca.
Klein miss. pisc. 5. *p.* 6. *n.* 3.
Callarias barbatus, dilute
olivacei coloris, pinnis
thoracicis setosis.
Will. ichth. app. p. 22. *Raj.
pisc. p.* 55. *n.* 9. Asellus
latus Listeri.
Brit. zool. 3. *p.* 348. Whiting Pout.
Habitat in oceano Europae *septentrionali*, 15-18 *pollices longus, ova ad rupestria aprica littori vicina ponens, ammodyta, blenniis, salmone arctico, etiam cancris junioribus victitans, carne alba molli, eduli, sed sicca.*
Caput *parvum*; os *amplum*; mandibula *superior longior, utraque dentibus exiguis; faux ossibus duobus ovalibus radulae instar asperis armata*; labia *ex cartilaginibus cute communi contractili connexis conflata*; lingua *brevis, crassa, posterius aspera*; oculi *magni prominuli, pupilla nigra, iride argentea aut citrina*; branchiarum *apertura ampla*; operculum *ex pluribus laminis compositum, truncus squamis exiguis vestitus firmissime inhaerentibus*; linea *lateralis nigra, a nucha incipiens, ad finem pinnae dorsalis secundae versus abdomen flexa; in medio pinnae caudalis terminata*; dorsum *ex fusco virescens, teres, torosum;* abdomen *breve album*; latera *ex albo rubescentia*; anus *capiti propinquus*; pinnae *margine nigrae, ceterum praeter caudalem rubescentem olivaceae*; pinna *dorsalis prior brevis, alta, falcata*; pectorales *ad basin utplurimum macula nigra insignitae.*
Fico *romanis hodie.*

minutus. 6. G. ano in medio corporis.
Müll. prodr. zool. dan, p. 42. *n.* 351. *Brünn. pisc. massil. p.* 21. *n.* 32.
Art. gen. 21. *syn.* 36. Gadus dorso tripterygio, ore cirrato, corpore sescunciali, ano in medio corporis. D. 12, 19, 17. P. 13. V. 6. A. 27, 17. C. -
Bloch Fisch. Deutschl. 2. *p.* 167. *t.* 67. *f.* 1. Gadus abdomine intus nigro. D. 12, 19, 17. P. 14. V. 6. A. 27, 17. C. 18.
Klein

Klein miff. pifc. 5. *p.* 7. *n.* 9.
Callarias barbatus, corpore contracto, cauda sinuata, *et ur.* 10 Callarias barbatus, omnium minimus, ventre prae reliquis carinato, branchiarum operculis et maxillis punctatis, dorfo dilute fufco, ventre fordide albo.
Bell. aq. p. 124. Merlangus.
Rondel. pifc. 1. *p.* 191. *Gefn. aq. p.* 56. *ic. anim. p.* 241.
Thierb. p. 13. Anthiae fecunda fpecies.
Will. ichth. p. 171. *t* L. *membr.* 1. *n.* 1. *Raj. pifc. p.* 56. *n.* 10. Afellus mollis minor.
Brit. zool. 3. *p.* 185. *n.* 77. *t.* 30. Poor.
Habitat in Oceani europaei, *frequentior in* maris mediterranei *profundis, teftaceorum progenie et incolis, cancris vermibusque marinis victitans,* ova *littori propius inter filices aut fucos pariens, gregarius; majorum fui generis praeda, vix ultra feptem pollices longus; argenteus nigro-punctatus, dorfo ex flavo fufcefcens, fquamis tenuibus, minimis, canis tectus, -elongatus.*
Caput *cuneatum;* mandibula *inferior brevior, paucioribus dentium ordinibus, punctis excavatis;* oculi *rotundi,* pupilla *nigra,* iride *argentea;* linea *lateralis angufta, recta;* pinna *caudalis furcata.*

blennioides. 18. G. pinnis ventralibus didactylis. *Pall. fpic. zool.* 8. *p.* 47. *t.* 5. *f.* 2. Br. 6. D. 10-11, 17, 16. P. 19. V. 5. A. 23, 19. C. 27.
Habitat in mari mediterraneo, *merlangi habitu, dodrantalis, torofus, mollis, convexus, compreffus, fquamis minimis veftitus, ex albo argenteus, verfus dorfum grifeus.*
Caput *craffum, conicum, obtufum;* labia *carnofa duplicata;* dentes *minuti inaequales, in mandibula fuperiore minutiffimi, nec nifi feni per intervalla confpicui;* lingua *acuta, carnofa, prominens, margine arguta;* palatum *longitudinaliter ftriatum;* oculi *magni;* iride *argentea;* branchia-

chiarum *opercula mollia;* linea *lateralis antrorsum arcuata;* pinnae *ex flavescente albae, radiis exilissimis; dorsales analesque reclinatae;* dorsi *prima angusta, triangularis, altera humilior, tertia paulo altior et brevior; pectorales angustae, subfalcatae, tenuissimae; ventralium radius primus praelongus, crassiusculus, bifidus; analis prior rotundata, altera subtriangularis;* cauda *bifurca, laciniis rotundatis.*

Saida. 20. G. pinnae dorsalis tertiae radio quarto, analis primae radio quinto reliquis longiore, ventralium secundo in setam longam terminato. *Lepechin nov. comm. Petropol.* 18 p. 512. D.10-11,16-17,20.P.16.V.5 6.A.18,20.C.24-26.
Habitat in mari albo, *frequenter edulis, carne quamvis exsucca, ultra* 8 *pollices longus.*
Caput *antrorsum subcompressum, posterius magis rotundatum, vertice nigrum;* mandibulae *dentibus acutis, setaceis, retrorsum hamatis armatae, superior magis obtusa, inferior acutiuscula, paulo longior;* palatum *quoque duplici dentium serie armatum; ad fauces utrinque ossiculum lentiforme, denticulis asperum;* oculi *ampli, pupilla exalbida, iride caerulescente;* branchiarum *opercula argentea, nigro-punctata, ex laminis tribus constata, quarum infima lunata, altera elliptica, tertia triangularis, bicuspidata;* dorsum *convexum, antrorsum leviter sulcatum, sordidum punctis nigricantibus hinc inde confluentibus;* latera *caerulescentia;* linea *lateralis recta, dorso propior;* abdomen *album;* pinnae *dorsales triangulares fuscae, radiis albicantibus; anales ex triangulari oblongae, basi antrorsum obscure caeruleae, ventrales basi albicantes; caudalis bifurca.*

** *Pinnis dorsalibus tribus, ore imberbi.*

virens. 7. G. dorso virescente, cauda bifurca. *Fn. suec.* 309.*. *Müll. prodr. zool. dan. p.* 43. *n.* 354. D.13,20,19.P.17.V.6.A.24,20.C. *Gron.act.ups.*1742.*p.*90. D.13,20,19.P 17.V.6.A.24,20.C 40.
Habitat in oceano europaeo, *copiose in* Norwegia Sey, *pollachio similis, sed mandibulis aequalibus, linea laterali non curvata, cauda bifida distinctus.* Ström. Söndm. 294.

8. G.

PISCES JUGULARES. Gadus.

Merlan- 8. G. albus, maxilla superiore
gus. longiore. *Fn. suec.* 310.
It. scan. 326. *t.* 2. *f.* 2. Gadus Hoitling. D.14,18,10.P.20.V.6.A.30,20.C.
It. wgoth. 176. Gadus Hoitling. D.14,20,20.P.17.V.6.A.30,22.C.
Art. gen. 19. *syn.* 34. *spec.* 62. Gadus dorso tripterygio, ore imberbi, corpore albo, maxilla superiore longiore. D.14,21,20.P.21.V.6.A.33,23.C.31.
Gron. muf. 1. *p.* 20. *n.* 55.
zooph. p. 98. *n.* 316. Molenaer. D.14,23,18.P.16.V.4.A.28,19.C.
Bloch Fisch. Deutschl. 2. *p.* 161. *n.* 4. *t.* 65. Gadus corpore albo, ore imberbi, maxilla superiore longiore. Br.7.D.16,18,19.P.20.V.6.A.30,20.C.31.
Klein miss. pisc. 5. *p.* 8. *n.* 3. *t.* 3. *f.* 2. Callarias, imberbis, argentei splendoris, dorso canescente, &c.
Gesn. aq. p. 85. *ic. an. p.* 85. *Thierb. p.* 40. Merlangus.
Rondel. de pisc. 1. *p.* 276. Secunda species asellorum.
Aldr. de pisc. p. 287. Asellus minor alter.
Jonst. pisc. t. 2. *f.* 3. Asellus mollis.
Will. ichth. p. 150. *t.* L. *m.* 1. *t.* 5. *Raj. pisc. p.* 55. *n.* 8. Asellus major f. albus.
Brit. zool. 3. *p.* 155. *n.* 9. Whiting.

Habitat in oceani europaei *fundo, cancris minoribus, vermibus, piscibusque minoribus victitans, a fine anni ad Februarii initium ova pariens, carne tenera alba, alias sapidissima, eo tempore insipida; pedem utplurimum longus, productus, teres, squamis exiguis, rotundis, tenuibus, argenteis vestitus.*

Ffff 5 Caput

PISCES JUGULARES. *Gadus.*

Caput *antrorsum acuminatum*; oculi *rotundi*, pupilla *ingente nigra, iride argentea*; mandibula *superior dentium, quorum anteriores longissimi, multiplici, inferior simplici serie armata*; in hac utrinque 9-10 *puncta excavata*; in palato *antrorsum utrinque os triangulare*, in faucibus *supra ossa duo rotunda, infra ossa 2 oblonga*; dorsum *olivaceum*; linea *lateralis recta*; pinnae *albae, praeter caudalem et pectorales quae nigricant*; ad ortum *posteriorum macula nigra*.

Carbona- 9. G. maxilla inferiore, longio-
rius.   re, linea laterali recta.
Art. gen. 20. *syn.* 34. Gadus
dorso tripterygio imberbis, maxilla inferiore longiore, linea laterali recta.
D. 14,20,22. P. 18. V. 6. A. 22,19. C. --
Bloch Fische Deutschl. 2 *p.*
164. *n.* 5. *t.* 66. ¶ Gadus
ore nigro, linea laterali
alba rectaque.   D. 14,19,20. P. 21. V. 6. A. 25,20. C. 26.
Klein pisc. miss. 5. *p.* 8. *n.* 2.
Callarias imberbis, capite
et dorso carbonis ad instar
nigricantibus &c.
Aldr. de pisc. p. 289. *Will.
ichth.* p. 168 *t.* L. *m.* 1.
n. 3. *Raj. pisc.* p. 54. *n.* 3.
Asellus niger sive mollis
nigricans.
Bell. aq. p. 133 *Gesn. aq.*
p. 89 ic. anim. p. 79.
Thierb. p. 41. *Brit. zool.*
3. p. 152. *n.* 7. Coalfisch.
Habitat in oceani europaei *et* pacifici *profundis et littore rupestri, Januario et Februario ova, seminis milii magnitudine et colore, pariens, ex quibus Julii initio* (ad Angliam) *prodeunt pisces; eo tempore copiosissimi, Augusto deliciosi, ceterum vix esculenti.*
Longitudo 2½ pedum; color *adultioris niger, junioris olivaceus*; caput *angustum*; in branchiarum *operculis nitor argenteus nigredini interlucet*; os *exiguum nigrum*; mandibulae *acuminatae*; lingua *nitoris argentei*; truncus *squamis tenuibus oblongis tectus*; linea *lateralis recta, angusta*

PISCES JUGULARES. Gadus.

angusta et alba; pinnae *nigrae*; *dorsales* 2 *priores et pectorales (sub his etiam macula nigra) basi olivaceae*; *ventrales exiguae*; *caudalis fuscata*.

Pollachius. 10. G. maxilla inferiore longiore, linea laterali curva.
Fn. suec. 312. *Mull. prodr. zool. danic. p.* 42. *n.* 353.
It. wgoth. 177. Gadus Lyrbick. D.13,19,18.P.16.V.6.A.27,18.C.
Art. gen. 20. *syn.* 35. Gadus dorso tripterygio imberbis, maxilla inferiore longiore; linea laterali curva. D.11,19,16.P.17.V.6.A.16,18.C.
Gron. muf. 1. *n.* 57. D.13,17,23.P.17.V.6.A.24,23.C.
Bloch Fisch. Deutschl. 2. *p.* 171. *n.* 8. *t.* 68. Gadus dorso tripterygio, linea laterali curva, maxilla inferiore longiore. Br.7.D.13,18,19.P.19.V.6.A.28,19.C.42.
Wallbaum Schr. der berl. Naturf. 4. *p.* 147. Gelbes Kohlmaul. Br.7.D.13,18,19.P.19.V.6.A.18,19.C.52.
Will. ichth. p. 167. *Raj. pisc.* p. 53. *n.* 2. Asellus Whitingo - Pollachius.
Brit. zool. 3. *p.* 154. *n.* 8. Pollak.

Habitat in oceani europaei *fundo rupestri, et locis quam maxime agitatis, gregibus pariter numerosissimis migrans, utplurimum sesquipedalis, piscibus minoribus, praesertim ammodyte, victitans, saepius in superficie natans, supra ex atro fuscus, colore versus abdomen sensim in argenteum transeunte, subtus fusco-punctatus.*
Caput *antrorsum acuminatum*; lingua *brevis, acuta; posterius aspera*; oculi *magni pupilla nigra, iride flava, nigro punctata*; truncus *squamis exiguis, oblongis, tenuibus, flavo-marginatis tectus*; pinnae *pectorales flavescentes ventralesque aurantiae parvae*; *anales olivaceae nigropunctatae.*

*** *Pinnis dorsalibus duabus.*

Merluccius. 11. G. imberbis, maxilla inferiore longiore. *Mus. Ad.*

Fr.

PISCES JUGULARES. Gadus.

Fr. 2. *p.* 60.* *Fn. suec.*
314.* *Forsk. Fn. arab. p.*
XIX. *Gron. zooph. p.* 397.
n. 315. *Müll. prodr. zool.*
dan. p. 41. *n* 342. *O. Fa-*
bric. Fn. groenl. p. 148.   D.10,39.P.12.V.7.A.38.C.22.
Art. gen. 22. *syn.* 36. Ga-
dus dorso dipterygio, ma-
xilla inferiore longiore.   D:9,40.P.12.V.7.A.39.C.- -
Ström. sondm. 295. Lysing.   D.9,39.P.13.V.7.A.39 C.24.
Bloch ausl. Fisch. 2. *p.* 93.
t. 154. Gadus dipterygius,
ore imberbi.   Br.7.D.10,39.P.12.V.7.A.37.C.20.
Plin. hist. mund. l. 9. *c.* 17.
Asellus.
Aldr. de pisc. p. 286. *Jonst.*
de pisc p. 7. *t.* 1. *f.* 3.
Asellus alter sive Merluccius.
Will. ichth. p. 174. *t.* L. *m.*
2. *n.* 1. *Raj. pisc. p.* 56.
Asellus primus.
Bellon. aq. p. 123. *Gesn. aq.*
p. 84. 97. *icon. an. p.* 76.
Merluccius.
Brit. zool. 3. *p.* 156 *n* 10 Hake.
Habitat in oceano *septentrionali, et* mari mediterraneo, 1½
2 pedes *longus*, voracissimus, clupeas et scombros praesertim venans, gregibus copiosissimis migrans, elongatus,
squamis minutis vestitus, exalbidus, supra canus; caro
alba lamellosa multiplici modo edulis, congenerum carne
minus sapida.
Caput *longum, depressum et compressum;* os *amplum;* palatum *utrinque simplici,* mandibulae publici acutorum di-
stintium dentium, minoribus majoribus intersertis, et superioribus retrorsum hamatis, serie armatae; oculorum
pupilla nigra, iris aurea vel argentea; linea *lateralis prope caput* 6-9 *verrucis minoribus obsessa,* dorso propior,
a nucha ad medium caudae excurrens; pinnae pectorales
et ventrales in acumen desinentes; dorsalis altera et analis medio humiliores, caudalis cinerea truncata.

Molva. 12. G. cirratus, maxilla superiore longiore. *Fn. suec.*
313. *Müll. prodr. zool.*
dan. p. 41. *n.* 343.

It.

It. wgoth 177. Gadus Longa. D.15,63.P.20.V.6.A.60.C.40.
Art. gen. 22. *syn.* 36. Gadus
dorso dipterygio, ore cirrato, maxilla superiore
longiore. D.15,65.P.15.V.6.A.62.C.
Bloch Fisch. Deutschl. 2. *p.*
174. *n.* 9. *t.* 69. Gadus
dorso dipterygio, maxilla
superiore longiore. Br.7.D.15,63.P.19.V.6.A.59.C.38.
Klein miss. pisc. 4. *p.* 58. *n.*
16. Enchelyopus.
Will. ichth. p. 175. *t.* L. *m.*
2. *n.* 2. *Raj. pisc. p.* 56.
Asellus longus.
Bell. aq. p. 135. *Gesn. aq.*
p. 95. *ic. anim. p.* 78.
Brit. zool. 3. *p.* 160. *n.* 13.
Ling.

Habitat in oceani *septentrionalis* profundis, ad 7 pedes longus, *cancris et piscibus victitans*, Junio ova ad fucos pariens, eo tempore prope littora copiosissimus, vario modo
esculentus, *congenerum angustissimus*, et *longissimus*, supra
fuscus, subtus exalbidus, ad latera flavescens.
Caput *magnum, obtusum*; oculorum pupilla nigra, iris alba; os amplum; lingua alba tenuis, *acuminata*; truncus
teres, squamis oblongis, tenuibus, firmiter inhaerentibus
vestitus; pinnae margine albae, ceterum praeter analem
cineream nigrae; dorsales versus apicem macula nigra
notatae.

albidus. 19. G. cirro menti, pinnis ventralibus didactylis elonga-
tis. *Brünn. pisc. mass. p.*
24. *n.* 34. Br.7.D.10,56.P.11.V.2.A.53.C.16.
Habitat in mari mediterraneo, *albidus*; inter gados et blennios medius, oblongus, mollis, leviter compressus, 4 pollices longus.
Caput *sanguinolento-pallidum*, supra planiusculum lateribus
compressum, pone oculos, diacanthum; mandibula inferior
brevior, subtus utrinque 7 punctata; dentes minuti, acuti,
conferti; oculi magni, iride alba; linea lateralis recta;
pinna dorsi anterior parva, apice nigrescens, posterior albida, margine et posterius nigra, nigro-maculata, analis albida, posterius nigra; caudalis integra, rotundata,
nigrescens.

13. G.

1172   PISCES JUGULARES.   Gadus.

Tau.   13. G. cirratus, operculis tria-
canthis, pinna dorsali pri-
ore triradiata.   Br.6.D.3,26.P.20 V.½.A.22.C.16.
Bloch Fisch. Deutschl. 2. p.
170. n. 7. t. 6. f. 2. 3.
Gadus cirris plurimis.   Br.6.D.3,20.P.20 V.½.A.15.C.12.
Habitat in Carolina, *glaber, mucosus, fuscus, subtus exalbidus, dorso pinnisque albo-maculatis, squamis mollibus,
tenuibus, minutissimis, rotundis, fuscis, margine albis
vestitus.*
Caput *magnum, latum; oculi ad verticem, magni, pupilla
nigra, iride aurea, utrinque serie duplici verrucarum
minorum cincti, inter eos et nucham sinus, et stria tans-
versa flava; palatum utrinque duplici dentium serie asperum;* mandibula *superior pluribus, inferior duabus tantum dentium acutorum inaequalium serie armata, longior,
et subtus cirris pluribus in semicirculum dispositis barbata;* branchiarum operculum *ex duabus laminis conflatum;
membrana magna, libera; pinnae pectorales et ventrales
acuminatae, posteriorum radius primus robustus, rigidus,
longissimus; pinna dorsalis prior radiis spinosis, altera et
analis radiis muticis ultra membranam prominentibus,
caudalis rotundata et pectorales radiis furcatis.*

Lota.   14. G. cirratus, maxillis aequalibus. *Fn. Suec.* 315.
Müll. prodr. zool. dan. p.
31. *n.* 343.   *Koelreuter
nov. comm. Petrop.* 19. p.
424. *Meidinger icon. pisc.
austr. t.* 8.   *Bloch Fisch.
Deutschl.* 2. p. 177. n. 10.
t. 70.
D.14,68.P.20.V.6.A.67.C.36.
Art. gen. 22. *syn.* 38.   Gadus dorso dipterygio, ore
cirrato, maxillis aequalibus.
D.13.76.P.21.V.7.A.55.C. - -
Art. spec. 107.   Silurus cirro in mento unico.
D.13,76.P.21.V.7.A.55.C.30.
Gron. mus. I. p. 21. *n.* 61.
zooph. p. 97. *n.* 313.
Klein miss. pisc. 4. p. 57. *n.*
13. t. 15. f. 2. Enchelyopus subcinereus ex fusco
maculosus &c.

Salvian.

PISCES JUGULARES. Gadus. 1173

Salvian. aq. p. 213. Botla-
triae, Trileus.
Bell. aq. p. 302. Strinfios five
Botarillas, et p. 304. Cla-
ria fluviatilis.
Rondel. pifc. 2. p. 164. Lo-
ta, et p. 165. Barbota.
Brit. zool. 3. p. 163. n. 14.
Babot.
Will. ichth. p. 125. Raj. pifc.
p. 67. Muftela fluviatilis.

Habitat in europaearum, fibiricarum, indicarum *aquarum dulcium clararum profundis, infra faxa aut in foveis praetereuntibus pifcibus inhians, quibus, praeterea quoque vermibus infectisque aquaticis victitat; lucii et filuri crebra praeda, vitae tenax, velociter crefcens, ad 3. pedum longitudinem, aftutus, fertilis, fub anni aufpiciis ova pariens, carne alba, fapida, concoctu facili, muco et fquamis minutis, mollibus tenuibusque veftitus, ex fufco flavoque varius, fubtus albus.*

Caput *magnum, latum;* oculi *laterales, parvi, pupilla caerulefcente, iride flava;* os *amplum;* mandibulae 7 dentium acutorum ordinibus armatae; *inferior cirrho, rarius duobus barbata;* lingua *et* membrana branchioftega lata; linea *lateralis recta;* pinnae *dorfales et analis humiles longae; caudalis rotundata.*

Muftela. 25. G. cirris quinque, pinna
dorfali priore exfoleta.
Mull. prodr. zool. dan. p.
42. n. 345.
Muf. Ad. Fr. 1. dorfo dipterygio, cirris maxillae fupe-
rioris 4, inferioris 1.
Art. gen. 22. *fyn.* 37. Gadus   D.1,42.P.14.V.7.A.40.C.
dorfo dipterygio, fulco
ad pinnam dorfi primam,
ore cirrato.   D.1,56.P. . V.7.A.47.C.
Gron. zooph. n. 314. *muf.* 1.
p. 21. n. 2. *act. upf.* 1742.
p. 93. t. 3.   D.1,48.P.16.V.7.A.43.C.25.
Brit. zool. 3. p. 165. n. 16.
Brow Whiftle Fifh.

β) G.

tricirra- β) G. cirris tribus. *Bloch ausl.*
tus.   *Fisch.* 2. *p.* 100. *t.* 165. Br. 5. D. 1, 56. P. 18. V. 6. A. 46. C. 20.
 Klein miss. pisc. 4. *p.* 57. n.
 14. Enchelyopus cirrhis
 tribus, altero e mento &c.
 Bellon. aq. p. 129. Aselli spe-
 cies altera graecorum.
 Rondel. de pisc. 1. *p.* 281.
 Gesn. aq. p. 89. *ic. anim.*
 p. 81. *Aldr. de pisc. p.*
 290. *Will. ichth. p.* 121.
 Raj. pisc. p. 67. *n.* 1.
 Mustela vulgaris.
 Brit. zool. 3. *p.* 164. *n.* 15.
 Spotted whistle-fish.

russicus. γ) G. cirro unico. *Wallbaum*
 Schr. der berl. Naturf.
 Ges. 5.

Habitat in oceano europaeo, mari mediterraneo et atlantico, ad 19 pollices usque longus, testaceis cancrisque victitans, junior frequens congenerum majorum et scombrorum prae- da, autumno ova pariens, muco et squamis tenerrimis ve- stitus, ex fusco luteus, nigro maculatus, subtus albus.

Caput parvum, ex argenteo tinctu in violaceum vergens; oculorum pupilla nigra, iris aurea; os amplum; palatum asperum; mandibulae dentium minutissimorum acutorum ordine armatae, inferior brevior cirro unico, superior 4, (in β) 2) barbata, γ) imberbis; lingua libera angusta; linea lateralis ad pinnas pectorales curvata, tum recta; pin- nae ventrales et pectorales rubescentes, reliquae dilute fus- cae, maculis oblongis, caudalis rotundis variae; pinna dorsi prima humillima.

cimbrius. 16. G. cirris 4, pinna dorsali
 priore exoleta: radio pri-
 mo hastato.   D. 1, 48. P. 16. V. 7. A. 42. C. 25.
Habitat in oceano atlantico, scanico.

Cirri *nasales* 2; *labii superioris* 1, *inferioris* 1. Pinna *dor- salis anterior exoleta: radio primo subulato majore apice brachiato forma litterae* T, *quo inprimis a mustela dif- fert.* D. Strussenfelt.

**** *Pin-*

PISCES JUGULARES. Gadus.

**** *Pinna dorsali unica.*

mediter- 17. G. maxilla superiore cirraneus. ris duobus, inferiore unico. *Muf. Ad. Fr. 2. p.* 60.* D. 54. P. 15. V. 2. A. 44. C. --
Habitat in oceano Europaeo, *an mera muftelae varietas?*

Brosme. 21. G. ore cirroso, cauda ovali acuta. *D. Müll. prodr. zool. dan. p.* 41. *n.* 341.
Afcan. ic. rer. nat. t. 17.
Ström. föndm. 1. *p.* 272. *t.*
1. *f.* 19. *Pontopp. norw.* 2.
p. 178. Brosme. D. 100. P. 20. V. 5. A. 60. C. 30.
Olaff. isl. p. 358. *t.* 27. Kaila.
Habitat in mari groenlandico *auftraliori.*

155. BLENNIUS. *Caput* declive, tectu *Membrana branchioftega* radiis sex.
Corpus lanceolatum. *Pinnae* ventrales didactylae muticae. *Pinnae ani* diftincta.

* *capite criftato.*

Galerita. 1. Bl. crista capitis transversa cutacea. *Art. gen.* 27. *fyn.*
44. *Ström. föndm.* 322. D. 58/56. P. 10. V. 2. A. 36. C. 16.
Rondel. 204. *Gefn. aq.*
14, 17, 18. *Will. ichth.* 134.
Raj. pifc. 73. Galerita.
Bell. aq. 219. Adonis.
Brit. zool. 3. *p.* 167. Crested Blenny.
Habitat in oceano Europaeo, 4-5 *pollices longus, crifta plicatili.*

criftatus. 2. Bl. crista setacea longitudinali inter oculos. *Gron. muf.* 1. *n.* 75. Br. 5. D. 26. P. 14. V. 3. A. 16. C. 11.
Raj. pifc. p. 63. Pinaru.
Habitat in America *auftrali et* India.

3. Bl.

PISCES JUGULARES. Blennius.

cornutus. 3. Bl. radio simplici supra oculos, pinna dorsali solitaria. *Musf. Ad. Fr.* 2. p. 61.* D. 33. P. 15. V. 2. A. 23. C. 12.
Amoen. ac. 1. p. 316. Blennius pinnis ocularibus tubulatis, pinna ani officulorum XXVI. D. 34. P. 15. V. 2. A. 25. C. 11.
Habitat in India.

ocellaris. 4. Bl. radio simplici supra oculos, pinna dorsali anteriore ocello ornata. *Musf. Ad. Fr.* 2. p. 62.* *Cetti pesc. Sard.* p. 112. *Brünn. pisc. massf.* p. 15. n. 35. D. 11. 15. P. 12. V. 2. A. 16. C. 11.
Art. gen. 26. *syn.* 44. Blennius sulco inter oculos, macula magna in pinna dorsali. D. -- P. 12. V. 2. A. 17. C. 26.
Bloch ausl. Fisch. 2. p. 112. t. 165. f. 1. Blennius ocello nigro in pinna dorsi. D. 25. P. 12. V. 2. A. 17. C. 11.
Klein missf. pisc. 5. p. 31. n. 1. Blennius pinniceps.
Rondel. pisc. 1. p. 204. Scorpioides.
Bell. aq. p. 210. *Salvian. aq.* p. 228. *Gesn. aq.* p. 126. *icon. anim.* p. 9. *Thierb.* p. 3. *Jonst. pisc.* p. 75. t. 19. f. 5. *Aldrov. pisc.* p. 203. *Will. Ichth.* p. 131. t. H. 3. f. 2. *Raj. pisc.* p. 72. n. 13.
Habitat in mari mediterraneo, *ad* 8 *pollices longus, carne eduli, at parum expetita, squamis nudus, sordide virens, striis olivaceis, rarius dilute caeruleus.*
Caput oblongum, magnum; oculi magni, prominuli, pupilla nigra, iride aurantia; rictus amplus; mandibulae aequales, serie simplici dentium angustissimorum approximato-

---

An trifurcated Hacka, quem Pennant brit. zool. ad 2. 3. p. 196. n. 84. *descripsit, et gadus, quem* Ascanius *icon. rer. natural. t.* 17. *delineatum dedit, propriae sint species, equidem accidere nollem.*

PISCES JUGULARES. Blennius. 1177

matorum armatae; lingua brevis lata; branchiarum apertura ampla, operculum simplici lamina constans; dorsum convexum, caerulescens; anus capiti, linea lateralis dorso propior; pinnae pectorales magnae rotundatae, radiis, aeque ac in caudali, bifurcis; pinna analis longa angusta, et dorsalis medio humilior, olivacea; maculis caeruleis punctisque albis varia, radiis simplicibus.

fasciatus. 14. Bl. pinnulis simplicibus duabus inter oculos, pinna ani radiis novendecim.
Bloch ausl. Fisch. 2. p. 110. t. 162. f. 1.   D. 29. P. 13. V. 2. A. 19. C. 11.

Habitat in India, torosus, muco obductus, supra ex fuscescente caeruleus, subtus flavescens, antrorsum latior, posterius angustatus, fasciis 4 fuscis, inter quas areae flavescentes, lineis fuscescentibus pictae.
Caput parvum, supra fuscum, subtus flavescens; mandibulae aequales, dentibus setaceis, minutis, dense aggregatis armatae; branchiarum apertura ampla; dorsum convexum; linea lateralis dorso, anus capiti propior, pinnae fasciis fuscis, radiis (praeter caudalem rotundatam cineream) simplicibus; pinnae pectorales rotundatae, et ventrales longae, angustae, maculatae, hyalinae; analis radius primus spinosus.

Gattorugine. 5. Bl. pinnulis superciliorum nuchaeque palmatis. Mus. Ad. Fr. 2. p. 61.*   D. 30. P. 13. V. 2. A. 21. C. 12.
Mus. Ad. Fr. 1. p. 68. Blennius vertice superciliisque ciliato.   D. $\frac{18}{30}$. P. 14. V. 2. A. 20. C. 13.
Art. gen. 26. syn. 44. Blennius pinnulis duabus ad oculos, pinna ani osficulorum XXIII.   D. $\frac{12}{11}$. P. 14. V. 2. A. 23. C. 12.
Brünn. pisc. mass. p. 27. n. 37. Blennius pinnulis superciliorum palmatis, spinis dorsalibus XIII. Bavarello.
Gron. zooph. p. 76. n. 264. Blennius capite cristato ex radio simplici inermi supra utrumque oculum.

Gggg 2

Will. ichth. p. 132. *t. H.* 2.
f. 2. *Raj. pisc. p.* 72. *n.* 14.
Brit. zool. 3. *p.* 168. *n.* 2.
Gattorugine.

Habitat in mari mediterraneo *et* atlantico, *ad* 8 *pollices longus, cancrorum pisciumque progenie victitans; esculentus, striis fuscis, et maculis partim obscurioribus, partim dilutioribus varius, subtus cinereus.*
Caput *parvum*; oculi *ad verticem, prominuli, pupilla nigra, iride rubescente;* nares *oculis proximae;* rictus *amplus;* mandibulae *aequales serie dentium alborum, filiformium, acutorum et flexilium pectinatae;* lingua *brevis;* palatum *laeve;* branchiarum *operculum simplici lamina constans;* truncus *compressus;* linea *lateralis recta, dorso propior;* anus *capiti;* pinnae *flavicantes, radiis simplicibus;* pinna *dorsalis utplurimum macula nigra notata, radiis* 16 *prioribus spinosis, postremis longissimis.*

superci- 6. Bl. pinnulis superciliorum
liosus. palmatis, linea laterali
curva.

Amoen. ac. 1. *p.* 317. Blennius pinnulis ocularibus brevissimis palmatis, linea laterali curva. D. $\frac{34}{40}$. P. 12. V. 2. A. 26. C. 12.

Gron. muf. 2. *n.* 172. *t.* 5. *f.* 5. *zooph. p.* 75. *n.* 258. Blennius osficulis tribus anterioribus pinnae dorsalis reliquis aculeatis majoribus. D. $\frac{36}{44}$. P. 15. V. 2. A. 28. C. 12.

Bloch ausl. Fisch. 2. *p.* 118. *t.* 168. Blennius linea laterali curva, pinnula ad oculum. D. 44. P. 14. V. 2. A. 28. C. 12.

Seb. muf. 3. *p.* 90. *n.* 3. *t.* 30. *f.* 3. Blennius varius, capite subacuto: osficulis ultimis pinnae dorsalis mollibus.

Seeligm. Voegel 8. *t.* 72. indianischer Gottorugina.

Habitat in India, *elongatus, torosus, subcompressus; squamis minutis tectus, viviparus, cancris junioribus victitans, flavicans, rubro-maculatus.*

Caput

PISCES JUGULARES. Blennius. 1179

Caput *parvum*, *crassum*, *squamis nudum*; oculi *laterales*, *magni*, *rotundi*, *pupilla nigra*, *iride argentea*; inter utrumque fibra *pendula apice trifida*; rictus *amplus*; lingua *brevis*; palatum *molle*, mandibulae *aequales*, *superior serie majorum remotiorum*, et pone hanc pluribus ordinibus dentium minorum acutorum armata; branchiarum apertura ampla, membrana nuda, operculum *simplici lamina constans*; dorsum *carinatum*; anus *amplus*, capiti propior, quam caudae; pinnae *radiis simplicibus*, *dorsalis spinosis praeter 5 postremos*.

tentacu- 15. Bl radio supra oculos sim-
laris. plici, pinna dorsali integra antice unioculata.
Brünn. pisc. massil. p.
26 *n.* 36.   D. 34. P. 14. V. 2. A. $\frac{1}{24}$. C. 11.
Habitat in mari mediterraneo, $2\frac{1}{2}$ pollices longus, *elongatus*, totus exalbidus, punctis maculisque fuscis nebulosus.
Caput obtusum, buccatum, fuscum, subtus fasciis 3 transversis albis; dentes pectinis in modum dispositi; iris argentea, rubro-punctata; pinna dorsi pallida, multis punctis fuscis varia; ani ex albo et fusco subfasciata; pectoris, ventris et caudae pallidae, radiis fusco punctatis.

fictus. 16. Bl. circo supra oculos minimo, pinna dorsali posterius caudali annexa, linea laterali curva. *Sujef act.*
Petrop. 1779. 2. *p.* 198.
t. 6. *f.* 2-4.   D. 27. P. 15. V. 2. A. 17. C. 15.
Corpus $3\frac{1}{2}$ pollices longum, alepidotum, laeve, tenuissimum; os inferum; mandibulae arcuatae, labiis membranaceis, tenuissimis, serratis instructae, et serie simplici dentium tenuissimorum, confertorum, aequalium armatae; oculi grandiusculi, approximati, prominuli; branchiarum opercula parva, flexilia, pellucida, ex duabus laminis conflata; anus in medio corporis, ad pinnae dorsalis exortum, in nucha tuberculum adiposum; prater pinnam caudae rotundatam alia adhuc spuria 4-5 radiata.

Phycis. 7. Bl. naribus subcristatis, cirro labii inferioris, dorso
bipenni.   Br. 7. D. 10, 61. P. 15. V. 2. A. 57. C. 20.
Art. gen. 84. *syn.* 111. Phy-
cis.   D. 10, 62. P. 12. V. 2. A. 56. C. --
Gggg 3   *Rondel.*

Rondel. pisc. p. 186. *Gesn.
aq. p.* 718. Phycis.
Will. ichth. p. 205. *Raj. pisc.
p.* 75. Tinca marina.
Brit. zool. 3. *p.* 158. *n.* 11.
Lesser Hake.

β) Barbus minor Cornubien.
sis cirris bifurcis. *Raj.
pisc. p.* 164. *f.* 8.
Brit. zool. 3. *p.* 160. *n.* 12.
Lest Hake.

Habitat in mari mediterraneo, *ad* 18 *pollices longus.*
* Narium *foramina anteriora tentaculo lineari,* anus *annulo
nigro cinctus;* cauda *rotundata.*

** *capitis crista nulla.*

Pholis. 8. Bl. linea laterali curva subbifida. *Musc. Ad. Fr.* 2.
p. 62.*   D. $\frac{12}{31}$. P. 14. V. 2. A. 19. C. 10.
Art. gen. 27. *syn.* 45. *et* 116.
Blennius capite summo
acuminato, maxilla supe-
riore longiore.   D. 36. P. - - V. 2. A. 28. C. --
Gron. mus. 2. *n.* 175. *zooph.*
76. *n.* 279.   D. $\frac{12}{31}$. P. 13. V. 2. A. 19. C. 10.
Bloch. Fisch. Deutschl. 2. *p.*
184. *n.* 1. *t.* 71. *f.* 2. Blennius naribus tubulosis fim-
briatisque.   Br. 7. D. 28. P. 14. V. 2. A. 19. C. 10.
Rondel. pisc. p. 205. *Gesn.
aq. p.* 18. Alauda non cri-
stata.
Will. ichth. p. 133. *t. h.* 6.
f. 2. 4. *Raj. pisc. p.* 73.
n. 17. Mulgranoc, Bulcard.
Brit. zool. 3. *p.* 169. *n.* 3.
Smooth Blenny.

Habitat *in* oceani europaei, *et* maris mediterranei *littoribus,
et ad ostia fluviorum inter saxa et algas, agilis, vitae tenax,* 6 - 7 *pollices longus, cancrorum piscumque ovis et
progenie victitans, laevis, muco tenaci obductus, olivaceus, maculisque obscuris et albis varius.*
Caput *crassum;* rictus *amplus;* mandibulae *serie dentium armatae, superior longior;* labia *crassa;* nares *rotundae,*
poste-

posteriores tubulosae, fibris 4 *fimbriatae;* lingua *laevis;* palatum *asperum;* oculi *magni,* pupilla *nigra,* iride ex *albido rubra;* anus *capiti propior;* pinna *dorsalis longa, medio quasi divisa;* pinnarum *omnium radii crassi.*

Gunnellus. 9. Bl. pinna dorsali ocellis decem nigris. *Muf. Ad. Fr.*
1. *p.* 69. *Fn. suec.* 318. D. 77. P. 10. V. 2. A. 43. C. 16.
Art. gen. 27. *syn.* 45. Blennius maculis circiter decem nigris, limbo albo, utrinque ad pinnam dorsalem. D. 78. P. 11. V. 2. A. $\frac{2}{45}$. C. --
Bloch. Fisch. Deutschl. 2. *p.* 186. *n.* 2. *t.* 65. *f.* 1. Blennius ocellis plurimis in pinna dorsali. D. 78. P. 10. V. 2. A. $\frac{11}{45}$. C. 18.
Gron. muf. 1. *n.* 77. *zooph.* p. 78. *n.* 267. Photis maculis annulatis ad pinnam dorsalem, pinnis ventralibus obsoletis.
Will. ichth. p. 115. *t.* G. 8. *f.* 3. *Raj. pisc. p.* 144. *n.* 11. *Seb. muf.* 3. *p.* 91. *t.* 30. *f.* 6. Gunellus.
Brit. zool. 3. *p.* 171. *n.* 4. *t.* 10.

punctatus. β) Bl. corpore fere lineari fulvo pinna dorsali ocellis quinque nigris, totidemque albis conjunctis. O. *Fabr. fn. groenl. p.* 153. *n.* 110. Br. 7. D. 50. P. 17. V. 4. A. 38. C. 18.

Habitat in oceani europaei *fucis littoralibus,* β) *in profundis,* 9-10, β) 6 *modo pollices longus, velociter natans, anguillae instar lubricus, parum esculentus, infectis aquaticis ovisque piscium victitans, frequens aliorum piscium aviumque aquaticarum praeda, squamis exilibus vestitus, nunc ex cinereo flavicans, maculis pallidioribus, nunc fuscus aus olivaceus maculis obscuris et dilutioribus pictus, subtus semper albus, utrinque compressus.*

Caput, pinnae *pectorales et ventrales parvae;* o *simum parvum;* mandibulae *serie dentium acutorum exilium armatae,*

matae, *inferior paulo longior, apice incurva;* oculorum *pupilla nigra,* iris alba; linea *lateralis recta obsoleta;* anus *capiti paulo propior, quam caudae;* dorsum *carinatum;* pinnae *flavae, longae et angustae radiis spinosis,* ocellis 9-12; pinnae *pectorales et analis aurantiae, haec basi fusco-maculata;* pinna *caudalis flava.*

mustela- 10. Bl. pinna dorsali anteriore
ris.   triradiata. *Muf. Ad. Fr.*
           1. p. 69.   D. 3,43. P. 17. V. 2. A. 29. C. 13.
       β) Bl. pinna dorsi anteriore ra-
           diis 3, posteriore 40. *Muf.*
           Ad. Fr. 1. p. 69.   D. 3,40. P. 16. V. 2. A. 28. C. 12.
Habitat in India.

viviparus. 11. Bl. ore tentaculis duobus.
           Fn. suec. 317. *Müll. prodr.*
           p. 43. *n.* 358. *zool. dan.*
           t. 57. *Muf. Ad. Fr. 1.*
           p. 69.   D. 80. P. 19. V. 2. A. 66. C. --
           Act. Stockh. 1748. *p.* 32. *t.* 2.
           Tånglake.   D. 79. P. 20. V. 2. A. 70. C. --
           Gron. muf. 1. p. 65. *n.* 145.
           zooph. p. 77. *n.* 265. *Act.*
           upf. 1742. *p.* 87. Enche-
           lyopus corpore lituris va-
           riegato, pinna dorsi ad
           caudam sinuata.   D. -- P. 19. V. 2. A. -- C. --
           Bloch Fisch. Deutschl. 2. *p.*
           188. *n.* 3. *t.* 72. Blennius
           naribus tubulosis.   Br. 7. D. A. C. 148. P. 20. V. 2.
           Art. syn. 45. Blennius ca-
           pite dorsoque fusco-fla-
           vescente lituris nigris, pin-
           na ani flava.
           Will. ichth. p. 122. *Raj.*
           pisc. p. 69. *Jonst. pisc. p.*
           1. *t.* 46. *f.* 8. Mustela vi-
           vipara.
           Brit. zool. 3. *p.* 172. *n.* 5.
           t. 10. Viviparous Blenny.
Habitat in maris europaei fundo, cancris potissimum victitans; *aliorum piscium praeda, vivos foetus pariens,* 15 *circiter pollices longus, anguillae instar lubricus; ex flavo*

et nigro-varius, squamis minutis, oblongis, albis, margine nigris vestitus, parum edulis; spinae in obscuro lucent, coctione virescentes.

Caput *parvum*; os *exiguum*; mandibalae *labiis robustis dentibusque minutis instructae; superior longior;* palatum *brevisque* lingua *glabra;* faux *osficulis 2 asperis inaequalis;* oculi *oblongi, pupilla nigra, et iride argentea;* abdomen *breve;* anus *amplus;* linea *lateralis recta obsoleta;* gula *et* pinna *analis flava;* pinnae *radiis mollibus, dorsalis flavescens, maculis 10-12 nigris varia, caudam versus humilior.*

Lumpenus. 12. Bl. corpore areolis dorsalibus fuscis. *Müll. prodr. zool. dan. p.* IX.
Art. syn. 45. Blennius cirris sub gula pinniformibus quasi bifidis, areolis dorsi transversis.
Ström. Söndm. I. p. 315. n. 4.
Tangbrosme.
O. Fabr. f. groenl. p. 151. n. 109. Blennius corpore teretiusculo flavicante, areolis dorsalibus fuscis. D. 63. P. 15. V. ⅔. A. 41. C. 19.
Habitat in maris europaei *fundo argilloso et arenoso, inter fucos littoreos se abscondens ibique Julio ova sua ponens, laevis, squamis minutis fixis rotundis vestitus, pallescens, subtus albus, posterius flavus.*
Caput *flavicans, corpore angustius;* pinnae *dorsalis radii spinosi retrorsum arcuati.*

raninus. 13. Bl. pinnis ventralibus subsexfidis, cirro gulari. *Fn. suec.* 316. *Müll. prodr. zool. dan. n.* 359. Br. 7. D. 66. P. 22. V. ⅔. A. 60. C. 30.
β) Gadus (raninus) dipterygius cirratus, pinnis ventralibus bifetis. *Müll. zool. dan. p.* 15. *t.* 45. *Dansk. Videnk. Selsk. Skrift.* 12. p. 291-298.
Blennius fuscus ore cirrato, pinnis omnibus setaceis.

Ström.

Ström. föndm. 1. p. 322.
Müll. zool. dan. prodr.
p. 34. n. 360.
Habitat in Sueciae *lacubus*, *ubi hic*, *ibi alii pisces recedunt; nec piscis ipse esculentus, inter gados et blennios intermedius.*

β) oceani septentrionalis incola, *ex nigro fuscus squamis minutis et muco obductus, ad pinnam dorsalem usque depressus, dein compressus et acuminatus.* Caput *valde depressum corpore latius;* oculorum *pupilla violacea, iris fulva;* rictus *repandus, fauce alba;* mandibula *utraque ferie duplici dentium acerosorum rubentium a mata;* lingua *obtusa, carnosa, crassa;* pinnae *nigrae, carnosae, molles, dorsalis et analis aequales, postice abruptae; ventralium radii 2 priores in setam excurrunt, altero anteriorem duplo superante.*

muraenoides. 17. Bl. membrana branchiostega triradiata, pinnis ventralibus uniradiatis spinosis minimis. *Sujef. act. ac. Petrop.* 1779. 2. p. 195. t. 6. f. 1. Br. 3. D.--P.--V. 1. A.--C.--

Corpus *compressum, ensiforme, alepidotum, laeve, ultra 6 pollices longum, ex fusco cinerascens, in capite et ventre magis albicans;* caput *subtuberculatum, fronte trigona convexiuscula;* os *obliquum;* mandibulae *aequales, duplici dentium ordine armatae; linea dorsalis obsoleta; anus in medio corporis; dorsi* pinna *aculeata; pectorales et caudalis oblongae; analis aequalis.*

KURTUS. Corpus utrinque carinatum: Dorsum elevatum.
Membrana branchiostega radiis duobus.

indicus. 1. KURTUS. *Bloch ausl. Fisch.*
2. p. 122. n. 1. t. 169. Br. 2. D. 17. P. 13. V. 6. A. 32. C. 18.
Habitat *in* mari indico, *testaceis cancrisque victitans; laminis quasi argenteis densissime tectus, latus, brevis, tenuis, aureus.*
Caput *magnum, compressum, apice obtusum;* oculi *grandiusculi, pupilla nigra, iride supra caerulea, infra alba;*
rictus

rictus *amplus;* mandibula *utraque multiplici dentium minutorum ordine armata, inferior paulo longior, paulisper curvata;* lingua *brevis,* cartilaginea;, palatum *laeve;* branchiarum *apertura ampla,* operculum *membranaceum;* dorsum *maculis aurantiis, et ante pinnam maculis 4 nigris varium;* linea *lateralis recta supra pinnam pectoralem incipiens;* anus *prope caput.* Pinnae *radiis bifurcis;* pectorales *et ventrales aureae, margine rubescentes, reliquae basi caerulescentes, versus marginem flavae;* dorsalis *et ventralis radius primus durus, analis duo priores spinosi, omnes hi autem simplices.*

III. THO-

III. THORACICI.

Branchia ossiculata.
Pinnae ventrales sub ipso thorace sitae.

156. CEPOLA. Caput subrotundum compressum.
Os fimum. Dentes curvati, simplici ordine.
Membrana branchiostega radiis sex.
Corpus ensiforme, nudum, abdomine vix capitis longitudine.

Taenia. 1. C. pinna caudae attenuata, capite obtusissimo. D. 60. P. 18. V. ½. A. 58. C. 9.
,Bloch. ausl. Fisch. 2. p. 126. t 170. Cepola capite truncato. D. 66. P. 15. V. 6. A. 60. C. 10.
Art. gen. 83. syn. 114. Taenia auctorum.
Klein. miss. pisc. 14. p. 57. n. 10. Enchelyopus totus pallide rubeut, in uno ventre albescens, &c.
Rondel. pisc. 1. p. 327. Gesn. aq. p. 938. icon. an. p. 404.
Aldrov pisc. p. 370. Jonst. pisc. p. 22. t. 6. f. 2. Taenia altera.
Will. ichth. p. 117. Raj. pisc. p. 71. n. 10. Taenia rubra, Cavagiro et Freggia.

Habitat in maris mediterranei *uliginosis littoreis, testaceis cancrisque victitans; ad tres cubitos usque longa, parum esculenta, utrinque carinata, argentea, dorso cano rubroguttato, tenuissima, subpellucida.*
Caput *supra latiusculum; rictus amplus;* mandibula *superior simplici, inferior duplici dentium acutorum distantium ordine armata longior; lingua tenuis, lata, aspera; oculi magni ad verticem, pupilla nigra, iride ex argenteo cae-*

rules-

rulefcente; branchiarum *apertura ampla*; operculum *lamina fimplici conſtans*, ante hoc utrinque port 5, *plures prope oculum*; linea *lateralis recta*; pinnae *rubrae, dorſalis longa et analis radiis bifurcis, reliquae ramoſis, pectorales et ventrales exiguae; caudalis cuneata.*

rubeſ- 2. C. pinna caudae attenuata,
cens.   maxillis acutis. *Muſ. Ad.*
            Fr. 2. p. 63.   D. 68. P. 17. V. 6. A. 58. C. 12.
            Syſt. nat. X. 1. p. 259. Ophi-
            dium macrophthalmum.   D. 69. P. 15. V. 6. A. 62. C. 12.
            Brünn. piſc. maſſ. p. 28. n. 39. D. 68. P. 15. V. 6. A. 60. C. 11.
            Art. ſyn. 115. Taenia ſer-
            pens rubeſcens dicta.

Habitat in mari mediterraneo, an ſatis *diſtincta a taenia?* Corpus *pallide carneum*; caput *nudum*; *dentes acuti*; iris *argentea*; pinna *dorſalis a nucha incipiens*; anus paulo poſt pinnas ventrales.

trachy- 3. C. capite declivi, maxilla
ptera.   utraque fornicata, pinnis
              aculeatis ſerratis ſcabris.

Habitat in mari adriatico, linea laterali recta, ſquamarum ſerie ſimplici; an ſecundum Forſterum *proprium genus?*

157. ECHENEIS. Caput pingue, nudum, depreſſum: ſupra planum marginatum, transverſe ſulcato-ſerratum.

Membrana branchioſtega radiis decem.

Corpus nudum.

Remora. 1. E. cauda bifurca ſinis capi-
            tis 18. *Forſk. Fn. arab.*
            p. 19
            Bloch ausl. Fiſch. 2. p. 134.
            t. 172. Echeneis pinna
            caudali ſemilunata. Br. 9. D. 21. P. 22. V. 4. A. 20. C. 20.
            Art. gen. 15. *ſyn.* 28. *Plin.*
            hiſt. mund. l. 9. c. 15. l. 32.
            c. 1. *Geſn. aq. p.* 440.

Amoen.

Amoen. acad. 1. *p.* 603.
Echeneis.   D. 22. P. 28. V. 5. A. 22. C. 16.
Gron. muſ. 1. *p.* 12. *n.* 33.
Echeneis ſtriis capitis ſe-
prendecim.
Gron. zooph. p. 75. *n.* 256.
Echeneis cauda bifurca.
Klein miſſ. piſc. 4. *p.* 51. *n.* 1.
Echeneis caeruleſcens, ore
retuſo.
Petiv. gazoph. l. 44. *t.* 12.
Remora corpore tereti.
Olear. Kunſtk. p. 42. *t.* 25.
Bell. aq. p. 440. *Sloan.
jam.* 1. *p.* 8. *Will. ichth.
app. p.* 5. *t.* 9. *f.* 2. *Ca-
tesb. Carol.* 2. *t.* 26. *du
Tertre ant.* 2. *p.* 209. 222.
Rondel. de piſc. 1. *p.* 436.

Habitat in Oceano, mari mediterraneo et pacifico, 1 - 1½ pedes longa, parum edulis, ne ſqualis quidem appetita, exſulcis capitis, dum ad aliud corpus aſperum ſe apprimit, ſetas protrudens, quibus in hujus poros ingreſſis firmiſſime adhaeret, producta, craſſa, muco obducta, et foveolis excavata.

Caput *antrorſum acuminatum, ſupra latum*, *ſcuto ſulcis* 16 - 19 *exarato ad dorſum usque producto;* rictus *amplus;* mandibulae *dentibus minutis radulae inſtar aſperae, inferior longior;* lingua *lata, tenuis, libera, et, prouti* palatum, *dentibus exilibus aſpera; prope labium ſuperius utrinque pori* 2, *anterior tubuloſus, poſterior ovalis,* oculi *parvi, pupilla nigra, iride argentea;* branchiarum *apertura ampliſſima; membrana libera;* dorſum *convexum nigrum, colore verſus abdomen ſenſim in album abeunte;* linea *lateralis obſoleta, media, a nucha incipiens, ad finem pinnae pectoralis medium verſus flexa, tum recta ad medium caudae usque decurrens;* anus *caudae propior;* pinnae *parvae, cute craſſa tectae,* radiis *mollibus ramoſis, plurimae cinereae margine fuſcae,* caudalis *ſemilunata.*

Neucra- 2. E. cauda integra, ſtriis ca-
tes.   pitis 24. *Haſſelq. it. pal.
          p.* 324. *n.* 68.   D. 37. P. 21. V. 5. A. 37. C. 16.
          Gron. zooph. p. 75. *n.* 252.

Bloch

PISCES THORACICI. Echeneis.

Bloch ausl. Fisch. 2. *p.* 131.
t. 171. Echeneis cauda rotundata. Br. 9. D. 40. P. 20. V. 4. A. 35. C. 11.
Gron. muf. 1. *p.* 13. *n.* 34.
Echeneis ftriis capitis 22.
Brown. jam. p. 443. Echeneis fufcus, pinnis pofterioribus albo-marginatis.
Seb. muf. 3. *p.* 100. *t.* 33.
f. 2. Echeneis in extremo fubrotunda.
Aldrov. de pifc. p. 335. *Jonſt. de pifc. p.* 16. *t* 4. *f.* 3.
Echeneis vel Remora.
Marcgr. braf. p. 180. Iperuquiba et Piraguiba brafilienfibus.
Will. ichth. p. 119. *t.* G. 8.
f. 2. *Raj. pifc. p.* 7. *n.* 12.
Remora Imperati.
Petiv. gazoph. t. 44. *f.* 12.
Remora.
Habitat in maris regionibus *omnibus, ad* 7 pedes longa, parum efculenta, viridis, infra lineam lateralem alba, remorae multum affinis, at longior et gracilior.
Caput *mediae magnitudinis;* mandibula *inferior acuminata;* lingua *angufta;* irides *aureae;* cutis *fquamis nuda, poris plurimis pertufa;* linea *lateralis media, alba, recta;* pinnae *flavae, margine loto violaceo; dorfalis et analis a caudali remotiffimae;* anus *fere in medio.*

158. CORYPHAENA. *Caput* maxime truncato-declive.

Membrana branchioftega radiis quinque.

Pinna dorfalis longitudine dorfi.

Hippurus. 1. C. cauda bifida, radiis dorfalibus fexaginta. D. 60. P. 21. V. 6. A. 26. C. 18.
Osb. it. 307. Br. 10. D. 60. P. 19. V. 6. A. 27. C. 20.
Art.

PISCES THORACICI. Coryphaena.

Art. gen. 15. *syn.* 28. Coryphaena cauda bifurca. D. —. P. 20. V. 6. A. —. C. 18.
Bloch ausl. Fisch. 2. *p.* 143. *t.* 174. Coryphaena pinna ani radiis viginti quinque. Br. 7. D. 48. P. 16. V. 6. A. 25. C. 18.
Klein miss. pisc. 5. *p.* 55. *n.* 1. 2. Hippurus pinnis branchialibus deauratis brevibus sed latis &c.
Plin. hist. mund. l. 9. *c.* 16. *l.* 32. *c.* 11. *Rondel pisc.* 1. *p.* 255. *Gesn. aq. p.* 423. *icon. an. p.* 75. *Jonst. pisc. p.* 11. *t.* 1. *f.* 9. *Aldr. pisc. p.* 306. *Will. ichth. p.* 213. *t.* O. 1. *f.* 5. *Raj. pisc. p.* 100. *n.* 1. Hippurus.

Habitat in mari mediterraneo, *et* oceani *regionibus paulo calidioribus, in aqua vivus aureo nitore refulgens, post mortem evanido,* 4-5 *pedes longa, voracissima, exocoetas et triglas exagitans, et navigia sequens, quicquid ex iis elabitur avide arripiens, vitae parum tenax, carne utplurimum sapida, torosa, compressa, squamis teneris arcte adhaerentibus vestita, supra thalassina aurantio-maculata, subtus argentea.*

Caput breve, compressum, supra caeruleum, ad latera virescens, subtus argenteum; oculi *rotundi ori vicini,* pupilla *nigra,* linea alba *et iride aurantia cincta;* rictus amplus; labia robusta; *mandibulae aequales, dentium minutorum acutorum retrorsum curvatorum* 4 *ordinibus armatae;* lingua brevis; palatum amplum, *branchiarum apertura ampla, operculum lamina simplici constans, membrana sub hoc latens;* dorsum convexum; linea lateralis flava, *ad finem pinnarum pectoralium flexa, tum recta;* pinnae basi dilute fuscae, *ceterum flavae,* caudalis margine virescens, *analis angusta tota flava, dorsalis radiis flava, membrana eos nectente caerulea.*

Equisetis. 2. C. cauda bifurca, radiis dorsalibus quinquaginta tribus.
Osb. it. 308. Dorado. Br. 6. D. 53. P. 19. V. 6. A. 23. C. 20.
Marcgr.

Marcgr. braf. p. 160. Pifo
ind. p. 160. Will. ichth.
p. 214. Raj. pifc. p. 100.
n. 2. Guacacapema.
¹ Habitat in alto Pelago, pulcherrima, vix ab hippuro diſtincta.

Plumieri. 14. C. pinnae analis radiis quinquaginta quinque. Bloch
ausl. Fiſch. 2. p. 146. t.
175.   Br. 4. D. 77. P. 11. V. 6. A. 55. C. 16.
Habitat in mari inſulas Antillas circumfluente, producta,
ſatis magna, ſquamis minutis veſtita, ſupra fuſca lineis
curvis caeruleis varia, ad latera aurea, ſubtus argentea,
carne ſapida.
Caput oblongum, ſupra latum, ſquamis nudum et fuſcum,
ſupra oculos flavum, juxta eos radiis caeruleis pictum,
ad latera argenteum; oculorum pupilla nigra linea alba
et iride rubra cincta; branchiarum apertura ampla, operculum angulo obtuſo terminatum, ſimplici lamina conſtans,
membrana libera, lateralis; dorſum convexum; anus
capiti vicinus; pinnae pectorales et ventrales breves, baſi
flavae, margine cinereae, radiis ramoſis; dorſalis violacea et analis flaveſcens longae, radiis ſimplicibus; caudalis flava, medio rubeſcens, margine caerulea, radiis ramoſis, mediis brevibus, lateralibus longiſſimis.

caerulea. 15. C. tota caerulaea. Bloch
ausl. Fiſch. 2. p. 148.
t. 176.   Br. 4. D. 19. P. 14. V. 5. A. 11. C. 19.
Catesb. Car. t. 18. Novacu-
la caerulea.
Habitat in oceano americano, ſquamis magnis veſtita, compreſſa, ſupra convexa.
Caput magnum, ſupra, ad genas et branchias ſquamis tectum;
oculi rotundi, magni, pupilla nigra, linea alba et iride
flava cincta; rictus amplus; mandibulae ſerie dentium ro-
buſtorum acuminatorum armatae; branchiarum apertura
ampliſſima, operculum ſimplici lamina conſtaans; linea
lateralis dorſo propior; pinnarum dorſi et ani radii ſimplices, reliquarum ramoſi.

pentada- 3. C. maculis nigris quinis ver-
ctyla.   ſus caput longitudinalibus.
Act. ſtockh. 1740. p. 460.
t. 3. f. 2. Blennius macu-

lis 5 utrinque verſus caput nigris. Br.4.D.$\frac{9}{21}$.P.11.V.$\frac{1}{6}$.A.$\frac{3}{14}$.C.13.
Bloch. ausl. Fiſch. 2. *p.* 140.

t. 173. Coryphaena cauda aequali, pinna dorſi radiis viginti uno. Br.4.D.21.P.13.V.6.A.15.C.12.
Valent. amb. 5. *p.* 308. *f.* 67.
Ikan Bandan Jang Swangi, *et p.* 388. *f.* 123. Bandaſche Cacatoeha *et p.* 435. *f.* 292. Rievier Dolfyn.
Renard piſc. 1. *p.* 23. Oranjeviſch met vier vlakken, *et t.* 14. *f.* 84. Banda; 2. *t.* 2. *f.* 6. Ican Randa *et t.* 23. *f.* 112. Ican Potou Banda.
Ruyſch theatr. anim. p. 40. *n.* 8. *t.* 20. *f.* 8. Ican Banda.

Habitat in Sinae, moluccarumque *inſularum fluviis, frequentiſſima, ad pedem longa, tenuis, utrinque obtuſe carinata, ſquamis magnis veſtita, ſupra fuſca, ad latera alba, carne ſapida.*

Caput *magnum, ſupra fuſcum, ſtria antrorſum obſcure caerulea inſignitum;* oculi *ad verticem pupilla obſcure caerulea, iride flava; rictus mediae amplitudinis;* mandibulae *ſerie dentium acutorum, duobusque caninis armatae;* labia *tenuia;* genae *ſquamis exilibus tectae;* branchiarum *apertura ampliſſima, operculum, ſub quo membrana latet, duabus laminis magnis conſtans;* maculae abdominis *exiguae, rotundae, caeruleae;* dorſi 2 *priores nigrae circulo flavo cinctae, anterior orbicularis, altera ovalis, reliquae caeruleae minores;* linea *lateralis dorſo, anis ori propior.* Pinna *dorſalis caeruleſcens, margine aurantia, radiis 9 prioribus ſpinoſis; ventrales baſi maculis 2 albis notatae, et, prouti pectorales et caudalis, baſi aurantiae, margine violaceae, radiis ramoſis; analis caeruleſcens, radiis ſimplicibus.*

4. C. capite pinnisque cancellatis lineis caeruleſcentibus.

Art.

PISCES THORACICI. Coryphaena.

Art. gen. 15. *syn.* 29. Coryphaena palmaris pulchre varia, dorso acuto.
Habitat in mari mediterraneo.

Pompilus. 5. C. dorso supra lineam lateralem curvam fasciolis flavescentibus picto. D. $\frac{8}{35}$. P. 14. V. 6. A. $\frac{2}{24}$. C. 16.
Art. gen. 16. *syn.* 29. Coryphaena cauda aequali, linea laterali curva.
Habitat in Pelago, *pinguis, posterius acuminata.*
Caput *obtusum*, latera *cavernoso-dentata;* os *valde dehiscens intus scabrum;* mandibulae *latere cohaerentes, inferior adscendens;* pinna *dorsalis prior unita posteriori;* pinnae *pectorales admodum acuminatae.*

fasciolata. 16. C. lacteo-argentea, circulis transversis fuscis a fasciis pinnae dorsalis defluentibus, in dorso passim cohaerentibus, in ventre evanidis. *Pall. spicil. zool.*
8. p. 23. t. 3. f. 2. Br. 6. D. 54. P. 19. V. 5. A. 27. C. 17.
Habitat in Amboina, *bipollicaris, elegantissima, stricta, attenuata, ex tereti paulisper compressa, dorso subgriseo.*
Caput *conicum, supra planum;* oculi *magni, plani, iride aurea;* rictus *amplus;* lingua *plana, rotundata, laevis;* branchiarum *apertura amplissima, operculum ex laminis duabus, rotundatis, integerrimis constans;* linea *lateralis recta, parum prominens;* anus *in medio corporis;* pinnae *pectorales et ventrales hyalinae; dorsalis et analis fasciis fuscis variae; caudalis profunde bifurca, lunula fusca notata.*

velifera. 17. C. ex cinereo argentea, pinnis dorsali et anali maximis, ventralibus minimis. *Pall. spic. zool.* 8. p. 19.
t. 3. f. 1. Br. 7. D. 55. P. 14. V. 1. A. 51. C. 22.
Habitat in oceano indico *australiori, parva, plana, tenuis, caudam versus aequabiliter attenuata, squamarum majuscularum, tenuium, tenerrime striatarum, apice profunde emarginatarum, basi spina brevi recumbente armatarum seriebus longitudinalibus utrinque* 11 *tecta.*

Hhhh 2 Caput

Caput *squamis truncatis vestitum*; oculi *majusculi, iride aurea*; os *adscendens, profunde rescissum*; mandibulae *dentium subulato-incurvorum serie, superior simplici, inferior paulo longior duplici, ciliata*; pinna *dorsi a fronte incipiens, radiis membrana tenerrima fusca cano-guttata inter se nexis, 2 prioribus brevissimis, triquetris, osseis, reliquis setaceis, 9-17 longissimis*; pinnae *pectorales albidiores, acuminatae, mediocres*; *ventrales subuniradiatae*; analis *margine candidae, radii 2 priores candidi, ossei, primus brevissimus, alter praelongus, reliqui setacei, quintus longissimus*; cauda *profunda bifurca, adminiculis 3*.

Psittacus. 6. C. linea laterali intercepta, pinnis longitudinalibus colore lineatis. D.$\frac{2}{29}$.P.11.V.6.A.16.C.14.
Habitat in Carolina, *pulcerrima, colore tamen a morte evanido.* Garden.
Caput *pulcerrime variegatum*; oculorum *iris flammea, caerulea cincta; in medio trunco versus dorsum macula rhombea, purpurea, flammea, viridi, luteo, caeruleo varia*; anus *in medio corporis*; pinna *dorsalis et analis linearis, illa a capite incipiens, utraque ad caudam fere pergens.*

acuta. 7. C. cauda acuminata, linea laterali convexa. D.45.P.16.V.6.A.9.C.16.
Habitat in oceano asiatico.

fima. 8. C. cauda integra, labio inferiore longiore. D.32.P.16.V.6.A.16.C.16.
Habitat in oceano asiatico.

virens. 9. C. pinnis appendiculis filiformibus. D.26.P.13.V.6.A.13.C.16.
Habitat in oceano asiatico.
Pinna *dorsalis et analis terminatur appendice filiformi elongata, ventralium radius alter terminatus filo.*

hemiptera. 10. C. maxillis subaequalibus, pinna dorsali brevi. D.14.P.15.V.8.A.10.C.18.
Habitat in oceano asiatico.

branchiostega. 11. C. apertura branchiarum rima transversa. D.24.P.15.V.$\frac{1}{6}$.A.$\frac{2}{10}$.C.16.
Habitat in oceano asiatico.

japonica. 18. C. lutea, branchiarum apertura rima transversa. *Hout-*

PISCES THORACICI. Coryphaena.

tuyn act. Haarl. XX. 2.
p. 315. D. 24. P. 14. V. 6. A. - - C. 17.
Habitat in mari Japoniam *alluente; 6 pollices longa, teneris squamis vestita, vix distincto a branchiostega.*

clypeata. 12. C. lamina ossea iuter oculos. D. 32. P. 14. V. 5. A. 12. C. 7.
Habitat in oceano asiatico.

lineata. 13. C. capite picto lineis trans-
versis coloratis. D. $\frac{4}{21}$. P. 11. V. 6. A. 15. C. 12.
Habitat in Carolina, *squamis magnis vestita.* D. Garden.
Caput *compressum, nudum;* dentes *primores* 2 *longiores, exserti, distantes, acuti in utraque mandibula;* branchiarum *opercula laevia;* pinnae *dorsalis et analis lineolis pi-
ctae;* cauda *rotundata.*

rupestris. 19. C. dorso dipterygio, pinnae dorsalis primae radio
primo retro - dentato. *Müll.
prodr. zool. dan.* p. 43.
n. 363.
O. *Fabr. Fn. groenl.* p. 154.
n. 111. - Coryphaena ru-
pestris, Ingmingoak.
Bloch ausl. Fisch. 2. p. 152.
t. 177. Macrourus rupe-
stris. Br. 6. D. 11, 124. P. 19. V. 7. A. 148. C.
Gunner act. Nidros. 3. p. 43.
t. 3. f. 1. Coryphaenoides
rupestris.
Egede Groenl. p. 50. Fisklig-
en Brosme.
Cranz Groenl. p. 140. Ing-
minniset.
Ström. sondm. 1. p. 267.
Berglax.
Habitat in groenlandiarum *portuum profundis, argentea, ad 3 pedes longa; Groenlandis edulis, aspera, magnis du-
risque squamis tecta, quae linea prominente, dura, den-
tata asperae sunt.*
Caput *magnum, supra latum;* oculi *praegrandes, rotundi, pupilla nigra, iride argentea;* ante oculos foramina 4 bina
rotunda, 2 oblonga; *rictus amplus;* mandibulae *dentium acutorum, superior longior, cirro subtus minuta, ordinibus*

5, inferior 3 armata; lingua *alba*, *cartilaginea*, *crassa*, *brevis*, *et*, *prouti* palatum, *glabra*; branchiarum apertura ampla, operculum lamina simplici constans, membrana libera; anus capiti, linea *lateralis dorso propior*; dorsum *et* pinnae *cinereae*.

156. GOBIUS. *Caput* parvum, poris duobus inter oculos approximatos: altero anteriore.

Membrana branchiostega radiis quatuor.

Corpus parvum, utrinque compressum, squamis exilibus vestitum, verruca pone anum munitum.

Pinnae ventrales unitae in ovatam; *dorsales* binae.

niger. 1. G. pinna dorsali secunda radiis quatuordecim. *Mus. Ad. Fr.* 2. p. 64.* *Müll. prodr. zool. dan.* p. 44. n. 364.   D. 6, 14. P. 18. V. 10. A. 11. C. 14.
Mus. Ad. Fr. 1. p. 74. *Art. gen.* 28. *syn.* 46. Gobius e' nigricante varius, pinna dorsi secunda osciculorum quatuordecim.   D. 6, 14. P. 17. V. - - A. 14. C. - -
Osb. it. 131. Apocryptes cantonensis.   D. 6, 14. P. 10. V. 12. A. 13. C. 18.
Bloch Fisch. Deutschl. 2. p. 5. t. 38. f. 1. 2. 5. Gobius ex albo et fusco varius, pinna dorsali secunda radiis XIV.   D. 6, 14. P. 18. V. 10. A. 12. C. 14.
Gron. mus. 2. p. 17. n. 170. *zooph.* p. 82. n. 280. Eleotris capite plagioplateo, maxillis aequalibus, pinnis ventralibus concretis.

-*Klein*

PISCES THORACICI. Gobius.

Klein miss. pisc. 5. p. 27. n. 1.
Gobio branchiarum operculis et ventre flavicantibus &c.
Rondel. pisc. 1. p. 200. Gesn.
aq. p. 395. Thierb. p. 6. b.
Gobio niger.
Bellon. aq. p. 233. Aldr.
pisc. p. 97. Willichth. p.
206. Raj. pisc. p. 76. Gobius niger.
Seb. muf. 3. p. 88. t. 29. n. 15. Gobius.

β) Gobius niger. Houttuyn
act. Haarl. 20. 2. p. 316. D. 5, 10. P. 16. V. - - A. 11. C. 18.
Habitat in oceano europaeo et asiatico, cuneatus, 5 - 6 pollices longus, albicans, maculis ex atro fuscis flavisque varius, vere littora petens, et fluviorum ostia intrans, Majo et Junio ova pariens, sapidus, gadorum crebra praeda. Caput inferiora versus compressum; oculi ex oblongo rotundi, pupilla nigra, iride argentea; mandibulae aequales, duplici dentium serie armatae; lingua libera; truncus squamis duris, cinereis vestitus; dorsum convexum, nigro-fasciatum; linea lateralis obsoleta; abdomen flavicans; abdomen in medio corporis. Pinnae glaucae nigro-maculatae, radiis mollibus, dorsales et analis simplicibus, reliquae fissis; pectorales laeves, reliquae longae, caudalis rotundata.

bicolor. 9. G. fuscus, pinnis omnibus nigris. Brünn: pisc. mass.
p. 30. n. 41. D. 6, 16. P. 19. V. 12. A. 15. C. 17.
Habitat in mari mediterraneo, paganelli facie, 3 pollices longus, pinnarum radiis ultra membranam nectentem vix eminentibus.

cruenta- 10. G. ore rubro - pustulato,
tus. pinnarum dorsalium radiis
ultra membranam emi-

Hhhh 4 nenti-

Gobii in fundo maris inter saxa latentes vermibus, insectis, piscium ovis foetibusque vix exclusis victitant; os exiguum; mandibulae dentibus minutis acutis armatae; lingua brevis obtusa; palatum ossibus 4 asperum; branchiarum apertura angusta rotundata; linea lateralis media.

nentibus. *Brünn. pisc.*
mass. p. 30. *n.* 42. Br.5.D.6,16.P.19.V.12.A.15.C.15.
Salv. aq. 214. 82?
Habitat in mari mediterraneo, *paganelli facie, spithamae magnitudine, pallidus, fasciis obsoletis fuscis; an Jozonis varietas?*
Os, *branchiarum opercula,* gula *et* pinnae *maculis sanguineis pustulata; infra oculos lineae transversae membranaceae,* 2 *aliae longitudinales ante pinnam dorsi; pinnae plurimae infuscatae, radiis setaceis, pectorales rotundatae; ventrales caerulescentes, radiis apice fissis, caudalis circinata, nigro-subfasciata.*

Paganel- 2. G. pinna caudali dorsalique
lus.   secunda basi purpurascente, priori linea lutea terminali.
   Art. gen. 29. *syn.* 46. Gobius linea lutea transversa, in summo pinnae dorsalis primae.
   Hasselq. it. 326. Gobius Paganellus.   D.6,17.P.17.V.12.A.16.C.20.
   Habitat in mari mediterraneo.

arabicus. 11. G. pinnae dorsalis primae radiis quinque posterioribus filo rubro terminatis membrana duplo longiore. *Forsk. Fn. arab. p.*
   23. *n.* 5.   D.6,14.P.16.V.12.A.13.C.17.
   Habitat Djiddae *in* Arabia, *digiti minimi magnitudine, ex fusco virescens, maculis violaceis plurimis sparsis crebro confluentibus, punctisque caeruleis varius.*
   Cutis *mollissima, squamis minutis arctissime adnatis vestita;* pinnae *omnes maculatae, caudalis cuneata.*

nebulo- 12. G. pinnae dorsalis primae
sus.   radio secundo filo membrana duplo longiore nigro terminato. *Forsk.*
   Fn. arab. p. 24. *n.* 6. Br.7.D.6,11.P.18.V.12.A.11.C.14.
   Habitat Djiddae *in* Arabia, *tripollicaris, albidus, maculis fuscis in nebulas confluentibus variis, subtus albus immaculatus.*

Cutis

Cutis *squamis magnis, rhombeis, rigidis, aspera*; oculorum *papilla caerulescens, iris alba*; Pinnae *pectorales glaucae, basi maculis obsoletis fuscis variae; ventrales fuscescentes; dorsales et rotundata caudae hyalina, fusco-guttata; analis hyalina margine exteriore nigra.*

Eleotris. 3. G. pinna anali radiis novem.
    Lagerstr. chin. 28. Br.5. D.6, 11. P. 20, V. 10. A.9. C. 10.
    Osb. it. 260. Gobius chinensis. Br.5. D.6, 11. P. 18, V. 8. A. 8. C. 12.
    Amoen. ac. I. p. 311. Trachinus, capite inermi nudo, pinnis ventralibus coadunatis.   D.6, 10. P.16. V. 12. A. 10. C. 14.
    Gron. zooph. 276. Gobius albescens, pinnis utrisque dorsalibus altitudine aequalibus, cauda subrotunda.   D.6, 10. P. 14. V. - - A. 9. C. 15.
    Habitat *in* Sina.

Aphya. 4. G. fasciis etiam pinnarum fuscis. *Muf. Ad. Fr.* 2. p. 64.*   D.6, 16. P. 18. V.12. A. 14. C.13.
    Art. gen. 29. *syn.* 49. Gobius uncialis, pinna dorsi secunda osficulorum 17. D.6, 17. P. 17. V. 6. A. 11. C. - -
    Habitat *in* Nilo, mari mediterraneo.

minutus. 13. G. albicans ferrugineo-maculatus, radiis dorsalibus et caudalibus ferrugineo obsolete striatis. *Pall. spic. zool.* 8. p. 4.   D.6, 11. P. - - V. - - A. 11. C. - -
    Gron. zooph. 1. p. 81. n. 276.
    Rondel. pisc. 1. p. 210. *Gesn. aq.* p. 67. *Will. ichth.* p. 207. *Raj. pisc.* p. 76.
    Aphyae cobites.
    Habitat *in* mari belgico, 3 *pollices longus.*
    Caput *depressum*; oculi *magni, prominuli, iride sapphirina*; lingua *magna*; pinnae *dorsales remotae*; cauda *aequalis.*

Jozo. 5. G. radiis dorsalibus eminentibus setaceis. *Muf. Ad.*

Fr. 2. p. 65.* Müll prodr.
zool. dan. p. 44. n. 365. Br. 4. D. 6, 13. P. 16. V. 12. A. 13. C. 14.
Art. gen. 29. syn. 47. Gobius pinna ventrali caerulea, ossiculis pinnae dorsalis supra membranam assurgentibus.
Gron. mus. 2. p. 23. n. 176. zooph. p. 81. n. 275. Gobius albescens, ossiculis pinnae dorsalis primae praealtis setiformibus. D. 6, 16. P. 19. V. 12. A. 14. C. 15.
Bloch Fischb. Deutschl. 3. p. 168. t. 107. f. 3. Gobius pinnis caeruleis, radiis in pinna dorsali prima eminentibus. C. 6, 14. P. 16. V. 12. A. 14. C. 16.
Klein pisc. miss. 5. p. 27. n. 3. Gobio, radiis in anteriore dorsi pinna supra membranas connectentes altius assurgentibus &c.
Salv. aq. p. 213. Jozo.
Rondel. pisc. 1. p. 200. Gesn. aq. p. 396. Thierb. p. 7.
Aldr. pisc. p. 97. Gobius albus.
Will. ichth. p. 207. t. N. 12. n. 4. Raj. pisc. p. 76. n. 2. Gobius tertius.

Habitat ad oceani europaei et maris mediterranei littora, 4-6 pollices longus, albicans, squamis mediae magnitudinis tectus, supra fuscus, testaceis, cancris piscibusque junioribus victitans, ova in locis arenosis ponens, parum esculentus, gadorum frequens praeda.

Caput compressum; oculorum pupilla nigra, iris alba; mandibulae aequales; dorsum convexum, subarcuatum; linea lateralis nigricans, recta, media.

pectinirostris. 6. G. dentibus maxillae inferioris horizontalibus.
Lagerstr. Chin. 29. f. 3. D. 5, 26. P. 19. V. 12. A. 25. C. 15.
Osb. it. 130. Apocryptes chinensis. Br. 5. D. 5, 26. P. 18. V. 10. A. 26. C.

Habitat in Sina.

7. G.

barbarus. 7. G. pinnis pectoralibus flabello infiftentibus, pinna dorfali priore radiis 12, pofteriore 13.
Habitat - - -

Schlofferi. 14. G. ex fufco nigricans, fubtus exalbidus, pinnae dorfalis primae radiis fpinofis.
Pall. fpic. zool. 8. *p.* 3.
t. 1. *f.* 1-4.   Br.3.D.8,13.P-16.V.12.A.12.C.19.
Habitat in Amboinae *paludofis aquis, cancros varios venans, et ab infeftis hoftibus agitatus in coenum fe proripiens, fpithamae magnitudine, pinguis, ex terete compreffus, caudam verfus vix attenuatus, fquamis majufculis, rotundatis, coriaceis, mollibus tectus.*
Caput declive, longum, corpore multo craffius, convexe fubtetragonum; frons inaequalis; os transverfum; labia craffa, carnofa, interius granulofa, fuperius duplicatum; dentes magni, inaequales, diftantes, inordinatim alterni; palatum carnofum; lingua craffa, carnofa, mollis; oculi in vertice anterius protuberantes, contigui, pupillis ad latera verfis; finu infigni lunato infra utrumque; branchiarum opercula oblonga fquamofa; pinnae radiis plurimae ramofis; pectorales bafi carnofae, fquamofae, quafi brachiis infidentes; analis radii modo 3 poftremi ramofi; cauda ex ovato acuta; linea lateralis nulla; anus in medio corpore, adftante pedunculo genitali ligulato.

melanuros. 15. G. pinna dorfali unica, cauda nigra. *Brouffonet ichth. dec.* 1.

anguillaris. 8. G. pinna dorfali unica, cauda rubra.   D.52.P.12.V.10.A.43.C.12.
Habitat in Sina, *pinguis, anguillae inftar lubricus, acute fubdiaphana.*
Os fimum dentibus exfertum; pinnae omnes rubrae, dorfalis et analis in caudam excurrentes; pectorales valde parvae, rotundatae.

Boddaerti. 16. G. pinnae dorfalis anterioris radiis cirrhiformibus; tertio longiffimo. *Pall. fpic. zool.* 8. *p.* 11. *t.* 2. *f.* 4. 5.   D.5,25.P.21.V.34.A.25.C.18.
Will.

Will. ichth. app. p. 6. t. 8.
n. 1. Pitvitch?

Habitat in oceano indico, 6 circiter pollices langus, ex fusco caerulescens, subtus ochroleucus, pinguis, convexus, ad caudam vix attenuatus, squamis exiguis mollibus vestitus. Caput crassum, obtusissimum, subconvexum, maculis fuscis albisque varium, a vertice sensim convexo declive; mandibulae subaequales; labia crassa, carnosa; oculi in vertice oblongi, vix prominuli; branchiarum membrana ex livido caerulescens; linea lateralis papillis vix conspicuis maculisque huic inde niveis notata; dorsi maculae fuscae, utrinque 7, totidemque albo-punctatae ad latera; anus capiti paulo propior circulo nigro cinctus; pone hunc pedunculus conicus; pinnae dorsales ex nigro caerulescentes, membrana prioris radios nectente albo punctata, altera radiis setaceis, lineolis albis transversis 6 inter singulos radios; pectorales rotundatae; caudalis ex caerulescente albida.

lagocephalus. 17. G. maxilla superiore hemisphaerica, lingua lineaque laterali nulla. *Pall. spicil. zool. 8. p. 14. t. 2. f. 6. 7.* Br. 3. D. 6, 11. P. 15. V. 8. A. 10. C. 12.
Koel. eut. nov. comm. Petrop. 9. p. 423. t. 9. f. 3. 4.

Piscis teres, versus caudam compressus, digiti magnitudine, squamis minutis tectus, ex griseo fusco-nigricans. Caput breve, crassum, squamis nudum; os transversum; mandibula superior crassissima, inferior dentibus aliquot majoribus uncinulatis armata; labia medio emarginata, duplicata; superius carnosum crassissimum, ultra mandibulam valde prominens, inferius planum; palatum arcubus aliquot costatum, limbo tenui dentibus minutissimis confertis serratum; oculi supra caput distantes parvi, cute communi tecti; pinnae dorsalis prioris radii simplices, alterius et caudae ramosi; caudalis ex ovali rotundata; pectorales lanceolato ovatae; ventralis cotyloidea, radiis brevissimis confertis; anus in medio corpore, adstante posterius papilla genitali.

cyprinoides. 18. G, squamis magnis subciliatis vestitus, pinna caudae rotundata: radiis membrana fusco-tessellata

nexis.

nexis. *Pall. spic. zool.* 8.
p. 17. t. 1. f. 5. D.6,10.P.18.V.12.A.$\frac{9}{10}$.C.15.
Habitat in Amboina, digiti magnitudine, figura sparum potius aut cyprinum referens, compressus, crassiusculus, convexus, ex fusco griseus, subtus albidior.
Caput corpore paulo crassius, cute molli lineis subtilissimis cancellata tectum; dentes subaequales minuti; lingua plana, mollis, obtusa; oculi laterales; inter hos incipiens crista, vel plica nigricans, semilanceolata; pinnae radiis plurimae ramosis; dorsales majusculae, prior altior, radiis simplicibus; pectorales latae; analis radio primo simplici; caudalis rotundata; linea lateralis obsoleta; ad anum pedunculus genitalis attenuatus obtusiusculus in fossula recumbens.

lanceola- 20. G. cauda longissima acuminata. *Bloch Fisch.*
tus. *Deutschl.* 2. p. 8. t. 38.
f. 1. 6. *Gron. zooph.* p.
82 n. 277. t. 4. f. 4. Br.5.D.6,18.P.16.V.11.A.16.C.20.
Pall. spic. zool. 8. p. 4. Gobius oceanicus.
Habitat in insulae Martinicae fluviis et rivis, elongatus, squamis rotundatis imbricatis posterius majoribus tectus, subtus cinereus, carne sapida.
Caput oblongum, truncatum; oculi ad verticem, pupilla nigra, iride aurea; mandibulae aequales; lingua libera acuta; genae caerulescentes, margine rubescentes; branchiarum apertura ampla, operculum laminis duabus constans; linea lateralis media; anus capiti propior, adstante posterius pupilla genitali; pinnae dorsales et analis radiis simplicibus, mollibus, distantibus, membrana tenera pellucida connexis; dorsalis prioris radii ultra membranam longe prominentes; inter utramque dorsalem utrinque macula fusca; pinnae reliquae radiis apice fissis; pectorales flavae margine caeruleae; caudalis basi ex virescente flava, margine violacea.

Plumieri. 21. G. maxilla superiore prominente. *Bloch ausl. Fisch.*
2. p.154. t 178. f. 3. D.6,12.P.12.V.6.A.10.C.14.
Habitat in insularum Antillarum aquis, teres, carnosus, supra spadiceus ad latera flavus, subtus albus, squamis minutis tectus, fertilis, carne sapida, concoctu facili.

Caput

Caput *magnum;* oculorum *pupilla nigra, iris argentea;* labia *obtusa;* branchiarum *apertura ampla, operculum lamina simplici constans;* anus *in medio corporis;* linea *lateralis recta;* pinnae *flavae;* pectorales *et caudalis margine nigricans, radiis ramosis;* dorsales *et analis radiis simplicibus.*

ocellaris. 22. G. maxilla superiore longiore, pinna dorsali, prima ocellata sexradiata.
Broussonet ichthyol. dec. 1.
nr. 2. *t.* 2.

Br.5.D.6,11.P.16.V.6.A.11.C.$\frac{4-4}{22}$

Habitat in insulae Tahiti *rivulis aquae dulcis, compressus, lanceolatus, squamis imbricatis posterius ciliatis tectus, ex olivaceo et nigro obscure nebulosus, subtus glaucus.* Caput *parum compressum, subconicum, nigricans, supra leviter curvatum, medio obtuse carinatum, subtus rectum, planum;* oculi *oblique sursum spectantes, pupilla nigra, iride glauca;* dentes *inaequales minuti, mandibulae inferioris minores; faucium superius et inferius conferti, lineares, acuti;* linea *lateralis submedia, recta, obsoleta;* anus *paulo pone medium, apposito posterius pedunculo genitali, lineam longo;* pinnae *radiis pleraeque apice fissis membrana diaphana nexis;* pectorales *es* ventralis *nigricans;* dorsalis *prima brevis ex olivaceo et brunneo nebulosa, posterius prope basin ocello nigro varia, radiis simplicibus, apice setaceis deorsum curvatis;* altera *longa virescens, apice sordide rufescens, radiis virescente et fusco annulatis, primo simplici;* analis *longa, e fusco virescens, apice hyalina;* caudalis *ovata virescens, radiis simplicibus.*

strigatus. 23. G. pinna ventrali bipartita, dorsali prima sexradiata.
Broussonet ichth. dec. 1.
n. 1. *t.* 1.

Br.6.D.6,20.P.20.V.12.A.19.$\frac{3-3}{22}$

Habitat in oceano pacifico prope insulam Tahiti, *compressus, lanceolatus, squamis subquadratis, obsolete crenatis, imbricatis tectus, subpellucidus, ex virescente pallide glaucus; subtus albidus, pone pinnas pectorales strigis fuscescentibus, posterius infra lineam lateralem maculis obsoletis rubescentibus varius.*

Caput

Caput *compreſſum, luteum, ſtrigatum et punctatum, ſupra ex luteo vireſcens, poſterius trunco latius;* rectus ore clauſo ſurſum obliquus, *amplus;* mandibula *inferior paulo brevior,* dentibus lateralibus aliquantum *longioribus;* palatum et lingua *laevis;* faux denticulis introrſum verſis, *linearibus, acutis ſuperius et inferius aſpera;* oculi *obliqui, pupilla nigra, iride ex viridi argentea;* pinnae radiis plerisque apice *fiſſis;* dorſales, pectorales et ventrales pellucidae; *dorſales virides, baſi vittis anguſtis, et radiis ipſis rubicundis, prior brevis* 4, *altera longa* 9 *picta;* pectorales *pallide vireſcentes,* radiis marginalibus ſimplicibus *brevioribus;* ventralis *albida;* analis *longa e vireſcente, rubicunda, prope baſin rubicunda;* caudalis *rotundato-ovata ex flaveſcente vireſcens, radiis rubicundis, marginalibus minutis ſimplicibus, vitta utrinque obliqua leviter curvata, lata, rubicunda.*

Koelreu- 24. G. pinna ventrali bipartita,
teri.　　 dorſali prima undecimra-
　　　　　diata. *Pall. ſpicil. zool.* 8.
　　p. 8. *t.* 2. *f.* 1-3.　Br. 2. D. $\frac{11}{12}$, 13. P. 13. V. 12. A. 11. C $\frac{11}{13}$.
　Koelreuter *nov. comm. Petrop.* 8. *p.* 421.

Piſcis *fere dodantralis, mollis, infirmus, obeſus, ex griſeo albidus;* caput *longiuſculum craſſum, fronte convexa, oculis in ſummo capite, iride ex fuſco argentea;* labia *duplicata, carnoſa;* dentes *inaequales conici, anteriores majores, major ſupra utrinque unus;* branchiarum *apertura lunata;* linea lateralis quaſi *impreſſa;* anus *circa medium longitudinis, poſterius appoſito pedunculo genitali;* pinnae *molles;* dorſali prima radiis *ſpinoſis, magna, fuſca, faſcia terminali nigra;* altera *humilior,* radiis *ramoſis;* ex *hyalino flaveſcens, faſcia longitudinali ex fuſco nigra;* pectorales *flabelliformes vel ovatae, inſiſtentes brachio verſus corpus latiſſimo;* cauda *ex ovato lanceolata,* radiis *ramoſis.*

Gronovii. 25. G. pinna ventrali biparti-
　　　　　 ta, dorſali priori decem-
　　　　　 radiata, cauda bifurca.
　Gron. *zooph. p.* 82. *n.* 278.
　　Gobius corpore latiſſimo
　　maculoſo: pinnis ventralibus intrinſecus abdomi-

ni ligatis maximis: cauda bifurcata. Br. 5. D. 10, 30. P. 24. V. 10. A. --- C. ..
Klein miff. pifc. 5. *p.* 24. *n.* 3.
Celteus argenteus, grifeis lineis intertextis, oculis ellipticis, pinnis albicantibus, pinna dorfali maxima.
Raj. pifc. p. 85. *n.* 9. Mugil americanus.
Marcgr. braf. l. 4. *c.* 6. *p.* 153. Harder.

Habitat in oceano americano zonae torridae, *fcombrum referens, argenteus, fupra niger, ad latera nigro-maculatus, fquamis minutiffimis imbricatis tectus.* Caput *inerme, fquamis nudum;* oculi *maximi, later iles;* os *anguftum;* dentes *in utraque mandibula et palato aequales fatis magni;* lingua *rotundata, tenuis; edentula;* branchiarum *opercula inermia fubrotunda;* dorfum *parum convexum;* linea *lateralis curva huic parallela;* anus *in medio corporis;* pinnarum *radii mutici.*

Pifonis. 26. G. pinna ventrali bipartita, maxilla inferiore longiore.
Gron. muf. 2. *p.* 16. *n.* 168.
zooph. p. 83. *n.* 279.
Eleotris capite plagioplateo, maxilla inferiore longiore, pinnis ventralibus difcretis.
Pif. ind. l. 3. *p.* 72. *Raj. pifc. p.* 80. *n.* 1. Amore pixuma.
Habitat in America *auftrali.*

160. **COTTUS.** *Caput* corpore latius, spinosum; *oculi* verticales, membrana nictitante instructi.

Membrana branchiostega radiis sex.

Corpus teres, squamis nudum, versus caudam attenuatum.

Pinnae dorsales una, plures.

cataphra- 1. C. *loricatus*, rostro verru-
ctus. cis 2 bifidis, capite subtus cirroso. *Fn. suec.* 324.
Brünn. pisc. mass. p. 31.
n. 43. Müll. prodr. zool.
dan. p. 44. n. 369. O.
Fabr. Fn. groenl. p. 155.
n. 112.
Muf. Ad. Fr. 1. p. 70. Cottus cirris plurimis, corpore octogono.
Art. gen. 49. syn. 77. spec.
87. Idem.
Bloch. Fisch. Deutschl. 2 p.
15. t. 38. f. 3. 4. Cottus
corpore octogono.
Gron. mus. 1. p. 46. n. 105.
act. Helvet. 4. p. 262. n.
140. zooph. p. 79. n. 271.
Klein miss. pisc. 4. p. 42.
n. 1. Cottus cataphractus
rostro resimo, quatuor ossiculis munito &c.
Will. ichth. p. 212. t. N. 6.
f. 2. 3. Raj. pisc. p. 71.
Seb. mus. 3. p. 81. t. 28.
f. 6. Cottus cataphractus.
Penn. brit. zool. 3. p. 178.
n. 2. t. 11. Pogge.

D. 5. 7. P. 16. V. 2. A. 7. C. 11.
D. 5. P. 15. V. 3. A. 6. C. 11.
D. 5. 7. P. 15. V. 3. A. 6. C. 10.

Habitat in mari europaeo, *inter saxa arenae littori propinquae, inter quae Majo ova quoque sua ponit, insectis*

aqua-

aquaticis, potissimum ex cancri genere, victitans, edulis, vix ultra 6 pollices longus, fuscus, subtus albus, versus caudam sensim attenuatus. Caput supra scuto osseo tuberculis et foveis inaequali tectum; oculi *laterales*, rotundi, pupilla nigra, iride flava; os *inferum*, mediae magnitudinis, lunatum; mandibulae cum palato pluribus ordinibus dentium minutorum et acutorum, et cirrorum seriebus curvatis sex armatae, superior longior; lingua lata tenuis; branchiarum apertura ampla, operculum simplici lamina constans; truncus scutorum osseorum, supra in mucronem incurvum terminatorum, infra radiatorum ordinibus longitudinalibus 8 tectus; dorsum maculis 3-4 nigris varium; linea lateralis media recta; anus capiti propior; pinnae dorsales cinereae maculis nigris quadratis variae, prioris radiis spinarum instar prominentibus; pectorales subrotundae canae, nigro-maculatae, magnae; ventrales angustae longae; analis basi nigra; caudalis rotundata, radiis ramosis.

quadricornis. 2. C. verrucis capitis 4 osseis.
Syst. nat. VI. p. 47. t. 4.
f. 3. Fn. suec. 321. Mus.
Ad. Fr. 1. p. 70. t. 32. f. 4.
Art. gen. 48. spec. 84. Cottus scaber, tuberculis 4 corniformibus in medio capite. D. 9,14. P. 17. V. 4. A. 14. C. 12.
O. Fabr. Fn. Groenl. p. 157. n. 114. Cottus scorpioides? D. 10,15. P. 15. V. 3. A. 12. C. 15.
Habitat in mari balthico et groenlandico, in fluvios etiam adscendens, scorpio affinis, at minor, magis obscurus fusco-nebulosus, subtus sordide flavus, insectis vermibusque marinis victitans, vorax, audax, incautus, inter fucos se occultans, et hic quoque ova sua pallida deponens, pinnas pectorales maximas perpetim motitans, edulis. Femina magis obscura, subtus ex fusco flava.

grunniens. 3. C. gula ramentis villosa, corpore nudo. Mus. Ad.
Fr. 2. p. 65.* D. 2,26. P. 18. V. $\frac{1}{3}$. A. 22. C. 12.
Gron. mus. 1. p. 46. n. 106.
zooph. p. 79. n. 269. Cottus alepidotus varius, maxilla inferiore longiore multum cirrata. D. $\frac{1}{25}$. P. 23. V. 3. A. 19. C. 15.
Bloch.

PISCES THORACICI. Cottus.

Bloch ausl. Fisch. 2. *p.* 157.
t. 179. Cottus glaber, maxilla inferiore multum cirrata.   D.3,20. P.22. V.4. A.16. C.11.
Seb. muf. 3. *p.* 80. *n.* 4. *t.*
23. *f.* 4. Cottus alepidotus varius, maxilla inferiore longiore cirrata.
Klein mijf. pijc. 4. *p.* 46. *n.* 8.
Coryſtion capite craſſo, ore ranae amplo edentulo, fciſſura oris perpendiculari.
Marcgr. braf. p. 78. *Will. ichth. p.* 289. *t. S.* 11. *f.* 1. *app. p.* 3. *t.* 4. *f.* 1. *Raj. piſc. p.* 92. *n.* 7. *et p.* 150. *n.* 7. Nigui.

β) *Muf. Ad. Fr.* 2. *p.* 65.   D.2,21. P.22. V.$\frac{1}{3}$. A.16. C.12.
Habitat in India *et auſtrali* America, *punctis plurimis pervius, fuſcus, ad latera ex albo fuſcoque varius, dum contrectatur, grunniens, carne ſapida, hepate tanquam viroſo proſcripto.*
Caput *magnum;* oculi *minuti, pupilla nigra, iride rubra;* rictus *ampliſſimus;* lingua *lata, et cum palato, glabra;* mandibulae, *quarum inferior longior, et robuſta* labia dentium acutorum, *diſtantium, introrſum curvatorum ordine, haec duplici, illae ſimplici armata;* branchiarum *apertura ampliſſima,* operculum *ſimplici lamina 4 aculeis armata conſtans, membrana libera;* anus *in medio corporis;* pinnae *fuſco-maculatae, radiis plurimae ramoſis;* pectorales *et* ventrales *rubicundae, ceterae cinereae;* ventralium dorſaliumque *radii ſimplices; prioris anteriores 2 ſpinoſi.*

ſcaber. 4. C. capite ſtriis corporisque ſquamis ſerratis, linea laterali elevata. *Muf. Ad. Fr.* 2. *p.* 66.   Br.7. D.9,11. P.2. V.$\frac{1}{5}$. A.11. C.12.
Bloch ausl. Fiſch. 2. *p.* 159.
t. 180. Cottus linea laterali aculeata.   Br.6. D.8,12. P.18: V.6. A.12. C.16.
Habitat in India, *teſtaceis cancrisque victitans, compreſſus, argenteus, ſupra caeruleſcens, taeniis 6 rubicundis circum*

Iiii 2   *circa*

circa cinctus, squamis minutis, duris, denticulatis, arcte adhaerentibus vestitus.

Caput *oblongum, aculeis 4 retrorsum versis hispidum, ad latera squamis exilibus asperis munitum;* oculi *ad verticem oblongi, pupilla nigra, iride argentea;* mandibula *inferior longior, utraque dentibus armata;* lingua *lata, tenuis;* rictus *oris et* branchiarum *apertura amplissima;* linea *lateralis aculeis retrorsum versis aspera;* anus *in medio corporis;* pinnae *plurimae radiis fissis;* pectorales *breves, latae, basi flavae, radiis variegatis;* ventrales *longae; caerulescentes, fasciis tribus flavis;* dorsalis *prima spadicea, radiis simplicibus spinosis;* reliquae pinnae *caerulescentes, radiis variegatis.*

Scorpius. 5. C. capite spinis pluribus, maxilla superiore paulo longiore. *Fn. suec.* 323.
It. scan. 325. Ulka.   D. 9, 16. P. 16. V. 3. A. 12. C. 12.
Mus. Ad. Fr. 1. *p.* 70. Cottus alepidotus, capite polyaeantho, maxilla superiore paulo longiore.   D. 10, 14. P. 14. V. 4. A. 13. C. 8.
Fn. suec. 280. *Art. gen.* 49. *syn.* 77. *spec.* 86. Cottus idem.   D. 7, 17. P. 14. V. 4. A. 13. C. 8.
Gron. mus. 1. *p.* 46. *n.* 104. *act. helvet.* 4. *p.* 262. *n.* 139. *zooph. p.* 78. *n.* 268. Cottus idem.   D. 10, 14. P. 16. V. 4. A. 10. C. 12.
Bloch. Fisch. Deutschl. 2. *p.* 18. *t.* 39. Cottus maxilla superiore longiore, radiis pinnarum pectoralium indivisis.   D. 10, 16. P. 17. V. 3. A. 12. C. 18.
Klein miss. pisc. 4. *p.* 47. *n.* 11. *t.* 13. *f.* 2. 3. Corystion capite-maximo et aculeis valde horrido &c.
Jonst. pisc. t. 47. *f.* 4. 5. Scorpius marinus.
Aldr. pisc. p. 202. Scorpaena alia.
Will. ichth. p. 138. *et app. p.* 25. *t.* X. 15. *Raj. pisc.*

p. 145.

PISCES THORACICI. Cottus.

p. 145. n. 12. et 142. n. 3.
Scorpaenae Bellonii simi-
lis, et Scorpius virginius.
Act. nidrof. 2. p. 345. t. 13.
14. Fifk-Sympen.
Edw. glean. t. 284. Sea-
Scorpion.
Seb. muf. 3. p 81. t. 28. f. 5.
Brit. zool. 3. p. 179. n. 3.
Father-lafher.
Habitat in oceani *septentrionalis* europaei *et* americani *profundis; praedam quaesiturus superficiei propior, aestate
ad littora accedens, Decembri et Januario, ovula rubef-
centia inter fucos deponens, velocissime natans, audax,
agilis, incautus, voracissimus, blennios, gados, clupeas,
salmones persequens; ad 2 ulnas usque longus, versus caudam attenuatus, verrucis exilibus, spinosis (in femina
minoribus) tectus, compressus, supra fusco-varius; lituris
punctisque albis, subtus albo-varius, (femina subtus alba) Groenlandis absque noxa edulis.*
Caput *tuberculis spinosis polygonum, 2 mollibus ante oculos
magnos oblongos, in vertice positos, pupilla nigra, iride
ochroleuca; genae compressae; rictus amplissimus; mandibula utraque antrorsum, retrorsumque mobilis, prouti
palatum, dentibus armata; lingua brevis, crassa, dura;
branchiarum apertura ampla, operculum laminis 2 constans, linea lateralis recta; dorso propior; anus in medio
abdominis; pinnae radiis simplicibus rubrae albo-macu-
latae, (feminae albae nigro-striatae) ventrales longae,
caudalis rotundata, radiis fissis.*

Gobio. 6. C. laevis, capite spinis duabus. *Müll. prodr. zool.
dan.* p. 44. n. 368. O.
Fabric. fn. groenl. p. 159.
n. 115.
Fn. suec. 322.   D. 7, 18. P. 14. V. 4. A. 13. C. 10.
Art. gen. 48. *syn.* 76. *spec.* 82.
Cottus alepidotus glaber
capite diacantho.   D. 7, 17. P. 14. V. 4. A. 13. C. 8.
Bloch. Fifch. Deutschl. 2. p.
12. n. 1. t. 38. f. 1. 2.
Cottus spinis curvatis duabus ad utrumque opercu-
lum.   Br. 4. D. 7, 17. P. 14. V. 4. A. 12. C.

Iiii 3   *Rondel.*

Rondel. pifc. 2. *p.* 202. *Gefn.*
aquat. *p.* 400. *Ic. anim.*
p. 291. Cottus.
Gron. zooph. p. 79. *n.* 270.
Cottus alepidotus, capite
plagioplateo lato obtufo,
utrinque monacantho.
Gron. muf. 2. *p.* 14. *n.* 166.
Uranofcopus offículis pinnae dorfalis primae breviffimis, capite utrinque
monacantho. D. 7, 18. P. 14. V. 4. A. 12. C. 13.
Klein miff. pifc. fafc. p. 43.
n. 17. Percis capite laevis et brevis &c.
Salv. aquat. p. 216. Citus.
Bellon. aquat. p. 321. Gobius fluviatilis alter.
Jonft. pifc. p. 140. *t.* 29.
f. 11. Gobius capitatus.
Aldrov. pifc. p. 613. *Will.
ichth. p.* 137. *t. H.* 3. *f.* 3.
Raj. pifc. p. 76. *n. A.
Marf. Danub.* 4. *p.* 73.
t. 24. *f.* 2. Gubio fluviatilis capitatus.
Brit. zool. 3. *p.* 177. *t.* 11.
Bull-head.
Meyer Thierb. 2. *p.* 4. *t.* 12.
Rotzkolbe.

Habitat in Europae *et* Sibiriae *fluviis et rivis fundo arenofo vel faxofo, in foveis infra faxa latitans, ad 7 pollices longus, muco tenaci lubricus, verfus caudam attenuatus, verrucis rotundatis minutis obtectus, nigro-maculatus, fufcus, fubtus albus,* (mas cinereus, fufco-maculatus) *velociffime natans, infectis aquaticis, et ovis pifcium pifcibusque vix exclufis victitans, voraciffimus, Martio et Aprili ova pariens, a percis, farione, et lucio agitatus, carne fapida falubri, coctione rubefcente.*

Oculi *in medio capitis, minuti, pupilla nigra, iride flava;* mandibulae *aequales et cum* palato *et* faucibus *dentium acutorum feriebus armatae una pluribus;* lingua *libera, laevis;* branchiarum *operculum lamina fimplici conftans, membrana lata;* linea lateralis media; anus *in medio;*
pinnae

pinnae *caerulescentes nigro-maculatae radiis simplicibus;* (*feminae ventrales ex flavo et fusco variae*); *ventrales longae; caudalis brevis rotundata, radiis ramosis.*

japonicus. 7. C. corpore octogono, squamis osseis aculeatis loricato, cirris nullis. *Pall. spic. zool.* 7. *p.* 30. *t.* 5. *f.* 1 - 3.   D. 6,7. P. 12. V. 2. A. 8. C. 12.
Habitat in mari insulas Kuriles et Japoniam alluente, pedalis, cataphracti habitu, ex albo subflavus, in dorso fuscescens, subtus scaberrimus.
Caput *longum, postice depressum, latum, antrorsum angustatum in rostrum obtusum, scuto subbiangulato supra mandibulas mobiles prominens, os parvum;* ante nares *spinula recurva;* oculorum *pupilla ampla nigra,* irides *argenteo - inauratae;* branchiarum *operculum lunatum, membrana scabra;* anus *capiti propior;* pinnae *rivulis fuscis fasciatae, radiis scaberrimis, simplicibus; caudalis magnaeque pectorales rotundatae.*

insidiator. 8. C. capite supra lineis acutis, ad latus spinis duabus scabro.   Br. 8. D. $\frac{7}{11},\frac{7}{7},\frac{10}{13}$. P. 19. V. $\frac{1}{3}$. A. 14. C. 15.
Forsk. Fn. arab. p. 25. *n.* 8.
Habitat in Arabia, *gobioni affinis, sesquicubitalis, in arenosis arenam ingrediendo piscibus insidias struens, depressus, versus caudam attenuatus, supra griseus punctis maculisque fuscis varius, subtus albus.*
Cauda *alba, macula media flava bifida, duabusque inaequalibus atris linearibus obliquis.*

massiliensis. 9. C. capite polyacantho, pinnis dorsalibus coadunatis. D. $\frac{12}{2}$. P. 17. V. $\frac{1}{5}$. A. $\frac{3}{9}$. C. 12.
Habitat in mari mediterraneo, *scorpio affinis, at sinus inter utrumque oculum;* pinnae *dorsales condunatae radiis spinosis.*

monopterygius. 19. C. dorsi pinna unica, capite inermi. *Bloch ausl. Fisch.* 11. *p.* 156. *t.* 178. *f.* 1. 2.   D. 5 P. 4. V. 2. A. 5 C. 6.
Habitat ad Tranquebar, *cancrorum vermiumque aquaticorum progenie victitans, supra fuscus, ad latera cinereus punctis fasciisque fuscis, subtus maculis albis varius, angustus, longus, octogonus, posterius hexagonus.*

Iii i 4   Oculi

Oculi *praegrandes, oblongi, ad verticem, pupilla nigra, iride argentea;* mandibula *superior longior, spinis 2 retrorsum curvatis horrida;* branchiarum *apertura amplissima, operculum lamina simplici constans;* truncus *anterius latus, supra ad caudam usque excavatus, scutis octogonis loricatus:* anus *capiti propior;* pinnae *cinereae, plurimae radiis fissis; pectorales longae lataeque et caudalis rotundata fusco-maculatae;* ventrales *angustae, radiis simplicibus; dorsalis et analis breves.*

161. SCORPAENA.
Caput magnum, aculeatum, cirrosum, obtusum, squamis nudum, subcompressum: *Oculi* vicini. *Dentes* maxillis, palato faucibusque.

Membrana branchiostega radiis septem.

Corpus torosum.

Pinna dorsalis unica, longa, radiis anterioribus spinosis.

Porcus. 1. Sc. cirris ad oculos naresque. D. $\frac{12}{2\frac{1}{2}}$. P. 18. V. 7. A. $\frac{3}{8}$. C. 15.
    Muf. Ad. Fr. 1. *p.* 68. Zeus cirris supra oculos et nares. D. $\frac{12}{2\frac{1}{2}}$. P. 18. V. $\frac{1}{6}$. A. $\frac{3}{8}$. C. 12.
    Art. gen. 47. *syn.* 75. Scorpaena pinnulis ad oculos et nares. D. $\frac{12}{2\frac{1}{2}}$. P. 16. V. $\frac{1}{6}$. A. $\frac{3}{8}$. C. ..
    Hasselq. it. 330. Idem. D. $\frac{12}{2\frac{1}{2}}$. P. 16. V. 6. A. $\frac{3}{8}$. C. 13.
    Bloch ausl. Fisch. 3. *p.* 5. *r* 181. Scorpaena squamis parvis, maxilla inferiore imberbi. D. $\frac{12}{2\frac{1}{2}}$. P. 16. V. $\frac{1}{6}$. A. $\frac{3}{8}$. C. 18.
    Brünn. pisc. mass p. 32. *n.* 44. Scorpaena corpore varie nebuloso punctatoque, cirris ad oculos naresque.
    Klein. miss. pisc. 4. *p.* 47. *n.* 13. Corystion sordide flavescens &c.

Plin-

PISCES THORACICI. Scorpaena.

Plin. hist. mund. l. 33. *c.* 21.
Jov. de pisc. c. 23. *Bellon.
aquat. p.* 148. *Salvian.
aquat. p.* 202. *Rondel.
pisc.* 1. *p.* 201. *Will. ichth.
p.* 331. *t.* X. 13. *f.* 1. *Raj.
pisc. p.* 142. *n.* 1. Scorpaena.
Aldr. de pisc. p. 201. Scorpius Rondeletii.
Jonst. de pis. p. 74. *t.* 19. *f.* 10. Scorpius minor.

Habitat gregaria in maris mediterranei, *aliarumque* oceani *regionum littore*, *inter fucos piscibus inhians*, *quibus*, *et si deficiant*, *cancris victitat*, *contrectata pinnam dorsi erigens*, *ejusque spinis vulnerans*, *carne tenaci parum eduli*, *ultra pedem vix longa*, *squamis exilibus asperis obtecta*, *fusca*, *ad latera superius nigro-maculata*, *interius alba*, *subtus rubescens.*

Caput *magnum*; oculi *grandes*, *ad verticem*, *pupilla nigra linea aurea et iride rubra cincta*; rictus *amplus*; mandibulae *pluribus seriebus dentium exiguorum acutorum armatae*; palatum *asperum*; lingua *brevis*, *laevis*; branchiarum *apertura ampla*, *operculum spinis tribusque cirris auctum*; linea *lateralis recta dorso*; anus caudae propior; pinnae *rubescentes fusco-maculatae*, *radiis plurimae ramosis*; *dorsalis longa dimidiatim, fusca*; *aculeis* 12 *fortibus retrorsum curvatis*; *pectorales cinereae*, *radiis bifidis*; *ventrales immaculatae*, *radio primo*, *analis radiis tribus prioribus spinosis*; *pectorales radiis flavis nigromaculatis.*

Scrofa. 2. Sc. cirris duobus ad labium inferius.
Art. gen. 27. *syn.* 76. Scorpaena tota rubens, cirris plurimis ad os.
Bloch ausl. Fisch. 3. *p.* 10. *t.* 182. Scorpaena squamis magnis, cirris ad lineam lateralem.
Gron. mus. 1. *n.* 103. Scorpaena capite cavernoso, cirris geminis in maxilla inferiore?

D. - - P. 19 V. - A. - C. - -

Br. 6. D. $\frac{12}{22}$. P. 19. V. $\frac{1}{6}$. A. $\frac{1}{8}$. C. 12.

D. $\frac{12}{22}$. P. 15. V. - A. 6. C. 13.
Gron.

Gron. zooph. p. 87. *n.* 297. Perca dorso monopterygio, capite subcavernoso aculeato alepidoto: ore imberbi, cirrulis ad oculos, latera corporis et capitis.

Brünn. pisc. massil. p. 32. *n.* 45. Scorpaena corpore rubro maculis obscurioribus, capite cirroso.

Brown jam. p. 454. *n.* 3. Trigla subfusca nebulata, cirris binis ad oculos, aliis brevioribus.

Klein. miss. pisc. 4. *p.* 47. *n.* 13. Corystion sordide flavescens &c.

Seb. mus. 3. *p.* 79. *n.* 2. *t.* 28. *f.* 2. Cottus squamosus varius, appendiculis ad maxillas, nares et lineam lateralem.

Plin. hist. mund. l. 9. *c.* 51. et *l.* 32. *c.* 5. Scorpio.

Rondel. pisc. 1. *p.* 201. *Gesn. aq. p.* 845. *ic. anim. p.* 84. *Salv. aq. p.* 197. *Oppian. pisc.* 1. *p.* 12. *Aldr. pisc. p.* 196. Scorpius vel Scorpio.

Bellon. aq. p. 148. Scorpio marinus.

Jonst. de pisc. p. 74. *t.* 19. *f.* 9. *Will. ichth. p.* 31. *t.* X. 12. *Raj. pisc. p.* 142. *n.* 2. Scorpius major.

D. $\frac{12}{22}$. P. 15. V. $\frac{1}{5}$. A. - C. 14.

Habitat *in mari atlantico, mediterraneo et septentrionali, voracissimus, non pisces modo sed et aves marinas comedens, in Italia edulis, ad* 4 *usque ulnas longa, ex spadiceo paulisper albicans, fusco-maculata, squamis magnis vestita.*

Caput *magnum; oculi grandes, pupilla nigra supra cirris* 3*, iride flava et rubescente radiis* 4 *fuscis aucta; rictus amplus; genae et mandibula inferior cirris auctae; utraque aequa-*

PISCES THORACICI. Scorpaena. 1217

aequalis, et, prouti lingua, palatum *et* faux, *dentibus acutis retrorfum curvatis armata;* branchiarum *apertura ampla, operculum* 2 *majoribus pluribusque minoribus aculeis horridum;* linea *lateralis dorfo propior et parallela cirris afpera;* anus *caudae propior;* dorfum *fufcum;* pinnae *caerulefcentes, radiis ex flavo fufcoque variis, pleraeque bifurcis, ventrales carnofis.*

horrida. 3. Sc. tuberculis callofis adfperfa.
Gron. zooph. p. 88. n. 292. t. 11. 12. 13. f. 1. Perca alepidota, dorfo monopterygio: capite cavernofo tuberculato: officulis pinnae dorfi anticis membrana dilatata lobatis. Br. 5. D. $\frac{11}{20}$. P. 15. V. 6. A. $\frac{5}{7}$. C. 14.
Bloch. ausl. Fifch. 3. p. 15. t. 183. Scorpaena alepidota. Br. 5. D. $\frac{11}{20}$. P. 16. V. $\frac{1}{8}$. A. $\frac{3}{8}$. C. 12.
Valent. ind. 3. p. 399. f. 170. Ikan Swangi Bezar, de groote Tovervifch.
Renard. poiff. 1. t. 39. f. 199. Ikan Swangi Touwa.
Habitat in India, *teftaceis cancrisque victitans, ex fufco alboque varia, fquamis nuda, cirris undique hirta.*
Caput *magnum, tuberculis, finubus, aculeis inaequale;* oculi *minimi, pupilla nigra, iride flava, fupra finum profundum pofiti;* os *fuperum, rictu amplo;* mandibulae *dentibus plurimis minutis armatae;* inferior *ferri equini facie fupra convexa gibba;* fuperior *convexa praeter* 2 *offa labialia tertio adhuc munita;* lingua *lata, libera, rotunda et cum palato laevis;* faux *dentibus plurimis exiguis acutis afpera;* branchiarum *apertura ampliffima;* linea *lateralis a nucha incipiens, prope pinnam analem deorfum flexa, in medio pinnae caudalis terminata;* pinnae *cute craffa, radiis robuftis bifurcis munitae.*

volitans. 4. Sc. pinnis dorfalibus tredecim, cirris fenis, pinnis pectoralibus corpore longioribus.
Syft. nat. XII. 1. p. 491. n. 9.
Gafterofteus volitans.

Bloch.

Bloch ausl. Fisch. 3. p. 18.
t. 184. Scorpaena pinnis pectoralibus corpore longioribus. Br. 6. D. 1½/2¼. P. 14. V. 6. A. 3/10. C. 12.
Gron. musf. 2 p. 33. n. 191.
Perca dorso monopterygio, capite cavernoso, maxilla superiore cirris quatuor, cauda subrotunda utrinque aculeata. D. 13. 12. P. 14. V. 6. A. 1/9. C. 13.
Gron. zooph. 1. p. 89. n. 294.
Perca dorso monopterygio: operculis diacanthis squamosis, ciliis maxillaque superiore cirrosis, cauda rotundata utrinque aculeata.
Klein misf. pisc. 5. p. 76. n. 1. et nr. 2. t. 4. f. 6. Pseudopterus colore subobscuro aut fusco lineis subcaeruleis &c. et Pseudopterus lineis croceis &c.
Seb. musf. 3. p. 79. t. 28. f. 1. Cottus squamosus rostro bifido.
Ruysch theatr. an. 1. p. 4. n. 1. t. 3. f. 1. Ikan svangi.
Renard poiss. 1. t. 6. f. 41. p. 12. t. 43. n. 215. Louw.
Valent. ind. 3. p. 415. f. 213. Kalkoevensisch.
Nieuh. ind. 2. p. 268. f. 4. Amboynsche Visch.
Will. ichth. app. p. 1. t. 2. f. 3. *Raj. pisc.* p. 98. n. 26. Perca amboinensis.

Habitat rarior in Amboinae et Japoniae *aquis dulcibus, perca fluviatili minor, deliciosa, piscibus aliis junioribus victitans, fasciis fuscis, lineisque intermediis aurantiis et albis alternis variegata, squamis minutis imbricatis vestita.*
Caput *declive, aculeis et cirris maxime inaequale, anterius latius;* oculorum *pupilla nigra, iris alba, radiis caeruleis et nigris;* rictus *oris amplus;* mandibulae *aequales; multis*

PISCES THORACICI. Scorpaena.

tis exilium acutorumque dentium seriebus armatae; labia retractilia; lingua libera, tenuis, acuminata; branchiarum apertura ampla, operculum squamis minutum; linea lateralis ex plurimis lineis elevatis punctisque albis conflata, ab oculo incipiens; pinnae pleraeque radiis pluribus bifurcis; pectorales, pisci ab hoste agitato, ut supra aquam se elevet, inservientes, simplicibus, membrana violacea albo-punctata connexis; dorsalis radiis 12 prioribus spinosis ex fusco et flavo variis, infra membrana obscura connexis, superius liberis, reliquis nigris flavo-maculatis; ventrales violaceae albo punctatae.

antennata. 5. Sc. fascia oculari. Bloch ausl. Fisch. 3. p. 21. t. 185.   Br. 6. D. $\frac{12}{24}$. P. 17. V. 6. A. $\frac{3}{10}$. C. 12.

Habitat in Amboinae fluviis, aliis piscibus victitans, carne deliciosa, volitanti affinis, at paulo major; caput minus declive, multis striis fasciisque varium; oculi majores; cirri supraoculares teretes, ossa labii superioris duplo longiora, mentum album, duplex infra oculum aculeorum series, nares duplices oculis fere contiguae, pinnae pectorales minores et dilutiores, fasciae truncum permeantes latiores, squamae denique majores.

didactyla. 6. Sc. digitis duobus distinctis ad pinnas pectorales. Pall. spic. zool. 7. p. 26. t. 4. f. 1-3.   D $\frac{16}{24}$. P. 10. V. 6. A. 12. C. 12.

Habitat in oceano indico, horrida saepe major, pedalis, fusca, lurida, subtus guttis, supra lituris aliquot flavis varia, squamis nuda.

Caput depressum, hiulcum, foveis inter rostrum truncatum oculosque duabus; ad rostrum et operculorum basin utrinque rugoso-angulosum oculi in vertice; os transversum; mandibula inferior longior, utraque margine; palatum antrorsum, faux inferius dentibus scabra; lingua prominens, granulis flavis liturisque nigris varia; cirri carnosi, maximus utrinque in mandibula inferiore; linea lateralis dorso parallela; anus pone pinnarum ventralium terminum; pinnae radiis pluribus ramento auctis, pectorales magnae, ovatae, una cum cauda rotundata nigro fasciatae; dorsalis a capite ad caudam continua.

capensis. 7. Sc. capite utrinque supra oculos quadridentato, cau-

da fubaequali. *Gron. zooph.*
p. 88. n. 293. — Br. 6. D. $\frac{14}{20}$ P. 18. V. $\frac{1}{6}$. A. $\frac{3}{9}$. C. 12.
Habitat in mari caput bonae fpei *alluente*, 11 *pollices longa, fquamis parvis, fcabris, imbricatis veftita.*
Caput *magnum, convexum, fuperne parum declive;* oculi *magni, laterales; rotundi, cute-communi tecti;* os *ingens;* mandibulae *aequales;* branchiarum *opercula ampliffima, fquamis tecta, lamina fuperiore, quadridentata, inferiore pofterius acuminata;* dorfum *carinatum, arcuatum;* linea *lateralis recta dorfo propior;* pinnae *radiis ramofis; dorfalis a regione operculorum branchialium ad caudam usque protracta; pectorales ovatae magnae.*

spinofa. 8. Sc. linea laterali spinofa.
   Ind. *muf.* Linck. I. *p.* 41.
   Scorpaena capite fpinofo, pinna dorfali fuper oculis incipiente et per totum dorfum excurrente, linea laterali spinofa, compreffo corpore.
   An propria species?

americana. 9. Sc. pinnis pectoralibus fuborbiculatis.
   du Hamel de Monceau pêche. III. 2. *p.* 93. *n.* 7. *t.* 2. *f.* 5. Diable. oi. Crapaud de mer d'Amérique.

162. ZEUS. *Caput* compreffum, declive; *Labium* fuperius membrana transverfa fornicatum. — *Lingua* fubulata.

Membrana branchioftega radiis septem perpendicularibus: infimo transverfo.

Corpus compreffum, tenue, fplendens.
Pinnae dorfalis prioris radii filamentofi.

Vomer. 1. Z. cauda bifurca, spina ante caudam analem dorfalemque recumbente.

Muf.

Muſ. Ad. Fr. 1. *p.* 67 *t.* 31.
f. 2. Zeus cauda bifurca. $D. 8, \frac{1}{21}. P. 18. V. 5. A. \frac{1}{26}. C. 23.$
Bloch. ausl. Fiſch. 3. *p.* 43!
t. 193. *f.* 2: Zeus radio
dorſali analique ſecundo
longiſſimo. $D. \frac{6}{21}. P. 18. V. 6. A. \frac{1}{22}. C. 19.$
Müll. prodr. zool. dan. p. 44.
n. 370. Zeus cauda bifurca, colore argenteo purpureoque ſplendens.
Klein. miſſ. piſc. 4. *p.* 38. *n.*
7. 8. *t.* 12. *f.* 1. Tetragonoptrus ſquamulis pinnisque ſplendentis nigri &c. et Tetragonoptrus totus argenteus &c.
Brown. jam. p. 455. *n.* 2. Rhomboida major, alepidota &c.
Marcgr. braſ. p. 145. *Will. ichth. t.* O. 1. *f.* 4. *Jonſt. de piſc. p.* 178. *t.* 32. *f.* 3.
Ruyſch theatr. anim. 1. *p.* 124. *t.* 32. *f.* 3. Guaperva.

Habitat in mari Braſiliam *et* Norwegiam *alluente, ad dimidium pedem longus, ſquamis nudus, ex argenteo caeruleſcens aut purpuraſcens, teſtaceis cancrisque victitans, carne pauca, ſed ſapida.*

Caput anguſtum, elongatum; oculi *rotundi, pupilla nigra, circulo argenteo alteroque rubro cincta;* os *mediae magnitudinis;* mandibulae *dentibus minutiſſimis acutis armatae, inferior longior;* branchiarum *apertura ampla;* operculum *ſimplici anguſta lamina conſtans, membranam abſcondens;* linea *lateralis ab hoc operculo incipiens, dorſum verſus arcuata;* anus *mox pone pinnas ventrales anguſtas; ante pinnam dorſalem et analem* ſpina *retrorſum curvata frequenter duplex;* pinnae *longae, caeruleae, radiis pleraeque apice bifidis;* pectorales *et* ventrales *ramoſis.*

inſidiator. 5. Z. ore anguſto. *Bloch ausl.*
  Fiſch. 3. *p.* 41. *t.* 192.
  f. 2. 3. $D. \frac{7}{24}. P. 16. V. \frac{1}{6}. A. \frac{3}{20}. C. 18.$
Habitat in Indiae *aquis dulcibus, ſquamis nudus, cute tenui argentea veſtitus, prope ſuperficiem aquae natans, inſectis*

sectis aquaticis victitans, quae aqua per branchias haufla per os extrusa humectata, rapit, carne sapida. Koenig.
Caput parvum, anterius *subsinuatum;* oculi *iride ex argenteo flava;* mandibulae *dentibus exiguis acutis armatae; inferiore perpendiculari, in angulo ad menti ortum articulata, superioris motum sequente;* branchiarum *apertura amplissima, operculum duplici lamina constans;* linea *lateralis dorso propior, prope ortum subarmata, ad finem pinnae dorsalis interrupta;* anus *mox pone pinnas ventrales;* latera *argentea, nigro-punctata,* dorsum *fuscum nigro-maculatum, ad marginem duplici aculeorum retrorsum curvatorum serie armatum, inter quam fossula pro pinna dorsali; hujus radii priores* 7, *analis radii priores* 3, *ventralium quartus spinosus, reliqui omnium molles, apice bifidi, pectoralium caudaeque ramosi.*

Gallus. 2. Z. radio dorsali decimo analique secundo corpore longioribus. *Bloch ausl. Fisch.* 3. p. 38. t. 192. f. 1. D. $\frac{9}{24}$. P. 16. V. 6. A. $\frac{1}{14}$. C. 24.
Gron. mus. 1. n. 108. *zooph.* p. 96. n. 312. Zeus cauda bifurca. D. $\frac{9}{31}$. P. 20. V. 6. A. $\frac{1}{20}$. C. 17.
Klein miss. pisc. 4. p. 38. n. 8. 9. Tetragonoptrus totus argenteus laevissimus &c. et Tetragonoptrus laevissimus &c.
Art. gen. 35. *syn.* 78. Zeus cauda bifurca.
Seb. mus. 3. p. 72. n. 34. t. 26. f. 34. Piscis Abucatuaja Brasiliensibus, Peixe Gallo Lusitanis vocatus.
Marcgr. bras. p. 161. *Pis. ind.* p. 154. *Will. ichth.* p. 295. t. S. 18. f. 2. *Raj. pisc.* p. 99. n. 28. *Jonst. pisc.* p. 202. t. 37. f. 2. *Ruysch theatr. anim.* p. 141. t. 37. f. 2. Abacatuaja.
Brown. jam. p. 455. Larger Siluerfish with long fins.
Nieuh. ind. I. p. 270. Meerhaehn.

Du

Du Tertr. antill. 2. p. 215.
t. p. 209. Lune.
Renard poiff. 2. t. 26. f. 128.
Bonte Laertje ou Rameur.
Habitat in maris americani et indici zonis omnibus, tenuiſſimus, ſquamis nudus, ex argenteo-vireſcens, ad dimidium pedem longus, vermibus inſectisque marinis victitans, carne ſapida.
Caput magnum; oculi rotundi magni, pupilla nigra, iride ex fuſco argentea; os amplum; mandibulae dentibus minimis armatae; labium ſuperius oſſibus duobus, latis; branchiarum apertura ampla; operculum longum, ſimplici lamina conſtans, membranam occultans; linea lateralis mox ad ortum arcuata; anus mox pone pinnas ventrales; pinnae laete virides; dorſalis 9, analis 10 radii poſteriores apice bifidi: reliquarum omnes ramoſi.

ciliaris. 6. Z. radiis quibusdam in pinna dorſali analique longioribus. *Bloch ausl. Fiſch.*
3. p. 36. t. 191.   D. 30. P. 17. V. 5. A. 19. C. 21.
Habitat in India, rhombi fere figuram prae ſe ferens, tenuiſſimus, ſquamis nudus, argenteus, dorſo tamen caeruleſcente, vix edulis, utrinque arcuatus.
Caput parvum; oculi magni, rotundi, pupilla nigra, iride argentea; os mediae amplitudinis; mandibulae brevibus acutis dentibus armatae, inferior longior; labium ſuperius oſſibus duobus longis et latis; branchiarum apertura ampla, operculum flavum, duplici lamina conſtans, dimidiam membranae partem tegens; pinnae fuſcae, ventrales longae, pectorales anguſtae, caudalis bipartita, radiis ramoſis; dorſalis radii 11 anteriores breviſſimi ſimplices, hos ſequuntur 6 longiſſimi; analis primus brevior, 6 inſequentes longiſſimi.

Faber. 3. Z. cauda rotundata, lateribus mediis ocello fuſco, pinnis analibus duabus.
Brünn. piſc. maſſ. p. 33.
n. 46.   D. 10, 23. P. 13. V. $\frac{1}{6}$. A. $\frac{4}{27}$. C. 13.
Muſ. Ad. Fr. 1. p. 67. t. 31.
f. 2. Zeus ventre aculeato, cauda rotundata.   D. 10, 23. P. 13. V. $\frac{1}{5}$. A. 21. C. 16.

Art. gen. 50. *syn.* 78. Zeus ventre aculeato, cauda in extremo circinata. D. 10,24. P. 14. V. $\frac{1}{7}$. A. $\frac{4}{26}$. C. - -
Bloch Fisch. Deutschl. 2. p. 24 t. 41. Zeus pinna ani gemina. D. 10,21.P.12.V.9.A.5,21.C.13.
Gron muf. 1. *p.* 47. *n.* 107.
zooph. p.96. n. 311. D. 10,21.P.13.V.7.A.4,22.C.14.
Klein miss. pisc. 4. *p.* 39. *n.* 11. Tetragonoptrus capite amplo &c.
Plin. hist. mund. l. 9. *c.* 18. et l. 32. c. 11. *Salv. aq.* p. 203 *Gesn. aq.* p. 369. ic. anim. p 63. *Aldr. pisc.* p. 112. *Jonst. pisc.* p. 58. *Ruysch theatr. anim* p. 37. t. 17. f. 1 *Rondel. pisc.* 1. p. 328. *Will. ichth.* p. 294. t. S. 16. *Raj. pisc.* p. 99. Faber.
Brit. zool. 3. p. 181. n. 1.
Bellon. aq. p. 150. Dorée.
Jonst. pisc. t. 17. f. 1. 2.
Gesn. Thierb. p. 32. b. Meerschmid.

Ha*bi*tat *in pelago, vorax, sapidus, ad* 1$\frac{1}{2}$ *pedem longus, squamis tenuibus minutis vestitus, supra ex atro fuscus, ad latera ex viridi et flavo nitens.*

Caput *magnum; oculi grandes ad verticem vicini, pupilla nigra, iride flava; mandibulae dentibus acutis introrsum flexis seriatim armatae, ad angulos spina, superior retractilis brevior; branchiarum apertura amplissima, operculum magnum, duabus laminis constans;* mentum *et* humeri *duabus spinis hispidi;* dorsum *serie aculeorum inaequalium, a fine pinnae dorsalis posterioris ad caudam usque duplicium horridum;* linea lateralis *ab oculo incipiens, dorsi curvaturae parallela;* pinnae pectorales *breves, rotundatae, cinereae, margine flavae, radiis, quales etiam in ventralibus, ramosis; membrana radios pinnae dorsalis analisque nectens, nigricans; utraque posterior cinerea, radiis simplicibus; cauda rotundata, radiis flavis.*

4. Z.

PISCES THORACICI. Zeus. 1225

Aper. 4. Z. cauda aequali, corpore
rubente.
Art. gen. 50. *syn.* 78. Zeus
cauda aequali totus ru-
bens, roſtro reflexo. D. 9, 23. P. 14. V. ⅙. A. 3/20. C. --
Habitat Romae, Genuae.

Luna. 7. Z. cauda ſublunari, corpore rubente albo-guttato.
du Hamel des pêches 3. *p* 74.
t. 15. Poiſſon de lune
Habitat in mari Normanniam *alluente, ultra 3 pedes longus, diu extra aquam vivax, ſquamis vix conſpicuis cuti
exalbidae parum adhaerentibus veſtitus, extra aquam aureo, argenteo, caeleſti ſplendore refulgens.*
Caput *breve, rotundatum,* rubrum, *hinc inde aureum;*
oculi *magni;* dentes *minutiſſimi;* rictus *amplus;* pinnae
rubrae, cauda *fere alba.*

quadra- 8. Z. cauda aequali, corpore
tus. cinereo transverſim nigro-
faſciato.
Sloane jam. 2. *p.* 290. *n.* 5.
t. 251. *f.* 4. *Raj. piſc. p.*
160. Faber marinus fere
quadratus.
Habitat in mari Jamaicam *alluente, 5 pollices longus, verſus utrumque finem ſenſim anguſtatus, ſquamis veſtitus.*
Oculorum *pupilla nigra ampla, iris alba;* os *exiguum;*
dentes *exiles acuti, ſeriatim diſpoſiti;* lingua *rotunda,
cartilaginea;* linea *lateralis curva;* pinnae *dorſalis prioris radius p   longior, reliqui ſpinoſi.*

Kkkk 2   163.

163. PLEURONECTES. *Caput* parvum: *Oculi* fphaerici, ambo in eodem capitis latere, vicini; *os* arcuatum; *maxillae* dentatae inaequales.

Membrana branchiostega radiis quatuor ad feptem; *operculum* tribus laminis conftans (in plurimis)

Corpus compreffum carinatum, altero latere fubconvexo dorfum, altero plano pallidiore abdomen referente.

Anus capiti propior.

* *Oculis a latere dextro.*

trichoda- 1. Pl. corpore afpero, pinnis
ctylus. pectoralibus filiformibus. D. 53. P. 4. V. 5. A. 43. C. 16.
Art. gen. 18. *fyn.* 33. *fpec.*
60. Pleuronectes afper canefcens, pinnis lateralibus vix confpicuis.
Habitat in Amboina, *fufcus, maculis obfcuris varius.*

Zebra. 18 Pl. fafciis transverfis plurimis. *Bloch ausl. Fifch.*
3. *p.* 27. *t.* 181. D. 81. P. 4. V. 6. A. 48. C. 10.
Habitat in India, *elongatus, dorfi margine fufcefcente, medio albo, fafciis transverfis geminis, caudam verfus confluentibus, fquamis denticulatis afper.*
Caput fquamis tectum, oculi minimi, pupilla nigra, iride thalaffina; mandibula fuperior longior; branchiarum apertura ampla, operculum magnum; linea lateralis ab oculo incipiens recta; anus a capite remotior, quam congeneribus; pinnae flavae, fafciis fufcis, plurimae radiis fimplicibus non fqua-

PISCES THORACICI. Pleuronectes.

squamosis; pectorales tenerrimae; dorsalis et analis cum caudali connexae, cujus radii apice fissi.

Plagiusa. 2. Pl. corpore oblongo scabriusculo, pinna dorsali analique caudae unitis.
Habitat in Carolina, *subcinereus*. D. Garden.
Pinna *dorsalis et analis ita unita caudae, ut distingui nequeant, ne radiorum quidem longitudine.*

ocellatus. 3. Pl. corpore ocellis quatuor atris, iridibus albis. *Mus.*
Ad. Fr. 2. p. 68.*   D. 66. P. 3. V. 6. A. 55. C. 14.
Habitat Surinami.
Pinna *dorsalis plicata, caudalis fascia nigra picta.*

Hippoglossus. 4. Pl. corpore toto glabro. *Fn. suec.* 329. *Müll. zool. dan. prodr.* p. 44. n. 371. O.
Fabric. Fn. groenl. p. 161. n. 117.
Art. gen. 17. *syn.* 31. Pleuronectes oculis a dextra, totus glaber.   D. 105. P. 15. V. 6. A. 79. C.
Gron. mus. 2. n. 158.   D. 102. P. 16. V. 6. A. 78. C. 19.
Bloch Fisch. Deutschl. 2. p. 47. n. 6. t. 47. Pleuronectes pinna caudali lunulata.   Br. 7. D. 107 P. 15. V. 7. A. 82. C. 16.
Klein miss. pisc. 4. p. 33. n. 2.
Passer 4 cubitos longus.
Brit. zool. 3. p. 184. n. 1.
Holibut.
Habitat in oceano europaeo, *et americano septentrionali, post balaenas aquaticorum animalium maximus, ut* 400 *libras interdum pondere aequet; feratur piscibus, rajis, gadis,*

Pleuronectis *species in profundo maris, potissimum septentrionalis habitant, et vesica natatoria orbae, fundo propinquae, ut sulcum in arena exarant, et oblique natant, aliquando ad caput usque in arena latentes, hinc animalibus rapacibus vix expositae, nisi juniores rajae et molvae; plurimae sat magnae, inter omnia animalia singulares oculis ambobus ab eodem latere capitis (rarius variantes), et corpore latere altero superiore colorato, altero inferiore pallido; oculi membrana nictitante muniti, naribus duplicibus contigui; abdomen breve non costatum; pinnae molles, plurimae radiis simplicibus; ventrales et pectorales longae, caudalis plerumque rotundata, radiis bifidis.*

1228 PISCES THORACICI. Pleuronectes.

gadis, lumpis inhiat praeternatantibus voracissimus, aliorum interum animalium rapacium, delphinis et albicillae inprimis, praeda, superficiei propior, quam congeneres. obesus, saporis rancidi, vere ova sua pallide rubentia ad littora inter saxa ponens, squamis ex oblongo rotundis, firmissime inhaerentibus, mollissimis, mucoque obductus, supra hepatici coloris, subtus albus.
Oculi vicini, magni, pupilla nigra, iride alba, rarius sinistri; os amplum; dentes longi, acuti, curvati, distantes; mandibula superior mobilis; branchiarum apertura ampla; linea lateralis ad pectus arcuata, postea recta; pinnae obscure cinereae; pectorales oblongae; dorsalis supra oculos incipiens, analis, ante quam aculeus longus, et caudalis lunulata radiis membrana nectente longioribus, basi squamis munitae.

Cyno-   5. Pl. corpore oblongo glabro,
glossus.   dentibus obtusis; cauda
              subrotunda. *Gron. mus.*
              1. p. 14. n. 39. zooph.
              p. 13. n. 247.   D.112. P.11. V.6. A.102. C.24.
       O. Fabr. Fn. Groenl. p. 162.
       n. 118. Pleuronectes ocu-
       lis dextris, corpore oblon-
       go glabro, linea laterali
       obliqua non arcuata.

Habitat in oceano, Belgium *et* Groenlandiam *alluente, vix* 26 pollices longus.
An satis ab hippoglosso distinctus, quo delicatior, et in Groenlandiae sinubus profundis, hieme praesertim copiosior?

Platessa. 6. Pl. corpore glabro, tuber-
             culis sex capitis. *Fn. suec.*
             328. *Müll. prodr. zool.*
             dan. p. 44. n. 373.
             It. goth. 179.   D.74. P.11,6. V.6. A.54. C.20.
             It. scan. 326. Pleuronectes
             e
             Slatvar.   D.76. P.12. V.6. A.54. C.17.
        Art. gen. 17. *syn.* 30. Pleu-
             ronectes oculis et tubercu-
             lis 5 in dextra capitis, la-
             teribus glabris, spina ad
             anum.   D.77. P.12. V.6. A.55. C. --
        Gron. mus. 1. p. 14. n. 36.
             zooph. p. 72. n. 246. act.
             helvet. 4. p. 262. n. 142.   D.72. P.12. V.6. A.51. C.20.
                                                                    Bloch

Bloch Fifch. Deutfchl. 2. p. 31. t. 42. Pleuronectes tuberculis sex ad caput. Br. 6. D. 68. P. 12. V. 6. A. 54. C. 19.

Klein miss. pisc. 4. p. 33. n. 5. et p. 34. n. 6. Passer, in dextra squamis valde exiguis &c. et Passer ex obscure-cinereo marmoratus &c.

Bell. aq. p. 141. *Rondel. pisc.* 1. p. 316. *Gesn. aq.* p. 664. et 670. *Ic. anim.* p. 98. *Thierb.* p. 52. *Will. ichth.* p. 96. t. 3. *Raj. pisc.* p. 31. n. 3. Passer.

Aldr pisc. p. 243. *Jonst. pisc.* p. 99. t. 22. f. 7. 9. *Ruysch theatr. anim.* p. 59. 66. t. 22. f. 7-9. Passer laevis.

Will. ichth. p. 95. t. F. 1. *Raj. pisc.* p. 31. n. 2. Rhombus non aculeatus squamosus.

Brit. zool. n. 3. p. 186. n. 3. Plaise.

Habitat in Oceano europaeo, *testaceis minoribusque piscibus victitans, ad* 16 *libras usque ponderosus, Februario et Martio ova inter saxo fucosque littoris propiores ponens, multiplici modo edulis, squamis tenuibus, mollibus, in trunco deciduis vestitus, supra ex fusco cinereoque varius, subtus albus, guttis aurantiis.*

Caput *squamis arctius adhaerentibus, et propriis foveis immersis tectum;* oculis *mediocres, pupilla caerulescente, iride ex flavo viridi;* os *exiguum;* mandibulae *serie dentium minutorum obtusorum armatae, inferior longior, et utrinque lato osse labiali auctum;* palatum *et* lingua *glabra;* faux *ossibus duobus denticulatis aspera;* linea lateralis, *recta media;* pinnae *obscure cinereae,* dorsalis *supra oculum incipiens, et* analis, *antequam aculeus magnus, aurantio-guttatae, utraque et longa basi squamosa* caudalis *radiis membrana nectente longioribus.*

Flesus. 7. Pl. linea laterali aspera, spinulis ad pinnas. *Fn.*

fuec. 327. *Muf. Ad. Fr.*
2. *p.* 67.* *Müll. prodr.*
zool. dan. p. 45. *n.* 374. D. 55. P. 11. V. 6. A. 40. C. 14.
It. fcan. 326. D. 54. P. 11, 10. V. 6. A. 41. C. 17.
Gron. muf. 1. *p.* 15. *n.* 40.
zooph. p. 73. *n.* 248. D. 62. P. 12. V. 6. A. 43. C. 14.
Bloch Fifch. Deutfchl. 2. *p.*
39. *n.* 3. *t.* 44. Pleuronectes fpinulis plurimis in
latere fuperiore. Br. 6. D. 59. P. 12. V. 6. A. 44. C. 16.
Art. fpec. 59. Pleuronectes
linea laterali afpera, fpinulis ad radices pinnarum
in latere oculato. D. 61. P. 12. V. 6. A. 42. C. 19.
Art. gen. 17. *fyn.* 31. Pleu-
ronectes oculis a dextra,
linea laterali afpera, fpinulis fuperne ad radices
pinnarum in latere ocu-
lato.
Klein pifc. miff. 4. *p.* 33. *n.*
1. *et* 4. *t.* 2. *f.* 4. Paffer
cute denfis tuberculis five
puftulis fcabra &c. et paffer fordidi coloris &c.
Rondel. pifc. 1. *p.* 319. *Gefn.*
aq. p. 666 *ic. anim. p.* 100.
Thierb. p. 53. Pafferis tertia fpecies.
Bellon. aq. p. 144. *Will.*
ichth. p. 98. *pifc. p.* 32.
n. 5. Paffer fluviatilis.
Brit. zool. 3. *p.* 187. *n.* 4.
Flounder.

Habitat in oceano europaeo, *vere oftia fluviorum frequen-
tans, in aquis dulcibus etiam enutriendus, vitae tenacis,
plateffa minor, et vix ultra 6 libras ponderofus, efculentus, fquamis tenuibus oblongis cuti arctiffime et profunde immerfis veftitus, aculeis minutis, ad lineam lateralem, pinnasque ventrales, analem et dorfalem rectis,
ceterum curvis, fupra obfcure fufcus, maculis olivaceis,
ex viridi luteis, et nigris varius, fubtus albus fufcefcente
adumbratus, maculis nigris.*

Oculi

Oculi *prominuli, pupilla nigra, iride flava; os exiguum; mandibula inferior longior;* lingua *brevis, angusta;* faux *ossibus duobus rotundis denticulatis aspera;* branchiarum *apertura ampla, operculum mucrone obtuso terminatum;* linea *lateralis dorso paulo propior supra pinnam pectoralem flexa;* pinnae *fuscescentes, ventrales, caudalis et dorsalis nigro-maculata, inter analem et ventrales aculeus fortis.*

Limanda. 8. Pl. squamis ciliatis, spinulis ad radicem pinnarum dorsi anique dentibus obtusis.
Muſ. Ad. Fr. 2. *p.* 68. D. 79. P. 12. V. 6. A. 60. C. -
Müll. prodr. zool. dan. p. 45. n. 375. *Art. gen.* 17. *syn.* 33. D. 75. P. 12. V. 2. A. 61. C. -
Bloch Fiſch. Deutſchl. 2. p. 45. n. 5. t. 46. Pleuronectes squamis asperis, linea laterali arcuata. Br. 5. D. 75. P. 11. V. 6. A. 61. C. 15.
Klein miſſ. piſc. 4. p. 33. n. 4. Passer asper, passeri primo, squamis congener, sed maculis carens.
Rondel. piſc. 1. p. 319. *Aldr. piſc.* p. 242. *Will. ichth.* p. 97. *Raj. piſc.* p. 32. Passer asper sive squamosus.
Bell. aq. p. 145. *Geſn. aq.* p. 665. 671. *ic. anim.* p. 100. *Thierb.* p. 52 b. *Jonſt. piſc.* p. 90. Limanda.
Brit. zool. 3. p. 188. n. 5.
Habitat in mari europaeo, flefo *rarior, tenuior, minor, delicatior, vermibus et inſectis, praeſertim cancris minoribus victitans, Majo et Junio ova pariens, squamis oblongis, mollibus, firmiſſime inhaerentibus mucoque obductus, subtus albus, supra hepaticus aut niger.*
Oculi *magni, pupilla nigra, iride alba;* rictus *amplus;* mandibulae *multis, longis, acutis, curvatis, diſtantibus dentibus asperae, superior mobilis et osse lato labiali aucta;* branchiarum *apertura ampla;* pinnae*, quales in*

plateſſa,

platessa, *pectorales tamen oblongae*, *caudalis lunulata*; linea *lateralis ad pectus arcuata.*

limandoi- 19. Pl. corpore oblongo aspe-
des. roque, linea laterali recta
plataque. D. 79. P. 11. V. 6. A. 63 C. 15.

Habitat in mari septentrionali, *cancris junioribus victitans squamis magnis denticulatis asper, supra ex fuscescente luteo albus, subtus albus, platessae affinis, carne alba, deliciosa.*

Caput *squamis tectum;* oculorum pupilla ex albo caerulescens; rictus amplus; labium *superius duobus ossibus constans, retractile et protrusile;* lingua libera, tenuis, cum palato, glabra; faux dentibus duobus aspera; branchiarum *apertura ampla, operculum simplici lamina constans, membranam occultans.* Pinnae ventrales, dorsalis, ab oculis incipiens et analis radiis simplicibus, in utraque posteriore, etiam in caudali membrana pellucida conjunctis et ad basin squamis luteis tectis; pectorales et caudalis radiis bifurcis.

Solea. 9. Pl. corpore aspero oblongo,
maxilla superiore longiore.
Fn. suec. 326. *Müll prodr.
zool. dan* p. 45 n. 376.
It. wgoth. 178 Pleuronec-
tes Tunga. D. 71. P. 8. 7. V. 5. A. 40. C. 40.
Art. gen. 18. *syn:* 32. *spec.*
60. Peluronectes maxilla
superiore longiore, cor-
pore oblongo, squamis
utrinque asperis. D. 91. P. 9. V. 5. A. 74. C. 14.
Bloch Fisch. Deutschl. 2. p.
42 n. 4. Pleuronectes
squamis asperis, maxilla
superiore longiore. Br. 6. D. 80. P. 10. V. 6. A. 65. C. 17.
Brünn pisc. mass p. 34. n. 47.
Pleuronectes solea, cor-
pore aspero oblongo, ma-
xilla superiore longiore,
oris latere albo cirroso.
Gron. mus. 1. p. 14. n. 37.
zooph. p. 74. n. 251.
Klein miss. pisc. 4. p. 31. n. 1.
Solea squamis minutis.

Plin.

Plin. hift. mund. 9. *c.* 16. 20.
Bellon. aq. p. 147. *Gefn.*
aq. 666. 667. 671. *ic. an.*
p. 101. *Tvierb. p.* 53. b. 55.
Ruyfch theatr. an. p. 57.
t. 20. *f.* 13. Solea.
Rondel. pifc. 1. *p.* 320. *Aldr.*
pifc. p. 235. 255. *Will.*
ichth. p. 100. *t. F.* 7. Bu-
gloffus.
Brit. zool. 3. *p.* 190. *n.* 7.
Habitat in oceano europaeo, *et* mari. mediterraneo, *anguftus, fed ad* 2 *pedes longus, et longior, fquamis exilibus,
duris, denticulatis, cuti olivaceae firmiffime inhaerentibus afper; ovis progenieque aliorum pifcium victitans, junior cancrorum majorum praeda, ceterum vitae genere,
fapore carnis, paulo tamen tenerioris, &c. plateffae fimilis,*
Caput *fupra truncatum*; *mandibulae cirris minimis albis
barbatae; fuperior lunulata, inferior pluribus feriebus
dentium minimorum mobilium armata*; faux *offibus denticulatis, fuperius duobus rotundis, inferius totidem oblongis afpera*; oculi *minus vicini, quam congeneribus,
pupilla caerulea, iride flava*; branchiarum *operculum rotundum, fimplici lamina conftans, membranam abfcon-
dens*; linea *lateralis dorfo propior*; anus *capiti*; pinnae
*fupra olivaceae, fubtus albae; pectorales margine nigrae,
et cum ventralibus parvae; dorfalis et analis radii ad medium fere fquamis contecti.*

Linguatu- 10. Pl. ano finiftro, dentibus
la. acutis.
Art. gen. 17. *fyn.* 31. Pleuronectes oculis a dextra,
ano ad latus finiftrum,
dentibus acutis. D. 65. P. 9. V. - - A. 45. C. - -
Gron. muf. 1. *n.* 41. D. 68. P. 10. V. 6. A. 55. C. 19.
Habitat in mari Europaeo.

glacialis. 20. Pl. laeviffimus, fupra fufcus, fubtus albus, pin-
nae dorfalis analisque ra-
dus medus fpinis minimis
hifpi-

An ex hoc tribu folea argentea; Petiv. gazophyl. p. 2?

hispidis. *Pall it. 3. p.* 706.
n. 48. D. 56. P. - - V. - - A. 39. - -
Habitat in oceani glacialis *oris arenosis, dodrantalis, fiefi facie.*
Tractus capitis osseus pone oculos prominens, scaber.

platessoi- 21. Pl. corpore supra maculis
des. bruneis. *O. Fabr. Fn.*
groenl. p. 164. n. 119. Br. 8. D. 89. P. 12. V. 6. A. 71. C. 18.
Habitat rarior in locis ar.nosis ad ostia fluviorum, Groenlandiae, vermiculis et pisciculis in arena obviis victitans, Junio et Julio super arenam ova pariens, siccatus potissimum edulis, figura linguatulam, squamis soleam, maculis platessam referens, vix pedem longus, squamis asperis magnis vestitus, oblongus, versus utrumque finem angustior, supra ex fulvo cinerascens, subtus glaber, albus, gordio marino frequenter infestatus.
Caput glabrum; oculi mediocres, humiles, nigri, iride argentea; rictus amplus; mandibula inferior longior tuberculo terminata; lingua longa, gracilis, laevis, apice rotundato; faux utrinque tuberculis 3 dentatis inaequalis; anus in margine ventris; linea lateralis humilior recta; pinnae pectorales breves et ventrales cuneatae; cauda magna, lata, subrotunda.

* ** *Oculis a latere sinistro.*

lineatus. 11. Pl. corpore scabro nigro-
fasciato, pinnis pectora-
libus nullis. D. 53. P. 0. V. 4,5. A. 45. C. 16.
Syst. nat X. 1. p. 268. n. 1. 3.
Pleuronectes Achirus.
Gron. mus. 1. n. 42. Pleuronectes oculis dextris, corpore glabro, pinnis pectoralibus nullis. D. 60. P. 0. V. 4. A. 48. C. 16.
Brown jam. 445. Pleuronectes fuscus subrotundus glaber, lineis 7 nigris transversis inter pinnam pectoralem et caudam.
Sloan. jam. 2. p. 77. t. 246. f. 2. *Raj. pisc.* 157. Passer lineis transversis.
Habitat in America *septentrionali*. D. Garden.
Squamae *ciliares*. Cauda *rotundata*.

22. Pl.

bilineatus.
22. Pl. lineis lateralibus duabus. *Bloch ausl. Fisch.* 3. p. 29. t. 188. Br. 4. D. C. et A. 174.

Habitat in Sinae aquis, tenuis, elongatus, supra flavus, margine fuscus; subtus ex albo rubescens, totus squamis exiguis, subrotundis et denticulatis vestitus.

Caput majus, quam congeneribus; oculi parvi, pupilla alba, iride thalassina, evtus linea alba cincta; os parvum, semilunatum; dentes obtusi; branchiarum apertura ampla, operculum simplici lamina constans; membranam occultans; linea lateralis altera dorso propior, altera media, praeter has lineae 2 transversae a labio inferiori ortae; pinnae fuscae, radiis simplicibus; pectorales nullae; dorsalis caput cingens et analis cum caudali cohaerens.

punctatus.
23. Pl. corpore lato asperoque. *Bloch ausl. Fisch.* 3. p. 31. t. 189. D. 89. P. 11. V. 6. A. 68. C. 14.

Klein miss. pisc. 4. p. 34. n. 9.

Passer alter, cute dura et aspera, oris magno hiatu. *Brit. zool.* 3. p. 186. n. 2.

Raj. pisc. p. 163. n. 2. t. 1. f. 2. Whiff.

Habitat in maris septentrionalis fundo arenoso, cancris testaceisque victitans, in Dania deliciosus, ovalis, squamis minutis, denticulatus, imbricatis tectus, rubro-punctatus, medio cinereus, margine fuscus, subtus ex albo rubescens, utrinque maculis nigricantibus orbiculatis et oblongis varius.

Caput mediae magnitudinis; oculi prominuli, pupilla nigra, iride thalassina, fascia postertus nigra; mandibulae multis seriebus dentium confertorum introrsum flexorum armatae; labium superius ossibus duobus retractile et protrusile; linea lateralis, supra oculum incipiens, supra pinnam pectoralem deorsum flexa, tum recta; anus capiti propinquus; pinnae cinereae, squamis tectae, radiis latis; dorsalis a labio superiore incipiens; caudalis brevis, rotunda.

Rhombus.
12. Pl. corpore glabro. *Mus. Ad. Fr.* 2. p. 69.* *Art. gen.* 18 *syn.* 31. *Müll. prodr. zool. dan.* p. 45. n.

378. *Brünn. pisc. mass.*
p. 35. *n.* 48. D. 76. P. 10. V. 6. A. 57. C. - -
It. wgoth. 178. Pleurone-
 &ctes Piggvarf. D. 71. P. 12. V. 6. A. 61. C. 18.
Ström. söndm. Pleuronectes
 arenarius. D. 70. P. 10. V. 6. A. 57. C. 16.
Gron. mus. 1. *p.* 25. *n.* 43.
 zooph. p. 74. *n.* 253. D. 78. P. 10. V. 6. A. 56. C. 16.
Bloch Fisch. Deutschl. 2. *p.*
 36. *n.* 2. Pleuronectes
 corpore lato et glabro. Br. 6. D. 71. P. 12. V. 6. A. 57. C. 16.
Rondel. pisc. 1. *p.* 312. *Gesn.*
 aq. p. 863. *Aldr. pisc. p.*
 249. *Will. ichth. p.* 96.
Raj. pisc. p. 32. *n.* 7.
Jonst. pisc. p. 99. *t.* 22.
f. 13. Rhombus laevis.
Bell. aquat. p. 141. Rhom-
 bus alter gallicus.
Brit. zool. 3. *p.* 196. *n.* 10.
Pearl.
Habitat in mari europaeo, *in* Albim *interdum adscendens, frequentissimus, post maximum inter congeneres latissimus, maximus Domitiani tempore captus, voracissimus, vertice dorsoque fuscus, subtus albus, ceterum ex fusco et flavicante varius, esculentus, squamis oblongis mollibus tectus.*
Caput *latum*; oculi *pupilla nigra, iride alba*; rictus *amplus, arcuatus*; mandibulae *retractiles dentatae, inferior longior*; branchiarum operculum *in angulo obtusum desinens*; linea *lateralis prope caput arcuata, tum recta*; anus *inermis*; pinnae *ex fusco, albo et flavo variae*; caudalis *longa rotundata.*

dentatus. 31. Pl. corpore oblongo gla-
 bro, dentibus exsertis. Br. 7. D. 86. P. 12, 11. V. 66. C. 17.
Habitat in Carolina.
Dentes *acuti*; cauda *rotundata, squamosa.* D. Garden.

maximus. 14. Pl. corpore aspero. *Fn.*
 suec. 325. *Mus. Ad. Fr.*
 2. *p.* 69.* *Art. gen.* 18.
 syn. 32. *Müll. prodr. zool.*
 dan. p. 45. *n.* 379. *Brünn.*
 pisc. mass. p. 35. *n.* 49. D. 70. P. 11. V. 6. A. 50. C. 17.
           Fn.

PISCES THORACICI. Pleuronectes. 1237

Fn. suec. 298.
It gotl. 178.
Gron. muf 2 p. 10. n. 159.
zooph. p. 74 n 254.
Bloch Fisch. Deutschl. 2. p.
53. n. 8. t. 49. Pleuronectes tuberculis osseis scaber.
Klein miss pisc. 4. p. 34. n 1.
et 35. n. 2. t. 8. f. 1. 2.
t. 9. f. 1. Rhombus aculeatus nigricans &c. et Rhombus cineritius, aculeis asperrimus &c.
Rondel pisc. 1. p. 310 Gesn.
aq. p 661 670. ic. anim.
p. 95. Thierb. p. 50. b.
Aldrov pisc p. 248. Will.
ichth. p. 93. t. f. 8. f. 3.
et p. 94. t\ f 2. Raj. pisc.
p. 31. n. 1 et p. 32. n. 6.
Jonst. pisc. p 99. t. 22.
f. 12. et p. 89. t. 20. f. 15.
Rhombus aculeatus.
Plin. hist. mund. l. 9. c.
15. 20 42. Bell. aq p 139.
Rhombus.
Brit. zool. 3. p. 192. n. 9.
Turbot.

D. 64. P. 11. V. 6. A. 48. C. 16.
D 59. P. 12. V. 6. A. 39. C. 16.
D. 65. P. 13. V. 6. A. 50. C. 16.

Br. 7. D. 67. P. 10. V. 6. A. 46. C. 15.

Habitat in oceano europaeo, in mari quoque mediterraneo, ad 30 usque libras pondere aequans, vorax, insectis, vermibus, testaceis victitans, carne firma, sapida, oblongus, tuberculis obtusis supra majoribus inaequalis, squamis teneris tenuibusque vestitus, supra fuscus flavo-varius, subtus albus fusco-maculatus.
Caput latum; oculi magni, pupilla thalassina; iride fusca; mandibula inferior longior; branchiarum apertura ampla; linea lateralis, media, laevis, ad pectus acuta, post recta; pinnae flavicantes, punctis maculisque nigris variae.

Passer. 15. Pl. linea laterali sinistra aculeata.
Art. gen. 18. syn. 32. Pleu-

rone-

ronectes oculis a finistra,
linea laterali aculeata. D. 66. P. 9. V. 6. A. 50. C. - -
Bloch Fifch. Deutfchl. 2. p.
57. *n.* 9. Pleuronectes linea laterali verfus caput
tantum aculeata. Br. 6. D. 59. P. 11. V. 6. A. 44. C. 16.
Gronov. zooph. p. 73. *n.* 248.
Rhombus linea laterali ra-
dicibusque pinnarum dorfi
anique fpinulis afperis,
cauda fubaequali, varie-
tas 13.
Klein miff. pifc. 4. p. 35. *n.* 3.
Rhombus maximus &c.
Habitat in oceano europaeo, *vix ultra pedem longus, multiplici modo edulis, fquamis exiguis tenuibus veftitus,
fupra ex cinereo flavoque varius, fubtus albus, oblongus,
glaber.*
Caput *fupra tuberculis offeis muricatis hifpidum; oculi minuti, pupilla ex viridi flavefcente, iride fufcefcente; mandibula inferior longior; linea lateralis fere recta; pone
anum aculeus; pinnae flavicantes fufco-maculatae.*

papillo- 16. Pl. linea laterali curva, cor-
fus. pore papillofo. D. 58. P. 12. V. 5. 6. A. 42. C. 16.
Habitat in America.
An idem pifcis cum fequente?

mancus. 24. Pl. capite tuberculato, pinnis pectoralibus inaequa-
libus. *Brouffonet ichth.
dec.* 1. *n.* 3. *t.* 3. 4. Br. 5. D. 94. P. 13, 12. V. 6. A. 80. C. 17.
Bloch ausl. Fifch. 3. p. 34.
t. 190. Pleuronectes (macrolepidotus) fquamis ma-
gnis. Br. - D. 69. P. 1$_4$. V. 6. A. 45. C. 17.
Klein miff. pifc. 4. p. 32. *n.* 8.
Solea fquamis in dextro
latere grifeis parvis.
Marcgr. brafil. p. 181. *Pif.
ind.* p. 66. *Jonft. pifc.* p.
138. *t.* 36. *Will. ichth.* p.
99. *t. F.* 8. *f.* 6. *Raj. pifc.*

p. 33. n. 4. *Ruyſch theatr.*
anim. t. 1. Arainaca.
Geſn. ic. an. p. 97. *Thierb.*
p 556. Pecten?

Habitat in maris braſiliani *et* pacifici *arena, cancris, teſta-*
ceis, aliisque piſcibus victitans; ex oblongo ellipticus,
compreſſus, ſquamis magnis, ſubovatis, oblique et irre-
gulariter imbricatis veſtitus, in latere dextro pinnisque
cinereus, punctis nigris maculisque inaequalibus ex albido
glaucis varius, in latere ſiniſtro ex glauco albidus, maculis fuſcis teretibus aequalibus irroratus, carne ſapidiſſima.
Caput compreſſum, magnum; oculorum paulo remotiorum
pupilla nigra, iris argentea; rictus amplus, ore clauſo
oblique ſurſum rerſus ſemiarcuatus; mandibulae duplici
ſerie dentium aceroſorum armatae, inferior paulo longior; lingua libera, laevis, acuminata; branchiarum
apertura mediocris, operculum 2 laminis conſtans; linea
lateralis prope nucham incipiens deorſum leviter arcuata;
pinnae dorſalis analisque longae radii ſimplices, reliquarum ramoſi; pectoralis ſiniſtra falcata, dextra ex oblongo obovata.

Argus. 25. Pl. corpore vario, pinna
caudae rotundata *Bloch*
Fiſch. Deutſchl. 2. p. 51.
n. 7. t. 48.　　　　　　D. 79. P. 10. V 8. A. 69. C. 17.

Habitat in mari, inſulas Antillas circumfluente, albus, maculis flavis, fuſco punctatis, et caeruleo margine cinctis,
praeterea maculis minoribus caeruleis, punctisque fuſcis
varius, ſquamis exilibus, mollibus contectus.
Caput latum; oculi remotiores, inaequales, pupilla caerulea, iride alba et fuſca; mandibulae aequales; linea lateralis ſupra pinnam pectoralem flexa, media; pinnarum
caeruleo maculatarum membrana flavicans, radii fuſci,
in pinnis pectoralibus acuminatis et caudali, baſi flava,
fine circinata ramoſi; pinna dorſalis a naribus ad caudam protracta.

lunatus. 17. Pl. corpore ocellis dimidia-
tis ſparſis caeruleis.　　D. 85. P. 12. V. 6. A. 79. C. 17.
Catesb. Car. 2. p. 27. t. 27.
Solea lunata et punctata?
Habitat in America ſeptentrionali.
Cauda *lunata.*

Lll　　　　　　　　　　　26. Pl.

japonicus. 26. Pl. lingua aspera. *Houttuyn act. Haarl.* XX. 2. p. 317.   D. -- P. 9. V. 5. A. -- C. 16.
Habitat in mari Japoniam *alluente, semipedalis, subtus albidus.*
Pinnae *dorsalis analisque radii numerosissimi.*

164. CHAETODON. *Caput* parvum; *os* exiguum, labiis retractilibus; *dentes* (plurimis) setacei, flexiles, mobiles, aequales, confertissimi, numerosissimi; *oculi* rotundi, parvi, verticales, membrana nictitante muniti.

Membrana branchiostega radiis tribus ad sex.

Corpus latum tenue, compressum, squamis duris vestitum, pictum; *pinna* dorsi anique rigida, carnosa, squamosa, utplurimum aculeis aucta.

canescens. 1. Ch. cauda bifida, spinis dorsalibus 2: radio tertio longissimo, ore bidentato.
Art. spec. 93. Chaetodon canescens, aculeo utrinque ad os, osficulo tertio pinnae dorsalis setiformi longissimo.   D. 2/26. P. 17. V. 1/6. A. 3/36. C. 16.
Seb. muf. 3. *t* 25. *f.* 7.
Habitat in America *australi et* India.

alepidotus. 2. Ch. cauda bifida, spinis dorsalibus 3, pinnis ventralibus nullis.   Br. 6. D. 3/41. P. 24. V. 0. A. 3/47. C. 23.
Habitat

Habitat in Carolina, *rhombeus squamis nudus, supra caerulescens.* Garden.

Dentium *series simplex in mandibulis; linea lateralis dorso parallela, punctata, interstitialis recta a branchiis ad caudam; pinna dorsalis analique oppositae falcatae.*

acuminatus. 3. Ch. cauda integra, spinis dorsalibus 3 : radio tertio longissimo.
Muf. Ad. Fr. 1. *p.* 63. *t.* 33.
f. 3. Chaetodon falciis tribus fulcis, pinna dorsali setiformi. D. $\frac{3}{28}$. P. 16. V. $\frac{1}{6}$. A. $\frac{3}{19}$. C. 17.
Habitat in America *australi et* India.

pinnatus. 4. Ch. cauda integra, spinis dorsalibus 4, pinna dorsali analique longissima.
Muf. Ad. Fr. p. 64. *t* 33.
f. 6. Chaetodon griseus, fascia frontali apiceque caudae albis. D. $\frac{4}{40}$ P. 18. V. $\frac{1}{6}$. A. 28 C. 18.
Chin. Lagerstr. 25. D. 30. P. 18. V. $\frac{1}{6}$. A. 28. C. 18.
Gron. muf. 2. *n* 193. Chaetodon macrolepidotus, capite mermi, radiis pinnae dorsi, ani ventrisque setiformibus.
Seb. muf. 3 *t.* 25. *f.* 15.
Habitat in America *australi et* India.

cornutus. 5. Ch. cauda bifida, spinis pinnae dorsalis 7 : radio dorsali tertio longissimo.
Art. syn. 79 Chaetodon aculeis 2 brevibus supra oculos, officulo tertio pinnae dorsalis longissimo. D. $\frac{7}{46}$ P. 18. V. $\frac{1}{6}$ A. $\frac{3}{36}$ C. 16.
Bloch ausl. Ffch. 3 *p.* 72.
n. 11. *t.* 200 Chaetodon rostro cylindrico, pinna

caudae

Chaetodontis *species extra Europam in oris calidioribus obviae, pulchrae, spinarum dorsalium numero discernuntur.*

caudae lunata, radio tertio pinnae dorſi longiſſimo. Br. 4. D. $\frac{3}{14}$. P. 18. V. 6. A. $\frac{2}{32}$. C. 16.

Lagerſtr. chin. p. 25.

Seb. muſ. 3. p. 65. n. 6. t. 25. f. 6.

Klein miſſ. piſc. 4. p. 39. n. 13. 14. t. 12. f. 2. 3. Tetragonoptrus magis latus, quam longus &c. et Tetragonoptrus tribus lineis latis &c.

Valentyn. ind. 3. p. 398. n. 168. t. pag. 402. f. 168. Geflamder Trompetter, et p. 101. n. 177. t. pag. 406. f. 177. et p. 410. n. 201. f. 201. Ikan Paroeli, et p. 495. n. 456. f. 456. Alferez Djawa.

Ruyſch theatr. anim. 1. p. 2. n. 19. t. 1. f. 19. Ican Schwangi.

Renard poiſſ. 1. p. 5. t. 3. f. 13. et p. 21. t. 12. f. 76. Bezaantje Klipviſch; et 2. t. 39. f. 173. Speerviſch, Moorſche Afgodt.

Habitat in India, *ſapidus, tenuis, tenerrimis ſquamis tectus, albus, faſciis pluribus transverſis nigris.*

Oculorum *pupilla nigra, iris flavicans; mandibulae aequales, duplici dentium ſerie armatae;* roſtrum *tubuloſum;* branchiarum *apertura ampla, operculum ſubrotundum, lamina ſimplici conſtans, membranam occultans;* linea *lateralis dorſo propinqua, arcuata;* anus *in medio corporis;* pinna *caudalis lunata.*

argenteus. 6. Ch. cauda bifida, ſpinis pinnae dorſalis 8, pinnarum ventralium loco ſpinis 2. *Amoen. ac.* 4. p. 249. D. $\frac{8}{37}$. P. 26. V. $\frac{1}{6}$. A. $\frac{3}{32}$. C. 17.

Habitat in mari indico.

Spinae *ventrales breves; primaeque dorſales adeo exiles, ut vix conſpicuae.*

24. Ch.

PISCES THORACICI. Chaetodon. 1243

Boddaer- 24. Ch. fasciis fuscis et caeru-
ti. lescentibus, spinis pinnarum ventralium duabus.
  Schr. der berl. Naturf.
  Gef. 3. p. 459.

puncta- 7. Ch. spinis pinnae dorsalis 8,
tus. pinnis pectoralibus falca-
  tis. Br. 4. D. $\frac{9}{30}$. P. 17. V. $\frac{5}{6}$. A. $\frac{3}{20}$. C. 17.
Habitat in Asia. *Muf. ac. Holm.*
Corpus *albidum vel argenteum punctis fuscis, pone anum
dilatatum cyprini figura;* oculi *magni, rubri;* linea *lateralis sursum curva;* pinnae *ani radii* 3 *primi distantes.*

arcuatus. 8. Ch. cauda integra, spinis
  pinnae dorsalis 8, arcu-
  bus 4 albis.
Muf. Ad. Fr. 1. *p.* 61. *t.* 33.
f. 5. Chaetodon fuscus
  arcubus 5 nigris. D. $\frac{8}{38}$. P. 20. V. $\frac{1}{5}$. A. $\frac{3}{27}$. D. 19.
Art. syn. 79. *spec.* 91. Chae-
  todon niger, capite diacantho, lineis utrinque 4
  transversis curvis. D. $\frac{9}{21}$. P. $\frac{2}{20}$. V. $\frac{1}{5}$. A. $\frac{3}{23}$. C. 17.
Seb. muf. 3. *p.* 63. *n.* 5. *t.* 25.
f. 5a. 5b. Chaetodon ni-
  ger &c.
Klein miff. pifc. 4. *p.* 41. *n.* 5.
  Platiglossus exiguus niger.
Bloch ausl. Fisch. 3. *p.* 76.
n. 13. *t.* 201. *f.* 2. Chaetodon fasciis 5 albis, acu-
  leis 9 dorsalibus. Br. 6. D. $\frac{9}{21}$. P. 14. V. $\frac{1}{5}$. A. $\frac{3}{25}$. C. 14.
Marcgr. braf. p. 178. *Raj.*
pifc. p. 103. *n.* 12. Guaperva.
Will. ichth. app. p. 23. *t.* O.
  3. *f.* 3. Acarauna exigua
  nigra &c.
Habitat in Brasiliae *aquis, fuscus,* 4 *pollices longus.*
Caput *magnum;* oculi *exiles,* pupilla *nigra,* iride *aurea;*
  branchiarum *apertura ampla, operculum aculeo armatum;*
  linea *lateralis ex punctis albis conflata;* anus *in medio
  corporis.*

9. Ch.

roſtratus. 9. Ch. cauda integra, ſpinis pinnae dorſalis 9, maculaque ocellari, roſtro-cylindrico.

Muſ. Ad Fr. 1. p. 61. t. 33. f. 2. Chaetodon roſtratus, pinna dorſali poſtice macula fuſca.

Bloch ausl. Fiſch. 3. p. 87. n. 14. t. 102. f. 1. Chaetodon roſtro cylindrico, macula ocellata in dorſo.

Gron. muſ. 1. p. 48. n. 109. Chaetodon macrolepidotus, albo-flaveſcens, roſtro longiſſimo oſſeo, macula nigra ad pinnam dorſalem.

Gron. zooph. p. 69. n. 203. Chaetodon roſtro longiſſimo oſſeo, pinnis dorſi, ani et caudae ad extrema rotundis, macula nigra ad pinnam dorſalem.

Schloſſ. act. angl. 1765. p. 89 t. 9. Jaculator.

Seb. muſ. 3. p. 68. n. 17. t. 25. f. 17. Chaetodon macrolepidotus albo-flaveſcens &c.

$D. \frac{9}{40}$. $P. 14$. $V. \frac{1}{6}$. $A. \frac{3}{23}$. $C. 14$.

$D. \frac{2}{39}$. $P. 12$. $V. \frac{1}{6}$. $A. \frac{3}{23}$. $C. 15$.

$D. \frac{9}{39}$. $P. 15$. $V. \frac{1}{6}$. $A. \frac{3}{24}$. $C.$ - -

Habitat in Indiae, praeſertim littoreis fluviorumque oſtiis, albus, lineis longitudinalibus faſciisque 5 transverſis fuſcis, poſterioribus albo marginatis; victitans inſectis ſupra aquam volitantibus, in quae roſtro tubuloſo exquiſitiſſime explodit guttulam, ut ea cadant in aquam et devorentur; caro ſapida, alba.

Caput anguſtum, elongatum; oculorum iris flava; mandibulae aequales; linea lateralis arcuata, dorſo propinqua; anus in medio corporis; dorſi macula nigra, linea alba cincta, pinnae radiis plurimis ramoſis; cauda faſcia nigra albo-marginata.

Orbis. 25. Ch. orbicularis, pinnae analis radiis 19. Bloch

ausl.

ausl. Fisch. 3. *p.* 81. *n.* 15.
t. 102. *f.* 2. D. $\frac{9}{28}$. P. 18. V. $\frac{1}{6}$. A. $\frac{3}{19}$. C. 16.
Habitat in India, *caerulescens, orbicularis.*
Caput *maxime declive;* oculorum *iris aurea;* mandibulae *aequales;* branchiarum *apertura amplissima,* operculum *longum angustum, membranam tegens;* linea *lateralis lineis pluribus rectis interruptis constans, dorsum versus in angulum obtusum confluentibus;* anus *in medio corporis;* pinnarum *radii ramosi, dorsalis secundus, tertius et quartus in setam prolongatus;* pinnae *ventrales longae.*

nigricans. 10. Ch. cauda subbifida, spinis pinnae dorsalis 9, spina laterali utrinque caudae bifidae. *Andre act. angl.* 1784. 2. *p.* 278. *t.* 12.
Art. spec. 90. Chaetodon nigrescens, cauda albescente aequali utrinque aculeata. D. $\frac{9}{38}$. P. 16. V. $\frac{1}{6}$. A. $\frac{3}{23}$. C. 16.
Hasselq. it. 332. Chaetodon aculeis in utroque latere ad caudam duobus. D. $\frac{6}{33}$. P. 17. V. 6. A. $\frac{2}{26}$. C. 26.
Bloch. ausl. Fisch. 3. *p.* 82. *n.* 16. *t.* 203. Chaetodon dentibus emarginatis, aculeo ad caudam bifidam. B. 4. D. $\frac{9}{36}$. P. 18. V. $\frac{1}{6}$. A. $\frac{3}{27}$. C. 21.
Klein miss. pisc. 4. *p.* 38. *n.* 4. *t.* 11. *f.* 1. Tetragonoptrus cinereus laevis, pinnis nigricantibus.
Seb. mus. 3. *p.* 64. *n.* 2. et *p.* 65. *n.* 3. *t.* 25. *f.* 2. 3. Chaetodon nigrescens, cauda albescente &c. et Chaetodon nigrescens, cauda parum bifurca &c.
Marcgr. bras. p. 144. *Will. ichth. p.* 21. *t.* Q. 1. *f.* 3. *Raj. pisc. p.* 102. *n.* 8. *Jonst. pisc. p.* 177. 178. *t.* 32. *Ruysch theatr. anim.* 1. *p.* 123. *t.* 32. Acarauna.
Renard poiss. 1. *p.* 17. *n.* 63. *t.* 9. *f.* 63. *et p.* 22. *n.* 82.

t. 14. *f.* 82 Philofophe,
et Caantje of Verkenskop.
Valent. Ind 3 *p.* 501. *n* 490.
f. 490. Ikan Batoe Boano.

Habitat in mari rubro, indico, brafiliano, *ad* 2 *pedes longus, carnofus, fquamis minutis tectus, supra nigricans, ad latera fufcus, fubtus albus; teftaceis cancrisque junioribus victitans, carne fapida.*

Oculi magni, iride argentea; dentes in mandibula utraque 10-16, *denticulati; fubtus cylindrici angufti, fupra latiores, duriffimi, fubpellucidi, in unam feriem difpofiti, anteriores longiores; lingua brevis, craffa; branchiarum operculum longum et anguftum; linea lateralis ab eo incipiens dorfo vicina et parallela; pinnae radiis plurimae ramofis; pectorales et caudalis cinereae; ventrales nigrae; dorfalis et analis bafi albae, ceterum fufcefcentes, radiis bifurcis.*

leucurus. 11. Ch. cauda integra, fpinis dorfalibus 9: prima recumbente, corpore nigro, cauda alba. D. $\frac{9}{21}$. P. 16. V. $\frac{1}{8}$. A. $\frac{3}{22}$. C. 20.
Habitat in America, *parvus*, niger.
Ante pinnam *dorfalem fpina recumbens:* Pinnae *ventrales acuminatae.*

lineatus. 12. Ch. cauda bifida, fpinis dorfalibus 9, fpina laterali utrinque caudae.
Art. fpec. 89. Chaetodon lineis longitudinalibus varius, cauda bifurca utrinque aculeata. D. $\frac{2}{36}$. P. 16. V. $\frac{1}{6}$. A. $\frac{3}{28}$. C. 16.
Seb. muf. t. 25. *f.* 1.
Habitat in America *auftrali et* India.

trioftegus. 13. Ch. cauda fubbifida, fpinis dorfalibus novem, D. $\frac{9}{32}$. P. 18. V. $\frac{1}{5}$. A. $\frac{2}{22}$. C. 16. membrana branchioftega triradiata. *Muf. Ad. Fr.* 2. *p.* 70.* D. $\frac{9}{32}$. P. 18. V. $\frac{1}{8}$. A. $\frac{3}{22}$. C. 16.
Brouffonet ichth. dec. 1. *n.* 4.
t. 4. Chaetodon corpore cingulato, pinnae dorfalis fpinis 9, caudae utrin-

que

PISCES THORACICI. - Chaetodon. 1247

que 1, dentibus apice serratis.

$$D. \tfrac{2}{23}. P. 16. V. \tfrac{1}{6}. A. \tfrac{3}{23}. C. \tfrac{3-3}{22}$$

Seb. muf. 3. *p.* 65. *t.* 25. *f.* 4.
Chaetodon albefcens, li-
neis 5 transverſis, nigricantibus, et aculeo late-
rali utrinque. $D. \tfrac{2}{36}. P. 15. V. 6. A. \tfrac{3}{22}. C. 16.$

Habitat in oceano indico *et* pacifico, *compreſſus, obovatus, ſquamis parvis imbricatis veſtitus, dilute e cinereo vireſ-cens, cingulis 6 ex fuſco nigricantibus.*
Caput *ſuperne ſubparabolicum*; oculi iride *ex argenteo fuſ-ca*; mandibulae *parum diductiles, ſerie dentium compreſ-ſorum* 16 *circiter armatae*; lingua *brevis, frenata et* palatum *glabra*; faux *ſupra oſſiculis* 3 *inaequalibus denti-culatis aſpera*; branchiarum *apertura mediocris, operculum lamina duplici conſtans*; pinnae *ſordide vireſcentes immaculatae, ventrales albidae.*

macrole- 14. Ch. cauda integra, ſpinis
pidotus. dorſalibus 11, radio dorſali quarto filiformi longiſſimo.
Art. ſpec. 94. Chaetodon lineis utrinque duabus ni-
gris, radio quarto dorſali
longiſſimo ſetiformi. $D. \tfrac{11}{37}. P. \tfrac{4}{18}. V. \tfrac{5}{6}. A. \tfrac{3}{23}. C. 17.$
Bloch ausl. Fiſch. 3. *p.* 69.
n. 10. *t* 200. *f.* 1. Chaetodon bifaſciatus, cauda
truncata, radio dorſali
quarto longiſſimo. $D. \tfrac{11}{34}. P. 16. V. \tfrac{1}{5}. A. \tfrac{3}{24}. C. 18.$
Gron. muſ. 2. *p.* 37. *n.* 194.
Chaetodon oſſiculis pinnae
dorſalis tribus anterioribus acutis, quarto ſeti-
formi, ſeptem ſubſequen-
tibus iterum aculeatis. $D. \tfrac{11}{37}. P. 19. V. \tfrac{1}{6}. A. \tfrac{3}{21}. C. 16.$
Gron. zooph. p. 69. *n.* 234.
Seb. muſ. 3. *p.* 66. *n.* 8. *t.* 25.
f. 8.
Klein miſſ. piſc. 4. *p.* 37. *n.* 12.
t. 11. *f.* 2.

Llll 5   *Valent.*

Valent. Ind. 3. p. 448. n.
324. f. 324.
Ruyfch pifc. amboin. t. 1: f. 1.
Renard poiff. 1. p. 5. n. 13.
t. 3. f. 13. 2. t. 1. f. 1. et
t. 9. f. 44. et t. 16. f. 75.

Habitat in India, ad 25 libras pondere aequans, argenteus, fafciis duabus fufcis, fquamis caudam verfus majoribus tectus, carne fapida.

Caput macula fufca fupra oculos, altera ante oculos infignitum; oculi rotundi, iride caeruléfcente; mandibulae aequales; branchiarum apertura ampla, operculum fimplici lamina conftans, membranam tegens; linea lateralis arcuata; anus fere in medio corporis; pinnae radiis plurimis ramofis, caudalis truncata.

Argus. 15. Ch. fpinis dorfalibus 11, corpore punctis nigris plurimis, cauda integra: M. Thr. Brünniche.   D. $\frac{11}{28}$. P. 13. V. $\frac{1}{6}$. A. $\frac{4}{18}$. C. 12.

Bloch, ausl. Fifch. 3. p. 86. n. 17. t. 204. f. 1. Chaetodon corpore lato maculatoque, fpinis analibus quatuor.   Br. 4. D. $\frac{11}{28}$. P. 18. V. $\frac{1}{6}$. A. $\frac{4}{18}$. C. 14.

Klein miff. pifc. 3. p. 36. n. 4. Rhomboides ventre fubcaeruleo &c.
Will. ichth. app. p. 2. t. 2. f. 2. Nieuh. ind. 2. p. 269. f. 6. Ruyfch pifc. amb. p. 33. n. 6. t. 17. f. 6. Strontvifch.
Renard poiff. 2. t. 50. f. 211.
Ican Taci,
Valent. Ind. 3. p. 403. f. 180. Cacatoeha Babintang.

Habitat in Indiae aquis dulcibus et uliginofis, fere quadratus; ad latera maculis fufcis varius, fupra violaceus, fubtus albus, infectis victitans, carne fapida.

Oculorum iris aurea; mandibulae aequalis; branchiarum apertura ampla, operculum magnum, membrana libera; linea lateralis arcuata; anus in medio fere corporis; pinnae breves flavae; ante analem aculei quatuor.

16. Ch.

striatus. 16. Ch. cauda integra, spinis pinnae dorsalis 12, corpore striato, rostro prominente.
Muf. Ad. Fr. 1. p. 62. t. 33. f. 7. Chaetodon flavescens fascus 5 fuscis.   D. $\frac{10}{13}$ P. 15. V. $\frac{1}{6}$. A. $\frac{3}{21}$. C. 18.
Amoen. ac. 1. p. 313. Labrus rostro reflexo, fascus lateralibus 3 fuscis.   D. $\frac{12}{33}$. P. 14. V. $\frac{1}{6}$. A. $\frac{13}{20}$. C. 17.
Art. spec. 95. Chaetodon macrolepidotus, lineis utrinque tribus nigris latis, linea quarta in cauda.   D. $\frac{13}{32}$. P. 19. V. $\frac{1}{6}$. A. $\frac{3}{21}$. C. 17.
Bloch ausl. Fisch. 3. p. 90. n. 19. t. 205. f. 1. Chaetodon corpore falciato, cauda rotundata, aculeis dorsalibus tredecim.   D. $\frac{12}{32}$. P. 16. V. $\frac{1}{6}$. A. $\frac{3}{22}$. C. 18.
Gron. muf. 1. p. 49. n. 110. Chaetodon rostro longo osseo macrolepidotus alboflavescens, lineis transversis 4 bruneis.   D. $\frac{11}{32}$. P. 15. V. $\frac{1}{6}$. A. $\frac{2}{21}$. C. - -
Gron. zool. p. 70. n. 235. Chaetodon fasciis latis transversalibus fuscis, maxillis productis brevibus, pinnis dorsi anique postice rotundatis, cauda rotundata.
Seb. muf. 3. p 66. n. 9 t. 25. f. 9 Chaetodon macrolepidotus &c.
Klein miff. pisc. 4. p. 37. n. 10. t. 10. f. 4. Rhomboides edentulus &c.
Valent. ind. 3. p. 397. f. 163. Ikan Batoe Melia, Heeslykke Klipvisch.

Habitat in India, *flavus*, *fasciis fuscis*, *squamis magnis*, *margine dilutioribus*, *carne sapida*.
Oculi *magni*, iride *flava*; branchiarum *operculum duabus laminis constans*, *membranam occultans*; linea *lateralis dorso*

dorfo parallela; anus *capiti propior quam caudae;* pinnae *flavae margine obscure fuscae, ventrales totae fuscae;* cauda *rotundata.*

arcuanus. 17. Ch. cauda bifida, spinis pinnae dorsalis 12, corpore fasciis fuscis.
Muf. Ad. Fr. 1. *p.* 63. *t.* 33. *f.* 8. Chaetodon cauda bifurca, fasciis 3 fuscis. D. $\frac{12}{32}$. P. 18. V. $\frac{1}{6}$. A. $\frac{2}{13}$. C. 16.
Bloch ausl. Fisch. 3. *p.* 62. *n.* 7. *t.* 198. *f.* 2. Chaetodon fascus tribus nigris. D. $\frac{12}{24}$. P. 17. V. $\frac{1}{5}$. A. $\frac{2}{13}$. C. 16.
Seb. muf. 1. *p.* 70. *n.* 23. *t.* 26. *f.* 23. Chaetodon albescens macrolepidotus &c.
Klein miff. pisc. 4. *p.* 37. *t.* 30. *n.* 13. *t.* 11. *f.* 3. Rhombotides parvus &c.
Valent. ind. 3. *p.* 501. *n.* 489. *f.* 491. Bonte Duifje.
Renard. poiff. 1. *t.* 30. *f.* 165. Bourgonjese.

Habitat *in* mari indico et arabico *inter corallia, vermibus marinis victitans, edulis, squamis minutis tectus, argenteus, fasciis nigris, prima capitis, altera pectoris, tertia a pinna dorsali ad analem transeunte, dorso cinereo.*
Caput *magnum, fronte et oculorum iride albis;* rictus *angustus;* mandibulae *aequales, dentibus minutis cuneatis armatae;* branchiarum *apertura ampla, operculum simplici lamina constans, medio mucronatum, membranam occultans;* pinnae *ventrales longae analisque nigrae;* caudalis *rotundata et dorsalis cinereae.* Dentium *et operculorum figura percis affinis.*

capistratus. 18. Ch. cauda integra, spinis pinnae dorsalis 12, corpore striato, ocello subcaudali.
Muf. Ad. Fr. 1. *p.* 63. *t.* 33. *f.* 4. Chaetodon pallidus, fascia capitis ocelloque subcaudali fuscis. D. $\frac{12}{32}$. P. 14. V. $\frac{1}{6}$. A. $\frac{5}{21}$. C. 18.
Amoen.

PISCES THORACICI. Chaetodon. 1251

Amoen. acad. 1. *p.* 314. Labrus roftro reflexo, ocello
purpureo iride alba juxta
caudam.   D. $\frac{13}{31}$. P. 14. V. $\frac{1}{5}$. A. $\frac{3}{17}$. C. - -
Bloch ausl. Fisch. 3. *p.* 92.
n. 20. *t.* 205. *f.* 2. Chaetodon ocello ad caudam,
spinis dorsalibus 13. Br. 5. D. $\frac{13}{33}$. P. 14. V. $\frac{1}{5}$. A. $\frac{3}{15}$. C. 16.
Gron. mus. 2. *p.* 37. *n.* 195.
Chaetodon macrolepido-
tus, linea nigra ad oculos,
macula rotunda ad pin-
nam dorsalem.   D. $\frac{13}{36}$. P. - - V. $\frac{1}{5}$. A. $\frac{3}{15}$. C. - -
Gron. zooph. p. 70. *n.* 207.
Chaetodon roftro obtufi-
ufculo, pinnis ani dorfi-
que poftice rotundatis curtis, cauda truncata, ma-
cula ocellata in lateribus.
Brown jam. p. 454. *n.* 2.
Chaetodon fubgrifeus, li-
neis nigris obliquis varius,
ad caudam macula majori
notata.
Seb. muf. 3. *p.* 68. *n.* 16. *t.*
25. *f.* 16. Chaetodon macrolepidotus albefcens &c.
Klein miss. pisc. 4. *p.* 37. 38.
n. 2. *t.* 11. *f.* 15. 18. Tetragonoptrus laevis &c.
Habitat in mari Jamaicam *alluente, vix ultra* 3 *pollices longus, pifcium rapacium praeda, fquamis fat magnis veftitus, albus, lineis fufcis fupra a dorfo verfus caput, ceterum a ventre verfus caput tendentibus, in medio confluentibus pretus.*
*Caput fatis magnum; oculi grandes; fafcia ocularis nigra,
margine alba; branchiarum apertura ampliffima; operculum thalaffinum, duplici lamina conftans, membranam
occultans; pinnae flavicantes, radiis ramofis; dorfalis
et analis, ad quarum finem limbus fufcus, fpinis thalaf-
finis; ad caudalem fafcia et macula nigra, haec circulo
albo cincta.*

vagabun- 19. Ch. cauda integra, spinis
dus.   pinnae dorfalis 13, cor-

pore striato, rostro cylindrico. *Muf. Ad. Frid.* 2.
p. 71.* D. $\frac{13}{40}$. P. 15. V. $\frac{1}{6}$. A. 24. C. 18.
Bloch ausl. Fisch. 3. *p.* 88.
n. 18. *t.* 204. *f.* 2. Chaetodon ore cylindrico, fafcia oculari, spinis dorfa-
libus tredecim. D $\frac{22}{33}$. P. 18. V. $\frac{1}{6}$ A. $\frac{3}{20}$. C. 14.
Seb. muf. 3. *t.* 5. *f.* 18. Chae-
todon macrolepidotus al-
bescens, linea nigra ad
oculos. D. $\frac{13}{34}$ P. 15. V. $\frac{1}{6}$. A. $\frac{3}{23}$. C. - -
Klein miff. pisc. 4. *p.* 36. *n.* 5.
t. 9. *f.* 2. Rhombotides
pinna dorsali 17 aculeis
pertusa &c.
Valent. ind. 3. *p* 357. *n.* 34.
f. 34. *et p.* 359. *n.* 43. *f.*
43. *et p* 395. *n.* 157. *f.* 157.
Ican Sagadji, Ican Poetri,
et Japansche Prins.
Renard poiff. 1. *p.* 16. *n.* 58.
t. 8. *f.* 58. *et p.* 32. *n,* 116.
t. 21. *f.* 116. *et p.* 34. *n.*
126. *t.* 23. *f.* 126. Douwing Prins, Douwing Ro-
yal, et Douwing Herto-
gin.
Ruysch pisc. amb. p. 28. *t.*
14 *f.* 17. Princesse.
Habitat in Indiae aquis, *squamis in trunco magnis, in capite exilibus tectus, flavus, lineis fuscis, fasciaque supra
oculos nigra, altera ad finem trunci, tertia per caudae
medium insignita, carne sapida.*
Oculorum *iris fusca;* branchiarum *operculum duabus laminis constans, membrana libera;* anus *caudae propior;*
pinnae *flavae, radiis ramosis, dorsalis, analis et caudalis margine nigrae.*

ciliaris. 20. Ch. cauda integra, squamis pinnae dorsalis 14,
operculis spinosis, squa-
mis ciliatis.
Muf. Ad. Fr. 1. *p.* 62. *t.* 33.

f. 1.

PISCES THORACICI. Chaetodon. 1253

f. 1. Chaetodon griseus
fasciis 4 fuscis.　　　　　D. $\frac{14}{34}$. P. 20. V. $\frac{1}{6}$. A. $\frac{3}{23}$. C. 18.
Bloch ausl. Fisch. 3. p. 111.
n. 33. t. 214. Chaetodon
operculo aculeato, squa-
mis ciliatis.　　Br. 6. D. $\frac{24}{35}$. P. 20. V. $\frac{1}{6}$. A. $\frac{3}{22}$. C. 16.
Osb. it. 273. Sparus saxati-
lis.　　　　　　　　　　　D. $\frac{13}{19}$. P. 16. V. 6. A. $\frac{3}{23}$. C. 20.
Gron. muf. 2. p. 36. n. 192.
Chaetodon microlepido-
tus, cauda subrotunda,
aculeis utrinque 2 in oper-
culis, postico longissimo.　D. $\frac{14}{33}$. P. 26. V. $\frac{1}{6}$. A. $\frac{3}{28}$. C. 17.
Klein miss. pisc. 4. p. 41. n. 4.
Platiglossus, qui Acarau-
na altera major Listeri.
Will. ichth. app. p. 23. t. O.
3. f. 1. Raj pisc. p. 103.
n. 11. Acarauna altera
major.
Edw. glean. t. 283. f. 4.
Habitat in India, *squamis in trunco quidem sat magnis vestitus, cinereus, subtus albus, percis affinis.*
Oculorum *iris ex albo rubescens; os perexiguum;* labia *robusta; mandibulae aequales;* branchiarum *apertura ampla, operculum spinis tribus, posteriore longissima, ar ma-
tum, partem membranae tegens;* linea *lateralis dorso propinqua parallela;* anus *in medio corporis;* pinnae *margine
fuscae, radius ramosis; ante dorsalem annulus niger.*

saxatilis. 21. Ch. cauda bifida, spinis
pinnae dorsalis 14, pinnis
ventralibus acuminatis,
dentibus emarginatis.
Muf. Ad. Fr. 1. p. 64. Chaetodon fasciis 5 albis, cau-
da bifurca　　　　　　　D. $\frac{14}{26}$. P. 15. V. $\frac{1}{6}$. A. $\frac{2}{13}$. C. 15.
Amoen. acad. 1. p. 312. Spa-
rus fasciis 5 transversis
fuscis.　　　　　　　　　D. $\frac{13}{23}$. P. 18. V. $\frac{1}{6}$. A. $\frac{2}{24}$. C. 15.
Bloch ausl. Fisch. 3. p. 96.
n. 23. t. 206. f. 2. Chaetodon corpore oblongo
fasciatoque, spinis 13 in
pinna ani.　　　　　　　D. $\frac{13}{26}$. P. 18. V. $\frac{1}{6}$. A. $\frac{3}{13}$. C. 19.
　　　　　　　　　　　　　　　　　　Gron.

Gron. muf. 1. *n.* 89. *zooph.*
n. 222. Sparus latiffimus,
cauda lunulata, fafciis 5
transverfis fubfufcis. D. $\frac{13}{26}$. P. 17. V. $\frac{1}{5}$. A. $\frac{2}{24}$. C. 18.
Marcgr. braf. p. 156. *Pif.*
ind. p. 68. *Jonft. pifc. p.*
194. *t.* 33. *f.* 4. *Ruyfch*
theatr. anim. 1: *p.* 182.
t. 33. *f.* 4. *Raj. pifc. p.*
130. *n.* 7. Jacuacaguara.
Valent. ind. 3. *p.* 370. *n* 75.
f. 75. *et p.* 501. *n* 492.
f. 492. *et p.* 502. *n.* 493.
f. 493. Ikan Siam *et* groene Lootsmann.
Renard poiff. 1. *t.* 33. *f.* 176.
177. Lootsmannetje.
Habitat in *maris* Brafiliam, Indiam, Arabiam *alluentis profundis inter corallia, ad* 8 *pollices longus, fquamis praegrandibus tectus, albus, fafciis* 6 *nigris pictus, vermibus marinis victitans, parum edulis, fparis percisque affinis.*
Oculi *magni, iride flava;* branchiarum *apertura ampliffima, membrana libera;* linea *lateralis ad pinnam dorfalem interrupta;* pinnae *parvae nigrae, caudalis bifurca.*

rotundus. 22. Ch. fpinis pinnae dorfalis
23, fafciis 5 pallidis.
Muf. Ad. Fr. 1. *p* 64. Chaetodon - rotundatus cinereus, fafciis 5. D. $\frac{23}{28}$. P. 10. V. $\frac{1}{5}$. A. $\frac{2}{14}$. C. - -
Habitat in America *auftrali et* India.

lanceolatus. 23. Ch. cauda integra, corpore falciis tribus: oculari,
pectorali longitudinalique.
Edw. av. t. 210. Guaperva.
Habitat *in* India, *oblongus, lanceolatus.*
Fafciae *nigrae, margine grifeae, prima transverfa per oculos, altera transverfa per thoracem, tertia a pinna dorfali anteriori ad caudam.*

aureus. 26. Ch. aureus, aculeo ad os
malae. *Bloch ausl. Fifch.* 3.
p. 49. *n.* 1. *t.* 193. *f.* 1. D. $\frac{12}{24}$. P. 12. V. 6. A. $\frac{2}{15}$. C. 15.
Habitat

PISCES THORACICI. Chaetodon. 1255

Habitat in insularum Antillarum *aquis, ovalis, squamis duris denticulatis tectus.* Plumier

Oculi iride rubescente; os exiguum; labia robusta; dentes setacei; branchiarum apertura ampla, operculum simplici lamina constans, membranam occultans; linea lateralis leviter arcuata; pinnae flavae, ut ovae fine virides, radiis ramosis: pectorales et caudalis rotundatae, reliquae falcatae, pectorales et ventrales squamis nudae.

Imperator. 27. Ch. longitudinaliter striatus, aculeis dorsalibus 14.
Bloch ausl. Fisch. 3. p. 51. n. 2. t. 194.
Ind. muf. Schwenk. p. 32. n. 82. Chaetodon eximiae magnitudinis et raritatis, striis parallelis &c.
Ruysch theatr. an m. 1. p. 37. n. 1. t. 19. f. 1. Renard poiss. 2. t. 56. f. 238.
der Kaifer von Japan.

$D. \frac{14}{34} P. 18. V. \frac{1}{5}. A. \frac{3}{22} C. 16.$

Habitat in Japoniae *aquis, flavus, radiis longitudinalibus caeruleis, squamis tectus, pone pinnas ventrales et pectorales magnis, grandis, deliciosus.*

Caput *magnum;* oculorum *iris aurantia, arcu caeruleo cincta;* os *exiguum;* labia *robusta;* mandibulae *aequales;* dentes *longi, setacei;* branchiarum *operculum lamina duplici constans stria caerulea notata;* linea *lateralis, à nucha incipiens, dorso propinqua, ad finem pinnae dorsalis deorsum flexa;* pinnae *radiis ramosis, dorsalis et analis crassae, rigidae, rotundatae.*

Dux. 28. Ch. corpore fasciato, aculeis abdominalibus 7.
Bloch ausl. Fisch. 3. p. 53. n. 3. t. 195.
Valent. ind. 3. p. 504 n. 507. f. 507. Ikan fengadji molukko, of de molukfche Hertog.
Renard poiss 1. p. 22. t. 14. f. 81. et 2. t. 16. f. 77. et t. 38. f. 169. Duchesse, et Douwing bastard d'Haroke, et Chietsevisch.

$D. \frac{14}{25} P. 16. V. \frac{1}{5}. A. \frac{7}{21} C. 14.$

Mmmm Habitat

Habitat in India, *squamis exilibus vestitus, albus, striis caeruleis fusco marginatis pictus.*

Oculi *iride alba, caerulea et fusca; os angustum;* labia *robustae;* mandibulae *aequales;* branchiarum *apertura ampla, operculum lamina tenui constans;* linea *lateralis ab oculo incipiens, dorso propinqua et parallela, ad finem pinnae dorsalis flexa;* pinnae *pectorales breves, pellucidae, rotundatae.*

guttatus. 29. Ch. guttatus, aculeis 2 ventralibus. *Bloch ausl.*

Fisch. 3. p. 55. n. 4. t. 196. D. $\frac{11}{23}$. P. 15. V. $\frac{2}{7}$. A. $\frac{7}{18}$. C. 16.

Habitat in Japoniae *aquis, longus, angustus, squamis minutis obtectus, supra cinereus, subtus albus, guttis spadiceis varius.*

Oculi *magni, rotundi, iride obscure flava; os majus, quam congeneribus;* mandibulae *aequales;* dentes *acuti;* labia *robusta, superius duobus ossibus constans, protrusile et retractile;* branchiarum *apertura ampla, operculum ex tabula tenui longa conflatum, membranam abscondens;* linea *lateralis ab operculo orta, leviter arcuata, dorso propinqua ad finem pinnae dorsalis interrupta;* pinnae *squamis nudae, radiis ramosis; pectorales ex fusco flavae; ventrales, dorsalis et analis cinereae; caudalis flava cinereo-punctata.*

Paru. 30. Ch. aculeis 10 dorsalibus, analibus 5. *Bloch ausl.*

Fisch. 3. p. 57. n. 5. t. 197. D. 10. P. 14. V. 6. A. 5. C. 15.

Art. syn. p. 71. n. 1. gen. p. 51. n. 1. Chaetodon niger, maculis flavis lunulatis varius.

Gronovh. zooph. p. 68. n. 231. Chaetodon operculis aculeatis, osculis, pinnae dorsi anique intermediis inermibus cauda rotundata longioribus.

Klein. miss. pisc. 4. p. 36. n. 3. Rhombotides in nigricante corpore squamis flavis quasi lunulatis.

Brown.

PISCES THORACICI. Chaetodon.

Brown. jam. p. 454. n. 3.
Chaetodon minute variegatus, crimis squamarum
luteis semilunatis.
M. gr. bref. p. 144. Pif. q. ci...
ind. p. 55. Jonst. pisc.
p. 177. t. 32. f. 2. Ruysch.
theatr. anim. p. 123. t. 32.
f. 2. Will. ichth. p. 217.
t. O. 1. f. 2. Raj. pisc. p.
102. n. 17. Paru.
Habitat in America australi, vicinisque insulis, ad 16 pollices longus, squamis, in trunco magnis, flavo marginatis tectus, niger, ad latera cinerascens, animalibus aquaticis minoribus victitans, edulis.
Oculi parvi, iride aurea; os amplius, quam congeneribus mandibula inferior longior; labium superius ossibus 2 longis, angustis, tenuibus constans; branchiarum apertura angustior, operculum duabus laminis constans, deorsum in aculeum desinens, membranam tegens; anus in medio corporis; pinnae pectorales et caudalis breves rotundatae, reliquae longae falcatae; antepectorales macula lutea.

Pavo. 31. Ch. oblongus, aculeis 14
dorsalibus. Bloch. ausl. Fische 3. p. 60. n. 6. t. 198.
f. 1. Br. 4. D. $\frac{14}{27}$. P. 15. V. $\frac{1}{6}$ A $\frac{2}{17}$. C. 19.
Habitat in India, multis coloribus eleganter ludens.
Caput magnum, pectusque ex fusco flavum, maculis et prope oculos lineis caeruleis varium; oculorum iris ex albo virescens; os exiguum; labia robusta; branchiarum apertura ampla, operculum simplici lamina constans, membrana libera; linea lateralis ab operculo incipiens, dorso parallela, ad finem pinnae dorsalis interrupta; anus in medio corporis; pinnae radiis ramosis; pectorales breves, pellucidae, ventralibus interferta tertia.

Vesperti- 32. Ch. pinna dorsali analique
lio. latis, fascia caudali nigra.
Bloch ausl. Fisch. 3. p. 67.
n. 9. t. 199. f. 2. Br. 5. D. $\frac{5}{21}$. P. 18. V. 6. A. $\frac{3}{33}$. C. 17.
Will. orn. app. p. 24. t. O. 5.
Seabat?
Habitat in India, tenuissimus, squamis minimis tectus, albidus, supra cinereus.

Mmmm 2   Caput

Caput *squamis nudum;* oculorum *iris ex argenteo flavicans;* os *exiguum;* labia *robusta;* branchiarum *apertura amplissima;* operculum *duabus laminis quasi argentatis constans, membranae partem tegens;* linea *lateralis a branchiis incipiens arcuata;* pinnae *radiis ramosis, cinereae;* dorsalis *et analis parte squamata flavicante.*

unimacu- 33. Ch. macula nigra ad late-
latus. ra, aculeis dorsalibus 13.
Bloch ausl. Fisch. 3. p. 75.
n. 12. t. 201. f. 1. Br. 8. D. $\frac{12}{35}$. P. 14. V. 6. A. $\frac{3}{25}$. C. 16.
Habitat in India; *albus, lineis transversis fuscis pictus, dorso cinereo, squamis magnis vestitus.*
Oculi *iride alba, extus fusca; supra hos fascia nigra;* mandibulae *aequales;* branchiarum *operculum* 2 *laminis constans;* linea *lateralis a nucha incipiens, dorso propinqua et parallela;* pinnae *flavescentes, radiis ramosis; analis dorsalisque brevis rotundata margine;* cauda *basi fusca.*

bicolor. 34. Ch. bicolor. Bloch ausl.
Fisch. 3. p. 94. n. 21. t.
206. f. 1. D. $\frac{12}{35}$. P. 14. V. $\frac{1}{6}$. A. $\frac{3}{16}$. C. 16.
Musf. Schwenk. p. 27. n. 88.
Chaetodon bicoloratus.
Seeligm. Voeg. 7. t. 73. f. 4.
Acarauna maculata.
Valent. ind. 3. p. 361. n. 48.
f. 48. Ikan Koelar.
Renard poiss. 1. p. 10. t. 5.
f. 35. p. 19. n. 106. t. 19.
f. 106. p. 33. n. 121. t. 22.
f. 121. Ekorkouning, Color Soufounam, et Parallelogram.
Habitat in America *australi et* India, *percis affinis, oblongus, capite crasso, cauda et parte trunci albis, altera parte fusca.*
Oculi *magni, iride argentea;* dentes *setacei;* branchiarum *operculum magnum, aculeatum, serratum, lamina simplici constans;* pinnae *rigidae, radiis ramosis; dorsalis et analis totae squamis tectae; ventrales exiles; pectorales pellucidae.*

PISCES THORACICI. Chaetodon. 1259

margina- 35. Ch. pinnis marginatis acutus.   minatisque. *Bloch ausl.*
           Fisch. 3. p. 98. n 23. t. 207. D. $\frac{14}{25}$. P. 12. V. 8. A. 16. C. 20.
           Habitat in littoribus scruposis insularum Antillarum, prope ostia fluviorum, flavus, capite subtusque albidus, fasciis 8 dilute fuscis pictus, piscibus minoribus victitans, sapidus, squamis magnis vestitus.
           Oculi *oblongi, iride argentea;* membrana *branchiostega libera;* anus *caudae propior, quam in congeneribus;* pinnae *squamis nudae; radiis ramosis, posterius cinereae, anterius flavae; caudalis bifurca tota flava.*

-chirur- 36. Ch. aculeo caudali 1, dor-
 gus.   salibus 14. *Bloch ausl.*
           Fisch. 3. p. 99. n. 24.
           t. 208.   D. $\frac{14}{28}$. P. 16. V. $\frac{1}{6}$. A. $\frac{3}{20}$. C. 16.
           Habitat in mari insulas Antillas circumfluente, sapidus, flavus, fasciis quinque angustis, violaceis, subtus caerulescens.
           Caput *magnum, violaceum, ad os et genas macula nigra insignitum; oculi rotundi, iride alba et fusca;* mandibula *superior longior;* labium *superius ex ossibus 2 latis et tenuibus constans;* anus *ori propior, quam caudae;* pinnae *squamis nudae; pectorales, ventrales et analis violaceae, haec fasciis flavis; dorsalis ex flavo et violaceo varia, caudalis basi flava, versus marginem violacea.*

rhomboi- 37. Ch. aculeis analibus 2,
 des.   dorsalibus 5. *Bloch ausl.*
           Fisch. 3. p. 100. n. 25.
           t. 209.   Br. 4. D. $\frac{5}{22}$. P. 18. V. $\frac{1}{6}$. A. $\frac{2}{24}$. C. 26.
           Habitat in oceano americano, rhomboideus, squamis mediocribus tectus, viridis, subtus flavus, trium fasciarum ventris interstitiis albis. Plumier.
           Caput *argenteum, anterius truncatum; oculi magni, rotundi, iride alba et rubra;* rictus *amplior,* dentesque *minores, quam congeneribus;* labium *superius ex ossibus 2 longis tenuibus conflatum;* branchiarum *apertura ampla,* operculum *laminis 2 semilunatis constans,* membrana *libera;* linea *lateralis parumper curvata;* anus *in medio corporis;* pinna *dorsalis viridis; pectorales et ventrales basi flavae versus marginem violaceae; analis et caudalis margine virides.*

Mmmm 3   38. Ch.

glaucus. 38. Ch. linea laterali recta, aculeis dorsalibus 5. *Bloch ausl. Fisch.* 3. p. 112. n.
26. t. 210. D. $\frac{5}{26}$. P. 12. V. $\frac{1}{5}$. A. 17. C. 20.
Valent. ivid. 3. p. 386. n. 118. f. 118. Ikan Batoe lang Haboe?
Renard poiss. 1. p. 41. t. 27. f. 151. Pasque Pampus?
Gautier jour. de phys. 1756. Dec. p. 468. Glaucus des anciens.

Habitat in mari americano, cubitum longus, oblongus, squamis mediae magnitudinis vestitus, supra caeruleus, subtus argenteus, striis 6 fuscis angustis brevibusque pictus, carne sapida, Plumier.
Oculi minuti, iride flava; rictus amplior, quam congeneribus; labia robusta ex pluribus ossibus composita; branchiarum apertura angustior, membrana libera; pinnae radiis ramosis; ventrales minimae in angustum longum mucronem desinentes, et pectorales albidae, reliquae nigricantes, analis absque aculeis.

Plumieri. 39. Ch. dorso bipinnato, capite alepidoto. *Bloch ausl. Fisch.* 3. p. 104. n. 27. t. 211. f. 1. Br. 4. D. 5, 35. P. 14. V. $\frac{1}{5}$ A. $\frac{2}{25}$ C. 12.
Habitat in oceani americani littore saxoso, oblongus, squamis minutis vestitus, supra fuscescens, ad latera cinereus, subtus albus, fasciis 6 virescentibus, edulis.
Caput supra fuscum, ad latera album; oculi iride ex albo virescente; labia robusta; branchiarum operculum duabus laminis constans; linea lateralis arcuata; pinnae squamis nudae virescentes; margine virides, radiis ramosis, pinnae dorsalis primae annibus spinosis flavicantibus.

ocellatus. 40. Ch. fascia oculari, aculeis duodecim ocelloque in pinna dorsali. *Bloch ausl. Fisch.* 3. p. 105. n. 26. t. 211. f. 2. Br. 5. D. $\frac{12}{34}$. P. 16. V. $\frac{1}{6}$. A. $\frac{3}{22}$. C. 18.
Seb. mus. 3. p. 67. n. 11. t. 25. f. 11. Chaetodon macrolepidotus albescens, linea

nigra

PISCES THORACICI. Chaetodon. 1261

nigra ad oculos et macula rotunda in pinna dorsi.

Habitat in India, *squamis tectus, in trunco magnis, flavus, subtus albus.*

Mandibulae *aequales, prominulae;* labia *robusta;* branchiarum *operculum lamina brevi aurea constans, membrana libera;* linea *lateralis recta, ad ocellum pinnae dorsalis interrupta;* pinnae *cinereae;* radiis *ramosis.*

Curacao. 41. Ch. spinis dorsalibus 13, analibus 2. *Bloch ausl. Fisch.* 3. *p.* 106. *n.* 29. *t.* 212. *f.* 1. D. $\frac{13}{2\frac{2}{3}}$. P. 12. V. $\frac{1}{5}$. A. $\frac{2}{16}$. C. 16.

Habitat in oceano, Americam *australem alluente, congeneribus crassior, squamis argenteis ad latera trunci margine violaceis tectus, supra fuscescens.*

Caput *magnum;* oculorum *iris alba, extrinsecus flava;* mandibulae *aequales;* labia *robusta;* branchiarum *operculum latum, violaceum, squamis magnis vestitum;* linea *lateralis, ex squamis albis oblongis conflata; recta, ad pinnam dorsalem interrupta;* anus *in medio corporis;* pinnae *flavae, radiis ramosis; caudalis bifurca.*

Mauritii. 42. Ch. aculeis pinnae dorsalis 11, analis 3. *Bloch ausl. Fisch.* 3. *p.* 109. *n.* 31. *t.* 213. *f.* 1. D $\frac{11}{2\frac{2}{3}}$. P. 14. V. 6. A. $\frac{13}{13}$. C. 18.

Habitat in Brasilia, *bipedalis, elongatus, squamis exilibus tectus, caeruleus, ad latera dilutius tincta fasciis 6 angustis nigris pictus, subtus albus, carne sapida.*

Oculorum *iris ex argenteo flavicans; rictus amplus;* labium *superius ossibus 2 tenuibus constans;* branchiarum *apertura ampla;* dorsum *parum arcuatum;* linea *lateralis dorso,* anus *caudae propior;* pinnae *radiis ramosis, ventrales flavae, pectorales obscure, ceterae dilutius caeruleae.*

bengalen- 42. Ch. fasciatus, aculeis pinsis. nae dorsalis 13, analis 2. *Bloch ausl. Fisch.* 3. *p.* 110. *n.* 32. *t.* 213. *f.* 2. Br. 4. D $\frac{12}{2\frac{2}{3}}$. P. 16. V. $\frac{1}{6}$. A. $\frac{2}{14}$. C. 18.

Habitat in Bengala, *latus, albus, fasciis* 5 *badiis pictus, squamis, in trunco magnis, vestitus.*

Oculorum *iris ex albo flavescens;* branchiarum *apertura ampla;* linea *lateralis prope dorsum leviter arcuata, ad ejus*

Mmmm 4 *finem*

1262　PISCES THORACICI. Chaetodon.

*finem interrupta; anus caudae propior; pinnae basi fus-
cae, margine caeruleae.*

octofas-　44. Ch. fasciis 8, aculeis pin-
ciatus.　　nae dorsi 11. *Bloch ausl.
　　　　　　Fisch* 3. p. 113. n. 34. t.
　　　　　　215. f. 1.　　　　　　　　　　D. $\frac{11}{28}$. P. 16. V. $\frac{1}{5}$. A. $\frac{3}{16}$. C. 12.
　　　　　Muf. Linck. 1. p. 42. Chae-
　　　　　　todon striatus.
　　　　　Muf. Schwenck. p. 32. n. 81.
　　　　　　Chaetodon armatus octo-
　　　　　　lineatus.
　　　　　Seb. muf. 3. p. 67. n. 12.
　　　　　　t. 25. f. 12. Chaetodon
　　　　　　macrolepidotus albescens,
　　　　　　lineis utrinque octo trans-
　　　　　　versis nigris.
　　　　　Klein miff. pisc. 4 p. 36. n.
　　　　　　6. t. 9. f. 3. Rhomboti-
　　　　　　des, cujus pinnam dorsa-
　　　　　　lem radiis conjunctis iner-
　　　　　　mibus &c.
　　　　Habitat in India, *ex violaceo albus, fasciis 8 geminatis
　　　　　transversis fuscis.
　　　　Oculorum iris ochroleuca;* mandibulae *prominulae, aequa-
　　　　　les;* linea *lateralis leviter arcuata;* anus *in medio corpo-
　　　　　ris;* pinnae *breves, basi fuscescentes,* dorsalis *et* analis
　　　　　margine *fuscae, reliquae cinereae.*

annularis. 45. Ch. striatus, annulo ad
　　　　　　lineam lateralem. *Bloch
　　　　　　ausl Fisch.* 3 p. 114. n.
　　　　　　35. t. 215 f. 2.　　　　　　　D. $\frac{14}{41}$. P. 16. V. $\frac{1}{5}$. A. $\frac{3}{28}$. C. 16.
　　　　　Muf. Schwenck. p. 31. n. 20.
　　　　　　et p. 32. n. 84. Chaeto-
　　　　　　don annularis, *et* Chaeto-
　　　　　　don fuscus, striis coelesti-
　　　　　　ni coloris incurvatis, di-
　　　　　　verso modo definentibus,
　　　　　　pinnis ventralibus ac dor-
　　　　　　salibus valde extensis.
　　　　　Valent. ind. 3. p. 455. n.
　　　　　　347. f. 347. et p. 498. n.
　　　　　　467. f. 468. Ikan Batoe

　　　　　　　　　　　　　　　　　　　　　　　Jang

[PISCES THORACICI. Chaetodon.] 1263

Jang Aboe, *et* Ikan Pampus*Cambodiae*
Renard poiss. 2. p. 38. t. 20.
f. 135. Douwing Marquis.
Habitat *in* India, *fufcefcens. ftriis 6 longitudinalibus curvatis, caeleftis coloris, fquamis minutis tectus.*
Oculi *iride argentea;* branchiarum *operculam ex duabus laminis conftans, quarum anterior dentata et aculeata;* linea *lateralis dorfo parallela;* anus *in medio corporis:* Pinna analis *rotundata, fafcia caerulea infignita, et dorfalis acuminata ex atro fufcae, reliquae albae.*

Collare. 46. Ch. capitis fafciis 5, spinis dorfalibus 12. *Bloch ausl. Fifch. 3. p. 116. n. 36. t. 216. f. 1.*
Seb. muf. 3. p. 66. n. 10. t. 25. f. 10. Chaetodon macrolepidotus, nigricans, lineis utrinque duabus albis ad caput.

Br. 4. D. $\frac{12}{40}$. P. 14. V. $\frac{1}{6}$. A. $\frac{7}{24}$

Habitat *in* Japonia, *caeruleus, fubtus flavicans, fquamis, in trunco praegrandibus veftitus.*
Caput *anterius declive;* oculi *magni, iride caerulea;* mandibulae *prominulae;* membrana *branchioftega tecta;* linea *lateralis ad pinnam dorfalem in angulum obtufum flexa, ad finem ejus interrupta;* pinnae *pectorales flavae, ventrales cinereae; reliquae flavicantes, margine fufcae, dorfalis fafcia flava, caudalis fafcia fufca.*

mefomelas. 47. Ch. fafcia oculari, aculeo unico ad operculum, et 12 ad dorfum. *Bloch ausl. Fifch. 3. p. 117. n. 37. t. 216. f. 2.*

D. $\frac{12}{29}$. P. 16. V. $\frac{1}{6}$. A. $\frac{3}{21}$. C. 16.

Habitat in Japonia, *ex oblongo rotundus, fquamis exilibus tectus, anterius ex caerulefcente albus, pofterius niger.*
Oculi *magni;* branchiarum *apertura ampla, operculum ex duabus laminis compofitum, praeter majorem illum minoribus adhuc aculeis munitum, membrana libera;* linea *lateralis dorfo propinqua;* anus *in medio corporis;* pinnae *dorfalis et analis nigrae, reliquae albae.*

Faber. 48. Ch. fafciatus, aculeo dorfali tertio longiore. *Bloch*

Mmmm 5 *ausl.*

ausl. Fisch. 3. p. 107. n.
30. *t.* 212. *f.* 2.   Br. 8. D. $\frac{2}{21}$. P. 16. V. $\frac{1}{6}$. A. $\frac{3}{24}$. C. 20.
Brouss. ichth. dec. 1. *n.* 5. *t.* 6.

Chaetodon maxillis rotundatis, pinnis pectoralibus ovatis, cauda inermi, pinnae dorsalis aculeo quinto longiore.   Br. 3. D. $\frac{2}{32}$. P. 17. V. $\frac{1}{6}$. A. $\frac{3}{2}$. C. $\frac{3-3}{21}$.

Habitat in oceano indico, americano, pacifico, 11 *pollices longus, argenteus, fasciis 6 ex nigro caerulescentibus.* Oculorum *iris flava;* linea *lateralis dorso arcuato propinqua et parallela;* anus *in media corporis;* pinnae *radiis ramosis, pectorales et ventrales nigrae, reliquae ex nigro caerulescentes.*

chilensis. 49. Ch. aureus fasciis 5 discoloribus, cauda integra, spinis dorsalibus 11. *Molin. hist. nat. Chil. p.* 200.   D. $\frac{11}{1}$ P. -- V. -- A. -- C. --

Habitat in mari Chilensi, 12 *pollices longus, squamis minutis vestitus, sapidissimus, ovalis, fascia prima oculari nigra, duabus mediis cinereis, duabus caudalibus nigris et cinereis.*
Rostrum *prolongatum;* nares 2 *prope oculos;* branchiarum *apertura arcuata,* operculum *tribus laminis constans;* linea *lateralis arcuata, suprema, inconspicua;* anus *fere in medio corporis;* pinnae *pectorales minimae et ventrales acuminatae; dorsalis magna flava; caudalis argentea, margine flava, flabelliformis; ad caudam macula ovalis nigra.*

longirostris. 50. Ch. rostro cylindrico, cauda inermi, pinnae dorsalis aculeis 11. *Brousson. ichth. dec.* 1. *n.* 6. *t.* 7.   Br. 5. D. $\frac{11}{32}$. P. 15. V. $\frac{1}{6}$. A. $\frac{3}{22}$. C. $\frac{3-3}{23}$.

Habitat in oceano pacifico, *citrinus, subtus striatus, squamis inaequalibus oblique imbricatis tectus, compressus, ex oblongo rhomboideus.*
Caput *supra declive fuscescens, subtus ex argenteo carneum;* oculi *pupilla fuscescente, iride ex argenteo glaucescente;* rictus *parvus, oblongus;* mandibulae *subaequales, dentibus inaequalibus paucis, setaceis; exiguis armatae;* lingua,

PISCES THORACICI. Chaetodon. 1265

gua; palatum et faux glabra; linea lateralis recta, dorso subparallela; anus pone medium corporis; pinnae dorsalis et analis citrinae, postice lineola nigra, aliaque albescente marginatae; huic posterius versus apicem ocellus niger; pinnae ventrales citrinae, margine exteriori fuscescentes; caudalis et pectorales glaucescentes; hae basi lutescentes.

Teira. 51. Ch. fasciis tribus nigris, pinna dorsali analique longissimis. *Bloch aus. Fisch.* 3. *p.* 65. *n.* 18. *t.* 199. *f.* 1. Br. 5. D. $\frac{5}{24}$. P. 11. V. $\frac{1}{6}$. A. $\frac{3}{26}$. C. 17.

Forsk. fn. arab. p. 60. *n.* 82. Chaetodon corpore rhombeo fuscescente, fascia transversa duplici obscuriori: pinnis ventralibus, ani et caudae falcatis corpore longioribus. Br. 5. D. $\frac{3}{27}$. P. 17. V. $\frac{1}{6}$. A. $\frac{3}{27}$. C. 17.

Muf. Schwenck. p. 26. *n.* 78. Breedvinnige Klipvisch.

Valent. ind. 3. *p.* 366. *n.* 2. *f.* 62. Ikan Kambing.

Renard poiss. 1. *p.* 35. *n.* 129. *t.* 24. *f.* 129. Cambing.

Ruysch theatr. anim. 1. *p.* 18. *n.* 7. *t.* 10. *f.* 7. Zeebotje.

Habitat in mari arabico et indico, albus, ad ulnam usque longus, corallis testaceisque victitans, edulis, perinde latus ac longus, anterius declivis, squamis minimis denticulatis vestitus.

Oculi iride ex albo rubescente; os minimum; branchiarum apertura ampla, operculum lamina simplici constans, membranae partem occultans; linea lateralis alba, ex punctis albis composita; anus prope pinnas ventrales, hae nigrae, reliquae albae.

orbicula- 52. Ch. ex cinereo fuscus subris. rotundus, spinis dorsalibus nullis. *Forsk. Fn. arab. p.* 59. *n.* 79. Br. 6. D. $\frac{2}{26}$. P. 16. V. $\frac{1}{5}$. ? A. 26. C. 16.

Habitat in saxosis littoris Arabici, pedalis, figura pleuronecten simulans, nigro-punctatus, subtus albidus, pone flavicans; squamis rotundatis integris tectus.

Frons

Frons *perpendiculariter declivis;* oculorum *iris flava;* labia *obtusa, aequalia;* dentium *mobilium ordines plures; exterior filiformium apice tridentatorum, reliqui setaceorum, subulatorum;* branchiarum *opercula integra squamata;* linea *lateralis dorso propior non prorsus parallela; ante* pinnam *dorsalem et analem rudimenta spinarum sub cute, utraque cum pinna caudali crassa, carnosa, squamata;* pinnae *ventrales ovatae, introrsum flavidae, extrorsum ex fusco virentes pellucidae, pectorales ex ovato lanceolatae ex fusco flavidae.*

fasciatus. 53. Ch. flavus, fascia oculari nigra, supra nucham alba, per latera ferrugineofusca. *Forsk. Fn. arab.* p. 59. n. 80. — Br. 6. D. $\frac{12}{26}$. P. 16. V. $\frac{1}{6}$. A. $\frac{3}{22}$. C. 16.
Habitat in Arabiae littore, 5 *pollices longus, squamis rotundatis imbricatis tectus.*
Caput *conico-obtusum;* labium *superius protractile;* fasciae *laterales utrinque* 8; pinna *dorsalis ad basin vitta fulva, dein nigra, postea ex ferrugineo flava, margine flava; analis ex ferrugineo flava; ventrales flavae; pectorales glaucae, caudalis truncata flavicans; fascia media fusca.*

Auriga. 54. Ch. albidus oblique fasciatus, pinnae dorsalis radio quinto in filum producto. *Forsk. Fn. arab.* p. 60. n. 81. — Br. 6. D. $\frac{12}{37}$. P. 16. V. $\frac{1}{6}$. A. $\frac{3}{24}$. C. 17.
Habitat in Arabiae littore, 5 *pollices longus, fere rhomboidalis, ex albido caeruleus, fasciis* 16 *fuscis parallelis, squamis rhomboidalibus tectus.*
Caput *fascia oculari, supra planum, squamatum, ex albo rufescens, fasciis* 4 *transversis fulvis.* Oculi *iride nigra;* os *conico-compressum;* labia *rotundata aequalia;* pinnæ *dorsalis margine posteriori nigra; analis lineis, nigra, albo-flavescente picta;* cauda *truncata fulva;* linea *lateralis curvata.*

mesoleucos. 55. Ch. parte anteriore albus, posteriore fuscus, fasciis nigris. *Forsk. Fn. arab.* p. 61. n. 83. B. 6. D. $\frac{12}{37}$. P. 16. V. $\frac{1}{6}$. A. $\frac{3}{22}$. C. 17.
Habitat

PISCES THORACICI. Chaetodon. 1267

Habitat in Arabiae littore, 3 pollices longus, ovatus, squamis ciliatis, rhombeis, magnis vestitus, fascia oculari, et 12 trunci posterioris nigris.
Caput conicum, angustum; linea lateralis curva; pinnae pectorales glaucae, ventrales albae; dorsalis et analis fuscae; caudalis nigra truncata, apicis fascia lata hyalina.

Asfur. 56. Ch. niger, fascia transversa lunari-cuneata flava.
Forsk. Fn. arab. p. 61.
n. 84.   Br. 6. D. $\frac{12}{3}$ P. 16. V. $\frac{1}{6}$ A. $\frac{3}{22}$ C. 16.

β) Chaetodon caerulescens lituris et falciis obliquis, lineolis violaceis. Forsk. Fn. arab. p. 61. n. 84. b.
Habitat in Arabiae littore, ovalis, squamis rhombeis, quincuncialibus, subtiliter dentatis tectus, 5 pollices longus. Operculum anterius pone spina valida retroversa semipollicari munitum; linea lateralis curva, dorso propior; pinnae dorsalis et analis horizontaliter protensae, falcatae; caudalis rotundata fulva, margine nigra.

maculo- 57. Ch. cinereus, maculis
fus.   transversis caeruleis, operculis anterioribus unispinosis. Forsk. Fn. arab. p.
62. n. 85.   Br. 5. D. $\frac{12}{34}$ P. 19. V. $\frac{1}{8}$ A. $\frac{3}{24}$ C. 16.
Habitat in Arabiae littore, ex ovato oblongus, squamis serratis margine striatis, versus caput latioribus, tectus, macula pone medium corpus magna transversa aurea. Frons inter oculos elata, plana, squamata; branchiarum operculum squamatum anterius, pone serratum; linea lateralis dorso propinqua parallela; pinnae pectorales ovatae, ventrales lanceolatae, dorsalis pone falcata; analis triangularis, caudalis integra parum rotundata, cinerea, guttis flavis.

fordidus. 58. Ch. ex fusco cinereus ovatus, falcis transversis obsoletis 4. Forsk. Fn. arab.
p. 62. n. 87.   Br. 5. D. $\frac{13}{28}$ P. 19. V. $\frac{1}{8}$ A. $\frac{3}{18}$ C. 14.
Habitat in Arabiae littore, inter coralia, spithamam longus, sapidus, squamis latis margine membranaceis vix crenatis tectus.

Bran-

Branchiarum *operculum posterius margine bidentatum*; linea *lateralis dorso propior non parallela*; pinnae *ex cinereo fuscae, pectorales ovatae, ventrales acuminatae; analis et dorsalis pone rotundatae; caudalis brevis, flavescens, biloba, macula superne nigra.*

unicornis. 59. Ch. fronte cornuta, cauda carinis utrinque duabus elatis. *Forsk. Fn. arab. p.* 63. *n.* 88.   Br. 4. D $\frac{6}{35}$. P. 17. V. $\frac{1}{4}$. A. $\frac{3}{31}$. C. 16.
Habitat frequentissimus et gregarius ad Arabiae *littus, ulnam longus, herbis victitans, carne non admodum grata; scaber, cinereo-nitens, ovato-oblongus.*
Frons *recta, declivis; ante oculos cornu horizontale rectum*; dentes *rigidi in unicam seriem digesti, ex conico subulati, medii majores*, labia *obtusa*; linea *lateralis dorso propior, parallela*; branchiarum *apertura brevis*; pinnae *pectorales ex ovato acuminatae*; cauda *surgens, medio angustior, utrinque scuto duplici, altero rotundo, altero rhombeo; pinna medio truncata.*

Sohar. 60. Ch. cauda utrinque carina ossea in fossula rubra. *Forsk. Fn. arab. p.* 63. *n.* 89.   Br. 3. D $\frac{8}{39}$. P. 17. V. $\frac{1}{6}$. A. $\frac{3}{32}$. C. 16.
Habitat in Arabiae *littore, pulvere fundi marini victitans; 3 spithamas longus, ovatus, fuscus, lineis longitudinalibus violaceis, subtus albicans, lineato affinis.*
Caput *squamis tectum*; dentes *contigui, crenati, in unam seriem digesti*; labia *aequalia*; branchiarum *operculum integrum*; linea *lateralis obsoleta*; pinnae *coriaceae, violaceae*; *pectorales macula flava*; cauda *medio truncata, angulis incurvis duplo longioribus.*

nigrofuscus. 61. Ch. ex atro fuscus, cauda biloba utrinque spina recumbente. *Forsk. Fn. arab. p.* 64. *n.* 90.   Br. 4. D $\frac{8-9}{33-34}$. P. $\frac{1}{17}$. V. $\frac{1}{6}$. A. $\frac{2-3}{26-27}$. C. 16.

Gahm. β) Ch. niger, basi pinnae caudalis violacea.   Br. 4. D. $\frac{3}{35}$. P. 18. V. $\frac{1}{6}$. A. $\frac{3}{27}$. C. 16.
Habitat in arabici maris profundo, aestate gregatim in superficie ludens, Sohar *multum affinis,* 5 *pollices,* β) 3 *spithamas longus.*

Pinna-

PISCES THORACICI. Chaetodon.

Pinnarum *dorsalis et analis aculeus primus sub cute reconditus*; *caudalis margo posterior albicans*, *lobi falcati*, *spina lateralis hastato-subulata*, *tota e fossula erigenda*.

bifascia- 62. Ch. cauda bifida flava, fas-
tus.   ciis duabus capitis nigris.
 Forsk. Fn. arab. p. 64.
 n. 91.   Br. 5. D. $\frac{13}{24}$. P. 16. V. $\frac{1}{5}$. A. $\frac{3}{14}$. C. 17.
Habitat in Arabiae *littore*, argenteus, ex ovato oblongus.
Vertex *rugosus*; oculorum iris argentea; mandibulae *plenae callis-hemisphaericis*, *confertis*, *validis*, *incisoribus in utraque* 5, *validis*, *obtuse conicis*; labium *superius longius*; branchiarum operculum *anterius pone serratum*, *posterius pone acumine osseo*; pinnae *ventrales nigrae*; *dorsalis et caudalis flavae*; *pectorales dimidiato flavae et albae*; linea *lateralis curva*, *dorso parallela propinqua*.

pictus. 63. Ch. albidus lineis obliquis
        violaceis, fascia nigra ocu-
        lorum et caudae. Forsk.
Fn. arab. p. 65. n. 92. Br. 6. D. $\frac{13}{38}$. P. 16. V. $\frac{1}{5}$. A. $\frac{3}{24}$. C. 17.
Habitat in Arabiae *littore*, fere *rectangulus*, *squamis latis serratis*, *oblique imbricatis tectus*, *lineis* 18 *violaceis pictus*.
Vertex *lineis* 5 *transversis fulvus*; rostrum *prominens*; labia *aequalia*; linea *lateralis curva*, pinnae *dorsalis margini parallela*; pinnae *dorsalis nigra*, *pone rotundata*, *caudalis truncata*, *in medio lunula aurea notata*, *margine fusca*.

115. SPA-

Gens Chaetodonton *numerosissima*, *quorum plurium non satis curate adhuc definitorum*, *ideo heic omissorum*, e. g. Parati, militaris, javi, Achillis, defensoris, umbrati, stellati, citrinelli, arolatons, corulei, balteati, speciosi, aulici, fugitivi, belli, meleagridis, luridi, chrysuri, perdicae, gigantis, plebeji, striganguli, cypriuacei, nobilis, *definiendorum et declineandorum spem gratissimam facit* Cl. Broussonet; *secundum aculeos caudae laterales praesentes vel deficientes*, *solitarios vel plures*, *exsertos et rigidos*, *vel recumbentes et mobiles*, *dentes acutos vel obtusos*, *numerosos vel pauciores*, *in unam vel plures series digestos*, *caudam denique integram vel bifidam in plures familias dispesci posset*; *aut ex mente* Forsteri *species corpore ovato*, *dentibus utrinque contiguis in unam seriem dispositis*, *pinnis dorsali analique longitudinalibus nudis*, *cauda utrinque spina vel squama ossea falcata munita a chaetodontilus sejungi*, *et proprium harpini vel acanthuri genus constituere possent*?

115. SPARUS. *Caput:* Dentes incisores vel laniarii robusti; molares obtusiusculi, conferti: *Labia* duplicata *Membrana branchiostega* radiis quinque: *Opercula* squamosa. *Corpus* compressum. *Linea* lateralis posterius curvata. *Pinnae* pectorales rotundatae.

* *Macula nigra notati.*

Aurata. 1. Sp. lunula aurea inter oculos. *Muf. Ad. Fr.* 2. *p.* 72.* D.$\frac{11}{24}$.P.16.V.6.A.$\frac{3}{15}$.C.17.
Art. gen. 25. *syn.* 63. Sparus dorso acutissimo, linea arcuata aurea inter oculos. D.24.P.17.V.6.A.14.C.--
Gron. muf. 1. *n.* 90. D.$\frac{12}{23}$.P.16.V.6.A.$\frac{3}{12}$.C.20.
Loefl. epist. D.$\frac{12}{22}$.P.15.V.6.A.11.C.17.
Hasselq. it. 337. D.$\frac{11}{24}$.P.16.V.6.A.$\frac{3}{24}$.C.22.
Habitat in mari mediterraneo, *et* oceano *inter* Europam *et* Americam *intermedio, etiam* japonico, *Romanis olim* Sergi *autoritate pretiosissimus*, Veneri *sacer*.
Ad caudam *macula nigra.*

annularis. 2. Sp. ocello nigro subcaudali, corpore flavescente.
Art. gen. 37. *syn.* 57. Sparus unicolor flavescens.
Art. gen. 37. *syn.* 57. Sparus unicolor flavescens, macula nigra annulari ad caudam.
Habitat in mari adriatico, infero.

Sargus. 3. Sp. ocello subcaudali, corpore fasciis nigris. *Muf. Ad. Fr.* 2. *p.* 73.* D.$\frac{12}{26}$.P.16.V.6.A.$\frac{1}{16}$.C.17.
Art. gen. 37. *syn.* 58. Sparus lineis transversis varius, macula nigra insigni ad caudam. D.26.P.14.V.6.A.17.C.--
Gron.

Gron. zooph. n. 219. Cynaedus corpore ovato lato,
cauda bifurca, dentibus
aequalibus obtusis.   D. $\frac{11}{24}$. P. 16. V. 6. A. $\frac{3}{14}$. C.
Rondel. pisc. 5. c. 5.— Sargus.
Habitat in mari infero, *Romae*, *Genuae venalis.*

melanu- 4. Sp. ocello nigro caudae, cor-
rus.   pore lineis longitudinali-
            bus.
         Art. gen. 37. *syn.* 58. Spa-
            rus lineis longitudinalibus
            varius, macula utrinque
            ad caudam.
         Habitat in mari infero.

Smaris. 5. Sp. ocello nigro laterali,
            pinnis pectoralibus, cau-
            daeque rubris.
         Art. gen. 36. *syn.* 62. Spa-
            rus macula nigra in utro-
            que latere medio, pinnis
            pectoralibus caudaque ru-
            bris.
         Habitat in Europa *australi.*

Maena. 6. Sp. ocello fusco laterali, cor-
            pore variegato.
         Art. gen. 36. *syn.* 61. Spa-
            rus varius, macula nigri-
            cante in medio latere, den-
            tibus 4 majoribus.
         Habitat in *mari* mediterraneo.

saxatilis. 7. Sp. ocello subcaudali, cor-
            pore candicante.
         Mus. Ad. Fr. 1. p. 65. Sci-
            aena ocello ad basin cau-
            dae.   D. $\frac{12}{33}$. P. 16. V. $\frac{1}{5}$. A. $\frac{3}{12}$. C. 16.
         Gron. mus. 2. n. 185. t. 6.
            f. 3. Sparus rostro pla-
            gioplateo rufescens, ma-
            cula nigra iride alba ad
            caudam subrotundam.   D. $\frac{17}{31}$. P. 17. V. $\frac{1}{5}$. A. $\frac{3}{12}$. C. 17.
         Habitat Surinami.

8. Sp

Orphus. 8. Sp. ocello subcaudali, capite rufescente, cauda integra. †
Art. gen. 37. syn. 63. Sparus varius, macula nigra ad caudam in extremo aequalem. D. 10.
Habitat - - - -

Puntazzo. 27. Sp. ore cuspidato, pinna caudali semilunari a latere concavo tota nigra. *Cetti amf. e pesc. di Sard. p.124.*
Habitat rarior ad Sardiniae *littora, Sargo statura, magnitudine, colore affinis.*

argentatus. 28. Sp. macula pone branchias nigra. *Houttuyn act. Haarl.* XX. 2. p. 319. n. 7. D. $\frac{8}{37}$. P. 16. V. $\frac{1}{5}$. A. $\frac{1}{9}$. C. 18.
Habitat in mari Japoniam *alluente, 6 pollices longus, aurata crassior et angustior, totus squamis argenteis tectus. Ante* oculos *nares binae.*

notatus. 29. Sp. pinna dorsali bipartita, operculis caudaque nigromaculatis. *Houttuyn act. Haarl.* XX. 2. p. 320. n. 8. D. $\frac{1}{11}$. $\frac{1}{1}$. P. 10. V. $\frac{1}{7}$. A. $\frac{3}{2}$. C. 14.
Habitat in mari Japoniam *alluente, saxatili affinis, at* caput digitum fere longis sq tectum.

** Rubri.

Hurta. 9. Sp. cauda bifida, corpore fasciis transversis rubris, dentibus laniariis exsertis. *Mus. Ad. Fr.* 2. p. 73. * D. $\frac{11}{22}$. P. 16. V. 6. A. $\frac{5}{7}$. C. 17.
Habitat in mari mediterraneo, *an dentex?*

Erythrinus. 10. Sp. cauda subintegra, corpore rubro. D. $\frac{12}{20}$. P. 19. V. 6. A. $\frac{3}{13}$. C. 18.
Loefl. it. 103. D. $\frac{11}{24}$. P. 17. V. 6. A. $\frac{3}{12}$. C. 17.
Art. gen. 36. *syn.* 59. Sparus totus rubens, iride argentea.
Habitat

Habitat in mari mediterraneo, americano, japonico, pacifico, edulis; interdum tamen venenatus.

insidiator. 30. Sp. ruber, ad latera flavescens, cauda subforcipata. *Pall. spic. zool. p.* 41. *t.* 5. *f.* 1. D. $\frac{9}{4}$. P. 11. V. 6. A. $\frac{3}{11}$. C. 11.
Valent. ind. 3. *p.* 384. *n.* 122.
Grootsmael.
Ruysch theatr. an. 1. *p.* 3. *t.* 2. *n.* 6. groote Bedrieger.
Renard poiss. 1. *f.* 42. *n.* 209. 210. 2. *fol.* 4. *n.* 13. *et fol.* 17. *n.* 15. Trompeur, Filou.

Habitat in mari indico, 10 pollices longus, oris in longissimum tubum emissilis ope, chaetodontis rostrati more insecta aquatica praedans, esculentus; latiusculus, obesus, cyprini figura, squamis magnis margine aeruginoso viridibus tectus, mortuus fuscum colorem induens.
Caput compressum, inerme, squamatum; oculi laterales; mandibulae bipartitae; singulae dentibus 2 in medio, majoribus, rectis, conicis; branchiarum opercula integerrima; linea lateralis prior, dorso propior subparallela, ad finem pinnae dorsalis incipiens, altera recta; anus in medio fere longitudinis; pinnae flavescentes, dorsalis et analis fasciolis viridibus pictae, squamis semilanceolatis utrinque stipatae; analis radii penultimi longissimi.

Pagrus. 11. Sp. rubescens, cute ad radicem pinnarum dorsi et ani in sinum producta.
Art. gen. 36. *syn.* 64.
Habitat in Europa australi.

spinifer. 31. Sp. spinis dorsalibus recumbentibus, mediis 5 filiformibus longioribus. *Forsk.*
Fn. arab. p. 32. *n.* 23. Br. 6. D $\frac{2}{2}.\frac{5}{8}$. P. 16. V. $\frac{1}{5}$ A. $\frac{3}{12}$. C. 16.
Habitat in maris rubri coenosis profundis, rarissime littore, ovatus, sesquispithamaeus, ex argenteo rubens, dorso lineisque obscurioribus, squamis latis, integerrimis, obsolete striatis vestitus, sapidissimus.
Caput declive vertice convexo, nudo, punctato; oculi remoti, iride argentea, supra subtusque aurea; labia obtusissima,

fissima, *superius longius protractile*; dentes *incisores in utraque mandibula* 4, *conici, remoti, exteriores majores, molares numerosi, conferti, hemisphaerici*; branchiarum opercula *squamata integerrima*; spinae *dorsales et anales in fossula recondendae*; linea *lateralis curva, dorso propior, non parallela*; pinna *caudalis pallida, margine posteriori rubra*.

palpebra- 32. Sp. spadiceus, oculis och-
tus.   raceis valvula libera fla-
       vescente munitis. *Pall. n.*
       nord. Beytr. 2. *p.* 55. *n.* 1.
       t. 4. *f.* 1. 2.   D. — P. 16. V. 6. A. 16. C. 20.

Habitat *in mari* Amboinam *circumfluente, percae affinis, at capite obtusiore.*

Caput *nigricans, fronte sulcata*; operculi *lamina exterior* 2 *aculeis armata*; linea *lateralis elevata, papillis* 5 *in seriem digestis a capite incipiens, dorso utplurimum parallela.*

*** *Lineati.*

Boops. 12. Sp. lineis longitudinalibus
       obscuris: inferioribus qua-
       tuor aureis argenteisque.
       Art. gen. 36. *syn.* 61. Spa-
       rus lineis utrinque 4 au-
       reis ac argenteis longitu-
       dinalibus parallelis.   D. 30. P... V... A. 19. C.—
       Habitat *in* mari infero *et* japonico.

Cantha- 13. Sp. cauda immaculata, cor-
rus.   pore lineis longitudinali-
        bus luteis.
        Art. gen. 36. *syn.* 58. Spa-
        rus lineis utrinque luteis,
        longitudinalibus paralle-
        lis, iride argentea.
        Habitat *in mari* infero.

Chromis. 14. Sp. cauda bifida, radio
         ventralium secundo seta-
         ceo.
         Art. gen. 37. *syn.* 62. Spa-
         rus osficulo secundo pin-

narum

PISCES THORACICI, Sparus. 1275

narum ventralium in longam fetam quasi producto. D. 23. P. 17. V. 6. A. 12. C. --
Habitat in Europa australi.

Salpa. 15. Sp. cauda bifida, lineis fulvis longitudinalibus utrinque undecim. Muf. Ad. Fr. 2. p. 74. * D. $\frac{11}{22}$. P. 16. V. 6. A. $\frac{3}{17}$. C. 17.
Art. gen. 38. syn. 60. Sparus lineis utrinque undecim aureis parallelis longitudinalibus.
Habitat in mari mediterraneo.

Sarba. 33. Sp. ovato-oblongus argenteus: vittis obsoletis plurimis: linea aurea utrinque juxta pinnas ventrales flavas. Forsk. Fn. arab. p. 31. n. 22. Br. 6. D. $\frac{11}{25}$. P. 15. V. $\frac{1}{5}$. A. $\frac{3}{14}$. C. 17.
Habitat in littoris arabici coenosis, herbidis et coralliferis, latus, sapidus, squamis latis integerrimis tectus, vittis longitudinalibus obsoletis fuscescentibus utrinque 17 pictus.
Vertex *fuscus, politus, nudus, subconvexus*; dentes *incisores conici contigui, molares hemisphaerici plurimi, opercula branchiarum integra*; linea *lateralis dorso propior, minus curva, quam congeneribus*; pinnae *pectorales lanceolatae albidae, ventralibus sesquilongiores*; hae et analis *flavae*; hujus et dorsalis *spinae in fossula reconditae*; cauda *recta protensa*; pinna bifida ex *glauco fusca, inferius flava*.

Synagris. 16. Sp. cauda bifida rubra, corpore purpurascente, lineis utrinque 7 aureis. †
Catesb. Car. 2. p. 17. t. 17. Salpa purpurascens variegata.
Habitat in America septentrionali.

rhomboides. 17. Sp. cauda integra, dorso canaliculato, corpore luteo-lineato. Br. 6. D. $\frac{12}{22}$. P. 16. V. $\frac{1}{5}$. A. $\frac{3}{17}$. C. 20.
Brown jam. 446. Sparus striis longitudinalibus varius.

Nnnn 3 Catesb.

PISCES THORACICI. Sparus.

  Catesb. Car. 2. p. 4. t. 4.
  Perca rhomboides.
 Habitat in America, foffula dorfali fciaenis affinis. D. Garden. Saltwater Bream.
 Dentes *obtufi*; *inter pinnarum pectoralium dorfalisque radices macula nigra;* pinnae *ventrales, analis et caudalis fulvae.*

latus. 34. Sp. flavicans, capite argenteo, fquamis longitudinaliter imbricatis *Houttuyn act. Haarl.* XX. 2. p. 322. n. 10.   D. $\frac{12}{21}$. P. 12. V. $\frac{1}{6}$. A. $\frac{3}{11}$. C. 18.
 Habitat in Japoniae *mari, tres pollices longus, fefquipollicem latus.*

virgatus. 35. Sp. cauda bifurca, corpore depreffo oblongo fquamis virgato. *Houttuyn act. Haarl.* XX. 2. p. 323. n. 11. D. $\frac{8}{18}$. P. 12. V. 6. A. $\frac{3}{10}$. C 22.
 Habitat in mari Japoniam *circumfluente,* 4½ *pollices longus, falpae affinis.*
 Caput *obtufum.*

Haffara. 36. Sp. argenteus, lineis longitudinalibus obfoletis ex fufco-flavefcentibus, cauda bifida *Forfk. Fn. arab.* p. 33. n. 25.   D. $\frac{11}{21}$. P. 15. V. $\frac{1}{6}$. A. $\frac{3}{11}$. C. 18.
 Habitat in Arabici *littoris coenofis frequens, fpithamae magnitudine, mormyri facie, fapidus.*
 Lineae *utrinque* 14; dentes *incifores in utraque mandibula validi, remoti, obtufi;* in faucibus *tubercula hemifphaerica multa.*

Berda. 37. Sp. ex cinereo albidus, fquamis lateralibus fingulis fafcia media, transverfa, fufca, fpinis dorfalibus recumbentibus. *Forfk. Fn. arab.* p. 32. n. 24 Br. 6. D. $\frac{12}{21}$. P. 14. V. $\frac{1}{6}$. A. $\frac{3}{13}$. C. 16.
 Habitat frequens in maris rubri *coenofis, fceurae fotus vefceus, fapidus, ovalis, fafciis dorfi gibbi obfoletis, fubtus albus, fquamis latis, rotundatis, integris veftitus.*
             Vertex

PISCES THORACICI. Sparus. 1277

Vertex nudus, convexus, declivis; oculorum iris alba; ante nares magnas lineares cirrus conicus; dentes in utraque mandibula incifores 4 longiores, conico, fubulati, propinqui, dente minore utrinque interdum acuti, molares numerofi hemifphaerici, pofteriores majores; labium fuperius longius, protractile; opercula integra; linea lateralis dorfo propior; pinnae fufcae, pectorales hyalinae lanceolatae; caudalis biloba.

chilenfis. 38. Sp, cauda bifida, lineis utrinque transverfis fufcis.
Molin. hift. nat. Chil.
p. 197.   Br. 6. D. $\frac{11}{24}$. P. 17. V. $\frac{1}{6}$ A. $\frac{2}{14}$.
Habitat in mari, regnum Chilenfe alluente, ovatus, cathetoplateus, ad 6 pedes longus, maculis fquamis magnis rhomboidalibus margaritaceis albo - maculatis veftitus, fapidus.
Caput parvum, declive, laeviufculum; oculi magni laterales, fupremi, iride agentea; mandibulae fubaequales; dentes incifares conici, molares obtufi; lingua glabra; branchiarum operculum duplici lamina conftans; linea lateralis incurva, dorfo parallela, obfoleta; anus in medio; pinna dorfalis declinata.

**** Varii.

chryfops. 18. Sp. cauda lunata, dorfo canaliculato, oculorum iridibus aureis.   Br. 6. D. $\frac{13}{24}$. P. 17. V. 6. A. $\frac{3}{12}$. C. 19.
Catesb. Car. 2. p. 16. t. 16.
Aurata bahamenfis.
Habitat in Carolina, caerulefcens. D. Garden. Porgee.
Caput lituris caeruleis varium; pinnae pectorales, ventrales, analis et caudalis rubrae.

argyrops. 19. Sp. cauda lunata, dorfo canaliculato, oculorum iridibus argenteis.   D. $\frac{13}{28}$. P. 17. V. 6. A. 15. C. 20.
Brown jam. 447. Sparus iride argentea, dentibus anterioribus conicis.
Will. ichth. app. t. 3. Zanthurus indicus.
Habitat in Jamaica, Carolina, chryfopi fimilis. D. Garden.
Pinnae dorfalis radii tres primi in fetam longam elongati.

Nnnn 4   20. Sp.

Dentex. 20. Sp. cauda bifida, corpore variegato, dentibus quatuor majoribus.
Art. gen. 36. *Syn.* 60. Sparus varius dorso acuto, dentibus quatuor majoribus. D. 90. P. - -. V. - - A. 20. C. -;
Gronov. zooph. n 214. Cynaedus cauda lunata, dente secundo utriusque maxillae maximo. Br. 6. D. $\frac{11}{22}$. P. 16. V. 6. A. $\frac{8}{11}$. C. 15.
Will. ichth t. X. 7. *f.* 6.
Raj. pisc. p. 132. Dentex 1. Cynodon.
Habitat in mari infero *et* supero, *ad* caput bonae spei.

Spinus. 21. Sp. cauda bifida, spina dorsali recumbente. *Mus.*
Ad. Fr. 2. *p.* 74. * D. $\frac{12}{23}$. P. 16. V. $\frac{1}{5}$. A. $\frac{7}{15}$. C. 16.
Loefl. epist. D, $\frac{12}{24}$. P. 17. V. $\frac{1}{6}$. A. $\frac{3}{14}$. C. 17.
Osb. it. 273. Sparus javanensis D $\frac{12}{24}$. P. 15. V. $\frac{2}{5}$. A. $\frac{7}{16}$. C. 18.
Habitat in America *australi et* India, *lituris caeruleis repandis variis pictus.*

radiatus. 22. Sp. cauda integra, linea laterali stigmatibus trifidis, bifidis. Br. 6. D. $\frac{11}{22}$. P. 12. V. 6. A. $\frac{3}{18}$. C. 17.
Catesb. Car. 2. *p.* 12. *t.* 12. *f.* 1. Turdus oculo radiato?
Habitat in Carolina; *supra viridis, ad latera purpureus, subtus rufus, capite striis caeruleis, luteis viridibusque vario.* D. Garden. Puddingfish.
Oculorum iris aurea, caerulea et rubescens, supercilia punctata; labium superius ductile, dentes onici, primores 2 majores; opercula maculis 2, purpurea et lutea, notata; linea lateralis dorso parallela, ad finem pinnae dorsalis deflectens, ex squamis linearibus in 3 ramos bifidos divisis conflata; pinnae variegatae; cauda rotundata.

virginicus. 23. Sp. cauda bifida, fasciis duabus nigris transversis, lineis caeruleis plurimis. D. $\frac{11}{27}$. P. 18. V. $\frac{1}{8}$. A. $\frac{3}{13}$. C. 18.
Habitat in America *septentrionali. Mus.* de Geer.

Oper-

PISCES THORACICI Sparus. 1279

opercula *subserrata*; lineae *longitudinales parallelae*; fascia prior ocularis, altera ab humeris per latera thoracis ad pinnas pectorales; cauda *biloba, obtusa*.

Mormyrus. 24. Sp. cauda bifida, fasciis argenteis nigrisque plurimis.
Art. gen. 37 *Syn.* 62. Sparus maxilla superiore longiore, lineis utrinque duabus nigris transversis parallelis. D. 23. P. 14. V. 6. A. 13. C. --
Hasselq. it. 335. Sparus Mormyrus. D. $\frac{11}{24}$. P. 15. V. $\frac{1}{6}$. A. $\frac{3}{15}$. C. 18.
Gron. zooph. n. 295. Perca dorso monopterygio, capite laevi operculisque diacanthis squamosis. D. $\frac{10}{23}$. P. 13. V. $\frac{1}{5}$. A. 10. C. 3.
Seb. mus. 3. *t.* 27. *f.* 4. Perca maxilla inferiore longiore.
Habitat in mari infero.

capistratus. 25. Sp. cauda integra, corpore albo reticulato. D. $\frac{2}{20}$. P. 12. V. $\frac{1}{6}$. A. $\frac{1}{18}$. C. 14.
Habitat in America, *oblongus, hippoglossi figura, squamis tectus laxe imbricatis, ante marginem fascia alba ad angulum rectum inflexa notatis. Mus.* de Geer.
Dentes *primores magni, supra* 2, *infra* 4; pinna *dorsalis longitudine fere dorsi.*

galilaeus. 26. Sp. cauda integra, corpore supra virescente, subtus albo. †
Hasselq. it. 343. *n.* 76. Sparus galilaeus. Br. 5. D. $\frac{17}{13}$. P. 11. V. 7. A. $\frac{9}{15}$. C. 20.
Habitat in lacu Galilaeae Genezareth.
Piscatura prodigiosa Lucae V., *ex hoc pisce.*

fuscescens. 29. Sp. fuscescens, squamis aureis, macula nigra ad pinnas pectorales. *Houttuyn act. Haarl.* XX. 2. *p.* 324. D. $\frac{13}{42}$. P. 16. V. $\frac{1}{6}$. A. $\frac{2}{12}$. C. --
Habitat in mari Japoniae *vicino, satis latus,* 4 *pollices longus.*

SCARUS. *Caput*: *Dentium* loco maxillae ipsae eminentes margine dentato - crenatae osseae.
Membrana branchiostega radiis quinque; operculum integerrimum.
Corpus: *Linea* lateralis plurimis ramosa-

rivulatus. 1. Sc. maxillis continuis complanatis margine serrato-denticulatis: denticulis approximatis filiformibus a medio labio paulatim decrescentibus. *Forsk. Fn. arab.* p. 25. n. 9. D. $\frac{11}{23}$. P. 15. V. 1-1 A. $\frac{7}{18}$. C. 17.
5 - 4

Habitat in Arabiae *littore, ad ulnam fere longus, caerulescens, maculis nigris, rivulis longitudinalibus flavis; herbis, inprimis zostera victitans, edulis, licet pinnarum suarum spinis inflammationem excitans, post aliquot horas evanidam, pro venenato habeatur, squamis minutissimis vestitus.*

Pinnae ventrales radio primo et ultimo spinoso; ante pinnam dorsi spina; hujus radii spinosi ramentis exilibus ad apices acuti, et prouti analis, in fossula recumbentes; caudalis bifida.

stellatus. 2. Sc. ovalis, fasciis annulis caeruleo-pallidis, subhexagonis, undique contiguis. *Forsk. Fn. arab.* p. 26. n. 10. D. $\frac{11}{24}$. P. 16. V. 1-1 A. $\frac{7}{17}$. C. 17.
5 -

Habitat rarior in Arabiae *littore inter corallia, herbis victitans, dimidium pedem longus, nigricans, maculis aliquando albidis vel hexagonis nigris aut flavicantibus varius, squamis rotundis parvulis vestitus, rivulato multum affinis.*

Vertex planiusculus, carinis 2 longitudinalibus obtusis antrorsum convergentibus; oculi remotiusculi, iride flava; nares utrinque duplices; labia aequalia; opercula squamata, pone striata; anus pinnis ventralibus tectus; linea lateralis non conspicua; pinnae pectorales obtusae flavicantes;

*cantes; reliquea nigrae; dorfalis et analis pone obtufae et
flavae; ante dorfalem fpina antrorfum verfa fub cute de-
litefcens; caudalis biloba obtufa, lituris interdum flavis
ad latus varia.*

Ghobban. 3. Sc. cauda aequali, maxillis
albidis, lituris capitis et
pinnarum margine exteri-
ore viridi-caeruleis. *Forfk.*
Fn. arab. p. 28. *n.* 13. Br. 4. D. $\frac{0}{19}$. P. 14. V. $\frac{0}{6}$. A. $\frac{0}{12}$. C. 12.
Habitat in Arabiae *littore, albidus, fquamis fingulis in me-
dio fafciola caerulefcente transverfa, aliaque ad bafin fufca, ftriis dein fufcis longitudinalibus pictis.*
Mandibulae *albidae; labia margine flavefcentia, bafi ex viridi caerulea; linea lateralis duplex; altera dorfo propinqua, altera ante hujus finem incipiens, recta per mediam caudam excurrens;* pinnae *pectorales obtufae hyalinae, margine fuperiori bafi tantum caeruleae; reliquae
ex violaceo rubentes; dorfalis et analis ad bafin vitta longitudinali ex viridi caerulea infignitae; caudalis truncata, pone virefcens.*

ferrugi- 4. Sc. ex fufco ferrugineus,
neus. maxillis margineque pinnarum exteriori viridibus,
cauda aequali. *Forfk Fn.
arab. p.* 29. *n.* 15. D. 20. P. 13. V. $\frac{0}{6}$. A. $\frac{0}{12}$. C. 13.
Habitat in Arabiae *littore, ex ovato oblongus.*
Mandibulae *medio bifidae, margine tenues, ex caeruleo virides; linea lateralis duplex, altera dorfo propinqua, altera ad finem prioris definens, media; pinnae pectorales
ex fufco ferrugineae; ventrales et analis violafcentes; dorfalis et caudalis flavefcentes: haec bafi fquamis longis,
lanceolatis tecta.*

fordidus. 5. Sc. maxillis rubentibus, corpore fufco - ferrugineo,
pinnis obfcurioribus, cauda furgente pinna aequali.
Forfk Fn. arab. p. 30. *n.* 18. D. $\frac{0}{20}$. P. 14. V. $\frac{0}{6}$. A. $\frac{0}{12}$. C. 12.
Habitat in Arabiae *littore, anguftus, oblongus.*
Mandibulae *medio fiffae, fubmobiles, labii non tectae, margine tenues; lineae laterales* 2 *rectae; altera ad finem
prioris incipiens; pinnae ventrales violafcentes; dorfalis
radiis*

radiis 9 *simplicibus fufca; analis radiis* 3 *simplicibus; pectorales radio unico simplici et caudalis flavefcentes.*

Harid. 6. Sc. cauda bifurca, media
bafi fquamis fepta. *Forſk.*
Fn. arab. p. 30. *n.* 17, Br. 4. D. $\frac{0}{20}$. P. 15. V. $\frac{0}{6}$. A. 13. C. 11.
Habitat in Arabiae *littore, fubtus violafcens, fquamis laxis magnis veftitus.*
Caput fquamis nudum vertice gulaque nudis; mandibulae eminentes, medio fiſſae, crenis interdum in inferiore excrefcentibus in dentes fubulatos duos, labium fuperius longius, utrinque dente canino conico armatum; linea lateralis recta duplex, altera dorfo propior a nucha ad pinnae dorfalis bafin, altera media, a medio latere ad caudam procedens; pinnae pectorales flavefcentes; dorfalis et analis violafcentes coriaceae; caudalis violacea lunata.

Schloſſe- 7. Sc. aureus, maculis utrin-
ri. que 5 fufcis, dorfo fufcef-
cente, cauda fubaequali.
Pall. fpic. zool. 8. *p.* 41. Br. 4. D. $\frac{4}{13-15}$ P. 14. V. $\frac{1}{6}$. A. $\frac{3}{15}$. C. 17.
Habitat in Java, *cyprini rutili mediocris magnitudine, compreſſus, latus, totus fquamis magnis tectus.*
Caput corpore paulo craſſius, fupra planiufculum; oculi magni, viride fulva; os adfcendens; mandibula inferior longior; palatum oſſeum, fornice carinato, fcabrum; lingua plana, acuta, apice libera; pinnae pectorales acuminatae, ventrales triangulares membranae perpendicularis ope abdomini nexae, fquama lanceolata utrinque freno appofita; pinna dorfalis bafi fubcarnofa, per dimidium dorfi extenfa.

166. **LABRUS.** *Caput: Dentes* acuti, *Labia* simplicia.
Membrana branchiostega radiis sex *Opercula* squamosa.
Corpus: Dorsalis pinnae radii postice ramento filiformi aucti; *pectorales* acuminatae. *Linea lateralis* recta.

* *cauda bifurca.*

Scarus. 1. L. appendicibus transversis ad caudae latera. †
Art. Syn. 54. Scarus auctorum.
Habitat in Graeciae *littoribus*, Siciliam *tenus, hodie obscurus, sub* Tiberio Claudio *in deliciis, ruminans, jecinora in* Vitellii *patina f. clypeo Minervae.*

cretensis. 2. L. dentibus. 4, virescens.
Art. gen. 34. syn. 57. †
Habitat in Candia et adjacentibus.

Anthias. 3. L. totus rubescens. Art. syn. 54. D. $\frac{10}{15}$.
Catesb. Caro. 2. p. 25. t. 25.
Anthea IV. Rondel.
Habitat in Europâ meridionali et Americâ. Opercula *serrata, nonne perca?*

Hepatus. 4. L. maxilla inferiore longiore, lineis utrinque transversis nigris. Art. gen. 35. syn. 53. D. $\frac{10}{21}$, P. 13. V. 6. A. 9. C.
Habitat in mari mediterraneo.
Pinna *dorsalis post radios spinosos supra macula nigra notata.*

griseus. 5. L. cauda subbifida, corpore subgriseo. †
Catesb. Car. 2. p. 9. t. 9.
Turdus pinnis branchialibus carens. *
Habitat in America.
Catesbaeus *sine pinnis pectoralibus pinxit, an rite?*

6. L.

PISCES THORACICI. Labrus.

lunaris. 6. L. pinna caudali medio truncata, dorsali anique linea
purpurea, labiis plicatis. D. $\frac{2}{22}$. P. 15. V. $\frac{0}{6}$. A. $\frac{2}{14}$. C. 16.
Gron. muf. 2. *n.* 180. *t.* 6.
f. 2. Labrus oblongus,
cauda bifurca, capite pur-
puralcente. D $\frac{2}{22}$. F. 17. V. $\frac{1}{6}$ A. $\frac{3}{17}$. C. 14.
Habitat in America *auftrali et* India.

Gallus. 42. L. pinna caudali medio
truncata, dorfali anique
linearibus bafi violaceis,
labio inferiore. utrinque
uniplicato. Br. 5. D. $\frac{8}{22}$. P. 14. V. $\frac{1}{7}$. A. $\frac{3}{14-15}$. C. 15.

Forfk. Fn. arab. p. 26. *n.* 11.
Scarus Gallus.
Habitat in Arabiae *littore, pro venenatiffimo habitus; obfcure viridis, per totum corpus lineis violaceis pictus, abdominis vittis duabus caeruleis, intermedia viridi, fquamis laxis, ftriatis, margine membranaceis, fafcia tranf-
verfa purpurea pictis, tectus.*
Oculi *remoti, iride viridi, ad marginem pupillae rubri;
dentes in unam feriem difpofiti, medii majores remoti,
reliqui contigui;* linea *lateralis fubramofa, verfus finem
pinnae dorfali deorfum flexa.* Pinnae *pectorales, ovatae,
caeruleae, medio violaceae; ventrales caeruleae, radio
fecundo in longum filum terminato; dorfalis et analis
margine exteriori caeruleae, extus virides; caudalis medio flava, verfus latera violacea, margine caerulea.*

Purpu-
reus. 43. L. pinna caudali medio
truncata, dorfali anique
vitta ad bafin longitudinali purpurea repanda pi-
ctis. Br. 5. D. $\frac{8}{22}$. P. 15. V. $\frac{0}{6}$ A. $\frac{2}{14}$. C. 12.
Forfk. Fn. arab. p. 25. *n.* 12.
Scarus purpureus.
Habitat frequens inter corallia Arabici *littoris, fapidus, fef-
quipedalis, lanceolato truncatus, fquamis latis, rhombeis,
ftriatis, laxa imbricatis veftitus; obfcure viridis, vittis
utrinque* 3 *purpureis, fubtus caeruleus.*
Vertex *convexus nudus, fufcus, ante oculos parvos. remo-
tos, iride purpurea inftructos triangulo utrinque purpureo;*

PISCES THORACICI. Labrus. 1285

reo; labia *obtusissima aequalia*, *superius protractile*; dentes *validi in unam seriem digesti*, *medii 2 majores*, *remoti*; *ante* nares *transversas foramen rotundum cum cirro*; *opercula* branchiarum *nuda*, *macula quadrata*, *et posteriorum margine posteriori purpureis*; pinnae *pectorales et dorsalis viridis*, *illarum apex macula magna lunari nigra notatus*; *analis et ventralis caeruleae*, *caudalis viridis*, *maculis purpureis*; linea *lateralis ramosa*; *ceterum*, *qualis in gallo*.

Psittacus. 44. L. pinna caudae medio truncata, pinnarum margine, vitta abdominali, characteribusque capitis caeruleis. Br. 5. D. $\frac{9}{20}$. P. 13. V. $\frac{2}{6}$. A. 11. C. 12.
Forsk. Fn. arab. p. 29. n. 16.
Scarus Psittacus.
Habitat in Arabiae *littore*, *virescens*, *lineis flavicantibus in capite pluribus caeruleis pictus*, *squamis striatis vestitus*. Oculi *parvi*, *remoti*; mandibulae *ex duobus ossibus conflatae*, *inferior dente utrinque 1*, *superior 3 armata*; branchiarum *operculum laxis squamis tectum*; linea *lateralis ramulosa duplex*; *prior dorso propior*, *altera media*; *pinnae purpureae*, *dorsalis radiis 9. primis simplicibus*, *non spinosis*.

niger. 45. L. cauda medio truncata, gulae vitta longitudinali obscure viridi. Br. 5. D. $\frac{9}{26}$. P. 14. V. $\frac{2}{6}$. A. $\frac{9}{15}$. C. 13.
Forsk. Fn. arab. p. 28. n. 14.
Scarus niger.
Habitat in Arabiae *littore*, *purpureo similis*, *at ex nigro fuscus*, *capite lineis ex fusco virescentibus picto*. Mandibulae, *medio fissae*, *submobiles*, *capitis liturae*, *pinnarumque margo exterior ex viridi caerulea*; labia *margine rubra*, *dein ex fusco virentia*; *in superiore* dentes *canini 2 patuli albi*; *pinnae ex fusco violaceae*, *pectorales obscure ferrugineae*, *basi fuscae*; cauda *virescens*, *angulis lanceolatis*.

Chanus. 46. L. capite utrinque rivulis 3 caerulescentibus, quadrato caeruleo sub oculo.
Forsk. Fn. arab. p. 36. n. 32. — D. $\frac{10}{11}$. P. 15. V. $\frac{1}{5}$. A. $\frac{3}{10}$. C. 17.
Habitat

PISCES THORACICI, Labrus.

Habitat Conſtantinopoli, *ſupra fuſcus, ſubtus albidus.* Mandibula *inferior longior; inter oculos ſulci* 2. *pone divergentes;* branchiarum *opercula anteriora pone ſerrata, poſteriora pone tridentata; pinnae pectorales, ventrales et analis flavae; dorſalis et caudalis rubro-maculatae.*

opercula- 7. L. corpore faſciis 10, maculaque operculorum fuſcis. *Amoen. acad.* 4. *p.* 248. D. $\frac{13}{20}$. P. 16. V. $\frac{1}{6}$. A. $\frac{13}{28}$. C. 16.
Habitat in Aſia.

Pavo. 8. L. viridi, caeruleo, ſanguineo canoque varius.
Art. gen. 34. *ſyn.* 55. Labrus pulchre varius, pinnis pectoralibus rotundatis.
Haſſelq. it. 344. *n.* 77. Labrus Pavo. D. 31. P. 14. V. 9. A. $\frac{3}{14}$. C. 16.
Habitat in mari mediterraneo, *ad* Syriam.

auritus. 9. L. operculis branchiarum pinniformibus. D. $\frac{10}{21}$. P. 15. V. 6. A. $\frac{3}{13}$. C. 17.
Catesb. Car. 2. *p.* 8. *t.* 8. *f.* 3. Perca fluviatilis gibboſa, ventre luteo?
Habitat in Americae *ſeptentrionalis aquis, dulcibus.* D. Garden.
Oculorum *iris lutea;* branchiarum *opercula apice membranaceo elongato, obtuſo, nigro;* cauda *biloba.*

trichopte- 47. L. pinnis ventralibus uniradiatis. *Pall. ſpic. zool.* 8. rus. *p.* 45. D. $\frac{4}{11}$. P. 9. V. 1. A. $\frac{4}{12}$. C. 16.
Koelreuter nov. comm. Petrop. IX. *p.* 452. *n.* 7. *t.* 10. *f.* 1. Sparus &c.
Habitat in oceano indico, 4 *fere pollices longus, poſterius carinatus, obſolete fuſco pallidoque undulatus, in latere corporis medio et ad baſin caudae macula utrinque orbiculari ex fuſco nigra, halone dilutiori cincta, notatus.* Caput *minuſculum; totum ſquamis tectum, pallidum, fuſco-maculatum; oculi mediocres iride aurea; os parvulum adſcendens, mandibulis emiſſilibus margine ſcabris;* anus *ad thoracem;* linea *lateralis prope caudam ſubinterrupta;* pinnae pectorales *tenues pallidae; reliquae fuſcae;* analis *et* caudalis *rotundato-biloba, albo-punctatae.*

10. L.

falcatus. 10. L. pinna dorsali analique radiis quinque primis inermibus falcata. D. $\frac{7}{27}$. P. 17. V. 5. A. $\frac{3}{25}$. C. 20.
Habitat in America, bramae latitudine, argenteus. Muſ. de Geer.
Dentes acuti; radiorum pinnae dorsalis et analis mollium 5 primi elongati, sequentibus aequalibus, unde hae pinnae falcatae; ventrales parvae.

rufus. 11. L. cauda lunata, corpore toto fulvo. *Loefl.* D. 23. P. 17. V. 6. A. 12. C. 16.
Catesb. Car. 2. *p.* 11. *t.* 11.
Turdus flavus.
Habitat in America.

zeylanicus. 47. L. cauda lunata, corpore supra viridi, subtus pallide purpureo. *Ind. zool. t.* 13. *f.* 3.
Habitat in Zeylon, 1½ pedem longus, edulis.
Caput caeruleum; branchiarum operculum viride, lineis purpureis varium; pinnae pectorales media macula purpurea, margine caelestinae, ventrales caeruleae, dorsalis et analis ex purpureo caerulescentes, margine virides; cauda medio flava, utrinque rubro striata, basi caerulea.

Oyena. 48. L. corpore argenteo, radiis dorsalibus 2-5 subinermibus. *Forsk. Fn. arab.* p. 35. n. 29. D. $\frac{9}{19}$. P. 15. V. $\frac{1}{6}$. A. $\frac{3}{10}$. C. 16.
Habitat in Arabiae arena littorea, ultra 6 pollices longus, squamis latis margine rotundatis, medio striatis, vestitus, oblongus, abdomine recto, vittis interdum rubris interruptis pictus.
Labia aequalia, superius protractile; dentes numerosi, brevissimi; linea lateralis dorso propior, fere parallela; cauda surgens, biloba: lobis lanceolatis; pinnae glaucae.

** Cauda integra (secundum spinas dorsales enumerati.)

Hiatula. 12. L. pinna anali nulla. Br. 5. D. $\frac{17}{28}$. P. 16. V. $\frac{1}{2}$. A. 0. C. 21.
Habitat in Carolina, fasciis nigris 6-7 pictus D. Garden.
Labium retractile, intus rugosum; dentes in mandibulis laniarii, in palato orbiculati; branchiarum operculum

anterius margine punctatum; pinna *dorsalis fere longitudinalis, radiis spinosis aequalibus, posterius nigra.*

marginalis. 13. L. subfuscus, margine pinnarum dorsi pectoraliumque fulvo. *Loefl. it.* 103. D. $\frac{2}{23}$. P. 17. V. 6. A. $\frac{3}{12}$. C. 17.
Habitat in pelago.

ferrugineus. 14. L. ferrugineus immaculatus. D. $\frac{2}{23}$. P. 16, V. $\frac{1}{5}$. A. $\frac{3}{17}$. C. 17.
Habitat in India.

Julis. 15. L. lateribus caerulescentibus, vitta longitudinali fulva utrinque dentata. *Muf. Ad. Fr.* 2. *p.* 75.* D. $\frac{9}{21}$. P. 13. V. $\frac{1}{6}$. A. 13. C. 12.
Art. gen. 34. *syn.* 53. Labrus palmaris varius, dentibus duobus majoribus maxillae superioris. D. 21. P. 14. V. 6. A. 14. C. —
Gron. muf. 2. *n.* 184. Labrus oblongus nigricans, lateribus linea alba utrinque sinuata varius, cauda indivisa. D. $\frac{9}{21}$. P. 13. V. $\frac{1}{6}$. A. $\frac{3}{17}$. C. 16.
Habitat in mari mediterraneo *et* rubro, *europaeorum facile pulcerrimus.*

paroticus. 16. L. linea lateralis curva, pinnis rufis, operculis cyaneis. *Muf. Ad. Fr.* 2. *p.* 76. D. $\frac{9}{21}$. P. 12. V. 6. A. 14. C. 14.
Habitat in India.

suillus. 17. L. pinna dorsali ramentacea, macula nigra supra caudam, spinis dorsalibus 9. *Fn. suec.* 330.

It.

Labri, *quorum species nonnullae certis anni temporibus, an a comestis rodentibus molluscis? venenatae, difficilius saepe a sparis et scaris dignoscuntur, dentibus validis, incisoribus in utraque mandibula, in superiori praeterea molaribus, et canino utrinque, reliquis duplo majore; linea laterali ramosa, dorso et abdomine curvata.*

PISCES THORACICI. Labrus. 1289

It. wgoth. 179. Sparus
Berginyltra. D. $\frac{2}{17}$. P. 13. V. $\frac{1}{6}$ A. $\frac{3}{10}$ C. 14.
Habitat in oceano europaeo.

striatus. 18. L. pinna dorsali ramenta-
cea, lineis albis fuscisque.
Muf. Ad. Fr. 2. *p.* 77. * D. $\frac{19}{21}$. P. 17. V. $\frac{1}{6}$. A. $\frac{3}{21}$. C. 12.
Habitat in America.

Guaza. 19. L. fuscus, cauda rotundata, radiis membranam su-
perantibus. *Loefl. it.* 104. D. $\frac{11}{17}$ P. 16. V. 6. A. 13. C. 15.
Habitat in pelago.

ocellaris. 20. L. pinna dorsali ramentacea, ocello in medio ad
basin caudae. *Muf. Ad.*
Fr. 2. *p.* 78. * D. $\frac{14}{24}$. P. 15. V. $\frac{1}{6}$. A. $\frac{3}{13}$. C. 13.

Tinca. 21. L. rostro sursum reflexo,
cauda in extremo circula-
ri. *Art. gen.* 33. *syn.* 56. D. $\frac{15}{22}$. P. 14. V. 6. A. $\frac{3}{13}$. C. —
Rondel. pisc. 179. *Gesn. aq.*
1019. Turdorum undeci-
mum genus.
Will. ichth. 319. Turdus
vulgatissimus.
Bell. aq. 348. Vieille, Pou-
le de mer, Gallot.
Brit. zool. 3. *p.* 203. *n.* 1.
Raj. pisc. 136. Wrasse.
Habitat in maris britannici *profundis scopulosis, ad* 5 *li-*
bras ponderosus, testaceis et crustaceis victitans, nunc
sordide ruber, obscure adumbratus, nunc striis multis
caeruleis, rubris et flavis elegantissime pictus.

bimacula- 22. L. pinna dorsali ramenta-
tus. cea, macula fusca in latere medio et ad caudam
Brit. zool. 3. *p.* 205. *n.* 2.
Muf. Ad. Fr. 1. *p* 66. Sciaena macula fusca in medio
corporis et supra basin
caudae. D. $\frac{15}{28}$. P. 15. V. $\frac{1}{6}$ A. $\frac{4}{22}$. C. —
Habitat in mari mediterraneo *et* britannico.

Oooo 2 23. L.

punctatus. 23. L. pinna dorfali ramentacea, lineis parallelis fufcopunctatis.
Muf. Ad. Fr. 1. *p.* 66. Sciaena lineis longitudinalibus plurimis fulco-punctatis. D. $\frac{15}{24}$. P. 14. V. $\frac{1}{6}$. A. $\frac{3}{10}$. C. 16.
Gron. muf. 1. *n.* 87. Labrus brunneus, ofliculo fecundo pinnarum ventralium fetiformi. D. $\frac{15}{24}$. P. 15. V. $\frac{1}{6}$. A. $\frac{3}{12}$. C. 18.
Habitat Surinami.

Melops. 24. L. pinna dorfali ramentacea anique variegata, lunula fufca pone oculos. *Muf. Ad. Fr.* 2. *p.* 78.* D. $\frac{16}{24}$. P. 13. V. $\frac{1}{6}$. A. $\frac{3}{13}$. C. 12.
Habitat in Europa auftrali.

niloticus. 25. L. pinnis dorfali, ani caudaeque nebulatis. *Muf. Ad. Fr.* 2. *p.* 79.* D. $\frac{17}{30}$. P. 14. V. $\frac{1}{6}$. A. $\frac{3}{12}$. C. 17.
Haffelq. it. p. 346. *n.* 78. Labrus niloticus. D. $\frac{17}{30}$. P. 15. V. $\frac{1}{6}$. A. $\frac{3}{12}$. C. 20.
Habitat in Aegypto.

offifagus. 26. L. labiis plicatis, pinna dorfali radiis 30. D. $\frac{17}{21}$. P. 15. V. $\frac{1}{6}$. A. $\frac{3}{11}$. C. 13.
Habitat in Europa.

rupeftris. 27. L. pinna dorfi ramentacea, antice macula fufca.
Muf. Ad. Fr. 1. *p.* 65. Sciaena margine fupertore caudae macula fulca notato. D. $\frac{17}{28}$. P. 14. V. $\frac{1}{6}$. A. $\frac{3}{10}$. C. 13.
Ström. föndm. 291. Carudle. D. $\frac{17}{26}$. P. 13. V. $\frac{1}{6}$. A. $\frac{3}{14}$. C. --
Habitat in mari norwegico *ad littora.*

Onitis. 28. L. pinna dorfali ramentacea, abdomine cinereo fufcoque maculato. *Muf. Ad. Fr.* 2. *p.* 79.* D. $\frac{17}{27}$. P. 15. V. $\frac{5}{6}$. A. $\frac{3}{11}$. C. 14.

viridis. 29. L. viridis, linea utrinque caerulea. *Art. gen.* 34. D. $\frac{16}{20}$.
Habitat in mari mediterraneo.

30. L.

fufcus. 30. L. pinnis omnibus flavis,
palpebra fuperiore nigra.
Muf. Ad. Fr. 2. p. 80.* D. $\frac{11}{21}$. P. 14. V. 6. A. $\frac{3}{14}$. C. 14.

livens. 31. L. cauda rotundata, pinna dorfi ramentacea, corpore fufco-livido. *Muf.*
Ad. Fr. 2. *p.* 80.* D. $\frac{18}{30}$. P. 14. V. $\frac{1}{6}$. A. $\frac{3}{12}$. C. 11.
Habitat in mari mediterraneo, *ad pedem usque longus.*

Turdus. 32. L. oblongus viridis, iride
aurea. *Art. gen.* 34.
fyn. 57. D. $\frac{19}{22}$.
Brünn. pifc. maff. p. 51. *n.* 67.
Labrus oblongus viridefcens maculatus, pinnae dorfalis radiis ultimis ima bafi nigris. Br. 5. D. $\frac{18}{33}$. P. 14. V. $\frac{1}{6}$. A. $\frac{3}{17}$. C. 13.
Habitat in mari europaeo, *vix pedem longus, nunc viridis, pinnis pectoralibus pallide lutefcentibus, ventralibus caerulefcentibus; nunc faturatius viridis, infra lineam lateralem nitens, maculis in mento aureis, medio albis; nunc fupra luteus, guttis albis vel margaritaceis, fubtus argenteus, venis rubris.*

exoletus. 33. L. pinna dorfali ramentacea, corpore lineis caeruleis, pinna ani fpinis 5.
Fn. fuec. 331. *Müll. prodr.*
zool. dan. 386. *O. Fabr.*
Fn. groenl. p. 166. *n.* 120. D. $\frac{19}{23}$. P. 13. V. $\frac{1}{6}$. A. $\frac{5}{13}$. C. 13.
Ström. föndm. 267. *n.* 3.
Habitat in oceano atlantico, norwegico, *rarier in* groenlandico.

chinenfis. 34. L. pinna dorfali ramentacea, corpore livido, vertice retufo. D. $\frac{19}{24}$. P. 13. V. $\frac{1}{8}$. A. $\frac{2}{12}$. C. 12.
Habitat in Afia.

japonicus. 49. L. flaviffimus. *Houttuyn*
act. Haarl. XX. 2. *p.* 324. D. $\frac{10}{23}$. P. 16. V. $\frac{x}{6}$. A. $\frac{3}{8}$. C. 18.
Habitat in Japonia, 6 *pollices longus.*

Boops. 50. L. maxilla inferiore longiore, pinnis dorfalibus 2.

Houttuyn act. Haarl. XX.
2 p. 326. n. 14. D. $\frac{5}{15}$. 12. P. 14. V. $\frac{1}{6}$. A. 11. C. 22.
Habitat in Japonia, *oculis praegrandibus, dentibus in mandibula inferiore magnis, acutis.*

Cromis. 35. L. pinnis dorsalibus subunitis, analis radio secundo validissimo. D. 10. $\frac{1}{22}$. P. 18. V. 6. A. $\frac{2}{7}$. C. 19.
Brown. jam. 449. Cromis subargenteus oblongus, radiis anterioribus dorsalis aegre pungentibus.
Raj pisc. 90. Coracinus brasiliensis.
Marcgr. bras. 177. Guatucupa.
Habitat in Carolina, *percae fluviatilis statura, fasciis fuscis.* D Garden. *Drum.*
Branchiarum opercula unidentata non serrata; pinnae analis radius primus rigidus brevissimus, alter magnus crassissimus compressus.

linearis 36. L. oblongus, pinnae dorsalis radio ultimo inermi.
Amoen. acad. 1. p. 315. D. $\frac{10}{21}$. P. 12. V. $\frac{2}{6}$ A. 15. C. 12.
Habitat in America *australi et* India.

Perdica. 51. L. cauda aequali, dorso recto, vertice glabro, vittis utrinque dentatis albido-flavicantibus. *Forsk.*
Fn. arab. p. 34: *n.* 26. D. $\frac{3}{21}$. P. 14. V. $\frac{3}{6}$. A. $\frac{3}{15}$. C. 14.
Habitat Constantinopoli.
Caput supra fuscum, subtus ex albo rufescens; branchiarum opercula posteriora inermia in angulum rotundatum apice caeruleum exeuntia; linea lateralis continua, superne serrato dentata; pinnae ventrales totae liberae; dorsalis et analis rubicundae; pectorales basi macula caerulea notatae.

Scina. 52. L. corpore virescente nebulis albis flavisque, fovea inter oculos impressa, et ante foveam sulco.
Forsk. Fn. arab. p. 36. *n.* 30. D. $\frac{11}{31}$. P. 14. V. $\frac{3}{6}$. A. $\frac{3}{15}$. C. 15.
Habitat

PISCES THORACICI. Labrus. 1293

Habitat Conſtantinopoli, *ſubtus albus, rivulis flavis, abdomine recto.*
Oculi *iride viridi;* dentes *medii maximi;* branchiarum *opercula anteriora pone ſerrulata, poſteriora inermia;* linea *lateralis interrupta;* pinnae *pectorales flaveſcentes immaculatae, reliquae obſcure flaveſcentes, caeruleo-maculatae.*

Lapina. 53. L. pinnis pectoralibus flavis, ventralibus caeruleis, reliquis violaceis caeruleo-maculatis. *Forſk. Fn. arab. p. 36. n. 31.* D. $\frac{12}{7}$. P. $\overline{15}$. V. $\frac{1}{6}$. A. $\frac{3}{15}$. C. 15.
Habitat Conſtantinopoli, *ex ovali oblongus, ſupra fuſcus, ſubtus albicans, ad latera ex flavo vireſcens, lineis utrinque tribus, ſingulis ex duplici macularum rubrarum ordine conflatis pictus.*
Caput ad latera maculis rubris, ſub oculo rivulo caeruleo varium, ante nares gibbo obliquo inaequale; oculi *iride caerulea;* branchiarum *opercula anteriora pone ſerrata, poſteriora emarginata.*

ramentoſus. 54. L. fuſco vireſcens, ramentis ſpinarum dorſalium primarum radio duplo longioribus *Forſk. Fn. arab. p. 34. n. 28.* Br. 5. D. $\frac{9}{21}$. P. 13. V. $\frac{1}{6}$. A. $\frac{3}{13}$. C. 12.
Habitat in Arabiae *littore, lanceolatus, in pinnis, vertice, ſub oculis violaceo maculatus, interdum laetius vireſcens, ſquamis magnis, integris, rotundatis, a ventre ad dorſum in 9 ordines diſpoſitis tectus.*
Oculi *viride ſupra infraque fuſca, ad latera flava;* labia *aequalia, ſuperius protractile; preter* dentium *parvorum ſeriem in utriusque mandibulae medio inciſores 4, reliquis quadruplo majores;* branchiarum *opercula anteriora pone recte, valde dentata, poſteriora inermia;* linea *lateralis elevata, continua, ſurſum ramuloſa, dorſo propinqua, parallela.*

ocellatus. 55. L. vireſcens ocello coccineo pone utrumque oculum. *Forſk. Fn. arab. p. 37. n. 33.* D. $\frac{14}{24}$. P. 11. V. $\frac{1}{4}$. A. $\frac{3}{14}$. C. 15.
Habitat in Syriae *littore, ſubovatus, dorſo ex fuſco flaveſcente, capite rivulis caeruleis vario.*

Oooo 4 Bran-

Branchiarum *opercula macula caerulea, oblonga, obliqua, circulo coccineo cincta notata, a qua supra et infra linea coccinea procedit, anteriora pone truncata serrulata; posteriora pone inermia;* cauda *linearis.*

lunulatus. 56. L. fusco-virescens, fasciis obscurioribus, squamis singulis fascia ferruginea, capite pectoreque rubro-guttato. *Forsk. Fn. arab.* p. 37. n. 34. — Br. 5. D. 9/20. P. 12. V. 1/6. A. 3/12. C. 13.

Habitat in Arabiae littore; pedem longus, squamis latis, integris, excavato striatis tectus; purpureo affinis. Caput *compressiusculum;* oculi *iride ex fusco virente;* branchiarum *opercula versus basin gutta rubra; posterius in membrana marginali utplurimum lunula fulva utrinque obtusa, nigro colore cincta notata;* membrana branchiostega *viren., maculis 2 fulvis varia;* linea *lateralis interrupta;* pinnae *pectorales rotundatae flavae, reliquae virides, radiorum interstitiis rubris, vel rubro-maculatis;* cauda *rotunda.*

trimaculatus. 57. L. ruber, maculis 2 utrinque ad basin pinnae dorsalis, tertiaque inter hanc et caudam.

Brit. zool. 3. p. 206. n. 3.
Trimaculated Wrasse. Br. 5. D. 17/30. P. 15. V. 1/6. A. 3/12. C. —
Habitat ad insulam Anglesea, *8 pollices longus, oblongus, cauda pinnisque pectoralibus rotundatis.*

variegatus. 58. L. ruber, striis lateralibus parallelis olivaceis 4, totidemque caeruleis.

Brit. zool. 3. p. 207. n. 4.
Striped Wrasse. Br. 5. D. 17/30. P. 15. V. 1/6. A. 3/12. C. —
Habitat prope insulas Skerry; *10 pollices longus, oblongus; an vere hujus generis?* Labia *magna, duplicata;* branchiarum *opercula cinerea, flavo-striata;* pinna *dorsalis ad ortum caerulea, medio alba; ceterum rubra;* pinnae *pectorales basi macula olivacea notatae;* pinnae *ventrales et analis apice caeruleae;* cauda *subrotundata, altera parte caerulea, inferiori flava.*

59. L.

gibbus. 59. L. caeruleo aurantioque
varius, cauda rotundata,
macula supra oculos semi-
lunari obscura.
Brit. zool 3. p. 208. n. 5.
Gibbous Wrasse. D.$\frac{16}{24}$.P. 13. V.$\frac{1}{6}$.A.$\frac{3}{14}$.C.--
Habitat ad Anglesea, 8 *pollices longus, percis affinis, squamis magnis v. stitus.*
Caput *anterius declive;* oculi *mediocres;* branchiarum opercula anteriora serrulata; dorsum valde arcuatum; pinnae dorsalis et analis thalassina nigro-maculata; pectorales flavae, basi transversim rubro-striatae; ventrales et caudalis magna rotundata pisorum viredine tinctae.

olivaceus. 60. L. corpore viridi-olivaceo,
operculorum apice caeru-
leo; macula caudali ni-
gra. Brünn. pisc. massil.
p. 56. n. 71. Br. 5.D.$\frac{15}{24}$.P. 13.V.$\frac{1}{6}$.A.$\frac{3}{14}$.C.12.
Habitat in mari mediterraneo, *oblongus, compressus,* 2 *pollices longus, subtus in argenteum colorem vergens.*
Caput *acutum in argenteum colorem inclinans;* oculi *iride smaragdina;* dentes incisores acuti, intermedii remoti; operculum branchiarum anterius valde serratum, posterioris macula ad apicem caerulea, annulo coccineo cincta; pinnae corpori concolores; caudalis rufescens.

fuscus. 61. L. corpore fusco, lineis maculisque caeruleis. Brünn-
pisc. mass. p. 56. n. 72. Br. 5.D.$\frac{15}{24}$.P. 12.V.$\frac{1}{6}$.A.$\frac{3}{14}$.C.13.
Habitat in mari mediterraneo, 3 *pollices longus, compressus, oblongus, subtus albicans.*
Caput *acutum, rivulis caeruleis pictum;* oculi *iride albida, intus spadicea;* os parvum; dentes subacuti; operculum branchiarum anterius serratum; linea lateralis leviter arcuata, posterius sinuosa; pinnae dorsalis et caudalis fuscae, caeruleo-maculatae; pectorales rufae, apice caeruleae; ventrales rubrae immaculatae; analis rufescens caeruleo-punctata.

unimacu- 62. L. corpore olivaceo linea-
latus. to, pinna dorsali postice
nigro unimaculata. Brünn.
pisc. mass. p. 57. n. 73. Br. 5.D.$\frac{14}{24}$.P. 14.V.$\frac{1}{6}$.A.$\frac{3}{14}$.C.13.

β) L. ex obscure rubro et viridescente argenteo quasi reticulatus. *Brünn. pisc.*
mass. p. 97. *n.* 10. Br. - D. $\frac{15}{2\frac{1}{4}}$. P. 14. V: $\frac{1}{6}$. A. $\frac{3}{13}$. C. 13.
Habitat in mari mediterraneo, β) adriatico, *ovatus com-
pressus,* 3 *pollices longus; lineis pallide caeruleis longitudinalibus parallelis rectis circiter* 10. *pictus.*
Oculi *iride ex rubescente albida, circulo interiore rubro;*
dentes *in unam seriem dispositi, anteriores majores;* branchiarum *operculum anterius serratum;* pinnae *pectorales
caerulescentes.*

venosus. 63. L. viridis, venis rubris ana-
stomotantibus, macula
operculorum, pinnaeque
dorsalis nigra. *Brünn. pisc.*
mass. p. 58. *n.* 74. Br. 5. D. $\frac{15}{2\frac{1}{4}}$ P. 13. V. $\frac{1}{6}$. A. $\frac{3}{12}$. C. 13
Habitat in mari mediterraneo, 3 *pollices longus, ovatus
compressus.*
Caput *ad latera lineis quibusdam rubris longitudinalibus pictum;* pinnae *dorsalis fascia et ramenta rubra.*

griseus. 64. L. corpore griseo obscurius punctato, macula ba-
seos caudae nigra. *Brünn.
pisc. mass. p.* 58. *n.* 75. Br. 5. D. $\frac{15}{2\frac{1}{4}}$ P. 13. V. $\frac{1}{6}$. A. $\frac{3}{13}$. C. 13.
Habitat in mari mediterraneo, *oblongus, compressus,* 3 *pol-
lices longus.*
Genae *lineis raris caeruleis pictae;* oculi *iride viridi;* os
parvum; dentes *parvi, anteriores majores;* pinnae *rubicundae, maculis obscure luteis; caudalis versus basin lutescens.*

guttatus. 65. L. corpore rubescente nigro vario, macula in me-
dio baseos pinnae cauda-
lis. *Brünn. pisc. mass. p.*
59. *n.* 76. Br. 5. D. $\{\frac{15}{2\frac{1}{4}}$ P. $\{$ 13. V. $\frac{1}{6}$ A $\{\frac{3}{13}$. C. 17.
$\{\frac{15}{2\frac{1}{4}}$ $\{$ 14. $\{\frac{3}{14}$.
Habitat in mari mediterraneo, 3 *pollices longus, guttis minutissimis albis in ordines dispositis maculisque nigris adspersus, compressus, oblongus.*
Oculi *iride viridi; sub utroque linene* 2 *nigrae obliquae;*
pinnae *rufescentes; analis guttis albis conspersa; haec et
ventrales interdum virides.*

66. L.

PISCES THORACICI. Labrus.

adriati- 66. L. corpore transverſim
cus. faſciato, pinna dorſali antice decemipinoſa, poſtice
nigro - ocellato. *Brünn.*
piſc. maſſ. p. 98. *n.* 11. D $\frac{10}{22}$. P. 14. V. $\frac{1}{6}$. A. $\frac{3}{10}$ C. 17.
Habitat in mari adriatico *circa* Spalatum, 3 *pollices longus, pallidus, faſciis* 4 *fuſcis latis pictus.*
Caput lineis fulvis obliquis varium; oculi iride flaveſcente; dentes ſubtiles; branchiarum *operculum anterius ſerratum; pinnae ventrales et ani nigrae, haec apice flava.*

*** *Cauda integra (ſpinis dorſalibus adhuc ignotis.)*

cornu- 67. L. macula prope caudam
bius. magna, pinnaeque dorſa-
lis radiis primis nigris,
cauda aequali.
Goldfinny Cornubienſium.
Brit. zool. 3. *p.* 209. *n.* 6.
Raj. piſc. p. 163; *f.* 3.
Habitat in Cornubiae *littore, tincae affinis, palmae longitudine.*

Comber. 68. L. corpore miniato, cauda
rotundata.
Comber. *Brit. zool.* 3. *p.* 210. *n.* 7. *Raj. piſc. p.* 163. *f.* 5.
Habitat in Cornubiae *littore, exiguus, oblongus.*

Coquus. 69. L. purpureus et obſcure
caeruleus, ſubtus flavus,
cauda rotundata.
Cock cornubienſium. *Brit. zool.* 3. *p.* 210. *n.* 8. *Raj. piſc. p.* 163. *f.* 4.
Habitat in Cornubiae *littore, interdum frequentiſſimus, parvus.*

mixtus. 37. L. e flavo caeruleoque varius, dentibus anteriori-
bus majoribus. *Art. gen.* 34. *ſyn.* 57.
Habitat Liburni, *an a pavone diverſus?*

38. L.

fulvus. 38. L. corpore fulvo.
Catesb. Car. 2. p. 10. t. 10.
f. 2. Turdus cauda convexa.
Habitat in America.

varius. 39. L. e purpureo, viridi, caeruleo nigroque varius.
Art. gen. 35. syn. 55.
Habitat in mari mediterraneo.

Merula. 40. L. caeruleo-nigricans. Art.
syn. 55.
Habitat in Europa.

Cynaedus. 41. L. luteus, dorso purpureo, pinna a capite ad caudam continuata. Art. syn. 56.
Habitat in mari mediterraneo.

167. SCIAENA. *Caput totum squamis obtectum. Membrana branchiostega radiis sex Opercula squamosa. Corpus: Fossula dorsi pro pinna dorsali recondenda.*

Cappa. 1. Sc. capitis lateribus squamarum ordine duplici. Muf.
Ad. Fr. 2. p. 81.* D. $\frac{11}{23}$. P. 16. V. $\frac{1}{6}$. A. $\frac{3}{13}$. C. 17.
Habitat in mari mediterraneo.

Lepisma. 2. Sc. pinna dorsali intra 2 folia squamea recondenda. D. $\frac{10}{13}$. P. 11. V. $\frac{1}{6}$. A. $\frac{3}{11}$. C. 13.
Habitat - - - -

unimaculata. 3. Sc. macula fusca in medio utriusque lateris. D. $\frac{11}{21}$. P. 15. V. $\frac{1}{6}$. A. $\frac{3}{12}$. C. 17.
Habitat in mari mediterraneo.

Umbra. 4. Sc. nigro-varia, pinnis ventralibus integerrimis. Art. gen. 39. syn. 65. Muf. Ad. Fr 2. p. 81.* D. 11. 24. P. 17. V. $\frac{1}{6}$. A. $\frac{2}{9}$. C. --
Hasselq. it. 352. n. 80. Sciaena umbra. D. 10. 26. P. 18. V. $\frac{1}{6}$. A. $\frac{2}{9}$. C. 18.
Habitat in mari mediterraneo, infero, adriatico.

5. Sc.

cirrosa. 5. Sc. maxilla superiore longiore, inferiore cirro unico. *Art. gen.* 38. *syn.* 65. D. $\frac{9}{24}$. P. 15. V. $\frac{1}{5}$. A. $\frac{1}{8}$. C. —
Gron. musf. 1. *n.* 92?
Habitat in mari mediterraneo *et* infero.

Hamrur. 6. Sc. cupreo-rubra, pinnis obscurioribus, ore subverticali, squamis margine membranaceis. *Forsk. Fn. arab.* p. 45. *n.* 44. D. $\frac{10}{24}$. P. 18. V. $\frac{1}{5}$. A. $\frac{3}{15}$. C. 16.
Habitat in Arabiae *littore*, oblonga, *squamis parvis vestita.*
Oculi *pupilla* hyalina, *iride* miniata; labium *superius protractile*; dentes *in utraque mandibula parvi, rigidi, subulati, aequales, remoti, superioris spatiolo vacuo;* faux *dentium serie armata;* branchiarum *opercula anteriora pone et subtus recta serrata, posteriora pone acuminata;* linea *lateralis juxta caput surgens, tum dorso parallela;* pinnae *pectorales rubescentes ventralibus dimidio breviores;* cauda *recta protensa apice latior lunata.*

fulviflamma. 7. Sc. flavicans, vittis longitudinalibus aureis, macula laterali nigra, pinnis dorsalibus convexis *Forsk. Fn. arab.* p. 45. *n.* 45. Br. 7. D. $\frac{8}{7}\frac{1}{11}$. P. 15. V. $\frac{1}{5}$. A. $\frac{3}{12}$. C. 15.
Habitat in Arabiae *littore, vittis 5-6 picta interdum obsoletis.*
Oculi *iride aurea;* dentes *validi, remoti, conico-subulati;* branchiarum *opercula anteriora serrata, pone parum emarginata;* linea *lateralis dorso propinqua parum curva;* pinnae *flavae, dorsalis anterior fusca.*

Kasmira. 8. Sc. flavescens, vittis utrinque caeruleis 4 majoribus. *Forsk. Fn. arab.* p. 46. *n.* 46. Br. 7. D. $\frac{10}{25}$. P. 16. V. $\frac{1}{5}$. A. $\frac{3}{12}$. C. 17.
Habitat in Arabiae *littore.*
Vertex *albus, vittis parvis, obsoletis, caeruleis, utrinque* 7; oculi *parum remoti, iride flava;* labium *inferius brevius;* dentes *conici;* branchiarum *operculum anterius in medio sinuatum, posterius inerme;* linea *lateralis squamis striata;* pinnae *analis aculeus secundus tertio major;* cauda *lunata; prope hanc nonnunquam utrinque inter vittas media macula fusca magna.*

9. Sc.

Bohar.
9. rubens, lineis nebulisve
albidis. *Forfk. Fn. arab.*
p. 46. n. 47.   Br. 7. D. $\frac{10}{25}$. P. 16. V. $\frac{1}{6}$. A. $\frac{3}{12}$. C. 17.
Habitat in Arabiae littore, Kasmirae affinis, inter labros, percas, sciaenas ambigua, oblonga, squamis glabris tecta, viva maculis 2 magnis in dorso, cum vita evanidis, varia. Caput *ante nares cirris 2 brevibus munitum;* dentes *mandibulae superioris 2 subulati, extra inferiorem prominentes, inferioris medii remoti;* linea *lateralis dorso propior;* pinnae *dorsalis et analis pone rotundatae, utriusque pars inermis squamata, hujus aculei gradatim majores;* ventrales *membranae interventu adnexae;* cauda *bifida.*

gibba.
10. Sc. rubens, albo-guttata, dorso gibbo. *Forfk. Fn. arab.* p. 46. n. 48.
Habitat in Arabiae littore, Bohor affinis, sed ovatus, squamis rubris, apice albis tectus.
Dentes *superiores medii contigui, canini distantes, reliquis duplo majores;* pinnae *dorsalis et analis pone rectangulae.*

nigra.
11. Sc. tota nigra, ventre fusco-albescente, *Forfk. Fn. arab.* p. 47. n. 49.   Br. 7. D. $\frac{10}{10}$. P. 16. V. $\frac{1}{6}$. A. $\frac{3}{12}$. C. 17.
Habitat in Arabiae littore, Bohar pariter affinis, squamis integerrimis tectus.
Vertex *convexus nudus;* oculi *iride introrsum alba, extrorsum nigra;* labia *obtusa, superius protractile;* mandibulae *dentibus fixis, remotis, subulatis, versus medium majoribus, in medio vacuae;* faux *quoque dentibus numerosis parvis, fixis, densis armata;* palatum *album, glabrum;* branchiarum *opercula anteriora pone recurva, sinu profundo dentata;* linea *lateralis dorso propior et parallela;* pinnae *pectorales apice falcatae, ventralibus sesquilongiores, basi squamatae;* cauda *parum excisa.*

argentata.
12. Sc. squamis supra nigricantibus, margine et apice argenteis, subtus rufescentibus, margine pallidis. *Forfk. Fn. arab.* p. 47. n. 50.   Br. 7. D. $\frac{10}{24}$. P. 17. V. $\frac{1}{6}$. A. $\frac{3}{12}$. C. 18.
Habitat in Arabiae littore, Bohar affinis.

Caput

PISCES THORACICI. Sciaena.

Caput *litura curva caerulea sub oculo versus os decurrente insignitum*; labium *inferius longius*; dentes *inferiores laterales retrorsum ordine majores, infra illos setacei, in utraque mandibula multi*; branchiarum *opercula posteriora pone acutangula*; pinnae *ex fusco rufescentes*, dorsales *glaucae, margine rufescentes*; analis *spinae gradatim longiores et majores*.

rubra. 13. Sc. obscure rubra, vittis longitudinalibus utrinque 8 ex albo rubentibus, juxta dorsum obscure rubris, subtus albus. *Forsk. Fn. arab. p.* 48. *n.* 51. Br. 8. D. $\frac{1}{1},\frac{7}{7}$. P. 19, V. $\frac{1}{5}$. A. 14. C. 15.
Habitat in Arabiae littore, *squamis spinulosis vestita*.
Vertex *spinulis retroversis asper*; oculi *annulo osseo serrato-spinoso, anterius bicorni cincti, iride rubra nitente*; labium *superius protractile*; dentes *setacei breves, densi*; operculum *anterius undique spinosum, posterius pone tribus spinis hirtum, tertium parvum, quoque spinosum*; pinnae dorsales *connexae, prior albida, vittis 2 longitudinalibus rubris, altera brevior basi squamata*; analis radii 2 primi *spinosi parvi*, tertius *valde crassus, magnus*; ventrales *margine exteriore albido, posteriore nigro*; caudalis *medio flavicans, radiis utrinque 5 spinosis*.

Murdjan. 14. Sc. labiis retusis. *Forsk.*
Fn. arab. p. 48 n. 52. Br. 7. D. $\frac{10}{10}.\frac{1}{15}$. P. 15, V. $\frac{1}{5}$. A. $\frac{4}{12}$. C. 19.
β) Sciaena Abu Sanif. *Forsk*
Fn. arab. p. 49. n. 55. Br. 8. D. $\frac{10}{10}$. P. 13. V. $\frac{1}{5}$. A. $\frac{3}{12}$. C. 17.
Habitat in Arabiae littore, *squamis latis dentatis tecta, rubrae similis; ev. ovato oblonga, aeneo-nitens, subtus pallidior*.
Vertex *planus, lineis 4 elatis, pone ramoso-frondosis*; oculi *annulo osseo, subtus lobato-denticulato cincti, iride rubra*; labium *superius protractile brevius*; dentes *minuti, multi, densi*; lingua *triangularis rubens, scabra*; branchiarum *opercula squamosa, serrato-dentata, posteriora pone unispinosa*; linea *lateralis supra dimidium corpus dorso parallela*; pinnae *rubrae, caudalis bifida et ventrales margine exteriore albae*.

Sammara. 15. Sc. dorso rubro-aeneo, lateribus argenteis, vittis

undi-

undique obscurioribus
punctis ocellatis. *Forsk.*
Fn. arab. p. 48. n. 53. Br. 8. D $\frac{10}{10/15}$. P. 15. V. $\frac{1}{8}$. A. $\frac{4}{12}$. C. 20.
Habitat in Arabiae *littore*, dimidiam spithamam longa,
Murdjan affinis, at ex luteuri lanceolata subt

medio ocello albido circulo nigro tincto notatis.
Branchiarum *opercula anteriora spina forti, posteriora pone spina duplici armata; pinnae pectorales rufescentes, ventrales albae. dorsalis anterior spinis in medis tribus; posterior hyalina, radio 2 et 3 rubro; analis hyalina, radio primo et ultimo rubro, ille inermi, hoc spinoso; caudalis hyalina, ad utrumque marginem rubra, radiis spinosis supra 6, infra 5.*

spinifera. 16. Sc. rubra, pinnis dorsalibus connexis, capite spinoso, operculi anterioris spina longissima. *Forsk.*
Fn. arab. p. 49. n. 54. Br. 8. D $\frac{12}{10/15}$. P. 14. V. $\frac{1}{8}$. A. $\frac{4}{12}$. C. 20.
Habitat in Arabiae *littore*, 3 spithamas longa, utrinque pone oculos et ad basin pinnarum pectoralium macula obscuriore notata, squamis latis dentatis vestita.
Vertex *binis linearum elevatarum fasciculis, pone oculos, ante oculos fossula longa profunda inaequalis; oculi annula osseo spinoso cincti, iride rubra; branchiarum opercula anteriora serrata, infra spina forti alba munita, posteriore pone nuda, striata, margine spinosa; dorsum in regione colli gibbum, sub pinna altera declive; cauda linearis, pinna bifida.*

Ghanam. 17. Sc. albida, lateribus utrinque vitta gemina alba.
Forsk. Fn. arab. p. 50. n. 56.
Habitat in Arabiae *littore*, Murdjan affinis, operculis spiniferae.
Linea *lateralis dorso parallela, utrinque comitata vitta alba; alia vitta a vertice ad finem pinnae dorsalis excurrente ex guttis obscuris quincuncialibus conflata.*

18. Sc.

Sciaenae *genus medium inter labros et percas, nondum satis illustratum, et a vicinis discretum, species plures adhuc obscurae.*

PISCES THORACICI. Sciaena. 1303

Jarbua. 18. Sc. argentea, vittis utrinque duabus curvis, in dorso in annulum confluentibus, dorsi medii macula, frontisque falcis duabus nigris. *Forsk. Fn. arab.*
p. 50. n. 57. D. 10/20. P. 13. V. 1/2. A. 3/12. C. 17.
Habitat in Arabiae *littore*, *sub vitta utrinque linea fusca curva, in occipite et media cauda coeunte, et infra hanc alia flavida insignita.*
Oculi *iride caerulea;* dentes *subulati, simplices;* Linea *lateralis curvata supra medium corpus;* pinnae *dorsales maculis nigris, prima 2, altera 3, pectorales et anales lutura flava, longitudinali; caudalis lineis 4 fuscis variae.*

stridens. 19. Sc. caeruleo-argentea, lineis utrinque longitudinalibus fuscis. 3-5-picta. D. 11/17. P. 16. V. 1/2. A. 3/11. C. 16.
Habitat in Arabiae *littore, spithamam longa, herbis victitans, et, dum ex aquis extrahitur, stridens; Murdjan affinis.*
Linea *lateralis curva, dorso propior.*

Gaterina. 20. Sc. flavido-caerulescens nigro-guttata, maculis sparsis. *Forsk. Fn. arab.*
p. 50. n. 59. Br. 7. D. 13/13. P. 17. V. 1/2. A. 3/11. C. 17.
β) Sciaena Abu-Mgaterin, vittis fuscis utrinque quatuor, nigro guttatis, pinnis flavis: *Forsk. Fn. arab. p.* 51.
γ) Sciaena Sofat. *Forsk. Fn. arab. p.* 51.
δ) Sciaena Faetela. *Forsk. Fn. arab. p.* 51.
Habitat in Arabiae *littore inter corallia,* β) *spithamas,* β) *digitum,* γ) *ulnam,* δ) *tres ulnas longa, insipida,* γ) *et* δ) *sapida, subtus immaculata.*
Labia *obtusa, pinguia;* lingua *alba;* palatum *rubrum* branchiarum *opercula, ut in Murdjan;* pinnae *pectorales et ventrales flavae immaculatae.*

Pppp 21. Sc.

argentea. 21. Sc. argentea, supra nigro-
guttata, subtus immacu-
lata. *Forsk. Fn. arab. p.*
51. *n.* 60. Br. 7. D. $\frac{11}{11}\frac{1}{16}$. P. 16. V. $\frac{1}{6}$. A. $\frac{3}{11}$. C. 16.
Habitat in Arabiae *littore*, *squamis ciliatis vestita*.
Vertex *squamatus*, *lineis inter nares 2 elatis*, oculi *iride
argentea, superne fusca*; dentes *multi, setacei, mobiles,
conferti, extimi ordinis majores*; pinnae *dorsales connexae nigro-guttatae, anterior rotundata, altera linearis;
ventrales et analis rufescentes, apice acuminatae; cauda
surgens, subbifida.*

nebulosa. 22. Sc. nebulis longitudinalibus caeruleis et fusco-flavescentibus. *Forsk. Fn.
suec. p.* 52. *n.* 61. D. $\frac{10}{20}$. P. 13. V. $\frac{1}{6}$. A. $\frac{3}{10}$. C. 17.
β) Sciaena vittis longitudinali-
bus obsoletis violaceis.
Forsk. Fn. arab. p. 52.
Habitat in Arabiae *littore*.
Caput *declive*; pinnae *ramentis auctae*; *caudalis bifida.*

Mahsena. 23. Sc. fusca, lineata, fasciis
transversis nebulosis argen-
teis. *Forsk. Fn. arab. p.*
52. *n.* 62, D. $\frac{10}{20}$. P. 13. V. $\frac{1}{6}$. A. $\frac{3}{12}$. C. 17.
Habitat in Arabiae *littore*, *ex ovato oblonga, squamis fuscis,
ramulis dentiformibus tecta, molluscis testaceisque victitans.*
Vertex *laevis, declivis*; ante nares *cirri conici*; dentes in
utraque mandibula 18, *conici, validi*, faucium *setacei*,
molares *obtusi lati*; branchiarum *opercula integerrima*;
pinnae *ramentis auctae ex rubro violaceae*; *caudalis bifida.*

Harak. 24. Sc. virescens, pinnis pallide rubris, macula utrin-
que nigra lineari infra lineam lateralem. *Forsk.
Fn. arab. p.* 52. *n.* 63. D. $\frac{10}{22}$. P. 13. V. $\frac{1}{6}$. A. $\frac{3}{12}$. C. 17.
Habitat in Arabiae *littore*, *Mahsenae multum affinis*.
Dentes *incisores* 4 in utraque mandibula, *laterales retro obtusi, lati, demum hemisphaerici, unius seriei*; pone hos
alii numerosi *setacei*; palatum *rubrum*; branchiarum operculum anterius pone oculos *squamatum*; membrana branchiostega

PISCES THORACICI. Sciaena.

chiostega *integra, recta, rivulis elevatis*; macula *lateralis rectangula fusco colore cincta.*

Ramak. 25. Sc. albido - virescens, lineis longitudinalibus obsoletis violaceo - flaventibus; pinnis rubentibus. Forsk. Fn. arab. p. 52. n. 64. D. $\frac{10}{29}$.

Dib. β) Sciaena lamina transversa membranacea in utraque maxilla. Forsk. Fn. arab. p. 53.

Habitat in Arabiae *littore*, Mahsenae *praeter colorem multum similis.*
Dentes *medii tantillum majores.*
An huc etiam spectant pisces Arabum Suli, Djard, Mork, Saka, Kersit?

grandoculis. 26. Sc. caerulescens, labio inferiore gibbo. Forsk. Fn. arab. p. 53. n. 65. D. $\frac{10}{21}$.

Habitat in Arabiae *littore*, Mahsenae *affinis, ex ovato oblonga, lineis obsoletis victa.*
Oculorum *interstitium tuberculatum;* labia *carnosa, papillis rubris;* dentes *incisores in utraque mandibula 6, molares lati, plani, breves;* branchiarum *opercula integra;* pinnae *violascentes,* pectorales *pallide rubrae;* dorsalis *et* analis *pone lobo auctae, caudalis bifida, radiorum interstitiis a basi ad apicem squamosis.*

cinerascens. 27. Sc. cinereo-virescens, lineis longitudinalibus flavis. Forsk. Fn. arab. p. 53. n. 66. Br. 7. D. $\frac{11}{23}$. P. 18. V. $\frac{1}{5}$. A. $\frac{3}{14}$. C. 15?

Habitat in Arabiae *littore, ex ovato oblonga, squamis integris, rhombeis, albidis, ad basin utrinque gutta ex ferrugineo flava notatis vestita.*
Dentes *filiformes, in unam seriem dispositi;* branchiarum *opercula integra, squamosa;* pinnae pectorales *margine exteriori albae;* dorsalis *et* analis *pars inermis elata, pone angulo acuminato oblique truncata.*

Safgha. 28. Sc. oblonga argentea immaculata, cauda forficata.

Forsk.

Forsk. Fn. arab. p. 53. n. 67. D. ½.
Habitat in Arabiae *littore.*
Mandibulae *dentatae, inferior longior;* branchiarum *opercula tenuiter serrata;* pinnae *dorsi binae.*

armata. 29. Sc. argentea, spina inter caput pinnamque dorsalem rigida, horizontali, cauda bifida. *Forsk. Fn. arab. p. 53. n. 68.*
Habitat in Arabiae *littore, scombri facie, compressa, ex ovato acuminata.*
Spina *pone caput, antrorsum prominens;* linea *lateralis recta;* pinnae *albae, dorsalis et analis apice nigrae; caudalis tota fusca, interno margine albida.*

168. PERCA. *Caput: Mandibulae* inaequales, dentibus acutis incurvis armatae: *Opercula* triphylla, squamosa, lamina suprema serrata. *Membrana branchiostega* radiis septem.
Corpus: Linea lateralis cum dorso arcuata; *squamae* durae, asperae; *pinnae* spinosae; *anus* caudae propior quam capiti.

* *Pinnis dorsalibus 2. distinctis.*

fluviatilis. 1. P. pinnarum dorsalium secunda radiis 16. *Fn. suec.* 332. *Müll. prodr. zool. dan. p. 46. n. 388. Meiding ic. pisc. austr. t.* 5. *Art. gen.* 39. *syn.* 66. *spec.* 74. Perca lineis sex transversis nigris, pinnis ventralibus rubris. D. 14, 16. P. 14. V. ⅕. A. 2/13. C. 17.
Gron. mus. I. p. 42. n. 96. *zooph. p.* 91. *n.* 301. Per-

PISCES THORACICI. Perca.

ca dorso dipterygio, li-
neis utrinque fex trans-
verfis nigris: capite laevi:
operculis monacanthis fpi-
nofis.   D. 14, 14. P. 13. V. 6. A. 11. C. 17.
Bloch Fifch. Deutfchl. 2. *p.*
66. *n.* 2. *t.* 52. Perca pin-
na ani radiis 11.   D. 15, 14. P. 14. V. 5. A. 11. C. 25.
Klein miff. pifc. 5. *p.* 36. *n.*
1. *t.* 7. *f.* 2. Perca pinnis ventralibus duabus,
areolis nigricantibus &c.
Plin. hift. mund. l. 9. *c.* 16.
Rondel. pifc. 2. *p.* 196.
Bellon. aq. p. 295. Perca
Salvian. aq. p. 224. b. 226.
Gefn. aq. p. 689. *icon.
anim. p.* 302. *Thierb. p.*
168. b. *Wulff. ichth. bo-
ruff. p.* 27. *n.* 33. Perca
fluviatilis.
Jonft. pifc. p. 156. *t.* 29.
f. 8. *Ruyfch. theatr. anim.
p.* 107. *t.* 28. 29. *f.* 8.
*Schwenkf. theriotr. filef.
p.* 440. *Schonev. ichth. p.*
55. Perca major.
Brit zool. 3. *p.* 211. *Will.
ichth. p.* 291. *Raj. pifc.
p.* 97. Perch.
Marfigl. Danub. 4. *p.* 65.
t. 23. *f.* 2. Borftling,
Barfchling.

Habitat *in* Europae *et* Sibiriae *aquis dulcibus, etiam in mari cafpio, ex viridi pulcerrime aurea, lineis transverfis
nigris, interdum ex atro viridibus aut caeruleis, rariffi-
me deficientibus, ad 2 usque pedes longa, rarius longior,
velociffime in certa aquae altitudine natans, vitae tenax,
Aprili et Majo, ad corpus acutum fe affricando, ova pariens, unico partu ad 281000, infectis aquaticis, potiffimum pifcibus minoribus victitans, majorum iterum, anguillae praefertim, anatum quoque, jam in ova praeda,
carne fapida, et multiplici modo eduli.* Vefica natatoria
vera

vera nulla; ovarium *unicum*; *ex integumentis gluten coqui poteft*.
Oculi *magni, iride caerulefcente, intus flavo marginata*; nares *his vicinae duplices, ante eas pori 4 alii*; rictus *amplus*; mandibulae *aequales*; dentes *parvi*; palatum *tribus locis*; faux 4 *dentibus armata multis exilibus*, lingua *brevis laevis*; branchiarum *apertura ampla*; pinnae *dorfales violaceae*; *prima radiis fpinofis, macula ad finem nigra infignita, pectorales rubefcentes, ceterae rubrae.*

americana. 37. P. rubra, pinnarum dorfalium fecunda radiis 13.
Schoepf. *Naturf* XX. p. 17. D. 9, $\frac{1}{11}$. P. 15 V. $\frac{1}{5}$. A $\frac{3}{11}$. C. 18.
Habitat in Americae *feptentrionali, aquis fubfalfis, fluviatili affinis, at labio inferiore, gula, membrana branchioftega et operculi margine fuperiori rubris, macula ad finem pinnae dorfalis lineisque transverfis nullis, dorfo minus elevato, et radiorum in pinnis numero diftincta.*

Lucioperca. 2. P. pinnarum dorfalium fecunda radiis 23. *Fn. fuec.*
332. *Müll. zool. dan. prodr.*
p. 46. n. 391. *Meiding.*
ic. pifc. auftr. t. 1.
Art. gen. 39. *fyn.* 67. *fpec.* 76. Perca pallide maculofa; duobus dentibus maribus.
Bloch Fifch. Deutfch. 2. p. 62. n. 1. t. 51. Perca pinna ani radiis 14. D. 14, 23. P. 15. V. 7. A. 14. C. 22.
Gron. zooph. p. 91. n. 299. Perca dorfo dipterygio, capite laevi alepidoto: dentibus maxillaribus duobus utrinque majoribus.
Klein miff. pifc. 5. p. 36. n. 2. t. 7. f. 3. Perca buccis craffis &c.
Gefn. paralip. p. 28. *Aldr. pifc.* p. 667. *Jonft. pifc.* p. 174. t. 30. f. 15. Schilus vel nagemulus.

Will.

PISCES THORACICI. Perca. 1309

Will. ichth. p. 293. t. S. 14.
Raj. pisc. p. 98. n. 24.
Lucio-perca.
Schrift. der berl. Naturf.
Gef. I. p. 281. Zander.
Habitat in Europae, etiam Persiae borealis aquarum profundiorum puriorum fundo arenoso et margaceo, ut tamen etiam in mari caspio occurrat, ad 4 usque pedes longa, vitae minus tenax, vorax, piscibus aliis victitans, ne suae quidem speciei parcens, aliorum iterum, fluviatilis, lucii, siluri, colymborum quoque frequens praeda, Aprili et Majo ova pariens numerosissima ap 380640; ob carnem sapidam, mollem, concoctu facilem multiplici modo esculenta. Caput oblongum, squamis nudum, anterius obtusum; oculi nebulosi, pupilla glauca, iride spadicea; rictus amplus; mandibulae dentibus 40 inaequalibus armatae, superior paulo longior; genae tumidae, ex viridi rubroque variae; dorsum maculis obsoletis ex livido rubroque mistis varium; latera argentea; abdomen album; pinnae pectorales flavicantes; reliquae albidae, dorsales nigro-maculatae, radiis simplicibus, posterioris mollibus; in reliquis pinnis ramosis; cauda bifurca.

Volgensis. 38. P. ex viridi aurea, pinnae
dorsalis secundae radiis 23.
Pall. it. 1. p. 461. n. 21. D. 13, 23. P. 14. V. 6. A. -- C. 15.
Habitat in Volga et Rhymno, vicinisque aquis, inter fluviatilem et lucopercam media, utrum vere distincta, an hybrida?

Corpus squamis magnis asperis tectum, fareis 6 transversis nigris et abruptis pictum; oculi iride argentea; dentes in mandibulae inferioris apice 2 majores; pinnae dorsales fasciis 5 variae, radiis robustis, rigidis munitae.

Asper. 3. P. flavicans fasciata, pinnarum dorsalium secunda
radiis 13. D. 14, 20. P. 14. V. $\frac{1}{6}$. A. $\frac{9}{13}$. C. 17.
Art. gen. 40. Syn. 67. Perca
lineis utrinque 8 f. 9. trans-
versis nigris. D. 8, 13. P. 14. V. 5. A. 12. C. --
Bloch. Fisch. Deutschl. 3. p.
175. n. 5. t. 107. f. 1. 2.
Perca rostro nasiformi, ra-

Pppp 4 diis

diis tredecim in pinna
dorsali. D. 8, 13. P. 13. V. 6. A. 11. C. 18.
G. on. zooph. p. 92. n. 303. β.
Perca dorso dipterygio, capite plagioplateo squamoso: maxilla inferiore multo breviore.
Jonst. pisc. p. 141. t. 26. f. 18. Will. ichth. p. 292. t. S. 14. f. 4. Raj. pisc. p. 98. n. 25. Asper pisciculus.
Aldr. pisc. p. 616. Gesn. aq. p. 403. icon. anim. p. 292. paralip. p. 19. Asper pisciculus, gobionis similis.
Schaeffer pisc. ratisb. p. 69. f. 6. 7. Asper verus streber.

Habitat in Europae *australioris* ad Germaniam *superiorem usque aquis purioribus, elongata, flavicans, fasciis 3-4 transversis nigris, supra nigricans, labris albida 6-8 pollices longa, insectis, vermibusque-victitans, Martio ova minima albida pariens, carne deliciosa.*

Caput *latum*; oculi iride alba, rubescente-marginata; nares duplices, ori propinquae; os inferum parvum, semilunare; dentes exilissimi; mandibula superior longior; branchiarum operculum simplici lamina constans; linea lateralis recta; anus capiti propior, quam caudae; pinnae flavescentes, dorsalis prima radiis simplicibus spinosis, reliquae inermibus ramosis.*

Zingel. 39. P. pinnae dorsalis posterioris radii 19. *Meiding ic. pisc. austr. t.* 4. D. 13,19.
Gron. zooph. n. 303. Perca dorso dipterygio, capite plagioplateo squamoso, maxilla inferiore multo breviore. D. 13, $\frac{1}{11}$. P. 14. V. $\frac{2}{8}$. A. 13. C. 17.
Schaeff. pisc. ratisb. 58. t. 3.
Zingel. D. 14, 20. P. 14. V. $\frac{1}{8}$. A. $\frac{9}{13}$. C. 17.
Kram. el 386. Zingel. D. 13, $\frac{1}{20}$. P. 12. V. 5.

Habitat in Danubio *aliisque* Germaniae *fluviis, aspero affinis, at multo major, capite magis acuto, rictu amplioro, colore*

lore minus obscuro, cauda longiore truncata, subrotun- data, distincta.

punctata. 4. P. pinnae dorsalis secundae
radiis 14. *Muf. Ad. Fr.*
2. *p.* 82. *Gronov. act.*
Upf. 1750. *p.* 39. *t.* 4. D. 9. $\frac{1}{14}$. P. 19. V. $\frac{1}{6}$. A. $\frac{3}{14}$. C. 18.
Art gen. 41. *syn.* 69. Perca
radiis pinnae dorsalis se-
cundae 13, ani 14. D. 9, 13. P. 15. V. 6. A. $\frac{3}{14}$. C. —
Habitat in Europa australiore.
Haec, Muraena Helena, Myxo, in Tripontino; Romae optima inter duos pontes. Pretio proxima acipenseri.

Alburnus. 6. P. pinnis dorsalibus muticis,
branchiostega triradiata,
cauda integra. Br. 3. D. $\frac{1}{10},\frac{1}{24}$. P. 22. V. $\frac{2}{8}$. A. $\frac{1}{8}$. C. 19.
Catesb. Car. 2. *p.* 12. *t.* 12
f. 2. Alburnus americanus.
Habitat in Carolina, *oblonga, fasciis fuscis obliquis plurimis.* Garden. Whiting.
Os *denticulatum;* branchiarum *opercula subserrata;* pinna *dorsalis prior radio primo spinoso brevissima, reliquis rigidis.*

pusilla. 40. P. corpore ovato compresso scabro. *Brünn. pisc.*
mass. p. 62. *n.* 79. Br. 6. D. $\frac{2}{9}$. 23. P. 14. V. $\frac{1}{6}$. A. $\frac{3}{24}$. C. 14.
Habitat in mari mediterraneo, ex rubente argentea, tota aculeis minutissimis scabra, 1½ *pollicem longa.*
Caput *aculeis validioribus armatum; os acutum;* mandibula *inferior paulo longior, subtus scaberrima; oculi iride alba;* pinnarum *ventralium spina valida, margine anteriori serrata.*

Lophar. 41. P. argentea, pinnis ventralibus adnatis. *Fo. sk.*
Fn. arab. p. 38. *n.* 35. D. $\frac{7}{27}$, 1? P. $\frac{1?}{16}$ V. $\frac{1}{6}$ A. $\frac{1?}{26}$ C. 17.
Habitat Constantinopoli, *harengi magnitudine facie, dorso ex fusco virescens; an ex centrogastris genere?*
Caput *inter oculos sulcis elatis longitudinalibus inaequale;* branchiarum *opercula anteriora latera tantum serrata, posteriora integerrima;* pinnae *dorsalis prioris radii vix*

pungentes; alterius et analis basis anterior valde adiposa; ventrales membranae ope carinae abdominis affixae et inter se unitae; cauda bifida, radiorum apice nigricante.

arabica. 42. P corpore argenteo, lineis nigris longitudinalibus, macula caudae aurea; medio nigra. *Forsk. Fn. arab.* p. 42. *n.* 43. D. $\frac{6}{2,11}$. P. 14. V. $\frac{1}{5}$. A. $\frac{3}{11}$. C. 17.
Habitat in Arabiae littore, *ex oblongo lanceolata, truncata, subtus immaculata, squamarum laxarum, latarum, deciduarum, denticulatarum ordinibus longitudinalibus circiter* 10 *vestita, lineis utrinque* 16 17.
Vertex *planus, inter oculos iride flava nitentes, carina obtusa anterius et posterius bifurca, pone oculos tribus osseis carinis inaequalis;* dentes *longi, subulati, recti, remoti, in utraque mandibula utrinque* 3, *medio majores, in inferioris medio* 2 *validiores remoti;* labia *aequalia;* palatum *dentibus multis, parvis, setaceis horrens;* lingua *plana, glabra;* branchiarum *opercula squamata, anteriora valde obesa, angulo solum posteriore et subtus serrulata, posteriora integerrima;* pinnae *dorsales remotae; anterior fusca, reliquae omnes ex fusco flavescentes, dorsales, ventrales et analis triangulares, pectorales lanceolatae, caudalis bifida, segmentis lanceolatis.*

nilotica. 7. P. pinnis dorsalibus subdistinctis, caudali integra.
Musf. Ad. Fr. 2. p. 83.
S. G. Gmelin it. 3. p. 344. *t.* 25. *f.* 3. D. 8. $\frac{1}{9}$. P. 14. V. 6. A. $\frac{3}{13}$. C. 15.
Hasselq. it. 359. *n.* 83. Perca nilotica D. 8, $\frac{1}{11}$. P. 16. V. $\frac{1}{6}$. A. $\frac{3}{11}$. C. 20.
Habitat in Nilo *et* mari caspio.

** *Dorso monopterygio, cauda indivisa.*

undulata. 8. P. pinnis dorsalibus subunitis, corpore fusco-undulato, macula fusca ad pinnas pectorales. Br. 6. D. 10. $\frac{x}{25}$. P. 18. V. $\frac{1}{6}$. A. $\frac{2}{20}$. C. 19.
Catesb. Car. 2. p. 3. *t.* 3. *f.* 1. Perca marina pinna dorsi divisa.
Habitat in Carolina, *Croker.* Garden.

Bran-

PISCES THORACICI. Perca. 1313

Branchiarum *opercula anteriora dentibus* 5 *brevibus armata*; cauda *integra*.

ocellata. 10. P. pinnis dorsalibus subunitis, ocello ad pinnae caudae basin. D. 10. $\frac{1}{15}$. P. 16. V. 6. A. $\frac{1}{10}$. C. 16.
Habitat in Carolina, *Bass.* Garden.
Pinnae *dorsalis radius primus brevissimus; ventralium primus brevior, simplex, muticus; cauda ad apicem superiorem ante pinnam ocello nigro iride alba insignita.*

marina. 9. P. pinnae dorsalis radiis 15 spinosis, 14 muticis, corpore lituris variegato.
Muf. Ad. Fr. 2. p. 83. *
Fn. suec. 233. D. $\frac{15}{29}$ P. 19. V. $\frac{1}{6}$. A. $\frac{3}{11}$. C. 14.
Art. gen. 50. *syn.* 68. Perca lineis utrinque 7 transversis nigris, ductibus miniaceis caeruleisque in capite et antica ventris parte.
Habitat in Norwegia, Gallia *australi*, Italia.

nobilis. 11. P corpore argenteo, fasciis 8 fuscis. D. $\frac{12}{27}$ P. 15. V. $\frac{1}{6}$. A. $\frac{3}{20}$. C. 17.
Habitat in America *septentrionali*. *Muf.* de Geer.
Radii *pinnae dorsalis spinosi ad latera argentei.*

polymna. 12. P. corpore nigro, fasciis tribus albis. D. $\frac{11}{26}$. P. 18. V. $\frac{1}{6}$. A. $\frac{1}{11}$. C. 16.
Gron. muf. 190. Perca dorso monopterygio, cauda subrotunda, corpore fasciis transversis albis. D. $\frac{11}{26}$. P. 18. V. $\frac{1}{6}$. A. $\frac{3}{11}$. C. 17.
Seb. muf. 3. t. 26. f. 20-24.
Chaetodon lineis 2 candidis. D. $\frac{12}{27}$. P. 19. V. 6. A. $\frac{2}{16}$. C. --
Habitat in America *australi et* India, *Chaetodontes, sparos, labros, percas jungens, operculis ad bas accedens.* Muf. acad.
Fascia *media excurrit per pinnae dorsalis partem posteriorem.*

cottoides. 13. P. pinnis omnibus lineis duabus punctatis. *Muf. Ad. Fr.* 2. p. 84. * D. $\frac{14}{20}$. P. 14. V. $\frac{1}{5}$. A. $\frac{3}{10}$. C. 12.
Habitat in India.

14. P.

philadelphica. 14. P. macula nigra in medio pinnae dorsalis, squamis et operculis ciliatis. Br. $\frac{7}{2}$. D. $\frac{10}{21}$. P. 16. V. $\frac{1}{6}$. A. $\frac{3}{10}$. C. 11.
Habitat in America septentrionali, nigro-maculata et fasciata, subtus rubra, Chub. D. Garden.
Branchiarum opercula posterius mucronata; pinnae dorsalis radii 2 primi breviores.

palpebrosa. 15. P. palpebris macula fusca, linea laterali curva. D. $\frac{12}{13}$. P. 15. V. $\frac{1}{6}$. A. $\frac{2}{11}$. C. 17.
Habitat in America, parva.

atraria. 16. P. corpore nigro, pinnis albido-maculatis. D. 8-33. P. 20. V. 7. A. 26. C. 20.
Habitat in Carolina, Blackfisch. D. Garden.
Branchiarum opercula anterius denticulata, posterius ciliata; linea lateralis recta; pinna dorsalis lineis albidis picta.

chrysoptera. 17. P. pinnis inferioribus flavis fulco maculatis.
Catesb. Car. 2. p. 2. t. 2. f. 1.
Perca marina gibbosa.
Habitat in Carolina. D. Garden.
Branchiarum opercula obsoletissime dentata; linea lateralis recta.

mediterranea. 18. P. pinnis praeter dorsales fulvis, macula nigra ad pectorales. Muf. Ad. Fr. 2. p. 85. * D. $\frac{16}{22}$. P. 13. V. $\frac{1}{6}$. A. $\frac{4}{13}$. C. 13.
Brünn. pisc. mass. p. 66. n. 82.
Perca mediterranea. Br: 5. D. $\frac{16}{27}$. P. 14. V. $\frac{1}{6}$. A. $\frac{3}{14}$. C. 13.
Habitat in mari mediterraneo, viridis, lineis laterali parallelis superius obscuris, subtus latioribus laeteque caeruleis picta, spithamam longa, compressa, oblonga.
Caput supra nudum, lineis transversis et undulatis caeruleis pictum; oculi iride aurea, medio circulo caeruleo, os mediocre; pinna dorsalis ramentacea; posterius altior.

vittata. 19. P. lineis quinque albis fuscisque. Muf. Ad. Fr. 2. p. 85. * D. $\frac{12}{18}$. P. 18. V. $\frac{1}{6}$. A. $\frac{3}{12}$. C. 17.
β) Perca fasciata. Houttuyn.
act. Haarl. XX. 2. p. 326. D. $\frac{11}{26}$. P. 16. V. $\frac{1}{6}$. A. $\frac{3}{14}$. C. 16.
Habitat in America, β) in Japonia - 8 pollices longa.
Lineae vel fasciae transversae, fere aequidistantes; dentes haud exigui.

20. P.

punctula-　20. P. corpore caeruleo pun-
ta.　　　　ctato-
　　　　　Catesb. Car. 2. p. 7. t. 7. f. 1.
　　　　　Perca marina punctata.
　　　　　Habitat in America.

guttata.　21. P. corpore punctis sangui-
　　　　　neis adsperso. †
　　　　　Marcgr. braf. 169. Cugu-
　　　　　puguacu.
　　　　　Sloan. jam. 2. p. 280. t. 247.
　　　　　f. 2.
　　　　　Will. ichth. 303. t. I.
　　　　　Raj. pisc. 127.
　　　　　Catesb. Car. 2. p. 14. t. 14.
　　　　　Habitat in America.

Scriba.　22. P. pinnis caudae pectora-
　　　　　libusque flavis, capite scri-
　　　　　pto. Muf. Ad. Fr. 2.
　　　　　p. 86. *　　　D. $\frac{10}{25}$. P. 13. V. $\frac{1}{5}$. A. $\frac{3}{16}$. C. 15.
　　　　　Habitat - - - -

Gigas.　43. P. corpore nebuloso, oper-
　　　　　culis trispinosis, spinis dor-
　　　　　salibus 11. Brünn. pisc.
　　　　　maff. p. 65. n. 81.　　D. $\frac{11}{25}$. P. 16. V. $\frac{1}{5}$. A. $\frac{3}{11}$. C. 15.
　　　　　Habitat in mari mediterraneo, 3 pedes longa, ovata, late-
　　　　　ribus compressa, ochracea, obscuro fuscoque nebulosa.
　　　　　Caput anterius nudum, subtus rubrum; oculi iride lutea;
　　　　　os magnum, faucibus palatoque dentatis; labia simplicia;
　　　　　mandibulae aequales; dentes plurium ordinum acuti, 4
　　　　　anteriores superioris majores conici; lingua magna laevis;
　　　　　linea lateralis obscura, dorso parallela, sensim curvata;
　　　　　anus caudae propinqua; pinna dorsalis ramentis aucta,
　　　　　radio septimo breviore; pinnae pectorales retundatae, ex-
　　　　　trorsum rubrae.

Rogaa.　44. P. nigro-rufescens, cauda
　　　　　aequali, pinnis nigris,
　　　　　branchiostega et capitis
　　　　　lobis obtectis obscure ru-
　　　　　bris. Forsk. Fn. arab.
　　　　　p. 38. n. 36.　　　D. $\frac{2}{25}$. P. 18. V. $\frac{1}{5}$. A. $\frac{2}{11}$. C. 14.
　　　　　　　　　　　　　　　　　　Habitat

Habitat frequens in Arabiae *littore inter corallia, tres spithamas longa.*
Vertex convexus, inter oculos declivis; hi iride extrorsum nigra, dein flava, interius caerulea: labia lata, obtusissima, superius brevius protractile; dentes numerosissimi setacei, introrsum mobiles, saepe anterius 2 *incisores validiores, conico-subulati, remoti; ante nares circulus; branchiarum opercula obesa, squamata, posteriora tridentata; scapulae gibbae; linea lateralis inconspicua; pinnae obtusae, dorsalis ramentis aucta, ventrales rotundatae.*

Lunaria. 45. P. ferrugineo-nigra, pinnis pectoralibus nigris, pone flavis, dorsali et caudali pone hyalino-albis. *Forsk. Fn. arab.* p. 39. n. 37. D. $\frac{9}{28}$. P. 18. V. $\frac{1}{5-6}$. A. $\frac{3}{13}$. C. 14.

Habitat in Arabiae *littore,* Rogaae *affinis.*
Pinnae ventrales obverse triangulares, nigrae, et analis dorsalisque vitta versus marginem exteriorem, obscure rubra; haec margine posteriori alba; caudalis pone lunala hyalina, post hanc rufescens.

Tauvina. 46. P. lineari-oblonga fusca: guttis ferrugineo-nigris, cauda rotundata. *Forsk. Fn. arab.* p. 39. n. 38. D. $\frac{11}{26}$. P. 17. V. $\frac{1}{6}$. A. $\frac{3}{13}$. C. 17.

Habitat rarior in Arabiae *littore, inter corallia, parum sapida, tota squamis parvis denticulatis tecta.*
Caput cuneatum, vertice declivi; mandibulae serie dentium parvorum, remotorum, subaequalium, rigidorum armatae, canino in utraque utrinque unico validiori, et lacuna media; fauces etiam, et linguae basis dentibus numerosis setaceis obsessae; labia obtusa, superius brevius, retusum, protractile; branchiarum opercula anteriora pone denticulata, posteriora trispinosa; linea lateralis dorso propior et parallela; pinnae ex ferrugineo nigrae, guttis obscurioribus, margine posteriori albicantes; pectorales et ventrales fere aequales.

fasciata. 47. P. rubra, fasciis transversis latis albidis subquaternis. *Forsk. Fn. arab.* p. 40. n. 39. D. $\frac{11}{28}$. P. 7. V. $\frac{1}{6}$. V. $\frac{3}{12}$. C. 17.

Habitat

PISCES THORACICI. Perca. 317

Habitat in mari rubro, squamis parvis vestita, ulnam superans.
Caput magnum; oculi magni propinqui, sulcis 2 longitudinalibus sejuncti, iride ex rufo virescente; labra rotundata, obtusa, aequalia; dentium setaceorum in mandibula superiori ordines plures, in inferiori unicus, in medio utriusque 2 dentes unici remoti; branchiarum opercula anteriora pone leviter dentata, posteriora acuminata spinosa; pinnae pectorales breviter pedicellatae, membrana fere connexae; linea lateralis dorso propior.

miniata. 48. P. coccinea, guttis caeruleis undique adspersa, cauda rotundata. *Forsk. Fn. arab. p. 41. n. 41.* D. $\frac{9}{24}$. P. 17. V. $\frac{1}{5}$. A. $\frac{3}{13}$. C. 15.

β) Perca fusca ocellis caeruleis. *Forsk. Fn. arab. p. 41.*

γ) Perca rubra, guttis caeruleis. *Forsk. Fn. arab. p. 42.*

Habitat in Arabiae littore, inter corallia, piscibus victitans, sapida, squamis parvis, rotundatis, striatis vestita, inter chaetodontes, labros percasque media.
Vertex littera V notatus ante oculos; hi iride extrorsum rubra, interius flava, naribus rotundis, simplicibus, cirro conico circumvallatis; labia latissima, obtusa, guttis caeruleis consperso, superius brevius protractile; dentes setacei, canini validi in utraque mandibula 2; branchiarum opercula pone leviter serrata; pinnae omnes pone rotundatae, ventralibus solis acutis, margine anteriore caeruleis.

Summana. 49. P. cauda rotundata, corpore cinereo-fusco, guttis albis undique adsperso. *Forsk. Fn. arab. p. 42. n. 42.* D. $\frac{11}{28}$. P. 17. V. $\frac{1}{5}$. A. $\frac{3}{13}$. C. 15.

fusco-guttata. β) Perca caerulescens, guttis fuscis. *Forsk. Fn. arab. p. 42.* D. $\frac{7}{7}$. P. 18. V. - . A. - . C. 18.

areolata. γ) Perca corpore cinereo-albido, guttis fusco-flavescentibus. *Forsk. Fn. arab. p. 42.* D. $\frac{11}{23}$. P. 18. V. - . A. - . C. 14.

Habitat in Arabiae littore, miniatae multum similis.

Caput

Caput *fuscum*, *parum guttatum*, *sub oculis utrinque macula oblonga nigra notatum*, hi iride fusca; pinnae fuscae, guttis albis; cauda brevis, parum surgens, supra macula nigra insignita.

chinensis. 50. P. flavescens, cauda ovali, maxilla inferiore breviore.
Osb. it. 335. D. $\frac{19}{18}$. P. 18. V. $\frac{9}{8}$. A. $\frac{2}{10}$. C. 17.
Habitat in Sina; *fluviatilis habitu*; *sed minor*.
Os ex oblongo rotundum; linea lateralis curva; lingua, palatum, pinnae *flavicantes*; *dorsalis a capite ad caudam usque extensa*, *medio humilior*.

*** *Dorso monopterygio, cauda bifida.*

ascensionis. 51. P. supra rubescens, subtus albicans, cauda bifurca.
Osb. it. p. 388. Br. 8. D. $\frac{11}{27}$. P. 16. V. 8. A. 14. C. 26.
Habitat in insula Ascensionis, *angusta*, *squamis transversis*, *ex oblongo rotundis*, *anterius denticulatis vestita*.
Branchiarum *opercula laminis duabus serratis*: *dentibus duobus reliquos superantibus*.

Louti. 52. P. oblongo-lanceolata, miniata: guttis pallide violaceis, cauda bifalcata; pinnarum omnium margine postico flavo. *Forsk. Fn. arab. p. 40. n. 40.* D. $\frac{9}{24}$. P. 17. V. $\frac{1}{6}$. A. $\frac{1}{12}$. C. 15.
Habitat in Arabiae *littoris profundis inter coralia*; *ad ulnam longa*, *squamis parvis*, *striatis*, *rotundatis*, *integris*, *vestita*, *subtus pallida immaculata*.
Vertex *nudus*, *convexus*; oculi *iride miniata*; ante nares *simplices utrinque cirrus conicus*; labia *obtusa*, *superius brevius protractile*; dentes *setacei*, *flexiles*, *densi*, nonnulli *validiores*, *remoti*, *conici*; *opercula* branchiarum *obesa squamulata*, *anteriora integerrima*, *posteriora pone trispinosa*; linea *lateralis dorso propior*, *non parallela*; pinnae *pectorales et ventrales immaculatae*, illae *ovatae*, hae *angulo falcato*; cauda *linearis*.

venenosa. 23. P. pinnis pectoralibus apice flavis, cauda lunata, corpore punctis sanguineis. †

Catesb.

Catesb. Car. 2. *p.* 5. *t.* 5. Perca marina venenosa punctata.
Habitat in America.

melanura. 24. P. cauda nigra margine albo, corpore lineis luteis. †
Catesb. Car. 2. *p.* 7. *t.* 7. *f.* 2. Perca marina, cauda nigra.
Habitat in America.

sectatrix. 25. P. cauda bifurca postice rubra, abdomine luteo griseo lineato. †
Catesb. Car. 2. *p.* 8. *t.* 8. *f.* 2. Perca marina saltatrix.
Habitat in America.

stigma. 26. P. pinna dorsali ramentacea, operculis inultis.
Habitat in India. *Muf. acad.* D.$\frac{14}{27}$. P. 13. V. $\frac{1}{6}$. A. $\frac{9}{15}$. C. 17.

diagramma. 27. P. corpore lineis luteis, aculeis dorsalibus 11.
Gron. muf. 1. *n.* 88. *et* 187. Sparus lineis longitudinalibus luteis varius, aculeis XI in pinna dorsi.
Seb. muf. 3. *t.* 27. *f.* 18.
Habitat - - - - D.$\frac{11}{22}$. P. 13. V. $\frac{1}{6}$. A. $\frac{3}{11}$. C. 18.

striata. 28. P. corpore striato. D.$\frac{18}{28}$. P. 15. V. $\frac{1}{6}$. A. $\frac{3}{11}$. C. 17.
Habitat in America *septentrionali, cauda non nigra, qua nota a melanura differt. Muf.* de Geer.
Branchiarum opercula subserrata; radius pinnae *analis secundus validissimus.*

lineata. 29. P. pinna dorsali ramentacea, corpore lineis 5 albis fuscisque.
Muf. Ad. Fr. 1. *p.* 66. Sciaena fasciis 5 longitudinalibus albis fuscis alternis.
Habitat - - - - D.$\frac{17}{27}$. P. 15. V. $\frac{1}{6}$. A. $\frac{3}{10}$. C. 16.

1326 PISCES THORACICI. Perca.

Cernua. 30. P. pinnae dorsalis radiis 27, spinis 15. *Fn. suec.* 335.
Müll. prodr. zool. dan. p. 46. *n.* 392. *Meiding ic. pisc. austr. t.* 3.
Art. gen. 40. *syn.* 68. *spec.* 77. Perca dorso monopterygio, capite cavernoso.
Gron. mus. I. *p.* 41. *n.* 94. *zoph. p.* 86. *n.* 288. Perca dorso monopterygio, capite subcavernoso alepidoto aculeato, cauda lunulata, corpore maculolo.
Kram. elench. 386.
Bloch Fisch. Deutschl. 2. *p.* 75. *n.* 3. *t.* 53. *f.* 2. Perca dorso monopterygio capite cavernoso.
Schaeff. pisc. ratisb. 39. *t.* 2. *f.* 1. Cernua.
Klein miss. pisc. 4. *p.* 40. *n.* 1. *t.* 8. *f.* 1. 2. Percis pinnis sex &c.
Aldr. pisc. p. 626-627. *Jonst. pisc. p.* 157. *Ruysch theatr. anim. p.* 108. Perca minor.
Bell. aquat. p. 291. *Wulff ichth. p.* 28. *n.* 35. *Gesn. aquat. p.* 191. 701. *icon. anim p.* 50. *Will. ichth. p.* 334. *t.* X. 14. *f.* 2. *Raj. pisc. p.* 144. *n.* 10.
Brit. zool. 3. *p.* 215. *n.* 3. Ruffe.
Mars. danub. 4. *p.* 67. *t.* 23. *f.* 2. Pfaffenlaus.

D $\frac{15}{28}$. P. 15. V. $\frac{1}{6}$. A. $\frac{2}{8}$. C. --

D $\frac{15}{28}$. P. -- V. 6. A. $\frac{2}{7}$. C. 16.
D. $\frac{15}{26}$. P. 12. V. $\frac{1}{6}$. A. $\frac{2}{7}$. C. --

D. $\frac{15}{27}$. P. 14. V. 6. A. 7. C. 17.
D. $\frac{15}{28}$. P. 15. V. $\frac{1}{6}$. A. $\frac{2}{9}$. C. 17.

Habitat in Europae aquis dulcibus purioribus, utplurimum 6 8 pollices longa, vermibus, insectis, aliis piscibus junioribus victitans, lucii aliorumque majorum piscium, aviumque aquaticarum frequens praeda; Martio et Aprili ova exilia, ochroleuca, 75600 uno partu, in clivo arenaceo pariens, fertilis ideo, tarde crescens, carne concoctu facili multiplici modo eduli, teres, muco obducta, ad

PISCES THORACICI. Perca. 1321

ad latera flavicans, in virentem et fuscum colorem vergens; vel aurea, nigro-maculata; pectore albo, nucha dorsoque nigricantibus.
Caput crassum, deorsum compressum; oculi magni, pupilla caerulea iride fusca, naevo luteo notata; mandibulae aequales; os mediae amplitudinis; dentes minutissimi acuti, palatum quoque faucesque obsidentes; pinnae flavicantes pectorales, dorsalis et caudalis lunata nigro-maculatae.

nigra. 53. P. anguilla, squamis minutissimis vestita.
Brit. zool. 3. p. 216. n. 4.
Borlaf. Cornwall. p. 271.
t. 25. f. 8. Blackfish.
Habitat in Cornubiae fluvio, cernuae similis, an specie distincta?
Longitudo 15 pollicum; caput truttae; dentes minimi.

Acerina. 54. P. pinnae dorsalis radiis 31, spinis 17. Güldenstedt nov. comm. Petropol. 19. p. 457.   D. $\frac{17-18}{30-32}$ P. 25. V. $\frac{1}{6}$. A. $\frac{1}{7-9}$ C. 17.
Habitat in ponto euxino et palude maeotica, fluvios etiam, qui in utrumque effunduntur, ingrediens, magnitudine, carne deliciosa, victu, partium numero, situ, figura et colore ad cernuam accedens, at caput longius, radiorum in pinnis numerus diversus.

Schraetser. 31. P. lineis corporis nigris.
Meiding ic. pisc. austr. t. 2.
Art. gen. 40. syn. 68. Perca dorso monopterygio, lineis utrinque longitudinalibus nigris.   D. $\frac{14}{20}$. P. 16. V. 6. A. $\frac{2}{7}$ C. . .
Gron. zooph. 289. Perca dorso monopterygio, capite cavernoso alepidoto aculeato, cauda sublunata, corpore lineari.   D. $\frac{18}{30}$. P. . . V. . . A. 8. C. . .
Kram. el. p. 387. n. 5.   D. $\frac{18}{31}$. P. 14. V. $\frac{2}{5}$ A. $\frac{4}{7}$. C. 18.
Schaeff. pisc. ratisb. 48. t. 2. f. 2.   D. $\frac{14}{12}$. P. 15. V. $\frac{2}{5}$. A. $\frac{2}{9}$. C. 17.
Habitat in Europa australi.

Qqqq 2

32. P.

argentea. 32. P. naribus tubulosis. *Muf.*
Ad. Fr. 2. *p.* 86. *   D. $\frac{12}{22}$. P. 12. V. $\frac{1}{5}$. A. $\frac{3}{11}$. C. 17.
Habitat in America.
In pinna *dorfali fpinofa macula nigra.*

Cabrilla. 33. P. fafciis longitudinalibus
4 fanguineis. *Muf. Ad.
Fr.* 2. *p.* 87. *   D. $\frac{10}{24}$. P. 16. V. $\frac{1}{6}$. A. $\frac{3}{10}$. C. 17.
β) *Muf. Ad. Fr.* 2. *p.* 87. *
Perca lituris flavis violaceisque variegata.   D. $\frac{10}{24}$. P. 14. V. 6. A. $\frac{3}{10}$. C. 16.
Habitat in mari mediterraneo.

Radula. 34. P. corpore punctis albis lineato.
Amoen. acad. 1. *p.* 313. Labrus immaculatus, pinnae
dorfalis radiis 10 fpinofis. D. $\frac{11}{20}$. P. 12. V. 6. A. $\frac{3}{12}$. C. 17.
Habitat in India; *fquamis crenulatis tecta.*

formofa. 35. P. cauda lunata, capite lineis caeruleis.   Br. 4. D. $\frac{10}{23}$. P. 16. V. $\frac{1}{6}$. A. $\frac{3}{16}$. C. 19.
Catesb. Car. 2. *p.* 6. *t.* 6. *f.* 1.
Perca marina, capite ftriato.
Habitat in Carolina; *Squirrelfifch.* D. Garden.
Caput *lineis, liturisque caeruleis varium;* branchiarum *opercula denticulata;* pinnae *dorfalis pars anterior abbreviata verfus pofteriorem.*

trifurca. 36. P. cauda trifida.   D. $\frac{11}{22}$. P. 16. V. $\frac{1}{6}$. A. $\frac{3}{11}$. C. 20.
Habitat in mari, Carolinam *alluente, pulchre variegata, fafciis* 7 *caeruleis ornata.* D. Garden.
Faux *lutea;* branchiarum *opercula fubtiliffime denticulata;*
pinnae *dorfalis radius fpinofus* 3 *et* 4 *acutus ramento fetaceo longitudine ipfius fpinae.*

nuli, laterales.

Membrana branchiostega radiis tribus, sex vel septem; *operculum* diphyllum, rotundatum, striatum.

Corpus ad caudam utrinque carinatum, scutis tectum; *aculei* distincti ante pinnam dorsi; *dorsum* et *linea lateralis* parallela recta. *Pinnae ventrales* pone pectorales, sed supra sternum.

aculeatus. 1. G. spinis dorsalibus tribus.
Fn. suec. 336. *Art. gen.*
52. *syn.* 80. *spec.* 26 *Müll.*
prodr. zool. dan. p. 47. n. 3.
Gron. muf. 1. p. 49. n. 111.
zooph. p. 134. n. 405. *Bloch.*
Fisch. Deutschl. 2. p. 79.
n. 1. t. 53. f. 3.   D. 3, 12. P. 10. V. 2/1. A. 1/3. C. 12.
Klein miss. pisc. 4. p. 48 n. 2.
t. 14. f. 4. 5. Centriscus duobus in dorso arcuato aculeis, totidem in ventre.
Bellon. aq. p. 328. Spinarella.

Bris.

PISCES THORACICI. Gasterosteus

Brit. zool. 3. *p.* 217. *n.* 1.
Will. ichth. 341. *Raj. pisc.*
p. 145.
Rondel poiss. 2. *p.* 206. Epinoche.
Wulff. ichth. p. 30. *n.* 37.
Stichling, Stachelfisch.
Habitat in Europae *aquis dulcibus,* 3 *circiter pollices longus, brevis aevii, ut tertium vix annum attingat, Aprili et Junio ad plantas aquaticas ova pariens pauca, oculeis suis a rapacibus aquae incolis tutus, vermibus intestinalibus tanto crebrius infestatus, ovis piscium junioribusque piscibus, vermibus et insectis, eorumque chrysalidiens victitans, rarius edulis, ad agros impinguandos, pinguedine sua, ad nutriendas anates et sues utilior, ad latera argenteus.*
Caput *compressum, anterius declive; oculi prominuli, iride argentea*; mandibulae *aequales*; branchiarum *operculum magnum argenteum*; gula et pectus *interdum rubertima*; linea *laterales aspera, dorso propior*; pinnae *flavicantes.*

Ductor. 2. G. spinis dorsalibus quatuor, membrana branchiostega septemradiata. *Mus. Ad. Fr.* 2. *p.* 88.* Br. 7. D. 4, 27. P. 18. V. 6. A. 16. C. 19.
Hasselq. it. 336. Scomber Ductor.
D. 4/28. P. 20. V. 5. A. 16. C. 16.
Osb. it. 73. *t.* 12. *f.* 2. *et act.*
Stockh. 1755. *p.* 71. Scomber Ductor.
D. 3/30. P. 19. V. 5. A. 16. C. 26.
Loefl. it. Scomber fasciis quatuor caeruleo-argenteis, aculeis 4 ante pinnam dorsalem.
D. 4, 27. P. 19. V. 6. A. 2/27. C. --
Gron. zooph. 309. Scomber dorso monopterygio, pinnulis nullis, linea laterali recta, mutica ad caudam dilatata.
D. 3, 27. P. 20. V. 2/5. A. 17. C. --
Raj. pisc. 156. Pilote piscis.
Brünn. it. 325. *t.* 190.
Lootsmannekens.
Habitat in pelago, *squali satelles eique viam praetentans, inter gasterosteos et scombros medius, bis membrana branchiostega,*

PISCES THORACICI. Gasterosteus. 1325

chiostega, illis spinis ante pinnam dorsalem distinctis, caudaeque lateribus carinatis inprimis pungitio propior.

japonicus. 9. G. spinis dorsalibus quatuor, membrana branchiostega quinquedentata. *Houttuyn act. Haarl. XX 2. p. 329.* Br. 5. D. 4,10. P. 12. V. -- A. 9. C. 22.
Habitat in Japonia, squamis magnis rhombeis in aculeos retrorsum versos desinentibus, anterius spinoso ciliatis, margine fuscis, in series dispositis tectus, flavus, 5 pollices longus; an hujus generis? Caput obtusum, mandibulae edentulae, scabrae; branchiarum opercula non squamata, pone dentata; spinae dorsales mobiles, crassae, validae, inaequales, in fossula recondendae; pinnae ventrales spina sesquipollicari crassa, rigida, parum mobili connexae.

occidentalis. 3. G. spinis dorsalibus septem, duabusque ante pinnam analem. D. 7, 11. P. 7. V. 6. A. 2, ⅞. C. 16.
Brown. jam. 452. *t.* 46. *f.* 2. Saurus argenteus, cauda longitudinaliter striata, striis prominentibus brevibus interrupta.
Habitat in America. *Mus. de Geer.*

Lysan. 13. G. supra fusco-caerulescens, spinis dorsalibus 7, analibus 2. *Forsk. Fn. arab. p.* 54. *n.* 69. Br. 8. D. 7, 1/21. P. 17. V. 1/6. A. 2/19. C. --
Habitat in Arabiae littore, argenteus, ex oblongo lanceolatus, squamis minutis lanceolatis tectus; linea lateralis undulata, versus caudam demum recta.

ovatus. 4. G. spinis dorsalibus septem, prima recumbente, corpore ovato. Br. 6. D. 7, 20. P. 16. V. 6. A. 2, ⅟₁₇. C. 20.
Habitat in Asia, compressus, figura ad chaetodontem, scutelli thoracis defectu ad labros, spina dorsi prima antrorsum recumbente fixa ad scombros accedens.
Mandibulae, et labiorum dentes scabri; spinae dorsales distinctae alternatim ad latera directae; prima minima, altera paulo longior.

Qqqq 4   5. G.

carolinus. 5. G. spinis dorsalibus octo,
analibus tribus. D. 8, 26. P. 18. V. 5. A. $\frac{3}{27}$. C. 27.
Habitat in Carolina, ex oblongo ovatus, Crevalle. D. Garden.
Linea lateralis ad caudam subcarinata; pinna dorsalis et analis falcatae; cauda bifurca.

canadus. 6. G. spinis dorsalibus octo,
analibus nullis   Br. 7. D. 8, 33. P. 2. V. 7. A. 26. C. 20.
Habitat in Carolina, oblongus. D. Garden.
Spinae pinnam dorsalem priorem mentientes 7-8; posterior et analis falcatae; cauda subbiloba.

Saltatrix. 7. G. spinis dorsalibus octo,
membrana connexis. Br. 7. D. 8, 26. P. 16. V. $\frac{1}{5}$. A. 27. C. 21.
Catesb. Car. 2. p. 14. t. 14.
Saltatrix.
Habitat in Carolina, congeneribus minus spinosus, ceterum ad percas accedens. Shipjack. D. Garden.
Mandibula inferior dentium ordine unica, superior duobus armata; spinae dorsales debiles, membrana tenuissima intertextae, in fossula recondendae; cauda bifurca.

Pungitius. 8. G. spinis dorsalibus decem.
Fn. suec. 337. Art. gen.
52. syn. 80. spec. 97. Gronnov. mus. I. p. 50. n. 112.
zooph. p. 134. n. 406.
Bloch Fisch. Deutsch. 2.
p. 82. n. 2. t. 53. f. 4. D. 10, 11. P. 10. V. 1. A. 11. C. 13.
Klein pisc. miss. 4. p. 48. n. 4.
Centriscus spinis decem vel undecim, non - perpendiculariter erectis &c.
Bell. aq. p. 227. Spinarella pusillus.
Rondel pisc. 2. p. 206. Gesn. aq. p. 8. icon. anim. p. 284.
Thierb. p. 160. a. Pisciculus aculeatus alterum genus.
Aldrov. pisc. p. 628. Pungitius alterum genus.
Raj. pisc. p. 145. n. 4. Pisciculus aculeatus minor.

Will.

PISCES THORACICI. Gasterosteus.

Will. ichth. p. 342. Lesser
Stickleback.
Brit. zool. 3. *p.* 219. *n.* 2.
Ten'spined. Stickleback.
Habitat *in* Europae *maribus et lacubus gregarius, vere ostia fluviorum intrans, sesquipollicaris, aculeato magis elongatus; squamis scutisque nudus, flavus, subtus argenteus.*

Spinachia. 10. G. spinis dorsalibus quindecim: *Fn. succ.* 338.
Art. gen. 52. *syn.* 81.
Gron. muf. 1. *p.* 50. *n.* 113.
zooph. *p.* 134. *n.* 407.
Bloch. Fisch. Deutschl. 2.
p. 84. *n.* 3. *t.* 53. *f.* 1. D. 15,6-7.P.10.V.0-2.A,6-7.C.12.
Muf. Ad Fr. p. 34. Gasterosteus pentagonus.
Klein miss. pisc 4. *p.* 48. *n.* 1.
Centriscus aculeis quindecim in dorso &c.
Will. ichth. p. 340. *t.* X. 13.
f. 2. *app. p.* 23. *Raj. pisc.*
p. 145. *n.* 15. Aculeatus
vel pungitius marinus longus.
Brit. zool. 3. *p.* 220. *n.* 3.
Fifteenspined Strickleback.
Habitat in Europae *maribus*, 6-7 *pollices longus, elongatus, supra fuscus vel olivaceus, subtus albus vel argenteus, ignem sequens, vermibus, insectis, piscium ovis piscibusque vix exclusis victitans, vix edulis, impinguandis agris, oleoque excoquendo pro lampadibus adhibitus.*
Caput *tubulosum*; oculi *iride argentea*; os *exiguum*; mandibula *inferior longior*, dentes *acuti*; branchiarum operculum *radiatum*; truncus *pentagonus*; linea lateralis *elevata, acuta, ex scutis multis fuscis conflata*; cauda *depressa, supra subtusque linea elevata notata*; spinae *dorsales retrorsum curvatae, in fossula penitus recondendae*; pinnae *pectorales oblongae*; caudalis *rotundata*.

Spinarella. 11. G. capitis postice spinis quaternis serrulatis lateralibus longitudine abdominis.

Qqqq 5 *Muf.*

Muſ. Ad. Fr. 1. p. 74. t. 32.
f. 5. Pingitius puſillus. D. 16. P. 20. V. 4. A. 8. C. --
Habitat in India.

acanthias. 12. G. ſpinulis quatuor ante pinnam dorſalem, membranae branchioſtegae radiis tribus. Pontopp. Naturg. Danaem. p 188. n. 3.
Habitat in Daniae maribus.

170. SCOMBER. Caput compreſſum, laeve. Membrana branchioſtega radiis ſeptem. Corpus laeve, linea laterali poſtice carinatum. Pinnae ſpuriae ſaepius verſus caudam.

* Pinnulis ſpuriis diſtinctis.

Scomber. 1. Sc pinnulis quinque. Fn. ſuec. 339. Müll. prodr. zool. dan. p. 47. n. 395. Gron. muſ. 1. p. 34. n. 81. zooph. p. 93 n. 304.   D. 11, 11. P. 18. V. 6. A. 12. C. ---
Art. gen 30. ſyn. 48. ſpec. 68. Scomber pinnulis quinque in extremo dorſo, ſpina brevi ad anum. D. 12, 12. P. 20. V. 6. A. 13. C. --
Bloch Fiſch. Deutſchl. 2. p. 88. n. 1. t. 54. Scomber pinnulis quinque in margine utroque caudae. D. 12, 12. P. 20. V. 6. A. 13. C. 20.
Klein miſſ. piſc. 5. p. 12. n. 5. t. 4. f. 1. Palamys corpore caſtigato &c.
Plin. hiſt. mund. l. 9. c. 15. l. 31. c. 8. l. 32. c. 40. Scomber.
Brit. zool. 3. p. 221. n. 1.
Will. ichth. p. 181. Raj. piſc. p. 58. Mackrell.

Habitat

PISCES THORACICI. Scomber. 1329

Habitat gregarius in oceano europaeo, americano, atlantico, mediterraneo, hieme in profundis latens, vere littora et superficiem petens, voracissimus, ne homini quidem parcens, pedalis vel bipedalis, vitae minus tenax, fertilissimus, recens ex mari extractus phosphori lumen spargens, Junio ova inter saxa littoris pariens, multiplici modo edulis, elongatus, squamis mollibus, parvis, tenuibus, tectus, supra niger, caeruleo undulatus, subtus argenteus. Caput longum; oculi magni; iride argentea, tecti ab autumno pellicula, sub aestatem iterum evanida; rictus amplus; lingua libera, acuta, laevis; palatum medio laeve, margine dentibus acutis parvis, quemadmodum utraque mandibula armatum; mandibula inferior longior;. nucha lata, nigra; branchiarum apertura ampla, opercula triphylla argentea; truncus compressus, caudam versus angustius et quandrangularis; linea lateralis, dorso propior et parallela, subtus maculis oblongis comitata; anus caudae propior, quam capiti; pinnae parvae, cinereae, caudalis bifurcata.

Colias. 11. Sc. lacte viridis et azureus.
Cetti pesc. e anf. di Sard.
p. 196.
Κολιας Aristot. anim. hist.
V. 9. VIII. 13. IX. 2.
Athenaeus Deipnos. III.
118. 120 - VII. 321.
Colias. Aldr. pisc. p. 274.
Gesn. aq. p. 256. Will.
ichth. p. 182.
Lacertus. Klein misc. pisc. 5.
p. 122.
Habitat ad Sardiniam, scombro similis, at minor; an junior piscis?

japonicus. 12. Sc. caerulescens, pinnulis 5 spuriis. Houttuyn
act. Haarl. XX. 2. p. 331.
n. 18.   D. 8, 8. P. 18. V. 6. A. 11. C. 20.
Habitat in mari japonico, harengo similis, capite argenteo, squamis minimis, mandibula utraque denticulis ciliata, 8 pollices longus; an sat distinctus a scombro?

13. Sc.

auratus. 13. Sc. aureus, pinnulis spuriis 5. *Houttuyn act.
Haarl.* XX. 2. p. 331. n. 19.   D. 9, - - P. 18. V. 6. A. 6. C. - -
Habitat in mari, Japoniam *circumfluente, an varietas
scombri?*

Alatunga. 14. Sc. primis pectoralibus longissimis, pinnulis caudae
utrinque septem. *Cetti
pesc. e anf. di Sard.* p. 198.
Habitat periodice gregarius in mari mediterraneo, *migrans,
edulis.*

Pelamis. 2. Sc. pinnulis inferioribus septem, corpore lineis utrin-
que quatuor nigris. *Loefl.
it.* 102.   D. 15, 11. P. 27. V. 6. A. 14. C. - -
Osb. it. 67. Scomber pulcher
f. Bonnet.   D. 15, 10. P. 28. V. 7. A. 14. C. 26.
Habitat in pelago *inter tropicos, etiam in* mari atlandico,
exocoetos *exagitans.*

Thynnus. 3. Sc. pinnulis utrinque octo.
Müll. prodr. p. 47. n. 396.
Brünn. pisc. mass. p. 70. n. 86.
Scomber pinnulis supra
infraque octo, corpore
plumbeo.
Osb. it. 69. Scomber albi-
cans f. Albecor.   D. 14, 12. P. 32. V. 6. A. 13. C. 30.
Art. gen. 31. *syn.* 49. Scom-
ber pinnulis 8 seu 9 in extremo dorso, sulco ad
pinnas ventrales.   D. 14, 14. P. 34. V. 6. A. 13. C. - -
Loefl. epist. Scomber pinnu-
lis 9, pinna dorsi priore
plicata, dentibus planis
lanceolatis, maxilla supe-
riore acuta.   D. 14, 13. P. 22. V. 6. A. 16. C. -
Gron. zooph. 305, Scomber
pinnulis utrinque 9, dor-
so dipterygio, spina du-
plici ad anum?   D. 6. P. - - V. - - A. 11. C. - -
Bloch. Fisch. Deutschl. 2. p.
95. n. 2. t. 55. Scomber

linea

PISCES THORACICI. Scomber. 1331

linea laterali laevi superius incurvata. D. 15, 12. P. 22. V. 6. A. 13. C. 25.
Brown. jam. 451. Thynnus pinnulis superioribus 9, inferioribus 8.
Will. ichth. t. M. 5. *f.* 1.
Coretta alba pilonis.
Piso ind. p. 59 *Marcgr. braf. p.* 178. Guarapucu.
Rondel. pifc. 1. *p.* 249. Orcinus.
Plin. hist. mund. l. 9. *c.* 15. *l.* 32. *c.* 11. Tunnus.
Aristot. hist. anim. l. 2. *c.* 13. *l.* 4. *c.* 10. *l.* 5. *c.* 9-11. *l.* 6. *c.* 17. *l.* 8. *c.* 2. 12. 13. 15. 19. 30. *l.* 9. *c.* 2. Θυννος.
Klein mis. pisc. 5. *p.* 12. *n.* 3. Pelamys pinna dorsali secunda rubro aut flavo colore infecta &c.

Habitat in maribus Europam, Africam, *australem* Asiam *et* Americam *alluentibus, utplurimum* 1-2, *rarius* 10 *pedes longus, fusiformis, argenteus, supra chalybeus, convexus, voracissimus, ut ne suae ipsius soboli parcat, clupeas praesertim et exocoetos, ipsosque scombros exagitans, squalorum iterum et xiphiae praeda. Majo et Junio ova papaveris semini aequalia pariens, gregatim parallelogrammi figura magno cum strepitu littora petens, velocissime natans, multiplici arte, in insulis praesertim maris mediterranei, capiendus et ad cibum praeparandus. Romanis jam olim expetitum, qui etiam intestina salita inter cupedias referebant, aliquando tamen; forsam a comestis mollufcis nocivis, venenatus.*

Caput *parvum,* anterius *obtusum*; oculi *magni,* iride *argentea,* extrorsum *aurea*; rictus *amplus*; mandibulae dentibus *parvis acutis armatae,* inferior *longior*; lingua *brevis glabra*; branchiarum *apertura ampla,* operculum *diphyllum*; truncus *crassior, squamis minutis, tenuibus, deciduis tectus*; pinnae pectorales *longae, spuriae,* analis, *et* dorsalis posterior *flavicantes*; *in latis prior*, ventrales *breves, et* caudalis *lunata cinerea.*

4. Sc.

Cordyla. 4. Sc. pinnulis decem, linea
laterali loricata.
Gron. act. upf. 1750. p. 36.
Scomber linea laterali curva tabellis osseis loricata,
corpore lato et tenui. D. 7, 9. P. 15. V. 6. A. 2, 14. C. 20.
Gron. zooph. 307. Scomber
compressus latus; linea laterali curva laevi, prope
caudam recta loricata.
Marcgr. braf. 172. Guara
tereba.
Raj. pifc. 93. Trachurus
brafilienfis.
Habitat in America.

fulvo-gut- 15. Sc. pinnula ante pinnam ani
tatus. folitaria biradiata. Forfk.
Fn. arab. p. 56. n. 63. D. $\frac{7}{7},\frac{1}{1 2},\frac{1}{8}$. P. $\frac{1}{2},\frac{1}{1}$. V. $\frac{1}{5}$. A. $\frac{2}{2},\frac{1}{1}$. C. 19?
Habitat in Arabiae littore, Ferdau multum fimilis, nitens,
ex glauco caeruleus, guttis aureis ad latera confperfus.
Vertex ante oculos, iride aurea lucentes, cavus; a capite ad
pinnam dorfi membrana polita, nuda, glauca; linea lateralis primum arcuata, dein recta; pinna dorfalis prima
tota in foffula recondenda; ventrales approximatae; caudalis angulo obtufo longe bifida.

** Pinnulis fpuriis nullis.

Glaucus. 5. Sc. fpina dorfali recumbente.
Muf. Ad. Fr. 2. p. 89.
Osb. it. 296. Scomber afcen-
fionis. D. 7, 25. P. 20. V. 5. A. 25. C. 20.
Art. gen. 32. fyn- 51. Scom-
ber dorfo dipterygio, officulo fecundo pinnae dor-
falis altiffimo. D. 7, 26. P. 18. V. 5. A. $\frac{2}{27}$. C. --
Habitat ad infulam Afcenfionis.

fpeciofus. 16. Sc. pallide aureus, fafciis
verticis obliquis, corpo-
ris feptem nigris alternis.
Forfk. Fn. arab. p. 54.
n. 70. D. $\frac{5}{6},\frac{1}{2 8}$. P. 21. V. 5-6. A. $\frac{2}{2},\frac{1?}{17}$. C. --

Habitat

PISCES THORACICI. Scomber. 1333

Habitat in Arabiae littore, ex ovato lanceolatus, edentulus, supra fuscus; subtus pallidus, squamis parvis integris deciduis vestitus.
Vertex convexus, nudus, glaber; oculi iride argentea, interius aurea; labia aequalia obtusa, superius protractile; branchiarum opercula triplicia integra, anteriora squamata, posteriora nuda; linea lateralis dorso propior, primum arcuata, a fascia inde quinta recta; pinnae flavae; dorsales glaucae; pectorales ventralibus triplo longiores, falcatae; caudalis bifida.

Ferdau. 17. Sc. ovali-oblongus argenteus, guttis aureis lateralibus, fasciis transversis fuscis quinque obsoletis. Forsk. Fn. arab. p. 55. n. 71. D. $\frac{6}{8}\frac{1}{1}\frac{1}{23}$. P. 21. V. $\frac{1}{8}$. A. $\frac{2}{2}\frac{1}{24}$. C. 16?

β) Scomber pinnis pectoralibus hyalinis. Forsk. Fn. arab. p. 55.

Habitat in Arabiae littore, squamis parvis deciduis vestitus; supra caerulescens, gastrosteis affinis.
Vertex nudus, glaber, linea media ossea; oculi iride alba; ante nares cirrulus conicus; labium superius protractile; dentes setacei multi; linea lateralis fere perpetuo recta; branchiarum opercula integra, squamosa; inter pinnas dorsales spina solitaria brevis, duaeque similes ante pinnam ani; haec et dorsalis posterior membrana erecta ut in que septae; ventrales breves acuminatae; pectorales superius falcatae albidae; caudalis angulo recto excisa glauca: lobis lanceolatis.

ignobilis. 18. Sc. argenteus; dorso caerulescente, pinnis pectoralibus et ventralibus rufescentibus. Forsk. Fn. arab p. 55. n. 72. Br. 8. D. $\frac{7}{7}\frac{1}{1}\frac{1}{20}$. P. $\frac{1}{21}$. V. $\frac{1}{6}$. A. $\frac{2}{2}\frac{1}{17}$. C. 18?

Habitat in Arabiae littore, squamis parvis deciduis obtectus, spinis ante pinnam analem duabus in pinnulam connexis, posteriore duplo majore, armatus. Mandibula utraque, dentium brevium subulatorum serie armata, linea lateralis undulata, a pinna inde anali recta et loricata; pinnae dorsales glaucae, prior triangularis, analis hyalina, parte elatiore subtus flava; caudalis lobus superior glaucus, inferior flavus.

19. Sc.

Sanfum. 19. Sc. argenteo-nitens, immaculatus, caudae carina elata aequali. *Forsk. Fn. arab. p. 56. n. 74.* D. $\frac{7}{7}, \frac{1}{1}, \frac{1}{22}$. P. $\frac{1}{21}$. V. $\frac{1}{8}$. A. $\frac{2}{2}, \frac{1}{16}$. C. 18?
Habitat in Arabiae littore; fulvo-guttato ofsinis.
Vertex venis ramosis; mandibula utraque serie dentium armata; pone dentes superiori infixos alii setacei numerosi; pinnae ventrales et pectorales albae, reliquae fuscae; dorsales margine superiori nigrae; analis et caudalis inferiori flavae.

albus. 20. Sc. albus, lateribus et caudae pinna flavis. *Forsk. Fn. arab. p. 56. n. 75.* Br. 8. D. $\frac{8}{8}, \frac{1}{21}$. P. 22. V. $\frac{0}{5}$. A. $\frac{2}{2}, \frac{11}{20}$. C. 17.
Habitat in mari rubro, lanceolatus, spinis ante pinnam analem duabus in pinnulam connatis, posteriore duplo longiore armatus, squamis persistentibus tectus.
Mandibula utraque dentium parvorum subulatorum ordine armata; linea lateralis prima arcuata, a pinna inde dorsali posteriore recta, et loricata; cauda non carinata; pinna dorsalis prima triangularis, aequilatera.

falcatus. 21. Sc. rhomboidalis, pinna secunda dorsi et ani falcata. *Forsk. Fn. arab. p. 57. n. 76.* D. $\frac{5}{5}, \frac{1}{20}$. P. 18. V. $\frac{0}{5}$. A. $\frac{2}{2}, \frac{1}{18}$. C. 16.
Habitat in mari rubro, sesquilongior, quam latus, glaber, argenteus; supra magis fuscus, squamis tenuibus, firmiter adnatis, apice elatis tectus, spinis sub cute in medio dorso, ad pinnam dorsalem usque, ante eas spina valida, horizontali, antrorsum versa, interdum sub cute recondita, inde spinis brevibus, ordine majoribus, sua fossula recondendis, membrana connexis, prima saepe latenta, ante pinnam quoque analem spinis duabus horridus; annon potius gasterosteis accensendus?
Frons perpendicularis flavescens; labia obtusa, aequalia, superius protractile; mandibulae edentulae, superior glabra, inferior aspera; branchiarum opercula nuda, integra; linea lateralis parum undulata, initio dorso propior; pinnae pectorales ovatae, obtusae, fuscae; ventrales longiorsum fulvae, introrsum antrorsum fusca, margine posteriori flava.

*** Pin-

PISCES THORACICI. Scomber. 1335

*** *Pinnulis spuriis connatis.*

Trachu- 6. Sc. spina dorsali recumben-
rus. te, linea laterali loricata.
Muf. Ad. Fr. 2. *p.* 90.
Hasselq. it. p. 407. *n.* 84.
Müll. prodr. zool. dan. p.
47. *n.* 397.
Amoen. acad. 4. *p.* 249.
Scomber linea laterali
squamis latis pinnata. D. 8,34 P. 18. V. 6. A. $\frac{2}{30}$ C. 17.
Art. gen. 31. *syn* 50. Scom-
ber linea laterali aculeata,
pinna ani officulorum 30. D. 8,34 P. 20 V. 6. A. $\frac{2}{30}$ C. --
Bloch Fisch. Deutschl. 2 *p.*
104. *n.* 3 *t.* 56. Scomber
linea laterali aculeata. D. 8,34. P. 20 V. 6. A. $\frac{2}{31}$ C. 20.
Muf. Ad. Fr. 1. *p.* 82. D. 8,31. P. 20. V. 6. A. 27. C. 22.
Gron. muf. 1. *p.* 34. *n.* 80.
zooph p. 94 *n.* 308. Scomber linea laterali curva
omnino loricata, cauda
vix bifurcata.
Salv. aq. p. 78. b. Saurus.
Hasselq. it. 363. Scomber
Trachurus. D. 8,32. P. 20. V. 6. A. 30. C. 20.
Gesn. aq. p. 467. 552. La-
certorum genus.
Kaempf. jap. 1. *t.* 11. *f.* 5.
Ara.
Marcgr. braf. p. 150. *Pisc.*
ind. p. 51. Curvata pi-
nima.
Brit. zool. 3. *p.* 225. *n.* 3.
Will. ichth. p. 290. *t.* S.
12. S. 22. *Raj. pisc. p.* 92.
n. 8. Scad, Horse-mack-
rell.

Habitat in mari europaeo, mediterraneo, pacifico, Oceano, *piscibus aliis victitans, a spithama ad duos pedes lon-*
gus, argenteus, fronte dorsoque ex caeruleo viridibus,
elongatus, compressus, squamis tenuibus, rotundis molli-
busque tectus, vere ad littora gregarius, carne eduli,
at minus tenera, quam scombri, cui ceterum affinis.

Rrrr Caput

Caput *magnum, declive; rictus mediae amplitudinis;* mandibulae *dentibus acutis armatae; inferior longior, sursum curvata;* palatum *asperum;* lingua *laevis, lata, tenuis;* oculi *magni, iride ex rubescente argentea;* branchiarum *apertura ampla; operculum membranam tegens laminis duabus constans, superiori macula nigra notata;* dorsum *leviter arcuatum carinatum;* linea *lateralis ad finem pinnae pectoralis, abdomen versus flexa, tum recta, scutis retrorsum cuspidatis 68 imbricatis aspera, ad caudam prominens;* pinnae *albae, dorsalis posterioris radiis primis nigris; caudalis lunata.*

Hippos. 7. Sc. operculis postice macula nigra. D. 7, 22. P. 22. V. 6. A. 2 2/4 0. C. 30.
Habitat in Carolina et Tahiti. *D. Garden, Förster.*
Dentium *unica series, anterioribus duobus majoribus;* linea *lateralis in medio valde declinata, posterius carinata subspinosa;* pinna *dorsalis posterior rubra, ventrales analisque luteae;* spinae *ante analem remotae.*

chrysurus. 8. Sc. pinnulis luteis, ore D. 9, 26. P. 19. V. 6. A. 2/30. C. 22.
edentulo. D. 8, 29. P. 16. V. 5. A. 2/30. C. 22.
Habitat in Carolina, *Yellowtail.* Garden.
Spinae *ante pinnam analem remotae.*

Amia. 9. Sc. pinnae dorsalis posterioris radio ultimo longiore.
Art. gen. 31. *syn.* 51. Scomber dorso dipterygio, ossiculo ultimo pinnae dorsalis secundae praelongo. D. 5, 34. P. 20. V. 6. A. 24. C. --
Habitat - - - -

pelagicus. 10. Sc. pinnulis pinnaque dorsali coadunatis in unum.
Muf. Ad. Fr. 1. *p.* 72. *t.* 30. *f.* 3. Scomber pinna dorsali unica. D. 40. P. 19. V. 5. A. 22. C. 20.

CENTROGASTER. *Caput* compreſſum, laeve. *Membrana branchioſtega* ut plurimum radiis feptem. *Corpus* depreſſum, laeve: *Pinnae* ſpinoſae; *ventrales* membrana ſpinis 4 acutis, radiisque ſex inermibus firmata connatae.

fuſceſ- 1. C. fuſcus, ſubtus albicans,
cens.   cauda ſubbifurca. *Houttuyn act. Haarl.* XX. 2. p. 333. n. 21.   D. $\frac{12}{24}$ P. 16 V. $\frac{4}{10}$. A. $\frac{7}{14}$. C. 20.
Habitat in mari japonico, 5 *circiter pollices longus*. *Mandibula ſuperior dentibus acutis armata*; pinna *dorſalis per totam dorſi longitudinem excurrens*.

argenta- 2. C. argenteus, nuchae gutta
tus.   magna fuſca, pinnae dorſalis nigricante. *Houttuyn act. Haarl.* XX. 2. p. 334. n. 22.   D. $\frac{8}{10}$ P. .. V. $\frac{4}{10}$. A. $\frac{2}{14}$. C. ..
Habitat in mari, Japoniam *alluente*, 3½ *pollices longus*. *Pinna caudalis bifurca*.

Equula. 3. C. pinnulis pinnaque dorſi
connatis *Forſk. Fn. arab.* p. 57. n. 77.   Br. 4. D. $\frac{8}{24}$ P. 18. V. $\frac{1}{6}$. A. $\frac{2}{18}$. C. 17.
β) Scomber pinnis glaucis, margine flavis. *Forſk Fn. arab.* p. 58.   Br. 4. D. $\frac{8}{24}$ P. 16. V. $\frac{1}{6}$ A. $\frac{2}{18}$. C. 16.
Habitat in mari rubro, 5 *pollices longus*, *ovatus*, *compreſſus*, *nitoris argentei*; *laevis*, *ſquamis minutiſſimis veſtitus*. *Frons carinis* 2 *oſſeis*, *antrorſum convergentibus*, *et ſupra oculi angulum ſpinis* 2 *retroverſis aſpera*; *oculi iride argentea*, *dentes ſetacei*; *labium ſuperius protractile*, *inferius curvum retuſum*; *branchiarum opercula membranae adnata*, *anteriora ſubtus ſerrata*; *linea lateralis dorſo propior*; *primum recta*, *inde ſurgens*, *caudam verſus deſcendens*; *pinnae ventrales latere ſuperiore membrana lanceolata auctae*, *ante eas callus oſſeus cavus linearis*;

ante

rhombeus. 4. C. pinnis ventralibus uniradiatis. *Forsk. Fn. arab.*
p. 58. n. 78.   Er. 6. D $\frac{4\ 3}{4\ 3\ 2}$. P. $\frac{1}{15}$. V. $\frac{1}{5}$. A. $\frac{3}{14}$. C. 16.
Habitat in mari rubro, argenteus, squamis parvis vestitus. Oculi iride argentea, supra subtusque fusca; dentes numerosi subtiles; lingua obtusa, prope apicem superne collo ovali plano, albido, scabro inaequalis; ante pinnam dorsalem spinae 5 minutae vix connexae; haec ipsa et analis anteriori parte triangularis, squamata, alba apice nigra, altera hyalina linearis; pectorales leviter rotundatae; juxta ventrales spinae 2 albae parvae, et pone singulas radii 5 mutici, vix conspicui; cauda brevis, compressa non carinata, pinna glauca rotundato-exsecta; linea lateralis dorso propior parallela.

171. MULLUS.

Caput compressum, declive, squamis tectum; *oculi* oblongi, approximati, verticales, membrana nictitante; *nares* duplices minutae; *mandibulae* et *palatum* dentibus minimis aspera; *lingua* brevis, angusta, laevis, immobilis.

Membrana branchiostega radiis tribus; *opercula* laminis tribus subtilissime striatis; *apertura* mediocris.

Corpus teres, elongatum, rubrum, squamis magnis, facile deciduis.

barbatus. 4. M. cirris geminis, corpore rubro. *Muf. Ad. Fr.* 2.
p. 91.*   D. 7, 9. P. 15. V. 6. A. 7. C. 16.
Art. gen. 43. *syn.* 71. Trigla capite glabro, cirris

PISCES THORACICI. Mullus. 1339

geminis in maxilla inferiore.
Gron. muf. 1. n. 99.
Salv. aq. p. 235. Triglia.
Bell. pifc. p. 170. Will. ichth. p. 285. Raj. pifc. p. 90.
Mullus.
Rondel. pifc. p. 290. Gefn. aq. p. 565. Mullus barbatus.
Brit. zool. 3. p. 227. n. 1.
- Red Surmullet.

D. 7,9. P. 16. V. 6. A. 7. C. 17.
D. 7,9. P. 17 V. $\frac{1}{6}$. A. $\frac{1}{7}$. C.

Habitat in mari mediterraneo, oceano *feptentrionali et pacifico*, defquamatus ruber.

Nihil eo exfpirante formofius, nihil mullo fapidius, romanorum itaque in eo fumma gulae infania et afotorum prodigalitas, teftibus Plinio, Seneca, Horatio, Juvenali, Martiali; emebatur olim argenti puri pondere, ideoque non edit mullum, qui eum capit; caro maxime friabilis. V. Senec. quaeft. III. 17. 18.

Surmuletus. 2. M. cirris geminis, lineis luteis longitudinalibus. †
Art. gen. 43. fyn. 72. Trigla capite glabro, lineis utrinque quatuor luteis longitudinalibus.
Bloch Fifch. Deutfchl. 2. p. 111. n. 1. t. 57. Mullus corpore rubro, ftriis luteis.
Brünn. pifc. maff. p. 71. n. 88. Mullus corpore argenteo luteo longitudinaliter lineato, defquamato rubro.
Klein miff. pifc. 5. p. 22. n. 2. Mullus barbatus, pinnis dorfalibus &c.
Ariftot. hift. an. l. 2. c. 17. Τριγλα.
Plin. hift. mund. l. 9. c. 17. 18. 51. Mullus.
Salv. aq. p. 336. Aldr. pifc. p. 123. Jonft. pifc. p. 61. t. 17. f. 7. Will. ichth. p.

D. 7,9. P. 15. V. 6. A. 7. C. 22.

Rrrr 3

285.

285. 1. S 7. f. 1. Raj. pisc.
p. 91. n. 2. Rond. pisc. 1.
p. 290. Mullus barbatus.
Bell. aq p. 176. Surmulet.
Brit. zool. 3. p. 229. n. 2.
t. 13. Striped Surmulet.
β) Marcgr. braf. 181. Pif.
ind p. 60. Pirametara.
Rochefort antill p. 150. Autre poisson de roche.

Habitat in mari europaeo, mediterraneo, americano, a spithama ad pedem longus, squamis argenteis, fulvo-striatis vestitus, aliis piscibus, testaceis, cancris, ipsis idea cadaveribus victitans, gregarius, vere littora et superficiem petens, ovaque pariens, carne aeque deliciosa, quam barbati, multiplici modo esculenta; utrum specie, an varietate sexuve distinctus a barbato?

Caput magnum; oculi rotundi, pupilla caerulea, annulo rubro cincti, iride argentea; rictus orti angustus, mandibula superior longior; branchiarum apertura ampla, membrana angusta, operculorum lamina inferior angusta et longa, superior in mollem obtusum mucronem terminata; linea lateralis dorso parallela, versus caudam deflectens; pinnae flavae, radiis plurimarum rubescentibus.

japonicus. 4. M. flavus non striatus, cauda bifurca, cirris geminis.
Houttuyn. act. Haarl. XX.
2. p. 334. n. 23.   D. 7, 9. P. --- V. --- A. --- C. ---
Habitat in mari Japoniam alluente, vix a barbato diversus, 6 circiter pollices longus.
Mandibulae edentulae.

auriflamma. 5. M. cirris duobus albis, vitta utrinque fulva, dorso turco aeneo, caudae pinna flava immaculata. Forsk.
Fn. arab. p. 30. n. 19.   D. $\frac{7}{7,10}$. P. 17. V. 6. A. $\frac{2}{9}$. C. 15.
Habitat in mari rubro, squamis margine membranaceis, rivulis aliquot elatis vestitus.
Caput ad latera flavo maculatum; dentes exigui numerosi, densi; vitta longitudinalis lata utrinque per medium corpus; infra caudam 2 aliae obsoletae flavae; supra lineam lateralem ramulosam, dorso propiorem in cauda macula parva nigra; pinnae dorsalis et caudalis flavae, reliquae albicantes.

6. M.

PISCES THORACICI. Mullus.

vittatus. 6. M. cirris geminis, corporis vittis utrinque duabus
fuscis tribus flavis, pinna
caudae oblique fufcata.
Forsk. Fn. arab. p. 31.
n. 20. D. $\frac{7}{9}, \frac{1}{10}$.
Habitat in mari rubro, *lanceolatus, albus, fquamis tenuiffime dentatis, rivulis elevatis obfoletis tectus.
Mandibulae margine confertim dentatae; cirri longitudine
operculorum; linea lateralis ramulofa fere recta, dorfo
propior; pinnae dorfalis et caudalis albae, nigro-lineatae,
reliquae albidae.*

imberbis. 3. M. imberbis.
Art. gen. 43. *fyn.* 72. Trigla
capite glabro, tota rubens,
cirris carens. D. 6, $\frac{1}{10}$. P. 12. V. 6. A. $\frac{2}{10}$. C. 20.
Habitat in Melita.

172. TRIGLA. *Caput* magnum, loricatum, lineis
fcabris: *Oculi* magni rotundi ad
verticem; *rictus* amplus; *palatum* et *mandibulae* dentibus acutis armatae; *nares* duplices.

Branchiarum apertura ampla; operculum lamina fimplici, radiata
aculeata conftans; membrana
radiis feptem.

Corpus fquamis exilibus tectum, cuneatum; *dorfum* rectum fulco
longitudinali utrinque fpinofo
exaratum; *linea* lateralis dorfo
propior, recta; *abdomen* craffum; *pinnae* ventrales et pectorales magnae; ad has digiti ar-
ticulati liberi.

cataphra- 1. Tr. digitis geminis, roftro
cta. furcato elongato, corpore
loricato.

loricato. *Muſ. Ad. Fr.* 2.
p. 92.* D. 27. P. 11. V. 6. A. 20. C. 10.
Art. gen. 46. *ſyn.* 75. Trigla cirris plurimis, corpore octagono. D. 26. P. 12. V. 6. A. 19. C. --
Gron muſ. 1. *n.* 98.
Habitat in mari mediterraneo ſupero inferoque.
Os edentulum; labium *inferius cirris pluribus barbatum; pinnae ventrales pectoralibus adnexae.*

Lyra. 2. Tr. digitis ternis, naribus tubuloſis.
Art. gen. 46. *ſyn.* 74. Trigla roſtro longo diacantho, naribus tubuloſis. D. 10, 18. P. 12. V. ⅕. A. -; C. --
Rondel piſc. 298. *Geſn. aq.* 516. Lyra.
Brit. zool. 3. *p.* 234. *n.* 3. *t.* 14. *Will. ichth. p.* 282.
Raj piſc. p. 89. Piper.
Habitat in mari britannico, ad 2 pedes longa, carne exquiſita.
Spina *ante* oculos *recurva, pone* oculos *alia brevior;* mandibula *ſuperior anterius longius biloba, lobis protenſis ſpinis* 9; thoracis *ſpina lateralis digiti fere longitudine; pinnae pectorales digitis vix longiores.*

Gurnardus. 3. Tr. digitis ternis, dorſo maculis nigris rubrisque. D. 9, 18. P. 10. V. 6. A. 10. C. 55.
Art. gen. 46. *ſyn.* 74. Trigla varia, roſtro diacantho, aculeis geminis ad utrumque oculum.
Gron. muſ. 1. *n.* 101. *p.* 44. *zooph n.* 283. *p.* 84. Trigla dorſo ad pinnas carinato ſcabro: linea laterali aſpera in cauda truncata bifida: pinnis pectoralibus albeſcentibus. D. 8, 18. P. 10. V. 6. A. 17. C. 15.
B. anni piſc. maſſ. p. 74. *n.* 90. Trigla digitis ternis, linea laterali pinnata, radio dorſali primo antice ſer-

rato

PISCES THORACICI. Trigla. 1343

rato, pinnis pectoralibus
subtus nigris.
Bloch Fisch. Deutschl. 2. p.
121. n. 1. t. 58. Trigla
lateribus nigro alboque
punctatis, linea laterali la-
ta aculeataque. D.7,19. P. 10. V. 6. A. 17. C. 9.
Klein. miss. pisc. 4. p. 40. n.
5. t. 14. f. 3. Corystion
gracilis griseus &c.
Bell. aq. p. 204. Coccyx
alter.
Brit. zool. 3. p. 231. n. 1.
Will. ichth. p. 279. t. S. 2.
f. 1. Raj. pisc. p. 86. Grey
Gurnard.

Habitat in oceani europaei; praesertim britannici et mediterranei, profundis, 1½-3 pedes longa, squamis exilibus albis, margine nigris vestita, subtus rubescens, elongata, cancris testaceisque victitans, Majo et Junio ova pariens, sapida.

Caput *magnum*; oculi *iride argentea*; genae *radiis argenteis pictae*; branchiarum *operculum acuminatum*; linea *lateralis squamis magnis, crassis, aculeatis, nigris, margine albis aspera*; anus *capiti propior, quam caudae*; pinnae *radiis membrana nectente longioribus*; *pectorales et caudalis nigricantes*; *ventrales albae*; *analis et dorsales ex cinereo rubescentes*; *prima dorsalis albo-maculata*.

Cuculus. 4. Tr. digitis ternis, linea laterali mutica. *Mus. Ad.
Fr.* 2. p. 93. D. 9,16. P. 10. V. ½. A. 16. C. 13.
Art. gen. 45. syn. 74. Trigla tota rubens, rostro parum bicorni, operculis branchiarum striatis. D. 9,17. P. 11. V. 6. A. 15. C. 13.
Bloch. Fisch. Deutschl. 2. p.
124. n. 2. t. 59. Trigla
corpore rubro, macula nigra in pinna dorsali prima. D. 10,18. P. 10. V. 6. A. 12. C. 15.
Klein. miss. pisc. 4. p. 46. n.
6. t. 4. f. 4. Corystion
capite conico &c.
Bell. aq. p. 104. Rondel. pisc.
1. p. 287. Gesn. aq. p. 305.

Thierb.

PISCES THORACICI. Trigla.

Thierb. p. 17. b. icon.
anim. p. 31. Jonst. pisc.
p. 64. t. 17. f. 11.
Brit. zool. 3. p. 233. n. 2.
Will. ichth. p. 281. Raj.
pisc. p. 89. Red Gurnard.

Habitat in oceano europaeo, *praesertim* britannico, mediterraneo, *etiam ad* caput bonae spei, *ad pedem longa, rubra albo-punctata, subtus argentea, gracilis, voracissima, vere ad littora ova pariens; caro tenerior, quam gurnardi.*

Caput rictusque minor, quam gurnardi; oculi iride argentea; linea *lateralis squamis validis latis argenteis margine nigris insignita;* pinnae *pectorales et caudalis bifurca rubescentes, ventrales et analis albae, dorsales albae aurantio-maculatae.*

Lucerna. 5. Tr. digitis ternis, rostro
subbifido, linea laterali
ad caudam bifida.
Art. gen. 45. syn. 73. Trigla
rostro parum bifido, linea
lateralis ad caudam bifurca.   D. 10,17. P. 10. V. 6, A. 15. C. --
Gron. mus. 1. n. 100 zooph.
p. 84. n. 284.   D. 8,16. P. 10. V. 6. A. 15. C. --
Habitat in oceano *septentrionali;* an *hirundinis varietas?*

Hirundo. 6. Tr. digitis ternis, linea laterali aculeata. Mus. Ad.
Fr. 2. p. 93.* Müll. prodr.
zool. dan. p. 47 n. 400.
Fn. suec. 340.* It. wgoth.
p. 176.   D. 7,19. P. 9. V. 6. A. 18. C. 11.
Art. gen. 44. syn. 73. Trigla
capite aculeato, appendicibus utrinque tribus ad
pinnas pectorales.   D. 9,18. P. 10. V. ½. A. 19. C. 12.
Bloch Fisch. Deutschl. 2. p.
126. n. 3. t. 60. Trigla
pinnis pectoralibus latis.   D. 8,15. P. 10. V. 6. A. 14. C. 16.
Klein. miss. pisc. 4. p. 45. n. 3.
Corystion ventricosus.
Plin. hist. mund. l. 32. c. 11.
Salv. aq. p. 194. Corvus.

Aldr.

PISCES THORACICI. Trigla. 1345

Aldr. pisc. p. 135. Hirundo prior.
Gesn. aq. p. 299. *Thierb.*
p 21. Corax.
Brit. zool. 3. *p.* 235. *n.* 4.
Will. ichth. p. 280 *Raj.*
pisc. p. 88. Tubfish.
Habitat in oceani septentrionalis, rarior in maris mediterranei *profundis, ex violaceo fusca, subtus argentea,* 2·3 *libras pondere aequans, velocissime natans, piscibus, cancris et testaceis victitans; caro durior, quam cuculi.*
Oculi iride ex argenteo paulisper rubescente; anus *capiti propior, quam in cuculo;* pinnae pectorales violaceae *prae-longae et ventrales radiis quadridentatis; caudalis fuscescens, emarginata radiis ramosis; reliquae albae radiis simplicibus.*

lineata. 12. Tr. striata rubra, subtus alba. *Brit. zool.* 3. *p.* 236. *n.* 5. *Raj. pisc. p.* 165. *f.* 11. Cuculus lineatus, streaked Gurnard.
Habitat ad Cornubiam.
Caput *magnum, maculis stellatis varium;* oculi *magni;* os exiguum, *edentulum;* branchiarum *operculum spinosum;* pinnae pectorales magnae *maculatae.*

asiatica. 7. Tr. digitis quaternis. D.$\frac{1}{7}$,16.P. 18. V. 6. A. 17. C. 18.
Habitat in oceano, *laevis, teretiuscula, argentea.*
Nalus l. rostrum *prominens laeve;* os *intus scabrum;* branchiarum *opercula anteriora serrata;* pinnae pectorales *falcatae.*

evolans. 8. Tr. digitis ternis, mucronibus tribus serratis pinnis dorsalibus interpositis. Br.8.D.8,11.P.13.V.6.A.11.C.13.
Browm jam. 453. *t.* 47. *f.* 3.
Trigla volitans minor.
Habitat in Carolina, *radiato-caelata.*
Rostrum *emarginatum;* pinnae pectorales *nigrae longitudine dimidii corporis, sed latiores; inter dorsalem anteriorem et posteriorem rudimenta quasi trium spinarum serrata; spina* 1 *et* 2 *prioris, et* 1 *posterioris anteriore. latere scabrae;* cauda *bifida.*

9. Tr.

volitans. 9. Tr. digitis vicenis membraná palmatis.
Art. gen. 44 *syn.* 73. Trigla capite parum aculeato, pinnula singulari ad pinnas pectorales.   D. 5,8. P. 28. V. 5. A. 6. C. --
Gron. muf. 1. n. 102.   D. 6,8. P. 6. V. 5. A. 6. C. 18.
Brown. jam. 453. Trigla capite 4 spondylis acutis armato.
Seb. muf. 3. *t.* 28. *f.* 7.
Marcgr. braf. 163. Pirapebe.
Habitat in mari mediterraneo, oceano, pelapo *inter* tropicos, *in* Asia, *inprimis ad* caput bonae spei, *saepe agitata evolans in omnem directionem ex aqua.*

alata. 13. Tr. digitis undenis membrana palmatis. *Houttuyn act. Haarl.* XX. 2. *p.* 336.
n. 25.   D. 7/7, -- P. -- V. 6. A. 14. C. 14.
Habitat in mari Japoniam alluente, 4 *pollices longa*.
Caput *angulatum*; mandibula *inferior*, et operculorum margo posterior mucronibus duobus acutis protensis horrida.

adriatica. 14. Tr. corpore squamis verticillato, linea laterali aculeata, pinnis pectoralibus subtus nigris,digitis ternis.
Brünn. pisc. mass. p. 99.   D 10/10,16. P. 10,3. V. 1/5. A. 16. C. 12.
Habitat in mari adriatico, *spithamam longa, rubra, maculis fasciisque nigris varia, subtus albicans.*
Caput *radiato-caelatum, supra oculos spinis exiguis armatum, ceterum laeve;* rostrum *retusum, vix bilobum, non spinosum;* mandibulae *dentatae, inferior paulo brevior;* pinnae *dorsales pallide rubro nebulosae; pectorales ultra anum elongatae, quasi truncatae, supra fusco subfasciatae, subtus margine, et punctorum serie caeruleae; ventrales et analis albae, apice interdum nigrae.*

minuta. 10. Tr. digitis tribus, dorso bicarinato. *Mant. alt. p.* 528.   - D 4/5,24. P. 3,8. V. 6. A. 14. C. 10.
Habitat in India, *digiti longitudine.*

Caput

Caput *durum*, *anterius emarginatum et denticulatum*, mucronibus 2 pone oculos, 2 ad occiput, *validioribus supra ad posteriora capitis armatum*; branchiarum *operculum posterius spina horrens*; pinnae *pectorales et ventrales valde acuminatae*; cauda *rotundata*.

carolina. 11. Tr. digitis tribus, pinnae dorsalis parte priori aculeolata. *Mant. alt. p.* 529. D. $\frac{10}{10}$, 13. P. 15. V. 6. A. 12. C. 10.
Habitat in mari Carolinam *alluente*, *digito longior*, *squamis minutissimis vestita*.
Caput *osterius pictum*; linea *lateralis simplex fere laevis*; pinnae *dorsalis prioris radius primus anterius longitudinaliter aculeolatus*; cauda *emarginata*.

IV. AB.

IV. ABDOMINALES.

Branchia ossiculata.
Pinnae ventrales pone thoracem in abdomine sitae.

173. COBITIS. *Caput* parvum, oblongum, squamis nudum; *oculi* in suprema capitis parte; *nucha* plana.
Membrana branchiostega radiis quatuor ad sex; *opercula* e simplici lamina composita, infernè claudentia.
Corpus muco squamisque exilibus teneris, facile deciduis obtectum, fasciis maculisque varium, fere aequale, s. *cauda* versus pinnam minus angustata; *dorsum* rectum, pinna unica; *linea* lateralis vix conspicua; *anus* prope caudam rotundatam.

Anableps. 1. C. cirris 2, capite depresso, oculis prominulis. *Mus.*
 Ad Fr. 2. p. 95.*
 Art. gen. 25. Anableps.
 Seb. mus. 3. p. 108. t. 34. f. 7. Anableps.
 Grom. mus. 1. n. 32. t. 1. f. 1-3. Anableps. Br. 6. D. 7. P. 22. V. 7. A. 9. C. ‑ ‑
 Habitat Surinami *ad littora maris.*
 Cirrus *utrinque ad sinus oris, quasi tentaculum.*

Barbatula. 2. C. cirris 6, capite inermi compresso. *Mus. Ad. Fr.* 2. p. 95.* *Fn. Suec.* 341. *Müll. prodr. zool. dan.* p. 47. n. 401. *Wulff. ichth.* p. 31. n. 38.

Art.

PISCES ABDOMINALES. Cobitis. 1349

Art. gen. 2. *syn.* 2. *Kram.*
el. p. 386. *n.* 1. Cobitis
tota glabra maculosa cor-
pore subtereti.   D. 8. P. 12. V. 7. A. 6. C. --
Gron. muf. 1. *p.* 2. *n.* 6.
zooph. *p.* 56. *n.* 202. Cobitis capite cathetoplateo
inermi, ore cirroso, cor-
pore pinnisque maculatis.   D. 8. P. 5. V. 7. A. 6. C. 16.
Bloch. Fisch. Deutschl. 1. *p.*
224. *n.* 3. *t.* 31. *f.* 3. Cobitis capite inermi, 6 cir-
ris ad os.   Br. 3. D. 9. P. 10. V. 9. A. 8. C. 17.
Klein miss. pisc. 4. *p.* 59. *n.*
3. *t.* 15. *f.* 4. Enchelyopus nobilis cinereus &c.
Rondel. pisc. 2. *p.* 204. *Aldr.*
pisc. p: 618. *Johnst pisc.*
p. 143. *t.* 26. *f.* 22. Cobitis barbatula.
Marf. Danub. 4. *p.* 74. *t.* 25.
f. 1. Fundulus
Gesn. aq. p. 401. *Thierb. p.*
163. b. *Will. ichth p.* 265.
t. Q. 8. *f.* 1. *Raj. pisc. p.*
124. *n.* 33. Cobitis fluviatilis.
Brit. zool. 3. *p.* 237. *n.* 1.
Loche.

Habitat in Europae et Asiae, *praesertim magis montosae aquis dulcibus minoribus purioribus,* 3-4 *pollices longa, fertilis, vermibus insectisque victitans, Martio et Aprili ova pariens, vitae minus tenacis, frequens aliorum piscium praeda, carne exquisita, coloris ex cinereo alboque varii.*

Caput *anterius declive, obtusum;* labium *superius cirris in medio* 4, *ad utrumque angulum* 1 *barbatum;* rictus oculique *minuti;* mandibulae *edentulae, superior paulo longior;* linea *lateralis recta;* pinnae *cinereae;* dorsalis *et* caudalis *lineis fusco-punctatis variae.*

Taenia. 3. C. cirris 6, spina suboculari.
Fn. suec. 342. *Wulff.*
ichth. p. 31. *n.* 39.   D. 7. P. 8. V. 7. A. 17. C. 16.
                                                       Art.

Art. gen. 2. *Syn.* 3. *Spec.* 4.
Kram. el. p. 396. *n.* 2. Co-
bitis aculeo bifurco infra
utrumque oculum.   D. 9. P. 7. V. 7. A. 8. C. 18.
Gron. muf. 1. *n.* 5.   D. 7. P. - V. 7. A. 6. C. 16.
Gron. zooph. n. 200.   D. 8. P. -- V. 7. A. 6. C. 16.
Bloch Fifch. Deutfchl. I. *p.*
221. *n.* 2. *t.* 31. *f.* 2. Cobitis aculeo bifurco in
utrumque latus capitis. Br. 3. D. 10. P. 11. V. 7. A. 9. C. 17.
Klein miff. pifc. 4. *p.* 59. *n.* 4.
Enchelyopus ventre ex al-
ba luteus &c.
Rondel pifc. 2. *p.* 204. *Aldr.*
pifc. p. 617. *Gefn. aquat.*
p. 404. *Johnft. pifc. p.* 142.
t. 26. *f.* 21. 23. *Marf.*
Dan. 4. *p.* 3. *t.* 1. *f.* 2.
Cobitis aculeata.
Will. ichth. p. 295. *t.* Q. 8.
f. 3. *Raj. pifc. p.* 124. Cobitis barbatula aculeata.
Will. ichth. p. 266. *t.* Q. 8.
f. 6. Taenia cornuta.
Frifch. mifc. Berol. 6 *p.* 120.
t. 4. *n.* 3. Lampetra et
Cobitis pungens.
Gefn. Thierb. p. 163. b. Stein-
beyffer.

Habitat in Europae *aquis dulcibus infra faxa, vitae tenacis, contrectata fibilans, vermibus infectisque aquaticis, pifcium ovis junioribusque pifcibus victitans,* Aprili et Majo *ova pariens, lucii, percae fluviatilis, avium aquaticarum frequens praeda, homini rarius edulis, flavefcens,* 4 *feriebus macularum punctorumque fufcorum varia,* 5 *pollices longa.*
Caput *compreffum, anterius declive; os anguftum, oblongum, edentulum;* mandibula *fuperior paulo longior;* labium *fuperius cirris* 2, *inferius* 4 *brevioribus barbatum;* oculi *minimi, viride ochroleuca;* pinnae *pectorales, analis et caudalis cinereae, reliquae flavae, dorfalis punctorum fufcorum ordinibus* 5, *caudalis rotundata, lata,* 4 *ornata.*

4. C.

PISCES ABDOMINALES. Cobitis.

fossilis. 4. C. cirris 8, spina supraoculari. *Fn. suec.* 343. *Musc.
Ad. Fr.* 1. *p.* 76.
Gron. act. upf. 1742. *p.* 79.
t. 3. Cobitis aculeo bifurco supra utrumque oculum.
Art. gen. 2. *syn.* 3. Cobitis caerulescens, lineis utrinque 5 longitudinalibus.
Bloch Fisch. Deutschl. 1. *p.*
216. *n.* 1. *t.* 31. *f.* 1. Cobitis cirris decem ad os.
Gron. zooph. p. 56. *n.* 201.
musc. 1. *p.* 2. *n.* 7. Cobitis aculeo supra utrumque oculum, lateribus longitudinaliter fasciatis.
Klein miss. pisc. 4. *p.* 59. *t.*
15. *f.* 3. Enchelyopus barbulis sex &c. et Enchelyopus lineis latis atrofuscis &c.
Aldr. pisc. p. 579. *Will. ichth. p.* 124. *Raj. pisc. p.*
69. *n.* 6. *p.* 70. *n.* 9. *Johnst. pisc. p.* 154. *t.* 28. *f.* 8.
Mars. Danub. 4. *p.* 39.
t. 13. *f.* 1. Mustela fossilis.
Clauder ephem. Nat. Curios. dec. 2. *ann.* 6. *p.* 354. *obs.* 175. *f.* 7. Thermometrum vivum.
Gesn. Thierb. p. 160. Beyszker.

D. 6. P. 11. V. 6. A. 6. C. 15.

Br. 3. D. 7. P. 9. V. 6. A. 7. C. 16.

D. 7. P. 11. V. 5. A. 5. C. 16.

Br. 4. D. 7. P. 11. V. 8. A. 8. C. 14.

Habitat in Europae *aquis paludosis ipsoque luto, vitae tenacissima; instante tempestate inquieta, aquam turbans, ejusque superficiem petens, fertilissima, vermibus, insectis, junioribus piscibus, terraque pingui victitans, hieme in luto latens, vere ova herbis affricans, lucii, percae fluviatilis, junior ipsorum cancrorum ranarumque praeda, ut plurimum* 12 *pollices longa, edulis, cuti tenaci involuta,*
Ssss *nigra,*

nigra, per totam longitudinem ſtriis flavis fuſcisque, hinc inde maculis ornata, ſubtus-aurantia nigro-punctata.
Caput *anterius obtuſum*; oculi *iride aurea*; os *oblongum*; mandibula *utraque dentibus* 12 *parvis acutis armata*; labium *ſuperius longius*, cirris 6 *multo longioribus*, inferius 4 *barbatum*; lingua *parva, acuta*; genae *et* branchiarum *operculum flava, nigro-maculata*; pinnae *flavae*; pectorales, *dorſalis et caudalis nigro-maculatae*.

heterocli- 5. C. capite imberbi, pinna
ta.   dorſali analique albo-pun-
        ctata, caudali nigro-faſ-
        ciata.   Br. 5. D. 12. P. 16. V. 6. A. 10. C. 25.
Habitat in Carolina, *teretiuſcula, palmaris, ſquamis magnis laevibus veſtita, ſubtus flaveſcens,* Mudfi h; *an hujus generis?* D. Garden.
Caput *planiuſculum, ſquamoſum*; labia *denticulata*; pinna *dorſalis pone aequilibrium, et analis oppoſita nigricantes, punctis hyalinis irroratae; caudae rotundata; maculis albis faſciisque nigris varia, margine diaphana.*

japonica. 6. C. capite imberbi, depreſſo,
        mandibulis dentatis. *Hout-*
        tuyn act. Haarl. XX. 2. p.
        337. *n.* 26.   D. 12. P. 11. V. 8. A. 9. C. 20.
Habitat in Japonia, 5 *pollices longa, teretiuſcula.*

174. **AMIA.** *Caput* oſſeum, nudum, ſcabrum, ſuturis conſpicuum.
        Dentes in mandibulis palatoque acuti, conferti.
        Cirri nalales duo.
        Membrana branchioſtega radiis duodecim.
        Corpus ſquamoſum.

calva. 1. A. cauda macula nigra.   D. 42. P. 15. V. 7. A. 10. C. 20.
       Habitat in Carolinae *aquis dulcibus, ſubteres; rarius edulis.*
       Mudfiſh

Caput

Caput *depreſſum*, *quaſi excoriatum*; branchiarum *opercu'a obtuſa*. *oſſea*; gula *oſſiculis duobus ſcutiformibus*, *e centro ſtriatis*; linea *lateralis recta*; pinnae *pectorales ventralibus non majores*; *ventrales in abdominis medio*; *dorſalis longius extenſa*; *caudalis rotundata*.

175. SILURUS.

Caput nudum, magnum, latum, compreſſum; *os* cirris aliquot tentaculatum; *rictus* et *faux* ampla; *labia* craſſa; *mandibulae* dentatae; *lingua* craſſa, laevis, breviſſima; *oculi* parvi.

Membrana branchioſtega radiis quatuor ad ſedecim.

Corpus elongatum, compreſſum, ſquamis nudum, moco tenaci obductum; *linea lateralis* dorſo propinqua; *pinnarum* pectoralium aut dorſalis radius primus ſpinoſus retro dentatus.

Aſotus. 1. S. pinna dorſali unica, cirris quatuor. Br. 16. D. $\frac{?}{?}$. P. $\frac{1}{14}$. V. 13. A. 82. C. 16.
Habitat in Aſia. *Muſ. Ac. Holm.*
Cirri *duo ſupra os*, *duo infra*; *dentes numeroſi*; ſpina *nulla rigida in pinna dorſi*, *at ſerrata in pectoralibus*; pinna *ani longa*; *caudae annexa*.

Glanis. 2. S. pinna dorſali unica mutica, cirris ſex. *Fn. ſuec.* 344. *Meiding ic. piſc. auſtr. t.* 9.
It. ſcan: 61. *Mal.* Br. 14. D. 4. P. $\frac{1}{15}$. V. 12. A. 88. C. 17.
Act. ſtockh. 1756. p. 34. t. 3.
Silurus. Br. 16. D. 4. P. $\frac{1}{17}$. V. 13. A. 88. C. 17.
Art. gen. 82. *Syn.* 110. Silurus cirris quatuor in mento. D. 4. P. $\frac{1}{15}$. V. 11. V. 20. C. 17.
Sſſſ 2 *Gron.*

Gron. muf. 1. n. 25. t. 6.f. 1.
Silurus cirris duobus ad
maxillam superiorem, qua-
tuor in mento. Br. 14. D. ⅘. P. 1/7. V. 11. A. 90. C. 15.
Bloch Fisch. Deutschl. 1. p.
242. n. 1. t. 34. Silurus
pinna dorsi unica cirris
fex. Br. 16. D. 5. P. 18. V. 13. A. 90. C. 17.
Albert. M. de anim. p. 144.
Samus.

Habitat *in* Europae *et* Orientis *aquarum dulcium profundis, etiam in* Nilo, *inter europæos fluviatiles maximus, ut* 300 *libras interdum pondere aequet, iners, praedae praeternatanti inhians, vitae tenax, ova pauca pariens, a gasterosteis et anguillis devoranda; junior a ranis agitatus, tempestate imminente aquae superficiem petens, tardo crescens, et natans, esculentus, crassus, maculis nigricantibus varius, ex virescente niger versus abdomen virescens, subtus ex albo flavicans.*

Caput *subspatulatum ex atro viride; oculi iride alba; mandibulae arcuatae inferior longior; faux officulis quatuor prominentibus denticulatis horrens; pinnae pectorales flavae, basi et apice caerulescentes; dorsalis et ventrales basi flavae, apice caerulescentes; analis longa et caudalis rotundata integra basi ex cinereo flavae, margine violaceae.*

electricus. 22. S. pinna dorsali unica adiposa, cirris sex. *Brousso-*
net act. Parif. ann. 1782. Br. 6. D. o. P. 9. V. 6. A. 12. C. 18.
Forsk. Fn. arab. p. 15. *n.* 1.
Raja Torpedo.

Habitat *in Africae fluviis, ultra* 20 *pollices longus, antrorsum latissimus, depressus; cinerascens, ad caudam maculis aliquot nigricantibus varius, contactus concussionem quasi electricam excitans, tremoremque artuum dolentem, minus tamen validum, quam torpedo aut gymnotus electricus, ceterum edulis.*

Caput *depressum; oculi mediocres, cute communi tecti; mandibulae dentibus confertis, parvis, acutis-armatae; nares minimae utrinque* 2 *approximatae; labium superius cirris* 2, *inferius* 4 *barbatum, quorum* 2 *exteriores longiores.*

Aspredo. 3. S. pinna dorsali unica; radiis 5, cirris 8.
  Amoen. acad. 1. p. 311. t. 14. f. 5. Aspredo.   Br. 4. D. 5. P. $\frac{1}{5}$. V. 6. A. 55. C. 11.
  Seb. muf. 3. t. 29. f. 10.
  Mystus cirris 8, appendice dorsi carens.
  Gron. zooph. 324. 326.
  Aspredo cirris 8, corpore laevi, pinna ani ad caudam bifurcam extensa.
  Gron. muf. 1. n. 26. Aspredo.   Br. 4. D. 5. P. $\frac{1}{5}$. V. 6. A. 55. C. 9.
  Klein miff. pisc. 5. p. 86. t. 4. f. 8. Batrachus.
  Habitat in Americae fluviis.
  Cirri lateralis basi lati; dorsi carinatum; cauda bifurca.

Mystus. 4. pinna dorsali unica, radiis 6, cirris 8. Muf. Ad. Fr. 2. p. 96.*   D. $\frac{1}{6}$. P. $\frac{1}{9}$. V. 6. A. 57. C. 19
  Hasselq. it. 376. Silurus Schilbe niloticus.   Br. 10. D. $\frac{1}{7}$. P. $\frac{1}{22}$. V. 6. A. 62. C. 20.
  Habitat in Nilo.
  Cauda bifurca.

anguillaris. 5. S. pinna dorsali unica, radiis 70, cirris 8. Muf. Ad Fr. 2. p. 96.*   D. 70. P. $\frac{1}{7}$. V. 6. A. 55. C. 17.
  Hasselq. it. 371. Silurus Charmuth niloticus. Br. 10. D. 72. P. $\frac{1}{10}$. V. 6. A. 59. C. 21.
  Gronov. zooph. 322. t. 8. f. 3. 4. Clarias.   Br. 9. D. 69. P. 8. V. 7. A. 50. C. 20.
  Russel alepp. 73. t. 12. f. 1. Blackfish.
  Raj. pisc. 150. Lampetra indica erythrophthalmos.
  Habitat in Nilo.
  Cirri 2 labii superioris, 4 inferioris 2 utrinque ad sinus oris.

Batrachus. 6. S. pinna dorsali unica, radiis 60, cirris 8. Muf. Ad. Fr. 2. p. 97.*   Br. 5. D. 60. P. $\frac{1}{8}$. V. 6. A. 48. C. 14.
  Habitat in Asia, Africa.
  Cauda integra.

7. S.

undeci- 7. S. pinna dorsali unica, ra-
malis. diis 11, cirris 8. *Muf.*
Ad. Fr. 2. p. 97.* Br. - . D. $\frac{11}{11}$. P. $\frac{1}{11}$. V. 6. A. 11. C. 17.
Habitat Surinami.
Cauda *bifurca.*

militaris. 8. S. pinna dorsali postice adi-
posa, cirris 2 rigidis. Br. - . D. $\frac{7}{7}$, 0. P. $\frac{1}{4}$. V. 7. A. 20. C. 18.
Habitat in Asia. *Muf. Ac. Holm.*
Oculi *ad latera capitis;* cirri *compressi ossei;* dorsum *ad pinnam dorsi assurgens;* linea *lateralis recta.*

inermis. 9. S. pinna dorsali postica adiposa, pinnis inermibus,
cirris 2. D. 7, 0. P. 17. V. 7. A. 38. C. --
Habitat Surinami.
Caput *depressum, latum, lubricum;* mandibulae *scabrae;* cirri *quasi tentacula brevia ante nares;* pinna *dorsalis prope caput oriens, radio primo vix spinoso robustiore laevi; analis radiis 4 anterioribus brevioribus;* cauda *subtruncata, vix biloba.*

cornutus. 23. S. pinnis pectoralibus inermibus, radio pinnae dor-
salis primae primo denta-
to. *Forsk. Fn. arab. p.*
66. *n.* 96. Br. -- D. $\frac{3}{-}$, 6. P. - - V. -- A. -- C. 9.
Habitat prope Massiliam, *ovalis, spithamam longus, subtus ante pinnam ventralem carinatus; an hujus generis?*
Rostrum *rectum, compressum, apice parum recurvum, obtusum, dimidii corporis longitudine;* pinnae *dorsalis prioris radius primus ad mediam usque pinnam caudalem extensus, subtus ultra dimidium duplici spinularum ordine dentatus.*

Felis. 10. S. pinna dorsali postica adiposa, ani radiis 23, cir-
ris 6, cauda bifida. Br. 5. D. $\frac{1}{8}$, 0. P. $\frac{1}{11}$. V. 6. A. 23. C. 31.
Habitat in Carolina, *supra caerulescens, cato affinis.* D. Garden.
Cirri *sub labio inferiore* 4, *supra sinus oris utrinque* 1; pinnae *ventrales analisque rubescentes.*

II. Sc.

PISCES ABDOMINALES. Silurus.

galeatus. 11. S. pinna dorsali postica adi-
pola, ani radiis 24, cir-
ris 6, cauda integra.
Seb. muf. 3. p. 85. t. 19. f. 7.
Mystus cirris 6, cauda
aequali. D. $\frac{1}{7}$. o. P. $\frac{1}{5}$. V. 6. A. 24. C. 19.
Habitat in America australi.
Caput *clypeo coriaceo duro munitum;* pinnarum *pectoralium dorsalisque radius spinosus rigidus.*

Catus. 12. S. pinna dorsali postica adi-
posa, ani radiis 20, cir-
ris 8. Br. 5. D. $\frac{1}{8}$. o. P. $\frac{1}{11}$. V. 8. A. 20. C. 17.
Catesb. Carl. 2. p. 23. t. 23.
Bagre 2 Marcgr. affinis.
Marcgr. braf. 173. Bagre
species 2.
Habitat in America, Asia.
Variat piunarum ventralium *radiis sex.*

cous. 13. S. pinna dorsali postica adi-
posa, ani radiis 8, cirris
8, cauda bifurca.
Gron. zooph. 387. t. 8. f. 7.
Mystus cirris 8 capite bre-
vioribus, pinna dorsi se-
cunda ovata. Br. 1. D. $\frac{1}{7}$. o. P. 9. V. 6. A. 8. C. -.
Ruffel alepp. 76. t. 13. f. 2.
Mystus.
Habitat in Syria.

carinatus. 14. S. pinna dorsali postica adiposa, linea laterali spino-
sa, cirris 6 pinnatis. Br - - D. 6. P. 8. V. 8. A. 12. C. 24.
Habitat Surinami, *compressus.*
Cirri *ad latus oris solitarii, latere inferiore pinnati; reliqui 4 sub labio inferiore aequales connexi breves, subtus papillosi;* linea *lateralis subserrata spinisque carinata, ut in scombris;* pinnae *dorsalis prioris radius primus antrorsum sursum dentatus, pectoralium primus utrinque contrarie dentatus; cauda bifurca.*

Docmac. 24. S. pinna dorsali postica adiposa, ani radiis 10, cir-
ris 8. *Forsk. Fn. arab.
p. 65. n. 94.* B. 2. D. 10. P. 11. V. 6. A. 10. C. 18.

Habitat

Habitat in Nilo *inferiori ad* Delta, *vlnaris et longior, cinereus, subtus albidus, supra convexus.*

Caput depressum; tentacula *utrinque* 4, *exteriora longiora, extima labii superioris dimidii corporis longitudine;* linea *lateralis recta supra dimidium corpus;* ¡pinnarum pectoralium dorsalisque radius primus poue dentatus osseus, apice mollis.

Clarias. 15. S. pinna dorsali postica adipola, ani radiis 11, cirris 6. *Muf. Ad. Fr. 2. p.* 98.

Muf. Ad. Fr. 1. *p.* 73.
Aspredo pinna dorsali postica adipola.   Br. 9. D. $\frac{1}{7}$,0. P. $\frac{1}{10}$. V. 7. A. 11. C. 17.

It. scan. 82. Aspredo cirris longitudine corporis, pinnis dorsalibus duabus. Br.— D. 7,0, P. $\frac{1}{5}$. V. 5. A. 10. C. 16.

Gron. muf. 1. *n.* 83. *p.* 34.
zoopb. n. 384. p. 125. Mystus cirris 6. longissimis¡ pinna dorsi secunda longissima a priori ad caudam extensa.   Br. 4. D. $\frac{1}{7}$,0. P. $\frac{1}{10}$. V. $\frac{1}{7}$. A. 11. C. 19.

Hasselq. it. 369. Silurus
Scheilan niloticus. Br. 6. D. $\frac{1}{7}$,0. P. $\frac{1}{5}$. V. 7. A. 12, C. 16.

Bloch Fisch Deutschl. 1. *p.* 247. *n.* 2. *t.* 35. *f.* 1. 2.
Silurus cirris corpore longioribus.   Br. 6. D. 8. P. 11. V. 7. A. 11. C. 18.

Habitat in Americae *auftralis et* Africae *fluviis,* 12 - 15 *pollices longus, ex cinereo nigricans, subtus eanus, radio pinnarum pectoralium primo serrato atrociter vulnerans, ut pro venenato habeatur.*

Caput anterius latius; oculi *oblongi sat magni, iride aurea;* mandibula *superior longior;* palatum *dentibus acutis parvis horrens;* labii *superioris cirri* 2 *corpore longiores;* branchiarum *operculum lamina simplici constans;* dorsum *leviter arcuatum, scuto osseo tectum, ante pinnam carinatum, pone eam convexum;* linea *lateralis prope nucham inci-*

Siluri *multum affinis nantibus ova. quidem pariunt tunica obducta, embryonis tamen ore extra tunicam biante; cirros duos habent* 8, 9 ;¡quatuor 1, 17, 20, 25, *sex* 2, 10, 11, 14, 15, 16, 18, 19, 21, 22, octo 3, 4, 5, 6, 7, 12, 13, 26; *nullos* 27.

PISCES ABDOMINALES. Silurus. 1359

incipiens, in medio parumper deorsum deflectens; pinnae ex cinereo nigricantes, radiis bifidis; supra pectorales os triangulare; adiposa et analis lunata, illa praelonga; dorsalis prioris radius secundus utrinque serratus; pinna caudalis bicuspidata.

chilensis. 25. S. pinna dorsali postica adiposa, cirris 4, cauda lanceolata. *Molin. hist. nat.*
Chil. p. 199. n. 9. * Br. 4. D. $\frac{1}{0}$. O. P. 8. V. 8. A. 11. C. 13.
Habitat in regni Chilensis aquis dulcibus, ad 10 pollices longus, fuscus subtus albus, innocens, carne sapidissima.
Caput *magnum*; rostrum *obtusum*.

Bajad. 26. S. pin
posa, ani radiis 12, cirris 8. *Forsk. Fn. arab.*
p. 66. n. 95. ~ Br. 5. D. $\frac{1}{10}$. P. $\frac{1}{11}$. V. 6. A. 12. C. 20.
Habitat in Nilo, pedalis, glaucus.
Caput *obtusum, depressum, utrinque ante oculos caverna inaequale; mandibula superior longior, intus duplici arcu transverso denticulorum confertorum ornata; labii superioris cirri exteriores longissimi;* linea *lateralis principio descendens, inde rectissima; supra pinnas pectorales aculeus, fortis sub cute retroversus;* pinnae *rufescentes, adiposa glauca, longa;* cauda *recta protensa, versus apicem dilatata, pinna bifida*

fasciatus. 16. S. pinna dorsali postica adiposa, ani radiis 13, cirris 6.
Seb. muf. 3. p. 84. t. 19. f. 6.
Mystus maculosus, cirris 6 longis, capite longo plano, Br. -- D. 7, 0. P. 11. V. 6. A. 13. C. 17.
Gron. zooph. 386. Mystus cirris 6, maxilla inferiore breviore, rostro plagioplateo lato. Br. -- D. 7, 0. P. $\frac{1}{10}$. V. 6. A. 14. C. --
Habitat Surinami, in Brasilia, coenis expetitus, niger, supra utrinque fasciis albis varius, subtus albus.
Caput *depressum, anterius rotundatum, tertiam longitudinis partem efficiens;* pinnae *omnes nigro-punctatae.*

Bagre. 17. S. pinna dorfali poftica adipofa, radio primo dorfalis, pectoraliumque fetaceo, cirris 4.

Gron. zooph. 382. Myftus cirris 4: lateralibus longiffimis, officulo dorfalis pectoraliumque primo filiformi longiffimo. Br. 4. D. $\frac{1}{0}$. O. P. $\frac{1}{12}$. V. 8. A. 32. C. 15.

Will. ichth. t. H. 7. *f.* 6.

Raj. pifc. p. 82. *n.* 3. Bagre tertia.

Habitat in America *meridionali.*

Afcita. 18. Sc. pinna dorfali poftica adipofa, ani radiis 18, cirris 6.

Muf. Ad. Fr. 1. *p.* 79. *t.* 30. *f.* 2. Afcita. Br.--D.$\frac{1}{0}$. O. P. $\frac{1}{12}$. V. 6. A. 18. C. 18.

Bloch Fifch. Deutfchl. 1. *p.* 249. *n.* 3. *t.* 35. *f.* 3-7. Silurus cirris fex, radiis 18 in pinna ani. D. 9. P. 13. V. 6. A. 18. C. 18.

Habitat in India, *inter animalia vivipara et ovipara quafi medius, ovis enim albumine carentibus maturis turgidum abdomen longitudinaliter tandem debifcit, embryonis ore ftatim extra membranam, fenfim motu embryonis ipfo revolvendam, et abrumpendam, hiante, embryone autem ipfo, donec vitelli potior pars confumta fit, hujus ope cum matre adhuc cohaerente.*

Caput *parvum, fubconvexum, obtufum, naribus duplicibus in anteriore fui parte pertufum; cirrorum 2 in labio fuperiore, 4 in mento; pinnae ventrales anali minores, caudalis bifurca, pectoralium radius primus acutus, dorfalis radius primus infra durus, fupra mollis.*

coftatus. 19. S. pinna dorfali poftica adipofa, fquamis ferie fimplici, cirris 6, cauda bifida.

Gron. muf. 2. *n.* 177. *t.* 5. *f.* 1. 2. Myftus cirris 6 longiffimis, unico fqua-

marum

PISCES ABDOMINALES. Silurus. 1361

marum aculeatarum ordine utrinque in lateribus. Br. -- D. $\frac{7}{7}$. o. P. $\frac{1}{5}$. V. 7. A. 12. C. 17.
Habitat in America *auſtrali et* India.

Callichthys. 20. S. pinna dorſali poſtica uniradiata, ſquamis ordine duplici, cirris 4.
Amoen. acad. 1. *p.* 317. *t.* 14. *f.* 1. Callichthys.
Gron. muſ. 1. *n.* 70. Callichthys cirris 4, lateribus duplici ſquamarum ordine.   Br. 7. D. $\frac{2}{8}$, 1. P. $\frac{7}{17}$. V. 7. A. 7. C. 14.
Scb. muſ. 3. *t.* 29. *f.* 13. Plecoſtomus cirris 4 longis.
H*abitat in* Europae *rivulis, quibus exſiccatis exit per terram, aquas quaeſiturus,* Maregr. braſ. 151. *piſcinas perforans et exiens, reliquisque exitum parans.* Dahlberg.

cataphractus. 21. S. pinna dorſali poſtica uniradiata, ſquamis ordine ſimplici, cirris 6, cauda integra.
Gron. muſ. 1. *n.* 71. *t.* 3. *f.* 4. 5. Callichthys cirris 6, lateribus uno ſquamarum ordine.   Br. 6. D. $\frac{1}{1}$, $\frac{1}{1}$. P. --. V. 6. A. 9. C. 19.
Catesb. Car. 3. *p.* 19. *t.* 19. Cataphractus americanus.
Habitat in America.

imberbis. 27. S. capite imberbi. *Houttuyn act. Haarl.* XX. 2. *p.* 338. *n.* 27.   Br. 6. D. $\frac{7}{1}$, 11. P. 20. V. 6. A. 10. C. 13.
Habitat in Japonia, *fuſiformis, ſquamis tectus, rubeſcens,* 6 *circiter pollices longus.*
Caput *depreſſum;* oculi *magni, approximati;* mandibulae *edentulae;* branchiarum *opercula pone biſpinoſa,* pinnae *ex albo nigroque variae, caudalis rotundata.*

176. TEU-

176. **TEUTHIS.** *Caput* antice fubtruncatum.
Membrana branchioſtega radiis quinque.
Dentes fimplici ſerie, aequales, rigidi, approximati.

Hepatus. 1. T. *ſpina utrinque caudali recumbente mobili.*
Gron. zooph. 353. Hepatus mucrone reflexo utrinque prope caudam.
Brown. jam. 455. Teuthis fuſco caeruleo nitens, aculeo fimplici utrinque ad caudam.
Seb. muſ. 3. p. 104. t. 33. f. 3. Chaetodon caerulefcens, dorſo nigro, cauda aequali exalbido nigroque varia.
Catesb. Car. 2. p. 10. t. 1. f. 1. Turdus rhomboides.
Valent. ind. 3. f. 77. 383. 404.
Habitat in Carolina, Amboina.

D. $\frac{2}{24}$. P. 16. V. $\frac{1}{4}$. A. $\frac{3}{26}$. C.

Caput maxime declive; ſpina ad utrumque caudae latus valida, ſubulata, dum recumbit, in ſulco latitans.

Java. 2. T. *cauda utrinque mutica* †
Gron. zooph. 352. Hepatus cauda fronteque inermibus.
Valent. ind. 3. p. 339. f. 410. Leervifch.

D. $\frac{13}{21}$. P. 15. V. $\frac{2}{4}$. A. $\frac{7}{16}$. C.

Habitat ad Javam, *maculis longitudinalibus caerulefcentibus picta,* pinnarum *ventralium radius primus et ultimus ſpinoſus;* cauda *lunata.*

177. LO-

177. **LORICARIA.** *Caput* laeve, depressum. *Os* edentulum, retractile. *Membrana branchiostega* radiis — *sex.* *Corpus* cataphractum.

cataphra- 1. L. pinna dorsi unica, cirris
cta.   duobus. *Muf. Ad. Fr.* 1.
     p. 79. *t.* 29. *f.* 1.   D. $\frac{1}{8}$. P. $\frac{1}{7}$. V. $\frac{1}{7}$. A. $\frac{1}{5}$. C. 12.
     Gron. muf. 1. *n.* 68. *t.* 2.
     f. 1. 2. Plecostomus dorso monopterygio, osficulo superiori caudae bifurcae setiformi.   D. $\frac{1}{8}$. P. $\frac{1}{7}$. V. $\frac{1}{7}$. A. 6. C. 12.
     Seb. muf. 3. *t.* 29. *f.* 14.
     β) *Gron. muf.* 1. *n.* 69. Plecostomus ore edentulo, osficulo superiori caudae bifurcae longitudine corporis.

     Habitat in America *meridionali.*
     Lobus caudae *superior radio supremo longissimo terminatus.*

Plecosto- 2. L. pinnis dorsi duabus.
mus.   *Muf. Ad. Fr.* 1. *p.* 55. *t.* 28.
     f. 4. Acipenser cirris duobus.   D. 8, 11. P. $\frac{1}{7}$. V. 6, A. 5. C. 12.
     Gron. muf. 1. *n.* 67. *t.* 3.
     f. 1. 2. Plecostomus dorso dipterygio, cirris duobus, cauda bifurca.
     Seb. muf. 3. *t.* 29. *f.* 11.
     Marcgr. braf. 166. Guacari.
     Habitat in America *australi.*

178. **SALMO.** *Caput* laeve compreſſum; *os* magnum; *labia* parva; *lingua* alba, cartilaginea, mobilis; *oculi* mediocres, laterales; *dentes* in maxillis, lingua.
Membrana branchioſtega radiis quatuor ad decem; *operculum* ex laminis tribus conſtans.
Corpus elongatum, ſquamis rotundatis ſubtiliſſime ſtriatis veſtitum; *dorſo* convexo recto, lineaque laterali dorſo propiori rectis; *pinna* dorſalis poſtica adipoſa; *pinnae* ventrales multiradiatae.

* TRUTTAE, *corpore variegato.*

Salar. 1. S. roſtro ultra inferiorem maxillam prominente. *Fn. ſuec.* 345. *Art. gen.* 11. *ſyn.* 22. *ſpec.* 48. *Müll. prodr. zool. dan. p.* 48. *n.* 405. *Gron. muſ.* 2. *p.* 12. *n.* 163. *zooph. n.* 369. Br. 12. D. 15. P. 14. V. 10. A. 13. C. 19. *Bloch. Fiſch. Deutſchl.* 1. *p.* 128. *n.* 1. *t.* 20. et 3. *p.* 147. *t.* 98. Salmo maxilla ſuperiore ultra inferiorem prominente, pinna anali radiis 13: Br. 12. D. 14. P. 14. V. 10. A. 13. C. 21. *Klein miſſ. piſc.* 5. *p.* 17. *n.* 2. *t.* 5. *f.* 2. Trutta dentata, toto corpore, ventre extremo excepto, characteribus ac lituris cinnabarinis fuſcisque vario &c. *Plin. hiſt. mund. l.* 9. *c.* 18. *Geſn. aq. p.* 824. *Jonſt. piſc. p.* 106. *t.* 23. *f.* 1.

Will.

Will. ichth. p. 189. *t.* I 1.
f. 2. Salmo.
Albert. M. de anim. p. 242.
Esox, Hox.
Brit. zool. 3. *p.* 239. *n.* I.
Raj. pisc. p. 63. Salmon.
Gesn. Thierb. p. 181. b.
182. Salm et Lachs.
β) Illanca. *Wartmann Schr.
der berl. Naturf. Fr.* 4.
p. 55.

A *Habitat in* Oceano, *potissimum septentrionali, fluviisque ostio praesertim angustiori in hunc redundantibus, ipsis aliquando v. g.* Helvetiae *lacubus, gregarius in medii fluminis superficie natans cum strepitu, tempore procelloso placide in profundis, colorem rubrum metuens, albo alliciendus, praeter pisces, vermibus insectisque aquaticis victitans, frequens phocarum praeda, celerrime crescens, satis magnus, ut aliquando sex. pedes longitudine assequatur, squamis mediae magnitudinis facile deciduis tectus, argenteus, maculis interdum cinereis pictus, supra niger, ad latera caerulescens, carne rubra sapidissima, multiplici modo eduli; piscatura act.* Holm. 1751. *p.* 95.

Caput *cuneatum, parvum, fronte, facie, genisque nigrum;* oculi *parvi, iride argentea, canthis flavis;* mandibulae *dentibus acutis, inter eos mobilibus et minoribus armatae, inferior paucioribus, mari adulto in uncum obtusum definens;* palatum et fauces *utrinque, illud duobus acutorum ordinibus, hae dentibus introrsum curvatis;* lingua etiam 6-8 *retroflexis armata;* membrana branchiostega *flava;* pinnae pectorales, *basi flavae, ceterum caerulescentes;* ventrales, *intermedia quadam auctae, et* analis *flavae;* caudalis *semilunaris caerulea;* dorsalis prior *maculata cinerea;* adiposa *et* linea lateralis *nigrae.*

Schiefer- A. 30. S. maxilla inferiore lonmülleri. giore, maculis nigris.
Bloch Fisch. Deutschl. 3.
p. 157. *n.* 13. *t.* 103. Br. 12. D. 15. P. 18. V. 10. A. 13. C. 19.

Habitat

Salmones *plurimi in aquis puris rapidis, in arena aut supra saxa fluentibus habitant, impurorum impatientes, pauciores in mari habitant, qui tamen vere flavios ingrediuntur, ova parientes, et per longas ambages autumno in mare redeunt, piscibus aliis victitant, colorum varietate eximii, carne sua exquisiti; anus pinnae caudali propinquus.*

PISCES ABDOMINALES. Salmo.

Habitat in mari europaeo *septentrionali et* Austriae *lacubut, argenteus, supra fuscus, squamis mediae magnitudinis facillime deciduis tectus.*
Caput *acuminatum;* oculi *iride ex argenteo flava;* palatum *et* lingua *dentibus armata;* linea *lateralis nigra, media;* pinnae *fuscae, caeruleo admixto;* ventrales *appendice auctae;* caudalis *emarginata.*

Eriox. 2. S. maculis cinereis, caudae extremo aequali. *Fn. suec.* 346. *Art. gen.* 12. *syn.* 23. *spec.* 50.   Br. 12. D. 14. P. 14. V. 10. A. 12. C. -
Brit. zool. 3. p. 248. n. 2.
Will. ichth. p. 193. *Raj. pisc.* 63. Grey.
Habitat in Oceano europaeo, *ex hoc in fluvios adscendens.*

Trutta. 3. S. ocellis nigris iridibus brunneis, pinna pectorali punctis 6. *Fn. suec.* 347.*
Müll. prodr. zool. dan. p. 48. n. 407. *Kram. el.* p. 389. n. 2.   Br. -D. 12. P. 13. V. 10. A. 9. C. 20.
Art. gen. 12. *syn.* 14. Salmo latus, maculis rubris nigrisque, cauda aequali.
Gron. muf. 2. n. 164. Salmo latus cauda subrecta, maxillis aequalibus, maculis nigris, annulo albido. D. 14. P. 12. V. 12. A. 10. C. --
Bloch Fisch. Deutschl. 1. p. 143. n. 2. t. 21. Salmo ocellis nigris iridibus lucidioribus, pinna anali radiis undecim.   Br. 12. D. 14. P. 14. V. 10. A. 11. C. 20.
Klein miss. pisc. 5. p. 16. t. 5. f. 1. Trutta tota argentea, maculis subcinereis &c.
Will. ichth. p. 193. 198. *Raj. pisc.* p. 63. Trutta salmonata.
Brit. zool. 3. p. 249. n. 3. Bull-Trout.

Habitat

PISCES ABDOMINALES. Salmo.

Habitat alternatim in mari Europaeo *et fluviis, inter Salarem et Farionem intermedia, in his sub finem anni ova pariens, praeter pisces vermibus et insectis aquaticis victitans,* 2 *pedes non raro longitudine superans, supra nigra, ad latera violascens, subtus alba, squamis minutis tecta.* Caput *parvum, cuneatum, naso fronteque nigrum, genis ex violaceo flavum;* oculi *parvi,* iride *ex flavescente argentea;* mandibulae *aequales,* dentibus *acutis paulisper curvatis armatae;* palatum *tribus dentium ordinibus;* lingua 10 12 *dentibus, in* 2 *series digestis;* pinnae *radiis ramosis, cinereae, solis caudali satis lata et vix emarginata, et adiposa nigris;* haec *et* dorsalis, *capiti propior, quam ventrales, maculatae.*

Fario. 4. S. maculis rubris, maxilla inferiore sublongiore. *Art. gen.* 12. *syn.* 23. *spec.* 51.
Kram. el. p. 389. *n.* 3.
Scop. ann. 2. *p.* 40. *Müll. prodr. zool. dan. p.* 48.
n. 408. Br. - D. 13. P. 10. V. 10. A. 10. C. 18.
Fn. suec. 348. Br. 10. D. 14. P. 14. V. 9. A. 10. C. 20.
Bloch Fisch. Deutschl. I. *p.* 148. *n.* 3. *t.* 22. Salmo ocellis rubris, iridibus lucidioribus, pinna anali radiis 11. Br. 10. D. 14. P. 10. V. 13. A. 11. C. 18.
Klein miss. pisc. 5. *p.* 19. *t.* 5. *f.* 3. Trutta dentata vel nigris maculis parvis &c.
Salvian. aquat. p. 96. b. Salar varius, Trotta.
Rondel. pisc. 2. *p.* 169. *Aldrov. pisc. p.* 589. *Johnst. pisc. p.* 130. *t.* 26. *f.* 1. *Will. ichth. p.* 199. *t.* 12. *f.* 4. *Raj. pisc. p.* 65. *Gesn. pisc.* 1002. Trutta fluviatilis.
Brit. zool. 3. *p.* 250. *n.* 4. Trout

sylvaticus. β) S. supra fuscus maculis violaceis, ad latera ochroleucus, guttis rubris, annu-

Tttt

PISCES ABDOMINALES. Salmo.

lo albo, areaque fufca cinctis, fubtus albus. *Bloch.*
Fifch. Deutfchl. 1. p. 157.
t. 23.

Habitat in Europae, Sibiriae, aliarumque terrarum mari cafpio finitimarum rivis torrentibusque alpinis et montanis frigidis, pedem utplurimum longus, velociffime natans, et alte exfiliens, praeter pifciculos, vermibus, etiam teftaceis, et infectis aquaticis victitans, et ne propriae quidem fpeciei parcens, fertilis, Septembri ova pariens 8, thymallo appetitum cibum, fquamis parvis veftitus anguftus, fupra maculis nigricantibus varius, ad latera fupra lineam lateralem nigram, ex viridi flavus, infra eam aureus, guttis rubris area caerulefcente cinctis pictus, fubtus albus.

Caput majus, quam congeneribus, nafo et fronte ex viridi nigricans, genis ex flavo viridique varius; mandibulae dentibus acutis introrfum curvatis armatae; palatum utrinque 3 dentium ordinibus, medio maximo; lingua 6 8 dentibus afpera; oculi iride alba, margine nigricante femilunari; pinnae pectorales fufcefcentes; ventrales flavae, appendice acutae; analis radius primis purpurea, reliquis ex cinereo flavoque varia; caudalis ftriis ex flavo nigris picta, truncata, fubemarginata, dorfalis cinerea, guttis multis exilibus purpureis tincta.

erythri- 53. S. ocellis coccineis, man-
nus. dibulis aequalibus. *Georg.*
it. 1. p. 156. t. 1. f. 1. Br. 12. D. 10-12. D. 13. V. 9-10. A. 11. C. 19

Habitat in lacu fluvioque Sibiriae Fraelicha, ad 2 pedes longus, eriocis habitu, pinguis, ex teretiufculo compreffus; carne rubra, pingui, tenera, ovis luteis, fupra fufcus, fubtus coccineus, anterius tamen ex albo rubens.

Caput compreffiufculum, fronte et branchiarum operculis grifeis; oculi iride viridefcente; roftrum conicum obtufum; dentes in arcu palati mandibularumque duplici; lingua lata dentata; pinna dorfalis grifea, ocellis fordide rubris; adipofa fufca elongata; pectorales dilutius; ventrales et analis faturatius coccineae; cauda forcipata ex fufco rubens.

Goedenii. 31. S. capite parvo maculis rubris ad truncum. *Bloch*
Fifch. Deutfchl. 3. p. 155.
n. 13. t. 102. Br. 10. D. 12. P. 15. V. 10. A. 11. C. 18.
Habitat

PISCES ABDOMINALES. Salmo. 1369

Habitat in mari europaeo *septentrionali, elongatus, tenuis,* 1½ *pedem longus, argenteus supra, fuscescens, maculis annulo albo cinctis.*

Oculi *magni;* iride *argentea;* rictus *amplus;* mandibulae cum palato *dentibus acutis armatae;* branchiarum *apertura ampla;* linea *lateralis* dorso paulo propior; pinna *adiposa et caudalis bifurca fuscescentes, reliquae flavescentes, ventrales appendice auctae; dorsalis fusco-maculata.*

Hucho, 5. S. oblongus, dentium lineis duabus palati, maculis tantummodo nigris. *Art. gen.* 12. *syn.* 25.
Kram. austr. 388. Salmo dorso brunneo, maculis nigris, lateribus ventreque albis.
Bloch Fisch. Deutschl. 3. *p.* 152. *n.* 10, *t.* 100. Salmo maculis rotundis in trunco pinnisque.
Gesn. aq. p. 1015. *Thierb. p.* 174. *icon. an. p.* 313.
Aldr. pisc. p. 592. *Will. ichth. p.* 199. *t.* N. 1. *f.* 6.
Raj. pisc. p. 65. *n.* 9.
Marsigl. Danub. 4. *p.* 81. *t.* 28. *f.* 1. Huch.

D. 14. P. 16. V. 10. A. - - C. 20.

Br. 12. D. 13. P. 17. V. 10. A. 12. C. 16.

Habitat in Danubio, Bavariae *et* Austriae *lacubus majoribus,* Russiae *et* Sibiriae *fluviis pluribus, torosus, ad* 2¼ *pedes longus, Junio ova in fundo pariens, guttis in trunco et pinnis, solis pectoralibus exceptis, pictus.*

Caput *acuminatum, supra fuscum, ad latera argenteum;* mandibulae *dentium acutorum ordine simplici;* palatum *et* lingua *duplici armatae;* linea *lateralis angusta;* pinnae *flavescentes, ventrales appendice acutae, caudalis bifurca.*

lacustris. 6. S. cauda bifurca, maculis solum nigris, sulco longitudinali ventris. *Art. syn.* 25.
Gron. zooph. 362. Salmo cauda subbifurca, maxillis aequalibus, lateribus

Tttt 2

et capite maculis minutis nigris rubris.
Habitat in Helvetiae, Norwegiae, Sibiriae *aquis dulcibus.*

Carpio. 7. S. pede minor, dentium ordinibus quinque palati. *Art. gen.* 13. *syn.* 24.
Habitat in Angliae, Vallesiae *fluviis; alpino similis, sed iridibus albis, argenteus, ad latera albo-maculatus, subtus minus rufus.*
Pinnae *inferiores nigricantes parumque rubentes.*

alpinus. 8. S. dorso nigro, lateribus caeruleis, ventre fulvo.
Fn. suec. 349. *
It. wgoth. 257. Roeding. Br. 10. D. 13. P. 14. V. 10. A. 12. C. 19.
Bloch Fisch. Deutschl. 3. p. 158. *n.* 14. *t.* 104. Salmo maculis non ocellatis varius pinna caudali truncata. D. 13. P. 14. V. 8. A. 12. C. 23.
Art. gen. 13. *syn.* 25. *spec.* 52. Salmo vix pedalis, pinnis ventris rubris, maxilla inferiore paulo longiore.
Will. pisc. p. 196. *t.* N. 1. f. 4. *Raj. pisc.* p. 65. Red-Charre.
Brit. zool. 3. p. 265. *n.* 6. *t.* 15. Charr.
Habitat in Lapponiae, Sueciae, Angliae et Germaniae australis, Helvetiae alpibus, auctumno petens littora frondibus umbrosa, ad quae etiam Februario ova parit, squamis parvis vestitus, supra virescens, subtus albus.
Caput *apice obtusum*; oculi iride argentea margine aurea; genae et branchiarum opercula alba, margine aurea; pinna *dorsalis* flavescens, nigro-maculata, reliquae rubescentes, adiposa margine rubra, ventrales appendice angusta auctae; caro rubra.

Salvelinus. 9. S. pedalis maxilla superiore longiore. *Art. gen.* 13. *syn.* 26.
Bloch Fisch. Deutschl. 3. p. 149. *n.* 9. *t.* 99. Salmo

radio

PISCES ABDOMINALES. Salmo. 1371

rádio primo in pinna ventrali analique albo. Br. 10. D. 13. P. 14. V. 9. A. 12. C. 24.
Klein miſſ. piſc. 5. *p.* 18. *n.* 5.
Trutta dentata, lateribus, ventre et pinnis maculis flavicantibus pictis, dorso nigricante.
Marſ. Danub. 4. *p.* 82. *t.* 28. *f.* 2. Umbla prima, Salbling.
Schrank Schr. der berl. Naturf. Fr. 1. *p.* 380.
Schwarzreuterl.
Habitat in Germaniae *auſtralis lacubus frigidioribus, octobri, Novembri etiam Januario ova pariens, ad* 10 *usque libras pondere aequans, guttis aurantiis annulo albido cinctis pictus, ſupra fuſcus, ad latera albus, ſubtus aurantius.*
Caput compreſſum; oculorum iris, genae, et branchiarum opercula argentea; oris rictus amplus; lingua cartilaginea, libera, et prout palatum, duplici dentium acutorum ordine armata; nares duplices; linea lateralis tenera; pinnae ventrales analis et pectorales rubrae; illae appendice acutae, radio primo albo, qui etiam in anali albet; dorſalis et caudalis bifurca fuſcae.

Salmarinus.
10. S. dorſo fulvo maculis luteis, cauda bifurcata. *Art. ſyn.* 24.
Salv. aq. p. 101. 102. *Jonſt. piſc. p.* 155. *t.* 28. Salmarinus.
Marſ. Danub. 4. *p.* 83. *t.* 29. *f.* 2. Umbla tertia, Lambacher Salbling.
Habitat Tridenti *in fluviis frigidis ſaxoſis, Salvelino nimium affinis, vix ſpecie diverſus.*

Umbla.
11. S. lineis lateralibus ſurſum recurvis, cauda bifurca. *Art. gen.* 13. *ſyn.* 25.
Bloch Fiſch. Deutſchl. 3. *p.* 154. *n.* 11. *t.* 101. Salmo immaculatus pinnis ani radiis undecim.   D. 10. P. 15. V. 9. A. -- C. 18.

Klein

Klein miss. pisc. 5. *p.* 18. *n.* 3.
Trutta dentata, lineis lateralibus punctatis sursum recurvis &c.
Rondel. pisc. 2. *p.* 160. *Aldr. pisc. p.* 607 *Will. ichth. p.* 195. *t.* N. 1. *f* 1. *Raj. pisc. p.* 64. Umbla altera.
Gesn. aq. p. 1004. Salmo alter lemani lacus.

Habitat in Helvetiae, Italiae *lacubus*, 1½ *libras circiter pondere aequans, squamis minimis tenerrimis tectus, supra virescens, subtus albicans, piscibus minoribus testaceisque victitans, carne tenerrima, coctione rubescente.*

.. Oculi *iride rubicunda;* genae et branchiarum opercula *albida;* mandibula *superior duplici, inferior simplici dentium ordine armata;* pinnae *breves, ex viridi flavicantes, caudalis bifurcata.*

argentinus. 12. S. taenia longitudinali argentea, pinna ani longissima.
Act. petrop. 1761. *p.* 404.
Trutta dentata; dorso plano, abdomine aucto prominente.
Marcgr. bras. 170. Piabucu.
Habitat in Brasilia.

Taimen. 32. S. fuscescens, guttis crebris fuscis adspersus, cauda bifurca. *Pall. it.* 2. *p.* 716. *n.* 34. D. 12-13; P. 15-18. V. 10. A. 10. C. --
Habitat in Sibiriae *fluviis in oceanum glacialem influentibus, alpestriumque tractuum torrentibus, pinguis, teres, caudam versus compressus, ad latera jubar genteus, subtus albus, sesquiulnaris, carne alba.*
Caput *elongatum, pingue, rostro depressiusculo;* pal. t im lingua, mandibulae *uncis dentatae, inferior paulo longior;* pinnae *dorsales fuscae, ventrales albidae appendicibus auctae, analis ruberrima, caudalis obscure rubra.*

Nelma. 33. S. ex albo argenteus capite maxime elongato, mandibula inferiore multo longiore.

PISCES ABDOMINALES. Salmo. /1373

longiore. *Pall. it.* 2. *p.* 716. *n.* 33. *Lepech. it.* 2. *p.* 192. *t.* 9. *f.* 1. 2. 3.   Br. 10. D. 13. P. -- A. 14. C. --
Habitat in majoribus Sibiriae *fluviis, squamis magnis vestitus, ad* 2 *ulnas longus.*
Oculi *pupilla oblonga, iride argentea;* roftrum *depreffiufculum;* os *majufculum, laminis myftaceis magnis latis;* cauda *bifurca.*

Lenok. 34. S. fubaureolus punctis fparfis fufcis, fupra fulcefcens, fubtus flavefcens. *Pall. it*) 2. *p.* 716. *n.* 35.   D. 12 - 13. P. 16. V. 10. A. 12. C. --
Habitat in Sibiriae *montanae magis orientalis, fluentis et torrentibus faxofis rapidiffimis, praefertim circa cataractas obvius, frequens in Jenifea fluviisque in eum influentibus, ad ulnam longus, latiufculus, craffus, trincae facie, coregoni forma; caro alba.*
Oculi *pupilla antice angulata, iride argentea;* pinnae *dorfales maculatae, pectorales lutefcentes; ventrales fubrubrae, appendice auctae, analis intenfius rubens; caudalis ex fufco rubefcens bifida.*

Kundfcha. 35. S argenteus, guttis albis, cauda bifurca. *Pall. it.* 3. *p.* 706. *n.* 46.   Br. 11. D. 11 - 12. P. 14. V. 9. A. 10. C. --
Habitat aeftate *frequens in finubus oceani arctici, fluvios non fubintrans, bipedalis, erioci affinis, fed cauda bifurca, fupra infraque lineam lateralem caerulefcens.*
Oculi *iride ex flavo, argentea;* pinna adipofa *parva, ferrata; ventrales appendice auctae.*

arcticus. 36. S. argenteus: punctis lineolisque fufcis per 4 utrinque feries digeftis, cauda bifurca. *Pall. it.* 3. *p.* 706. *n.* 47.   Br. 9. D. 18. P. 16. V. -- A. 10. C. --
Habitat *frequentiffimus in jugi* arctici *rivulis faxofis, digiti longitudine, thymalli junioris forma.*
Caput *vix compreffum, fronte plana, rugis* 3 *longitudinalibus porcata;* roftrum *rotundatum fimulum, mandibulis fubaequalibus;* oculi *iride argentea.*

ſtagnalis. 37. S. ſupra fuſceſcens, infra albus, corpore ſubtereti, maxilla ſuperiore longiore. *O. Fabr. Fn. groenl.* p. 175. n. 126.   Br. 12. D. 14. P. 14. V. 10. A. 10. C. 21.
Habitat in Groenlandiae *aquis montanis remotioribus, ultra 17 pollices longus, elongatus, caudam verſus gracileſcens, immaculatis, an hujus ordinis?*
Caput *magnum, ex oblongo ovatum, catheteplateum, roſtro acutiuſculo;* lingua *longa, obtuſiuſcula,* et mandibulae *margine dentatae;* palatum *triplici dentium confertorum ordine armatum;* dentes *validi, curvi, acutiſſimi;* branchiarum *opercula magna, laevia, duplicata;* pinnae *inferiores caneſcentes, baſi albae, pectorales dorſi paulo longiores, caudalis ſubbifurca, magna, adipoſa falcata, apice rotundata; dorſalis radii 2 pollices longi fere aequales; caro alba.*

rivalis. 38. S. elongatus fuſcus, ventre rubente, capite obtuſo. *O. Fabric. Fn. groenl.* p. 176. n. 127.
Habitat frequens in Groenlandiae *rivulis et ſtagnis minoribus limoſis, in limo ad ripas ova pariens, et hibernans, velociſſime ſub praecipitio ripae ſe occultans, laevis, mucoſus, ſquamis minimis veſtitus, nigro-punctatus, ſubtus ruberis, carpioni affinis, ſed minor, et vix 6 pollices longus, magis elongatus et gracilis, roſtro magis obtuſo, inſectis victitans.*
Oculi *iride flammea.*

Stroemii. 51. S. pinnis dorſalibus et ventralibus margine albis.
Ström. Sondmor. 1. p. 292.
Habitat in Daniae *aquis limoſis, Muld Kraee; an haec et* Mülleri *propria ſpecies?*

Lepechini. 52. S. maxilla ſuperiori parum prominula dorſo fuſco, lateribus exiguis ocellis nigris rubedine circumdatis, ventre flammeo. *Lepechin it.* 3. p. 229. t. 14. f. 2.   Br. 11. D. 9. P. 14. V. 9. A. 12. C. 20.
Habitat

Habitat in Rußiae et Sibiriae *fluviis saxosis*, *alpino affinis*, *sed major*, *ut 8 pollicibus non raro pollicem superet*, *squamis minimis vestitus*, *carne rubente firma sapida*.
Caput *magnum*, *supra virescens*, *compressum*; *oculi magni*, *iride flava*; *genae argenteae*; *mandibulae dentibus firmis acutis intus curvatis armatae*, *inferior* 60; pinna *dorsalis obscura maculis quadratis nigris varia*; *reliquae flammeae*.

** OSMERI; *pinna dorsali anique oppositis*.

Eperlanus.

13. S. capite diaphano, radiis pinnae ani 17. *Fn. suec.* 350. *Art. gen.* 10. *syn.* 21. *spec.* 45. *Gron. muf.* I. p. 18. n. 49.   D. 11. P. 11. V. 8. A. 17. C. 19.
Bloch Fisch. Deutschl. I. p. 179. n. 8. t. 38. f. 2. Salmo maxilla inferiore longiore, pinna ani radiis 17.   Br. 7. D. 11. P. 11. V. 8. A. 17. C. 19.
Klein miss. pisc. 5. p. 20. t. 4. f. 3. 4. Trutta edentula tota argentea, semidiaphana &c.
Rondel. pisc. 2. p. 196. *Gesn. aq.* p. 362. *Aldrov. pisc.* p. 536. *Will. ichth.* p. 202. *Raj. pisc.* p. 66. n. 14. Eperlanus.
Gesn. Thierb. p. 189. Eperlanus fluviatilis.
Brit. zool. 3. p. 264. n. 8. Smalt.

β) *Will. ichth.* t. n. 6. f. 4. *Gesn. Thierb.* p. 180. b. Eperlanus.
Johnst. pisc. t. 47. f. 6. Spirinchus
Klein miss. pisc. 5. n. 12. t. 4. f. 2. Trutta.
Bloch Fisch. Deutschl. I. p. 182. t. 28. f. 2. Seestint.

Habitat in Europae *lacuum fundo arenoso*, β) *in mari*, *vere parturiens magnis gregibus in fluvios adscendens*, *fertilissimus*; *vitae minus tenax*, *vermibus*, *testaceis potissimum victitans, foetens, subdiaphanus, nitens, squamis argenteis facile deciduis tectus, supra cinereus, ad latera ex viridi et caeruleo argenteus, subtus ex albo rubescens, fusiformis, multiplici modo edulis,* 3-5; β) 8-10-13 pollices longus, minus graveolens.

Caput *parvum, cinereum, apice obtuso;* oculi *magni, rotundi, iride ex argenteo caerulescente;* mandibula *inferior curvata, longior;* dentes *introrsum curvati.*

Saurus. 14. S. radiis pinnae ani 10.
Art. gen. 10 syn. 22. Osinerus radiis pinnae ani 11. Br. -- D. 12 P. 13. V. 8. A. 10. C. --
Habitat in Europa.

*** Coregoni; *dentibus vix conspicuis.*

migratorius. 54. S. *maxillis subaequalibus,* pinna dorsi radiis 12. Georg. it 1. p. 182. Br. 9. D. 12. P. 17. V. 12. A. 13, C. 20.
Habitat in lacu Sibiriae Baikal, *ex hoc ova pariturus gregatim in fluvios multos in hunc affluentes ascendens,* 14-16 pollices an 2 pedes longus, compressiusculus argenteus supra griseus, carne alba, ovisque luteis multiplici modo edulibus, intestinis oleo excocto utilibus.
Caput *compressum;* oculi iride crocea; os edentulum; rostrum *subconicum;* pinnae *superiores griseae; inferiores ex albo rubentes.*

Lavaretus. 15. S. *maxilla superiore longiore,* radiis pinnae dorsi 14. Fn. suec. 352 Act. stockh. 1753 p 195. Müll. prodr. zool. dan. p. 48. n. 413. Koelreuter nov. comm Petrop. 15. p. 504. Pall it. 3. p. 705. S. G. Gmelin. it. 1. p. 60. Schranck. Schr. der berl. Naturf. Fr. 1.
Art. gen. 10. syn. 19. spec. 37.
Gregorius maxilla superiore longiore, pinna dorsali ossiculorum 14. Br. 9. D. 14. P. 16. V. 12. A. 17. C. 18.
Will. ichth. t. N. 6. f. 1.
Raj. pisc. p. 60. n. 1. Albula nobilis.

Bloch

Bloch Fifch. Deutfch. 1. *p.*
165. *n.* 5. *t* 35. Salmo
roftro nafiformi. Br. 8. D. 15. P. 15. V. 12. A. 14. C. 20.
Brit. zool. 3. *p.* 167. *n.* 9.
t. 16. Gwiniod.

β) Salmo roftro nafiformi, corpore latiore, Thymallus latus. *Bloch Fifch Deutfchl.*
1. *p.* 170. *t.* 26.
Klein miff. pifc. 5. *p.* 20. *t.* 6.
f. 1. Trutta edentula, dorfo ex viridi caeruleo et argenteo refplendente &c.
Afcan. ic. rer. natur. t. 30.
Lavaret

Habitat in maris europaei *feptentrionalis profundis, harengo, cujus ovis inhiat, pariente, et ipfe parturiens duplici cohorte anterius acutangula, duce praeunte fuperficiem petens, et fluviorum oftia, hoc negotio peracto in mare redux, pifcium aliorum et phocarum frequens praeda, multiplici ratione edulis, fquamis magnis medio emarginatis, veftitus, fupra glaucus; ad latera caerulefcens, infra lineam lateralem, dorfo propiorem et* 45 *punctis ornatum flavefcens, fubtus argenteus.*

Caput parvum, cuneatum, ad oculos usque femidiaphanum; frons lata, declivis, flavicans; mandibula *fuperior apice obtufa, carnofa, nigra; inferior labio magno cartilagineo tecta; os parvum, transverfim hians, edentulum;* lingua *alba, cartilaginea, brevis, fubafpera;* oculi *mediocres, iride argentea;* genae et branchiarum opercula *ex caeruleo et flavo varia;* pinnae pectorales *flavicantes, reliquae radiis albidae, membrana nectente et margine caerulefcentes; adipofa rhombea, caudalis bifurca.*

Pidfchian. 39. S. maxilla fuperiore longiore, radiis pinnae dorfi gibbi 13. *Pall. it.* 3. *p.*
705. *n.* 3. Br. 10. D. 13. P. 14. V. 11. A. 16 C. --
β) Salmo

Cui falmonum tribui accenfendi Silus *Afcan. ic. rer. natur.* t. 24. et *White Brit. zool. alt ed* 3. *p.* 302? an Lodde a Pontoppidan *hift. nat. Norweg.* 2. *p.* 254. *dicta, diftincta a reliquis fpecies? quae notae* belafac ritizac *Ruffforum, et* Afatt Perfarum. S. G. Gmelin *it.* 3. *p.* 233?

Muchsan. β) Salmo corpore latiore, pinnae ani radiis 14. *Pall.*
it. 3. p. 705.
Habitat in alveo Obensi, *bispithamalis, lavareto affinis, sed latior, an varietas?*
Oculi *iride ex flavo argentea*; pinnae *ventrales appendicibus longioribus triquetris, acutis auctae.*

Schokur. 40. S. maxilla superiore longiore, capite parvo, radiis pinnae dorsi anterius angulati 12. Br. 9. D. 12. P. 17. V. 11. A. 14. C. --
Habitat in alveo Obensi, *bipedalis, lavareto simillimus, at major, paulo latior; capite minus compresso, rostro magis obtuso, rotundato, obsolete bituberculato.*
Pinnarum *ventralium appendices breves obtusae.*

Nasus. 41. S. maxilla superiore longiore, radiis pinnae dorsi 12, capite crasso. *Pall.*
it. 3. p. 705. n. 44. Br. 8-9. D. 12. P. 18. V. 11-13. A. 13.
Lepechin it. 3. p. 227. t. 13.
Tschär.
Habitat in alveo Obensi, *sesquipedalis, lavareti forma, latiusculus, crassus, squamis magnis vestitus.*
Caput *vix compressum*; mandibula *superior usque ad oculos gibba, convexa, obtusa*; pinnarum *ventralium appendices brevissimae triquetrae*; cauda *bifurca.*

Mülleri. 50. S. maxillis edentulis, inferiore longiore, ventre punctato. *Müller prodr. zool. dan.* p. 49. n. 415.

autumnalis. 42. S. maxilla inferiore, longiore, radiis pinnae dorsi 11. *Pall. it.* 3. p. 705.
n. 45. Br. 9. D. 12. P. 16. V. 12. A. 13.
Lepechin it. 3. p. 228. t. 14.
f. 1. Omul.
Habitat in Oceano glaciali, *ex hoc in fluvios* Patschoram *et* Jeniscam *adscendens, per* Angaram *in lacum* Baicalem, *per fluvium* Tuba *in* Madscharam *delatus, inde autumno per fluenta secundaria immensis copiis migrans, subsesquipedalis, obesus, compressus, dorso vix angulato, vittae
extra

PISCES ABDOMINALES. Salmo.

extra aquam fugacissimae, squamis majusculis argenteis tectus.
Oculi *iride pallide aurea; os edentulum;* branchiae *amplissime hiantes;* pinnarum *ventralium appendices longitudine fere dimidiae pinnae;* cauda *bifurca.*

Albula. 16. S. maxillis edentulis: inferiore longiore. *Fn. suec.*
353. *Koelreut. nov. comm.*
Petrop. 18. *p.* 503. Br. 7. D. 12. P. 15. V. 11. A. 15. C. 33.
Art. gen. 9. *syn.* 18. *spec.* 40.
Coregonus edentulus, maxilla inferiore longiore. Br. 7. D. 14. P. 16. V. 12. A. 15. C. -
Gesn. aq. p. 34. *Aldr. pisc. p.* 660. *Jonst. pisc. p.* 173.
t. 30. *f.* 7 *Will. ichth. p.* 186. *Raj. pisc. p.* 61. Albula minima.
Habitat in Europa, 6 *pollices longus, ante brumam pruriens, squamis integris subrotundis nigro-punctatis sat dense imbricatis tectus, ex viridescente fuscus, ad latera argenteus.*
Oculi *magni, iride argentea;* branchiarum *apertura amplissima, operculum* 3 *laminis constans, superiore maxima, media acinaciformi;* dorsum *ante pinnam carinatum;* linea *lateralis brevi spatio ab ortu suo deorsum paulisper flexa, tum rectissima, dorso propior, ex punctis* 70-80 *constans;* pinnae *pallidae, punctis nigricantibus conspersae, dorsalis et analis densioribus.*

Peled. 53. S. edentulus, radiis pinnae dorsalis 10. *Lepechin it.* 3. *p.* 226. *t.* 12. Br. 12. D. 10. P. 16. V. 13. A. 14. C. 22.
Habitat in Russia *boreali, sesquipedalis, obesus, dorso caerulescens, ventre lateribusque albus, capite fusco-punctatus, an satis diversus ab albula?*
Caput *conicum, rostro obtuso;* oculi *iride ochroleuca;* mandibula *inferior paulo longior.*

Thymallus. 17. S. maxilla superiore longiore, pinna dorsi radiis 23. *Müll. prodr. zool. dan. p.* 49. *n.* 416.
Art. gen. 10. *syn.* 20. *spec.* 41.
Kram. cl. p. 390. *n.* 2.
Coregonus maxilla supe-

riore

riore longiore, pinna dorsi
osficulorum 23.
Fn.fuec. 354. Idem. * Br. 10. D. 23. P. 16. V. 12. A. 14. C. 19.
Gron. muf. 2. *n.* 162. Idem.
Br. - D. 21. P. 15. V. 10. A. 15. C. --
Bloch Fifch. Deutfchl. 1. *p.*
158. *n.* 4. *t.* 24. Salmo
pinna dorsi radiis 23. Br. 10. D. 23. P. 16. V. 12. A. 14. C. 18.
Salv. aq. p. 80. b. *Rondel.*
pifc. 2. *p.* 187. Thymus.
Klein miff. pifc. 5. *p.* 21. *n.*
15. *t.* 4. *f.* 5. Trutta edentula, labiis pro dentibus,
limae inftar exafperatis &c.
Gefn. aq. p. 979. *Aldr. pifc.*
p. 593. *Johnft. pifc. p.* 128.
t. 26. *f.* 3 - 5. *t.* 31. *f.* 6.
Will. ichth. p 88. *t. n.* 8.
Marf. Danub. 4 *p.* 75.
t. 25. *f.* 2. Thymallus.
Brit. zool. 3. *p.* 262. *n.* 7.
Raj. pifc. p. 62. Grayling.
Gefn Thierb p. 174. Aicher.
Habitat in Europae et Sibiriae *fluviis et rivis maritimis, rapidis, aquam frigidam, puram, in fundo arenofo aut faxofo vehentibus, celerrime natans et crefcens; ad 2 pedes longus, teftaceis, coleopteris, pifcibus minoribus, ovis potiffimum farionis et falaris victitans, Aprili et Majo ad faxa in fundo jacentia ova poriens, quae matura pifum magnitudine aequant, vitae parum tenacis; avium aquaticarum frequens praeda, ideo non copiofus, carne exquifita alba, multiplici modo eduli, elongatus, fquamis manis paulo durioribus veftitus, fupra ex viridi ater, ad latera, ex cinereo et caeruleo varius, fubtus albus.*
Caput *obtufum, nigro punctatum, fupra fufcum, ad latera ex albo caerulefcens; oculi iride aurea nigro punctata; mandibulae ferie dentium exilium cuneatorum, in fuperiori paulo majorum, armatae; palatum quoque dentibus nonnullis afperum; lingua laevis; dorfum arcuatum; latera compreffa; linea lateralis nigro punctata; pinna dorfalis magna violacea, bafi virefcens, rubefcenti maculata; pectorales cinereae breves; ventrales rubefcentes, pinna ad bafin intermedia auctae; analis fpadicea; caudalis rubefcens bifurca.*

43. S.

Maraena. 43. S. maxilla superiore truncata. *Bloch Fisch. Deutschl.*
1. *p* 172. *n*. 6. *t*. 27. Br. 8. D. 14. P. 14. V. 11. A. 15. C. 20. Salmo membranae branchiostega radiis 10, pinnae analis 12. *Bloch Fisch. Deutschl.* 3. *p.* 148.
Habitat in Electoratus Brandenburgici, Austriae, Helvetiae *lacubus profundis, in fundo arenaceo aut margaceo sitis, ultra 2 pedes longus, squamis magnis splendidis deciduis tectus, in fundo latens, nisi Novembri, ova parturiens, aut vere testacea quaesiturus, fertilissimus, vitae minus tenacis, piscium rapacium, et colymbi auriti frequens praeda, carne alba, multiplici modo eduli, supra nigricans, ad latera supra caerulescens in flavum vergens, subtus argenteus, ventre albo.*
Caput *obtusum*; oculi *magni, pupilla antrorsum acutangula, iride argentea; os edentulum parvum;* mandibula *superior longior, antrorsum latior, margine foraminibus 2, minutis pertusa;* linea *lateralis punctis* 44 *albis conspersa, prope caput flexa;* pinnae pectorales, *ventrales,* dorsalis et analis magnae, *antrorsum acuminatae caerulescentes, basi violaceae, margine nigrae radiis multifidis;* adiposa *nigricans;* caudalis bifurca; ventrales pinna intermedia auctae.

Maraenula. 44. S. maxilla inferiore longiore, radiis pinnae dorsi 14. *Bloch Fisch Deutschl.*
1. *p.* 176. *n.* 7 *t.* 28 *f.* 3. Br. 7. D. 10. P. 15. V. 11. A. 14. C. 20. *Wulff. ichth. bor. p.* 48. *n.* 65.
Cyprinus muraenula.
Will. ichth. p. 229. *Raj. pisc. p* 107. *n.* 12. Marena.
Bloch Besch. der berl. Naturf. Fr. 3. *p.* 84. Kleine Maraene.
Klein miss. pisc. 5. *p.* 21. *n.* 16. *t.* 6. *f.* 2. Trutta edentata, argentea tota squamis tenuibus &c.
Habitat gregarius in Germaniae orientalis et septentrionalis, Silesiae *quoque et* Borussiae *lacuum fundo margaceo vel arenaceo,* 6-8-10 *pollices longus, squamis argenteis fa-*

cilo deciduis tectus, argenteus, dorso caerulescens, vitae minus tenacis, fertilissimus, ova in locis lacuum herbosis pariens, herbis in fundo nascentibus, vermibus et insectis victitans, piscium aliorum et avium aquaticarum frequens praeda, carne alba, multiplici modo esculenta.

Caput acutum, subdiaphanum, ex viridi fuscescens; oculorum iris, et genae argenteae; os edentulum; mandibula inferior curvata, superiori angustior; lingua brevis, cartilaginea; linea lateralis punctis 58 notata; pinnae canescentes, caudalis bifurca, margine caerulea.

Wartmanni. 45. S. caeruleus, maxilla superiore truncata. *Bloch Fisch. Deutschl.* 3. p. 161. n. 15. t. 105. Br. 9. D. 15. P. 17. V. 12. A. 14. C. 23. *Art. syn.* p. 19. n. 2. V. Coregonus maxilla superiore longiore plana, pinna dorsi ossiculorum 14.

Rondel. pisc. 2. p. 163. *Aldr. pisc.* p. 658. *Jonst. pisc.* p. 171. t. 30. f. 4–8 Bezola.

Gesn. aq. p. 33. Albula nobilis.

Gesn. aq. p. 34. icon. anim. p. 340. *Thierb.* p. 188. b. *Aldr. pisc.* p. 659. *Jonst. pisc.* p. 173. *Will. ichth.* p. 184. *Raj. pisc.* p. 61. n. 4. Albula parva.

Gesn. Thierb. p. 187. b. Albula caerulea.

Wartmann Besch. berl. Naturf. Fr. 3. p. 184. Blaufelchen.

Habitat in lacus Acronici profundis, acolis pro varia aetate vario numine veniens, ad 17 pollices usque longus, Decembri ova trincae appetita parturiens littori propior, fertilissimus, vermibus, insectis, spongiae quadam speciei, herbisque victitans, vitae minus tenacis, piscium rapacium non rara praeda, versus ventrem albicans, squamis, in maxima corporis parte grandibus, vestitus, carne eximia, multiplici modo in cibum inserviens.

Caput

PISCES ABDOMINALES. Salmo. 1383

Caput, *plurimam partem; et oculorum iris argentea; os edentulum; mandibulae aequales; linea lateralis nigra; pinnae margine lato caeruleae, pectorales, ventrales appendice auctae; et analis, basi flavicantes, dorsalis et caudalis lunata, albicans.*

oxyrhin- 18. S. maxilla superiore lon-
chus.   giore conica.
Art. gen. 10. *syn.* 21. Coregonus maxilla superiore longiore conica. Br. - - D. 13. P. 17. V. 12. A. 14. C. - -
Gron. muf. 1. *n.* 48. Idem. Br. - - D. 14. P. 13. V. 10. A. 15. C. - -
Habitat in Oceano atlantico.

Vimba. 19. S. pinna ani pofa fubterrata.
Fn. Juec. 351
It. wgoth. p. 231. Wimba Br. - - D. 12. P. 16. V. 10. A. 14. C. - -
Habitat in Waenero Sueciae.

leucich- 46. S. maxilla superiore latif-
thys.   fima integra recta breviore, inferiore adfcendente, apice tuberculofa. *Guldenft. nov. comm. Petrop.*
16. *p.* 531.   Br. 10. D. 15. P. 14. V. 11. A. 14. C. 27.
Habitat in mari cafpio, ad tres pedes et ultra longus, oblongus, parum compreffus, fquamis mediae magnitudinis fubrotundis, laevibus argenteis tectus, nigro-punctatus, supra ex nigro canefcens.
Vertex fornicatus, nudus, glaberrimus, fubdiaphanus, ex hyalino fufcus; oculi liberi, laterales, magni, iride argentea, nigro-punctata; roftrum obtufiffimum; os edentulum, terminale, ampliffimum, quadratum, lingua triangularis, fubaffera; palatum planum, latum, denticulis minimis tactu potius, quam oculo percipiendis, antrorfum fubafperum; branchiarum opercula ex 4 laminis conflata, compreffa; pinna dorfalis ex albicante fufcefcens, et adipofa hyalina parva nigro-punctata; pectorales acuminatae albae; ventrales rotundatae albae, antrorfum fufcopunctatae, appendice triquetra auctae, analis rubicunda fufco-maculata, caudali perpendicularis femilunaris.

**** CHARACINI; *membranae branchioftega radiis tantum quatuor.*

Dentex. 47. S. argenteus, fupra fufco albidoque lineatus, pin-

Uuuu   nis

nis albidis, caudae dimidio inferiore rubro. *Forſk.*
Fn. arab. p. 66. *n.* 98.   D. 10. P. -- V. 9. A. 1/4 C. --
Haſſelq. it. 395. Salmo dentex.   D. 10. P. 15. V. 10. A. 24. C 25.
Syſt. nat. XII. 1. *p.* 531. *n.* 26.
Muſ. Ad. Fr. 2. *p.* 108.
Cyprinus Dentex.   D. 10 P. 14. V. 9. A. 26. C. 19.

Habitat in Nilo *et* Sibiriae *fluvio* Lawla, *ob pinnam adipoſam evidentem ad ſalmones referendus, dentibus ſubulatis maximis, exſertis a congeneribus et cyprinis diſtinctus.*

gaſteropelecus. 48. S. pinnis ventralibus et adipoſa minimis. *Pallas ſpicil. zool.* 8. *p.* 50. *t.* 3. *f.* 4. 5.   V. 5-6.
Koelreut. nov. comm. Petrop. 8. *p.* 405. *t.* 14. *f.* 1-3.
Gron. muſ. 2. *p.* 7. *n.* 155. *t.* 7. *f.* 5. Gaſteropelecus.   D. 12. P. 9. V. 0. A. 33. C. 22.
Syſt. nat. XII. 1. *p.* 524. *n.* 8.
Clupea (Sternicla) pinnis ventralibus nullis.   Br. 2. D. 11. P. 9. V. 0. A. 34. C. 18.
Bloch Fiſch. Deutſchl. 3. *p.* 166. *n.* 1. *t.* 97. *f.* 3. Gaſteropelecus pinna ani radiis 34.   Br. 3. D. 13. P. 9. V. 2. A. 34. C. 22.

β) Clupea ſrma, pinnis flavis: ventralibus minutiſſimis.
Syſt. nat. XII. 1. *p.* 524. *n.* 7.

Habitat in Carolinae, Surinami, Amboinae, Indiae *aquis, minutus, argenteus, chalybeo tinctu translucente, velociſſime natans, compreſſus.*
Caput depreſſiuſculum ſulcis 2 inaequalibus, ſepto ſeparatis, inaequale; oculi *magni rotundi, iride argentea;* os *ſuperum, amplum;* mandibulae *dentatae, inferior adſcendens, longior, ſola mobilis;* lingua *alba, laevis, craſſa;* branchiarum *apertura ampla, operculum glabrum, a gula ad anum os carinatum, arcuatum, tenue, ſquamis tectum;* anus *in medio corporis;* pinnae *cinereae, pectorales longae falcatae, caudalis bifurcata.*

gibboſus. 20. S. dorſo gibboſo compreſſo, pinna ani radiis 50.

                                                         Gron.

PISCES ABDOMINALES. Salmo. 1385

Gron. muf. 1. n. 53. t. 1. f. 4.
Charax dorſo admodum
prominulo, pinna ani ra-
diis 55.   D. 10. P. 11. V. 8. A. 55. C. 19.
Habitat Surinami.

notatus. 21. S. macula utrinque nigra
verſus opercula.   D. 11. P. 16. V. 7. A, 23. C. 24.
Habitat Surinami, *oblongus*, *macula nigra ſupra lineam lateralem notatus*, *bimaculato affinis*.
Caput *acutiuſculum*; pinna *adipoſa parva*; cauda *bifurca*.

bimaculatus. 22. S. corpore compreſſo bimaculato, pinna ani radiis 32.
Gron. muf. 1. n. 54. t. 1. f. 5.
Charax dorſo leviter convexo, pinna ani radiis 31.   D. 10. P. 13. V. 8. A. 31. C. 19.
Muſ. Ad. Fr. 1. p. 78. t. 32.
f. 2. Albula pinna ani radiis 32.   D. 10. P. 13. V. 8. A. 32. C. 19.
Art. ſpec. 44. Coregonoides amboinenſis.   D. 12. P. 13. V. 10. A. 34. C. - -
Seb. muſ. 3. p. 106. t. 34. f. 3.
Tetragonopterus.
Habitat in America *meridionali*.

immaculatus. 23. S. corpore immaculato, pinna ani radiis 12.
Muſ. Ad. Fr. 1. p 78. Albula pinna ani radiis 12.   D. 11. P. 14, V. 11. A. 12. C. 20.
Habitat in America.

foetens. 24. S. radiis dorſalibus analibusque 12.   Br. 12. D. 12. P. 14. V. 8. A. 12. C. 24.
Catesb. Car. 2. p. 2, t. 2. f. 2.
Saurus ex cinereo nigricans.
Habitat in Carolina, *ovatus*; *acutiuſculus*. *Whiting.* D. Garden.
Dentes *in maxillis*, *palato*, *lingua*, *numeroſi*, *exſerti*, *mucronati*; pinna *analis adipoſae oppoſita*; cauda *lunata*.

cyprinides. 25. S. pinnae dorſalis radiis anticis elongato-ſetaceis.   D. 10. P. 10. V. 9. A. 10. C. - -
Uuuu 2   *Gron.*

Gron: muf. 378. Charax maxilla superiore longiore,
capite antice plagioplateo,
dorso summo acuminato. D. 10. P. 15. V. 10. A. 11. C 22.
Habitat Surinami, *niveus, cyprini rutili facie.*
Caput *supra planum;* oculi *prominuli;* cauda *bifurca.*

niloticus. 26. S. pinnis omnibus flavescentibus, corpore toto
albo. *Muf. Ad. Fr.* 2.
p. 99. * D. 9. P. 13. V. 9. A. 26. C. 19.
Habitat in Nilo.
Cauda bifurca.

aegyptius. 49. S. dorso virescente, dentibus maxillae inferioris
majoribus. *Forsk. Fn.*
arab. p. 66. D. 23. P. -- V. -- A. -- C. --
Habitat in Aegypto, *incolis* Nefosch *dictus,* Hasselquistio
, niloticus.
Pinna caudalis basi squamata.

pulveru- 27. S. pinnis subpulverulentis,
lentus. linea laterali descendente.
Muf. Ad. Fr. 2. *p.* 99. * D. 11. P. 16. V. 8. A. 26. C. 18.
Habitat in America.

rhom- 28. S. abdomine serrato, pinna
beus. anali caudalique basi mar-
gineque nigris. D. 17. P. 17. V. 6. A. 32. C. 16.
Pall. spic. zool. 8. *p.* 52. *t.* 5.
f. 3. Salmo rhombeus. D. 17. P. 17. V. 7. A. 32. C. 22.
Habitat Surinami, *carassii magnitudine et forma, ex griseo*
vel lutescente argenteus, versus dorsum fuscescens, com-
pressus, ex avato lanceolatus, dorso subangulatus, a nucha
et ad pinnam dorsalem paulisper gibbus, anatum pedes
praemordens.
Caput *nudum, corpore crassius; oculi rubri, ampliusculi,*
orbitis demersi, iride aurea; os obtusum; amplum; la-
bia tenuia, inferius longius; dentes in mandibularum
margine validi, triangulares, mucrone et acie acutissimi,
in inferiore longiore contigui; anterius exceptis duobus
mediis, majores, in superiore subreclinati, alterni mino-
res, palatum profunde carinatum, margine dentibus con-
fertis utrinque asperum; lingua *mollis, subacuta, plana,*
bran-

PISCES ABDOMINALES. Fistularia. 1387

branchiarum *opercula striata;* abdominis *carina ante anum argute compressa, à gula fere ad anum, circa medium corporis positum, dentibus osseis conicis, acutissimis serrata;* pinnae *margine nigricantes; ante dorsalem aculeus decumbens, posterius humucronatus; ventrales parvae, appendice minima lineari auctae, analis magna basi carnosa, caudalis insignis, biloba.*

anosto-   29. S. ore simo.
mus.   *Gron. muf. 2. n. 165. t. 7. f. 2.*
       Anostomus.   D. 11. P. 13. V. 7. A. 10. C. 25.
       Habitat in America *australi et* India.

179. FISTULARIA. Caput: Rostrum cylindricum, apice maxillosum.
Membrana branchiostega radiis septem.
Corpus - - -

tabacaria. 1. F. cauda bifida setifera. *Muf.*
       Ad. Fr. 1. p. 80. t. 26. f. 1.   D. 14. P. 14. V. 6. A. 4. C. 13.
       Gron. muf. 1. n 31. Solenostomus cauda bifurca in setam balaenaceam abeunte.   D. 8. P. 15. V. 6. A. 12. C. 12.
       Marcgr. braf. 148. *Raj. pifc.* 110. n. 8. *Catesb. Car.* 2. t. 17. f. 2. Petimbuaba.
       Habitat in America *et* Japonia.
       Filum *e divisura pinnae caudalis.*

chinensis. 2. F. cauda rotundata mutica †
       Gron. zooph. 366. Solenostomus cauda rotundata integerrima feta nulla.   D. 26. P. 16. V. 6. A. 24. C. 11.
       Pet. gaz. t. 68. f. 1. Acus chinensis maxima, corpore compresso.
       Valent ind. 3 f. 3. 23. 492.
       Habitat in India.

                   3. F.

paradoxa. 3. F. lineis argute prominulis reticulata, cauda lanceolata. *Pall. pisc. zool.* 8. *p.* 32. *t.* 4. *f.* 6.   D. 5,18. P. 25. V. 7. A. 12. C. 14.

Habitat in Amboina, *syngnathis affinis,* 2 *pollices longus, ex cinereo albicans, rivulis obsolete brunneis, in pinna dorsi anteriore caudaeque subatris varia, cathetoplatea, ad linearum intersectiones spinis horrida, anterius subtecaëdra, dorso nempe perfecta triedro, abdomine versus pinnas ventrales subtriedro, pone has angusto, aequabiliter hexaëdro, cauda tenuiore, compresso-heptaëdra.*

Caput *parvulum;* oculi *ad basin rostri magni, ante orbitas utrinque spina triquetra muniti;* rostrum *longissimum; descendens, rectum, corneum, compresso planum, supra argutum, subtus longitudinaliter bicostatum, utrinque ad dorsum spinula conica armatum;* mandibulae *apice adscendentes, acutae, ad latera complanatae, dilatabiles, inferior paulo brevios;* os *exiguum;* nucha *trimuricata;* branchiarum *opercula tenuissima parva, lineis aliquot prominentibus radiata;* pinna *dorsalis prior fasciolis nigris picta, longa, reclinata, radiis simplicibus; pectorales latissimae; ventrales maximae, radiis profunde multifidis, membranae laxae, saccum longitudinalem efficientis ope longitudinaliter connexae.*

180. ESOX. *Caput* fupra planiufculum; *os* et *faux* ampla; *mandibulae* dentatae, inaequales, fuperior plana, inferior punctata; *lingua* lata, libera; *palatum* laeve; *oculi* rotundi, mediae magnitudinis, laterales; *nares* duplices, oculis proximae.

Branchiarum opercula magna, apertura ampla, membrana radiis feptem ad duodecim.

Corpus elongatum, fquamis duris tectum, fupra convexum; ad latera compreffum; *linea lateralis* recta, dorfo propior, vix confpicua; *pinnae* dorfalis et analis breviffimae, oppofitae.

Sphyraena. 1. Ef. dorfo dipterygio: antica fpinofa. *Muf. Ad. Fr.* 2. *p.* 100.*   D. 5,10. P. 12. V. 6. A. 10. C. 17.
Art. gen. 84. *fyn.* 112. Sphyraena.   D. 5,10. P. 13. V. 6. A. 10. C. —
Habitat *in mari mediterraneo.*

offeus. 2. Ef. maxilla fuperiore longiore, fquamis offeis. *Muf. Ad. Fr.* 2. *p.* 101.   D. 6. P. 11. V. 6. A. 5. C. 12.
Art. gen. 14. *fyn.* 27. Efox maxilla fuperiore longiore, cauda quadrata.   D. 7. P. 11. V. 6. A. 7. C. 12.
Habitat *in* America *feptentrionali,* Afia, *fquamis rhombeis, in ordine dorfali rotundis retufis tectus.*
Mandibula *inferior ante oculos definens;* pinnae *fingulae radio anteriore duplici ferie dentato; dorfalis anali pofterior.*

viridis. 10. Ef. viridis maxilla inferiore longiore, fquamis tenuibus.   D. 11. P. 11. V. 6. A. 17. C. 16.

Catesb.

PISCES ABDOMINALES. Esox.

  Catesb. Car. 2. *t.* 30 Acus
  maxima fquamofa viridis.
  Habitat in Carolinae *fluviis.* Garden.
  Pinna *dorfi et ani exacte oppofitae;* fquamae *diftinctae.*

Vulpes. 3. E[f]. pinna in medio dorfi,
   membrana branchioftega
   triradiata.   D. 14. P. 14. V. 8. A. 10. C. 17.
   Catesb. Car. 2. *t.* 1. *f.* 2.
   Vulpes bahamenfis.
   Habitat in America.

Synodus. 4. E[f]. pinna in medio dorfi
   membrana branchioftega
   quinqueradiata.
   Gronov. muf. 2. *n.* 151. *t.* 7.
   f. 1. Synodus.   Br. 5. D. 11. P. 12. V. 8. A. 6. C. 8.
   Habitat in America; *vulpi fimillimus.*

Lucius. 5. E[f]. roftro depreffo fubae-
   quali. *Fn. fuec.* 355. *Mei-*
   ding. ic. pifc. auftr. t. 10.
   Art. gen. 10 *fyn* 26 *fpec.* 53.
   Efox roftro plagioplateo. D. 21. P. 15. V. 11. A. 18. C. 19.
   Gron. muf. 1. *n.* 28. Idem. D. 18. P. 11. V. 9. A. 15. C. - -
   Bloch. Fifch. Deutfchl. 1. *p.*
   229. *n* 1. *t* 32. Idem. Br. 15. D. 20. P. 14. V. 10. A. 17. C. 20.
   Rondel. pifc. p. 188. *Gefn.*
   aq. p. 500. *Aufon: Mof.*
   p. 122. Lucius.
   Bell. aq. p. 292. *it. p.* 104.
   Camper act. Parif. extran.
   6. *p.* 177. Brochet.
   Brit. zool. 3. *p.* 270. *n.* 1.
   Will. ichth. p. 236. *Raj.*
   pif. p. 112. Pike.

america- β) E[f]. roftro depreffo mandi-
nus.   bula fuperiore paulo breviore. *Schoepf. Naturf.* 20.
   p. 26.   Br. 12. D. 15-16. P. 13. V. 8. A. 14? C. 20?
Habitat in Europae, borealis Perfiae, β) *feptentrionalis*
 Americae *oquis dulcibus, in ipfo mari cafpio, velociffime,*
 natans et crefcens; ab 8 *pollicibus ad* 8 *pedes longus, gran-*
 daevus, ut 267 *annorum exemplum feratur, voraciffimus,*
 ut nec pifcibus aequalibus, nec propriae foboli parcat, et
            pifci-

PISCES ABDOMINALES. Esox. 1391

piscinas facile exhauriat, aves adeo, glires, serpentes aquaticos, ipsa cadaverum frusta devorans, a perca fluviatili et lucioperca junior ab avibus infestatus; a Februario ad Aprilem, in locis herbosis, pratisve adjacentibus ova pariens anatibus expetita, et per eas disseminata, multiplici modo esculentus, supra niger, ad latera cinereus flavo-maculatus, subtus albus, nigro-punctatus, rarius aurantius, nigro-maculatus, aut viridis; squamis exilibus oblongis duris tectus.

Caput magnum anterius deorsum, posterius utrinque compressum, fere quadratum, varium; oculi pupilla caerulescente, iride aurea; mandibulae dentibus aeternis fixis et mobilibus armatae; superior anterius modo serie parva; palatum tribus seriebus parallelis longitudinalibus, circiter 700, mediis parvis, reliquis majoribus introrsum flexis; pinnae radiis ramosis, pectorales et ventrales rubescentes, reliquae nigro-maculatae, dorsalis et analis fuscescentes, caudalis fusca.

Belone. 6 Es. rostro utraque maxilla
subulato. Brünn. pisc.
mass. p. 79. n. 95. Müller.
prodr. zool. dan. p. 49.
n. 420.
Fn. succ. 356. Art. gen. 10.
syn. 27. Esox rostro cu-
spidato gracili subtereti,
spithamali. . . D. 16. P. 13. V. 7. A. 20 C. --
Gron. mus. 1. n. 39. zooph.
p. 117. n. 362. Idem. Fn. 14. D. 16. P. 13. V. 7. A. 21. C. 23.
Bloch Fisch. Deutschl. 1. p.
236. n. 2. Esox rostro
subulato. Br. 14. D. 20. P. 13. V. 7. A. 23. C. 23.
Klein pisc. miss. 4. p. 21. n. 1.
t. 3. f. 2. Maltaccembe-
lus mandibulis longissimis
tenuibus, acutissime den-
ticulatis &c.
Aristotel. hist. anim. L. 2.
c. 15. Βελονη.
Salv. aquat. p. 68. b. Acus
piscis.
Rondel. pisc. 1. p. 227. Gesn.
aquat. p. 9. 10. Thierb. p.
48. b. Acus prima species.

Aldrov.

Aldrov. pisc. lp. 106. 107.
Will. ichth. p. 231. *t.* P. 2.
f. 4. *app. t.* 3. *f.* 2. *Raj.*
pisc. p. 109. Acus vulgaris.
Brit. zool. p. 274. *n.* 2. Sea-pike.

Habitat in oceani *profundis*, a Martio ad Junium *gregarius littora versus migrans, ova pariturus, scombrorum prodromus, phocarum gadorumque frequens praeda, rarius esculentus,* 1½, *nonnunquam* 4 *pedes longus; angustus, longus, gracilis, (supra niger, ad latera superius ex viridi caeruleus, squamis teneris oblongis tectus, subtus argenteus.*

Caput *parvum, ad genas et opercula ex argenteo caerulescens et virescens;* oculi *magni, rotundi, iride argentea;* mandibulae *rotundatae, dentibus se mutuo excipientibus serratae;* linea *lateralis infra operculum orta, ventri propinqua et parallela, subtus ad pinnam caudalem terminata;* pinnae *breves, pectorales et ventrales cinereae, radiis ramosis; dorsalis et analis caerulescentes, radiis simplicibus; caudalis parumper emarginata, margine caerulea, radiis apice bifidis; ossa noctu lucent nitore viridi*

Hepsetus. 7. Es. linea laterali argentea.
Amoen. acad. I. *p.* 321. Argentina pinna dorsali pinnae ani opposita.
Maregr. brasil. 159. Piquitinga.
A. *Habitat* in America.

D. 14. P. 12. V. 6. A. 15. C. 14.

chilensis. 11. Es. maxillis aequalibus, linea laterali caerulea. *Molin. hist. nat. Chil p.* 196 Br. 10. D. 14. P. 11. V. 6. A. 8. C. 22.
Habitat in mari regnum Chilense *alluente, teres, squamis osseis, angulatis, deciduis tectus, supra aureis, subtus argenteis,* 2 - 3 *pedes longus, carne alba, subpellucida, lamellosa, sapidissima.*
Caput *mediocre, cathetoplateum;* oculi *magni, orbiculati, laterales;* rictus *transversus, terminalis, mediocris;* dentes *immobiles, conferti, minimi;* lingua *integra,* palatumque *glabra;* branchiarum *apertura falcata;* opercula *squamosa, diphylla;* linea *lateralis suprema dentata;* pinnae *radiatae breves.*

12. Es.

PISCES ABDOMINALES. Esox. 1393

argen- 12. Es. fuscus litteris flavican-
teus.   tibus pictus. G. Forster.
            it. circa orb. I. p. 159.
            Habitat in novae Seelandiae, aliarumque oceani pacifici insularum aquis dulcibus; exilis, truttae similis.

margina- 13. Es. pinna dorsali anique
tus.   oppositis, linea laterali
             argentea, maxilla inferiori
             sextuplo longiori. Forsk.
             Fn. arab. p. 67. n. 98. Br. 13. D. $\frac{0}{13}$ P: 11. V: $\frac{0}{2}$. A. $\frac{1}{10}$ C. 14.

Habitat in mari rubro, linearis, utrinque attenuatus, sesquispithamaeus, squamis latis laxis integris vestitus, albidus, supra fuscus, hepseto affinis.
Caput corpore angustius, supra horizontale; oculi verticales, parum remoti; dentes numerosi, erecti, setacei, rigidi, parvi; cauda attenuata, erecta; pinnae pectorales lanceolatae; analis parva, triangularis, glauca, extus flavescens; dorsalis extus flava; caudalis biloba: lobo superiore pallide flavo, margine posteriori fusco.

brasilien- 8. Es. maxilla inferiore, longis-
sis.   sima, corpore serpentino.
              Mus. Ad. Fr. 2. p. 102.*   D. 12. P. 10. V. 6. A. 17. C. 16.
              Gron. zooph. 363. Esox ma-
              xilla inferiori tereti cuspi-
              data longissima superiore
              brevissima.   Br. 14. D. 13. P. 10. V. 6. A. 10. C. 15.
              Marcgr. bras. 168. Timucu.
              Brown. jam. 443. t. 45. f. 2.
              Esox maxilla inferiore
              producta.
              Grew: mus. 87. t. 7. Under
              Swordfish.
              Habitat in America australi et India.
              Cauda bifurca.

gymno- 9. Es. maxillis aequalibus, oper-
cephalus.   culis obtusissimis, capite
              denutato.   D. 13. P. 10. V. 7. A. 26. C. 19.
Habitat in India, nobis visus ammodytae magnitudine.

PISCES ABDOMINALES. Elops. Argentina.

181. ELOPS. *Caput* laeve. *Dentium* fcabrities in maxillarum margine, palato. *Membrana branchioſtega* radiis triginta; praeterea exterius in medio armata dentibus quinque.

Saurus. 1. El. cauda fupra infraque armata. D. 4/24. P. 17. V. 14. A. 7/16. C. 30.
Sloan. jam. 2 p. 284. t. 251.
f. 1. Saurus maximus.
Habitat in Carolina, longus, pinnae adipoſae defectu a ſalmone diverſus. D. Garden.
Caput *magnum*, laeve, ſplendens, compreſſum, ſupra planiuſculum; oculorum pars cute capitis communi tecta; cauda profunde bifida, ante pinnam ſupra infraque ſquama oſſea ſ. ſpina lanceolata horizontali armata.
Confer. *Brown. jam.* 452. 2.

182. ARGENTINA. *Caput:* Dentes in maxillis, lingua.
Membrana branchioſtega radiis octo.
Corpus ano caudae vicino.
Pinnae ventrales multiradiatae.

Sphyraena. 1. A. pinna ani radijs novem.
Art. gen. 8. *ſyn.* 17. D. 10. P. 14. V. 11. A. 9. C. -
Gron. muſ. 1. n. 24. Argentina. D. 10. P. - - V. - A. 10. A. - -
—— *muſ.* 2. n. 152. Argentina. D. 13. P. 14. V. 6. A. 24. C. - -
Habitat in mari infero.
Veſicula aërea utrinque conica, velut argento foliato reſplendens, unde margaritae artificiales. Raj. piſc. 108.

gloſſodonta. 3. A. pinna ani radiis octo.
Forſk. Fn arab. p. 68. n. 99.
Argentine lingua baſi tuberculis oſſeis dentata.
Br. 13. D. 16-18. P. 19. V. 10-11. A. 8. C. 20.

Habitat

PISCES ABDOMINALES. Argentina. 1395

Habitat in mari rubro, *ex lineari lanceolata, mugilis cephali magnitudine, squamis latis, rotundatis, integris, basi striatis, in series longitudinales imbricatis vestita, splendens; argentea, dorso obscuriore.*
Caput *corporis latitudine, compressum, attenuatum, nudum;* vertex *glaucus, modice declivis, planus, tuberculis exilibus inter oculos inaequalis;* oculi *iride argentea;* mandibula *superior longior apice conica, annulo nigro, non protractilis;* dentes *setacei, confertissimi, parvi, rufescentes, in multos ordines dispositi;* palatum *medium nudum;* postremum *dentibus multis; molaribus hemisphaericis albis, validis, in tres areas digestis; tot etiam linguae basi gibba rigidissima; linea lateralis rectissima, dorso propior;* pinnae *glaucae; caudalis bifida, interstitiis squamatis.*

carolina. 2. A. pinna anali radiis quindecim.
         Br. 28. D. 25. P. 16. V. 12. A. 15. C. 31.
Catesb. Car. 2. *p.* 24. *t.* 24.
Harengus minor bahamensis.
Habitat in Carolinae *aquis dulcibus.*
Branchiarum *opercula sutura longitudinali;* linea *lateralis recta; cauda bifurca.*

machnata. 4. A pinna ani radiis septendecim.
Forsk. Fn. arab. p. 68. *n.* 100.
Argentina lineari-lanceolata, membrana branchiostega ultra triginta radios.
      Br. 32-34. D. $\frac{4}{24}$. P. 17. V. 15. A. $\frac{3}{17}$. C. 18.
Habitat in mari rubro, *clupeae facie, argentea, dorso obscuriore coerulescente,* $2\frac{1}{2}$ *spithamam longa, squamis mediocribus, integris, striatis tecta.*
Caput *latitudine corporis, supra horizontali, subtus surgens;* vertex *planus, sulco latissimo; pone latiore, ovato;* oculi *grandes, vertici contigui, iride argentea;* dentes *numerosi, subtilissimi;* labium *superius brevius, recto protensum;* branchiarum *opercula nuda, integerrima;* linea *lateralis parva, media;* pinnae *dorsalis, analis, caudalis glaucae, posteriores binae subtus flavescentes; pectorales et ventrales flavescentes, pone albidae.*

183. **ATHERINA.** *Caput* maxilla superiore planiuscula.
Membrana branchiostega radiis
sex.
Corpus fascia laterali argentea.

Hepsetus. 1. Ath. pinna ani radiis fere
duodecim. D. 8,12. P. 13. V. 1/8. A. 16. C. 17.
Muf. Ad. Fr. 2. p. 103.
Atherina.
Gron. muf. 1. *n.* 66. Athe-
rina. D. 6,12. P. 13. V. 6. A. 10. C. --
Hasselq. it. 382. Atherina
Hepsetus. D. 8,9. P. 12. V. 6. A. 1/13. C. 20.
Forsk. Fn. arab. p. 69. *n.* 101.
Atherina Hepsetus. Br. 7. D. 6,11. P. 16. V. 1/8, A. 14. C. 17.
Habitat in mari mediterraneo *et* rubro, *pellucida, hyalina,
digito (aegyptiaca) non longior, dorso crasso, abdomine
attenuato, ventre planiusculo, vitta utrinque argentea,
nitida, recta lata, aliaque minori picta.*
Vertex *latus, planus, fronte declivi;* oculi *rostro propiores,*
iride *supra macula fusca notata*; mandibulae *dentibus minimis armatae, in plurimas series digestis;* linea *lateralis
duplex impressa.*

Menidia. 2. Ath. pinna ani radiis viginti
quatuor. D. 5,10. P. 13. V. 6. A. 1/24 C. 22.
Habitat in Carolinae *aquis dulcibus* (Silverfish), *Aprili pruriens, parva, pellucida, squamis in ambitu nigro-punctatis vestita.*
Dentes *in labiis plurimi, in mandibulis et lingua nulli;* linea *lateralis argentea;* cauda *bifida.*

Sihama. 3. Ath. pinna ani radiis viginti
tribus.
Forsk. Fn. arab. p. 70. *n.* 102.
Atherina pinnis quinque
subthoracicis, radiis dor-
salis pinnae undecim. D. 11/1, 21. P. 16. V. 6. A. 23. C. 17.
Habitat in mari rubro, *sesquipithamam longa, subpellucida, vitta media argentea, opaca, inter branchiarum
opercula posteriora crassior, utroque fine attenuata, ex
albido*

PISCES ABDOMINALES. Atherina. 1397

albido glauca, dorsi colore obscuriore, squamis mediocribus, rotundatis, leviter denticulatis vestita.
Caput attenuato-depressum, subtus planatum; vertex inter oculos planus, squamatus; oculi iride albida, superius fusca; labia obtusa, superius protractile; dentes, quales hepseti; linea lateralis dorso propior, et juxta caput parallela; anus in medio corpore; pinnae glauca; pectorales lanceolatae.

japonica. 4. Ath. pinna dorsi unica quinqueradiata. *Houttuyn act.*
Haarl. XX 2. p. 340. n. 29. D. 5 P. 14. V. 8. A. - - C. - -
Habitat in mari, Japoniam circumfluente, 3-4 pollices longa, laevis, ex rubescente fusca.
Caput squamis nudum; dentes nulli in mandibulis; fascia lateralis latissima, a capite ad caudam extensa.

Brownii. 5. Ath. corpore subpellucido.
— *Brown jam.* 411. t. 45. f. 3.
Gron. zooph. 350. Argentina linea lata argentea in lateribus.
Habitat in oceano americano et pacifico.

184. **MUGIL.** *Caput*: Labia membranacea: inferius introrsum carinatum.

Dentes nulli; denticulus inflexus supra sinus oris.

Membrana branchiostega radiis septem curvis; opercula laevia, rotundata.

Corpus albicans.

Cephalus. 1. M. pinna dorsali anteriore quinqueradiata. *Mus. Ad. Fr.* 2. p. 104.*   D. 5, $\frac{1}{6}$. P. 16. V. $\frac{1}{5}$. A. $\frac{3}{12}$. C. 12.
Art. gen. 32. *syn.* 52. *spec.* 71. Mugil.   D. 5, $\frac{1}{11}$. P. 18. V. $\frac{1}{5}$. A. $\frac{3}{12}$. C. - -
Hasselq it. 385. Mugil Cephalus.   D. 5, 11. P. 13. V. 6. A. 10. C. - -
Gron. zooph. 397. Mugil.   D. 4, $\frac{2}{3}$. P. 18. V. $\frac{1}{5}$. A. $\frac{3}{11}$. C. 15.

Habitat

Habitat in Oceano europaeo, *fluvios intrans.*
Ex ejus ovis botargo italorum paratur.

Albula. 2. M. pinna dorsali anteriore
quadriradiata. D. 4, 9. P. 17. V. ½. A. 3/11. C. 20.
Catesb. Car. 2. p. 6. t. 6.
Albula bahamensis.
Brown. jam. 450. Mugil argenteus minor, pinna anteriore dorsi radiis quatuor.
Habitat in America, *cephalo similimus.* D. Garden.

crenilabis. 3. M. pinna dorsali anteriore
radiis quatuor flexilibus, posteriore inermibus, labiis crenatis, inferiore bicarinato. *Forsk. Fn. arab.*
p. 73. *n.* 109. D. 4/, - - P. 17. V. ⅕. A. 3/11. C. 16.
Scheli. β) Mugil minor, labiis non
crenatis. D. - - P. 16. - - - - - C. 14.
Our. γ) Mugil labio utroque ciliato,
inferiore unicarinato.
Tâde. δ) Mugil labio superiori subtilissime ciliato, inferiori
unicarinato.
Habitat in mari rubro, *pedem longus, squamis latis, carina media longitudinali fusca notatis vestitus.*
Caput *supra squamis laxis obtectum;* linea *lateralis obsoleta;* labium *superius a capite secedens;* pinnae *omnes ex glauco albidae;* pectorales *ad basin gutta nigra notatae;* caudae *lobi acuti.*

chilensis. 4. M. pinna dorsali unica, caudali simplici. *Mol. hist.*
nat. Chil. p. 198. *n.* 3. * Br 7. D ⅕. P. 12. V. ⅛. A. 3/10. C. 16.
Habitat in mari Chilensi, *fluviisque in illud redundantibus, pedem circiter longus, forma, squamis, carnisque sapore gato cephalo similimus.*

Chanos. 5. M. pinna dorsi unica, caudae utrinque bialata. *Forsk.*
Fn. arab. p 74. *n.* 110. ' Br. 4. D. 14. P. 16. V. 11. A. 9. C. 20.
Anged. β) Mugil magnus. *Forsk. Fn.*
arab. p. 74.

Habitat

Habitat in mari rubro, *ulnam β (tres ulnas) longus; oblongus, argenteus, cirris mollibus inſtrictus et dentibus (hinc non argentina) carens, ſquamis latis, rotundatis, tenuiter ſtriatis tectus.*

Caput *corpore anguſtius, vertice plano, glauco, ſquamis nudo; labia integra; ſuperius longius, medio emarginatum, à capite non ſejunctum; linea lateralis juxta caput ſurſum recurvata, dein rectiſſima, dorſo propior; caudae pinna valde forficata, verſus medium utroque latere alis 2 membranaceis fimbriata.*

185. **EXOCOETUS.** Caput ſquamoſum. Os edentulum: maxillis utroque latere connexis.

Membrana branchioſtega radiis decem.

Corpus albicans. Abdomen angulatum. Pinnae pectorales maximae, volatiles, radiis antice carinatis.

volitans. 1. E. abdomine utrinque carinato. *Amoen. ac.* 1. p. 321.   D. 14. P. 15. V. 6. A. 13. C. 15.
Art. gen. 8. *ſyn.* 18. *ſpec.* 35.   D. 15. P. 17. V. 6. A. 11. C. 15.
Exocoetus.
Gron. muſ. 1. n. 27. Exocoetus.   D. 13. P. 17. V. 7. A. -- C. --

β) Exocoetus non volitans.
Forſk. Fn. arab. p. XVI.
n. 40?

Habitat in alto Pelago, europaeo *et* americano, mari quoque rubro, *a coryphaenis exagitatus ad ſclopeti jactum ex aquis evolans gregarius, praeda fit pelecano aquilo et diomedeae exulanti; an forte Selaw Iſraëlitarum, Moſis Num.* XI. 13. *jubente Auctore Naturae coryphaenus pulſus ad littus, uti ſtatuit Rudbeck fil.?*

PISCES ABDOMINALES. Polynemus.

evolans. 2. E. abdomine tereti. †
Gron. zooph. 258. Exocoetus pinnis ventralibus brevissimis, abdominis carinis nullis.
Pis. braf. 61. Pirabebe.
Habitat *in* oceano hispanico, *parum a volitante diversus.*

exiliens. 3. E. pinnis ventralibus caudam attingentibus. D. 10. P. 15. V. 6. A. 11. C. 20.
Habitat *ad* Carolinam, *volitanti statura simillimus, at vix digito longior, neque argenteus.* Garden.
Pinnae *pallidae, fascia una alterave nigricante, ventrales, quae in volitante ne anum quidem attingunt, apice pinnam caudae attingentes, $\frac{1}{4}$ a cauda remotae, ceterum, uti in volitante, inter caput et anum mediae, radio primo brevi; pectorales radio primo et secundo brevibus; caudalis lobus inferior longior.*

186. **POLYNEMUS.** *Caput* compressum, undique squamosum; rostro obtusissimo, prominente.
Membrana branchiostega radiis quinque vel septem.
Corpus digitis liberis ad pinnas pectorales.

quinquarius. 1. P. digitis quinque corpore longioribus.
Gron. muf. 1. *n.* 74. Polynemus osticulis filiformibus utrinque 5 ad pinnas pectorales. Br. 5. D. 7,16. P. 16. V. $\frac{1}{6}$. A. $\frac{2}{30}$. C. 17.
Seb. muf. 3. *t.* 27. *f.* 2. Pentanemus.
Habitat *in* America.

virginicus. 2. P. digitis septem, cauda integra. Br. 7. D. 7,$\frac{1}{13}$. P. 15. V. $\frac{1}{6}$. A. $\frac{2}{15}$. C. 15.
Habitat

Polynemi *a triglis distincti pinnis ventralibus in abdomine sitis, digitis non articulatis; anhuci et infausti descriptionem a Broussoneto exspectamus.*

PISCES ABDOMINALES. Polynemus.

Habitat in America.
Branchiarum *opercula serrata*; pinnae *dorsalis prioris radius primus brevissimus*; *caudalis lata acuta*.

paradi-　3. P. digitis septem, cauda bi-
seus.　　fida.
　　　　 Edw. av. 208. *t.* 208. Pa-
　　　　 radisea piscis.
　　　　 Habitat in India.

plebejus.　4. P. digitis quinque, primo
　　　　 ultra anum extenso, ceteris sensim brevioribus.
　　　　 Brousson. ichth. fasc. I.
　　　　 t. 8.　　Br. 7. D. 8. $\frac{1}{14}$ P. 16. V. $\frac{1}{6}$ A. $\frac{2}{14}$ C. $\frac{4-4}{22}$

Habitat in oceano pacifico, *argenteus, dorso cinerascente, compressus ex oblongo lanceolatus, squamis subquadratis oblongis, basi truncatis emarginatis, apice rotundatis, laevibus, in* 20 *series longitudinales digestis, imbricatis vestitus.*
Caput *planiusculum, squamis superius et ad latera oblique, subtus confertim imbricatis tectum;* oculi *orbiculares, ampli, cute propria diaphana tecti, iride argentea;* rictus *suborbicularis amplus;* mandibula *superior longior, utraque dentibus confertis setaceis introrsum versis subaequalibus armata; labia simplicia, cutacea;* gula *ad latera dilatabilis;* lingua *laevis, apice parum libera;* palatum *planiusculum, medio obsolete rugosum, anterius osticulis scabris;* Faux *supra infraque denticulatis exasperata;* branchiarum *apertura ampla; opercula anteriora et posteriora diphylla; illorum lamina superior leviter serrata, horum laminae obsolete ciliatae;* linea *lateralis dorso parallela vix suprema, lineolata;* anus *in medio fere corpore oblongus;* pinnae *canescentes fusco punctatae; dorsalis prior subtriangularis, secunda subfalcata, pectorales oblongae, ventrales trapeziae, caudalis biloba.*

Xxxx2　　　　　　　　　　188.

188. **CLUPEA.** *Caput* compreffum; *os* compreffum, intus denticulatum; *maxillae* inaequales, fuperior myftacibus ferratis; *lingua* brevis, dentibus introrfum verfis afpera; *oculi* mediocres, rotundi, marginales.

Branchiae interne fetaceae; *opercula* tri- vel quadriphylla; *membrana* radiis octo.

Corpus compreffum, elongatum, fquamis mediae magnitudinis veftitum; *linea lateralis* recta, dorfo propinqua et parallela; *abdominis* carina ferrata; *pinnae ventrales* faepe novemradiatae; *caudalis* longa bifurca.

Harengus.
1. Cl. immaculata, maxilla inferiore longiore. *Fn. fuec.* 357. *Fabr. Fn. groenl.* 182. *Fn. fuec.* 315.
Art. gen. 7. *fyn.* 14. *fpec.* 37. Clupea maxilla inferiore longiore, maculis nigris carens.
Gron. muf. 1. p. 5. n. 21.
Bloch Fifch. Deutfch. 1. p. 186. n. 1. t. 29. f. 1. Clupea maxilla inferiore longiore, pinna ani radiis feptendecim.
Rondel pifc. p. 222. *Gefn. aq.* p. 410. Harengus.
Brit. zool. 3. p. 284. n. 1. t. 17. *Will. ichth.* p. 219.
Raj. pifc. p. 209. Herring.

D. 18. P. 18. V. 9. A. 17. C. 18.

D. 18. P. 18. V. 9. A. 17. C. 18.
D. 19. P. 15. V. 8. A. 16. C. -

D. 18. P. 18. V. 9. A. 17. C. 18.

Habitat

Habitat in maris europaei *septentrionalis et* atlantici *profundis, vere, aestate quoque et auctumno littora; fluviorumque ostia petens gregibus numerosissimis, à cetis variis pulsis, ova depositurus, loci, climatis, anni temporis, aetatis ratione diversus, fertilissimus, — multiplici modo esculentus, septentrionalibus populis non in cibum modo inserviens, sed mercaturae quoque fructuosissima materies, ex qua nunc etiam pinguedinem excoquunt, argenteus, in dorso nigricans.*

Caput *exiguum*; oculi *magni*, iride *argentea*; lingua *acuminata*; branchiarum *operculum macula violacea aut rubra notatum, post mortem evanida*; dorsum *convexum*; pinnae *cinereae, et, caudali excepta, parvae.*

Sprattus. 2. Cl. pinna dorsali radiis tredecim. *Muf. Ad. Fr.* |2.
p. 105. * *Fn. suec.* 358.
Müll. prodr. zool. dan. p. 50. *n.* 422. *Brünn. pisc. mass.* p. 82.   D. 17. P. 16. V. 6. A. 19. C. - -
Art. gen. 7. *syn.* 17. *spec.* 33.
Gron. muf. 1. p. 6. *n.* 22.
Clupea quadruncialis, maxilla inferiore longiore, ventre acutissimo.   D. 17. P. 17. V. 7. A. 19. C. -
Bloch Fisch. Deutschl. 1. p. 206. *n.* 2. *t.* 29. *f.* 2. Clupea maxilla inferiore longiore, pinna anali radiis novendecim.   D. 17. P. 16. V. 6. A. 19. C. 18.
Klein miss. pisc. 5. p. 73. *n.* 7. Harengus exilibus squamis facillimeque deciduis raro sex digitos superans.
Aldr. pisc. 220. Sardina Sprot Hollandis.
Will. ichth. p. 221. *Raj. pisc.* p. 105. *n.* 5. Sprattus et Sparlingus.
Brit. zool. 3. p. 294. *n.* 3. Sprat.

Habitat in maris europaei *septentrionalis et* mediterranei *profundis, auctumno ova depositurus gregious copiosissimis littora petens, eodem modo, quam harengus, in cibum* adaptatus, 4-5 pollices longus, squamis teneris, magnis, facile deciduis tectus, argenteus, dorso caerulescente. Caput acutum, satis magnum, in fronte nigricans; oculi magni, iride ex flavescente alba; mandibula inferior longior, incurva; branchiarum opercula argentea, radiata; abdominis carina incurva; pinnae breves, tenerae, cinereae.

Alosa. 3. Cl. lateribus nigro - maculatis, rostro bifido. *Muſ. Ad. Fr.* 2. *p.* 105. *Müll. prodr. zool. dan. p.* 50. *n.* 423.   D. 19. P. 15. V. 9. A. 21. C. 19.
Art. gen. 7. *syn.* 15. *spec.* 34. Clupea apice maxillae superioris bifido, maculis nigris utrinque.   D. 19. P. 15. V. 9. A. 22. C. 19.
Gron. muſ. 1. *p.* 6. *n.* 23. *zooph. p.* 111. *n.* 374. Clupea lateribus utrinque nigro-maculatis.   D. 18. P. - - V. 8. A. 20. C. - -
Haſſelq it. 388.   D. 19. P. 15. V. - - A. 18. C. 26.
Bloch Fiſch. Deutſchl. 1. *p.* 209. *n.* 3. *t.* 30. *f.* 1. Clupea maxilla superiore in apice crenata.   D. 19. P. 15. V. 9. A. 23. C. 18.
Klein miſſ. piſc. 5. *p.* 72. *t.* 19. *f.* 4. Harengus dorso et apicis vertice ex albo flavescentibus &c.
Ariſtotel. hiſt. anim. l. 9. *c.* 37. D. Θρισσα
Rondel. piſc. 1. *p.* 220. *Aldrov. piſc. p.* 500. Thriſſa.
Salvian. aq. p. 103. 104. Laccia, aloſa.
Geſn. aq. p. 19-22. Alauſa.
Will. ichth. p. 227. *t.* P. 3. *f.* 1. *Raj. piſc. p.* 105. *n.* 6. Clupea.
Brit. zool. 3. *p.* 296. *n.* 5. Shad.

Habitat in mari mediterraneo, *et septentrionali* europaeo, americano *et* asiatico, *Majo et Junio in fluvios adscendens,*

deus, *in rapidissimis fluentis ova deponens, auctumno re-*
dux, 2-3 pedes longus, vermibus insectisque victitans,
siluri, lucii, percae fluviatilis frequens praeda, vitae mi-
nus tenax, Russis *et* Volgae *accolis detestatus, quamvis*
alibi caro crebra edulis, et ab Indis ova aeque aestimata,
ac garum a Russis, squamis magnis facile deciduis vestitus,
albus, dorso ex flavo virescente.
Caput *exiguum;* oculi *mediocres;* iride argentea; mandibula *superior paulo brevior, margine dentata;* lingua nigricans*, libera, laevis;* branchiarum opercula *striata,*
media caerulescentia, margine argentea; linea *lateralis*
vix conspicua, dorso propior, maculis nigris, 4-5 *notata;*
pinnae *parvae cinereae, margine caerulescentes,* ventrales *intermedia auctae,* caudalis *major, maculis duabus*
fuscis.

Encrasi-   4. Cl. maxilla superiore lon-
colus.   giore. *Art. gen.* 7. *syn.*
           17. *Müll. prodr. zool. dan.*
           p. 50. n. 424. *Brünn. pisc.*
           mass. p. 83. n. 101. O.
           Fabr. Fn. groenl. p. 183.
           Bloch Fisch. Deutschl. 1. p.
           212. n. 4. t. 30. f. 2. Clu-
           pea maxilla superiore pro-
           minente.   Br. 12. D. 14. P. 15. V. 7. A. 18. C. 18.
Aristot. hist. anim. l. 6. c. 15.
Rondel. pisc. 1. p. 211.
Gesn. aq. p. 68. *Thierb.*
p. 1. b. *Aldr. pisc.* p. 214.
Raj. pisc. p. 107. n. 9.
Will. ichth. p. 225. t. p. 2.
f. 2. Encrasicolus.
Brit. zool. 3. p. 295. n. 4.
Anchovy.

Habitat *in* oceano europaeo septentrionali, atlantico *et* mediterraneo, *ova pariendi caussa, a Decembri ad Martium*
littora pedens, spithamam longus, cute tenui et squamis
facile deciduis vestitus, supra ex flavo cinereus, gari ro-
manorum potior materies, hodienum capite rescisso et in-
testinis exemtis salibus inter delicias epularum.
Caput *longum, supra latum;* oculi *rotundi, iride argentea;*
os *amplissimum, intus laeve;* mandibula *inferior et* lingua
angusta

PISCES ABDOMINALES, Clupea.

angufta acuminatae; branchiarum *apertura ampliffima;* dorfum *convexum;* linea *lateralis recta;* pinnae *breves, pellucidae.*

Atherinoides. 5. Cl. linea laterali argentea. Br. 12. D. 12. P. 14. V. 8. A. 32. C. 18.
Habitat Surinami, *linea laterali in fafciam dilatata ad atherinam, corpore compreffo et pinnis ventralibus parvis ad clupeas accedens.*
Mandibula *inferior brevior.*

Thriffa. 6. Cl. pinna ani radiis 28, dorfalis radio poftremo fetaceo longo. D. 16. P. 16. V. 9. A. 34. C. 25.
Brown. jam. 443. Clupea minor, radio ultimo pinnae dorfalis longiffimo.
Amoen. acad. 5. *p.* 251. Clupea corpore ovato. Br. 5. D. 14. P. 13. V. 8. A. 28. C. 21.
Osb. it. 257. Clupea Thriffa. Br. 7. D. 16. P. 14. V. 7. A. 24. C. 24.
Brouffon. ichth. fafcic. I. *t.* 10. Clupea pinnae dorfalis radio ultimo elongato. Br. 5. D. 20. P. 16. V. 8. A. 22-24-25. C. $\frac{5-5}{28}$

Habitat in mari Jamaicam, Carolinam, Indiam, Sinam, Japoniam *alluente, pruritus tempore littora fubiens, inter rejectanea maris, praecipue radices rhizophorae mangles degens, ad pedem usque longa, cruftaceis minoribus, teftaceis, pifcium ovis victitans, ad latera fplendens argentea, fupra ex caerulea glaucefcens, punctis fufcefcentibus confperfa, in feries digeftis, capitis lateribus et abdomine anteriore prafinis, carne fapidiffima, non raro tamen venenata.*
Caput *fquamis nudum, fubtus curvatum, carinatum;* rictus *mediocris, ovatus;* oculi *membrana nictitante duplicata, iride argentea, laterales, orbiculares, mediocres;* mandibula *inferior vix brevior, gula parum dilatabili;* labia *cutacea, fufcefcentia;* dentes *perceptibiles nulli;* lingua *ex lanceolato-oblonga, obtufa, apice libera, bafi cartilaginea,* palatum *planiufculum, ex rugofo ftriatum,* et faux *rugofa glabra;* branchiarum *apertura ampla, flexuofa;* opercula *argentea, fplendentia;* linea *lateralis vix confpicua;* anus *pone medium corporis;* pinnae *canefcentes;* dorfalis *et caudalis apice parum fufcefcentes.*

7. Cl.

cyprinoi- 7. Cl. abdomine obtuso. *Brouſ-*
des. *ſon. ichth. fuſc.* 1. *t.* 9. Br. 22. D. 17. P. 15. V. 10. A. 25. C. $\frac{5-5}{30}$.

Marcgr. braſ. p. 179. *Piſ.*
ind. p. 65. *Johnſt. piſc.*
p. 137. *t.* 35. *f.* 10. *et t.* 40.
Ruyſch. theatr. anim. 1.
p. 137. *t.* 35. *f.* 10. *et t.* 40.
Will. ichth. p. 230. *t.* P. 6.
f. 1. *Raj. piſc. p.* 108. Ca-
maripuguacu.
Barrere aequin. p. 172. Cyprinus argenteus, ſquamis
maximis peltatis, pinna
dorſali appendice longiſſima ſuffulta: Apulika.

Habitat in Oceano *inter tropicos,* Braſiliae *fluvio, et in-
ſula* Tannae *lacu, oblonga, vix pedalis, ſquamis glabris,
albicantibus parumper ſtriatis obſolete rhombeis, membrana argentea marginatis, convexiuſculis, in* 10 *ſeries longitudinales digeſtis tecta, argentea, ſupra glauceſcens.*
Caput *ſuperne vix declive latiuſculum, anterius convexum;
oculi magni, laterales, orbiculares, membrana nictitante
duplicata, iride argentea; rictus amplus, obſolete tetragonus; mandibula inferior paulo longior, gula dilatabili;
utraque dentibus confertis linearibus minimis armata;
lingua lata, centro ſcabra, margine laevis, apice libera;
faux ſupra infraque retrorſum ſcabra; branchiarum apertura ampla, opercula flexilia, laeviſſima, ex argenteo
fuſca; pinnae ex fuſco caneſcentes, dorſalis radio ultimo
elongato, analis longa ſubfalcata, caudalis ampla, biloba.*

ſetiroſtris. 8. Cl. maxillae ſuperioris oſſibus lateralibus ſetaceis,
pinna ani radiis 32. *Brouſ-*
ſon. ichth. faſc. 1. *t.* 11. Br. 10. D. 13. P. 14. V. 7. A. 32. C. $\frac{3-3}{70}$

Forſk. Fn. arab. p. 72. *n.* 107.
Clupea Baelama. Br 11. D. 14. P. 13? V. 7. A. 32. C. 18.
Habitat in oceano pacifico *et* mari rubro, *lanceolata, argentea, ſplendens, ſupra ex caeruleo glauceſcens, ſquamis laevibus, deciduis, obſolete rhomboideis, oblique imbricatis veſtita.*
Caput *breve, ſubtus leviter curvatum; oculi iride ex argenteo glauceſcente, ſupra rubro nebulata; rictus amplus,*
ſub-

subquadrangulus; mandibula *inferior brevior, apice parum acuminata incurva; gula dilatabili;* dentium *in utraque breviffimarum inaequalium feries;* labia *breviffima, cutacea;* palatum *pofterius,* faux *fupra infraque fcabriufcula;* branchiarum *apertura ampla fubflexuofa, opercula flexilia, argentea;* linea *lateralis dorfo parallela, laevis, recta, obfoleta;* anus *paulo pone corporis medium;* pinnae *canefcentes; dorfalis fubtriangularis; pectorales ex ovato lanceolatae, ventrales lanceolatae, analis longa, caudalis biloba.*

Myftus. 9. Cl. corpore enfiformi, pinna ani caudae coadunata.
Muf. Ad. Fr. 2. p. 106.   D. 12. P. 18. V. 6. A. 84. C. 11.
Osb. it. 256.   Clupea Myftus.   Br. 10. D. 13. P. 17. V. 7. A. 86. C. 13.
Amoen. ac. 5. p. 252. t. 1.
f. 12.   Myftus corpore enfiformi.   D. 12. P. 17. V. 6. A. 84. C. 11.
Habitat in mari indico; *an forfan ad aliud genus referenda? Pinna ani excurrit in caudalem integram.*

tropica. 10. Cl. cauda cuneiformi. Osb. it. 300.   Br. 7. D. 26. P. 6. V. 6. A. 26. C. 20.
Habitat ad infulam Afcenfionis, *alba, compreffa, lata, ferrata.*
Caput *declive;* oculi *prope rictum magnum;* mandibula *inferior, longior;* dentes *unius ordinis;* branchiarum *opercula fquamofa;* linea *lateralis recta, dorfo propior;* pinna dorfi *a medio dorfi ad caudam extenfa; et ani aequales.*

finenfis. 11. Cl. radio extimo membranae branchioftegae poftice truncato.   D. 16. P. 16. V. 8. A. 16. C.
Habitat in Sina, *Harengo fimilis, fed latior.*
Os *edentulum;* branchiarum *opercula infima valde truncata, vel potius radium extimum membranae branchioftegae conftituentia.*

Haumela. 12. Cl. lanceolata nuda; pinnis ventralibus, anali et caudali nullis, dorfali per totum dorfum extenfa, cauda lineari. Forsk. Fn. arab. p. 72. n. 106.   Br. 6. D. 133. P. 12. V. o. A. o. C. o.
Habitat

Habitat in mari rubro, *ulnaris, argentea, politissima; an hujus generis?*

Vertex *planus, rhomboidalis;* mandibula *inferior longior;* dentes *subulati, compressi, validi, remoti, perpendiculares;* branchiarum *opercula cute communi tecta, squamis nuda, apice hyalina;* linea *lateralis abdomini propinqua et parallela, a pectore ad caudae apicem recta;* pinna *dorsalis glauca margine fusca, macula longitudinali oblonga, argentea notata;* loco *analis aculei* 82 *sub cute reconditi.*

Dorab. 13. Cl. pinnis ventralibus minutis, labio superiori dentibus porrectis bicorni, inferiori longiori, dentibus validioribus, erectis. *Forsk.*
Fn. arab. p 72. n. 108. |D. 17. P. 14. V. 7. A. 34. C.
Habitat in mari rubro, *linearis, squamis integris deciduis vestitus, argenteus, supra fuscus aut caeruleus.*

Vertex *horizontalis, planus, nucha caerulea;* oculi *iride argentea;* labium *superius non protractile dentibus protensis, remotis, inaequalibus,* 2 *mediis majoribus, acutissimis, inferius longius, dentibus erectis, utrinque* 6, *mediis sensim majoribus subulatis;* branchiarum *opercula nuda, striato-rivulata;* linea *lateralis recta, dorso propior, obsoleta;* abdomen *rectum;* pinna *dorsalis cauda duplo propior, quam capiti; ventrales minutae; caudalis ad basin bifida.*

villosa. 14. Cl. linea laterali prominula hirta. *Muller prodr. zool. dan.* p. 50. n. 425.
Habitat in mari *septentrionali.*

189. **CYPRINUS.** *Caput* ore edentulo; *os* nasale bisulcum.
Membrana branchiostega radiis tribus.
Corpus laeve albens. *Pinnae ventrales* saepe novemradiatae.

* *Barbati f. ad os cirrosi.*

Barbus. 1. C. pinna ani radiis 7, cirris 4, pinnae dorsi radio secundo

utrin-

utrinque ferrato. *Muf.*
Ad. Fr. 2. *p.* 107. *Wulf.*
ichth. bor. p. 41. *n.* 52.
Kram.| el. p. 391. *n.* 2.
S. G. Gmelin it. 3. *p.* 242.
t. 25. *f.* 1.   D. $\frac{2}{11}$. P. 16. V. 9. A. 7. C. 16.
Art. gen. 4. *fyn.* 8. Cyprinus maxilla fuperiore longiore, cirris 4, pinna ani officulorum 7.
Gron. zooph. 1. *p.* 104. *muf.*
1. *p.* 5. *n.* 20.   D. $\frac{3}{11}$. P. 16. V. 9. A. 7. C. 16.
Gron. muf. 2. *p.* 3.   D. 10. P. 17. V. 9. A. 8. C. 17.
Bloch Fifch. Deutfchl. 1. *p.*
109. *t.* 18 Cyprinus maxilla fuperiore prominente, cirris quatuor ad os.   D. 12. P. 17. V. 9. A. 8. C. 19.
Leike fpec. p. 17. Barbus oblongus olivaceus, cirris quatuor, maxilla fuperiore longiore &c.
Klein miff. pifc. 5. *p.* 64. *n.* 1.
Myftus dorfi parum arcuati, fed cultellati, colore dilute olivacea &c.
Rondel. pifc. 2. *p.* 194. *Gefn. aq. p.* 124. *Aldrov. pifc. p.* 598. *Salv. aq. p.* 86. *Will. ichth. p.* 259. *Marf. Danub. p.* 18. *t.* 7. *f.* 1.
Barbus.
Brit. zool. 3. *p.* 304. *n.* 2.
Barbel.

Habitat in Europae *et borealis* Perfiae *fluviis rivisque rapidis faxofis, infra faxa et in littoris cavernis latens, chelidonio, teftaceis, vermibus aliis, pifcibus minoribus ipfisque cadaveribus victitans, cito crefcens, grandaevus, a* 2 - 15 *pedes longus, vitae tenax, fapidus, elongatus, fquamis ftriatis, denticulatis, arcte inhaerentibus, mediae magnitudinis veftitus; fupra olivaceus, ad latera fupra lineam caerulefcens, infra ex albido virefcens, fubtus albus, carne fapida.*
Caput oblongum, dilute olivaceum, acuminatum; oculi iride dilute fufcefcentes; os inferum, oblongum; labium fuperius

PISCES ABDOMINALES. Cyprinus. 1411

perius robuftum rubrum, protractile; linea lateralis recta
iugio-punctata; pinnae rubefcentes, ventrales intermedia
auctae, caudalis bifurca, margine nigra; dorfalis tota
caerulefcens.

Carpio. 2. C. pinna ani radiis 9, cirris, 4, pinnae dorfalis ra-
dio fecundo poftice ferrato. *Fn. fuec.* 359. *Meiding ic. pifc. auftr. t.* 6.
Bloch. Fifch. Deutfchl. I. p.
92. *n.* 19. *t.* 16. 17. Cyprinus officulo tertio in
pinna dorfi anique ferrato. D. 24. P. 16. V. 9. A. 9. C. 19.
Art. gen. 4. *fyn.* 3. *fpec.* 25.
Cyprinus cirris 4; officulo
tertio pinnarum dorfi ani-
que uncinulis armato. D. 24. P. 16. V. 9. A. 9. C. 19.
Gron. muf. 1. *n.* 19. Idem. D. 22. P. 17. V. 8. A. 8. C. - -
β) Cyprinus fquamis folito
quadruplo majoribus di-
midia fui parte tectus, altera nudus. Spiegelkarpfe.
Bloch Fifch. Deutfchl. 1.
p. 107. *t.* 17. *et* 3. *p.* 131.
n. 24. D. 20. P. 18. V. 9. A. 7. C. 26.
γ) Cyprinus fquamis totus nu-
dus. *Loewe Abh. der hall.
Naturf. Gef.* 1. *p.* 134.

D. $\frac{2}{24}$. P. 16. V. 9. A. 9. C. 19.

Habitat in Europae et borealis Perfiae *aquis tardius fluentibus et ftagnantibus,* ad 4 usque pedes, tamen rarius longus, cito crefcens, et grandaevus, vitae tenacior, pro
aquae natura, colore carnisque fapore diverfus, herbis,
terra pingui, vermibus infectisque aquaticis, ftercore praefertim ovillo victitans, Majo vel Junio loca herbofa ma-
gisque tranquilla gregatim petens, ova pariturus numerofiffima (pifcis trilibris 237000, novemlibris 621600) frequens pifcium aliorum, avium aquaticarum, ranarum
praeda, ob carnis faporem eximium in pifcinis educatus,
circa annum 1514 primum in Angliam; circa 1560 in
Daniam introductus, bile pigmenti viridis loco inferviente, ovis in gari fpeciem accommodatis, ichthyocolla ex vefica ejus aërea cocta utilis; fupra ex caeruleo viridis, ad
latera fuperius ex flavo virefcens et nigricans, fubtus
albidus,

albidus, cauda flavus, squamis magnis longitudinaliter striatis tectus.
Caput magnum; frons lata, livida; genae caeruleae; oculi nigri, limbo flavo; mandibulae aequales; labia robusta, flava, in angulo utroque cirro longiori barbata; dorsum leviter arcuatum, supra pinnam carinatum, infra pinnam teres; linea lateralis nigro-punctata, leviter inflexa; pinna dorsalis cinerea, analis spadicea; pectorales, ventrales et caudalis bifurca violacea, haec margine nigricans.

Gobio. 3. C. pinna ani radiis 11, cirris. 2. Muſ. Ad. Fr. 2. p. 107.* Müll. prodr. zool. dan. p. 50. n. 427.   D. 10. P. 16. V. 9. A. 11. C. 19.
Art gen. 4. ſyn. 11. ſpec. 13. Cyprinus quincuncialis maculoſus, maxilla ſuperiore longiore, cirris 2 ad os.   D. 12. P. 17. V. 11. A. 11. C. 19.
Gron. muſ. 2. p. 2. n. 149. zoopb. 1. p. 104. Cyprinus maculoſus, cauda bifurcata, cirro utrinque unico ad angulos oris.   D. 8. P. 14. V. 6. A. 7. C. --
Bloch Fiſch. Deutſchl. 1. p. 57. n. 11. t. 8. f. 2. Cyprinus oblongus varius cirris 2 ad angulum oris.   D. 11. P. 16. V. 9. A. 10. C. 19.
Leske ſpec. p. 26. n. 3. Cyprinus oblongus ſubteres maculoſus, maxillis ſubaequalibus, cirris duobus, iride &c.
Klein miſſ. piſc 4. p. 60. n. 5. t. 15. f. 5. Enchelyopus ſquamulis parvis deciduis, ventre argenteo &c.
Aldr. piſc. p. 612. Marſ. Danub. 4. p. 23. t. 9. f. 2. Will. ichth. p. 264. t. Q. 8. f. 4. Gobius fluviatilis.
Rondel piſc. 2. p. 256. Geſn. aq. p. 399. Gobio fluviatilis.

Brit.

Brit. zool. 3. p. 308. n. 4.
Raj. pisc. p. 123. Gudgeon.
Habitat gregarius in Angliae, Daniae, Germaniae, Russiae quoque lacubus, vere in fluvios adscendens, Majo in his ova pariens, auctumno in lacus redux, vitae tenax, fertilissimus, herbis, vermibus, piscibus aliis vix ex ovo exclusis, cadaverum adeo frustis victitans, aliorum piscium aviumque aquaticarum frequens praeda, ad 8 pollices longus, angustus, squamis magnis vestitus, maculatus, supra lividus, ad latera supra lineam caeruleus, infra ochroleucus, colore tamen, pro aquae, quam inhabitat, victus, aetatis, anni temporis ratione vario, carne alba, sapidissima, concoctu facili.
Caput magnum, ex fusco virescens; oculi minuti, pupilla livida, iride aurea; mandibula superior ore clauso paulo longior; pinnae nunc rubescentes, nunc flavescentes; dorsalis ventralibus directe opposita, et analis, nigro-maculatae.

Tinca. 4. C. pinna ani radiis 25, cauda integra, corpore mucoso, cirris 2. Fn. suec. 263. Wulff ichth. bor. p. 42. n. 55. Müll prodr. zool. dan. p. 50. n. 428. D. 10. P. 16. V. 9. A. 25. C. 24.
Art. gen. 4. syn. 5. suec. 27.
Kram. el. p. 392. n. 6.
Gron. mus. I. p. 4. n. 18.
Cyprinus mucosus nigrescens, extremitate caudae aequali. D. 12. P. 17. V. 11. A. 11. C. 19
Bloch Fisch. Deutschl. I. p. 83. n. 14. Cyprinus squamis parvis, pinnis crassis. D. 12. P. 18. V. 11. A. 11. C. 19.
Klein miss. pisc. 5. p. 63. Brama pinnis circinatis et cauda atris &c.
Rondel. pisc. 2. p. 157. Salv. aq. p. 90. Gesn. aq. p. 984. Aldrov. pisc. p. 646. Jonst. pisc. p. 146. t. 29. f. 2. Will. ichth. p. 251. t. q. 5. Mars. Danub. p. 47. t. 15. Tinca.

Brit.

Brit. zool. 3. p. 306. n. 3.
Tench.
Gesn. Thierb. p. 157. b.
Schlei.
β) Tinca aurea, pinnis transparentibus. *Bloch Fisch. Deutschl.* I. p. 90. n. 19. t. 15.

D. 12. P. 16. V. 10. A. 9. C. 19.

Habitat in omnis terrarum orbis *aquis stagnantibus, vitae tenacissima, ut hieme sub glacie duret, fertilissima, vermibus herbisque lacustribus victitans, cito crescens,* ad 8 *usque libras pondere aequans, Junio in locis lacuum herbosis ova pariens, muco crasso, et squamis parvis cuti nigrae densae tenacissime inhaerentibus vestita, colore supra ex atro viridi, ad latera super lineam paulisper curvatam viridi, infra hanc flavo, subtus albo, pro aquae tamen indole, et sexu perquam vario, carne alba, molli, coctu difficili.*
Caput *magnum;* frons *lata,* ex viridi nigra; oculi *minuti,* iride *aurea;* genae ex flavo virentes, gula *alba;* mandibulae *aequales;* dorsum *leviter arcuatum, teres;* pinnae *crassae, violaceae,* caudalis ad angulos truncata, medio *recta;* scapula *et* os innominatum *robustiora, quam aliis piscibus.*

Bynni. 26. C. pinna dorsali radiis 13, tertio crasso corneo, cauda lineari bifida, cirris 4.
Forsk. Fn. arab. p. 71. n. 103.

D. $\frac{1}{10}\frac{3}{12}$. P. 17. V. 9. A. 6. C. 19.

Habitat frequens in Nilo, *cubitalis, totus argenteus, ex ovato oblongus, sapidus.*
Caput *compressiusculum;* dorsum *et* abdomen *declivia;* linea *lateralis sursum curva, abdomini propior;* pinnae *analis et caudalis rubrae, basi albae; reliquae albidae, margine crassiore rufescentes.*

Bulatmai. 32. C. pinna ani radiis 8, dorsalis secundo maximo, non serratis, cirris 4. *Hablizl apud S. G. Gmelin it.* 4. p. 135. *Pallas n. nord. Beytr.* 4. p. 6.

D. 10. P. 19. V. 9. A. 8. C. 21.

Habitat

Habitat rarior in mari caspio prope Enzelli, carpionis magnitudine; chalybeus, aureo colore internicante, subtus ex argenteo aureus, squamis mediocribus, semicircularibus, distantibus, imbricatis tectus, carne nivea sapidissima.

Caput *oblongum, supra fuscum, subtus album;* oculi *mediocres, laterales, iride ex aureo et argenteo varia;* linea *lateralis recta, ventri propior;* pinna *dorsalis ex fusco nigricans, radio primo minimo, alteroque simplici reliquis ramosis; pectorales basi griseae, apice rubentes, ventrales basi albae, apice rubrae; analis rubra, basi albicans, caudalis bifurca ex fusco rubescens.*

Capoeta. 33. C. pinna ani radiis 9, dorsalis et analis radio tertio longissimo, illius deorsum serrato, cirris 2. *Güldenst. nov. comm. Petrop.* 17. p. 507. t. 18. f. 1. 2. D. 12-13. P. 17-19. V. 9-10. A. 9. C. 19.

Habitat in mari caspio, hieme fluvios adscendens, pedem circiter longus, habitu orfum referens, ex compresso oblongus, squamis rotundatis, mediocribus, laevibus, striatis, argenteis, fusco-punctatis, in ventre minoribus et albis vestitus.

Caput *breve, latissimum, glabrum, vertice convexo fusco, os, quale nasi;* oculi *sat magni, laterales, iride argentea, superne ex fusco aurata;* branchiarum opercula *laevia, fusca, punctata;* linea *lateralis initio inter pinnas pectorales et ventrales parumper deorsum curvata, abdomini propior;* pinnae *fuscae, obscurius punctatae, dorsalis in medio dorsi trapezoidea, radio primo brevissimo, secundo duplo longiori, pectorales ex oblongo acuminatae, ventrales dorsali oppositae, supra appendice auctae, obtuse trapezoideae; analis figura ventralium; caudalis bifurca.*

Mursa. 34. C. pinna ani radiis 7, primo longissimo, dorsalis tertio longissimo crassissimo, retrorsum ultra medium serrato, cirris 4. *Güldenst. nov. comm. Petrop.* 17. p. 513. t. 8. f. 3-5. D. 11-12. P. 16-17. V. 8. A. 7. C. 19.

Habitat in mari caspio, vere pruritus tempore, in fluvium Cyrum adscendens, pedem circiter longus, habitu lucio affinis, ex tetragono oblongus, squamis parvis, ex tetragono

gono rotundatis, auratis, supra fusco adumbratis, subtus albidis et muco tenaci obductus.
Caput elongatum, conicum, compressiusculum, glabrum, vertice convexo; oculi laterales, mediocres, convexi, iride flavicante, supra fusco-maculata; branchiarum opercala laevia, fusca; linea lateralis media, recta; pinnae analis et ventrales forma similes, albae; hae supra fuscomaculatae; reliquae totae fuscae; dorsalis in medio dorsi posita; pectorales oblongae; caudalis verticalis bifurca.

Capito. 35. C. cirris 4, pinnae dorsalis radio tertio utrinque postice serrato, dorso acuto, lateribus pinnisque inferioribus albidis. *Güldenstedt nov. comm. Petrop. p.* 519.
Habitat in fluvio Cyro, barbo multum similis et paulo magis compressus, capite longiore, latiore, minus depresso, rostro obtusiore, cirris longioribus, oculis majoribus, pinna dorsali a rostro multo remotiore, colore laterum et pinnarum inferiorum luteo, vertebris 47, quae barbo tantum 44, differt.

** *Pinna caudae indivisa.*

Carassius. 5. C. pinna ani radiis 10, linea laterali recta. *Fn. suec.* 364. *Müll. prodr. zool. dan. p.* 50. *n.* 429. *Art. gen.* 4. *syn.* 5. *spec.* 29. *Kram. el. p.* 392. *n.* 7. Cyprinus pinna dorsi osciculis 20, linea laterali recta. *Gron. mus.* 1. *n.* 11 zooph. *n.* 343.
Act upſ. 1741. *p.* 75. *n.* 55. Cyprinus Hamburger.
Bloch Fiſch. Deutſchl. 1. *p.* 69. *n.* 15. Cyprinus linea laterali recta, pinna caudali indivisa, anali radiis 10.
Lesk. spec. p. 78. *n.* 17. Cyprinus ovalis latus olivaceus &c.

D. 20. P. 15. V. 8. A. 9. C. 21.

D. 20. P. 15. V. 9. A. 10. C.

D. 20. P. 11. V. 9. A. 19. C. 23.

D. 20. P. 14. V. 9. A. 9. C. 22.

D. 21. P. 13. V. 9. A. 10. C. 21.

Klein

Klein miff. pifc. 5. p. 59. n.
4. t. 11. f. 1. Cyprinus
brevis, dorfo repando &c.
*Aldr. pifc. p.*644. *Will. ichth.*
p. 249. t. Q. 6. f. 1. Cy‑
prinus latus alius.
Gefn. aq. p. 222. Charax.
Marf. Danub. 4. p. 45. t. 14.
Caraffius.
Brit. zool. 3. p. 310. Rud.
Gefn. Thierb. p. 166. b.
Karas.

Habitat in Europae et Sibiriae *aquis in fundo molliori ftag‑*
nantibus, etiam in mari calpio, *facile in pifcinis educan‑*
dus, limo, herbis et vermibus victitans, vitae tenacior,
tarde crefcens, ultra libram vix ponderofus, pifcium alio‑
rum aviumque aquaticarum frequens praeda, a lernaea
cyprinacea crebro infeftatus, biennis jam Majo, rarius
Aprili ova pariens flavicantia 93700; *latus, fquamis me‑*
diocribus tectus; fupra obfcure viridis, ad latera virèf‑
cens, inferius flavicans, fubtus ex albo rubroque varius,
fapidus.

Caput *exile, obtufum, fupra olivaceum, ad latera ex flavo*
viridique varium; oculi minuti, iride argentea, annulo
aureo cincta; mandibula *utràque dentibus* 5 *latis armata;*
dorfum *ante pinnam carinatum, pone eam teres,* pinnae
pectorales violaceae, ceterae flavicantes, margine cinereae.

Cephalus. 6. C. pinna ani radiis 11, cor‑
pore fubcylindrico.
Muf. Ad. Fr. p. 77. t. 30.
Cyprinus pinna ani radiis
11, cauda rotundata.   D. 11. P. 16. V. 9. A. 11. C. 17.
Art. gen. 5. *fyn.* 7. Cypri‑
nus oblongus macrolepi‑
dotus, pinna ani offícu‑
lis 11.   D. -- P. -- V. -- A. 11. C. --
Gron. muf. 1. n. 112. 2. p. 3.
Idem.   D. 11. P. -- V. 9. A. 11. C. --
Habitat in Danubio, Rheno.

Gibelio. 36. C. pinna dorfali radiis 20,
cauda bifurcata. *Bloch.*
Fifch. Deutfchl. 1. p. 71.
n. 16. t. 12.   D. 19. P. 15. V. 9. A. 8. C. 20.
                                                        Wulf.

PISCES ABDOMINALES. Cyprinus.

*Wulf. ichth. bor. p.*50. *n.* 67.
Gieben.
Will. ichth. p. 250. Caraffi
primum genus.
Gefn. Thierb. p. 166. b. Klein
Karas oder Giblichen.
Habitat in Germaniae *aquis ftagnantibus, vix ultra dimidiam libram pondere aequans, fertiliffimus,* ut biennis jam menfibus Majo, Junio et Julio ad 300000 ova pariat a ranis faepius devorata, *vitae tenax*, ardearum, anatum, corvorum crebra praeda, *fquamis magnis tectus, latus, et elongatus, rarius piceus, quam fupra caeruleus, ad latera cacfius, infra aureus.*
Caput *magnum, ochraceum, fupra fufcum;* oculi *magni, iride aurea;* mandibulae aequales, utraque dentibus 8 minutis, acutis, in 2 feries difpofitis armata; dorfum arcuatum; linea *lateralis fufco-punctata, deorfum flexa;* pinnae *flavae, radiis ramofis; caudalis cinerea.*

fericeus. 37. C. pinna dorfali radiis 10,
analis 11, cauda ex fufco
rubente. *Pall. it.* 3. *p.* 704.
n. 41.
Habitat copiofiffimus in Dauuriae aquis pigris, 1½ *pollicem longus, caraffii forma, ex caerulefcente vel violafcente argenteus fplendidiffimus*, abdomen verfus pallide rofeus, utrinque ftriga latiufcula longitudinali, fubargentea ex viridi cyanea pictus; an ex hac cyprinorum tribu?
Oculi *iride aurea, litura fupra pupillam miniacea;* pinnae *ventrales et analis cinnabarinae, apice atrae.*

*** *Pinna caudae trifida.*

auratus. 7. C. pinna ani gemina, caudae transverfa bifurca. *Fn. fuec.* 2. *p.* 125. *t.* 2.
Act. ftockh. 1740. *p.* 403. *t.*
1. *f.* 1-8. Idem.   D. $\frac{3}{11}$. P. 16. V. 9. A. 8, 8. C. 37.
Bafter act. Haarl. 7. *p.* 215.
t. 2. *f.* 4. 6. Pifcis aureus.
Gron. muf. 1. *p.* 3. *n.* 15.
Cyprinus pinna ani duplici cauda, bifurca.   D. 8. P. 11. V. 7. A. - - C. 20.

Gronov

PISCES ABDOMINALES. Cyprinus.

Gron. muſ. 2. n. 150. Cyprinus pinna ani simplici, cauda trifurca.   D. 18. P. 11. V. 8. A. 8. C. 44.
Bloch Fiſch. Deutſchl. 3 . . p. 132 n. 25. t. 93. 94. f. 1-3.
Cyprinus colore rubro.   D. 20. P. 16. V. 11, A. 9. C. 27.
Kaempf. Japan. 1. p. 155.
Kingio.
Brit. zool. 3. p. 319. n. 12.
Edw. av. t. 209. Goldfiſh.
Petiv. gazoph. t. 78. f. 7.
Habitat in Sinae, Japoniae *fluviis, ob ſummum agilitatem, colorisque in vivo piſce, pro aetate, ſexu, victus, aquae indole (quemadmodum pinnarum forma, radiorumque in iis numerus) admirandum ſplendorem in piſcinis et vaſis murrhinis cultus, pane, lemna, piſciculis alendus, a ſeminibus bidentis tripartitae, fauci adhaerentibus et occidentibus, ſollicite cavendus, ſquamis magnis veſtitus, adultus utplurimum ſupra nigro-maculatus, ad latera rubroaureus, ſubtus rubeſcente argenteus.*
Caput *mediocre, ſupra rubrum, ad latera aureum,* oculi *iride aurea;* branchiarum *opercula diphylla;* dorſum *convexum;* linea *lateralis dorſo propior, recta,* pinnae *ruberrimae.*

**** *Pinna caudae bifida.*

regius.   38. C. pinna ani radiis 11, dorſali per totam dorſi longitudinem excurrente. *Molin. hiſt. nat. Chil. p.* 198.
n. 4. *   D. 28. P. 15. V. 10. A. 11. C. 21.
Habitat in *mari regnum* Chilenſe *alluente, frequentiſſimus, harengi fere magnitudine, cylindricus, ſquamis ſupra aureis, ad latera argenteis tectus.*
Oculi *flavi, pupilla caerulea; iride purpurea; os breve, obtuſum, edentulum;* pinnae *molles, flavae;* caro *exquiſita.*

Caucus.   39. C. pinna ani radiis 13, corpore tuberoſo argenteolo. *Molin. hiſt. nat. Chil. p.* 198. n. 5. *   D. 9. P. 16. V. 9. A. 13. C. 29.
Habitat in regni Chilenſis *aquis dulcibus, ſeſquipedalis.*

Yyyy 3   40. C.

1420   PISCES ABDOMINALES. 7 Cyprinus.

Malchus. 40. C. pinna ani radiis 8, corpore conico subcaeruleo. *Molin. hist. nat. Chil. p. 199. n. 6.* *   D. 12. P. 14. V. 8. A. 8. C. 18.
Habitat in aquis dulcibus Chilenfibus, *pedalis.*

Julus. 41. C. pinna ani radiis 10, caudae lobata. *Molin. hist. nat. Chil. p. 199. n. 7.* *   D. 15. P. 17. V. 9. A. 10. C. 19.
Habitat in aquis dulcibus Chilenfibus, *spithamaeus.*

rivularis. 42. C. pinna anali dorfalique radiis 8, corpore fulcomaculato. *Pall. it. 2. p. 717. n. 36.*   D. 8. P. 8. V. 8. A. 8. C. --
Habitat in rivulis minimis, lacunisque montanis circa montes altaicos, aphyae magnitudine, circiter bipollicaris, fubargenteus, ex tereti compressiusculus, squamis vix conspicuis vestitus.
Caput obtusum, subtetragonum, vertice poris sparsis magnis excavato; oculi i. ide argentea; linea lateralis recta, ad caput subadscendens; pinnae pallidae, pectorales rotundatae.

Labeo. 43. C. pinna ani radiis 7, dorsali 8, pectoralibus 19. *Pall. it. 3. p. 703. n. 39.*   D. 8. P. 19. V. 9. A. 7. C. --
Habitat gregatim et frequens in fluviis Dauuriae saxosis, rapidis, versus oceanum orientalem tendentibus, velocissime natans, ulnam longitudine nunquam assequens, teretiusculus, subcompressus, squamis magnis tectus, carne sapidissima.
Caput crassum, rostro conico obtuso subcarnoso; os sub rostro, fere quale acipenseris; oculi majusculi, iride ex flavo argentea; pinnae pectorales, ventrales, et analis rubrae; caudalis fusca; dorsalis radius primus robustus, osseus.

leptocephalus. 44. C. pinna ani radiis 9, dorsali 8. *Pall. it. 3. p. 703. n. 40.*   D. 8. P. 20. V. 10. A. 9. C. --
Habitat cum labeone, cui aequalis, corpore salmonem coregonum, capite esocem aliquantum referens, labeone tardior, squamis mediocribus tectus.

Oculi

PISCES ABDOMINALES. Cyprinus. 1421

Oculi *iride ex flavescente argentea*; rostrum *valde produ-*
ctum, depressum, rotundatum, mandibula inferiore lon-
giore; pinnae, *dorsali excepta,* rubrae.

Chalcoi- 45. C. pinna ani radiis 19,
des.   dorsi 12. Güldenst. nov.
         comm. Petrop. 16. p. 540.
         t. 16.   D. 12. P. 16. V. 9. A. 19. C. 19.
         Pall. it. 3. p. 704. n. 41. *
         Cyprinus clupeoides.   D. 9. P. 17. V. 9. A. 17. C. - -
Habitat *in* mari Caspio, *pruritus tempore a Novembri ad*
Januarium in fluvios Terek *et* Cyrum *adscendens, vix*
pedem longus, ex compresso oblongus, harengum statura
similans, squamis rotundatis, striatis, supra ex canescen-
te et virescente argenteis, fusco-punctatis, ad latera splen-
dide argenteis, subtus lacteis vestitus.
Caput *compressum, acuminatum, fronte et vertice ex fusco*
virentibus; oculi *laterales, liberi, iride argentea, supra*
subaurata et nigro-punctata, infra macula sanguinea
notata; mandibulae *edentulae, inferior longior;* lingua *ob-*
longa, adnata, cartilaginea, alba, laevis; palatum *lae-*
ve; fauces *osficulo plano aspero inaequales;* branchiarum
opercula *plana, laevia, nitidissime argentea;* dorsum *pa-*
rum convexum; linea *lateralis deorsum arcuata, ventri*
propior et parallela, punctis elevatis albidis circiter 70;
pinna *dorsali in medio dorsi, fuscescens, radio secundo*
longissimo; pectorales *albae, ex oblongo acuminatae, ra-*
dio primo maximo fusco; ventrales *rotundatae albae, ap-*
pendice lanceolata auctae, analis radio primo brevissimo,
tertio longissimo; caudalis perpendicularis fusca.

Galian. 46. C. pinna ani radiis 7, dor-
         sali 8, pectoralibus 14.
         Lepechin it. 2. t. 9. f. 4. 5.
         nov. comm. Petrop. 15. p.
         491. Cyprinus corpore
         olivaceo maculis fuscis di-
         stincto, ima corporis par-
         te cinnabarina, pinna ani
         radiis 7.   D. 8. P. 14. V. 8. A. 7. C. 19.
Habitat *in rivis scopulosis circa* Catharinopolin Sibiriae, *tres*
pollices longus, olivaceus, fusco-maculatus, subtus mi-
niatus, squamis exiguis, rotundatis, tenaciter adhaeren-
tibus vestitus, torrefactus edulis.

Yyyy 4   Caput

Caput *breve, fere conicum, vertice nigricante*; oculi *laterales, iride argentea*; mandibulae *margine fanguineae, inferior paulo brevior*; linea *lateralis incurva, abdomini propior, quam in congeneribus*; pinnae *radiis ramofis, bafi miniatae, apice fufcae, medio albidae, caudalis et quadrangula dorfalis bafi nigrae, ceterum albidae nigro-punctatae.*

niloticus. 8. C. pinna ani radiis 7, dorfali 18. *Muf. Ad. Fr.* 2. p. 108.
D. 18. P. 17. V. 9. A. 7. C. 19.
Haffelq. it. 393. *n.* 94. Cyprinus rufefcens.
D. 18. P. $\frac{17}{17}$. V. 9. A. 7. C. 24.
Habitat in Nilo.

Gonorhynchus. 9. C. pinna ani radiis 8, corpore cylindrico.
Gron. zooph. 199. *t.* 10. *f.* 2. Gonorhynchus.
D. 12. P. 10. V. 9. A. 8. C. 18.
Habitat ad caput bonae fpei.

Phoxinus. 10. C. pinna ani radiis 8, macula fufca ad caudam, corpore pellucido. *Müll. prodr. zool. dan.* p. 50. *n.* 430.
D. 8. P. 15. V. 8. A. 8. C. 19.
Bloch Fifch. Deutfchl. 1. p. 60. *n.* 12. *t.* 8. *f.* 5. Cyprinus teretiufculus, pinnis ventralibus anali dorfalique radiis 10.
D. 10. P. 17. V. 10. A. 10. C. 20.
Art. fyn. 12. Cyprinus tridactylus, varius, oblongus, teretiufculus, pinna ani officulorum 8.
Rondel pifc. 2. p. 205. *Gefn. aq.* p. 715. Pifciculus varius.
Aldr. pifc. p. 582. Phoxinus Bellonii.
Jonft. pifc. p. 154. *t.* 28. *f.* 2.
Will. ichth. p. 268. Phoxinus laevis.
Brit. zool. 3. p. 318. *n.* 11.
Raj. pifc. p. 125. Minow.

Gefn.

Gesn. Thierb. p. 158. b.
Glatte Bambele.

Habitat frequens et gregarius, ab aliis tamen piscibus segregatus, in Europae, Sibiriaeque fluviorum puriorem aquam vehentium, eo quod colorem amat, superficie, herbis et vermibus victitans, tarde crescens, fertilissimus, tri. aut. quadriennis sub finem Junii ova in profundo pariens, lucii crebra praeda, teretiusculus, squamis exilibus tenuibus, mucoque obductus, supra niger, vel ex atro caeruleus, ad latera striis alternis caeruleis, flavis et nigris; vel coccineis, dilute caeruleis, et argenteis, praetereaque transversis caeruleis, aut nigris varius, carne exquisita.

Caput cuneatum, supra ex virescente atrum; oculi parvi, iride aurea; mandibulae aequales margine rubrae; branchiarum opercula flava; dorsum et linea lateralis recta; pinnae cinereae, basi macula rubra notatae.

Aphya. 11. C. pinna ani radiis 9, iridibus rubris, corpore pellucido Fn. suec. 374.*   D. 10. P. 12. V. 7. A. 9. C. 19.
It. wgoth. 232. Cyprinus minimus.   D. 11. P. 8. V. 8. A. 9. C. 19.
Bloch Fisch. Deutschl. 3. p. 143. n. 29. t. 97. f. 2. Cyprinus radiis novem in pinna anali dorsalique.   D. 9. P. 12. V. 8. A. 9. C. 20.
Art. gen. 4. syn. 13. spec. 30. Cyprinus biuncialis, iridibus rubris, pinna ani osficulorum novem.
                                                                                                D. - - P. - - V. - - A. 9. C. - -
Müll. prodr. zool. dan. p. 50. n. 431. Löje, Gorloie, Kime, Gorkime, Gorkytte.

Habita gregarius in maris septentrionalis europaei littore, fluviisque in hoc potissimum redundantibus, a 1½ ad 4½ pollices longus, elongatus, crassus, teres, squamis mediocribus facile deciduis vestitus, supra fuscescens, ad latera infra lineam albicans, subtus albus aut ruber, carne sapida, alba.

Caput et os mediae amplitudinis; mandibula superior ore clauso paulo longior; oculi iride flava, annulo rubro cincta; linea lateralis media recta; pinnae cinereae, basi virescentes.

12. C.

Leuciscus. 12. C. pinna ani radiis 18, dorsali 9.
Bloch Fisch. Deutschl. 3. p. 141. n. 28. t. 97. f. 1. Cyprinus pinna ani radiis 11, et 10 in pinna dorsali.
Art. syn. 9. Cyprinus novem digitorum, rutilo longior et angustior, pinna ani radiorum decem.
Bell. aq. p. 313. Leuciscus f. albula.
Rondel. pisc. 2. p. 192. Aldr. pisc. p. 607. Leuciscus secundus.
Gesn. aq. p. 26. ic. anim. p. 290. Leuciscus fluviatilis secundus.
Brit. zool. 3. p. 312. n. 8.
Will. ichth. p. 260. Raj. pisc. p. 121. Dace or Dare.
Jonst. pisc. p. 136. t. 26. f. 11.
Gesn. Thierb. p. 162. Blicke, Laugeler.

D. 9. P. -. V. -. A. 10. C. 19.

D. 10. P. 15. V. 9. A. 11. C. 18.

Habitat in Germaniae australis, Galliae, Italiae, Angliae aquis fluentibus purioribus, in Sibiriae quoque lacu Baunt, a 6 pollicibus ad 1½ pedem longus, muscis, culicibus, vermibus victitans, Junio pruriens, fertilissimus, perniciissime natans, lucii percaeque fluviatilis crebra praeda, argenteus, supra fuscescens, elongatus, squamis mediae magnitudinis vestitus, carne alba, sapida. Caput parvum; oculi iride flavicante; os amplum; branchiarum opercula diphylla; linea lateralis curvata, ventri propinqua; dorsum convexum; pinnae albidae.

Dobula. 13. C. pinna ani dorsalique radiis 10. Müll. zool. dan. prodr. p. 50. n. 432.
Bloch Fisch. Deutschl. 1. p. 42. n. 5. t. 5. Cyprinus oblongus pinna ani dorsalique radiis 11.
Art. syn. 10. Cyprinus pedalis, gracilis, oblongus,

D. 10. P. 15. V. 9. A. 10. C. 19.

D. 11. P. 15. V. 9. A. 11. C. 18.

crassi-

crassiusculus, dorso grasso, pinna ani osticulorum 9.

Lesk. spec. p. 38. n. 6. Cyprinus Jeses pedalis subteres &c.

Kram. el. p. 394. n. 10. Cyprinus, pinna ani, radiis 11. &c.

Klein mss. pisc. 5. p. 66. n. 5. Leuciscus spithamae magnitudinis, squamis majusculis &c.

Aldrov. pisc. p. 603. Will. ichth. p. 261. Capito fluviatilis s. squalus minor.

Gesn. Thierb. p. 170. Hasele.

Habitat in Daniae, Borussiae, Silesiae, Germaniae, Galliae *lacubus, aquam puriorem in fundo margaceo aut saxoso continentibus, ex eorum fundo vere in fluvios adscendens, a Martio ad Majum ova pariens, virescentia 26460, hirudinibus aliisque vermibus victitans, et herbis, vitae minus tenacis, vix ultra 10 pollices longus, angustus, oblongus, squamis mediae magnitudinis ad marginem nigro-punctatis vestitus, supra virescens, subtus ex argenteo caerulescens, mas junior pruritus tempore nigro maculatus.*

Caput obtusum, supra latum; ex cinereo nigrum; oculi iride flava, supra macula viridi notata; mandibulae 2 dentium uncinatorum ordinibus armatae, altero dentium 5, posteriore 2; dorsum teres; linea lateralis deorsum flexa, flavo-punctata; pinnae juniori albae, adultiori ventrales et analis rubrae, pectorales flavae, dorsalis virescens, caudalis caerulescens.

Grislagine. 14. C. pinna ani radiis 11, pinnis albentibus. *Fn. suec.* 367. *Act. ups.* 1744. *p.* 35. *t.* 3.

Art. syn. 5. spec. 12. Cyprinus oblongus, figura rutili, pinna ani osticulorum 10.

Art. gen. 5. Cyprinus oblongus, iride argentea, pinnis albentibus.

D. 10. P. 16. V. 9. A. 11. C. 19.

Gron.

PISCES ABDOMINALES. Cyprinus.

  Gron. muf. 2. *n.* 148. Cy-
  prinus idem.   D. 11. P. 11. V. 9. A. 11. C. - -
  Habitat in Europae *lacubus; an fatis diftinctus a Dobula?*

Idbarus. 15. C. pinna ani radiis 12, pinnis
  ventralibus fanguineis.   D. 10. P. - - V. -. A. 12. C. 19.
  Habitat in Sueciae *lacubus; an ab* Ido *vere diverfus?*

Rutilus. 16. C. pinna ani radiis 12, rubicunda. *Fn. fuec.* 372.
  Koelreuter nov. comm. Pe-
  trop. 15. *p.* 494.   D. 11. P. 18. V. 10. A. 13. C. 30.
  Art. gen. 3. *fyn.* 10. *fpec.* 10.
  Cyprinus iride pinnis ven-
  tris ac ani plerumque ru-
  bentibus.   D. 13. P. 15. V. 9. A. 12. C. 17.
  Gron. muf. 1. *n.* 8. *zooph.*
  p. 107. *n.* 338. *act. Helv.*
  4. *p.* 268. *n.* 183. Cyprinus oblongu$_s$, cauda lu-
  nulata &c.   D. 12. P. - - V. 9. A. 13. C. -
  Gron. act. upf. 1741. *p.* 74.
  n. 51. Idem.   D. 10. P. 11. V. 10. A. 15. C. - -
  Gron. act. upf. 1741. *p.* 74.
  n. 52. Rex van Ruy.   D. 10. P. 12. V. 9. A. 15. C. 22.
  Bloch. Fifch. Deutfchl. 1. *p.*
  32. *n.* 2. *t.* 2. Cyprinus
  iride pinnis omnibus ru-
  bris et in anali radiis 14. D. 13. P. 15. V. 9. A. 14. C. 20.
  Klein pifc. miff. 5. *p.* 67. *n.* 9.
  t. 18. *f.* 1. Leucifcus dorfo et pinna dorfi ex caeruleo fufcis &c.
  Gefn. aq. p. 281. *Aldr. pifc.*
  p. 621. *Jonft. pifc. p.* 130.
  Will. ichth. p. 262. Rutilus 1. Rubellus fluviatilis.
  Brit. zool. 3. *p.* 311. *n.* 7.
  Roach.
  Gefn. Thierb. p. 167. Rotten.
  Habitat in Europae *et borealis* Perfiae *aquis purioribus, in
  arenaceo aut margaceo folo fluentibus vel ftagnantibus, in
  cafpio quoque mari, per turmas nonnunquam incedens,
  vix* 1½ *libras pondere aequans, vitae tenax, Maji medio
  meridie ova pariens numerofiffima* (54570) *virefcentia,
                 coctu*

PISCES ABDOMINALES. Cyprinus.

coitu rubentia, vermibus aquaticis herbisque victitans, piscium majorum aviumque aquaticarum frequens praeda, callide se abscondens, squamis latis, tectus, argenteus, dorso ex virescente niger, carne alba, sapida.
Caput mediae magnitudinis; oculi (junioris) iride superius rubicunda; mandibulae aequales, utraque serie dentium 5, ad latera compressorum, apice incurvorum armata; labia rubra; linea lateralis deorsum flexa, ex punctis 36 conflata; pinnae ventrales et analis sanguineae, reliquae spadiceae, dorsalis ventralibus opposita.

Idus. 17. C. pinna ani radiis 13, rubra. *Fn. suec.* 362. *Müll. prodr. zool. dan. p.* 51. *n.* 436. *Kram el. p.* 394. *n.* 11. *S. G. Gmelin it.* 3. *p.* 241.   D. 10. P. 18. V. 10. A. 13. C. 19.
Art. gen. 5. *syn.* 14. *spec.* 6. Cyprinus iride sublutea, pinnis ventralibus anique rubris.   D. 11. P. -- V. 10. A. 13. C. 19.
Gron. mus. 1. *p.* 3. *n.* 13.
Idem.   D. 10. P. 20. V. 9. A. 13. C. 24.
Bloch Fisch. Deutschl. 1. *p.* 253. *n.* 22. *t.* 36. Cyprinus corpore crasso, pinna ani radiis 13.   D. 10. P. 17.

Habitat in Europae magis septentrionalis aquis dulcibus purioribus, praesertim lacubus majoribus, ex quibus Aprili et Majo in fluvios adscendit, in locis rapidioribus ad saxa denudata triennis jam ova pariens; flavicantia (67600), in mari quoque caspio obvius, a 1½-2 pedes longus, fertilis, vitae tenax, herbis in fundo nascentibus vermibusque victitans, crassus, squamis magnis tectus, supra niger, subtus albus, ad latera supra lineam caerulescens, infra illam ochroleucus, carne tenera alba sapida.

Caput crassum, truncatum, fronte nuchaque nigrum, genis ex flavo caerulescens; oculi mediocres, iride ochroleuca; os parvum edentulum; mandibula superior longior; dorsum convexum, leviter arcuatum; linea lateralis infra caput flexa; pinnae radiis plurimis ramosis, dorsalis ventralibus opposita, caudalisque lata, lunata, cinereae; pectorales flavicantes, ventrales intermedia auctae, acutae, medio rubrae, ad latera et basi albae; analis rubra basi alba.

18. C.

Orfus. 18. C. pinna ani radiis 13.
Bloch Fisch. Deutschl. 3. p.
138. n. 27. t. 96. Cyprinus corpore colore croceo,
pinna ani radiis 14.   D. 10. P. 11. V. 10. A. 14. C. 22.
Art. syn. p. 6. n. 8. Cyprinus Orfus dictus.
Klein miss. pisc. 5. p. 66. n. 4.
Leuciscus in dorso et lateribus flavicans &c.
Gesn. ic. an. p. 298. Capito
fluviatilis subruber.
Aldr. pisc. p. 605. *Jonst.
pisc.* p. 153. t. 2. f. 7. t.
26. f. 9 Orphus Germanorum s. Capito subruber.
Will. ichth. p. 253. t. Q. 9.
f. 1. 2. *Raj. pisc.* 118.
Frow-fisch.
Marf. Danub. 4. p. 13. t. 5.
Nerfling, Frauenfisch, Jalefcke, Jass.
Gesn. Thierb. p. 166. b.
Meyer Thierb. 2. p. 31.
t. 43. Orfe, Orff, Urff,
Erfle, Nörfling, Wurfling, Elfft.

Habitat in Germaniae *australis*, Angliae, Russiae *aquis dulcibus, ob coloris crocei splendorum frequenter in piscinis educatus, subtus argenteus, squamis magnis tectus, vitae minus tenacis, vermibus, insectis, terra pingui, ovis aliorum piscium victitans, Martio et Aprili ova minima lutea pariens, lucii, percae fluviatilis, glanidis frequens praeda, carne sapida.*
Caput *parvum, genis argenteum; oculi iride aurea; mandibulae superior paulo longior; pinnae rubrae; caudalis lunata.*

Buggenhagii. 47. C. pinna ani radiis 19.
Bloch Fisch. Deutschl. 3.
p. 137. n. 26. t. 95.   D. 12. P. 12. V. 10. A. 19. C. 18.
Habitat in Pomeraniae *lacubus, fluvioque Pene, 12-14 pollices longus, supra nigricans, ad latera compressa squamis magnis argenteis tectus, carne alba eduli.*

                                                          Caput

PISCES ABDOMINALES. Cyprinus. 1429

Caput et os parvum, nucha fovea transversa excavata; mandibula superior longior; dorsum arcuatum, carinatum; linea lateralis ventrem versus flexa, dein recta; pinnae basi et margine caeruleae; ventrales pinna media auctae; analis lunata; caudalis bifurca.

erythrophthalmus.
19. C. pinna ani radiis 15, pinnis rubris. *Fn. suec.* 366.
Kram. el. p. 393. *n.* 9.
Müll. prodr. zool. dan. p. 51. *n.* 437.
Art. gen. 3. *syn.* 4. *spec.* 9. Cyprinus iride, pinnis omnibus caudaque rubris. D. 11. P. 16. V. 10. A. 14. C. 19.
Bloch Fisch. Deutschl. 1. *p.* 28. *n.* 1. *t.* 1. Cyprinus latus, iride crocea, pinnis ventralibus anali caudaque cinnabarinis. D. 12. P. 16. V. 10. A. 15. C. 20.
Leske spec. p. 64. *n.* 14. Rutilus.
Gronov. zooph. 1. *p.* 107. *n.* 340. Cyprinus oblongus, cauda vix lunulata, dorso convexo &c.
Klein miss. pisc. 5. *p.* 63. *n.* 5. *t.* 13. *f.* 2 Brama pinnis omnibus cum cauda rubris, dorsali nigricante &c.
Will. ichth. p. 249. *t.* Q. 3. *f.* 1. Erythrophthalmus bramis affinis.
Marf Danub. 4. *p.* 39. *t.* 13. *f.* 4. Rubellus.
Brit. zool. 3. *p.* 310. *n.* 6. Rud.
Meyer Thierb. 2. *p.* 15. *t.* 53. Rothauge.

Habitat in Europae magis septentrionalis, etiam Hungariae, australique Russiae aquis dulcibus, in mari quoque Caspio, fluviisque in illud effluentibus, a 10 pollicibus ad pedem longus, squamis magnis tenuibus argenteis tectus, dorso ex atro virens, ad latera supra lineam virescens, infra eam flavicans, subtus argenteus; vitae tenacior, ferti-

fertilissimus, Aprili per aliquot modo dies ad stirpes aquaticas ova numerosissima (91720) pariens, vermibus, infectis, herbis aquaticis victitans, lucio, percae fluviatilis, luciopercae, avibus aquaticis cibo inserviens, carne per aestatem sapida.

Caput parvum, anterius obtusum; mandibulae aequales, duplici dentium serratorum incurvorum serie armatae; inferior incurva; nares amplae; dorsum ante pinnam carinatum, pone illam convexum; linea lateralis a nucha deorsum flexa, 30 punctis elevatis utrinque conspicua; pinnae pectorales spadiceae, dorsalis, a capite remotior, quam ventrales, virescens, margine rubra.

Jeses. 20. C. pinna ani radiis 14, rostro rotundato.

Bloch Fisch. Deutschl. 1. p. 45. n. 6. t. 6. Cyprinus corpore et capite crasso, rostro rotundato, pinna ani radiis 14.

D. 11. P. 16. V. 9. A. 14. C. 20.

Art. syn. 7. Cyprinus cubitalis, pinna ani ossiculorum 14.
Lesk. spec. p. 34. n. 5. Cyprinus Dobula &c.
Klein miss. pisc. 5. p. 68. n. 13. Leuciscus dorso crasso carinato &c.
Rondel. pisc. 2. p. 190. Capito s. Cephalus fluviatilis.
Gesn. aq. p. 182. Aldr. pisc. p. 603. Will. ichth. p. 256. t. Q. 6. f. 3. Marf. Danub. 4. p. 53. t. 18. f. 1. Capito fluviatilis caeruleus.
Gesn. Thierb. p. 169. b. Jentling.

Habitat in Galliae, Germaniae, Hungariae, Russiae fluviorum locis rapidissimis, pernicissime natans, vitae tenax, fertilissimus, Martio et Aprili per 8 circiter dies ova pariens lutescentia, numerosissima (92720), tardius crescens, crassus, squamis magnis margine inferiore caeruleis tectus, supra caeruleus, ad latera caerulescens, carne molli sapida.

Caput

PISCES ABDOMINALES. Cyprinus.

Caput crassum, truncatum fronte lata nigricante; oculi magni, pupilla glauca, iride flava; branchiarum opercula caerulea; linea lateralis satis recta, punctis 58 ex luteo fuscis conspicua; pinnae pectorales, ventrales intermediae auctae, et analis dilute violaceae, dorsalis, ventralibus a capite remotior, caerulescens, caudalis lata, subbifurca, cinerea, margine caerulea.

Nasus. 21. C. pinna ani radiis 14, rostro prominente. *Art. gen.* 5. *syn.* 6. *Gron. mus.* 2. n. 147.   D. 11. P. 7. V. 9. A. 12. C. 25.
Bloch. Fisch. Deutschl. I. p. 35. n. 3. t. 3. Cyprinus abdomine intus nigro.   D. 12. P. 16. V. 13. A. 15. C. 22.
Kram. el. p. 394. n. 12. Cyprinus rostro nasiformi, maxillis imberbibus, abdomine interne nigro.
Gron. zooph. p. 105. n. 332. *act. helvet.* 4. p. 268. n. 184. Cyprinus oblongus, rostro nasiformi prominente, pinna dorsali ventralibus opposita, cauda bifurca.
Klein pisc. miss. 5. p. 66. n. 6. t. 16. f. 1. Leuciscus pinnis branchialibus flavicantibus &c.
Gesn. aq. p. 620. *Marf. Danub.* 4. p. 9. t. 3. Nasus.
Aldr. pisc. p. 610. *Will. Ichth.* p. 254. t. Q. 10 f. 6. *Jonst. pisc.* p. 138. t. 26. f. 15. Nasus Alberti.
Gesn. Thierb. p. 170. b.
Meyer Thierb. 2. p. 3. t. 11. Nase.

Habitat in Borussiae, Germaniae, Italiae *lacuum majorum*, in maris quoque caspii profundis, vere gregatim in fluvios adscendens, a libra ad 2 libras pondere aequans, vermibus et herbis victitans, Aprili in profundo ova pariens albida, milii semini aequalia, numerosissima (7900), oblongus, squamis magnis tectus, supra nigricans, subtus argenteus, carne molli dulci; abdomine intus nigro.

Nucha

· PISCES ABDOMINALES. Cyprinus.

Nucha *lata nigra*; oculi *magni, iride ex argenteo aurea*; os *inferum, transverfum, parvum, quadrangulare*; mandibula *superior longior, apice obtufa*; dentes *in utraque 6*; pinnae radiis *optre in 8 ramos divifis, superiores nigricantes, inferiores rubicundae; caudalis bifurca*. -

Afpius. 22. C. pinna ani radiis 16, maxilla inferiore longiore, incurva. *Fn. fuec.* 361. *Bloch Fifch. Deutfchl.* 1. p. 48. *n.* 8. *t.* 7.   D. 11. P. 20. V. 9. A. 16. C. 20.
Art. gen. 6. *fyn.* 14. *fpec.* 14. Cyprinus maxilla inferiore longiore cum apice elevato pinna ani officulorum 15.   D. 11. P. 18. V. 10. A. 16. C. 19.
Art: fyn. 8. Cyprinus magnus craffus argenteus, longitudine ad latitudinem quintupla.
Kram. el. p. 391. *n.* 4. Cyprinus pinna ani officulis 16, maxilla inferiore longiore incurva, pinnis pectoralibus ventrales non attingentibus.
Lesk. fpec. p. 56. *n.* 12. Cyprinus rapax ovatus fubcompreffus caerulefcens &c.
Klein miff. pifc. 5. p. 65. *n.* 1. Leucifcus argenteus &c.
Gefn. paralip. p. 9. *Aldrov. pifc. p.* 604. *Jonft. pifc.*

p. 154.

Cyprini, *plurimi aquarum dulcium incolae, carne exquifita celebres, argilla, humo, alia quoque terra, vermibus, infectis, leguminibus, herbis aquaticis, fimo, pauciores aliis pifcibus victitantes, nonnulli migrantes, plurimi Aprili et Majo ova parientes, capite compreffo, fquamis albis, fplendentibus, corneis, fronte nigricante, lata, dorfo arcuato, branchiarum apertura ampla, operculis triphyllis, naribus duplicibus, ore fubrotundo; labiis cartilagineis cute craffa obductis, linguae cartilagineae vix veftigio, faucium officulis afperis, mandibulis infra branchia dentatis, canali inteftinali a dentibus ad anum continuo, hepate bilobo, vefica aërea alba, fplendente, rotunda bipartita, ovario veficulaque feminali duplici gaudent; mares, dum ova pariunt feminae, fquamarum tuberculis duris, albis, acutis afperi, nonnullae fpecies nondum fatis cognitae e. gr. cyprinus perfa, maris cafpii incola S. G. Gmelin it.* 3. *p.* 233. *Kutuma ibid.*

p. 154. t. 26. f. 8. *Will.
ichth.* p. 256., *Marf. Danub.* 4. p. 20. t. 7. f. 2.
Capito fluviatilis Rapax.
Gefn. Thierb p. 170. Kappe.
Habitat in Norwegiae, Sueciae, Boruffiae, Silefiae, Germaniae *aquis purioribus tranquillius fluentibus, in* Perfiae *quoque fluvio* Kur, *et mari* cafpio, *ad* 12 *usque libras pondere aequans, supra nigricans, ad latera ex caerulefcente albus, squamis fat magnis margine inferiori caeruleis vestitus, herbis, vermibus, pifcibus quoque minoribus victitans, celeriter crefcens, vitae minus tenax,* Martio *ova pariens, carne alba, molli, pingui, fapida.*
Caput *cuneatum, parvum, nucha lata, ex atro caerulea;* oculi *mediocres iride flava, fuperius virefcente-ftriata;* os *magnum, dentibus in utraque mandibula* 8, *in* 2 *feries digefti;* dorfum *convexum;* linea lateralis, *qualis in* J. fe; pinnae *dorfalis et caudalis caeruleae, reliquae caerulefcentes admifto tinctu rubro.*

bipuncta- 48. C. linea laterali rubra,
- tus. punctis nigris in duplici
ferie ornatà, pinna ani radiis 16. *Bloch. Fifch.
Deutfchl.* 1. p. 50. n. 8. t. 8.
f. 1. D. 10. P. 13. V. 8. A. 16. C. 20.
Habitat in Germaniae *aquis dulcibus fuper arenam aut faxa fluentibus, in fuperficie natans, nifi ova partens, copiofiffima, minima, herbis in fundo nafcentibus, vermibusque victitans, exiguus, fquamis minutis, nigro-punctatis veftitus, argenteus, dorfo obfcure virefcens, ad latera fuperius ex virefcente albus, carne alba, fapida.*
Oculi *magni, iride flava, fuperius macula virefcenti notata;* genae *ex caeruleo argenteae;* mandibula *fuperior paululper prominens;* dorfum *arcuatum;* linea lateralis *deorfum flexa;* pinnae *fuperiores virefcentes; inferiores rubefcentes.*

amarus. 49. C. pinnis pectoralibus ventralibus officulis 7. D. 10 P. 7. V. 7. A. 11. C. 20.
Habitat in aquis Germaniae *puris fluentibus, aut fluvio tranfeunte agitatis, amarus, pellucidus, vix ultra* 2 *pollices longus, fquamis fat magnis nigro-punctatis tectus, argenteus, fupra ex viridi flavus, ad latera fupra lineam flavus.*

Zzzz 2 Caput

Caput *parvum, cuneatum;* oculi *minuti, iride superius rubra, inferius flava;* mandibulae *aequales;* branchiarum opercula *flavicantia;* dorsum *ante pinnam carinatum, pone convexum;* linea *lateralis prope nucham deorsum flexa, nigricans, prope caudam chalybea;* pinnae *superiores rubescentes, inferiores virescentes.*

america- 23. C. pinna ani radiis 18.   D. 9. P. 16. V. 9. A. 18. C. 27.
nus. *Habitat in* Carolina, *ex caeruleo argenteus, corpore rutili.*
Garden.
Linea *lateralis versus abdomen admodum arcuata;* cauda *bifida.*

Alburnus. 24. C. pinna ani radiis 20. *Fn. suec.* 377. *Kram. el. p.* 395. *n.* 14. *Müll. prodr. zool. dan. p.* 51. *n.* 439.
Art. gen. 6. *syn.* 10. *spec.* 17.
Cyprinus quincuncialis, pinna ani osficulorum 20.   D. 10. P. 14. V. 9. A. 21. C. - -
Gron. muf. 1. *n.* 10. *zooph. p.* 106. *n.* 336.   D. 9. P. - - V. 9. A. 22. C. - -
Gron. act. upf. 1741. *p.* 75. *n.* 58. Koning van afterling.   D. 8. P. 14. V. 8. A. 18. C. 20.
Bloch Fisch. Deutschl. 1. *p.* 54. *n.* 10. *t.* 8. *f.* 4. Cyprinus maxilla inferiore prominente, pinna ani radiis 21.   D. 10. P. 14. V. 9. A. 21. C. 18.
Leske spec. p. 40. *n.* 7. Cyprinus Alburnus &c.
Klein miff. pifc. 5. *p.* 68. *n.* 16. *t.* 18. *f.* 3. Leuciscus dorso ex viridi fusco &c.
Rondel. pifc. 2. *p.* 208. *Gefn. aq. p.* 23. *Aldrov. pifc. p.* 629. *Jonst. pifc. p.* 159. *t.* 29. *f.* 13. *Will. ichth. p.* 263. *t.* Q. 10. *f.* 7. Alburnus Ausonii.
Brit. zool. 3. *p.* 315. *n.* 10.
Raj. pifc. p. 123. Bleak.
Gefn. Thierb. p. 159. Albule.

Habitat

Habitat in Europae *aquis dulcibus, in* mari *quoque* caspio, *a* 4-10 *pollices longus, argenteus, supra olivaceus, squamis tenuibus splendidis facile deciduis, ex quibus materies pro imitandis margaritis paratur, tectus, fertilis, majoribus piscibus avibusque aquaticis cibo inserviens, carne sapida.*

Caput *acuminatum, fronte plana olivacea, nigro-punctata, genis caeruleis;* oculi *magni,* pupilla caerulea, iride argentea; dorsum *fere rectum;* abdomen *anterius latum;* linea *lateralis flexuosa;* pinnae pectorales *albae;* rubescente irroratae, analis cinerea, caudalis *et* dorsalis, ventralibus *a capite remotior, virescentes.*

Vimba. 25. C. pinna ani radiis 24, rostro nasiformi. *Fn. suec.* 368. *Müll. prodr. zool. dan. p.* 51. *n.* 440.
Art gen. 6. *syn.* 14. *spec.* 18. Cyprinus rostro nasiformi, dorso acuminato, pinna ani osficulorum 24. .D. 11. P. 16. V. 10. A. 24. C. 19.
Art. syn. 8. Cyprinus capito anadromus dictus.
Leske spec. p. 44. *n.* 8. Cyprinus Zerta, ovalis subteres &c.
Klein miss. pisc. 5. *p.* 65. *n.* 3. Leuciscus dorso subfusco, pinnis branchialibus supina parte rutilis. &c.
Gesn. paral. p. 11. *Aldr. pisc. p.* 513. *Jonst. pisc. p.* 109. *t.* 23. *f.* 6. *Will. ichth. p.* 257. *Mars. Dan.* 4. *p.* 17. *t.* 6. Capito anadromus.
Gesn. Thierb. p. 180. Meernasen.

Habitat *in* mari baltico, *versus Junii finem in* Russiae, Sueciae, Borussiae, Germaniae *aquas dulces puriores migrans, in rapidissimis earum locis ova pariens creberrima* (28800), *fertilis, vitae minus tenax, herbis vermibusque victitans, argenteus, supra caerulescens, squamis parvis vestitus, carne sapidissima, hinc multiplici modo esculenta.*

PISCES ABDOMINALES. Cyprinus.

Caput *parvum, cuneatum; oculi magni pupilla caerulescente, iride supra straminea, subtus virescente;* os *subrotundum; mandibula superior truncata, prominens;* dorsum *convexum, ante pinnam carinatum;* linea *lateralis deorsum flexa, flavo - punctata.*

Brama. 27. C. pinna ani radiis 27, pinnis fuscis. *Fn. suec.* 360.
Wulff ichth. bor. p. 49.
n. 66. *Müll. prodr. zool. dan.* p. 51. *n.* 441.
Art. gen. 6. *syn.* 4. *spec.* 22.
Cyprinus pinnis omnibus nigrescentibus, pinna ani ossiculorum 27.   D. 12. P. 17. V. 9. A. 27. C. 19.
Gron. mus. 1. *n.* 14. *zooph.* 1. *n.* 345.   D. 11. P. - V. 10. A. 27. C. -
Bloch Fisch. Deutschl. 1. p. 75. *n.* 17. *t.* 13. Cyprinus pinnis nigrescentibus, anali ossiculorum 29.   D. 12. P. 17. V. 9. A. 29. C. 19.
Klein miss. pisc. 5. p. 61. *n.* 1.
Brama primo radio pinnae 5 dorsalis simplici &c.
Rondel. pisc. 2. p. 154. *Aldrov. pisc.* p. 641. *Jonst. pisc.* p. 165. *t.* 29. *f.* 5.
Ruysch theatr. anim. 1. p. 173. *t.* 29. *f.* 5. *Mars. Dan.* 4. p. 49. *t.* 16. 17.
Gesn. aq. p. 316. *Will. ichth.* p. 248 *t.* Q. 10. *f.* 4.
Cyprinus latus vel Brama.
Brit. zool. 3. p. 309. *n.* 5.
Bream.
Gesn. Thierb. p. 165. b.
Meyer Thierb. 1. *t.* 72.
Brachsen.

Habitat frequentissimus in Europae *lacubus, margacei, argillacei, herbosi fundi, in fluviis tranquillioribus, in* mari *quoque* caspio, 2 - 2½ *pedes longus, herbis, vermibus, terra pingui victitans, vere ad littora, aut in fluvios procedens, Majo cum strepitu ova pariens exilia, rubescentia, copiosissima* (137000)*, buteonis, colymborum, mergorum*
frequens

frequens praeda, vitae tenax, celeriter crescens, adultus, latissimus satque crassus, squamis magnis vestitus, supra nigricans, ad latera ex flavo, albo nigroque varius, esculentus.

Caput truncatum, fronte livida, genis ex flavo caeruleis, gula rubescente; os parvum; mandibula superior paulisper prominens; oculi iride ochroleuca nigro-punctata, macula supra semilunari nigra infignita; dorfum carinatum, arcuatum; linea lateralis deorfum flexa, punctis circiter 50 nigris varia; pinna dorfalis, et caudalis bifurca lividae; pectorales fupra violaceae, fubtus flavae, margine nigricantes; ventrales, intermedia auctae, bafi violaceae; analis bafi cinerea, margine nigricans.

cultratus. 28. C. pinna ani radiis 30, linea laterali declinata, ventre acutiffimo. It. fcan. 82. t. 2. Fn. fuec. 370.l Bloch Fifch. Deutfchl. 1. p. 255. n. 23. t. 37. Cyprinus pinna dorfi anali oppofita.

Kram. el. p. 392. n. 5. Cyprinus pinna ani officulis 30 &c.

Wulff. ichth. bor. p. 40. n. 51. Clupea Ziga &c.

Klein miff. pifc. 5. p. 74. n. 2. et 3. t 20. f. 3. Lucius dorfo a roftro ad caudae extremitatem &c. et Lucius corpore tenui &c.

Marf. Dan. 4. p. 21. t. 8. Sichling, Sarachi congenere.

D. 8. P. 16. V. 8. A. 30. C. 19.

D. 9. P. 15. V. 9. A. 30. C. 19.

Habitat in Sueciae, Boruffiae, Germaniae aquis purioribus verfus ripas, ad earum herbas Majo ova afficans, vermibus, herbis, terra pingui victitans, pifcium majorum aviumque aquaticarum frequens praeda, $1\frac{1}{2}$ pedes longus, argenteus, fupra grifeus, fquamis magnis, tenuibus, quinqueradiatis, facile deciduis veftitus, carne pauca, alba. Caput compreffum, exiguum, fupra os tuberculo inaequale, genis margaritaceum, nucha lata chalybeum; oculi praegrandes, iride argentea; os edentulum, ceterum quale harengi; mandibula inferior longior, arcuata; dorfum

Zzzz 4   rectum,

rectum, teretiusculum; abdomen *carinatum;* linea *lateralis pone branchiarum operculum orta, pollices ab ortu distantia angulo obtuso deorsum enrvata serpentinis flexibus ad caudam pergens;* pinnae *superiores cinereae, caudalis bifurca; inferiores subtus rubefcentes; supra cinereae; pectorales praelongae.*

Björkna. 29. C. pinna ani radiis 35. *Fn. suec.* 371.   D. 11. P. 15. V. 9. A. 35. C. 19.
Art. gen. 3. *syn.* 13. *spec.* 20.
Cyprinus quincuncialis, pinna ani ossiculorum 25.   D. 11. P. 15. V. 9. A. 25. C. 19.
Habitat in Sueciae *lacubus.*

Farenus. 30. C. pinna ani radiis 37, iridibus flavis. *Art. spec.* 23.
Fn. suec. 369.   D. 11. P. 18. V. 10. A. 37. C. 19.

Ballerus. 31. C. pinna ani radiis 40. *Fn. suec.* 365. *Müll. prodr. zool. dan.* p. 51. n. 442.
Art gen 3. *syn.* 12. *spec.* 23.
Cyprinus admodum latus et tenuis, pinna ani ossiculorum 40.   D. 11. P. 16. V. 10. A. 40. C. 19.
Bloch Fisch. Deutsch. 1. p. 62. n. 13. t. 9. Cyprinus pinna ani radiis 41.   D. 10. P. 17. V. 9. A. 41. C. 19.
Wulff ichth. bor. p. 50. n. 68.
Zope.
Habitat in Europae *lacubus, in* mari *quoque* caspio, *ad libram usque pondere aequans, Aprilis fine ova pariens plurima* (67500), *tardius crescens, tenuis, squamis minutis laxis vestitus, supra ex atro caerulescens; ad latera flavescens, inferius argenteus, subtus rubicundus, parum edulis.*
Caput *exiguum, obtusum, fronte fusca; genis et branchiarum operculis alternatim caeruleis, flavis aut rubris;* oculi *magni, iride flava,* maculis 2 nigris notata, mandibulae *aequales, inferior curvata;* dorsum *carinatum;* linea *lateralis recta, punctis fuscis varia;* pinnae *margine caeruleae; dorsalis ventralibus a capite remotior, analis latissima, caudalis lunata.*

latus. 50. C. latis pinna analis radiis 25. *Bloch Fisch. Deutschl.* I. p. 65. n. 14. t. 10.   D. 12. P. 15. V. 10. A. 25. C. 22.
                                                                            Gron.

PISCES ABDOMINALES. Cyprinus. 1439

Gron. zooph. 1. p. 110. n. 344.
Cyprinus latissimus, cauda amplissima, lunulata, pinnis omnibus ad margines fuscis.
Leske spec. p. 69. n. 15. Cyprinus Pleſtya.
Klein pisc. miss. 5. p. 62. n. 4.
Brama ex plumbeo argentei coloris &c.
,,*Rondel. pisc. 2. p. 154. Wulff ichth. bor. p. 51. n. 69. Gesn. aq. p. 24. Aldr. pisc. p. 645. Jonst. pisc. p. 165. t. 27. f. 7.* Ballerus.
Gesn. Thierb p. 167. b. Meidinger. ic. pisc. auſtr. t. 7.
Blicke.

Habitat frequentissimus in Germaniae, Borussiae, Silesiae, Belgii, Galliae *lacubus, fluviisque minus rapidis; fundi arenacei, aut margacei; Majo Junioque per 3 dies ova partem cum strepitu virescentia, papaveris semine majora (108000), fertilis ideo, vitae tenax, herbis vermibusque victitans, libram pondere vix superans, squamis tenuibus mediae magnitudinis vestitus, albus, suprà caerulescens, tenuis, carne parum expetita.*
Caput exiguum, *auctum: oculi mediocres, iride flava nigro-punctata; os angustissimum; dorsum arcuatum, ante pinnam carinatum, pone eam teres; linea lateralis curva, flavo-punctata; pinnae pectorales et ventrales rubrae, dorsalis ventralibus a capite remotior. et analis fusca margine caerulea; caudalis caerulea bifurca.*

Zzzz 5

V.

V. BRANCHIOSTEGI.

Branchia ossea ossibus destituta.

187. MORMYRUS. *Caput* laeve. *Dentes* plures emarginati.
Apertura branchiarum linearis absque operculo.
Membrana branchiostega radio unico.
Corpus squamosum.

cyprinoides.
1. M. cauda bifida aucta. *Mus.* Ad. Fr. 109.*
Habitat in Nilo.
[D. 27. P. 9. V. 6. A. 32. C. 19.

anguilloides.
2. M. cauda bifida obtusa, pinna dorsali radiis 26. *Mus.* Ad. Fr. 110.*
Hasselq. it. 398. Mormyrus Caschive.
Habitat in Nilo.
D. 26. P. 10. V. 6. A. 41. C. 10.
D. 20. P. 10. V. 6. A. 19. C. 24.

Kannume.
3. M. cauda bifida obtusa, pinna dorsali radiis 63.
Forsk. Fn. arab. p. 75. n. 111.
Mormyrus rostro decurvo, prominente, pinna dorsi lineari, longitudine corporis dimidii.
D. 63. P. 15. V. 6. A. 17. C. 20.
Habitat in Nilo, *albidus, valde compressus.*
Branchiarum *apertura perpendicularis;* rostrum *conico-deflexum, labio inferiore longiore;* abdomen *rectum, demum ab ano surgens;* linea *lateralis recta media;* cauda *et pinna dorsalis linearis.*

136. OSTRACION. *Caput:* Dentes utrobi 10 porrecti, teretes, obtufiufculi.
Branchiarum apertura linearis.
Corpus offe integra loricatum.
Pinnae ventrales nullae.

triqueter. 1. O. trigonus, muticus.
 Muf. Ad. Fr. 1. *p.* 60. Oftracion polyodon, inermis, triqueter.   D. 10. P. 12. A. 10. C. 10.
 Art. gen. 57. *fyn.* 85. Oftracion triangulus, tuberculis exiguis innumeris, aculeis carens.   D. 10. P. 12. A. 10. C. 10.
 Seb. muf. 3. *t.* 24. *f.* 6. 12.
 Habitat in India, *dorfo quafi rhombis transverfe diffectis tectus, margine repandus.*

trigonus. 2. O. trigonus, fpinis fubcaudalibus 2, pinna dorfali radiis 14.
 It. fcan. 160. Oftracion polyodon tetragonus; abdomine pone bicorni.   D. 14. P. 10. A. 9. C. 7.
 Art. gen. 56. *fyn.* 85. Oftracion triangulus, limbis figurarum hexagonarum eminentibus, aculeis 2 in imo ventre.
 Habitat in India.

bicaudalis. 3. O. trigonus, fpinis fubcaudalibus 2, pinna dorfali radiis 10.
 Art. gen. 57. *fyn.* 85. Oftracion triangulatus, tuberculis hexagonis radiatis, aculeis 2 in imo ventre.   D. 10. P. 12. A. 10. C. 10.
 Seb. muf. 3. *t.* 24. *f.* 3.

           β) *Art.*

β) *Art. gen.* 57. *syn.* 85. Ostracion triangulatus, totus maculosus ac tuberculosus, aculeis 2 in imo ventre.

D. 10. P. 11. A. 10. C. 10.

Habitat in India, *nonne varietas trigonis?*

tricornis. 4. O. trigonus, spinis frontalibus duabus, dorsali unica.
Art. gen. 56. *syn.* 85. Ostracion triangulatus, aculeis 2 in capite et unico longiore superne ad caudam.
Edw. glean. t. 284. *f.* 1.
Seb. muf. 3. *t.* 24. *f.* 9.
Habitat in India.

quadricornis. 5. O. trigonus, spinis frontalibus subcaudalibusque 2.
Art. gen. 56. *syn.* 85. Ostracion triangulatus, 2 aculeis in fronte, et totidem in imo ventre.

D. 10. P. 11. A. 10. C. 10.

Edw. glean. t. 284. *f.* 1.
Habitat in India, Guinea.

turritus. 10. O. subtetragonus, superciliis dorsoque spinis solitariis, abdomine utrinque 4. *Forsk. Fn. arab.* p. 75. n. 113.

D. 9. P. 10. A. 9. C. 19.

Habitat in mari rubro, 4 *pollices longus, tuberculatus, ex cinereo flavicans, in partibus nudis fuscus.*
Cutis ossea hexagonis contexta, suturis pellucidis, punctis multis elevatis scabra; ventris crusta latissima plana, ovata, anterius attenuata, posterius obtusa; dorsum convexum, ad latera marginatum, gibbo medio compresso triangulari, spina brevi, erecta, retrorsum versa horrido; frons perpendicularis rotunda, convexa, inter oculos depressa; oculi iride aurea.

6. O.

Species hujus quoque generis dubiae ob sexus differentias, nondum notas, ideoque forte multiplicatae; novae mentionem injicit, ad novam Hollandiam detectae. *Ellis it. Cock.* 1. *p.* 23.

cornutus. 6. O. tetragonus, spinis frontalibus subcaudalibusque 2.
Muf. Ad. Fr. 1. p. 59. Ostracion polyodon tetragonus, antice, postice ldorioque, spinosus.
Gron. muf. 1. n. 118. Ostracion quadrangularis, aculeis 2 in fronte et totidem in imo ventre.
Will. ichth. t. I. 13. f. 1.
Bont. jav. 79. Piscis cornutus.
Seb. muf. 3. t. 24. f. 8. 13.
Habitat in India.

D. 9. P. 10. A. 9. C. 10.

D. 11. P. 9. A. - C. 5.

tuberculatus. 7. O. tetragonus, muticus, tuberculis dorsalibus 4.
Art. gen. 55. syn. 84. Ostracion quadrangulus, tuberculis 4 majoribus in dorso.
Habitat in India.

gibbosus. 8. O. tetragonus, muticus, gibbosus.
Art. gen. 55. syn. 82. Ostracion quadrangulus gibbosus.
Habitat in Africa, an varietas triquetri?

cubicus. 9. O. tetragonus, muticus, lateribus planiusculis.
Muf. Ad. Fr. 1. p. 59. Ostracion polyodon tetragonus inermis.
It. wgoth. p. 138. Ostracion quadrangulus, maculis variis plurimis.
Art. gen. 56. syn. 85. Idem.
Pet. gaz. 1. t. 1. f. 2.
Seb. muf. 3. t. 24. f. 4. 5.
Habitat in India.

D. 9. P. 10. A. 10. C. 10.

D. 10. P. 8. A. 9. C. 10.
D. 9. P. 10. A. 8. C. 10.

137. TETRODON. *Caput:* Maxillae osseae, porrectae, apice bipartitae.
Branchiarum apertura linearis.
Corpus subtus muricatum.
Pinnae ventrales nullae.

sceleratus. 8. T. tetragonus, capite maximo. *G. Forster it.* 1. p. 403.
Habitat in oceano americano et pacifico, 2-2½ pedes longus, comestus veneni vires edens.

testudineus. 1. T. abdomine plano laeviore, dorso suturis curvis albis picto.
Amoen. ac 1. p. 309. t. 14. f. 3. Ostracion oblongus, glaber, corpore figuris variis ornato.   D. 6. P. 14. A. 6. C. 9.
Art. gen. 60. *syn.* 86. Idem.   D. - - P. 14. A. 6. C. 9.
Habitat in India, supra scabriusculus, subtus punctis pertusus, intra quae aculei latent.

lagocephalus. 2. T. abdomine aculeato, corpore laevi, humeris prominentibus.
Mus. Ad Fr. 1. p. 59. Ostracion tetraodon, ventricosus, abdomine muricato.   D. 10. P. 18. A. 8. C. 10.
Amoen. ac. 1. p. 310. f. 7.
Art. gen. 58. *syn.* 86. Ostracion cathetoplateooblongus, ventre tantum aculeato et subrotundo.   D. 9. P. 17. A. 9. C. 7.
Gron. mus. 1. n. 120. zooph: 183. Ostracion cathetoplateus, tetraodon, compressus, maculosus, scaber.   D. 9. P. 16. A. - . C. - .
Seb mus. 3. t. 23. f. 5.   D. 10. P. 17. A. 13. C. 12.

lineatus. 3. T. fasciis longitudinalibus fuscis pallidisque. *Mus. Ad. Fr.* 2. p. 55.*   D. 11. P. 18. A. 9. C. 11.
Hasselq.

Haſſelq. it. 400. Tetraodon
Fahaca.   D. 12. P. 21. A. 9. C. 11.
Forſk. Fn. arab p. 76. n. 114.
Tetraodon lineatus.   D. 12. P. 19. A. 9. C. 10.
Habitat in Nilo, tetragonus. Squamis nudus; at multis aculeis retrorſum ſpectantibus, appreſſis, apice tantum ex cute eminentibus urticatione quaſi pungentibus, ut pro venenatis habeantur, ad medium usque dorſum horrens, dein punctis impreſſis inaequalis, ad latera laevis, ſupra ex glauco caerulefcens, ſubtus ex flavo rufcſcens, ad latera ex fuſco caerulefcens, faſciis utrinque 4, 2 ſuperioribus curvis, tertia inſtar literae V partita; infima alba.

Frons coarctata, glabra, tuberculis 2 ante oculos iride aurea fulgentes, contiguis et apice in cirros 2 breves terminatis inaequalis; labia craſſa, laxa, interius pupillis conſita; dentes *inciſores lati*, in utraque mandibula 2, inferiores emarginati; cauda integra.

electricus. 9. T. maculis rubris, viridibus et albis, ſupra fuſcus, ſubtus thalaſſinus, ad latera flavus, pinnis viridibus *Peterſon act. angl.* 76. 2. p. 382. t. 13.
Habitat ad inſulam S. Joannae, in ſinubus rupium coralliferarum a mari excavatis, ſeptem circiter pollices longus, contingentis manum ictu quaſi electrico feriens.
Oculi *magni*, iride rubra ad exteriorem angulum flavo tincta.

ocellatus. 4. T. faſcia humerali ocellata.
   Muſ. Ad. Fr. 2. p. 55.   D. 14. P. 18. A. 12. C. 7.
   It. ſcan. 260. Oſtracion maculoſus, abdomine muricato.   D. 12. P. 20. A. 12. C. —
   Osb. it. 226. Diodon ocellatus, Kai-po-y.   D. 15. P. 18. A. 11. C. 8.
   Bloch ausl. Fiſch. 2. p. 3. n. 7. t. 145. Tetrodon faſcia ſemilunari in dorſo.   D. 15. P. 18. A. 12. C. 8.
   Kaempf. jap. 1. p. 152. Fu-Rube.
   Seb. muſ. 3. t. 23. f. 7. 8.
   Rumpf. umb. 49.

PISCES BRANCHIOSTEGI. Tetrodon.

Habitat frequens in Sinae *et* Japoniae *aquis dulcibus et mari vicino, crassus, sphaericus, supra obscure viridis, subtus albus, aculeis ad pectus et abdomen brevibus, esu venenatissimus, ut intra biborium necem afferre tradatur, veneno pet illicium exacuendo.*

Caput parvum, *supra latum, ad latera subcompressum*; oculi *parvi, iride aurea*; mandibulae *aequales, labiis mobilibus tectae*; lingua *laevis-subrotunda*; branchiarum *apertura semilunaris*; linea *lateralis ante oculum oriens, circa illum flexa, postea dorso parallela*; dorsum *teres, laeve, fascia nigro semilunari flavo-marginata, maculaque simili, cui pinna innititur, pictum*; anus *prope caudam*; haec *brevis, laevis, subrotunda*; pinnae *breves, flavicantes, radiis ramosis.*

Spengleri. 10. T. capite cirris plurimis barbato. *Bloch ausl. Fisch.* 1. p. 135. n. 6. t. 144.

Honckenii. 11. T. maxilla inferiore longiore. *Bloch ausl. Fisch.* 1. p. 133. n. 5. t. 143.

oblongus. 12. T. oblongus, maxillis aequalibus. *Bloch ausl. Fisch.* 2. p. 6. t. 146. f. 1. D. 12. P. 16. A. 11. C. 19.
β) Tetrodon dorsi fasciis 6 fuscis. *Bloch ausl. Fisch.* 2. p. 7. D. 11. P. 18. A. 9. C. 7.

Habitat in India, *testaceis victitans, aculeis minimis fere totus hispidus, supra lineis fuscis varius, ad latera argenteus; an forsan* Diodontis *species?*

Caput *longum, supra latum*; oculi *verticales, iride flava; inter hos et* labia *robusta macula rotunda alba, quae duplices nares continet*; branchiarum *apertura ampla, operculum deorsum acuminatum*; dorsum *convexum*; linea *lateralis duplex; superior pone oculum orta, deorsum flexa, satis recta, dorsoque propinqua, ad caudam pergens; inferior a mento incipiens, abdomini lato longoque propinqua, ad pinnas pectorales sursum flexa, ad analem denuo surgens*; pinnae *ex flavo cinereae, radiis ramosis.*

13. T.

Habet Japonia *et* Sina *alias adhuc species venenatas nondum satis notas,* Sutumabuka, Mabuka, *et* Kitomakum, *Kaempf. jap. 1. p. 152. 153. aliamque p. 122. an forte quoque sceleratam?*

roftratus. 13. T. maxillis in roftrum
elongatis. *Bloch ausl.*
Fifch. 2. *p.* 8. *n.* 9. *t.* 146.
f. 2. D. 9. P. 16. A. 8. C. 10.
Habitat in India, ad dorfum et anterius abdomen aculeatus, ad latera compreffus, albus, dorfum verfus cinereus. Frons declivis, lata; oculi magni, verticales, iride rubefcente, radiis fufcis cincta; mandibulae aequales radiis fufcis pictae; pinnae radiis ramofis flavicantes, caudalis utroque fine fufca; pectorales breves latae.

laevigatus. 5. T. abdomine antice aculeato. D. 13. P. 18. A. 12. C. 11.
Habitat in Carolina, magnus, fupra caerulefcens, fubtus albus, ab ore ad finem pinnae pectoralis aculeatus.
Latera lineis utrinque duabus.

hifpidus. 6. T. totus hifpidus pallidis fetaceis.
Lagerftr. Chin. 23. Oftracion tetraodon ventricofus, corpore toto muricato. D. 9. P. 17. A. 10. C. 10.
Art. gen. 58. *fyn.* 83. Oftracion tetraodon fphaericus, aculeis undique exiguis.
β) *Art. gen.* 58. *fyn.* 83. Oftracion maculofus, aculeis undique denfis exiguis.
Habitat in India.

Mola. 7. T. inermis, afper, compreffus, rotundatus, cauda breviffima rotundata, pinna dorfali analique annexa, fpiraculis ovalibus. *Retzius nov. act. Stockh.* VI, 2. 3. *p.* 111. *t.* 4. D. 17. P. 14. A. 17. C. 0.
Syft. nat. XII. 1. *p.* 412. *n.* 7. Tetrodon laevis, compreffus, cauda truncata: pinna breviffima, dorfali analique annexa.
Art. gen. 61 *fyn.* 83. Oftracion cathetoplateus, fubrotundus, inermis, afper, pinnis pectoralibus horizontalibus, foraminibus 4 in capite. D. - - P. 14. A. - - C. - -.

Aaaaa

Monti act. Bonan. 2. *p.* 2.
p. 297. *t.* 3. *f.* 1. Mola-
Gesn. hist. anim. 4. *p.* 640.
Orthragoriscus s. Luna
piscis.
Plancus Promtuar. Hamb. 18.
p. 1. *t.* 1. *f.* 1. Klumpfisch.
Brit. zool. 3. *p.* 102. *n.* 2.
Short Sunfisch.

truncatus. β) T inermis, laevis, compressus, oblongus, cauda bre-
vissima, pinna dorsali analique annexa, spiraculis
lunatis. *Retzius nov. act.
Stockh.* 6. 2. *p.* 116.
Planc. Promt. Hamb. 18.
t. 1. *f.* 2.
Monti act. Bonon. 2. *p.* 2.
p. 297. *t.* 2. *f.* 1.
Brit. zool. 3. *p.* 100. *n.* 1.
Oblong Sunfish.

Habitat in maribus europaeis *frequentius in* mediterraneo, *ad* 400 *et* 500 *libras pondere aequans, ultra* 1½ *pedes ut plurimum longus, tenuis, utrinque carinatus, dorso niger, versus latera argenteus, subtus albus, totus cute crassa, tenaci, aspera tectus.*
Oculi *orbiculares, membrana nictitante instructi;* nares exi-
guae; mandibulae *dentibus armatae, inferior* 18 *inaequalibus, obtusis, compressis;* cauda *fascia circulari ante pinnam circumdata;* pinnae *nigrae.*

138. DIODON.

Caput: Maxillae osseae, porrectae, indivisae, in aciem excurrentes.
Branchiarum apertura linearis.
Corpus spinis longis, validis, ex albo nigroque variis, cute communi obductis, intus cavis, triradicatis, mobilibus undique adspersum.
Pinnae ventrales nullae.

Hystrix. 1. D. sphaericus aculeis trique- D. 14. P. 21. A. 6? C. 10.
tris. *Bloch*

Bloch ausl. Fisch. 1. *p.* 69.
n. 2. *t.* 126. Diodon rotundus.

D. 14. P. 22. A. 12. C. 10.

Art. gen. 59. *syn.* 86. *Gron. zooph. n.* 180. Ostracion bidens sphaericus, aculeis undique densis triquetris.
Klein miss. pisc. 3. *p.* 20. *n.* 14. Crayracion oblongo-rotundus, superciliis depressis et lacvibus.
Seb. mus. 3. *p.* 58. *n.* 4. *t.* 23. *f.* 4. Ostracion bidens.
Gesn. aq. p. 632. *ic. anim.* p. 156. Rondel *pisc.* 1. p. 421. *Aldr. pisc.*p. 556. *Jonst. pisc.* p. 123. *Cluf. exot. l.* 6. *c.* 23. 24. *Willichth.* p. 144. 147. *t.* I. 4. *f.* 6. I. 5. I. 7. I. 8. *f.* 1. *Raj. pisc.* p. 42. *n.* 1. 5. 8. Orbis echinatus sive muricatus.
Marcgr. braf. p. 158. *Jonst. pisc.* p. 186. *t.* 33. *f.* 10. Guamajacu-Guara, Piquitingua, Araguagua, Camuri.
Valent. ind. 3. *p.* 458. *n.* 357. Ikan Doerian, Terpandjang, Doeri, Doeri-nja.
du Tertre ant. 2. *p.* 209. Poisson armé.

reticulatus. β) D. subrotundus, aculeis triquetris. *Syst. nat.* X. p. 334. *n.* 2.
Art. gen. 59. *syn.* 86. Ostracion subrotundus, aculeis undique brevibus triquetris raris.

Aaaaa 2

Klein

A Diodontes, maris calidioris, mediterranei, rubri, indici, atlantici, arabici, americani australis incolae, piscibus allis, cancris, testaceis victitant, vix edules, pisces erinaceis et hystricibus jungunt.

PISCES BRANCHIOSTEGI. Diodon.

Klein miff. pifc. 3. *p.* 18. *n.*5.
Crayracion ovatus et muricatus, rictu latissimo polyodon.
Seb. muf. 3. *p.* 58. *n.* 3. *t.* 23.
f. 3. Orbis muricatus.
Jonft. pifc. p. 11. *t.* 3. *f.* 1.
Reverfus indicus, Jagfilch.

echinatus. γ) D. fubrotundus, aculeis bafi triquetris. *Syft. nat.* X.
1. *p.* 335.
Art. gen. 60. *fyn.* 86. Oftracion fubrotundus, aculeis undique denfis bafi triquetris.
*Klein miff. pifc.*3.*p.*20.*n.*13.
Crayracion oblongo-rotundus, ore producto bidentulo, fuperciliis elatis spinis undique horridus.
Seb. muf. 3. *p.* 58. *n.* 1. 2.
t. 23. *f.* 1. 2. *Cluf. exot.*
l. 6. *c.* 21. *Jonft. pifc. t.*
45. *f.* 4. Hyltrix pifcis.
Jonft. pifc. t. 45. *f.* 3. *Cluf. exot. l.* 6. *c.* 22. *Will. ichth.*
p. 146. Orbis spinofus.

conicus. δ) D. ex conico oblongus, aculeis undique longis teretiformibus, inprimis in lateribus. *Art. gen.* 60.
fyn. 86.
*Klein miff. pifc.*3. *p.* 18. *n.*6.
Crayracion ovatus et muricatus, ore parvo, cujus interior mandibula fuperiorem excedit?

Habitat in mari rubro, *hyftrice multo major, ad* 2 *pedes longus, albus, maculis dilutius et obfcurius fufcis varius, aculeis ad latera longioribus armatus, vitae tenax, carne arida, tenaci, parum eduli.*

Caput *exiguum;* oculi *magni, iride flava;* pinnae *breves, nigro-maculatae, radiis ramofis; dorfalis anali oppofita.*

2. D.

PISCES BRANCHIOSTEGI. Diodon.

Atinga. 2. D. oblongus, aculeis teretibus.
Muf. Ad. Fr. 1. p. 58. Oſtracion diodon, corpore spinis undique armato.
Amoen. ac. 1. p. 310. it. ſcan. 285. Oſtracion conico oblongus, aculeis undique longis teretiformibus, inprimis in lateribus.
Bloch ausl. Fiſch. 1. p. 67. n. 1. t. 125. Diodon oblongus.
Gron. zooph. n. 181. Oſtracion ſphaerico-oblongiuſculus bidens, aculeis teretibus, praelongis ſubulatis.
Brown. jam. p. 456. n. 4. Oſtracion oblongo-tumidus, aculeis longis undique muricatus.
Klein miſſ. piſc. 3. p. 19. n. 9. 12. 15. t. 3. f. 6. Crayracion oblongus, ſpinoſus &c. Crayracion oblongus ſupra et infra utramque pinnam poſtbrachialem et ad caudam macula nigerrima &c. et Crayracion capite contracto &c.
Will. ichth. p. 145. Orbis muricatus ranae rictu.
Seb. muſ. 3. p. 62. n. 10. t. 24. f. 10. Oſtracion oblongo-ovatus, aculeis undique longis, teretibus et retroverſis.
Maregr. braſ. p. 168. Raj. piſc. p. 42. n. 2. 5. Jonſt. piſc. p. 207. t. 39. f. 3. Guamajacu Atinga.

D. 14. P. 22. A. 14. C

D. 14. P. 22. A. 14. C

D. 14. P. 21. A. 17. C

holocan- β) D. aculeis capitis collique
thus. longioribus. Syſt. nat. X.
1. n. 6.

Art. gen. 60. *fyn.* 86. Oſtracion oblongus holocanthus, aculeis longiſſimis teretiformibus, in capite inprimis et in collo.
Klein miſſ. piſc. 3. p. 19. *n.* 16. Crayracion oblongo-rotundus &c.
Will. ichth. p. 155. t. I. 8. f. 2. Hyſtrix alter.
Habitat in mari americano, *et circa* caput bonae ſpei, 12-15 *pollices longus, carne dura, alteraque interiori tenui inflanda circumdatus, ad latera compreſſus, caerulescens, dorſo lato, tereti nigricante, abdomine lato longoque albo, undique nigro-maculatus.*
Caput *parvum, ſupra latum, ad latera ſubcompreſſum;* oculi *magni, iride flava;* nares *ſimplices, tubuloſae;* os *anguſtum;* mandibula *ſuperior paulo longior, medio angulata;* pinnae *flavae nigro-maculatae, margine fuſceſcentes, radiis ramoſis.*

Mola. 3. D. verticaliter ſemiovalis, poſterius fere truncatus, ventre carinato ſemidiſcoideo. *Pall. ſpic. zool.* 8. p. 39. t. 4. f. 7.
D. -. - P. 14. A. - - C. - -
Gron. muſ. 1. *n* 125. Oſtracion cathetoplateus ſubcompreſſus, pinna dorſi et ani cum cauda continuatis.
Koelreuter nov. comm. Petrop. 10. p. 440. t. 6.
Habitat in mari atlantico *et* aethiopico, *volae manus amplitudine cathetoplateus, ad caput craſſior, ventris carina prolixa, extenuata, plana, poſteriori margine integro truncatus, pinna tenerrima longitudinali terminatus, ex albo argenteus, dorſum verſus ſenſim nigricans.*
Vertex *inter oculos canaliculo verſus frontem dorſumque mucrone terminato excisus;* oculi *in fundo orbitae bimucronatae iride argentea;* os *prominulum, labiatum;* roſtratum *oſſiculis mollibus, aduncis, quale fere in ſepia comparet; ad gulam mucrones* 2, *ab hac ad caudam usque* 4 *conici acutiſſimi;* dorſum *ſubarcuatum, mucronibus* 2, *et*

et tuberculis varicosis 3 *inaequale*; *carina quoque ventris mucronibus, anterius* 2, *posterius* 1 *armata, latera papillis* 2 *acutis distantibus.*

141. SYNGNATHUS. *Caput* parvum: *Rostrum* subcylindricum, longum, apice sursum flexum; *os* terminale edentulum, elingue, operculatum, maxilla inferiore mobiliore.
Branchiarum apertura operculis magnis striatis clausis; *nucha* foramine tubuloso tenerrimo spirans.
Corpus scutis polyedris cataphractum, articulatum.
Pinna ventrales nullae.

tetrago- 8. S. pinna caudae nulla, corpus. pore quadrangulato, cauda antice hexagona, postice tetragona, apice tereti. Thunberg *act. soc. physiogr. Lund.* I. 4. *p.* 301. n. 30. t. 4. f. 1. 2.
D. 40. P. 24. A. 6.
Bloch *ausl. Fisch.* 1. p. 10. n. 6. t. 121. f. 1. 2. Syngnathus (biaculeatus) corpore tetragono, aculeis duobus ad caput.
Br. 2. D. 34. P. 21. A. 4.
Habitat in mari indico, *ad latera fuscus, subtus, ex fusco flavoque varius.*
Oculi *iride flava; supra hos utrinque mucro retrorsum curvatus; inter utrumque fovea plana;* rostrum *utrinque compressum;* truncus *scutis* 17 *tectus, area media dilutiore conspicuis, initio trigonus, supra angustus, subtus latus, interdum fasciis decussantibus notatus;* pinnae *flavicantes;* cauda *scutis* 45.

I. S.

PISCES BRANCHIOSTEGI. Syngnathus.

Typhle. 1. S. pinnis caudae, ani, pectoralibusque radiatis, corpore sexangulato. *Fn. suec.*
377.

Art. gen. 1. *syn.* 1. *spec.* 3.
Syngnathus corpore me-
dio hexagono, cauda pin-
nata.   D. 36. P. 14. A. 3. C. 10.

Gron. muf. 1. *n.* 4. *zooph. n.*
172 β. Idem.   D. 7. P. 9. A. 0. C. 12.

Bloch Fisch. Deutschl. 3. *p.*
1112. *n.* 1. *t.* 91. *f.* 1. Syngnathus corpore hexagono
anoque pinnato.   Br. 2. D. 18. P. 12. A. 5. C. 10.

Klein miss. pisc. 4. *p.* 42. *n.* 2.
Solenostomus in medio
corpore hexagonus, a po-
dice ad pinnam usque
quadratus.

Salv. aq. p. 68. Piscis septi-
mus.

Pell. aq. p. 448. Thyphle
marina.

Rondel. pisc. 1. *p.* 229. *Jonst.*
pisc. p. 52. *t.* 15. *f.* 14.
Will. ichth. p. 158. *Raj.*
pisc. p. 46. Acus Aristotelis.

Gesn. aq. p. 9. *ic. anim. p.* 92.
Acus Aristotelis secunda
species.

Borl. Cornw. p. 267. Sea-
adder.

Brit. zool. 3. *p.* 108. *n.* 2. *t.* 6.
f. 2. Shorter Pipefish.

Habitat

Syngnathi in oceano prope littora habitant, insectis minoribus aquaticis, vermibus,
ovis aliorum piscium victitans, vix occupandi, vere praegnantibus feminis tumet
abdomen, prope anum dehiscunt sensim scuta subtus, ad caudam in medio, ut
parallelos quasi utrinque parietes formant, inter quos, uti in siluro ascita, pro-
dit ovorum copia, vesicae tenui communi, a tunica ova includente secedente in-
clusa, ex quibus tum extra matris stemim abdomen prodeunt pisces. Oculi syngnathis parvi, ad latus membrana obtecti; nares oculis continguae, vix conspi-
cuae, palatum laeve; membrana branchiostega tenera ad gulam posita; pinnae
parvae, tenerae, radiis indivisis; linea lateralis nulla.

Habitat in oceano Europae *septentrionali*; *pedem longitudine vix excedens*, *flavus*, *fusco varius*; an varietas acus? Rostrum *tenue*, *subcompressum*; oculi *iride flava*; truncus *scutis* 18, cauda 36; anus *capiti propior*; pinnae *cinereae*.

Acus. 2. S. pinnis caudae, ani pectoralibusque radiatis, corpore leptemangulato. *Fn. suec.* 276.
Art. gen. 1. *syn.* 2. *spec.* 2. Syngnathus corpore medio heptagono, cauda pinnata.   D. 38. P. 12. A. 5. C. 10.
Gron. muf. 1. *n.* 3. *zooph. n.* 172. Syngnathus cauda pinnata.   D. 37. P. - - A. 0. C. 10.
Bloch Fisch. Deutschl. 3. *p.* 113. *n.* 2. *t.* 91. *f.* 2. Syngnathus corpore heptagono, cauda pinnata.   Br. 2. D. 36. P. 14. A. 6. C. 10.
Klein miss. pisc. 4. *p.* 24. *n.* 3. Solenostomus a capite ad caudam heptagonus.
Gesn. aq. p. 1025. Typhle.
Aldr. pisc. p. 105. Acus Aristotelis.
Will. ichth. p. 159 *t.* 1. 25. *f.* 1. *Raj. pisc.* p. 46. *n.* 2. Acus Aristotelis species altera major.
Jonst. pisc. p. 57. *t.* 15. *n.* 14. Hornfisch, Meernadel.
Wulff ichth. bor. p. 70. Seenadel, Sacknadel.
Habitat *in* oceano Europae *septentrionali*; 2 - 3 *pedes longus*, *maculis et fasciis alternis fuscis et ochroleucis varius*. Truncus *scutis subtilissime striatis* 20, cauda 43; anus *ori propior, initio pinnae dorsalis oppositus; haec quoque maculata*.

pelagicus. 3. S. pinnis pectoralibus caudaeque radiatis, ani nulla, corpore leptemangulato.
Osb. it. 105. Syngnathus pelagicus.   D. 31. P. 14. A. 0. C. 10.

Bloch ausl. Fisch. 1. *p.* 5. *n.* 4.
t. 109. *f.* 4. Syngnathus
corpore heptagono, lineis
transversalibus bruneis. Br. 2. D. 26. P. 14. A. 4. C. 7.

β) Syngnathus carolinensis, laminis trunci 25, caudae 32. D. 33.

Habitat ad caput bonae spei, *et in* mari caspio *in fuco potissimum natante, ex fusco flavus, lineis transversis fuscis pictus.*
Oculi *iride alba;* mandibula *inferior longior;* trunci *scuta* 18, caudae 32; pinnae *pectorales plumbeae; dorsalis et caudalis flavae.*

aequo- 4. S. pinna cauda radiata, pereus. ctoralibus anique nullis,
corpore angulato. D. 30. P. 0. A. 0. C. 5.
Habitat in pelago.

Ophidion. 5. S. pinnis caudae, ani pectoralibusque nullis, corpore tereti. *Fn. suec.*
275. *Otto Schrift. der berl.*
Naturf. Fr. 3. *p.* 436. D. 34. P. 0. A. 0. C. 0.
Art. gen. 1. *syn.* 2. *spec.* 1.
Syngnathus teres, pinnis
pectoralibus caudaeque carens. D. 34. P. 0. A. 0. C. 0.
Gron. mus. 1. *n.* 2. Idem. D. 42. P. 0. A. 0. C. 0.
Bloch Fisch. Deutschl. 3. *p.*
115. *n.* 3. *t.* 91. *f.* 3. Syngnathus corpore tereti. Br. 2. D. 34. P. 0. A. 0. C. 0.
Klein miss. pisc. 4. *p.* 26. *n.*
15. *t.* 5. *f.* 4. Solenostomus maris baltici gracilis
variegatus &c.
Will. ichth. p. 160. Acus
lumbriciformis aut serpentinus.
Ray. pisc. p. 47. Acus lumbriciformis l. Ophidion lumbriciforme.
Gesn. aq. p. 1205. *icon. an.*
p. 92. *Thierb. p.* 49. b.
Typhle.

Kaempf.

PISCES BRANCHIOSTEGI. Syngnathus.

Kaempf. Jap. 1. *p.* 155. Sajori.
Brit. zool. 3. *p.* 109. *n.* 3.
t. 6. *f.* 3. Little Pipe fish.
Habitat *in Oceano Europae septentrionali,* 1-2 *pedes longus, virescens, lineis* 4 *interruptis caeruleis annulisque, hinc inde quoque angulis obtusis insignitus.*
Oculi *iride rubescente;* rostrum *brevius, quam congeneribus;* anus *capiti propior, quam caudae.*

barbarus. 6. S. pinnis caudae anique nullis, corpore fexangulato.   D. 43. P. 22. A. 0. C. 0.
Habitat *in Pelago.*

Hippocampus. 7. S. pinna caudae quadrangulae nulla, corpore feptemangulato tuberculato.
Brünn. pisc. mass. n. 19.
Müll. prodr. zool. dan. n. 327.   D. 20. P. 18. A. 4. C. 0.
Art. gen. 1. *syn.* 1. Syngnathus corpore quadrangulo, pinna caudae carens.   D. 35. P. - - A. 0. C. 0.
Bloch ausl. Fisch. 1. *p.* 6. *n.* 5. *t.* 109. *f.* 3. Syngnathus corpore tuberculoso.   Br. 2. D. 20. P. 17. A. 4. C. 0.
Gronov. zooph. n. 170. Syngnathus cauda abterygia, capite inflexo.
Brown. jam. p. 441. *n.* 1. Syngnathus parte anteriori hexagona, posteriori quadrangula, cauda impenni.
Klein miss. pisc. 3. *p.* 23. *n.* 32. Crayracion corpore circumflexo, si siccatus, et quasi incisus &c.
Aelian. l. 14. *c.* 14. *Rondel. pisc.* 2. *p.* 114. *Gesn. aq. p.* 414. *Will. ichth. p.* 157. *t.* 1. 25. *Raj. pisc. p.* 45. 46. *n.* 1-4. Hippocampus.
Aldrov. pisc. p. 716. Hippocampus aequivoca.
Bellon. aq. p. 444. Cheval marin.

Valent.

Valent. muf. p. 388. *n.* 130.
Geel Zeepaardje,
Gefn. Thierb. p. 156. Meer-
rofs, Meerpferdt.
Habitat ad littora maris mediterranei, indici, feptentrio-
nàlis, 8-12 *pollices longus*, *fufcus*, *fupra albis nigrisque
anterius lituris*, *pofterius punctis variegatus*, *utrinque
compreffus*, *tuberculis fibris barbatis inaequalis*, *vivus rectus*, *a morte curvatus*, *ut capite praefertim inflexo quo-
dammodo equum fimulet*, *utrinque* 3 *aculeis*, 2 *in caudae
parte anteriore*, 1 *in pofteriore armatus*.
Caput *magnum*, tuberculis *fupra oculos magnos iride argentea fulgentes offeis fibrofis* 4, *fupra nafum* 1 *inaequale*;
truncus 7 *tuberculorum ordinibus angulatum*, *fcutis* 13
abdominis carina denticulata; cauda *fcutis* 35-38; pinnae *tenerae*, *rubefcentes*, *dorfalis limbo nigro*, *margine
albo*, *analis ante anum pofita*, *ergo potius ventralis*.

142. PEGASUS.

Caput: Os inferum, probofcide retractili, maxilla fuperiori elongata, denticulata, fub roftro enfiformi, lineari.

Branchiarum apertura fimplex ante pinnas pectorales.

Corpus deorfum compreffum, articulatum offeis incifuris, cataphractum.

Pinnae ventrales abdominales.

Draconis. 1. P. roftro conico.   D. 4. P. 10. V. 1. A. 5. C. 13.
    Bloch ausl. Fifch. 1. *p.* 152.
    n. 1. Pegafus corpore la-
    to tetragonoque.
    Gron. zooph. 356. *i.* 12. *f.* 2. 3.   D. 4. P. 10. V. 1. A. 5. C. 8.
    Cataphractus corpore, te-
    tragono, brevi, fcabro.
    Gron. muf. 1. *p.* 65. *n.* 145.
    Pifciculus amboinenfis vo-
    lans, offeo - tuberculofus,
    probofcide ferrata.

Valent.

PISCES BRANCHIOSTEGI. Pegasus.

Valent. ind. 3. *p.* 428. *t.* 271.
Naja Lavet Jang Kitsjil,
Klein Zeedraakje.
Ruyfch theatr. anim. p. 12.
t. 7. *f.* 2. 3. Kleine Draakje.

Habitat in India, *3 - 4 pollices longus, vermibus, ovis aliorum pifcium, terraque pingui victitans, caerulefcens, tuberculis, fufcis radiatis fupra inaequalis, fubtus latus, eminentia media longitudinali; cui pinnae ventrales infident.*

Caput *cum trunco coalitum;* oculi *prominuli, laterales, in omnem partem mobiles; iride flava;* mandibulae *dentibus minimis armatae;* branchiarum *apertura angufta lunata,* operculum *radiatum;* anus *caudae propinquus, quae laminis ad latera gibbofis 8 compingitur;* pinnae *radiis fimplicibus.*

volans. 2. P. roftro enfiformi denticulato.
Muf. Ad. Fr. 2. *p.* 56. Pegafus roftro conico.
Habitat in India.

natans. 3. P. roftro enfiformi inermi.
Gron. zooph. 357. Cataphractus roftro fpatuliformi truncato.
Bloch ausl. Fifch. 1. *p.* 53. — D. 5. P. 9. V. 1. A. 5. C. - -
n. 2. *t.* 121. *f.* 2. 3. Pegafus corpus elongato tetragonoque. — D. 5. P. 9. V. 1. A. 5. C. 8.
Habitat in India, *victu et magnitudine P. draconis affinis, anterius latus, pofterius anguftus, fupra ex flavo fufcus, fubtus latus, laevis, et albus.*

Caput *planum, laeve, latum, anterius anguftatum;* oculi *magni, rotundi, laterales, iride flava;* probofcis *denticulata, apice dilatata;* branchiarum operculum *radiatum;* cauda *laminis* 11, *verfus apicem fenfim anguftioribus, ultimo aculeis 2 armato;* anus *in medio;* pinnae *radiis fimplicibus;* pectorales *violaceae; reliquae fufcefcentes, dorfalis et analis oppofitae parvae, caudalis angufta.*

140.

140. **CENTRISCUS.** Caput productum in rostrum angustissimum; Os edentulum, maxilla inferiore longiore.
Branchiarum apertura repanda.
Corpus compressum, abdomine carinato.
Pinnae ventrales unitae.

scutatus. 1. C. dorso loricato laevi. *Bloch ausl. Fisch.* 1. p. 57. n. 2.
t. 123. *f.* 2.   D. 3, 11. P. 11. V. 5. A. 13. C. 12.
Gron. mus. 2. p. 18. n. 171.
t. 7. *f.* 3. *zooph.* p. 129.
n. 396.   D. 3, 9. P. 10. V. 6. A. 11. C. 9.
Klein miss. pisc. 4. p. 28. t. 6.
f. 6. Amphisilen.
Seb. mus. 3. p. 107. *t.* 34. *f.* 5.
Amphisilen cauda recta.
Valent. ind. 3. p. 420. n. 243.
f. 243. 254. Ikan Pisan, Mesvilch.
Ruysch theatr. an. p. 5. *t.* 3.
f. 7. Ikan Peixe.
Habitat in India, 6-8 *pollices longus, limo et minoribus animalibus aquaticis victitans, tenuis, prope dorsum pellucidus, supra fuscescens, ad latera flavus argenteo mistus, subtus rubescens, lineis transversis albis pictus.*
Caput oblongum, rostro tubuloso sursum flexo, ore angusto; oculi iride ochroleuca, et membrana nictitante instructi, proximi naribus duplicibus; branchiarum operculum laeve, pellucidum, corneum; apertura lateralis, ampla; dorsum scutis glaberrimis, auratis, arctissime inter se conjunctis tectum, posterius longa cuspide armatum; abdomen scutis 10-12, *in margine inferiori membrana tenui laxius ambinatis; pinnae pectorales a branchiis remotiores, ventralis et dorsales infra scutum caudae proximae flavescentes, reliquae fuscae.*

2. C.

PISCES BRANCHIOSTEGI. Centriscus. 1461

Scolopax. 2. C. corpore squamoso scabro, cauda recta extensa.
Gron. zooph. p. 128.
n. 395. Br. 3. D. 4,12. P. 17. V. 5. A. 25. C. --
Bloch ausl. Fisch. 1. p. 55.
n. 1. t. 123. f. 3. Centriscus squamosus. Br. 4. D. 4,17. P. 16. V. 5. A. 18. C. 9.
Syst. nat. X. 1. p. 329. n. 8. Balistes Scolopax pinna dorsali anteriore quinqueradiata, rostro longissimo maxilla inferiore operculato.
Art. gen. 54. syn. 82. Balistes aculeis 2. loco pinnarum ventralium, solitario infra anum.
Klein miss. pisc. 4. p. 24. n. 1. Solenostomus, rostro trientem totius piscis aequante.
Gesn. aq. p. 838. ic. an. p. 11. Thierb. p. 4. Aldr. pisc. p. 298. Scolopax.
Will. ichth. p. 160. t. I. 25. f. 2. Raj. pisc. p. 50. Trumpet or Bellowsfish.
Jonst. pisc. p. 10. t. 1. f. 9. Meerschnepf.

Habitat in mari mediterraneo, spithamam longus, pallide rubens, latus, squamis duris, acuminatis, dense imbricatis asper, esculentus.
Caput supra latusculum, rostro sursum flexo, ore angustissimo mandibula inferiore operculato; oculi laterales magni, iride pallide rubra, naribus duplicibus proximi; branchiarum operculum lamina simplici constans; apertura ampla; pinnae cinereae; pectoralium radius primus longissimus; ventrales parvae in sulco osseo recondendae; dorsalis anali brevi oppositae; prior radiis rigidis, primo valido, mobili utrinque dentato in propria fossula recondendo; caudalis rotundata.

ralitaris. 3. C. corpore ex oblongo lanceolato, setulis recumbentibus et ad nates hispi-

do

do. *Pall. fpic. zool.* 8. *p.* 36.
t. 4. *f.* 8. D. 12. P. 13. A. 25. C. 12.
Habitat in Amboina, duos pollices longus, argenteus, supra ex griseo flavescens, ante pinnas ventrales triquetro-carinatus.
Caput *ad latera et inter oculos planiusculum, a rostro ad oculum iride argentea fulgentem linea prominula inaequale;* rostrum *tubulosum, compressum, non maxillosum;* branchiarum *opercula plana, integerrima;* dorsum *anterius duriusculum, scuto rhombeo quasi loricatum, lineis obliquis circiter 4 pictum, in medio armatum spina recumbente, submobili, subulata, acutissima, ad acies serrulata, subtus canaliculata, subque ea spina altera parva, in fossulam dorsalem reponenda;* anus *pone corporis medium, aculeo minuto recumbente praefixo;* pinna *ani lata,* caudae *teretiusculae subbifurca, reliquae parvae.*

135. BALISTES.

Caput compressum, trunco fere continuum, inter oculos aliquando spina armatum.

Os angustum, *dentes* in utraque maxilla 8; horum anteriores 2 longiores.

utrinque 3 interiores, intra totidem laterales appressi.

Branchiarum apertura angusta supra pinnas pectorales, opercula nulla; membrana radiis 2.

Corpus compressum utrinque carinatum, squamis corio coadunatis et aculeis minutis asperum.

Monoceros. 1. B. pinna capitis uniradiata, radiis caudalibus carinatis. D. 1,46. P. 14. A. 50. C. 12.
Osb. it. 110. Balistes monoceros. D. 1,47. P. 13. A. 51. C. 12.
Bloch

PISCES BRANCHIOSTEGI. Balistes. 1463

Bloch ausl. Fisch. 2. p. 12.
n. 1. t. 147. Baliftes unicornu, radiis 51 in pin-
na ani. D. 1,48. P. 15. A. 51. C. 12.
Klein pisc. miss. 3. p. 25. *n.* 10.
Capriscus longus &c.
Marcgr. bras. p. 163. *Will.*
ichth. p. 336. *t.* E. 2. *f.* 2.
Acaramucu.

Scriptus. β) *Osb. Chin. p.* 144. Baliftes
characteribus nigris, ru-
bris et caeruleis pictus.

Catesb. Carol. t. 19. Unicornu piscis bahamensis.

Habitat in Mari, Asiam et Americam auftralem alluente, tenuis, ex cinereo-fuscoque varius, pedem facile superans longitudine (β. ad 3 pedes longus), cancrorum progenie polypisque victitans (β. coralliis et testaceis), carne tenaci β) pro venenata habita.

Caput magnum, declive; oculi verticales, iride flava; ante hos foramina 2 oblonga; mandibula inferior longior; labia mobilia; anus ori propior, quam caudae; spina ventralium pinnarum locum supplens intra cutem exteriorem abscondita; dorsalis anterioris vices supplens retrorsum flexa, utrinque serrata, et propria membrana dorso affixa; pinnae flavae; caudalis fasciis 3 fuscis varia et pectorales radiis fissis, dorsalis et analis simplicibus.

hispidus. 2. B. pinna capitis uniradiata,
rostro subulato, pinna
caudae ocello nigro. D. 1,30. P. 14. V. 1. A. 29. C. 12.
Seb. mus. 3. *p.* 106. *t.* 34. *f.* 2.
Baliftes varius, dorso mo-
nocantho, rostro suillo,
macula nigra in extrema
cauda.

Habitat in Carolina, hispidus, caudam versus setis exasperatus. D. Garden.

Capitis spina inter oculos sita subdecumbens; pinnae membrana ad basin inter radios foramine hiante; ventralium loco spina serrata acuta.

tomento- 3. B. pinna capitis biradiata,
fus. corpore posterius subvil-
loso.

Bbbbb *Gron.*

Grou. muf. 1. *n.* 114. *t.* 6. *f.* 5.
Baliftes aculeis dorfi 2, lateribus versus caudam hirfutis.   D. $\frac{1}{2}$, 29. P. 10. A. 27. C.

Gron. zooph. n. 191. *t.* 6. *f.* 5.
Baliftes radio dorfali poftice dupliciter ferrato, pinna ventrali minore, quam radius; lateribus pilofis ad caudam.

Bloch ausl. Fifch. 2. *p.* 15. *t.* 148. *f.* 1. Baliftes unicornu, cauda hirfuta.   D. 1 31. P. 9. A. 27 C. 9.

Seb. muf. 3. *p.* 63. *n.* 18. *t.* 24. *f.* 18. Baliftes unicolor afper, aculeo dorfi poftice parte uncinulis ferrato.

Cluf. exot. p. 143. *Will. ichth. p.* 150. *Raj. pifc. p.* 47. Monoceros pifcis.

Renard poiff. 1. *p.* 27. *t.* 25. *f.* 134. Ewauve Hoornfifch &c.

Valent. ind. 3. *p.* 556. *n.* 28. *f.* 28. Ikan Kipas, Wajer vifch.

Habitat in mari indico, tenuis, supra fuscus, ad latera superius flavus, inferius cinereus, subtus flavus, maculis oblongis nigris varius.

Oculi rotundi iride aurea, naribus duplicibus proximi; mandibulae aequales, superior 10 dentibus armata; spina capitis retrorsum utrinque denticulata, brevior, validior et latior, quam monoceroti; abdomen dilatabile; cauda aculeis parvis retrorsum curvatis hispida; pinnae flavae; dorsalis et analis radius primus bifidus, reliquis simplicibus, caudalis multifidis.

4. B.

Baliftae, plurimi extra maria europaea obvii, abdomen aliquantum inflare possunt, osse valido aculeis minimis hispido sub cute ejus latente; aliis piscibus victitant, multi praegrandes; alii colore eleganti conspicui, plurimi inter venena relati; multi adhuc parum cogniti, ut solus Renardus 19 recenseat pisces, qui huc spectare videntur, ex mala tamen iconum fide vix curatius definiendi: Fluviatiles species lineam lateralem non habent conspicuam, nec pinnam ventralem.

papillo- 4. B. pinna dorsali anteriore
  sius.   biradiata, corpore papil-
              loso. *Muf. Ad Fr.* 2.
              p. 54.   D. ½,29. P. 13. A. 21. C. 12.
              Habitat - - -

verruco- 5. B. pinna dorsali anteriore
   sius.   triradiata, cauda ordine
               triplici verrucarum. *Muf.*
               Ad. Fr. 1. *p.* 57. *t.* 27. *f.* 4. D. 3,24. P. 13. A. 21. C. 12.
               Habitat in India, *an varietas aculeati.*
               Pinnae *ventralis loco radius magnus, craſſus, verrucoſus;*
               aculei ad latus caudae circiter 25, *quadruplici ordine di-*
               ſpoſiti, parvi, reverſi.

biaculea- 9. B. aculeis in ventre binis.
    tus.   *Bloch ausl. Fiſch.* 2. *p.* 17.
              t. 148. *f.* 2.   D. 4,23. P. 13. V. 1. A. 17. C. 12
              Gron. muſ. 1. *p.* 52. *n.* 115.
              Baliſtes dorſo triacantho,
              aculeis binis loco pinna-
              rum ventralium; cauda
              bifurca.
              Gron. zooph. n. 194. Bali-
              ſtes radiis ventralibus bi-
              nis ſubulatis divergentibus.
              Will. ichth. app. p. 5. *t.* 10.
              f. 2. *Raj. piſc. p.* 151.
              n. 12. Piſcis cornutus.
              Nieuhof ind. 2. *p.* 212. *tab.*
              p. 228. *f.* 3. Hoorn-viſch.
              Habitat in India, *elongatus, albus, ſupra cinereus, tomen-*
              toſo craſſior.
              Caput *in proboſcidis ſpeciem deſinens;* oculi *fere verticales,*
              magni, oblongi, iride dilute viridi; mandibulae *aequa-*
              les, ſuperior 12, *inferior* 10 *dentibus acutis armata;* li-
              nea *lateralis ſupra oculum oriens, dorſo propinqua et pa-*
              rallela, mox ante pinnam caudalem paulſper inflexa;
              ſpinae *ventrales longae utrinque denticulatae foſſula ſin-*
              gulae propria recondendae, cui macula nigra praefigitur;
              anus *caudae propior;* pinna *dorſalis prima nigra, radio*
              primo robuſto, longo, retrorſum flexo, utrinque denticu-
              lato, reliquae flaveſcentes; pectorales *et caudalis longa*
              bifurca radiis ramoſis, ceterae ſimplicibus.

aculeatus. 6. B. pinna dorsali anteriore triradiata, caudae lateribus spinis recumbentibus.

It. wgoth. 138. Oſtracion compreſſus, faſciis nigris, cauda lateribus muricata. D. 3, 24. P. 13. A. 21. C. 12.

Gron. zooph. 188. Baliſtes roſtro ſubobtuſo, radio dorſali antrorſum ſerrato, ventrali humili ſcabro. D. 2. P. - - V. 1. A. 22. C. - -

Bloch ausl. Fiſch. 2. p. 19. t. 149. Baliſtes duobus usque ad quinque ordinibus aculeorum in cauda. D. 3, 25. P. 15. V. 13. A. 23. C. 13.

Seb. muſ. 3. p. 63. n. 15. t. 24. f. 15. Baliſtes dorſo triacantho et tribus ordinibus aculeorum utrinque verſus caudam.

Klein piſc. miſſ. 3. p. 25. n. 5. 7. t. 3. f. 10. Capriſcus cornutus ſupra oculum &c. et Capriſcus fuſcus &c.

Will. ichth. app. p. 24. t. I. 21. Guaperva hiſtrix.

Renard poiſſ. 1. p. 41. t. 28. f. 154. et 2. t. 28. f. 136. t. 34. f. 157. Sounck, Hoernviſch &c. Man-viſch, et Gros Poupou.

Habitat in mari indico *et* rubro, *junioribus cancris victitans, latus et biaculeato craſſior, ſuperficie in parallelogramma papillulis obſita diſtributa, ad latera ſupra fuſcus, ſubtus ochroleucus, faſciis 4 fuſcis a medio ad abdomen excurrentibus varius, carne graveolente, inſipida.*
Caput *magnum, obtuſum, lineis caeruleis anterius varium*; oculi *rotundi, iride aurea pone nares anguſtas rotundas*; mandibulae *aequales, ſuperior* 12, *inferior* 10 *dentibus acutis armata*; venter *ſpina valida denticulata armatus, pone quam mucrones plures*; *numerus ordinum aculeorum retrorſum ſpectantium, quibus cauda munita eſt, et aculeorum ipſorum (aupro aetate?) varius*; pinnae *breves*; dorſalis *prima nigra, radiis ſimplicibus ſpinoſis primo lato,*

PISCES BRANCHIOSTEGI. Balistes. 1467

lato, antrorsum dentato basi, reliquae spadiceae, utroque fine cinereae; radiis mollibus, ramosis.

Vetula. 7. B. pinna dorsi anteriore triradiata; ventrali longitu-
dinali; caudali bifida. D. 3, 30. P. 16. V. 16. A. 28. C. 12.
Art. gen. 53: *syn.* 82. Bali-
stes aculeis dorsi tribus,
cauda bifurca. D. 3, 30. P. 15. V. 17. A. 27. C. 12.
Osb. it. 294. Balistes Vetula. D. 3, 30. P. 14. V. 12. A. 28. C. 12.
Bloch ausl. Fisch. 2. *p.* 22.
t. 150. Balistes pinna ventrali unica, aculeis tribus
in pinna dorsali prima. Br. 2. D. 3, 29. P. 18. V. 12. A. 28. C. 14.
Gron. zooph. n. 195. Bali-
stes ossiculis lateralibus
caudae et anticis pinnae
dorsalis filamentosis.
Brown jam. p. 456. *n.* 1. Balistes major, fasciata, dorso triacantho, cauda bi-
furca, radiis exterioribus
longissimis.
Catesb. Carol. 2. *p.* 22. *t.* 22.
Turdus oculo radiato.
Seb. mus. 3. *p.* 62. *n.* 14. *t.*
24. *f.* 14. Balistes tribus
in dorso aculeis, et cauda
admodum bifurca conspi-
cuus.
Klein miss. pisc. 3. *p.* 25. *n.* 4.
et 11. Capriscus, extre-
ma cauda et pinna dorsali
in tenuissima et longissima
fila productis. &c. *et* Capriscus rubro iride ocu-
lo. &c.
Marcgr. brasil. p. 161. Pis.
ind. p. 57. *Jonst. pisc. p.*
188. *t.* 34. *f.* 2. Guaperva
Peixe-porco.
Will. ichth. app. p. 21. *t.* I. 23.
Raj. pisc. p. 49. *n.* 4.
Guaperva maxime cau-
data.

Bbbbb 3   *Valent.*

PISCES BRANCHIOSTEGI. Balistes.

Valent. ind. 3. *p.* 410 *n.* 202.
f. 202. Sultan ternate.
Grew muf. p. 113. File-fifh.
β) Balistes carolinensis. D. 3,27. P. 14. V. 14. A. 25. C. 12.
Habitat in maris indici et americani profundis, testaceis victitans, satis magnus, br amae similis, supra ex fusco flavus, lineis caesiis varius, ad latera flavus, subtus cinereus, cute in areas parvas subrotundas partita, dum capitur, gruñniens.
Caput mediae magnitudinis, lineis caeruleis varium, quarum circiter 8, quasi radii ex oculo proficiscuntur; oculi iride rubra; labia robusta, margine caerulea; mandibulae dentibus incisoribus armatae, superior 14, inferior 12; branchiarum apertura amplior; quam congeneribus; anus in medio ventris, in quo ante pinnam ventralem tres aculeorum ordines; cauda prope pinnam analem fasciis caeruleis prope caudalem caesiis ornata; pinnae pectorales flavae, margine caeruleae; dorsales caerulescentes; prioris radius primus validissimus antrorsum denticulatus; posterior falcata, et analis cinerea, lineis caeruleis pictae; hae omnes radiis bifurcis, caudalis margine caerulea, radiis flavis ramosis, extimo utrinque longissimo.

maculatus.
10. B. pinna anali lata, aculeis duobus in prima pinna dorsali. *Bloch ausl. Fisch.*
2. *p.* 25. *t.* 151. D. 2,24. P. 14. A. 21. C. 12.
Art. gen. 53. *syn.* 82. Balistes aculeis dorsi 2, cauda quadrata.
Klein miss. pisc. 3. *p.* 25. *n.* 6. *t.* 3. *f.* 9, Capriscus murium dentibus minutis &c.
Will. ichth. app. p. 21. *t.* I. 20.
Raj. pisc. p. 48. *n.* 2, Guaperva longa.
Brown jam. p. 456. *n.* 2. Little Oldwife.
Grew muf. p. 113. *t.* 7. Prickle-or long File-fifh.
Renard poiss. 2- *t.* 38. *f.* 138. Maanvifch, Poisson de lune, Turin-Saratse.

Habitat

Habitat in mari americano, *satis magnus, vidaceus, subtus ochroleucus, cute in parallelogramma papillulis aspera divisa, vetula crassior.*

Caput parvum, *subdeclive*; oculi iride thalassina, pone foveolam positi, in qua nares duplices; mandibulae aequales, utraque 12 dentibus armata; inter validum abdominis os et anum loco pinnarum ventralium aculei nonnulli; pinnae radiis ramosis; pectorales flavae parvae, reliquae magnae; dorsalis prior membrana longa, dorso affixa, radio primo valido, longo, antrorsum dentato, altero tenui, brevi.

vingens. 8. B. pinna dorsali anteriore triradiata, lateribus, capitis, triplicatis, cauda bifida. *Muf. Ad. Fr.* 1. p. 58. D. 3, 29. P. 15. A. 26. C. 12.
It. wgoth. 139. Oſtracion compreſſus rufeſcens, pinnae dorſalis radio longo retrorſum dentato. D. 3, 30. P. 10. A. 26. C. 10.
Osb. it. 295. Baliſtes nigra. D. 2, 34. P. 16. A. 31. C. 13.
Gron. zooph. 195. Baliſtes roſtro obtuſo, radio dorſali ventralique brevi, retuſo ſcabro: lateribus parallele punctatis. D. 2, 28. P. -- V. 1. A. 25. C. --
Bloch ausl. Fiſch. 2. p. 27. t. 152. f. 2. Baliſtes pinna anali brevi, aculeis duobus in pinna dorſali prima. D. 2, 33. P. 16. A. 32. C. 13.
Art. gen. p. 54. n. 4. Baliſtes lineis ſtriatis, cauda bifurca.
Will. ichth. app. p. 21. n. 5.
t. I. 24. *Raj. piſc.* p. 49. n. 5. Guaperva lata ad caudam ſtriata, Liſteri.
Valent. Ind. 3. p. 359. f. 42. Ikan Kandawara.
Renard poiſſ. 1. p. 26. t. 17. f. 96. et p. 27. t. 18. f. 98. Baliſte noir, Kolkenboati, et Kandawar.

Habitat

Habitat in mari Sinam alluente, congeneribus major, totus niger, interius latus, retrorsum angustatus, ad ventrem spina aspera, valida, longa armatus, superficie in rhombos quasi divisa.

Caput breve, valde declive; oculi iride alba, pone nares auresque; os amplius, quam congeneribus; mandibula superior paulo longior; cauda fulcis 3 exarata, pinna lunata terminata; pinnae dorsalis prioris radius primus retrorsum flexus, antrorsum denticulatus; alter exiguus; reliquarum radii ramosi; analis et dorsalis posterior stria caerulea notatae.

sinensis. 11. B. radio in capite unico, pinna ventrali unica. *Bloch ausl. Fisch.* 2. p. 29. t. 152.

D. 1, 30. P. 13. V. 13. A. 30. C. 12.

Osb. it. p. 147. Balistes chinensis.

Gron. mus. 2. n. 196. Balistes cauda subrotunda, lateribus hisurtis, pinnis ventralibus coalitis membranaceis monacanthis.

Gron. zooph. n. 189. Balistes radio dorsali postice dupliciter serrato, pinna ventrali prominente ultra radium: lateribus ad caudam pilosis.

Marcgr. bras. p. 154. *Will. ichth.* p. 50. t. I. 4. f. 1.

Raj. pisc. p. 47. Pira-aca.

Habitat in mari Brasiliam et Sinam alluente, latus, asper, maculis parvis aurantiis conspersus, ad latera cinereus, subtus albidus, vix esculentus.

Caput breve, declive, spina inter oculos retrorsum bifariam dentata, et propria fossula in dorso recondenda cornutum; oculi magni, rotundi, iride alba, pone aures et nares positi; mandibulae aequales, utraque 10 dentibus armata; linea *lateralis* mox pone oculos orta, deorsum flexa, in cauda duplici aculeorum quaternorum antrorsum curvatorum serie armata, vix conspicua; pinna ventralis simplex aspera, radiis dentatis, apice, praeter primum, in cute crassa reconditis; caudalis rotundata, radiis apice fissis;

fiſſis; reliquae radiis ſimplicibus; dorſalis poſterior et analis cinereae, flavo-punctatae.

Aſſaſi. 12. B. corpore verrucis fuſcis, muricato, cauda triplici nigrarum ordine. *Forſk.* Fn. arab. p. 75. n. 112.

Habitat in mari rubro, ſpithamae magnitudine, fuſcus, ventre albo, ano nigro, annulo fulvo cincto, edulis, at inſipidus.

Vertex ante oculos iride aurea fulgentes faſciis transverſis 4 caeruleis, et 3 nigris alternis ornatus; labia flava; ab ore ad baſin pinnae pectoralis linea ex ferrugineo fuſca; ab hac ad oculum alta lanceolata nigra, et ante eam lanceolata flava, margine ex albo caeruleſcente; cauda macula oblonga alba inſignita; pinna dorſalis anterior nigra, in foſſula recondenda, radiis primis verrucoſo-ſpinoſis; reliquae pallide rufeſcentes.

Capriſcus. 13. B. radio dorſali antrorſum ſerrato, ventrali humili ſolitario, cauda rotundata, roſtro ſubobtuſo. *Gron.* zooph. n. 187.
Gron. muſ. 1. p. 53. n. 117. Baliſtes tetraodon, dorſo triacantho, aculeo unico in ventre, cauda ſubrotunda.
Seb. muſ. 3. p. 63. n. 16. t. 24. f. 16. Baliſtes dorſo triacantho, ſquamis undique aculeatis.
Klein miſſ piſc. 3. p. 24. n. 1. Capriſcus tribus aculeis robuſtis in medio ferme dorſo &c.
Geſ. ic. p. 57. Aldrov. piſc. p. 516. Jonſt. piſc. t. 23. f. 7. Rondel. piſc. p. 159. Wil. ichth. p. 152. t. I. 19. Raj. piſc. p. 47. Arted. ſyn. p. 114. Capriſcus.

Plin.

1472　PISCES BRANCHIOSTEGI. Balistes.

Plin. hist. mund. l. 11. c. 51.
Salv. aq. p. 207. 208. t.
206. b. Caper.
Renard poiss. t. 1. *f.* 7. Pou-
pou-noble.
Habitat in mari americano, indico, mediterraneo, coloribus multum ludens.

forcipa- 14. B. cauda bifurca, pinna
tus. dorsi maculosa. *Art. syn.*
82. *gen.* 54.
Will. ichth. app. p. 21. *t.* I. 22.
Guaperva lata, cauda forcipata, pinna dorsali maculis quibusdam distincta.
Dorsi aculeus cornu mentitus, quaquaversum tuberculis vel denticulis asper.

puncta- 15. B. corpore punctato.
tus. *Nieuhof ind.* 2. *p.* 275. Stipvisch.
Habitat in mari indico.

Kleinii. 16. B. oblongiusculus, maxillis porrectis, radii dorsali primo utrinque scabro, ventrali nullo. *Gron. zooph.* n. 193.　D. 2,46. P. 3. A. 47. C. 10.
Klein miss. pisc. 3. *p.* 25. *n.* 8, *t.* 3. *f.* 12, Capriscus capite triangulato gutturoso, ore admodum parvo barbato &c.
Valent. ind. 3. *p.* 377. *n.* 92.
f. 92. Ikan Auwawa.
Habitat in mari indico, *compressus, subtus carinatus unicolor, subalbidus.*
Caput trunco haud crassius, os in apice gereus; dentes plurimi validi; anus in medio abdomine; pinnae pectorales et caudalis rotundata.

curassavi- 17. B. radio dorsali anterius
cus. scabro, ventrali humili retuso, cauda truncata, rostro obtuso. *Gron. zooph.*
196.　D. 2,27. P. 13. A. 26. C. 8.9.

Habitat

Habitat in mari Curaſſaviam alluente, longus, obeſiuſculus, cathetoplateus, capriſca affinis, tres pollices longus, ſupra fuſcus, ad latera dilute fulvus, ſplendens, ſupra arcuatus, ſubtus convexus, ſquamis duris ſcabris, lateralibus in centro nigricantibus tectus.

Oculi ſphaerici, tunica propria inſtructi, naribus proximi; pinna dorſi anterior parva fuſca membrana triangulari dorſo affixa, ſulco recondenda; altera et analis linearis ſatis alta; pectorales parvae; caudalis aequalis.

americanus. 18. B. radio dorſali ventralique humillimo, pinna dorſali ſecunda analique triquetra majore. *Gron. zoopb. n.* 192.   D. 3,22. P. -- A. 19. C. --

Habitat in Oceano americano, tomentoſi forma, ſubbruneus, ſubtus maculis albis varius.

Dentes in utraque mandibula plurimi triquetri.

Pinnae dorſalis prioris radius primus craſſiſſimus validus, anterius ſcaber, reliqui diſtantes, ſubulati; altera inermis; pinnae ventralis loco os breve truncatum, caudam verſus oblique deorſum extenſum; cauda rotundata.

139. **CYCLOPTERUS**. *Caput* obtuſum; *os* anterius; *lingua* breves craſſa; *maxillae* dentibus acutis parvis armatae.

Membrana branchioſtega radiis 4; *operculum* lamina ſimplici conſtans.

Corpus breve, craſſum, ſquamis nudum.

Pinnae ventrales in orbiculum connatae.

Lumpus. 1. C. corpore ſquamis oſſeis angulato. *Muſ. Ad. Fr.* 1. p. 57. *Fn. ſuec.* 320.
- *It. ſcan.* 188. *Müll. prodr. zool. dan.* p. 39. *n.* 33.   D. 0,21. P. 20. V. 6. A. 10. C. 9.
                                                                Art.

Art. gen 62. syn. 87. Gron.
mus. 1. 127. zooph. 197.
Cyclopterus. D. 21. P. 20. V. 15. A. 10. C. 12.
Bloch Fisch. Deutschl. 3. p.
103. n. 1. t. 90. Cyclop-
terus ordinibus tubercu-
lorum septem. D. 10. P. 20. V. 6. A. 12. C.
Klein miss. pisc. 4. p. 49. n.
1. 2. 3. t. 14. f. 3. Onco-
tion.
Will. ichth. p. 208. t. N. 11.
Raj. pisc. p. 77. Lump,
Sea-owl, Cock-Paddle.
Brit. zool. 3. p. 103. n. 1.
Lumpfish.
Wulff icbth. bor. p. 24. Seel-
nase, Haff-padde.

spinosus. β) Diodon subrotundus, aculeis planis; abdomine lae-
vi. Syst. nat. X. 1. p. 335.
n. 11.
Art. gen. 59. syn. 86. Ostracion subrotundus, acu-
leis brevibus planis, ventre
glabro.
rarior. γ) Diodon pinna dorsi longissima. Syst. nat. X. 1. p.
336. n. 7.
Art. gen. 59. syn. 86. Ostracion rotundo-oblongus,
tuberculis utrinque, pin-
na dorsi longissima.
Habitat in mari septentrionali, β) et γ) indico et americano,
2 pedes longitudine non superans, crassus, latus, fertilissimus, ut 207700 ova aurantia, quae Majo excludit, conti-
nens repertus sit, orbiculo inter pinnas pectorales posito
fundo maris, scopulis, lapidibus, pone quos latet, firmissime adhaerens, sursum deorsumque facillime mobilis, carne
molli, mucosa, esculenta, parum tamen grata, colore pro
aetate varius, utplurimum supra niger, ad latera cinereus,

Cyclopteri mare incolunt, vermibus, insectis, aliorum piscium sobole victitantes, linea laterali nulla.

reus,; *subtus aurantius, asper, septem tuberculorum du-*
rorum radiatorum „ acuminatorum seriebus, quarum una
dorsum, tres utrinque latera occupant, inaequalis; femi-
na major.

Caput *breve, fronte lata;* oculi iride alba nervis opticis de-
cussatis; nares *solitariae;* tubulosae prope os amplum;
labia robusta; lingua crassa, *laevis, mobilis;* mandibulae
et faucium ossa dentibus plurimis, acutis aspera; auditus,
quem aquae ope, exercet, organon eximium; truncus dorso carinato, lateribus et abdomine latis; pinnae pectorales
robustae, radiis aurantiis, uti in reliquis, apice fissis et
exstantibus; analis radiis pariter aurantiis, ceterum, uti
dorsalis, cinerea maculis nigricantibus, praeter hanc dorsalem alia anterior adiposa, ossa cartilaginea, viridia.

minutus. 4. C. corpore nudo, rostro supra os tribus tuberculis
inaequali. *Pall. spic. zool.*
7. *p.* 12. *t.* 2. *f.* 7-9. Br. 4. D. 1, 8. P. 16. V. 7. A. 7-8. C. 10.
Habitat *in oceano atlantico, aphyae magnitudine, lumpo*
affinis, albidus, compressus, versus caudam attenuatus et
complanatus, in mediis lateribus tuberculis 2 osseis, albis,
inaequalis.
Caput *corpore crassius, subtetraëdrum, anterius obtusiuscu-*
lum; oculi iride fuscescente; labia duplicata; mandibularum et palati margo dentibus minutissimis scaber; anus
in medio fere corpore; pinnae dorsalis prioris loco, mucro
attenuatus, reclinatus, longus; pectorales laterales, caudalis integra aequalis; orbiculi discus fossilis, ovalis in-
divisus, limbo retrorsum explanato, lobis utrinque circiter 7.

nudus. 2. C. corpore nudo, capite postice utrinque unispinoso.
Muf. Ad. Fr. 1. *p.* 57. *t.*
27. *f.* 1. Br. 1. D. 6. P. 21. V. $\frac{2}{100}$. A. -. C. 10.
Habitat *in* India.

Dentex. 5. C. corpore nudo, capite
inermi glaberrimo, pin-
nis sejunctis. *Pall. spic.*
zool. 7. *p.* 6. *t.* 1. *f.* 1-4. Br. 2. 8. P. 23. V. 4. A. 6. C. 10.
Habitat *in mari* Americam *australem alluente, rubens, cot-*
to grunniente triplo major, cute duriuscula, glabra, stri-
gosa tectus.

Caput

Caput *maximum, corpore multo latius, depressum, subtus planum*; bculi *ovales, iride ex albo argentea*; os *rictu caput amplitudine aequante hians*; labia *crassa, rugosa, duplicata, intus carunculis carneis mollissimis villosa*; lingua *vix prominula glabra, ex elliptico rotundata*; mandibulae *rotundatae*; dentes *in utraque conici inaequales, in superiore ad dextram* 4, *ad sinistram* 3, *in inferiori praeter* 7 laterales *sinistros, et* 3 *ternos*, 10 *medii*; branchiarum *opercula magna, ossea*; abdomen *ventricosum*; anus *ad initium caudae compressae, planiusculae, subattenuatae*; pone eam pedunculus *genitalis*; pinnae *molles albidae, radiis crassis cartilagineis setaceis*; *dorsalis anali paulo anterior*; *pectorales semicirculares*; caudalis *rotundata*; orbiculus *constans portione anterius carnosiore lunata, et disco posteriori subcirculari retrorsum libero.*

ventrico- 6. C. corpore nudo, vesica uri-
sus.   naria amplissima gemina,
                abdomen distendente. *Pall.*
                spic. zool. 7. p. 15. t. 2.
                f. 1 - 3.   Br. 4. D. 10. P. 18-20. V. 6. A. 8-9. C. 10.
Habitat in mari inter Camtschatcam et Americam intermedio, pedem circiter longus, olivaceus, muco crasso, tenaci, livido obductus, mollis, mustelae fere facie, dorso planiusculo, cauda post anum subito attenuata.
Caput *crassum, corpore strictius, retusum*; *vertice planiusculum*; oculi *in summo capite laterales, iride argentea, fusco-nebulosa*; os *peramplum, sursum dehiscens*; lingua *crassa, cartilaginea, parte prominente parabolica*; labia *cutacea tenuia*; mandibulae *margine dentibus minutis curvulis inaequalibus passim geminatis asperae*; nares *geminae subulosae supra oculos*; branchiarum *opercula tota adnata*; pinna *dorsi caudae propior, ex albo lutescens, radiis nigris*; *sexto longiore*; *pectorales latae*; *analis dorsali opposita, radio quinto longiori*; *caudalis subaequalis, radiis, praeter extimos, ramosis*; orbiculus *subovalis, disco carnoso, luteo, subrugoso et quasi grandinoso, limbo undique molli, contractili.*

gelatino- 7. C. corpore nudo subdiapha-
sus.   no gelatinoso, pinnis pe-
                ctoralibus latissimis. *Pall.*
                spic. zool. 7. p. 19. t. 3.
                f. 1 - 6.   Br. 7. D. 51. P. 30. V. - - A. 45. C. 6.
                                                                    Habitat

Habitat ad orientalem Camtschatcae, et oppositam Americae oram, sesquipedalis, gracilimus, oblongus, compressus, versus caput crassiusculus, versus caudam sensim attenuatus, cute glabra, mollissima tectus, exalbidus, roseo rubore suffusus, recens gelatinae instar contremiscens, canibus ipsis detestatus.

Caput crassum, subquadratum, depressius; oculi iride ex livido virescente, annulo caerulescente cincta; inter eos et os nares simplices tubulosae prominentes; inter has et os pori utrinque 2, et ab angulo oris ad valvulam branchialem 10 alii; os sursum dehiscens; linguae vestigium vix distinctum; labia duplicata, crassa, carnosa, interiora retractilia; mandibulae limbo interiori scabrae; branchiarum opercula, cutacea, mollia, membrana tota connata, ex atro purpurascens, apertura ovalis; anus in ima ventris carina medius; pinnae dorsalis et analis ex atro violaceae, radiis mollibus, paulo pone medium corporis, oriundae, longitudinaliter ad caudam usque decurrentes, pectorales flaccidae jugulares, rotundatae, radiis quoque mollibus; orbiculus minutus, papillae forma, totus mollis.

Liparis. 3. C. corpore nudo, pinnis dorsali anali caudalique unitis. *Art. syn p.* 117. n. 1.
Bloch. ausl. Fisch. I. p. 48.
n. 2. t. 123. f. 3. 4. Cyclopterus pinna pectorali barbiformi. Br. 7. D. 41. P. 34. V. 6. A. 33. C. 10.
Gron. mus. 2. 157. act. helv. 4. p. 265. t. 23. act. Haarlem. 1. p. 581. t. 9. f. 3. 4.
Cyclogaster. Br. 7. D. - - P. 29. V. - - A. 33. C. 9.
Koelreuter nov. comm. Petrop. 9. p. 6. t. 9. f. 5. 6.
Gobius &c.
Brit. zool. 3. p. 105. n. 2.
Will. ichth. opp p. 17. t.
H. 6. f. 1. *Raj. pisc.* p 74.
n. 24. *Borlas. Cornw.* f. 28. 29.

Habitat in mari septentrionali, ad Camtschatcam usque, non raro in fluvios adscendens, a 5-18 pollices longus, elongatus, crassus, compressus, linea laterali media insignitus, tunicae, tenui laxae involutus, muco tenaci obductus,

striis

striis punctisque fuscis varius, supra fuscis, subtus albus, ad latera et capite flavus, insectis aquaticis et sobole testaceorum pisciumque victitans, ova pisi magnitudine Februario pariens, carne mucosa pingui.

Caput breve, obtusum, planum, latum; oculi minuti, verticales, iride flava, pone nares; os amplum, labio superiore cirris 2 brevibus barbato; mandibula utraque dentibus minimis acutis aspera, superiore paulo longiore, branchiarum opercula brevia rotunda, apertura angusta; pinnae fuscae; caudalis brevis rotundata; reliquae longae; orbiculus caerulescens, maculis 12 radiatis.

lineatus. 8. C. corpore nudo, pinnis dorsali et anali sensim in caudalem excurrentibus.
Lepechin nov. comm. Petrop. 18. p. 522. t. 5. f. 2. 3.

Habitat ad ostium maris albi, castaneus fasciis longitudinalibus exalbidis rectis et undulatis pictus, teres, ad pectus crassissimus, posterius attenuatus; an vere a liparide diversus?

Caput plagioplateum, declive, obtusum, corpore paulo latius; oculi in medio capitis pone nares prominulas, pupilla alba, iride caerulescente; os amplum labiis cute crassa intus papillosa tectis, lingua parva libera, mandibulis duplici dentium minimorum confertorum, acutorum ordine armatis, superiore longiore; dorsum gibbum; pinnae dorsalis et analis fasciolis hyalinis transversis pictae; pectorales maximae lunatae; caudalis minima; orbiculus robustus, carnosus, medio cavus, margine protuberans, papillis rubicundis obsessus.

133. LOPHIUS. *Caput* deorſum compreſſum.
Dentes plurimi, acuti; *lingua* lata, dentibus armata.
Oculi verticales; *nares* exiguae.
Branchiae tres; *apertura* lateralis ſimplex.
Pinnae pectorales branchiis longioribus inſidentes; *dorſalis* et *analis* oppoſitae, caudae propinquae.
Corpus ſquamis nudum, cute tenui laxa obductum; *anus* in medio; *linea lateralis* nulla.

piſcatorius. 1. L. depreſſus, capite rotundato. *Fn. ſuec.* 298. *Müll. prodr. zool. dan. p.* 38. *n.* 321.
It. ſcan. 327. *Muſ. Ad. Fr.* 55. *Act. gen.* 36. *ſyn.* 87.
Gron. muſ. 1. *p.* 57. Lophius ore cirroſo.
Gron. zooph. p. 58. Lophius cute alepidota laevi, capite plagioplateo.
Bloch Fiſch. Deutſchl. 3. *p.* 82. *n.* 1. *t.* 87. Lophius capite corpore latiore. Br. 6. D. 11. P. 24. V. 5. A. 13. C. 8.
Ström. ſöndm. 271. Lophius. Br. 6. D. 11. P. 26. V. 5. A. 10. C. 6.
Klein miſſ. piſc. 3. *p.* 15. *n.* 1. 2. Batrachus capite rictuque ranae, et Batrachus altero pinnarum pare ad exortum caudae carens.
Borlaſ. Cornub. 265. *t.* 27. *f.* 3. 6. *Charl. onom.* 199.

D. 10. P. 24. V. 5. A. 9. C. 8.

t. 201.

PISCES BRANCHIOSTEGI. Lophius.

t. 201. *Olear. muf.* 37. t.
23. f. 4. Rana piscatrix.
Cicer. de nat. Deor. l. 2.
Bellon. aq. p. 85. *Jonft.
pifc. p.* 36. t. 11. f. 8. Rana
marina.
Plin. hift. mund. l. 9. c. 24.
l. 25. c. 10. Rana.
Brit. zool. 3. p. 93. 95. n.
1. 2. t. 94. *Act. angl.*
1764. n. 53. p. 170. t. 13.
Fifhing Frog.
Will. ichth. p. 85. t. E. 1.
Toadfifh, Frogfifh, Scadevil.
Camper act. Parif. extraneor.
6. p. 177. Baudroye.
Habitat in omnibus maribus Europaeis, *in fucis; pone colles arenarios; lapides, fcapulos latens, et victu aperto, cirris capitis vermes mentientibus, fluctantibus, pifcibus inhians, difficulter natans, parum fertilis;* ad 7 usque pedes longus, *fupra fufcefcens, fubtus albus, fupra aculeis nonnullis, infra ad marginem appendicibus vermiformibus auctus.*
Caput praegrande; oculi *iride albo fufcoque radiata pone fetam corneam pofiti;* os continue hians; mandibulae dentium longorum, rotundorum, acutorum, introrfum flexorum ferie, superior *triplici*, inferior longior rotundata duplici armatae, poftremis maximis et introrfum mobilibus; palatum, lingua *lata, brevis, craffa;* et faucium offa 2 *longa fimilibus dentibus obfeffa;* pinnae ventrales breves, rigidae, palmatae, albae; caudalis nigra, reliquae fufcae; pectorales fubtus albae, margine nigrae.

barbatus. 4. L. depreffus, maxilla inferiore barbata. *Montin.*
act. fuec. 1779. 3. n. 3. t. 4.
Habitat in oceano Europae *feptentrionali, rapaciffimus,* 3½ pollices longus; *an fatis diftinctus a vespertilione?*

Vefpertilio. 2. L. Lophius depreffus, capite roftrato. D. 5. P. 10. V. 6. A. 0. C. 15.
Bloch ausl. Fifch. 1. p. 11.
n. 2. t. 110. Lophius capite roftrato. D. 9. P. 10. V. 5. A. 6. C. 11.
Muf.

PISCES BRANCHIOSTEGI. Lophius.

Muf. Ad. Fr. 1. p. 55. Art.
fyn. 88. Gron. muf. 1, n.
129. zooph. n. 209. Lo-
phius fronte unicorni.   D. 12. P. 10. V. 6. A. o. C. 15.
Klein miff. pifc. 3. p. 16. et
17. n. 8. 9. Batrachus
capite vomeris inftar cor-
nuto, et Batrachus capite
fcuto offeo.
Seb. muf. 1. p. 118. t. 74. f. 2.
Rana pifcatrix americana.
Marcgr. braf. p. 143. Raj.
pifc. p. 30. n. 3. f. 1-3.
Jonft. pifc. p. 207. t. 29.
f. 2. Graeueuja.
Will. ichth. p. 218. t. E. 2.
f. 3. American Toadfifh.
Edw glean. t. 283. f. 1.
β) Lophius capite retufo?
Brown jam. 157. t. 48. f. 3.

Habitat in Oceano americano, potiffimum auftrali, rubefcens, anterius latus, pofterius anguftatus, tuberculis pa-
telliformibus, radiatis, acutis, fubtus quoque aculeis minutis afper, pifcatorii more pone fucos pifcibus, vermibus,
atque infectis inhians, vix edulis.
Oculi magni, iride albo et flavefcente radiata; os anguftum,
inferum, mandibulis ferie dentium minutorum introrfum
curvatorum armatis; fupra os nares 2, quas fupereminet
fibra cornea apice tuberculata; anus caudae propinquus;
branchiarum apertura parva, femilunaris; pinnae ventrales, quafi palmae, approximatae et dorfalis fufcae,
pectorales plantas mentientes et caudalis flavefcentes.

Hiftrio. 3. L. compreffus. van Braein
Houckgreft act. Harrl. 15.
Ber. p. 20.   D. 1,1,12. P. 10. V. 5. A. 7. C. 10.
Bloch ausl. Fifch. 1. p. 13.
n. 3. t. 111. Lophius cor-
pore fcabro, capite obtufo. D. 12. P. 11. V. 5. A. 7. C. 10.
Lagerftr. Chin. 21. Lophius
pinnis dorfalibus tribus.
Ofb. it. 305. Lophius tu-
midus.

Gron. zooph. 210. Lophius cute scabro, capite catheto plateo retuso.
Klein miss. pisc. 3. p. 16. n. 3-7. t. 3. f. 4. Batrachus &c.
Mus. Ad. Fr. 1. p. 56. It. wgoth. 137. t. 3. f. 5. Balistes f. Guaperva chinensis.
Marcgr. bras. 150. *Will. ichth.* 50. t. E. 2. f. 2. Guaperva.
Seb. mus. 1. p. 118. n. 3-7. t. 54. f. 3-7. Rana piscatrix americana.
Petiv. gazoph. t. 20. f. 6. Piscis brasiliensis cornutus.
Raj. pisc. p. 29. n. 2. American Toadfish.

Habitat in mari Brasiliam *et* Sinam *alluente; in fucis aut pone lapides latens et praedae inhians,* 9-10 *pollices longus, utrinque compressus, uncinulis et cirris undique hirtus, lineis, fasciis, maculis indeterminatis fuscis varius, flavus vel aurantius, subtus fuscus.*

Caput parvum, oculi rotundi, iride flava, fusco-radiata; mandibulae *dentibus minimis asperae, inferior longior;* labia *cirris barbata; prope superius fibra cartilaginea striata elastica, cujus fini massae* 2 *oblongae carnosae adsident; pone hanc radius alius carnosus validior, et inter hanc pinnamque dorsalem crassior adhuc tertius, omnes fibris obsiti;* dorsum *anterius latum, posterius carinatum;* abdomen *crassum, prominens;* pinnae *ventrales et pectorales pedes simulant.*

VI.

VI. CHONDROPTERYGII.

Branchia cartilaginea.

134. ACIPENSER. *Caput* obtusum.
Os sub capite retractile, edentulum; *cirri* sub rostro ante os 4.
Branchiarum apertura ad latus.
Corpus elongatum, pluribus scutorum seriebus angulatum.

Sturio. 1. Ac. rostro obtuso, oris diametro transverso longitudini aequali, cirris rostri apici propioribus, labiis bifidis. *Güldenst. nov. comm. Petrop.* 16. *p.* 532.
Bloch Fisch. Deutschl. 3. *p.* 89. *n.* 1. *t.* 88. Acipenser scutorum ordinibus quinque ad corpus asperum. D. 38. P. 30. V. 25. A. 24. C. 24.
Syst. nat. XII. 1. *p.* 403. *n.* 1.
Mus. Ad. Fr. 1. *p.* 54. *t.* 18. *f.* 2. *Fn. suec.* 299.
Müll. prodr. p. 31. *n.* 322. Acipenser cirris 4, squamis dorsalibus 11.
Art. gen. 65. *syn.* 91. *Fn. suec.* 27. Acipenser corpore tuberculis spinosis exasperato.
Gron. mus. 1. *p.* 60. *n.* 131. *zooph. p.* 39. *n.* 140. Acipenser cirris 4, corpore tuberculorum spinosorum seriebus quinqueangulo, rostro subacuto.
Klein miss. pisc. 4. *p.* 12. *n.* 1. *p.* 13. *n.* 2. Acipenser cute asperrima &c. *et* Acipenser

cute

cute et tuberculis laevioribus &c.
Rondel. pisc. 1. p. 410. Gesn. aq. 2. Acipenser.
Salv. aq. 11. Sturio sive Silurus.
Athen 8. p. 315. Ονισκος.
Sef. muf. 3. p. 101. t 29. f. 19.
Bellon. aq. 89. Esturgeon.
Brit. zool. 3. p. 56. n. 1.
Will. ichth. 239. Raj. pisc. 112. Sturgeon.
Kram. el. 383. Schirk.
Sander Naturf. 15. p. 165. Stoer.

β) Plinius hist. mund. l. 9. c. 15. Rondel. pisc. 2. p. 173.
Attilus, Adella, Adano, Adalus Autorum.
Rondel pisc. 2. p. 176. Rhodius.

Habitat in Oceano, mari etiam mediterraneo, rubro, nigro, caspio, vere Apili et Majo ova innumera pariturus, fluvios intrans v. g. Kur Persiae, Tonain, Volgamque, Russiae, Albim, Viadrum, Rhenum, Danubium Germaniae β) Padum Italiae, rarior in fluviis minoribus, aut lacubus, cum his continuis, qualis v. g. Baunt Sibiriae; utplurimum 6, et non raro 18 pedes longus et longior, asper, scutorum offcorum, radiatorum, infra lutorum, supra in mucronem recurvum desinentium parallelorum seriebus quinque, quarum 1 dorsum; 2 latera, 2 abdominis marginem occupant, quinquangulus, caesius, punctis supra fuscis, infra nigricantibus consperfus, robustus, iners, fertilissimus, aliis piscibus, praesertim harengo, salare, scombro, et carbonario victitans, Romanis olim tanti aestimatus, ut Severo imperante, a coronatis ministris, praeeunte tibicine, ad epulas apportaretur.

Schypa. 4. Ac. rostro obtuso, oris diametro tertiam partem longiore; cirris rostri apici propioribus, labiis bifidis.
Güldenst. nov. comm. Petrop. 16. p. 532.

S. G.

PISCES CHONDROPTERYGII. Acipenser. 1485

S. G. Gmelin it. 3. p. 238.
Lepech. it. I. p. 54. Acipenser Kostera.
Habitat in mari caspio, et lacu Sibiriae Oka, sturioni affinis, et vix 5 pedes longus, carne magis sapida, utrum vere distincta species, an aetate sola a sturione diversa?

ruthenus. 2. Ac. rostro subulato recto, diametro oris quadruplo longiore, cirris vix ori proprioribus, labiis integris.
Güldenst. nov. comm. Petrop. 16. p. 533.
Block Fisch. Deutschl. 3. p. 98. n. 2. t. 89. Acipenser ordinibus scutorum tribus. D. 39. P. 20. V. 23. A. 22. C. 76.
Syst. nat. XII. 1. 403. n. 2.
Mus. Ad. Fr. 1. p. 54. t. 27. f. 2. et t. 28. f. 1. Fn. suec. 300. Wulff. ichth. bor. p. 17. n. 23. S. G. Gmelin it. 1. p. 142. 3. p. 134.
Koelreuter nov. comm. Petrop. 16. p. 511. t. 14. et 17. p. 521. Acipenser cirris 4, squamis dorsalibus 15.
Fn. suec. 272. Acipenser ordinibus 5 squamarum osfearum: intermedio ossiculis 15.
Klein miss. pisc. 4. p. 13. n. 4. t. 1. Acipenser ex cinereo, flavo et rosaceo varius.
Bruyn it. 93. t. 33. Sterlet.
Habitat in mari caspio, fluviisque cum hoc cohaerentibus, Volga et Ural, rarior in mari baltico a rege Sueciae Friderico I. in lacum Maelerum, a rege Borussiae in Marchiam

Ccccc 4   et

Acipenseres inter majores pisces referendi, origine quidem marini, sed magnis turmis in fluvios adscendentes, carne sapidissima ovisque (Caviar) multiplici modo praeparatis et esculentis, ichthyocolla ex vesica aerea aliisque partibus tenacioribus excocta utilissimi, multis modis piscatorum, potissimum maris caspii accolarum ingenia exercent, vermibus aliisque piscibus victitant. Feminae majores.

et Pomeraniam *introductus*, *raro tres*, *rarius quatuor pedes longus aut longior*, *aculeis exilibus asper*, *elongatus*, *capite ex cinereo flavoque varius*, *dorso ex atro cinereus*, *ventre albus*, *maculis roseis pictus*, *scutorum flavorum minus prominulorum minusque acuminatorum ordinibus tribus*, *quorum unus* 14 *circiter scutis constans*, *dorsum duoque*, *singuli scutorum circiter* 59 *latera*, *duoque praeterea scutorum exilium planorum ventrem occupant*; *loricatus*, *fertilissimus*, *vermibus*, *piscium progenie*, *potissimum sturionis et husonis ovis victitans*, *Majo et Junio ova pariturus in fluvios adscendit*, *Augusto redux*, *carne teneriori et delicatiori*, *quam congeneres*.

Caput *longum*, *supra infraque planum*; oculi *rotundi*, *iride aurea*; branchiarum *operculum lamina simplici radiata constans*; pinnae *pectorales*, *dorsalis et caudalis cinereae*, *ventrales et analis rubrae*.

stellatus. 5. Ac. rostro spatulato subrecurvo, diametro oris transverso sextuplo longiore, cirris ori propioribus, labiis integris. *Güldenst.* nov. comm. Petrop. 16. p. 533. Pall. it. I. p. 131. 460. n. 20.

β) S. G. *Gmelin* it. 3. p. 238. Acipenser Koster.

Habitat in mari Caspio, ineunte Majo innumeris gregibus flumina ascendens, in Danubio quoque obvius, 4-5 pedes longus, rutheno gracilior, squamularum rudimentis crenatis inordinate dispositis; asperrimus, dorso crebris callis albidis asperis stellatis, majoribus minoribusque conspersus, quinquangulus, quinque scilicet scutorum carinis mucronatorum, ordinibus, quorum unus scutorum 13 dorsum, duo scutorum 35 minorum latera, 22 denique utrinque ventrem occupant; pone anum denique scutis adhuc 3 loricatus, a branchiis sensim attenuatus, supra nigricans sensim obsolescens, infra scuta lateralia albo guttatus et variegatus, subtus niveus, fertilissimus, ut femina ultra 300000 ova contineat.

Caput tuberculis submucronatis stellisque dentatis asperrimum, subtetragonum; rostrum spithama longius, striis serratis asperrimum, subtus basi glabrum et mucosum; os longius emissile, quam congeneribus; pori auditorii lunati insignes;

gnes; cauda *obsoletissime hexaedra*; *pinnae longiores, quam congeneribus, caudalis falcata, lacinia superiore longissima.*

Huso. 3. Ac. rostro obtusissimo, oris diametro longitudine cedente, cirris ori propioribus, labiis integris. *Güldenst. nov. comm. Petrop. 16. p. 532. Koelreuter nov. comm. Petrop. 17. p. 531. tif. 12-17.*
Syst. nat. XII. *p.* 404. n. 3. Acipenser cirris 4, squamis dorsalibus 13, caudalibus 43.
Art. gen. 65. *syn.* 92. Acipenser tuberculis carens.
Kram. el. 385. Acipenser corpore tuberculis obsito, rostro obtuso, oris diametro rostri longitudinem superante.
Plin. hist. mund. l. 9. *c.* 15.
α) *Aldr. pisc. p.* 534. *Jonst. pisc. t.* 25. *f.* 1-3. Huso.
Gesn. aq. p. 59. *Will. ichth. p.* 243. *Raj. pisc. p.* 113. Huso Germanorum.
Rondel. pisc. 2. *p.* 177. Exos piscis et ichthyocolla.
β) *Aldr. pisc. p.* 566. *Will. ichth. p.* 244. *Raj. pisc. p.* 114. Ichthyocolla.
γ) *Aelian. anim. l.* 14. *c.* 23. 26. Ἀντακαῖος.

Habitat *in* Danubio, *Volga, aliisque imperii Russici fluviis, mari Caspio, congenerum maximus, utplurimumq, non raro* 24 *pedes longus, lucii figura, supra niger, subtus flavus, tuberculis osseis cum aetate increscente evanescentibus.* Cutis *corium exhibet pro lineis curruum praestantissimum.*

Ccccc 5

132. CHIMAERA. *Caput* acuminatum.
Spiracula folitaria, quadripartita, fub collo.
Os fub capite, labio fuperiore quinquepartito.
Dentes primores incifores, bini fupra infraque.
Corpus productum, aculeo dorfi foltario, cauda in fetam definente, reliquo corpore longiore.

monftro- 1. Ch. roftro fubtus plicis pertufis. *Fn. fuec.* 294. *Gunner.*
fa.   *act. Nidrof.* 2. p. 270. t. 5. 16. *Müll. prodr. zool. dan.* p.
             38. n. 320. *Olaff. isl.* 1: p. 192.
             Bloch ausl. Fifch. 1. p. 61. n. 1. t. 124. Chimaera cauda filiformi.
             Muf. Ad. Fr. 1. p. 53. t. 25. *Afcan. ic. rer. natur.* t. 15. Chimaera.
             Art. gen. 68. Squalus cauda longiore, quam ipfum corpus.
             Cluf. exot 136 t. 137. *Jonft. pifc.* t. 44. f. 2. Genus galei.
             Will. ichth p. 75. t. B. 9. f. 9. *Raj. pifc.* p. 23. n. 15. Galeas acanthias.
             Gefn. aq: p. 877. *ic. anim.* p. 153. *Jonft. pifc.* p 29. t. 1. f. 6. Simia marina.
             Aldr. pifc. p. 402. 403. 405. Centrina prima, Centrina vera, Simia marina danica.
             Ström. fondm. p. 289. Vulpecula.
             Habitat in maris atlantici et feptentrionalis *profundis*, nocturna, cancris, mollufcis, teftaceis *victitans*, *elongata*, utrinque comprefla, argentea, *fufco-maculata*, laevis. *Caput* oblongum, roftro terminatum, in nare fibra cornutum, fafciculum pilorum in apice gerente, poris plurimis rotundis, muciferis pertufum; os anguftum, dente utrinque molari trigono quoque in utraque mandibula, in inferiori lamellis 2 offeis armatum; oculi grandes, pupilla thalaffina, iride alba, fupra infraque linea curva-cincti, linea corporis laterali alba, utrinque fufco marginata confluente; anus inter pinnas ventrales; circa hunc genitalia duplicia, mari penis duplex; et in abdomine ante pinnas ventra-

ventrales pedicelli 2 *breviffimi unguiculati;* cauda corpore fere dupla longior, *lanceolata, fubtus pinnata,* in filum *definens;* pinnae fufcae; dorfales tres, prima triangulari aculeo valido retrorfum denticulato affixa, altera longiffima et tertia anali oppofita anguftiores; pectorales amplae, ventrales parvae: Ova Norwegis edulia, hepar medicatum.

Collorhynchus. 2. C. roftro fubtus labro inflexo laevi.
Gron. muf. 59. n. 130. t. 4. Collorhynchus.
Frez. it. 1. p. 211. t. 17. f. 4. Pejegallo.
Ellis it. Cook. it. 1. p. 18. r. Elephant-fifh.
Habitat in mari aethiopico, regnum Chilenfe, novam Hollandiam alluente.

131. **SQUALUS.** *Caput* obtufum.

Spiracula 4—7 ad latera colli, femilunaria.

Oculi oblongi, verticales, dimidia parte tecti, ante foramen temporale.

Os in anteriore et inferiore capitis parte, pluribus dentium ferratorum, acutorum, partim mobilium, partim fixorum, forma inaequalium armatum.

Corpus oblongum, teretiufculum, tenerrimis aculeis afperum.

Pinnae ventrales, pectoralibus utplurimum minores, approximatae, circa anum, et in mare circa genitalia pofitae.

* Pinna anali, et foraminibus temporum.

Ifabella. 16. Sq. pinna dorfali prima abdominalibus oppofita. Brouf. Jon. act. Parif. 1780. p. 648. n. 1.

Habitat

Habitat ad novam Seelandiam, a colore denominatus, nigromaculatus, subtus exalbidus, 2½ pedes longus, paulisper depressus, caniculae affinis, et capite magis depresso, et pinnae dorsalis prioris situ distinctus.

Caput breve, latum, obtusum; oculi profundi, pupilla oblonga, iride aenea; dentes compressi, breves, triangulares, acuti, ad basin minore dente aucti; in sex series dispositi; lingua crassa brevis obtusissima; foramen temporale rotundum, satis magnum; pinnae dorsales subquadratae; secunda anali opposita; pectorales maximae, ad spiraculum tertium ortae; ventrales discretae, posterius acuminatae; linea lateralis dorso parallela, proxima.

Canicula. 8. Sq. naribus lobulo et appendice vermiformi cinctis, pinnis ventralibus discretis.

Syst. nat. XII. 1. p. 399. n. 8. *Art. gen.* 68. *syn.* 97. Squalus varius inermis, pinna ani medio inter anum caudamque pinnatam.

Klein miss. pisc. 3. p. 10. n. 4. Galeus capite rostroque brevissimis, ex rufo et cinereo maculis rufis varius.

Osb. it. 70. Squalus conductus.

Salv. aq. p. 137. *Aldrov. pisc.* p. 390. *Jonst. pisc.* p. 25. t. 8. f. 1. Catulus major.

Will. ichth. p. 62. *Raj. pisc.* p. 22. Catulus major vulgaris.

Rondel. pisc. 1. p. 380. *Gesn. aq.* p. 168. Canicula Aristotelis.

Brousson. act. paris. 1780. p. 649. n. 2. Roussette.

Brit. zool. 3. p. 88. n. 8. Greater Dogfish.

Habitat in mari fere omni, 4 pedes longus, veracissimus, piscibus praesertim victitans, vitae tenacissimus, rufescens, rufo maculatus, subtus albus, versus utrumque finem compressus; cutis siccata in varium usum adhibita.

Caput exiguum, rostro brevi; oculi oblongi, pupilla thalassina, iride albida; os amplum oblongum, tribus dentium ordinibus, non raro fossilibus, in utraque mandibula armatum; lingua cartilaginea et palatum aspera; anus ante medium corporis; pinna dorsalis prima ventralibus posterior, altera minor anali suboppsita, caudalis angusta emarginata.

Catulus. 10. Sq. naribus lobulo et appendice vermiformi cinctis, pinnis ventralibus concretis.

Syst. nat. XII. 1. p. 400. n. 10. *Art. gen.* 69. *syn.* 98. *Müll. prodr. zool. dan.* p. 38. n. 314. *Gron. muf.* 2. n. 199. zooph.

zooph. n. 44. Squalus dorso ocellato mutico, pinnis ventralibus concretis, dorsalibus caudae approximatis, capite punctato.

Bloch ausl. Fisch. 1. p. 21. n. 5. t. 114. Squalus varius pinnis ventralibus concretis.

Klein miss. pisc. 3. p. 10. n. 6. Galeus dorso pulverulento tantillum rubente.

Bell. aq. p. 74. Galeus stellaris minor.

Aldr. pisc. p. 390. f. 2. Will. ichth. p. 64. t. B. 4. f. 2. Raj. pisc. p. 22. n. 13. Salv. aquat. 137. Catulus minor.

Brit. zool. 3. p. 90. n. 9. Lesser Dogfish.

Habitat in oceano septentrionali, mediterraneo, indico, 2-3 pedes longus, forma ceterum colore usuque partium caniculae proxime affinis, an hujus mas?

Caput magnum; oculi pupilla nigra, iride alba; rostrum semipellucidum; os inter nares medium amplum, 4 dentium serratorum, tricuspidatorum, introrsum curvatorum, in medio longiorum ordinibus in utraque mandibula armatum; lingua lata, laevis, libera; spiracula 5; dorsum teres, fuscescens; latera subcompressa; cauda trunco longior, pinna angusta, emarginata; pinna analis et dorsalis prior, ventralibus posterior, parvae, altera dorsalis anali opposita. Ex hepate, inter venena a nonnullis relato, pinguedo excoquitur.

stellaris. 9. Sq. lobis narium duobus.

Syst. nat. XII. 1. p. 399. n. 9. Art. gen. 69. syn. 97. Gron. zooph. 145. mus. 2. n. 200. Squalus varius inermis, pinnis ventralibus discretis, dorsalibus caudae proximis.

Rondel. pisc. 1. p. 383. Canicula saxatilis.

Will. ichth. p. 63. Raj. pisc. p. 22. Catulus maximus.

Edw. glean. t. 289. Greater Catfish.

Brousson. act. Paris. 1780. p. 651. n. 3. Chat rochier.

Habitat in oceani europaei rupibus, crustaceis, molluscis et minoribus piscibus victitans, rufescens, guttis nigricantibus inaequalibus varius, subtus sordide cinereus, 2-6 pedes longus, caniculae affinis, at maculis majoribus et rarioribus, rostro paulo longiore, cauda paulo breviore et naribus fere clausis distinctus, 19-20 pullos simul pariens.

Pinnae *dorsales aequales; prior pone medium corporis, altera anali paulo posterior.*

7. Sq.

Galeus. 7. Sq. dentibus fere triangularibus, margine verticali denticulatis.

Syst. nat. XII. 1. p. 399. n. 7. *Art. gen.* 68. n. 9. *syn.* 97.
Squalus naribus ori vicinus, foraminibus ad oculos.
Klein miss. pisc. 3. p. 9. n. 3. Galeus rostri extima parte pellucida &c.
Aristot. anim. l. 6. c. 11. Γαλεος Κυων.
Plin. hist. mund. l. 9. c. 46. l. 32. c. 11. Canicula.
Salv. aq. p. 132. Canosa.
Gesn. aq. p. 167. ic. anim p. 144. *Thierb.* p. 180. *Rondel. pisc.* 1. p. 377. *Aldrov. pisc.* p. 388. *Jonst. pisc.* p. 25. t. 8. f. 4. *Will. ichth.* p. 51. t. B. 6. f. 1. *Raj pisc.* p. 30. n. 5. Canis galeus.
Brit. zool. 3. p. 87. n. 7. Tope.
Brousson. act. Paris. 1780. p. 653. n. 4. Milandre.
Habitat in Oceano Europae, ex atro cinereus, subtus dilutius, elongatus, teres, voracissimus, 3 pedes longus, et longior.
Oculi *inter rostri apicem et spiraculum primum medii;* rostrum *elongatum depressum;* lingua *magna rotundata;* nares *rictui proximae, partim brevi lobulo clausae;* foramen *temporum minimum;* anus *ante medium corporis;* pinna *dorsalis posterior minor, anali posterius acuminatae aequalis, et posterior;* cauda *magna, pinna biloba;* linea *lateralis obsoleta.*

Mustelus. 13. Sq. dentibus minimis obtusis. *Art. gen.* 66. *syn.* 93.
Gronov. zooph. 142. Squalus rostro subacuto, corpore subrotundo, dorso unicolore fusco, pinnis pectoralibus curtis.
Gesn. aq. 608. *Rondel. pisc.* 1. 375. Galeus laevis.
Salv. aq. 135. 136. Mustelus laevis.
Will. ichth. p. 60. t. B. 4. f. 2. *Raj. pisc.* p. 22. Mustelus laevis primus.
Brit. zool. 3. p. 91. n. 10. Smooth Hound.
Brousson. act. Paris. 1780. p. 655. n. 5. Emissole.
Habitat in Oceano europaeo et pacifico, 2 *pedes longus.*
Rostrum *conicum, poris muciferis undique pertusum;* nares *partim lobulo tectae;* pinna *dorsalis prior fere triangularis, ventralibus anterior; posterior anali subquadrata duplo major; ventrales in medio corporis pectoralibus duplo minores, caudalis finem versus latior.*

cirratus. 17. Sq. narium appendice vermiformi.
Brousson. act. Paris. 1780. p. 656. n. 6. Barbillon.

Habitat

audientium; *Habitat* in Oceano americano et pacifico, 1-5 *pedes longus, rufus, junior nigro-guttatus, squamis magnis, planis, splendentibus.*

Caput *depressum*; rostrum *breve, obtusum*; oculi et foramen temporale minima; labia *ad latus crassa*; dentes *plurimi, elongati, acuti, basi dilatati*; spiracula 5, 2 postrema approximata; anus *in medio*; pinna *dorsalis prima ventralibus opposita, altera anali minuta, et caudae proxima anterior*; cauda ¼ *totius piscis longa, pinna biloba*.

barbatus. 18. Sq. rictu oris appendicibus vermiformibus barbato.

Broussou. act. Parif. 1780. p. 657. n. 7. Barbu.

Habitat ad novam Hollandiam, 2½ *pedes longus, squamis minimis, duris, laevibus, splendentibus vestitus, maculis nigris, rotundis et angulosis, circulo albo cinctus varius.*
Caput *magnum, depressum, breve*; dentium *lanceolatorum plures ordines*; cirri *inaequales, ad dimidium pollicem longi, ibuic inde ramosi*, ut etiam ante nares; foramen temporum amplum; spiracula 5; anus *in medio*; pinna dorsalis prima ano opposita; caudalis *subdivisa*.

tigrinus. 19. Sq. cauda elongata, spiraculis 2 postremis confluentibus.
Ind. zool. t. 13. f. 2.

Bloch ausl. Fisch. 1. p. 19. n. 4. Squalus corpore fasciato, ore cirroso.

Gron. muf. 1. n. 136. zooph. n. 147. Squalus capite obtuso, cirris duobus ad maxillam superiorem, dorso vario inermi.

Seb. muf. 3. p. 105. t. 34. f. 1. Squalus varius, naribus ori proximis; foraminibus pone oculos, spiraculis utrinque quaternis, cauda longissima.

Hermann tab. affin. an. p. 302. Squalus spiraculis quaternis, cirris oris duobus, corpore rufo albo transversim fasciato.

Broussou. act. Parif. 1780. p. 658. Tigre.

Habitat in Oceano indico, *ad* 15 *pedes longus, crassus, oblongus, niger, maculis fasciisque nigris, subtus canescens, testaceis et cancris victitans.*
Caput *latum; anterius planum et declive*; os *inferum transversum, cirris* 2 *barbatum*; labium *superius crassum prominens*; mandibulae *dentibus minimis, superior mobilibus, radulae instar asperae*; lingua *brevis crassa*; oculi *parvi oblongi, pupilla caerulea, iride nigra*; abdomen *latum*; pinnae *pectorales breves, latae*; dorsalis prima, ventralibus, altera anali opposita; cauda *utrinque compressa, apice folii instar tenuis, pinna longa apice emarginata*.

20. Sq.

africanus. 20. Sq. fasciis septem nigricantibus parallelis longitudinalibus
pictus.
Brousson. act. Parif. 1780. *p.* 659. *n.* 9. Galonné.
Habitat in mari africano, 2½ *pedes longus, squamis minutis
subquadratis vestitus.*
Caput corpore paulo latius, depressum; oculi mediocres oblongi, iride virescente, triplo majores foramine temporum; rictus semicircularis; dentes compressi, elongati acuti in series dispositi, superiores transversas, inferiores obliquas; palatum et lingua tuberculis mollibus sparsis inaequalia; ad nares lobi duo, quorum alter major nares fere claudit; spiracula 5; pinnae pectorales horizontales; ventrales subtriangulares apice obliquae, analis oblonga, anterius rotundata, posterius acuminata; dorsalis prima pone medium dorsi; altera analis posteriori parti opposita; caudalis rotundata.

ocellatus. 21. Sq. litura magna rotunda nigra, circulo albo cincta, ad utrumque colli latus.
Brousson. act. Parif. 1780. *p.* 660. *n.* 10. Oeillé.
Habitat in oceano pacifico *ad* novam Hollandiam, 2½ *pedes longus, cinereus, guttatus, subtus ex cinereo virescens, elongatus.*
Caput breve immaculatum; oculi parvi oblongi, supra foramen temporum oblongum, mediocre; dentes plurimi, parvi, compressi, acuti, basi dilatati; nares apici rostri proximae, lobulo fere clausae; spiracula 5, postrema 2 approximata; pinnae pectorales et ante medium corporis sitae ventrales rotundatae nigricantes, margine cinereae; pinna dorsalis prior anali posterior, margine anteriore maculis 2 nigris notata, posterius emarginata; altera paulo minor, ceterum similis; analis caudali emarginatae proxima.

Zygaena. 5. Sq. capite latissimo transverso malleiformi. *Muf. Ad. Fr.*
1. *p.* 52. *Art. gen.* 67. *syn.* 96. *Gron. muf.* 1. *n.* 139.
zooph. n. 146.
Bloch ausl. Fisch. 1. *p.* 29. *n.* 8. *t.* 117. Squalus corpore malleiformi.
Klein miss. pisc. 3. *p.* 13. *n.* 1. Cestracion fronte artus forma.
Salv. aq. p. 128. 129. Libella Ciambetta.
Bellon. aq. p. 61. Libella, Balista, Cagnolu.
Muf. Besl. p. 55. *t.* 25. Sphyraena Gillii.

Aristot.

Ariſtot. anim. l. 2. c. 15. 'Aelian. an. l. 9. c. 49. Geſn. aq. p. 1050. icon. an. p. 150. Aldrov. piſc. p. 408. Jonſt. piſc. p. 29. t. 7. f. 8. 9. Rondel. piſc. 1. p. 389. Zygaena. du Tertr. ant. 2. p. 207. Zigène.
Fermin Turin. 2. p. 248. Requin.
Lebat amer. 4. p. 301. Pantouflier.
Brouſſonet act. Pariſ. 1780. p. 661. n. 11. Marteau.
Will. ichth. p. 55. t. B. 1 Raj piſc. p. 20. n. 7. Balance-fiſh.
Habitat in Oceano, mari mediterraneo americano et indico, congenerum voraciſſimus, magis infeſtus, quam ipſe carcharias, reliquis minus aſper, crebro 6 pedes longus et ad 500 libras pondere aequans, 10-12 foetus ſimul edens.
Caput ad utrumque latus elongatum, anterius repandum, ſupra ſubtusque convexum, juniori latius, ad ejus fines utrinque oculi magni prominuli deorſum verſi iride aurea, et prope marginem ſubtus nares oblongae, membrana tectae; prope trunci initium os arcuatum, 3-4 in utraque mandibula. dentium latorum acuminatorum utrinque ſerratorum ordinibus horrens; lingua craſſa, lata, humanae ſimilis; truncus elongatus, teres; pinnae margine lunatae, baſi nigrae, ceterum cinereae; ventrales diſcretae, analis et poſterior dorſalis parvae, anterior, capiti vicina, magna, caudalis longa.

Tiburo. 6. Sq. capite latiſſimo cordato.
Klein miſſ. piſc. 3. p. 13. n. 2. t. 2. f. 3. 4. Ceſtracion capite cordis figura vel triangulari.
Marcgr. braſ. p. 181. Tiburonis ſpecies minor.
Will. ichth. p. 55. t. B. 9. f. 4. Zygaenae affinis capite triangulo.
Brouſſon. act. Pariſ. 1780. p. 662. n. 12. Pantouflier.
Habitat in mari, Americam auſtralem alluente zygaenae multum affinis; at in tiburone diameter capitis longitudinalis tranſverſae pene aequalis, et linea a medio rictus ad roſtri apicem ducta brevior multo, quam linea a medio rictus ad oculos ducta.

griſeus. 22. Sq. ſpiraculis utrinque ſex.
Brouſſon. act. Pariſ. 1780. p. 663. n. 13. Griſet.
Habitat paulo rarior in mari mediterraneo, 2½ pedes longus, murinus, parum aſper, ut tamen in ſiccati pelle compareant ſquamae minimae linea media elevata inaequales.
Caput depreſſum obtuſum; rictus amplus, arcuatus; mandibula inferior pluribus dentium maximorum, compreſſorum

rum fulquadratorum, ferratorum, fuperior ad latera
fimplici ferie, et anterius dentibus elongatis, acutis non
ferratis, angustioribus, minoribus, acutioribus, quam
ad latera horrens; nares prope apicem rostri, partim lobulo claufae; oculi apici adhuc propiores, magni, ovales;
foramina temporum minima, ab oculis remota; fpiracula
maxima, approximata; linea lateralis exfoleta; pinna
dorfalis unica, anali anterior, ceterum fimilis, paulo tamen major; pectorales horizontales, ventrales mediocres,
femiovales; analis parva, anterius obtufa, posterius acuminata, media plana inter ventrales, et caudalis bafin.

Vulpes. 23. Sp. caudae lobo fuperiore longitudine corporis.
Art. fyn. p. 96. Squalus cauda longiore, quam ipfum corpus.
Salv. aq. p. 130. Will. ichth. p. 54. t. B. 5: f. 2. Vulpecula.
Rondel. pifc. 1. p. 387. Vulpes.
Brit. zool. 3. p. 86. n. 6. t. 4. Sea-fox.
Broussjon. act. Paris. 1780. p. 664. n. 14. Renard marin.
Habitat in mari mediterraneo, eoque quod Scotiam et Cornubiam alluit, 7 pedes longus, fquamis minimis tectus,
fupra ex caerulefcente cinereus, fubtus magis in album colorem vergens, voraciffimus.
Caput conicum, breve, oculi grandes; mandibulae tribus
dentium triangularium, compreforum, acuminatorum,
non ferratorum ordinibus horridae; lingua obtufa; linea
lateralis recta; pinna dorfalis prior in medio dorfi, ad
cujus finem foveola triangularis, altera anali oppofita fub-
biloba; ventrales valde approximatae, analis acuminata;
caudae lobus inferior vix ultra pedem longus, fuperior falcatus, fextuplo longior.

longicau- 24. Sq. cirris duobus ad maxillam fuperiorem, cauda longa.
dus. Gron. muf. 1. n. 136. zooph. 147. Squalus capite obtufo,
cirris duobus ad maxillam fuperiorem, dorfo vario inermi.
Seb. muf. 3. p. 105. n. 4. t. 34. f. 1. Squalus varius, naribus ori proximis, foraminibus pone oculos, fpiraculis
utrinque quaternis, cauda longiffima.

** pinna anali, nullo foramine temporum.
glaucus. 14. Sq. caudae lateribus laevibus; foffula ad extremum dorfi
finem.
Syft. nat. XII. 1. p. 401. n. 14. Art. gen. 69. n. 13. fyn. 98.
Olav. it. island. Müll. prodr. zool. dan. p. 39. n. 318. b.
Gunner. act. Nidrof. 4. p. 1. t. 1. f. 1. Squalus foffula
triangulari in extremo dorfo, foraminibus nullis ad oculos.
Bloch

PISCES CHONDROPTERYGII. Squalus. 1497

Bloch Fisch. Deutschl. 3. *p.* 78. *n.* 2. *p.* 78. *t.* 86. Squalus
absque foraminibus ad oculos.
Osb. it. chin. p. 385. Squalus afcenfionis.
Klein miss. pisc. 3. *p.* 6. *n.* 2. Cynocephalus glaucus.
Rondel. pisc. 1. 378. *Gesn. aq. p.* 609. *Will. ichth.* 49. *t.* B. 8.
Raj. pisc. p. 20. Galeus glaucus.
Broussion. act. Parif. 1780. *p.* 665. *n.* 15. Glauque.
Act. angl. 68. *p.* 789. *t. Brit. zool.* 3. *p.* 84. *n.* 5. Blue Shark.
Habitat in omni mari frequens, audacissimus, 2½ - 14 pedes longus; glaucus subtus albus, parum asper.
Caput subdepressum; oculi minuti subrotundi iride ochroleuca; dentes fere triangulares, elongati, acuti, non serrati, deorsum retrosfumque verfi, non raro fossiles; anus caudae proximus; pinnae dorsales muticae glaucae, prior, ventralibus anterior, fere triangularis, altera minor anali albae posterior et aequalis; pectorales magnae, longae; emarginatae ventralesque supra glaucae, subtus albae; caudalis glauca, in 2 lobos partita, quorum inferior triplo brevior.

cornubi- 25. Sq. plica longitudinali ad utrumque caudae latus.
cus. *Broussion. act. Parif.* 1780. *p.* 667. *n.* 16. Nez.
Brit. zool. 3. *p.* 92. *n.* 11. *Borlaf. Cornub.* 265. *t.* 26. *n.* 4. Porbeagle.
β) *Brit. zool. alt. ed.* 3. *p.* 104. *t.* 17. Beaumaris Shark.
γ) *du Hamel hift. des pech.* 2. *f* 9. Touille-boeuf?
Habitat in mari Cornubiam alluente, teres, crassus, brevis, 2½ pedes modo longus, varius, parum asper.
Oculi grandes; roftrum conicum, prominens; poris pertufum; rictus amplus, dentibus plurimis oblongis, mobilibus, acutis, bafi dilatatis, deorsum retrorsumque verfis horridus; fpiracula 5 maxima; linea lateralis supra oculos orta, angulata, versus finem caudae in plicam terminata; pinna dorsalis prima ante medium corporis fere triangularis; altera multo minor, anali posterior et aequalis; pectorales inter apicem rostri et ventrales fere mediae; cauda in lobos 2 magnos lanceolatos partita, superiore paulo longiore.

cinereus. 26. Sq. fpiraculis utrinque feptem.
Broussion. act. Parif. 1780. *p.* 668. *n.* 17. Perlon.
Habitat in mari mediterraneo, ad glaucum colore suo fatis accedens, 3 pedes longus, parum asper.

Oculi

Oculi *grandes, inter roſtri apicem et ſpiraculum primum medii;* dentes *ſatis magni, compreſſi, acuti, ſejuncti, ad latus pauliſper recumbentes, deorſum* i *etrorſumque verſi;* ſpiracula *magna;* linea *lateralis diſtincta;* anus *pauliſper ante medium corporis;* pinna *dorſalis unica;* in medio corporis, anali major; pinnae *pectorales pone ſpiraculum poſtremum,* caudalis biloba.

maximus. 11. Sq. dentibus conicis non ſerratis.
Syſt. nat. XII. 1. p. 400. n. 11. O. *Fabric. Fn. groenl.* p. 130. n. 90. Squalus dentibus conicis, pinna dorſali anteriore majore.
Gunner act. Nidroſ. 3. p. 33. t. 2.* Brügd.
Brouſſon. act. Pariſ. 1789. p. 669. n. 18. Le trés grand.
Habitat in oceano arctico, *cetaceis minoribus victitans, quae integra deglutit, pinna anali parva, dorſali ſecundae poſteriori, monſtroſae magnitudinis, ceterum carchariae ſimilis.*

Carcharias. 12. Sq. dentibus triangularibus ſerratis.
Syſt. nat. XII. 1. p. 400. n. 12. *Art. gen.* 70. *ſyn.* 98. O. *Fabr. Fn. groenl.* p. 127. *Müll. prodr. zool. dan.* p. 38. n. 316. *Gunner act. Nidroſ.* 2. p. 370. t. 10. 11. Squalus dorſo plano, dentibus ſerratis.
Gron. muſ. 1. 138. *zooph.* 143. Squalus capite ſubdepreſſo, roſtro ſubacuto, pinnis pectoralibus maximis.
Bloch auſl. Fiſch. 1. p. 33. n. 119. Squalus corpore cinereo, dorſo lato.
Brown jam. p. 458. n. 2. Squalus capite ſubacuto, dentibus lanceolatis ſerratis, ſex ordinibus diſpoſitis, pupilla longiori anguſta.
Klein miſſ. piſc. 3. p. 5. n. 1. Cynocephalus albus.
Ariſtotel.

Squali *ſolius maris incolae, in mari baltico rariores, noctu ſplendentes, elongati, ſubcompreſſi, vivos edunt foetus, plures ſimul, quam rajae, ſimiliter tamen ſingulos involucro quadrangulo incluſos, ſetis longis ad angulos affixis, magnitudine inſigni ſpectabiles, ut proſtent exempla,* 1000 *et* 4000 *libras pondere aequantium, carne tenaci, dura, graveolente, vix ex junioribus eſculenta, parum pinguedine ex hepate potiſſimum excocta, et cute ad polienda ebur, lignum et alia; ad conficiendas ex ea curruum lineas et corii ſpeciem magis utiles, dentibus molaribus carent, pauciores gregarii molluſcis aliiſque vermibus marinis victitant, plurimi ſolitarii, vagi, voraciſſimi, quaecunque fere obvia, potiſſimum animalia majora appetunt, ideo naves frequenter ſequuntur, quicquid ex iis vel vivum vel mortuum in mare delabitur, rapientes; plures ſpecies adhuc parum cognitae qualis e. g. edentula,* a Brünnichio *piſc. maſſil.* p. 6 *memorata.*

Aristotel. hist. anim. l. 5. *c.* 5. *l.* 9. *c.* 37. *Plin. hist. mund.*
l. 9. *c.* 24. *Rondel. pisc.* 1. *p.* 390. Lamia.
Athen. l. 7. *p.* 306. 310. *Bellon. aq. p.* 58. *Gesn. aq. p.* 173.
icon. anim. p. 151-153. *Thierb. p.* 81. 82. *Aldrov. pisc.*
p. 381. 382.-387. *Jonst. pisc. p.* 24. *t.* 6. *f.* 6. Carcharias canis s. Lamia.
Fermin Surin. 2. *p.* 248. *du Tertre Antill. p.* 202. *Brousson.*
act. Paris. 1780. *p.* 670. *n.* 19. Requin.
Brit. zool. 3. *p.* 82. *n.* 4. *Will. ichth. p.* 47. *t.* B. 7. *Raj*
pisc. p. 18. White Shark.

Habitat *in oceani abysso, praeda tantum in superficiem allectus, omnium animalium facile voracissimum, ut nec homini, nec propriae soboli parcat, praedamque integram saepe adhuc vivam deglutiat, ut Jonam, prophetam, veterumque profanorum Herculem trinoctem, in hujus ventriculo tridui spatio haesisse, veri specie haud careat;* cinereus, elongatus, depressus asper, haud raro 30 pedes longus, a remora, et physetere macrocephalo frequenter infestatus et agitatus, carne sapidiore, quam congeneres. Caput *depressum, anterius latum et tenue, in acumen breve desinens;* oculi *laterales, parvi, subrotundi, iride cinerascente, membrana nictitante cartilaginea alba;* nares *duplices, membrana quadam semitectae;* rictus *amplus, sex (juniori paucioribus) dentium, frequenter fossilium, triangularium (juniori nondum serratorum) ordinibus, posterioribus mobilibus, singulis 30 circiter dentium, in utraque mandibula horrens;* lingua *crassa, brevis, lata, cartilaginea;* pinnae *fuscescentes, (juniori) ad angulum macula nigricante notatae;* pectorales maximae; dorsalis *prima ante medium corporis posita, superius rotundata, altera, inter ventrales et caudalem media, anali anterior, ventralesque parvae, caudalis longa, biloba.*

*** *pinna anali nulla, foramine temporum.*

Pristis. 15. Sq. rostro elongato plano, per totam longitudinem utrinque dentato.
Syst. nat. XII. 1. *p.* 401. *n.* 15. *Fn. suec.* 297. *Mus. Ad. Fr.*
1. *p.* 52. O. *Fabric. Fn. groenl. p.* 130. *n.* 91. *Müll. prodr. zool. dan. p.* 38. *n.* 319. Squalus pinna ani nulla, rostro ensiformi osseo plano utrinque dentato.
Art. gen. 66. *syn.* 93. *Gron. mus.* 1. *n.* 132. *zooph. n.* 148.
Browp jam. p. 458. *n.* 1. Squalus rostro longo cuspidato osseo plano utrinque dentato.
Bloch ausl. Fisch. 1. *p.* 41. *n.* 11. *t.* 120. Squalus rostro serrato.

Klein

Klein miss. pisc. 3. *p.* 12. *n.* 11. *t.* 3. *f.* 1. 2. Galeus roftro longo plano firmo &c.
Marcgr. brasil. p. 158. *Pis. ind. p.* 54. Araguagua.
Plin. hist. mund. l. 9. *c.* 2. Serra.
Cluf. exot. p. 135. *Aldrov. cet. p.* 692. *Olear. Kunstk. p.* 41. *t.* 26. *f.* 1. *Gesn. aq. p.* 739. *icon. anim. p.* 171. *Thierb. p.* 101. *Will. ichth. p.* 61. *t.* B. 9. *f.* 5. *Raj. pisc. p.* 23. *Rondel pisc. p.* 487. Priftis f. Serra.
Jonst. pisc. p 15. *t.* 4. *f.* 1. *Blas. anat. p.* 307. *t.* 49. *f.* 13. Xiphias f. Gladius.
du Tertre antill. p. 207. Spadon.
Bell. aq. p. 66. Langue de serpent.
Brouffon. act. Parif. 1780. *p.* 671. *n.* 20. Scie.
Habitat in oceano septentrionali, et americano auftrali, ad 15 pedes longus, laevis, supra nigricans, ad latera cinereus, subtus albus.
Caput antice planum, roftrum ad 5 pedes longum, cute coriacea obductum; dentibus offeis in paritis exemplis et alterutro latere numero diverfis, in foetibus nondum vel recens editis molle, dentibus sub cute latentibus; os transverfum; dentes granulati; oculi magni, iride aurea; spiracula 5; pinna dorsali prima ventralibus oppofita; altera inter primam et caudae apicem media; pectorales latae longaeque; caudalis brevior, quam congeneribus.

spinosus. 27. Sq. tuberculis magnis mucronatis per totam superficiem dispersis.
Brouffon. act. Parif. 1780. *p.* 672. *n.* 22. Bouclé.
Habitat in Oceano, 4 pedes longus, tuberculis inaequalibus bafi latis et rotundis apice mucronatis aut bimucronatis subrecurvis hispidus.
Oculi grandes; roftrum prominens, conicum; nares ante oculos positae; rictus mediocris; dentium fubquadratorum, compressorum, margine angulatorum ordines plures; spiracula 5; pinnae dorfales caudae propinquae; prior paulo major, ventralibus oppofitae; hae a roftri apice folito remotiores, pectoralibus magnis fere aequales; caudalis angulofa.

Acanthias. 1. Sq. pinnis dorfalibus spinofis, corpore teretiufculo. *Fn. suec.* 295. *Muf. Ad. Fr.* 1. *p.* 53. *It. wgotb.* 174. *Art. gen.* 66. *Syn.* 94. *spec.* 102. *Müll. prodr. zool. dan. p.* 37. *n.* 311. *Brün. muf.* 1. *n.* 134. *zooph. n.* 149. Squalus roftro subacuto, pinnis dorfalibus uniradiato-fpinofis, anali nulla.

Bloch

Bloch Fifch. Deutfchl. 3. *p.* 74. *n.* 1. *t.* 85. Squalus corpore teretiufculo, dorfo biaculeato.
Brown. jam. p. 458. *n.* 3. Squalus dorfo bipenni, utraque aculeo majori armata, pinnis ani geminis.
Salv. aq. p. 135. b. *f. p.* 136. *Bellon. aq. p.* 65. Muftelus fpinax.
Arift. hift. anim. l. 6. *c.* 10. 'Ακανθιας γαλεε.
Klein miff. pifc. 3. *p.* 8. *n.* 1. *t.* 1. *f.* 5. 6. *Rondel. pifc.* 1. *p.* 373. *Gefn. aq.* 607. *Will. ichth. p.* 56. *t.* B. 4. *f.* 1. *Raj. pifc. p.* 21. Galeus acanthias five fpinax.
Brouffon. act. Parif. 1780. *p.* 673. *n.* 22. Aiguillat.
Brit. zool. 3. *p.* 77. *n.* 2. Picked Dogfifh.

Fernandinus. β) Sq. pinnis dorfalibus fpinofis, corpore tereti ocellato. *Molin. hift. nat. Chil. p.* 202. *n.* 12. *

Habitat in omni mari, *rarior in* baltico, 3½ *pedes circiter longus, clupeas, gadosque exagitans, aculeis minimis, retrorfum uncinatis afper, fupra nigricans, hinc inde (junior magis) albo guttatus, ad latera albus, in violaceum colorem vergens, et fulcis transverfis angulatis inaequalis, fubtus albus, vitello Norwegis eduli.*

Caput deorfum compreffum, cuneatum, anterius tenue, obtufum, pellucidum; oculi laterales, oblongi, iride ex albo caerulea; pone hos foramen temporale et utrinque 4 *pororum mucifer orum ordines; nares duplices mediae inter apicem capitis et os transverfum; dentes parvi, finguli acie, radicibus* 2, *et* 2 *cufpidibus inftructi, in tres feries, fingulas dentium* 26, *digefti; abdomen latum et longum; linea lateralis recta; pinnae nigricantes; pinnae dorfalis utriusque radius primus fpinofus, jam in foetu confpicuus, in adulto validus, offeus, fubtriqueter, albus, hinc inde ad venena relatus, in* β) *eboris duritie, apice recurvus,* 2½ *pollices longus, ad dolores dentium mitigandos adhibitus; pinna caudalis caudam utrinque cingens, fupra longior.*

Spinax. 3. Sp. fubtus nigricans.
Syft. nat. XII. 1. *p.* 398. *n.* 3. *Muf. Ad. Fr.* 2. *p.* 49 *. *Fn. fuec.* 296. *Art. gen.* 97. *fyn.* 95. Squalus pinna anali nulla, dorfalibus fpinofis, naribus terminalibus.
Gunner. act. Nidrof. 2. *p.* 213. *t.* 7. 8. Squalus niger.
Will. ichth. p. 57. *Raj. pifc. p.* 21. Galeus acanthias f. fpinax fufcus.
Edw. gleaun. t. 289. Muftelus f. Spinax.
Brouffon. act. Parif. 1780. *p.* 675. *n.* 23. Sagre.
Habitat in Oceano, *acanthiae multum affinis.*

squamo- 28. Sq, squamis parvis oblongis vestitus.
sus. *Brousson. act. Parif.* 1780. *p.* 675. *n.* 24. Ecailleux.
Habitat - - - - centrinae affinis, at squamis sat magnis ovalibus linea media longitudinali elevata inaequalibus vestitus, crassus, teres, 3 circiter pedes longus.
Oculi *oblongi, supra rictum oris et ante foramen temporum positi;* rostrum *oblongum, depressum;* nares *magnae, lobo membranaceo partim tectae;* oris *rictus mediocris et arcuatus;* dentes *subquadrati, margine angulosi, inferiores majores;* pinnae *dorsales oblongae, plurimam dorsi partem occupantes, medio radio spinoso; prior major, posterius longior et angusta; altera ventralibus posterior; pectorales mediocres versus basin angustatae, ventrales semiovales, caudali proximae, haec initio rotundata, versus finem dilatata.*

Centrina. 2. Sq. corpore subtriangulari.
Syst. nat. XII. 1. *p.* 398. *n.* 2. *Art. gen.* 67. *n.* 5. *syn.* 95. †
Müll. prodr. zool. d·n. *p.* 37 *n.* 313. Squalus pinna anali nulla, dorsalibus spinosis, corpore subtriangulari.
Bloch ausl. Fisch. 1. *p.* 23. *n.* 6. *t.* 115. Squalus unica serie dentium incisorum in maxilla inferiore.
Klein miss. pisc. 3. *p.* 10. *n.* 7. Galeus brevis crassus, pinnis dorsalibus spinosis, ano caudae proximo.
Bellon. aq. p. 62 - 64. Vulpecula.
Aelian. anim. l. 1. *c.* 55. *l.* 2. *c.* 8. *Gesn. aq. p.* 609. *ic. anim. p.* 146. *Thierb. p.* 78. b. *Salv. aq. p.* 156. b. *Rondel. pisc.* 1. 384. *Aldrov. pisc. p.* 401. *Jonst. pisc. p.* 28. *t.* 8. *f.* 4. 5. *Will. ichth. p.* 58. *t.* B. 1. *et* 2. *Raj. pisc. p.* 21. Centrina.
Brousson. act. Parif. 1780. *p.* 676. *n.* 35. Humantin.
Habitat in mari mediterraneo, rarior ad littora, 3 - 4 pedes longus, supra fuscus, carinatus, subtus albidus, latus, cute tuberculis duris erectis, et tunica crassa adiposa vestitus, carne durissima.
Caput *parvum, planum, apice obtusum;* oculi *oblongi, semitecti, iride flavicante;* os *inferum, hians, angustum;* dentium *acutorum in mandibula superiori series tres, in inferiori unica;* cauda *brevis, utrinque compressa, pinna brevi;* pinnae *dorsales magnae, medio radio spinoso; posterior ventralibus opposita, pectorales et ventrales duplices.*

indicus. 29. Sq. dorso vario inermi, dentibus acutis. *Gron. muſ.* I.
n. 133. *zoophyl.* 150.
Habitat in Oceano indico.

america- 30. Sq. pinnis dorsalibus inermibus: posteriore majore, ven-
nus. tralibus magnis caudae proximis.
Brouſſonet act. Pariſ. 1780. *p.* 677. *n.* 26. Liche.
Habitat ad promontorium Breton, 3 *pedes longus, aſper,
ſquamis parvis anguloſis veſtitus, teres.*
Caput *magnum;* rostrum *breve, obtuſum;* dentes *oblongi,
acuti, compreſſi, in plures ordines digeſti, maximi margine ſerrati;* nares *amplae, ad latera apicis roſtri poſitae;*
oculi *grandes, naribus propiores, quam ſpiraculo primo;*
foramen *temporum ab oculis remotum;* ſpiracula 5 *parva;
poſtrema* 2 *approximata;* pinna *dorſalis prima ante medium eo poris poſita, altera anali paulo poſterior;* pecto-
rales ſubovales, caudalis lanceolata.

Squatina. 4. Sq. pinnis pectoralibus maximis anterius emarginatis.
Syſt. nat. XII. 1. *p.* 398. *n.* 4. *Muſ. Ad. Fr.* 2. *p.* 40. *Art.
gen.* 67. *n.* 6. *ſyn.* 95. Squalus pinna anali nulla, caudae
duobus, ore terminali, naribus cirrofis.
Gron. muſ. 1. 137. *zooph.* 151. Squalus capite plagioplateo,
lato, ore in apice capitis, naribus cirrofis.
Bloch ausl. Fiſch. 1. *p.* 25. *n.* 7. *t.* 116. Squalus corpore
depreſſo.
Klein miſſ. piſc. 3. *p.* 14. *n.* I. *t.* 2. *f.* 5. 6. Rhina five Squa-
tina autorum.
Ariſtotel. hiſt. anim. l. 2. *c.* 15. *l.* 5. *c.* 5. 10. 11. *l.* 9. *c.* 37.
Ῥίνη.
Salv. aq. p. 151. Squadro.
Plin. hiſt. mund. l. 9. *c.* 12. 24. 42. 51. *l.* 32. *c.* 9. *Rondel.
piſc.* 1. 367. *Geſn. aq. p.* 899. 902. *icon. anim. p.* 39. 40.
Thierb. p. 165. b. 166. *Aldrov. piſc. p.* 472. *Jonſt. piſc.
p.* 39. *t.* 11. *f.* 7. *Bellon. aq. p.* 78. *Will. ichth. p.* 97. *t.*
D. 3. *Raj. piſc. p.* 26. Squatina.
Brouſſon. act. Pariſ. 1780. *p.* 678. *n.* 27. Ange.
Brit. zool. 3. *p.* 74. *n.* I. Angelfiſh.
Habitat in oceano ſeptentrionali, *et* mari mediterraneo,
6-8 *pedes longus, gregarius, piſcibus potiſſimum minoribus victitans, ad* 13 *usque foetus ſimul edens, ſupra cinereus, aculeis parvis retrorſum curvis aſper, ſubtus laevis,
albus, ore terminali, pinnarum pectoralium ambitu, forma caudae et depreſſa corporis ad rajas accedens.*

PISCES CHONDROPTERYGII. Squalus.

Caput *planum*, *circulare*, *trunco latius*; os *latum*; mandibulae *protrusiles*, *pluribus dentium acuminatorum*, *incurvorum*, *junioribus et in mandibula superiore paucioribus*, *ordinibus armatae*; lingua *lata*, *tenuis*, *laevis*, *acuminata*; nares *ad marginem anteriorem positae*, *membrana tectae*, *in* 2 *cirros definente*; *prope hunc marginem quoque* oculi *parvi*, *pupilla thalassina*, *iride flava*; *pone hos foramen temporum semilunare*; spiracula 5 *semilunaria*; abdomen *longum et latum*; anus *oblongus*, *pedunculis* 2 *cartilaginis in mare oppositis*; pinnae *dorsales* 2 *caudae insidentes*, *ventrales oblongae*, *albae*, *pectorales supra albae*, *subtus margine fuscae*, *caudalis perpendicularis sublunata*.

**** edentuli, *an* Squali?

Maffafa. 31. Sq. pinnis pectoralibus longis. *Forsk. Fn. arab. p.* X. *n.* 17.
  Habitat in mari rubro.

Kumal. 32. Sq. pinnis pectoralibus brevibus, cirris oris quatuor. *Forsk.*
  Fn. arab. p. X. *n.* 19.
  Habitat in mari rubro.

130. RAJA. *Spiracula* fubtus ad collum utrinque io, obliqua.
  Os fub capite, parvo, acuminato, cum pectore quasi continuo, transverfum, dentatum.
  Corpus tenue, depreffum, rhomboideum.

* *Dentibus acutis.*

Torpedo. 1. R. tota laevis. *Muf. Ad. Fr.* 2. *p.* 50.* *Art. gen.* 73. *syn.*
  102. *Brünn. pifc. maff. p.* 1. *Bloch ausl. Fifch.* 1. *p.* 44.
  n. 7.* *t.* 122. 3. *p.* 118.
  Gronov. zooph. n. 152. Raja dorfo monopterygio, cauda brevi apice pinnato, laevis, inermis, roftro fubobtufo.
  Ariftot. hift. anim. l. 2. *c.* 13. 15. *Aelian. an. l.* 1. *c.* 36.
  Oppian. Halieut. 1. 104. Ναρκη.
  Klein miff. pifc. 3. *p.* 31. 32. Narcation 1-4.
  Plin. hift. mund. l. 9. *c.* 15. 24. 42. 51. *Bellon. aq. p.* 89. 93.
  Gefn. aq. p. 988-992. *ic. anim. p.* 124-127. *Thierb. p.*
  74-77. *Rondel. pifc.* 1. *p.* 358-363. *Aldrov. pifc. p.* 417.
  318.

n. 418. *Jonſt. piſc. p.* 30. *t.* 9. *f.* 3. 6. *Redi exper. p.* 60.
Kaempf. exot. p. 509-514. *t.* 510. *Barthol. act. Hafn* 5.
obſ. 97. *Renumur act. Pariſ.* 1714. *Ringle diſc. on the
Torpedo.Lond.* 1774. *Spallanzani epiſt. ad Lucchefini. Pav.*
1783. Torpedo.
Salv. aq p. 142. Occhiatella.
Will. ichth. p. 81. *t.* D. 4. *Raj. piſc. p.* 28. *n.* 1. Crampfiſh.
Brit. zool. 3. *p.* 67. *n.* 4. Crampray.
Kolbe it. cap. p. 379 Gefleckter Zitterfiſch.

Habitat in Oceano Europae ſeptentrionali, potiſſimum in mari mediterraneo, ſinuque Perſico, *ad* 20 *usque libras pondere aequans, ſubtus alba, ſupra pro aetate, ſexu, climate vario nunc ex cinereo fuſca, nunc late.itia, nunc unicolor, nunc maculata, maculis utplurimum* 5 *rotundis nigris, ad marginem dorſique ſpinam poris muciferis obſit*, *vitae tenax*, *auctumno pariens*, *iners*, *omnium injuriae obnoxia ſe vindicat ictu vere electrico, quo contingens quodcunque animal, ejusve potius partes contingentes ferit, et quaſi ſtupefacit, tanto debiliore, quanto piſcis vitae termino aut primo aut ultimo propior; caro mollis mucoſa.*

Oculi *minimi;* dentes *parvi;* corpus *orbiculatum;* pinnae 2. dorſales *parvae ad caudam longam utrinque carinatam;* pinnae caudalis *obtuſiſſima lobo ſuperiore paulo majore.*

Batis. 2. R. varia, dorſo medio glabro, cauda unico aculeorum ordine. *Art. gen.* 73. *ſyn.* 102. *Müll. prodr. zool. dan. p.* 37. *n.* 308.

Bloch

Rajae, *maris pariter ſolius incolae, rariores in mari baltico, in abyſſo utplurimum, hieme in luto vel arena latent, cancris, teſtaceis, aliis piſcibus, et quibuscunque obviis animalibus victitant, homini ipſi periculoſae, magnitudine ſpectabiles,* (ſeminae adhuc magis) *ut ad* 200 *libras magnitudine aequent,* recentes foetidae*, coitu firmiſſime cohaerentes, parum fertiles, ut ſingulis partibus non niſi unum edant (a Majo ad Auguſtum pergentes) foetum, folliculo incluſum vicro pallido, parallelepipedo, quadricorni, ſub uugis marini incongruo nomine nota, polyandriae, ſubtus utplurimum glabrae* (ſeminae adhuc magis): Oculi membrana *quaſi nebula ſemitecti, oblongi, in latere capitis ſuperiore; ſupra hos narium loco ſulcus latus membrana reticulata ſepto diviſa, ex plicis criſtatis conflata cinctis, valvulae ope clauſus; pone eum foramina* 2 *ſemilunaria, in* 2 *ductus auri o exeuntia, alterum valvula claudendum in os, alterum in branchias terminatum, opercula aurato clauſae; lingua latiſſima, brevis, laevis; auditu organum maſcule deſcripſit Camper act. Pariſ. extran. vol.* 6 Canalis cibarius brevis*; abdominis cavum rotundum; feminis ovarium unicum, uteri tubaeque* 2; *unus ad initium caudae; tenues longae, utplurimum pinnatae et aculeatae; pinnae pectorales craſſa cute obductae, truncum cingentes, ventrales baſi cum analibus connatae. Caro plurimum eſculenta.*

Bloch Fisch. Deutschl. 3. *p.* 54. *n.* 1. *t.* 79. Raja cauda tantum aculeata.

Gron. muf. 1. *n.* 143. *zooph. n.* 157. Raja dorso dipterygio medio glabro, aculeorum ordine solitario ante pinnas dorsales, cauda gracili apice apterygio.

Klein misf. pisc. 3. *p.* 37. *n.* 14. Dasybatus in supina corporis parte versus alas quadantenus spinulis donatus &c.

Jonst pisc. p. 35. *t.* 10. *f.* 8. *t.* 11. *f.* 1. 6. Raja laevis.

Battuor. giorn. d'Ital. t. 9. *Bell. aq. p.* 89. *Salv. aq. p.* 149. Laeviaja.

Rondel. pisc. 1. *p.* 348. Alia Raja Oxyrinchus.

Gesn. aq. p. 792. *ic. an. p.* 30. *Thierb. p.* 96. *Aldrov. pisc. p.* 452. *Will. ichth. p.* 69. *t.* C. 4. *Raj. pisc. p.* 26. *n.* 3. Oxyrinchus major.

Brit. zool. 3 *p.* 62. *n.* 1. Skate.

Habitat in oceano europaeo, congenerum maxima, ut ad 200 libras pondere aequet, et junior sapidissima, pinguedine sua etiam utilis, Martio et Aprili pariens, muco tenaci obducta, sapra cinerea, interdum lituris nigris flexuosis varia, subtus alba, lineis punctorum nigrorum undulatis picta, circa oculos aculeis pluribus minutis uncinatis, ad utrumque latus recto solitario, mas interdum altera aculeorum serie ad caudae latus armata.

Caput obtusum; oculi iride semilunari flava albo-marginata; dentium series plures; pinnae ventrales et analis singulae radiis 6; cauda acuminata, pinnis duabus.

Oxyrinchus.
3. R. varia, dorso medio tuberculis decem aculeatis. *Art. gen.* 72. *syn.* 101.

Bloch Fisch. Deutschl. 3. *p.* 57. *n.* 2. *t.* 80. Raja aculeorum ordine unico in dorso caudaque.

Klein misf. pisc. 3. *p.* 34. *n.* 8. Leiobatus, pustulis inermibus &c.

Bellon aq. p. 79. Miraletus.

Salv. aq. p. 148. *b.* 150. Raja.

Rondel. pisc. 1. *p.* 344. *Jonst. pisc. p.* 35. *t.* 10. *f.* 1. 2. *Aldrov. pisc. p.* 450. *Gesn. aq. p.* 790. *icon. an. p.* 129. Raja laevis.

Will. ichth. p. 71. *t.* D. 1. *Raj. pisc. p.* 26. *n.* 3. Raja oxyrinchos major.

Brit. zool. 3. *p.* 64. *n.* 2. Sharp-rosed Ray.

Gesn. Thierb. p. 68. *b.* Glattroche.

Habitat in Oceano Europaeo et mari mediterraneo, ad 7 pedes longa, aculeis tribus circa utrumque oculum, pluribusque

PISCES CHONDROPTERYGII. Raja. 1507

busque teneris per totam superficiem dispersis aspera, tenuissima, subtus alba, supra cinerea, guttis albis, maculis parvis obscurioribus, punctisque nigris varia, in dorso, praeter aculeorum seriem, aliquando duobus adhuc aculeis horrido, cauda et pinnis ex nigricante rubra.
Caput *acuminatum;* dentium *series plures*; cauda *pinnis 2 parvis membranaceis fimbriata*, in mare nonnunquam utrinque aculeorum ordine armata.
Ovorum, quae appellant, prunis injectorum vapore, ore et naribus excepto, febres intermittentes pelli sibi persuadent Graeci Turciam incolentes. *Forsk. Fn. arab. p.* 20.

Miraletus. 4. R. dorso ventreque glabris, aculeis ad oculos, ternoque eorum ordine in cauda. *Muf. Ad. Fr.* 2. *p.* 50. *Art. gen.* 72. *syn.* 101.
Gron. zooph. 155. Raja dorso dipterygio, aculeorum ordine solitario, cauda gracili pinnata, ordine aculeorum terno, roftro subaculeato.
Klein miss. pisc. 3. *p.* 35. *n.* 2. Dasybatus in utroque dorsi latere macula magna oculi simili &c.
Salv. aq. p. 150. Raja stellaris.
Jonst. pisc. t. 10. *f.* 4. Raja oculata.
Will. ichth. 72. *Raj. pisc. p.* 27. Raja laevis oculata.
Habitat in mari mediterraneo, supra utramque alam ocello notata.

fullonica. 5. R. dorso toto aculeato, aculeorum ordine simplici ad oculos, duplici in cauda. *A. t. gen.* 72. *syn.* 101.
Rondel. pisc. 1. 356. *Gesn. aq.* 797. Raja fullonica.
Habitat in mari Europaeo.

Rubus. 10. R. ordine aculeorum in dorso unico, tribusque in cauda.
Bloch Fisch. Deutschl. 3. *p.* 67. *n.* 6. *t.* 83. 84.
Klein miss. pisc. 3. *p.* 36. *n.* 6. 7. 8. Dasybatus elevatus, spinis clavis tericis similibus, *et* Dasybatus clavatus, roftro acuto, *et* Dasybatus, roftro acutissimo &c.
Bellon. aq. p. 79. Raja proprie dicta.
Rondel. pisc. 1. *p.* 853-859. *Gesn. aq. p.* 795-797. ic. an. *f.* 135-137. *Thierb. p.* 71. 72. *Aldrov. pisc. p.* 459-462. *Will. ichth. p.* 74-78. *t.* D. 2. *f.* 1. 3. 4. *Raj. pisc. p.* 26. *n.* 2-5. *Jonst. pisc. t.* 10. *f.* 3. 9. *t.* 11. *f.* 2-5.
Brit. zool. 3. *p.* 66. *n.* 3. Rough Ray.
Habitat in mari Europaeo, praeter aculeorum seriem aculeis in dorso 4, circa oculos 6, ad nares 2 majoribus, pluribusque

busque minoribus, ad pinnas dorsales pluribus minorum ordinibus, subtus decem majoribus spinis, et per totam reliquam superficiem innumeris tenerioribus horrida, supra flavicans, fusco maculata, subtus alba, clavatae affinis. Oculi posteriores, pupilla caerulescente, iride nigra; os latum; dentes multi, cuneati; pinnae ventrales radiis 3, anales 6; prope has mari appendices 2 longae; pendulae, pinnam mentientes.

** *Dentibus obtusis.*

Sephen. 11. R. corpore suborbiculato, cauda duplo longiore subtus alata, supra aculeis duobus longis; utrinque serratis. *Forsk. Fn. arab. p.* 17. *n.* 16.

Habitat in mari rubro, magna, ut dentur exempla, quae diametro 3 ulnas aequant, supra ex cinereo fusca, tuberculis plana, tribus albis in medio dorso magnis hemisphaericis longitudinali serie dispositis, subtus planissima, laevissima ex albo rufescens.

Oculi prominuli; nares fere longitudinales, maximam partem lobo coriaceo subcordato tectae; dentes granulati, planissimi; pinnae pectorales latissimae, apice posteriori rotundato ventrales tegentes; hae multo minores, anum cingentes, ad exortum caudae affixae, appendicibus (in mare) conicis, coriaceis acutae; cauda supra tuberculata, pone spinas teres, sensim attenuata, aculeorum exilium serie longitudinali aspera; spinae lineari-lanceolatae, cute obtectae, de veneno suspectae; pinna membranacea nigra, pendula, ex oblongo lanceolata.

Aquila. 6. R. corpore glabro, aculeo longo serrato in cauda pinnata.
Muf. Ad. Fr. 2. *p.* 51. *Art. gen.* 72. *syn.* 100.
Bloch Fisch. Deutschl. 3. *p.* 59. *n.* 3. *t.* 81. Raja cauda pinnata aculeoque unico.
Klein miss. pisc. 3. *p.* 33. *n.* 4. Leiobatus capite exserto &c.
Aristot. hist. anim. l. 5. *c.* 5. Ἀετός.
Plin. hist. mund. l. 9. *c.* 24. *Salv. aq. p.* 146. b. 147: *Aldrov. pisc. p.* 438-440. *Jonst. pisc. p.* 33. *t.* 9. *f.* 8. 9. *Will. ichth. p.* 64. *t.* C. 2. *app. t.* 10. *Raj. pisc. p.* 23. Aquila.
Bellon. aq. p. 97. *Gesn. aq. p.* 75. *icon. anim. p.* 121. 122.
Thierb. p. 67. 68. *Paralip. p.* 38. Aquila marina.
Rondel. pisc. 1. *p.* 338. Pastinaca secunda species.
Col. cophr. 1. *p.* 3. *t.* 2. Pastinaca marina laevis altera oxypterydes.

Habitat

Habitat in maris mediterranei, *rarior in* europaei *septentrionalis uliginosis, ad* 300 *usque libras pondere aequans, tardius natans, livida, dorsum versus fuscescens, subtus alba, ad latera in olivaceum vergens, laevis, cute crassa coriacea et muco obducta, hepate eduli et oleum largiente.*
Caput, in acumen breve, obtusum, supra subtusque sulco oblongo exaratum, terminatum; oculi prominentes, iride flava; nares oblongae, transversae, septo cartilagineo partitae, tunica valida, in medio ligamenti ope firmato tectae; labia mobilia; dentium confertorum plures ordines; pinnae ventrales nullae; cauda corpore longior in setam desinens, pinna exili, et spina serrata, interdum abrupta, aut duplici, pungente munita.

Paftinaca. 7. R. corpore glabro, aculeo longo anterius ferrato in cauda et dorfo apterygio. *Muf. Ad. Fr.* 2. *p.* 51.* *Art. gen.* 71. *Syn.* 109. *Müll. prodr. zool. dan. p.* 37. *n.* 310.
Gronov. muf. 1. 141. *zooph.* 158. Raja laevis, dorfo caudaque apterygiis, aculeo poftico ferrato in cauda.
Bloch Fifch. Deutfchl. 3. *p.* 62. *n.* 4. *t.* 82. Raja cauda apterygia, aculeo fagittato.
Pafter op. fubfec. 2. *p.* 33. *t.* 4. *f.* 5-10. Raja cauda fagittata.
Klein muff. pifc. 3. *p.* 33. *n.* 5. Leiobatus, in medio craffus &c.
Arift. hift. anim. l. 1. *c.* 5. Τρυγων.
Plin. hift. mund. l. 9. *c.* 24. 42. *Rondel. pifc.* 1. *p.* 231. *Sal. aq. p.* 144. 145. Paftinaca.
Gefn. aq. p. 679. *ic. anim. p.* 121. 122. *Thierb. p.* 63. a.
Jonft. pifc. p. 32. *t.* 9. *f.* 7. Paftinaca marina.
Bellon. aq. p. 95. *Raj. pifc. p.* 24. Paftinaca marina laevis.
Aldr. pifc. p. 426. Paftinaca narna noftra.
Will. ichth. p. 67. *t.* C. 3. Paftinaca marina prima.
Kaempf. Jap. p. 155. Gej.
Brit. zool. 3. *p.* 71. *n.* 6. Sting Ray.

Altavela. β) Raja corpore glabro, aculeis duobus poftice ferratis in dorfo apterygio. *Syft. nat.* X. 1. *p.* 232. *n.* 7.
Col. aq. 4. *t.* 2. *Will. ichth.* 65. *Raj. pifc.* 24. Paftinaca marina altera pteryplateja f. Altavela.

Uarnak. γ) Raja tota maculata. *Forfk. Fn. arab. p.* 18.
Habitat in omni mari europaeo, rubro, indico; *ad* 10 *usque libras pondere aequans, mucro obducta, supra fufca, inter pinnas olivacea, subtus alba.*

Caput

Caput *in acumen breve terminatum;* oculi *iride alba;* pinnae *ventrales nullae;* caudae *aculeus fagittatus, pungendo dolorem excitans atque inflammationem, injuste tamen jamdudum veneni accufatus, quotannis delabens, novo fuccrefcente; fi ergo hoc fiat, antequam prior decidit,* 2 interdum aculei.

clavata. 8. R. aculeata, dentibus tuberculofis, cartilagine transversa abdominali. *Fn. fuec.* 293. *It. wgoth.* 175. *Art. gen.* 71. *fyn.* 99. *fpec.* 103.

Gron. muf. 1. 140. *zooph.* 154. Raja dorfo dipterygio aculeis fcabro, cauda ordine aculeorum folitario, apice pinnato, roftro acuminato.

Bloch Fifch. Deutfchl. 3. *p.* 65. *n.* 5. *t.* 83. Raja ordine aculeorum unguiformium unico in dorfo caudaque.

Klein miff. pifc. 3. *p.* 35. *n.* 4. *t.* 4. *n.* 7. Dafybatus clavatus, corpore toto maculis albidis rotundis &c.

Act. Sten. 4. *p.* 353. *Rondel. pifc.* 353. *Gefn. aq.* 795. *Will. ichth.* 74. *Raj. pifc.* 26. Raja clavata.

Bellon. aq. 70. Raye bouclée.

Brit. zool. 3. *p.* 69. *n.* 5. Thornback.

Habitat in mari Europaeo omni, *Junio et Julio parturiens littora petens, ad* 12 *pedes longa, fupra fufcefcens, guttis plurimis albis, rarius albida; maculis nigris varia, praeter ordinem aculeorum clavum mentientium per totum dorfum caudamque excurrentem, fparfis adhuc minoribus, majoribusque, qui delapfi maculam albam relinquunt, aculeis horrida, fubtus alba, minoribus modo hinc inde fpinis afpera: Hepar Norwegis oleum exhibet.*

Caput *longius, acuminatum;* oculi *iride femilunari fufca;* dentes *parvi, rotundi;* lingua *brevis, lata, glabra;* cauda *corpore longior, fupra convexa, fubtus plana, verfus apicem pinnis aliquot fimbriata;* pinnae *ventrales radiis* 3, anales 6.

Rhinobatos. 9. R. oblonga, unico aculeorum ordine in medio dorfo. *Muf. Ad. Fr.* 2. *p.* 24. *Art. gen.* 10. *fyn.* 99.

Gron. zooph. 156. Raja dorfo dipterygio, aculeorum ordine folitario, cauda lata pinnata inermi, roftro trigono productiore.

Forfk. Fn. arab. p. 19. *n.* 18. Raja Halavi.

Bell. pifc. 78. *Gefn. pifc.* 903. Squato-Raja f. Rhinobatos.

Salv. pifc. 153. *Will. ichth.* 79. *Raj. pifc.* 28. Rhinobatos f. Squatino-Raja.

Habitat

Habitat in mari mediterraneo, adriatico, rubro, *supra ex cinereo flavescens*, tuberculis versus medium dorsum et interiorem oculorum marginem elatioribus scaber, serie aculeorum dorsali ante pinnam dorsi primam desinente, pone hanc tuberculis obtusis, margine prominente integerrima. Pinnae *flavescentes, dorsales triangulares*; prior paulo minor, leviter emarginata; pone medium corporis posita, pectorales semicordatae, extus rotundatae; ventrales semiovatae (in mare) appendice duplici lineari libera, subcartilaginea, compressa, pinnis sesquilongiore auctae; caudalis caudam cingens, ovata, margine obliqua.

djidden- 12. R. pinna caudae biloba, aculeorum ordine dorsi initio triplici, dein simplici, pinna dorsi prima supra pinnas ventrales. *Forsk. Fn. arab. p. 18. n. 17.*
sis.

Habitat in mari rubro, *edulis*, 2 ulnas longa, sub-spera, pallide cinerea, supra maculis ovatis albidis varia, subtus albicans, pone anum vittis aliquot fuscis albisque inaequalibus ornata, margine parum prominente.

Caput *triangulare, valde depressum, obtusum, subtus planum*; oculi *verticales iride alba, margine nigra, curva aculeorum serie cincti*; nares *paulo ante os positae, obliquae, subcurvae, anterius lobo ovali pendulo fornicatae*; dentes *ex hemisphaerico ovales, contigui*; dorsum *elatius, ante pinnam dorsi primam magis convexum, post sensim depressum, inter utramque pinnam serie aculeorum simplici, pone secundam abrupta*; abdomen *planum, pone anum pinna carentem linearem, longum, subconvexum*. Pinnae *dorsales glaucescentes, subtriangulares, apice supra rotundatae; anterior in medio dorso incipiens, posterior caudae planiusculae propior, quam huic, pectorales obtuse triangulae, ad apicem albido-maculatae, ventralibus, forma similibus, basi sua anum includentibus quadruplo majores; caudalis dorsalibus similis.*

Lymma. 13. R. corpore ovali laevi testaceo, maculis caeruleis, cauda pinnata aculeo uno. *Forsk. Fn. arab. p. 17. n. 15.*

Habitat in mari rubro, prope Lohajam, *vix pedalis, maculis inaequalibus ovatis varia, subtus albicans*.

Oculi *dimidia sui parte prominentes*; dentes *granulati*; pinnae *pectorales pone acuminatae, ventrales ovatae*; cauda *corpore paulo longior, anteriore sui parte depressiuscula, apterygia subtus alba, supra ex testaceo-fusca; vittis 2 longitudinalibus caeruleis varia; in medio aculeo nonnun-*

Eeeee quam.

quam duplici longo lato, cute ex caerulescente fusca vestito, pro venenato habito, armata, inde compressiuscula, tota caerulescens, utrinque membrana fimbriata, inferius latiore, apice alba, acuta.

Arnak. 14. R. corpore orbiculato argenteo, cauda tereti apterygia, spinis duabus. *Forsk. Fn. arab. p.* IX. *n.* 13.
Habitat in mari rubro prope Lohajam.
Dentes granulati.

*** *Dubiae.*

Ommes- 15. R. cauda tereti maculata. *Forsk. Fn. arab. p.* IX. *n.* 12.
scherit. Habitat in mari rubro, *pastinacae et Arnak similis.*

Tajara. 16. R. subtus nivea, cauda tereti. *Forsk. Fn. arab. p.* IX. *n.* 14.
Habitat in mari rubro, *capta pinnis vehementer verberans.*

Schoukie. 17. R. aculeis remotiusculis. *Forsk. Fn. arab. p.* IX. *n.* 15.
Habitat in mari rubro; *ex pelle ejus conficiuntur in urbe* Suaken *vaginae gladiorum.*

Mula. 18. R. subtus nivea cauda tereti variegata. *Forsk. Fn. arab. p.* IX. *n.* 16.
Habitat in mari rubro, *noctu littori appropinquans, caudae aculeo nocivo.*

rapensis. 19. R. dorso monopterygio, cauda brevi apice pinnato, laevis, inermis, rostro subobtuso. *Gron. zooph.* 152.
Habitat ad caput bonae spei, *forma torpedini similis, at pinna dorsi solitaria discrepans, parva, ovali, inermi, ambitu orbicularis supra convexa, subtus plana.*
Pinnae ventrales magnae, horizontales, fere parallelogrammae, radio ultimo rigidiore, obtuso, validissimo; pinna ani nulla; caudae perpendicularis, ovalis, brevis, ambitu arcuata. †)

---

†) *Quorsum referendae sint Rajae a Marcgrafio bras. p.* 175. *inter brasiliensia animalia memoratae, Ajereba, Jabebirete et Narinari, et a Forskaehlio Fn. arab. p.* IX. *inter pisces archipelagi recensitus Medusgu spectet, magis adhuc dubium.*

129. PETROMIZON. *Caput* corpore tenuius; os supra longius, quam subtus, dentibus aurantiis, intus cavis, et margine carneo cinctis, supra curvulis, infra latis armatum.

Spiracula 7 ad latera colli.

Fistula in nucha.

Pinnae pectorales aut ventrales nullae.

marinus. 1. P. ore intus papilloso, pinna dorsali posteriore a cauda distincta. *Fn. suec.* 292. *Nau Schrift. der berl. Naturf. Fr.* 7. *p.* 466.
Art. gen. 64. *syn.* 90. Petromyzon maculosus, ordinibus dentium circiter viginti.
Bloch Fisch. Deutschl. 3. *p.* 38. *n.* 1. *t.* 87. Petromyzon ordinibus dentium pluribus.
Klein miss. pisc. 3. *p.* 30. *n.* 3. Petromyzon.
Salv. aq. p. 62. b. Mustela.
Bellon. aq. p. 76. *Gesn. pisc.* 590. Mustela f. Lampetra.
Rondel. pisc. 1. 398. Lampetra.
Gesn. paralip. p. 22. Lampreda marina.
Jonst. pisc. p. 18. Lampreda marina major.
Kaempf. Jap. 1. *t.* 12. *f.* 2. Joatzmo Ungi.
Fermin. Surin. p. 85. Lamproye.
Brit. zool. 3. *p.* 58. *n.* 1. *Will. ichth. p.* 105. *Raj. pisc.* 35. Lambrey or Lambrey-Eel.

Habitat in *omni* mari Europaeo, *in mari* Japoniam *et australem* Americam *alluente*, *adscendens vere ova parituris* quaternario *circiter numero in fluvios*, qualis, e. g. Sever, Angliae, Rhenus, Albis, Havela, Sala Germaniae, ad 3 pedes longus, vermibus, carne, aliis piscibus etiam mortuis
victi-

victitans, fertilis, quamvis frequens glanidis, lucii, lutraeque praeda, tarde crescens, subtus albus, aut albicans, ceterum virescens, caeruleo varius, aut flavus, punctis virescentibus, dorsum versus crebrioribus varius, carne exquisita.

Caput ex fusco virescens, oblongum, crassitie corporis, macula interdum alba rotunda in nucha notatum; oculi rotundi, parvi; iride flava nigro-punctata; os oblongum; dentium cartilagineorum conicorum series 12-20 horizontales, longitudinales, arcuatae; spiraculorum primum et postremum reliquis minora; fistula in foveola; pinnae dorsales ex flavo rubescentes; vel fuscae aurantio variae; altera priore major, caudalis caerulescens.

fluviatilis. 2. P. pinna dorsali posteriore angulata. *Fn. suec.* 290. *Müll. prodr. zool. dan. p.* 37. *n.* 307.
Bloch Fisch. Deutschl. 3. *p.* 41. *t.* 88. *f.* 1; 2. Petromyzon ordine dentium unico.
Art. gen. 64. *syn.* 89. *spec.* 99. Petromyzon unico ordine denticulorum minimorum in limbo oris praeter inferiores majores.
Gron. mus. 1. *n.* 144. *zooph.* 159. *Klein miss. pisc.* 3. *p.* 29. *n.* 1. *t.* 1. *f.* 3. *Kramer el. p.* 383. *n.* 1. Petromyzon.
Plin. hist. mund. l. 9. *c.* 17. Mustela.
Bellon. aq. p. 75. Mustela fluviatilis.
Gesn. ic. anim. p. 326. Lampreda.
Gesn. aq. p. 597. Lampetrae alterum genus.
Salv. aquat. p. 62. Lampetra subcinerea maculis carens.
Aldrov. pisc. p. 587. *Jonst. pisc. p.* 104. *t.* 28. *f.* 11. Lampetra fluviatilis Gesneri.

Will.

Petromyzones *sugendo ore tenacissime adhaerent scopulis aliisque corporibus, lubrici, muco obducti, anguillam forma simulantes, vitae tenacissimi, vermibus, insectis, junioribus piscibus, mortuis quoque animalibus eorumque partibus victitant, ventre angusto longo, ano caudae pinnatae vicino, pinnis dorsi duabus, foraminibus circa oculos pluribus, lingua dura, semilunari, dentibus serratis aspera gaudent; canalis cibarius illis rectus ; respirationis organon branchiis similius quam pulmonibus; constat scilicet 7 utrinque sacculis ellipticis, singulis cum suo spiraculo continuis, inter se non cohaerentibus, quamvis obliquo ductu antrorsum sibi invicem appositis, membranae rubrae plicatae superextensae involutis.*

Will. ichth. p. 106. *t.* G. 2. *f.* 1. G. 3. *f.* 2. *Raj. pisc. p.* 25. Lampetrae medium, genus.

Kaempf. jap. 1. *t.* 21. Jaatz me unagi.

Fermin Surin. p. 85. Lamproye.

Brit. zool. 3. *p.* 60. *n.* 2. Lesser Lambrey.

Habitat in Europae, Japoniae, *australis Americae lacubus, vere in fluvios adscendens ova pariturus, quae Martio et Aprili ad ripas inter saxa dimittit, auctumno in lacus redux, fertilis, crebra glandis praeda; 12-15 pollices longus, lineis undulatis transversis varius, supra nigricans, ad latera flavicans, subtus albidus.*
Caput *virescens*; pone seriem dentium minorum dentes majores subtus 7 connati, supra 2 distantes; oculi parvi, iride aurea; versus caput lineae lateralis vestigium; pinnae violaceae.

branchialis. 3. P. pinna dorsali posteriore lineari, labio oris posteriore latere lobato. *Fn. suec.* 292. *Wulff. ichth. bor. p.* 15. *n.* 20. *Müll. prodr. zool. dan. p.* 37. *n.* 307. b. *Kram. el. p.* 483.
Art. gen. 42. *syn.* 90. Petromyzon corpore annuloso, appendicibus utrinque 2 in margine oris.
Bloch Fisch. Deutschl. 3. *p.* 45. *n.* 3. *t.* 86. *f.* 2. Petromyzon corpore annulato, ore lobato.
Gron. zooph. 160. *Klein miss. pisc.* 3. *p.* 30. *n.* 4. Petromyzon.
Bellon. aq. p. 75. Mustela fluviatilis minor.
Aldrov. pisc. p. 539. Lampetra minima.
Will. ichth. t. g. 3. *f.* 11. Lampetra coeca.
Jonst. pisc. t 28. *f.* 10. Lampreda, Neunauge.
Gesn. aquat. p. 589. Lampetra parva et fluviatilis.
Rondel. pisc. 2. *p.* 202. Lamproyon et Lamprillon.
Will. ichth. p. 104. *Raj. pisc. p.* 35. Lampern or pride of the Isis.
Brit. zool. 3. *p.* 61. *n.* 3. *Plot Oxfordsch. p.* 182. *t.* 10. Pride.

Habitat in Europae *aquarum dulcium puriorum fundo, vermibus insectisque aquaticis victitans,* 6-7 *pollices longus, teres,*

teres, utroque fine attenuatus, annulatus, supra virescens, ad latera fulvescens, subtus albus.

Os edentulum; pinnae vix lineam latae.

Planeri. 4. P. corpore annulato, ore papilloso. *Bloch Fisch. Deutschl.* 3. p. 47. n. 4. t. 88. f. 3.

Habitat in Thuringiae rivis, branchiali crassior et longior, olivaceus.

Pone oris limbum papillis acutis asper; dentium series solitaria, et pone hanc dentes adhuc alii connati; oculi iride flava; pectus robustius, quam congeneribus; pinnae satis latae; ad anum pedunculus conicus.